普通高等教育"十二五"应用型本科规划教材

公安外国人管理

张惠德　沈一波　编著

中国人民大学出版社
·北京·

编者的话

2007 年 1 月，公安部在北京召开了全国公安机关外国人管理工作会议，并随后制定下发了《关于进一步加强和改进公安机关外国人管理工作的意见》，明确了新形势下公安机关外国人管理工作的指导思想和工作目标、任务。公安部又随之三次召开全国公安机关外国人管理工作电视电话会议，主要围绕健全协调配合机制、巩固深化外国人实有人口管理工作、推进外国人管理信息系统建设和应用、增强管控和服务能力、加强涉外执法队伍建设等方面的工作进行再总结、再部署。这些充分说明，公安机关外国人管理已成为新时期公安工作的一个重心。2012 年的《出境入境管理法》、2013 年的《外国人入境出境管理条例》以及即将要修订的《外国人在中国永久居留审批管理办法》都印证了这一点。

毋庸置疑，新的历史条件下公安机关外国人管理工作面临着诸多机遇与挑战。如何加强公安院校外国人管理预备力量的基础知识、基本技能的教育；如何切实提升加强公安民警尤其是基层公安机关民警对外国人管理的能力和服务水平，已成为摆在全国公安教育与培训部门面前的一项紧迫任务。而中国高等教育协会应用型本科“规划教材”——《公安外国人管理》就是应时应势作出的一种尝试。

本教材具有两个主要特点：

1. 注重理论和实践相结合

教材编写人员不仅有来自公安大学国际警务执法学院长期担任“在华外国人管理”、“出入境管理”、“外国人出境管理制度”、“国际警务合作”、“警察外交”等课程教学和科研的教师，而且有来自公安外国人管理核心部门的部、省、市的业务骨干。经过双方的多次研讨、交叉审稿和主编著者统稿定稿，教材最终锤炼成型。可以说，此教材是公安外国人管理管理实践部门与公安教育和科研部门精心合作的结晶。

本书的前三章，论述了外国人管理的基本理论，为全书奠定了理论根基，旨在说明“为什么要对外国人实施管理”，增强民警的主权意识、法治意识、服务意识；随后的章节中注重理论和实践的紧密结合，既有理论阐释，又有实务操作，从实践中总结出理论，反过来再指导实践。

2. 突出实务操作

为达到“应用型”的要求，本书结合公安外国人管理中证件多、法律条文多、程序多的特点，不仅运用大量的图、表，而且设计了多个流程图，力争直观、简洁，一目了然。

教材中的实务操作部分主要由主编著人和公安外国人管理部门业务骨干联合撰写，是整个公安机关外国人管理实践经验的总结，因此，十分贴近公安实战，操作性很强。

本书由张惠德为主编著人，负责拟定提纲、大多数章节的撰写和全书的统稿。公安部出入境管理局的沈一波、浙江省金华市公安局出入境管理局的徐楠，北京市公安局出入境管理总队的许学谦，北京出入境边防检查总站的吉丽霞、高永力，广东省公安厅出入境管理局的林碧波、石刚，安徽省公安厅出入境管理局的王田、徐晶晶，四川省成都市公安局出入境管理局的陈双篱，陕西省西安市公安局出入境管理局的贾达斐，福建省公安厅出入境管理局的肖学智，厦门出入境边防检查总站的张宸，福建省漳州市公安局出入境管理支队的陈锦新，云南省昆明市公安局出入境管理局的李亮等公安机关外国人管理的业务骨干以及中国人民公安大学的魏晓林、李修平、杨春霞、张杰、方岩、侯洪宽、周明、罗斌、任诣、杨阳等老师和研究生参加了编写。参加各章撰写的作者和分工如下：

张惠德：确定教材结构和大纲，统稿。

张惠德编写第一章、第二章；

张惠德、杨春霞编写第三章；

王田、徐晶晶编写第四章；

吉丽霞、高永力、张惠德、张宸编写第五章、第六章第五节；

魏晓林编写第六章第一节；

张惠德、沈一波、林碧波编写第六章第二节、第三节、第四节；

张惠德、许学谦、林碧波、侯洪宽、任诣编写第七章；

张惠德、李修平、陈双篱、肖学智、陈锦新编写第八章；

徐楠、张惠德、许学谦、陈双篱、杨阳、贾达斐编写第九章；

张惠德、徐楠、石刚、周明编写第十章第一、二、三、五节；

张惠德、张杰、罗斌编写第十章第四节；

张惠德、许学谦、方岩、李亮编写第十一章。

本教材提供基本知识，阐明基本理论，解读相关法律，列明基本程序，力争成为公安外国人管理方面的一本通。每章之前列有导读，每章之后列有思考题，试图为学习者提供方便。本书主要适用于公安院校的师生和公安民警，对人力资源和社会保障、教育、外事部门的实际工作者以及外国人管理领域的研究者，也应当具有一定的参考价值。

公安外国人管理内容丰富、复杂、变化快，编写难度很大；再加上编著者的水平有限，定会出现不当甚至是错误之处，敬请批评指正！

编著者

2015 年 3 月

目 录

第一章　公安外国人管理概述

本章导读

在国外，无论法律字典、学者，还是有关外国人的法律，都从自然人的角度来定义外国人，且有广义和狭义之分。从广义上讲，外国人是指一切不具有所在国国籍的自然人。从狭义上讲，外国人仅指不具有居留国的国籍，而具有其他国家国籍的自然人。

外国人按照法律地位来分，可分为享有外交、领事特权与豁免的外国人和一般外国人或普通外国人；按照入境事由分，可分为：临时入境的外国人和常住外国人。

外国人管理也有广义和狭义之分。从广义上说，是指一国政府为维护国家主权、安全和利益，保护外国人合法权益，促进国家经济、社会发展和国际交往，在不违背所承担的国际义务的条件下，对外国人的入出境和居留期间涉及的其他事项实施的立法、行政和司法等主权行为的过程。从狭义上说，是指一国政府有关主管机关为维护国家权益、保护外国人合法权益、促进国家经济、社会发展和国际交往，在不违背所承担的国际义务的条件下，依法对外国人的入出境和居留期间涉及的其他事项实施管理，提供服务的行政行为。公安外国人管理，是指公安机关在其职责范围内为维护国家主权安全和利益、保护外国人合法权益、促进国家经济、社会发展和国际交往，在不违背所承担的国际义务的条件下，依法对外国人的入出境和居留期间涉及的其他事项实施管理、提供服务的行政行为和刑事执法行为。

公安外国人管理的基本原则，是指导和规范公安外国人管理立法、执法（设定和实施）的基础性原则，是贯穿于公安外国人管理的具体规范，又高于具体规范，体现其基本价值观的准则。根据宪法、行政方面的基本法律以及公安外国人管理法律、法规的有关规定，公安外国人管理的基本原则有：维护国家主权、安全和利益的原则；保障外国人合法权益的原则；坚持依法管理的原则；平等互惠的原则。

公安外国人管理的历程可分为几个阶段：中华人民共和国成立至 1956 年，协助管理阶段；1957 年至 1978 年，动荡摇摆阶段；1978 年到 1985 年，恢复阶段；1985 年—2007 年，逐步扩展阶段；2007 年至今，管理与服务并重阶段。

公安外国人管理的法律依据，就其表现形式，可以分为：国内法规范和国际法规范。

公安外国人管理体制分成“大外管”体制和“小外管”体制。“大外管”体制表现为在党委和政府的统一领导下，本着一级对一级负责的原则，以公安机关和外事部门为核心管理部门，并与人力资源和社会保障部门、教育部门、商务部门、税务部门、宗教管理部门、卫生部门、防疫部门等部门，根据职责分工分别负责其业务内的外国人管理工作，并在职能交叉时展开协调和配合；“小外管”体制和公安管理体制一样，采取的是“条块分割，以块为主”。公安机关各业务部门按照职责分工和属地管辖的原则做好外国人管理工作。

第一节　涉及外国人管理的几个概念

一、外国人的概念

对于一个国家来说，外国人是与一国公民（或国民）相对而言的，既然民法上的公民是自然人，因此，外国人也应指自然人。

在国外，无论法律字典、学者，还是有关外国人的法律，都从自然人的角度来定义外国人，且有广义和狭义之分。

从广义上讲，外国人是指一切不具有所在国国籍的自然人。根据《布莱克法律辞典》的定义，外国人（alien），即居住在一国内但不属于居住国公民的个人，或者不归属于某一特定国家的个人，具体包括具有外国国籍的人和无国籍人。《牛津法律大辞典》采取的也是广义上的定义：外国人（alien）是指尽管可以在某国居住，但是根据该国的国内法不是该国国民或公民的人。有关的国际法文件也对外国人这个概念做出了定义。根据1985年联合大会通过的《非居住国国民人权宣言》第一条的规定，外国人（alien）是指不具有所在国国籍的个人。巴西国际法学家提布科艾奥（Carmen Tiburcio）认为，外国人是指根据特定国家的国内法，不属于该国国民的自然人。在外国人入出境管理实践中，许多国家为了管理的方便，大都把无国籍人归入外国人的范畴。根据美国1952年《移民与国籍法》第101节第a款第3项，认为非美国公民或者国民的任何个人即为外国人。法国的《外国人入境居留法国的条件及关于设立国家移民局的法令》第1条规定：任何没有法国国籍的人都被认为是外国人。德国1990年《外国人入境和居留法》第1条第2款，外国人是指德国《基本法》第116条第1款所定义的德国人以外的所有人。

从狭义上讲，外国人仅指不具有居留国的国籍，而具有其他国家国籍的自然人。《布莱克法律辞典》对狭义上的外国人（foreigner）的定义是：指另外一个国家的公民，即从狭义上定义外国人，认为外国人是不具有内国国籍但具有其他国家国籍的个人。也有国家从狭义的角度来定义外国人的概念。如2002年颁布的《在俄罗斯联邦境内的外国人地位法》规定，外国人是指不是俄联邦的公民，持有外国国籍证明的自然人。

在我国，外国人也有广义和狭义之分。

我国国际法学家王铁崖认为，外国人指在一个国家境内不具有居住国国籍而具有其他国籍或无国籍的人。我国1980年的《国籍法》① 和2012年的《出境入境管理法》对外国人作出了规定。根据我国《国籍法》第7条的规定，外国人包括具有外国国籍的人和无国籍人。我国《出境入境管理法》第89条第3款规定：“外国人，是指不具有中国国籍的人。”

我国国际法学家周鲠生则从狭义上来定义外国人：“指那些不属于所在国的国民而具

---

① 本书中的有关我国颁布实施的法律、法规皆省去“中华人民共和国”，直接以相应的名称呈现。

有其他国家的国籍的人而言。”① 周忠海教授进一步解释道：对于双重国籍人，如果它具有的两个国籍均不是居留国国籍，属外国人；如果它具有的两个国籍中有一个是居留国国籍，居留国一般不视为外国人。②

因此，本教材的外国人皆从自然人的角度来展开，在与无国籍人相对时，是指狭义上的外国人；若不加特别说明，通常指广义上的外国人。

二、外国人的分类

外国人一般包括：外交使节、领事官以及使领馆中的行政技术人员和服务人员；临时访问的使节和官员及有关人员；外国记者、专家、学者、技术人员、留学生、商人、侨居者、难民和其他人员；国际组织的代表、专家及其他人员。③

（一）按照法律地位来分

国内有教材把一国境内的外国人，从其法律地位上分为：享有外交特权与豁免的外国人和不享有外交特权与豁免的外国人。为了同享有外交特权与豁免的外国人相区别，国际上习惯称后者为一般外国人或普通外国人。④

鉴于外交特权与领事特权的区别、一些国际法著作在论及国际组织及代表、官员法律地位时惯用“特权与豁免”⑤ 这一术语以及《出境入境管理法》第 91 条中的“外国驻中国的外交代表机构、领事机构成员以及享有特权和豁免的其他外国人”表述，本教材认为，按照法律地位来分，外国人可分为两类：一类是根据国际法享有外交、领事特权与豁免的外国人，包括外交代表、国际组织代表、领事官员，以及习惯法和相关条约中所指的国家元首、政府首脑、联合国官员，他们在驻在国具有特殊的法律地位；另一类是不享有外交、领事特权与豁免的外国人。若对此类外国人进一步细分，可分为一般外国人（或普通外国人）和特殊群体外国人。前者拥有某（些）国国籍并持有因私普通护照。例如，外国专家、记者、商务人员、旅游者、侨民、就业人员、留学生、探亲者等。后者包括无国籍人、受庇护者和难民等。

（二）按照入境事由分

外国人按照入境事由分，可分为：临时入境的外国人和常住外国人。长期以来，我国把普通外国人分为临时入境的外国人和常住外国人。前者是持签证注明的停留期限不超过 180 日的外国人。根据《出境入境管理法》第 29 条第 1 款规定：“外国人所持签证注明的停留期限不超过一百八十日的，持证人凭签证并按照签证注明的停留期限在中国境内停留。”通常是持 C 字、F 字、G 字、J2 字、L 字、M 字、Q2 字、R2 字、X2 字及 S2 字签证入境我国，分别从事乘务、访问、过境、临时记者、旅游、营业文艺演出人员、商业性体育赛事活动人员、探亲、私人事务以及来华人才、学习人员的家属从事的活动的外国

---

① 周鲠生主编：《国际法》，上册，274 页，北京，商务印书馆，1981。

② 参见周忠海主编：《国际法》，280 页，北京，中国政法大学出版社，2004。

③ 参见梁淑英：《外国人在华待遇》，3 页，北京，中国政法大学出版社，1996。

④ 参见公安教材编审委员会《公安外国人管理》编写组：《公安外国人管理》，11 页，北京，中国人民公安大学出版社，1987。

⑤ 参见［英］马尔科姆·N·肖：《国际法》，白桂梅、高健军等译，1041～1049 页，北京，北京大学出版社，2011。

人；后者是持居留证件在华需要居住6个月（工作类的3个月）以上的外国人，包括持居留证件的外国人和持外国人永久居留证件的外国人。《出境入境管理法》第30条第1款规定："外国人所持签证注明入境后需要办理居留证件的，应当自入境之日起三十日内，向拟居留地县级以上地方人民政府公安机关出入境管理机构申请办理外国人居留证件。"《外国人入境出境管理条例》第15条规定，我国的居留证件分为工作类、学习类、记者类、团聚类及私人事务类5类，发给在中国境内工作、长期学习、常驻记者等外国人及其家属，因家庭团聚需要在中国境内居留的中国公民的家庭成员和具有中国永久居留资格的外国人的家庭成员以及因寄养等原因需要在中国境内居留的人员。这意味着持Z字、X1字、J1字、Q1字及S1字签证入境的外国人须在入境30天内到公安出入境管理机构申请相应的居留许可。《出境入境管理法》第47条第1款规定："对中国经济社会发展作出突出贡献或者符合其他在中国境内永久居留条件的外国人，经本人申请和公安部批准，取得永久居留资格。外国人在中国境内永久居留的审批管理办法由公安部、外交部会同国务院有关部门规定。"第48条规定："取得永久居留资格的外国人，凭永久居留证件在中国境内居留和工作，凭本人的护照和永久居留证件出境入境。"

三、外国人管理

外国人管理，从广义上说，是指一国政府为维护国家主权、安全和利益，保护外国人合法权益，促进国家经济、社会发展和国际交往，在不违背所承担的国际义务的条件下，对外国人的入出境和居留期间涉及的其他事项实施的立法、行政和司法等主权行为的过程。①

在外国人管理中，一国依法实施对外国人的行政管理占有突出的地位。因为在国家的立法、司法和行政管理活动中，国家行政管理直接体现着国家职能。因此，外国人管理，从狭义上说，是指一国政府有关主管机关为维护国家权益、保护外国人合法权益、促进国家经济、社会发展和国际交往，在不违背所承担的国际义务的条件下，依法对外国人的入出境和居留期间涉及的其他事项实施管理，提供服务的行政行为。② 在我国，对外国人管理的主管机关包括公安部门、外事部门、人力资源和社会保障部门、教育部门、商务部门、宗教管理部门、卫生部门、防疫部门等。除公安部门外，这些部门均对外国人的某一项事务在其职责范围内进行管理。而公安和外事部门则是对外国人的若干项事务进行管理。

四、公安外国人管理

在我国，由于公安机关是国家的治安行政机关和刑事执法机关，因此，公安外国人管理，是指公安机关在其职责范围内为维护国家主权安全和利益、保护外国人合法权益、促进国家经济、社会发展和国际交往，在不违背所承担的国际义务的条件下，依法对外国人的入出境和居留期间涉及的其他事项实施管理、提供服务的行政行为和刑事执法行为。

对公安外国人的概念，可以从以下几个方面来理解：

---

① 参见张惠德：《论外国人管理的概念和内容》，载《云南警官学院学报》，2012（5）。

② 参见张惠德、刘宏斌、曾范敬：《在华外国人管理行政协调机制研究》，载《云南行政学院学报》，2014（5）。

（一）公安外国人管理是国家主权在特定领域的重要体现

国家主权是国家的最重要属性，是国家独立自主地处置对内和对外事务的固有权力。国家主权对内表现为最高统治权，即主权国家在本国领域内享有的对人、财、物、事管辖的最高决策权；对外表现为独立权和排他管辖权，即对主权国家的领土完整不受他国非法侵犯，国家内政不受他国非法干涉。公安外国人管理领域体现了国家主权中的属地管辖权原则，作为外国人管理的主要主管部门，公安机关按照本国的法律和政策对其境内的外国人实行管辖，保护外国人的合法权益，防范、发现和打击违法犯罪的外国人。这是任何一个独立国家所固有的权力，也是世界上公认的国际法准则。如果不这样，国家主权就不能维护，国际间正常交往就不能保持，国际和平与合作就要受到危害。在旧中国，由于我国处于半封建半殖民地的地位，政治上不能独立，国家主权遭到破坏。帝国主义列强通过不平等条约，攫取了种种特权，在某些地方，他们可以不受中国政府的管辖。有些外国人在我国横行霸道，胡作非为，我国无权处置。新中国成立后，废除了帝国主义强加在中国人民头上的不平等条约，取消了帝国主义的特权，肃清了帝国主义在华势力，恢复了一个独立的主权国家所应有的权利，我们才真正行使了对外国人的管辖权。

（二）公安外国人管理是国家涉外行政管理和涉外刑事管辖权的具体体现

根据国家主权的原则，国家享有对国家事务包括行政事务进行管理、对刑事案件进行管辖的权力，而不管其是否具有涉外因素。公安机关代表国家对涉及警察职权范围的涉外事务实施行政管理和刑事管辖。根据《刑法》、《出境入境管理法》以及《治安管理处罚法》等法律规定的属地管辖原则，凡是发生在中国领域内的违法犯罪行为，不论行为人是中国公民、中国组织还是外国人、外国组织，公安机关都有权依照中国法律予以处罚。从业务性质上看，外国人管理的各项事务既包括行政事务，又包括司法事务。具体地说，有些外国人管理纯属行政事务，例如，出入境管理，在华外国人居留、旅行管理，等等；有些外国人管理纯属司法事务，例如，涉外刑事案件处置，国际侦查协作，等等；还有的外国人管理同时兼有行政性和司法性；从运用手段上看，在处置外国人管理过程中，既需要行政手段，又需要司法手段，有时还需要两种手段交替使用；从法律适用上看，外国人管理既涉及行政法律，又涉及刑事法律。处置涉外行政警务必须依据有关的行政法律，而处置涉外刑事案件则应当依据有关的刑事法律。

（三）公安外国人管理是我国公安机关警务活动的重要组成部分

像中国人一样，外国人的活动会涉及各个方面，有相应的国家机关进行管理。按照法律分工，公安机关承担了外国人管理的主要部分，公安机关拥有广泛的外国人管理权。公安机关为了维护国家主权、国家安全和领土完整，打击境内外敌对势力对我国的破坏活动，预防和惩治涉外犯罪，维护国家正常的出入境管理秩序，维护社会治安秩序，开展了一系列具有涉外因素的执法活动。公安机关各业务部门在各自的职责范围内，均负有对外国人管理的责任，在办理涉外案（事）件以及对外国人管理工作中，应当分工负责、相互配合。因此，也可以说，外国人管理构成了我国公安工作的重要组成部分。

（四）管控与服务是公安外国人管理部门的两大基本职能

加强管控是公安机关履行维护国家主权、安全、社会秩序职责的需要，是维护国家利益的需要。前往一国的外国人成分复杂，不仅有守法的外国人，也有妄图通过一些非法手段牟利的外国人，也有从属于情报、恐怖、民族分裂以及各类极端组织的外国人。若放松了管控，国家的权益必将遭受到严重的损害。要做好对不法外国人的防范和打击等管控工作，必须保证依法管控，保证管控制度、规范和程序的严谨，不断改进技术支持，不折不扣进行落实，在一定程度上，人的主观能动性要被“压缩”，要做到严格按照规定程序操作执行。

但从另一方面来说，政治、经济和社会发展和保护中外公民合法权益的需要，现代文明社会本应达到的标准使得服务成为一股不可逆转的潮流。服务水平的高低不仅体现了一个政府的办事效率，影响着国家的经济、社会的发展，也体现着一国的国际形象。作为一个行政部门，公安机关更要做好包括为外国人提供的各类服务工作，以便更好地维护其合法权益。

能否正确对待“管控”和“服务”及两者之间的关系，决定着公安外国人管理的成效。总之，“重管控，轻服务”或“重服务，轻管控”都是片面的，“管控”和“服务”在外国人管理中，相辅相成，不可偏废。

（五）公安外国人管理有其特殊性

公安机关外国人管理的对象是外国人。外国人一旦进入中国国境，就会立即处于国家属地管辖权之下，处于一般法律地位的主体资格。同时，外国人所属政府也行使属人管辖权。因此，公安机关外国人管理与外国驻中国的代表机关和领事机关有着密切的联系。对具体事务的处置，实际上就是处置中国政府与外国人所属国政府的有关事务，关系到两国国家关系，具有涉外的性质。这种双重性和涉外性决定了公安机关在外国人管理中，不仅要严格依照我国的法律规定，而且也要认真遵守国际法的有关规定，同时还要考虑到有关国家的法律规定。在涉及外国人案件的处置上，除了要遵守与一般警务相同的普通程序外，还必须遵守外国人管理的特殊程序；在适用法律追究外国籍违法犯罪人员的责任时，除了要考虑违法犯罪的性质、情节、危害后果和当事人的情况外，还必须考虑两国之间的关系和国际斗争的形势，不仅仅是司法问题，而且还是外交问题和政治问题。

五、公安外国人管理的主要内容

我国公安机关其依法行使的管理职权范围是相当广泛的。例如，国籍管理、户籍管理、身份证管理、出入境管理、边防检查管理、公共安全管理、社会秩序管理、交通安全管理、消防安全管理等等。公安外国人管理则包括其中。①

公安外国人管理，如从狭义的角度去理解，那就是专门对外国人的公安管理。它包括国籍管理、外国人入出境管理、边防检查、外国人枪支管理和外国人集会游行示威管理等方面内容；而从广义的角度去理解，除户籍管理和身份证管理之外，几乎所有的公安管理都与公安外国人管理有关。例如交通安全管理的规定，无论是中国人还是外国人，都应该遵守。本教材重点从狭义上论述和介绍公安外国人管理的内容，同时，也兼顾广义角度的公安外国人管理的内容。

---

① 参见张学斌：《中国涉外法概论》，43页，北京，北京大学出版社，1997。

第二节　公安外国人管理的基本原则

公安外国人管理的基本原则，是指导和规范公安外国人管理立法、执法（设定和实施）的基础性原则，是贯穿于公安外国人管理的具体规范，又高于具体规范，体现其基本价值观的准则。公安外国人管理的性质、任务与管理对象决定了它是一项政治性、政策性、法律性、原则性和专业性都很强的工作。它代表国家行使职权，发生了问题，涉及国家责任；它对内对外都十分敏感，其工作的好坏，不仅涉及国内，而且直接影响我国的国际声誉和对外关系。因此，公安外国人管理无论是制定各项法规、实施正常管理，还是处置有关涉外问题，都必须遵循一定的基本原则，而不能违背这些原则。

（一）维护国家主权、安全和利益的原则

对外国人进行管理，是行使和尊重国家主权的重要体现，是国际法的基本要求。外国人管理的效果和成果直接影响到国家的尊严和国家的利益，因此，维护国家权益的原则应当成为对外国人管理的根本原则。

根据国家主权原则，一个国家有权自行决定外国人的管理问题，包括外国人入出境、居留、旅游、工作等各方面事务，是否允许外国人入出境、允许哪些外国人入出境、允许居留多长时间等问题，都属于一个国家的内政问题。外国人并没有要求国家必须允许其入出境或必须允许其居留等的权利，国家也没有必须准许外国人入出境等的义务。一国的主管部门有权依据国家主权原则，对其境内的外国人依法进行管理，并根据该国法律制度采取相应的管理措施。国际社会早已确认了主权国家对外国人属地管辖的原则，则意味着外国人必须遵守居留国相关的法律法规，一旦实施了违法犯罪行为，除享有外交、领事特权与豁免的外国人通过外交途径解决外，均将受到居留国法律的惩处，不享有有损于主权的治外法权。

公安外国人管理本身是国家主权的体现，因为只有主权国家才能实现依照本国法律实施对外国人的管理。我国的公安外国人管理一贯强调维护国家的主权。根据我国法律，外国人入境、过境必须经中国政府主管机关许可，必须向中国政府主管机关申请签证，必须从对外开放的或者指定的口岸通行，接受边防检查机关的检查；外国人在我国居留必须经中国政府主管机关许可，持中国政府签发的居留证件，其居留期限由主管机关确定；外国人在中国境内必须遵守中国法律，不得危害中国国家安全、损害社会公共利益，破坏社会公共秩序；对不遵守中国法律的外国人，中国政府可以缩短其在中国的居留期限，取消其在中国的居留资格，或者依据中国法律给予处罚；在刑事、民事案件或者其他违法行为尚未了结之前，该外国人不准出境等等。这些规定，都十分鲜明地体现了一个主权国家维护国家主权的原则。公安机关认真贯彻这些规定，就是在实际上行使和维护国家主权。

维护国家安全是公安外国人管理工作的前提，国家利益是公安外国人管理的出发点。在公安外国人管理活动中，公安机关对有利于国家经济发展的外国技术人员、投资者都给予出入境的便利和优惠，甚至赋予其永久居留资格；但对入境后可能危害国家安全和利益的外国人，则拒发签证，即使签发了签证，口岸边防检查机关也不能准其入境；对境内的外国人发生有侵害本国国家安全和利益的违法行为，则应及时制止，最大限度地减少其对国家安全和利益的侵害；对刑事、民事案件的被告人，司法机关认定的犯罪嫌疑人，正在服刑的人以及主管机关认为出境后对国家安全和利益有危害的人，无论是本国公民还是外国人，都不予批准其出境；对危害国家安全或者给国家利益造成损失的外国人，都依法严厉打击。

我国新的《出境入境管理法》第 1 条就明确了立法的目的："为了规范出境入境管理，维护的主权、安全和社会秩序，促进对外交往和对外开放，制定本法。"该法第 3 条还规定了外国人的义务：在中国境内的外国人应当遵守中国法律，不得危害中国国家安全、损害社会公共利益、破坏社会公共秩序。

当前世界多极化、经济全球化的趋势日益加强，国际恐怖主义威胁增加，非传统领域安全威胁加大，打击非法移民活动任务加重，外国人"三非"问题及其他违法犯罪问题极大考验我国的社会管理水平和防范控制能力。新的《出境入境管理法》通过进一步加强外国人入境源头管控、完善不准出境入境情形、构建社会有关方面参与的"大外管"格局，加大对违反出入境管理行为的处罚力度等措施，将更为有力地维护国家主权、安全和利益。①

（二）保障外国人合法权益的原则

法律的一般价值是平等正义。阿·菲德罗斯在其《国际法》中也指出：所有以一般国际法为基础的外国人的权利根源于这个理念：各国相互间负有义务在外国人的人身上尊重人的尊严。国际法中基于国家责任的外交保护制度是悬在各主权国家头上的达摩克利斯之剑，没有国家从主观上不维护自己的国际形象，没有国家愿意因违反自己承担的国际义务而招致别国行使外交保护。另一方面，对外国人合法权益的保障，也是一国在维护该国自己的权益，不仅是维护了社会秩序，体现了法治水平，而且巩固和加深了外国人对所在国的信赖程度，维护和提高了该国的国际形象。鉴于此，世界各国无论以宪法还是专门法律以及国际条约形式，一般都承认外国人的法律地位，都赋予外国人在基本权利上的平等法律人格，对外国人的合法权益都给予明确切实的保护。

所以，保护外国人的合法权益，是世界各国法律通行的做法，是衡量一国法治水平的重要指标。

根据我国《宪法》、《出境入境管理法》等有关法律规定，在中国境内的外国人的合法权利和利益受法律的保护。保护外国人的合法权益，是国际人权保护的组成部分，国际人权保护中关于少数民族和有色人种的保护，关于妇女、儿童、难民、残废者的保护，都涉及对外国人的保护问题，有一系列有关的国际公约。在具体实践中，我国公安机关及其他司法机关有义务对外国人、外国组织在华的合法权益提供保护。在中国境内的外国人、外国组织，其生命财产受到无辜伤害或损失的，我国公安机关有责任及时侦破，并对违法犯罪行为人给予应有的法律制裁，追回财产并退还受害者，切实维护在华外国人的合法权益。

另一方面，维护外国人合法权益符合我国的利益。

目前，我国的国际地位日益提高，在国际事务中的作用不断增强，与世界各国之间在政治、经济、科学、文化各个领域的交流、合作日趋频繁。维护和保障外国人的合法权益，有益于提高我国在国际社会的威望，促进我国与世界各国人民的友好交往，发展我国与世界各国的友好关系。

---

① 参见张惠德主编：《出入境管理》，7 页，北京，中国人民公安大学出版社，2014。

为了加快我国经济建设的步伐，我国实行了对外开放政策，大量引进外国的人才、资金和先进技术、设备，大批外国人来华。在这种情况下，强调保护外国人的合法权益，为外国投资者、外国专家、工程技术人员及其他人士提供一个安定的工作和生活环境，使他们的合法权利和利益得到保障，不但可以使在华外国人得以安心，还可以吸引更多的外国人来我国投资、工作和进行各种交流，从而促进我国社会主义现代化建设的发展。

（三）坚持依法管理的原则

法治理论已得到世界各国的认可。英国法学家韦德认为：任何事件都必须依法进行。国家对外国人的管理也必须坚持依法管理的原则。只有将外国人管理纳入法制的轨道，实行依法管理，才能使工作处于主动，为外国人所接收。管理的手段和方式是衡量一国法治水平的重要方面，国家对外国人的管理必须坚持依法管理，不得采取任何其他非法治的方式。鉴于外国人具有身份和管辖上的特殊性，对于外国人的管理贯彻依法管理的原则就更具有特别重要的意义。

依法管理，意味着主管机关在进行外国人管理中，不仅要遵守国内法，而且要信守相关的国际法。

在公安外国人管理中，坚持依法管理的原则，意味着公安机关管理外国人的职权来源于法律授权，其基本任务是执行有关外国人管理的相关法律，依据法律规定行使权力，管理外国人相关事务。公安外国人管理是以外国人为对象的公开行政管理，强调依法管理更有其特别重要的意义。如果说，一个国家对本国公民的各项事务必须依法管理的话，对涉及外国公民的事务则更要强调依法管理。因为只有依法管理，外国人才易于接受，使我们的管理顺利进行，我们在处置涉外事件时也能处于主动地位；只有依法管理，才能树立和保持我国公安机关在国际上的威信和形象，有利于对外开放，加强我国与各国人民的友好往来；只有依法管理，才能防止主观随意性，使管理工作逐步规范化、科学化，达到既能维护国家的主权、安全和社会秩序，促进社会主义建设，又能维护外国人的合法权益。如果有法不依，法的原则和要求就变成一句空话，也就失去了制定法的意义。

强调依法管理，就是无论对外国人入境、出境、居留、旅行的管理，还是对外国人违法犯罪的处置，都必须严格依照法律的规定办事。要做到敢于管理，善于管理。敢于管理就是对外国人该管的要管，该处置的要处置，防止和反对该管不管、放任自流、放弃职守、不负责任的行为，和大事化小、小事化了、怕这怕那、放弃原则的做法。善于管理就是要既有执法的严肃性和原则性，也要有在法律允许范围内的一定的灵活性。要讲究方式方法，讲究策略和艺术，注重实际效果。不需要和不应该由公安机关出面的事，应当由有关部门去处置。

强调依法管理，必须使公安人员熟悉和掌握有关法律的规定。同时还要加强对外国人、接待部门和有关群众的法制宣传，使他们懂得我国对外国人的有关法律规定，要求他们遵守，也便于我们依法管理。

（四）平等互惠的原则

平等互惠原则，是当代国际交往中的一项重要原则，也是国际法中主权平等原则的具体体现，我国积极倡导的“和平共处五项原则”之一就是该原则。平等互惠，也称平等互利，即以相互给予某种对等的优惠待遇为条件，维护和发展国家间的关系。在我国的国际关系实践中，通过相关条约的规定或国际通行的管理，外国人在我国享受怎样的待遇通常也考虑对等原则，以中国公民在相应国家的待遇为参照标准来确定。它具体表现为两种状态：第一，双方根据相互签订或者缔结的国际条约，相互给予对方以同等的待遇；第二，双方国家之间虽然没有签订条约或者缔结有关的条约，但是双方愿意按照认可的国际惯例，本着平等互惠的原则，在某项具体合作事务中相互给予对方同等待遇。

按照国际法，一国并没有向他国提供司法协助或警务合作的强制性义务，这种国际性合作大都是在条约或者互惠原则的基础上开展的。我国政府一贯主张国家不分大小、强弱一律平等，不论何国国籍的外国人，在我国都受到同等的法律管辖和保护，外国人不因国籍不同而受到歧视。但如果有关国家对居留该国的我国公民给予歧视待遇，我国也有权实行对等原则，给在我国的该国公民以同样的待遇。

目前，我国与各国签订的刑事司法协助条约和警务合作协议都包含了互惠原则这一基本原则。例如，双方相互合作的范围、合作的方式、联系途径、执行程序以及所需费用等，无一不体现对等互利。《刑事诉讼法》第 17 条规定："根据中华人民共和国缔结或者参加的国际条约，或者按照互惠原则，我国司法机关和外国司法机关可以相互请求刑事司法协助。"据此，我国公安机关与外国警方开展警务合作，需要遵循两项基本原则：一是双方签订条约的，按照条约的规定办理；二是双方没有签订条约的，按照互惠原则办理。从国际刑事司法合作的实践来看，有的国家要求以条约作为合作的唯一依据，而有的国家也允许以互惠原则为基础，就个案开展合作，尤其是在各国通过国际刑警组织渠道开展司法合作时，这种方式显得尤为灵活和有效。在国际刑事司法合作中，互惠原则的具体体现有时又是一种承诺方式，一般是一国政府向另一国政府以承诺的方式作出对等互惠的保证。①

公安机关在涉外案件处置及出入境管理时也都经常适用对等互惠的原则。1985 年公安部、外交部、司法部、国家安全部、最高人民法院和最高人民检察院《关于处理涉外案件若干问题的规定》的总则指出，处置涉外案件，在对等互惠的基础上，严格履行我国所承担的国际条约义务。《出境入境管理法》第 7 条第 2 款规定：外国政府对中国公民签发签证、出境入境管理有特别规定的，中国政府可以根据情况采取相应的对等措施。长期以来，我国在外国人签证互免及收费标准上已经适用了这一原则。

第三节　公安外国人管理的历程

1949 年中华人民共和国的成立，结束了中国人民一百多年来饱受帝国主义压迫和奴役的历史，开辟了中国历史的新纪元，中国以一个完全独立的主权国家的形象出现在世界舞台上。新中国不仅彻底废除了国民党政府的法律，而且宣布取消帝国主义各国及外国人在华的一切特权。从此，中国才真正开始了一个主权国家对其境内外国人的管理。这一时期的外国人管理大体上可以分为以下几个阶段：

一、中华人民共和国成立至 1956 年，协助管理阶段

建国初期的外国人管理，我国的公安机关，主要是配合中国人民解放军和各级人民政

① 参见张铁岩主编：《新编涉外警务教程》，12 页，北京，中国人民公安大学出版社，2009。

府，开展取消帝国主义在华特权和肃清帝国主义在华势力的斗争，清理在华外侨，建立外侨管理机构，制定外侨管理法规等。

（一）取消帝国主义在华特权

1949年制定的《中国人民政治协商会议共同纲领》第3条规定：必须取消帝国主义国家在中国的一切特权。取消外国及其国民在华的特权首先就要废除不平等条约，因为这类条约是长期以来使得外国和他们的国民在中国享受政治上、经济上各种特权，损害中国主权的主要依据。因此，该纲领第55条规定："对于国民党政府与外国政府订立的各项条约和协定，中央人民政府应加以审查，按其内容，分别予以承认，或废除，或修改，或重订。"按照此规定，我国对新政府成立前历届旧政府与外国签订的国际条约和协定进行了逐一的审查，对于侵略性、奴役性、掠夺性的条约一般都予以废除，当然那些规定外国人特权的约章也在废除之列。但对涉及领土问题的条约，即使是不平等的条约，我国仍遵循国际法的基本原则，愿在旧约的基础上与有关国家通过谈判进行修改或重订。我国在国内采取法律措施和废除不平等条约的行动，从法律上取消了外国人的特权，废除了外国人在华享有各种特权的法律依据。另外，在实践中，我国还采取了各种肃清外国和外国人的特权的措施。

首先，对原外交人员按一般外国人对待。对于曾与国民党政府建立外交关系的国家，在华设立的外交机关和外交人员及其他有关人员仍留在中国的，政府一律不再承认他们的地位，他们不得再在华从事公务活动，并应撤出中国。凡愿意留居中国的外交人员和其他人员经过我国的同意可留在中国，但他们一律享有一般外国人的待遇，与一般住华的外国人地位相同。

第二，收回外国兵营的地产。如1950年，北京军事管制委员会发布公告，宣布收回北京市外国兵营地，并征用各该地地面的兵营及其他建筑。而且还向美、英、荷（占用前德国兵营）领事发出要求，要他们指派专人负责，按期交回兵营，不得延误。各该国的前驻旧政府的领事都照此办理，很快将兵营腾出交给了当时的军管会。

第三，对入境的外籍船舶实行管理。在天津、上海、广州等重要港口的军管会公布了外籍船舶进出口管理暂行办法，废除了外国船进出口管理暂行办法，废除了外国船舶在华的航务和港务特权。要求外国船舶出入中国港口申请批准，取缔了外国人担任引水员的特权；规定外轮的查验制度；外轮抵港后不得在舶的电台发报；外轮的停泊及移动地点必须事先呈请批准，否则不得移动等。1950年7月26日，我国政府还发布了关于统一航务和港务管理的指示，规定建立中国统一的航务、港务及港务管理机构，把现属港埠码头区的外资经营的码头仓库，依人民政府颁布的统一管理章程、法令予以统一管理。各地政府在整顿和发展航运过程中，规定外轮不准驶入中国内河，并且限制和逐步接管了外国在华的轮船公司。至此，被外国人横行的中国领水掌握在中国人手中。

第四，建立了海关和制定了《暂行海关法》。为了维护中国的主权、安全和经济贸易的发展，我国于1949年10月25日宣布正式成立海关总署。这样就使中国的门户控制在中国政府手中，中国政府对进出口贸易进行全面监督和管理，保证了国家关税的征收，并能打击走私。外国人进出中国或从事对华贸易一律要服从我国海关的管理并应按章纳税。

第五，肃清列强及外国人的经济特权。据不完全统计，新政府成立后，尚有913家外国工商企业留在中国，其中英国有302家，美国有243家，法国有76家，其他国家有292

家，另有一些房地产。对于这些工商企业财产，我国政府根据他们的不同情况和我国的需要，分别采取了军管、征用、征购、租用、代管、没收、转让等方式进行了处置。至1953年外国在华的企业大部分处置完毕。对于外国在华开办的重工业，如煤矿、铁路、造船、机器等部门均收归我国国有。对外国列强或外国人在华经营的贸易、保险、金融等业务活动也令其结束。对它们在华的房地产，若产权不明，契约不全的由当地人民政府代管；对它们非法占据的农地、租地、兵营、房产地则收回；对外国教会占据的房地产也收回了一部分为国有，其余交由中国教会自营。并自1953年开始取缔外国人在华经营的房屋租赁业。

上述措施的实施结果，肃清了帝国主义各国及他们的国民在华的各种特殊权利和特权，结束了外国人在华的特权史、罪恶史。从此开始了中国与外国的平等关系，开始了中国人民与外国人民依据国际法原则的正常交流与合作。中国开始逐步建立了关于外国人出入境和居留管理的法律、法规，建立了保护外国人在华合法权益的法律，对他们行使中国主权范围内的管辖权。

（二）对外国侨民予以登记

我国对居留在华的外国侨民的合法权益给予保护，所有外国侨民都必须改变他们自由居住的状态，一律要按我国的法律规定，到当地办理外侨登记和户籍登记手续。新政府成立的初期，外国人可以到当地的军管部门，或人民政府登记，后来由公安部门办理登记手续。对于在当地办理居留手续的发给居留证件，不符合居留条件的让其离境。另外，我国政府还规定了外国人旅行和申请入境的办法，来华者必须办理入境手续。凡在我国境内的外国人不仅要办理有关的登记手续，还要遵守我国的法律和法规，如有违反者应受到追诉，对犯罪者予以惩处。这是我国对外国人的属地优越权的具体体现。

该项工作是从1954年2月开始，于1956年底基本结束。通过登记，使公安机关比较准确地掌握全国外侨的情况，结合登记，初步建立了外侨档案卡片，为进一步加强外管工作，建立外管制度打下了基础。

（三）对外国侨民予以清理和遣返

为了消除帝国主义的在华势力，巩固新生的人民政权，对英、美等帝国主义国家的侨民实施“赶、挤”的方法，大批清理和遣返外国侨民；对苏联、朝鲜、印度、尼泊尔及东欧等国的侨民，以及一些无国籍人，在守法的原则下，允许他们继续居留，并在生活、就业等方面给予适当安置。对于外侨中敌视、破坏社会主义的帝国主义分子和特务、间谍及有其他违法犯罪活动的分子则依法予以拘捕，除少数罪恶重大必须判刑或案情复杂必须留下继续审查的外，原则上都予以限令出境或驱逐出境。1950年国庆日之前，一起间谍阴谋炮击天安门、危害新中国主要领导人的案件被破获。1951年8月17日，一起间谍阴谋炮击天安门、危害新中国主要领导人的案件被破获。意大利人李安东和日本人山口隆一，被北京市军事管制委员会军法处判处死刑。这是中国人民近百年来第一次在自己的国土上处决外国人。上世纪50年代末，以该案例为素材创作的电影《国庆十点钟》，风靡全国。

同时，由于取缔教会中的反动势力，破获外国的各种犯罪案件及处置外商、外企、外国房地产等，又使一部分外国人自动离境。从1952年开始，我国政府还进行了大批遣送日侨回国的工作，还协助苏联政府遣送了大批苏侨回国，还通过联合国难民组织处置了一批无国籍侨民。

（四）制定外国人管理法规，建立健全外侨管理制度

1951 年 11 月，中央人民政府政务院公布了《外国侨民出入及居留暂行规则》。1954 年 8 月，中央人民政府政务院批准、公安部制定并公布了《外国侨民居留登记及居留证签发暂行办法》、《外国侨民旅行暂行办法》和《外国侨民出境暂行办法》及许多内部规定。公安机关依照这些法规和内部规定加强了对境内外侨的管理。包括对外侨出入我国国境和在我国居留旅行加强审批控制；对外侨居住的地区进行必要的调整；对国家机关、企业雇用、留用的外国侨民经过调查、审查后，分别情况予以清理和调整；对在我东北、西北、西南等边远地区聚居或杂居的外国侨民，加强日常管理，给予必要的安置和生活照顾；对外侨中的失业者、无业游民和无国籍人，查清情况，对其中的不法分子，依法惩办，其他的予以安置救济。①

二、1957 年至 1978 年，动荡摇摆阶段

（一）外国人管理工作方针政策逐步放宽

为了扩大我国在国际上的影响，管理上采取了开门请客广交朋友的方针。这一时期，公安部、外交部多次发出指示，简化入境审批手续，放宽对外国人入境的限制，外侨申请去北京、上海、沈阳、南京、西安等 36 个大中城市游览，在县、市公安局即可审批，并发放旅行证。此后，随着社会主义建设的需要和国内形势的发展，对外国人入境和在国内旅行的规定又进一步放宽。

（二）建立公安外国人管理机构

建国初期，我国政府建立外侨管理机构，进行外侨总登记。这一时期，外侨工作基本上是由外交部和外交部授权的地方外事部门负责，公安部和各地公安机关只负责一部分外国侨民事务的管理，其对象主要是在我国定居的外国侨民。因此其管理机构称为“外侨管理科”。1956 年，经国务院批准，外交部和各地外事部门陆续将外侨有关事务移交给公安部和各地公安机关，公安机关管理的外国人的成分发生了变化。1959 年 6 月 1 日起将公安机关的“外侨管理科”改名为“外国人事务管理科”（简称“外事科”）。

（三）制定和颁布《外国人入境出境过境居留旅行管理条例》（草案），执行“管紧管严管合理”的方针

1964 年制定和颁布的《外国人入境出境过境居留旅行管理条例》（草案）对当时及以后 20 余年的公安机关外国人管理工作发挥了重要作用。由于当时中苏关系的变化，帝国主义的经济封锁和三年自然灾害，一些国家的间谍特务趁来华工作之机进行破坏，加之“左”倾错误思想的影响，1964 年 2 月在天津召开的全国外管工作会议提出了“管紧管严管合理”的公安机关外国人管理工作方针。在贯彻这一方针中，各地外管部门侧重于如何将外国人管紧管严，因而出现了管得过多、管得过死、手续烦琐、权力过于集中的现象。

（四）公安外国人管理工作在“文化大革命”中受到全面破坏

“文化大革命”十年动乱，公检法被彻底砸烂，外国人管理工作遭受了极大的冲击和

① 参见叶氢主编：《外国人管理——暨涉外案（事）件查处》，19 页，北京，中国人民公安大学出版社，2007。

破坏，外国人的人身安全得不到保障。许多从事外管工作的人员遭到迫害，许多外管机构被撤销，制度被破坏，但仍有许多处在第一线的外管干警坚持岗位，办理外国人签证等工作。

三、1978到1985年，恢复阶段

根据党的工作重心转移到现代化建设上来的战略决策，1978年，公安部在天津召开了省、区、市外管处、科长会议。在这次会议上，提出了“简化手续，掌握情况，重点控制”的指导方针。第二年，公安部又在无锡举办了全国外管干部培训班。这次培训班提出了“维护主权，保卫安全，依法管理，宽严适当”的十六字方针。1984年5月在北京召开的全国外管工作会议明确了新时期外管工作的方针，即“维护主权，保卫安全，适应开放，服从于服务于四化建设”的方针。外管的工作中心转移到了为经济建设服务上。

1978年，我国实行对外开放以后，出入境的中国公民和外国人不断增加。到1984年，出入境人员已经从1978年的188万人次，上升到1 285万人次，其中外国人由1978年的45万人次增加到300万人次。面对这种增长态势，原来的管理机构显然已经不能适应对外开放形势发展的需要。1983年，公安部设立了“外国人管理出入境管理局”，一部分省、市、自治区公安机关也根据工作需要成了“外国人管理出入境管理处”。同时，进一步调配和充实了外事民警的力量。专门机构的建立，标志着外国人管理工作由过去依附和服务于某项专业工作转变为一项独立的专门业务。

四、1985年—2007年，逐步扩展阶段

（一）加强了公安外国人管理的法制建设

我国实行改革开放以后，来华从事各项活动的外国人成倍增长，原有的法律、法规和管理办法已不适应新形势的发展需要。公安部从1979年开始起草《国籍法》，于1980年9月10日第五届全国人民代表大会第三次会议通过。1985年，第六届全国人大常委会第十三次会议通过了《外国人入境出境管理法》。第二年，经国务院批准，公安部、外交部、交通部公布了《外国人入境出境管理法实施细则》。1994年，公安部、外交部、交通部发布了新拟定的《外国人入境出境管理法实施细则》。这些法律法规的颁布实施，使公安外国人管理走上了依法管理的轨道，把公安外国人管理推向一个新的发展阶段。①

（二）形成了一个对出入境管理事务统一管理的专门体制和相对独立的系统

1989年，公安部外国人管理出入境管理局改称“出入境管理局”，至1996年，各省级公安机关全部成立了出入境管理机构。各省、市、自治区公安厅（局），各大中城市公安局和部分县（市）公安局相继设立了外国人管理机构，配备了专职外管民警。从中央到地方形成了一个对出入境管理事务统一管理的专门体制和相对独立的系统。

（三）采取了许多有关外国人入出境管理的重大改革措施

从20世纪80年代初期起，为了便利外国人在华进行经济贸易、技术合作、文化交

---

① 参见公安教材编审委员会《公安外国人管理》编写组：《公安外国人管理》，66页，北京，中国人民公安大学出版社，1987。

流、探亲旅游等活动，针对外国人入境手续烦琐、居留和旅行限制范围过大等问题，公安部作了重大调整，进行了一系列改革，以适应改革开放的需要，为外国人来华提供很多便利条件。

1. 不断扩大开放口岸的范围

国家实行对外开放以来，国际通行口岸已经从 1985 年的 107 个增加到 273 个，外国公民只要持有中国政府的入境许可证，可以从其中任何一个口岸进出中国国境。

2. 不断扩大自由旅行区域

外国人在中国的合法活动范围越来越大。截至 2005 年 11 月，外国人来中国旅行从 1985 年公布的 244 个开放地区，增加到 2 650 个县、市，占县市总数的 92%，只有西藏、新疆、青海等省区内部分偏远荒芜、交通不便的地方，以及一些军事禁区、边境地区等不到 8%的地区未对外开放。

3. 不断简化入境签证手续

自从 1986 年取消外国人出境签证后，在北京、天津、上海等 39 个城市的 57 个口岸设立了口岸签证机关，为来华经商、洽谈贸易、投资的外国人，因紧急事由来不及在境外办理签证并符合有关条件的外国公民办理口岸签证。

4. 对部分国家公民实施免签证

针对一些发达国家或较发达国家的入境人员，实行国别政策和类别管理方法。自 2003 年 9 月 1 日起，我国对来自日本、文莱、新加坡 3 个国家持普通护照的公民前来中国大陆旅游、经商、探亲访友或过境不超过 15 天者，可免办签证从中国对外国人开放口岸入境（自 2008 年 7 月 1 日起，中方暂时停止了对新加坡公民持普通护照来华经商、观光旅游不超过 15 天免办签证的做法）。2000 年，海南省对来琼的日本、新加坡等 21 个国家持普通护照公民参加的外国旅游团实行 15 天免签证（2011 年 1 月，去海南省免签证国家增加到 26 个）；对到港澳的外国人组团进入珠江三角洲地区旅游 6 天免签证。

5. 放宽入境和居留限制

相继取消了外国人定点住宿、外国人返回签证制度。2003 年，北京取消了外国人定点住宿的限制，外国人在北京可以自由选择住宿地点，甚至可以住在居民家里。自 2004 年起，对在华常住的外国人签发贴纸式外国人居留许可，外国人在居留许可有效期内可以在中国居留和多次出入境，无须再申请返回签证。

6. 颁布实施中国“绿卡”制度

2004 年 8 月，我国颁布实施了《外国人在中国永久居留审批管理办法》，正式实施中国“绿卡”制度。

（四）公安外国人管理开始向基层公安机关展开

90 年代中期之前，公安机关对包括外国人在内的境外人员的管理基本上由市、县以上的出入境管理机构负责。这种集中统一管理体制在当时境外人员较少的情况下是可行的。改革开放十几年来，境外人员情况发生了很大变化。临时入境及常住外国人、港澳台同胞和华侨的人数分别成几倍、几十倍地增长。这些入境人员成分复杂，落脚点分散，活动范围广，涉及刑事、治安、交通、户政、出入境等诸多方面的涉外案件大量增加。因此，加强基层公安机关境外人员管理工作，建立自下而上的境外人员管理工作网络，便显得尤为迫切和重要。

公安部出入境管理局先后召开了1993昆明会议和1995年无锡会议，对把境外人员管理工作落实到基层公安机关作了强调。

1996年公安部专门下发了《关于加强基层公安机关境外人员管理工作的通知》（公通字〔1996〕53号），强调了加强基层公安机关境外人员管理工作的意义，提出了把境外人员管理工作同其他各项公安工作同部署、同检查、同考核、同评比的“四同标准”，界定了基层公安机关境外人员管理工作的主要职责和任务的内容，强调要建立健全管理网络、有计划地加强对县、市公安局、分局及派出所民警涉外知识业务培训，提高基层公安机关民警管理境外人员、处置涉外案件的能力。

为落实基层公安机关对境外人员管理的责任制，实现境外人员管理底数清、情况明、信息灵，管理控制有效，漏管失控减少的总体目标，1997年8月，公安部办公厅制定并下发了《基层公安机关境外人员管理工作规范》，从责任落实、制度健全，情况清楚、信息灵敏，及时发现违法犯罪、正确处置涉外案（事）件等三个方面提出了具体工作要求。旨在改变境外人员管理工作是“出入境管理机关的事”的陈旧观念，通过一整套规范来解决“不会管”的问题。这是全面加强境外人员管理工作的客观要求，也是全面加强公安基础工作的重要内容，符合公安工作改革的大方向。

2004年10月，公安部在江苏省苏州市召开的全国公安机关外国人管理工作会议明确提出：要切实加强外国人管理的基层基础工作，进一步明确公安派出所对辖区外国人实施人口管理的职责，加强基层公安机关对外国人的管理控制能力。

（五）建立公安机关外国人管理工作分工配合机制

为进一步提高公安机关外国人管理水平，明确公安机关各业务部门对外国人的管理工作以及办理涉外案（事）件的职责分工，加强公安机关各业务部门之间的工作协调配合，2003年，公安部制定了《公安机关外国人管理工作分工配合机制规定》，并首次提出了公安派出所的外国人管理主要职责是负责外国人住宿登记管理工作，将居住在本辖区内的外国人纳入实有人口管理。这明确表明，外国人管理是公安机关各警种的事，而不是出入境管理机构一家的事。

五、2007年至今，管理和服务并重阶段

（一）召开全国公安机关外国人管理工作会议

为适应改革开放形势，维护国家安全和社会稳定，确保平安奥运工作目标的实现，2007年1月，公安部在北京召开全国公安机关外国人管理工作会议。省级公安机关主要负责同志和治安、户政、出入境、边防、九边检总站，公安部机关外管工作领导小组成员单位，外交部等十几个部委有关领导参加。会议一是准确地分析了新的历史条件下公安机关外国人管理工作面临的形势和挑战，阐述了其阶段性特点，并明确指出了公安机关外国人管理工作的总体要求和分阶段的工作目标；二是强调指出了外管工作是一项系统工程，提出了要与国际接轨、工作重心要向提高对外国人的综合管控水平转变、出入境管理机构要充分发挥牵头作用意义、全面提高管理水平等符合形势发展需要的新观点，并确立了实现“底数清、管得住、服务好”的新目标；三是明确了着力提升源头管控、将外国人纳入派出所实有人口管理、加大防范查处外国人违法犯罪力度、加强信息化建设、创新服务举措

等五项具体工作任务，并围绕组织领导、整合内部资源、完善法规体系、加强管理力量等四个方面提出了具体要求。

（二）出台《关于进一步加强和改进公安机关外国人管理工作的意见》

2007年2月，公安部制定了《关于进一步加强和改进公安机关外国人管理工作的意见》，明确了新形势下公安机关外国人管理工作的指导思想和工作目标、任务，要求全国公安机关，准确把握新的历史条件下公安机关外国人管理工作面临的机遇与挑战，全面提升对外国人的管理能力和服务水平，全力构建促进外国人管理工作可持续发展的保障体系。

（三）再部署公安外国人管理工作

为深入贯彻落实上述《意见》，公安部于2007年11月、2008年4月、2009年6月，三次召开全国公安机关外国人管理工作会议，主要围绕健全协调配合机制、巩固深化外国人实有人口管理工作、推进外国人管理信息系统建设和应用、增强管控和服务能力、加强涉外执法队伍建设等方面的工作进行再总结、再部署。

（四）在广东试点外国人管理服务协作配合工作机制

为建立“权责明确，协调联动，运转高效”的外国人管理服务协作配合工作机制，公安部同意广东省在外国人管理方面先行先试。广东省于2011年制定并通过了《广东省外国人管理服务暂行规定》（广东省人民政府令第155号），明确了在粤外国人管理服务工作应当遵循依法管理、优化服务和居住地属地管理的原则；确立了政府主导与部门负责的工作机制：规定公安机关是外国人管理服务工作的主管部门，界定了各级人民政府及其有关部门和海关、出入境检验检疫、边防检查等中央垂直管理部门以及居委会、村委会、用人单位、被授权签发外国人来华签证通知函电单位的具体职责；从外国人居住、经商、就业等方面专章设定了具体管理规范；从健全服务制度、公开政府信息、宣传涉外法规、建立社区综合管理服务队伍等方面专章设定了具体服务规范；从查验证照、日常管理和巡查、调查或者检查等方面专章设定了具体监督规范；就被授权签发外国人来华签证通知函电单位、旅馆、各类学校和培训机构、房屋出租人、物业服务企业、房地产中介服务机构、各类市场投资方或者管理机构、用人单位以及有关行政管理部门及其工作人员、在粤外国人违反本《规定》的行为，分别设定了具体的法律责任。此规定对于规范在粤外国人管理、优化在粤外国人服务、促进广东社会和谐稳定，具有重要的意义。

（五）完善外国人管理法律制度

1. 出台了《出境入境管理法》

为了解决上述出入境管理存在的问题，进一步深化对外开放的需要，解决日益严重的外国人非法入境、非法居留、非法就业的“三非”问题，适应我国法治建设进程的需要，2012年6月30日，第十一届全国人民代表大会常务委员会第二十七次会议通过了新的《出境入境管理法》，并于2013年7月1日施行。该法对于公安外国人入出境服务管理不仅确立了管理与服务相结合的新理念，而且具体制度上有诸多创新：

（1）在改进服务方面，《出境入境管理法》首先为实施人才签证制度提供了法律依据，并扩大了过境免签适用范围。基于国际公约、惯例和人道主义考虑，本法完善了临时入境制度，规定外国船员及其随行家属登陆港口所在城市、免签过境人员需要离开口岸和外国人因不可抗力或者其他紧急原因需要入境的，可以申请临时入境；规定了普通签证、停留居留证件换发、补发的情形，为给符合条件的外国人提供停留居留便利提供了法律授权；进一步完善了中国“绿卡”制度，对中国经济社会发展作出突出贡献或者符合其他在中国境内永久居留条件的外国人，经本人申请和公安部批准，可以取得永久居留资格，为逐步放宽“绿卡”申请条件留下空间，有助于促进引智引资工作；增加了难民入出境的内容，填补了出入境管理法的一项空白。

（2）在加强管理方面，《出境入境管理法》进一步完善了外国人签证签发制度，规定出具邀请函件的单位或者个人应当承担对邀请真实性负责的义务和法律责任，以规范邀请行为；对口岸签证的签发情形、程序和口岸签证停留期限等作了必要规范；还明确了不予签发签证的情形，为签证机关行使国家主权提供了制度保证。同时，它进一步完善了外国人停留居留管理制度，如区分了停留和居留的界限，规定外国人持签证和停留证件的最长停留期限不得超过180日，外国人工作类居留证件和非工作类居留证件的有效期最短分别为90日和180日，最长为5年。相应地，它还进一步完善了不准外国人入境出境制度。对入境后可能从事与签证种类不符的活动的外国人，参照国际通行做法，规定不准其入境；针对近年来外籍企业主拖欠劳动者劳动报酬出境逃避责任的问题，规定国务院有关部门或者省、自治区、直辖市人民政府可以决定其不准出境。值得注意的是，该法还加大了防范和打击“三非”（非法入境、非法居留和非法就业）外国人的力度。

（3）规范出入境执法体制机制。《出境入境管理法》在不突破现行管理体制的模式下，强化出入境管理机构执法地位方面实现创新和突破。一是规定县级公安机关出入境管理机构根据公安部的委托受理外国人入境、停留居留申请，同时依法实施外国人停居留管理。二是规定县级以上地方人民政府公安机关出入境管理机构可以实施警告和5 000元以下的罚款处罚，意味着出入境管理机构成为继公安消防、交管部门之后第三个具有独立执法权的警种。

（4）推进难民、永久居留及其他相关立法工作。根据《出境入境管理法》的有关规定，难民在华管理以及外国人的永久居留、就业采取了授权立法的形式，目前公安部正会同国务院有关部门制定这些相关法规、规章。

2. 制定了《外国人入境出境管理条例》

为了具体实施《出境入境管理法》，规范签证的签发和外国人在中国境内停留居留的服务和管理，经2013年7月3日国务院第15次常务会议通过，国务院于2013年7月12日以国务院令第637号公布了《外国人入境出境管理条例》。该条例分总则、签证的类别和签发、停留居留管理、调查和遣返、附则5章39条，自2013年9月1日起施行。

3. 修订了公安机关两个办案程序规定

2012年《出境入境管理法》颁布后，公安部于当年12月修订了《公安机关办理行政案件程序规定》和《公安机关办理刑事案件程序规定》，分别在前者的第十三章和后者的第十二章中规定了涉及外国人案件的处置程序。

（六）逐步健全外国人服务管理协作配合机制

2007年全国外国人管理会议召开后，公安部牵头成立了有17个单位参与的“外国人管理工作部际协调小组”。随后，全国31个省、自治区、直辖市以及80个外国人管理工作重点城市也相应建立了党委政府牵头，公安、外办、国安、经贸、旅游、教育、宣传等部门联合组成的以定期召开联席会议为主要形式的外国人服务管理协作配合机制。

2012年20个部门成立中央综治委实有人口专项组境外来华人员服务管理工作小组。

至此，外国人管理行政协调机制随着外国人管理形势的发展从最初的公安、外交两个部门的“双簧”表演演变成在中央、省、市三级政府初步形成以公安为中心的纵横行政协调机制，即一个涵盖公安内部外国人管理（俗称“小外管”）分工配合机制及跨政府部门外国人管理（俗称“大外管”）协作机制，“统一归口、分级管理、多方合作、密切配合”的外国人管理行政协调机制已在我国初步建立。

目前，由于外国人聚居呈现社区化的特点，我国的外国人管理工作重心将向社区延伸，基层机关应建立四层级的外国人管理机制，即市外管理（联席会议）——区外管（联席会议）——街道外国人管理（服务工作站）——社区外国人管理服务点（四级）。

（七）加快外国人服务管理信息化建设的步伐

长期以来，外国人服务管理信息化建设一直被列为外国人管理的核心工作之一。目前，我国已基本形成以出入境管理信息系统为中心，以旅馆业治安管理信息系统、派出所综合管理信息系统和边防检查信息系统为支撑，以国际航班载运人员预报系统和全球签证信息系统为辅助的外国人管理信息化网络。

由于外国人管理涉及公安、外交、人力资源和社会保障、工商、税务、教育等多部门、多环节的系统工程。随着改革开放的不断深入，外国人入出境活动频繁，外国人管理中新情况、新问题不断，在政策衔接、信息共享、协作配合等方面亟须加强协调，实现服务、管理资源的有效整合。为此，《出境入境管理法》规定：国家建立统一的出境入境管理信息平台，实现有关管理部门信息共享。在法律层面对于信息平台建设作出规定，将有力推动此项工作。此信息系统的建成，将实现对外国人信息的关联查询和动态轨迹展示，增加布控、预警功能，有效提升对外国人在华全过程动态综合管控的信息化水平。

（八）提升公安机关外国人管理的工作能力

1. 提升派出所外国人日常管理的能力

将外国人纳入派出所实有人口管理，是公安外国人管理的最重要的基层基础工作，是检验派出所外国人日常管理能力的试金石。它的主要目的是借助于涉外信息网络通过住宿登记管理来掌握其基本情况，发现违法犯罪线索，预防违法犯罪活动，实现对外国人的动态管控。

2007年以来，各地根据公安部的部署，摸索出了一整套将外国人纳入派出所实有人口管理的经验，如山东的社会化采集模式，海南省的离岛管控模式等等。随着涉外社区的涌现，一些地方出现了社区外国人管理的模式，如广州的外管服务站模式，北京的驻区警务站模式。从各地实践可以看出，落实这项工作的关键，是在社区民警、外管民警、社会外管协管力量之间建立职责清晰的分工配合机制。只有这样，才能借助于住宿登记系统，真正做到外国人“来登记、在回访，走注销”，实现“底数清、管得住、服务好”的外国人管理目标。

2. 提升涉外案（事）件的处置能力

《出境入境管理法》新设了继续盘问制度、扩大了拘留审查和遣送出境的适用情形、完善了出境入境证件宣布作废、收缴和注销制度，加大了对外国人“三非”等违法行为的处罚力度，增设了对未按规定出具邀请函件和申请材料等违法行为的罚则，较好地解决长期困扰公安外国人入出境管理领域违法行为查处难、处置轻的难题，为加强出入境执法办案工作提供了强有力的法律支持和法制保障。但另一方面，《出境入境管理法》积极适应我国法治建设发展进程，对各类执法行为的条件、程序等作了更为严格的规范，更加强调对出入境人员权益的保护，对公安出入境管理执法质量和水平提出了更为严格的要求。公安部要求各地要把规范执法办案放在重要位置，进一步完善执法制度，严格办案程序，加强执法监督，切实保障出境入境人员合法权益，有效维护出境入境秩序，提升维护涉外治安稳定的能力和水平。

3. 提升外国人管理工作服务经济社会发展的能力

为适应国家经济社会发展的要求，有关外国人管理的各项制度得到了进一步优化。《出境入境管理法》确立的外国人管理与服务相结合的新理念，新创立的人才签证，授权立法我国新的“绿卡”制度，都将有助于促进引智引资工作，提升外国人管理工作服务经济社会发展的能力。

第四节　公安外国人管理的法律依据

公安外国人管理，是一种实施管理、提供服务的行政行为和刑事执法行为。在强调依法治国的今天，外国人管理工作更须依法进行。外国人管理具有涉外性，在公安外国人管理工作中，既要严格执行我国的法律，还要认真履行国际法的有关规定，同时要以中国法律和国际法作为公安外国人管理的依据，这是公安外国人管理的一个显著特点。公安外国人管理的法律依据，就其表现形式，可以分为以下几种类型：

一、国内法中的依据

（一）宪法依据

《宪法》是国家的根本大法，是我国其他一切法律、法规的基础，是国家权力机关、行政机关、司法机关赖以建立和活动的依据，当然也是我国公安机关外国人管理的基础和依据。

我国《宪法》第 18 条第 2 款规定：“在中国境内的外国企业和其他经济组织以及中外合资经营的企业，都必须遵守法律。它们的合法权利和利益受法律保护。”第 32 条规定：“中华人民共和国保护在中国境内的外国人的合法权利和利益，在中国境内的外国人必须遵守中华人民共和国的法律。”“中华人民共和国对于因政治原因要求避难的外国人，可以给予受庇护的权利。”宪法的这些规定，是国务院、国家安全、外交、公安、司法等部门共同或单独制定涉外规章、制度和原则的最高法律依据，是公安机关外国人管理活动的根本法律基础。

（二）法律依据

这里的法律是指全国人大及其常委会制定的规范性文件。我国现行的法律中，适用于外国人管理的法律有：

1. 刑事法律，如《刑法》、《刑事诉讼法》、《引渡法》和一些补充规定。

2. 行政法律，主要有《国籍法》、《行政诉讼法》、《出境入境管理法》、《领海及毗连区法》、《治安管理处罚法》、《枪支管理法》、《消防法》、《道路交通安全法》、《外交特权与豁免法》、《领事特权与豁免法》、《缔结条约程序法》、《劳动法》、《海关法》、《国家安全法》、《民用舰空法》等。

（三）法规依据

法规分为全国性法规和地方性法规。国务院制定的为全国性法规，各省、自治区、直辖市和国务院确定的较大市的人民代表大会及其常委会制定的为地方性法规。鉴于外国人管理涉及国家的对外主权，它属于中央的事权范畴，因而外国人管理法规只有国务院有权制定，且不能与宪法、法律相冲突。目前，专门规范外国人管理的全国性法规主要有：《外国人入境出境管理条例》、《境内外国人宗教活动管理规定》、《外国常驻新闻机构和外国记者采访条例》等。

（四）规章依据

规章主要指国务院组成部门及直属机构，省、自治区、直辖市人民政府及省、自治区政府所在地的市和经国务院批准的较大的市的人民政府，在它们的职权范围内，为执行法律、法规，需要制定的事项或属于本行政区域的具体行政管理事项而制定的规范性文件。外国人管理的规章，有公安部单独制定的，也有公安部与其他部委以及最高人民法院、最高人民检察院联合制定的，也有地方政府制定的。目前，有关外国人管理的专门规章主要有：1995 年外交部、最高人民法院、最高人民检察院、公安部、安全部、司法部的《处置涉外案件若干问题的规定》，2003 年公安部《公安机关外国人管理工作分工配合机制规定》，2004 年公安部、外交部《外国人在中国永久居留审批管理办法》，2007 年公安部《普通护照和出入境通行证签发管理办法》，2011 年广东省《广东省外国人管理服务暂行规定》，2012 年公安部《公安机关办理行政案件程序规定》和《公安机关办理刑事案件程序规定》，2013 年公安部《外国人签证证件签发工作规范》、《外国人口岸签证签发工作规范》、《违反〈中华人民共和国出境入境管理法〉的行为名称（试行）》和《违反〈中华人民共和国出境入境管理法〉的行为认定及其行政处罚裁量标准（试行）》等等。

此外，国务院及其所属各主管业务部门（例如公安部、外交部）在日常领导和指导工作中制定和发出的有关内部规定、办法、通知、通报、指示、批复等，也是公安外国人管理的重要依据。这些文件中的具体政策规定与国家法律的基本精神和根本目的是一致的，它们往往是法律的补充和具体化。在我国法制建设尚不够完备的情况下，这种具体政策规定是不可缺少的。即使在法制比较完备以后，在执法过程中遇到新的问题，或者随着形势的发展，情况发生了变化，原有法律、法规尚未来得及修改或新的法规尚未颁布以前，也要以这种具体政策规定作为管理的依据。

二、国际法规范

公安机关对在华外国人管理是在国家主权指导下所实施的警务行为，必须依据我国的现行法律、法规。因为它涉及对外国人、外国组织、外国国家和国际组织的管理，所以还必须受到国际法中有关公约、条约的调整和约束，国际法也是外国人管理的依据之一。

（一）国际公约

我国缔结或参加的有关外国人管理活动的国际公约，主要包括：

1. 人权保护的国际公约

例如，《联合国宪章》（我国 1945 年签署）、《公民权利和政治权利国际公约》（我国 1998 年 10 月 5 日签署该公约，但暂未加入）、《经济、社会、文化权利国际公约》（我国 1997 年 10 月 27 日签署该公约，2001 年加入）、《消除一切形式种族歧视国际公约》（我国于 1981 年加入）、《禁止酷刑和其他残忍、不人道或有辱人格的待遇或处罚公约》（我国于 1988 年 9 月 5 日批准加入）、《儿童权利公约》（我国 1991 年批准）、《消除对妇女一切形式歧视公约》（我国 1980 年批准）等。

2. 惩治国际犯罪的国际公约

例如，《关于在航空器内的犯罪和其他某些行为的公约》（东京公约）（我国于 1978 年 11 月 14 日加入，对第 24 条第 1 款声明保留）、《关于制止非法劫持航空器的公约》（海牙公约）（1980 年 9 月 1 日我国加入，对第 24 条第 1 款声明保留）、《关于制止危害民用航空安全的非法行为的公约》（蒙特利尔公约）（1980 年 9 月 10 日我国加入，对第 14 条第 1 款声明保留）、《禁止并惩治种族隔离罪行国际公约》（我国 1983 年加入）、《防止及惩治种族灭绝罪公约》《联合国禁止非法贩运麻醉药品和精神药物公约》（1989 年 9 月 4 日我国加入，对第 32 条第 2 款和第 3 款声明保留）①、《反对劫持人质国际公约》（我国于 1992 年 12 月 28 日批准加入）、《关于禁止和防止非法进出口文化财产和非法转让其所有权的方法的公约》（我国于 1989 年 10 月 25 日加入）、《打击跨国有组织犯罪公约》及所附的《关于打击陆、海、空偷运移民的补充议定书》和《关于预防、禁止和惩治贩运人口特别是妇女和儿童行为的补充议定书》两项议定书（又称为《巴勒莫议定书》，我国 2003 年加入）等。

3. 国籍冲突解决的国际公约

例如，《关于国籍法冲突若干问题的公约》、《关于无国籍人地位的公约》、《已婚妇女国籍公约》、《减少无国籍状态公约》、《关于无国籍的特别议定书》、《关于双重国籍某种情况下兵役义务的议定书》等。

4. 外交关系领事关系公约

例如，《维也纳外交关系公约》（1975 年 11 月 25 日我国加入）、《维也纳领事关系公约》（我国于 1979 年加入）、《联合国特权及豁免公约》（1979 年 9 月 11 日我国加入）《关于防止和惩处侵害应当受国际保护人员包括外交代表的罪行的公约》（我国于 1987 年 6 月 23 日加入）、《专门机构特权与豁免公约》（1979 年 9 月 4 日我国加入）、《联合国反腐败公约》（2005 年我国加入）等。

5. 国际难民保护的国际公约

例如，《关于难民地位的公约》、《关于难民地位的议定书》（我国于 1982 年 8 月 23 日加入）等。

（二）双边条约或协定

新中国成立以来，我国与世界各国签订了大量的双边条约或协定，其中与公安外国人管理有关的主要有：

1. 领事条约和领事条约或协定

例如，《中华人民共和国和美利坚合众国领事条约》、《中华人民共和国和匈牙利人民

① 参见张杰主编：《在华外国人管理》，40 页，北京，中国人民公安大学出版社，2013。

共和国领事条约》等。截至2010年2月，中国与外国签订了48项双边领事条约或协定，其中生效的有42项，涉及48个国家。

2. 刑事司法协助条约

例如，《中华人民共和国和波兰关于民事和刑事司法协助的条约》。截至2013年5月，我国已与49个国家签订民、刑事司法协助类条约，与36个国家签订了引渡条约。

3. 出入境管理的协定

包括公民往来、边民相互往来、互免签证和互免签证费用的协定。例如，《中华人民共和国政府和蒙古人民共和国政府关于双方公民相互往来的协定》、《中华人民共和国政府和老挝人民民主共和国政府关于处理两国边境事务的临时协定》、《中华人民共和国和俄罗斯联邦政府关于互免团体旅游签证的协定》等。

4. 国籍条约及协定

例如，1953年我国与印度尼西亚、1973年与菲律宾、1974年与马来西亚、1975年与泰国就华侨国际问题签订了条约，确认了不承认双重国籍的原则。

5. 维护边境治安的协定

例如，中越两国《关于处理两国边境事务的临时协定》，中蒙两国《关于中蒙边界制度和处理边境问题的条约》，中尼两国《边界制度条约》等。

（三）国际组织和国际会议的决议

《世界人权宣言》本身没有法律约束力，但已成为国际社会制定人权文书，开展人权活动的思想基础。《非居住国公民个人人权宣言》，对外国人所应享有的权利和义务作出了较为详细具体的规定，成为国际人权领域保护外国公民权利的集大成者。尽管这一宣言不具有法律拘束力，但它规定的内容还是符合国际实践的，得到了国际社会的普遍认可。

此外，公安外国人管理还要遵守国际法的基本原则和国际惯例，前者如和平共处的五项原则，后者如政治庇护、外交保护等。

第五节　公安外国人管理的体制

一、公安外国人管理体制的概念

公安外国人管理体制是指公安机关在外国人管理上的组织结构体系、职权配置以及运行等各种关系和制度。它大致可以分为三个部分：（1）组织结构。指国家对享有外国人管理权的行政管理机构的具体设置。（2）权力配置结构。指各种外国人管理机构横向的职权分工、权限划分以及纵向的职权位阶等。具体可分为四个方面的内容：一是外国人管理行政权力在中央和地方之间的配置；二是外国人管理行政权力在同级政府之间的配置，如省与省之间的配置；三是外国人管理行政权力在没有隶属关系的同级政府的不同部门或机构之间的配置，例如，在公安局、人力资源和社会保障部局、教育局等部门之间的配置；四是外国人管理行政权力在具体的一个部门的内部机构之间的分工，如出入境管理、边防、刑事侦查等部门之间的配置与分工。（3）职权运行机制。指享有外国人管理行政权力的外国人管理机构各自的职权运行方式、行政程序以及各机构之间开展外国人管理事务进行行政协作的方式等，例如，外国人管理行政决策的机制、外国人管理事务的部门协调机制、公众参与机制等。

如前所述，从狭义上说，外国人管理是指一国政府有关主管机关为维护国家权益、保护外国人合法权益、促进国家经济、社会发展和国际交往，在不违背所承担的国际义务的条件下，依法对外国人的入出境和居留期间涉及的其他事项实施管理，提供服务的行政行为。在我国，对外国人管理的主管机关包括公安部门、劳动部门、外事部门、商务部门、宗教管理部门、卫生部门、防疫部门等。这些部门均根据职责分工分别负责其业务内的外国人管理工作，形成多头管理的态势，涉及的诸多事项呈现出多个管理部门职能交叉的特点。而公安部门在共同或协助其他行政部门作好外国人管理工作的同时，自己还独自承担着外国人入出境管理、行政案件处置和刑事案件侦查等职责，与外事部门一起成为外国人管理的核心行政组织。在公安机关参与的外国人管理工作中，通常把公安机关与其他行政部门之间的外国人管理称作“大外管”，把公安机关内部的外国人管理称作“小外管”。因此，公安外国人管理体制也可以分成“大外管”体制和“小外管”体制。①

二、“大外管”体制

（一）“大外管”组织结构

“大外管”体制可以概括为：统一领导、归口管理、分级负责、协调配合。表现为在党委和政府的统一领导下，本着一级对一级负责的原则，以公安机关和外事部门为核心管理部门，并与人力资源和社会保障部门、教育部门、商务部门、税务部门、宗教管理部门、卫生部门、防疫部门等部门，根据职责分工分别负责其业务内的外国人管理工作，并在职能交叉时展开协调和配合。“大外管”体制的组织结构如图 1—1②。

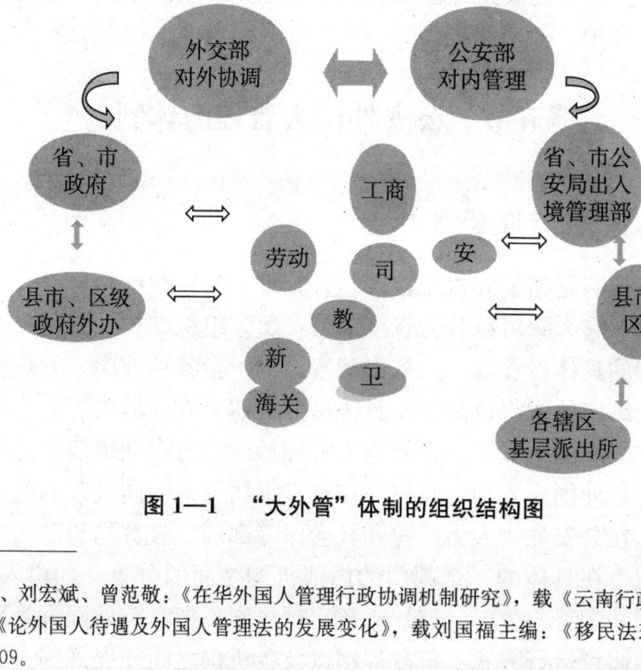

图 1—1　“大外管”体制的组织结构图

---

① 参见张惠德、刘宏斌、曾范敬：《在华外国人管理行政协调机制研究》，载《云南行政学院学报》，2014（5）。

② 参见万霞：《论外国人待遇及外国人管理法的发展变化》，载刘国福主编：《移民法理论与实践》，279 页，北京，法律出版社，2009。

除去行政部门等外，外国人管理单位还包括外国人的邀请和工作单位、居民委员会、村民委员会、物业及其他社会协管组织，它们的职责是协助做好外国人管理工作。聘用、邀请外国人的单位应当按照“谁邀请，谁负责；谁接待，谁负责”的原则做好日常管理工作。

（二）外国人管理主要部门的职责

1. 外交（事）部门的主要职责（以省级为例）

（1）驻外使领馆负责外国人入境、过境等签证申请、入境定居申请，因公务来华的外国人签证延期、居留证件签发管理工作。

（2）负责组织接待来访的国宾、党宾和其他重要外宾。

（3）签发外国人签证的一类授权单位的邀电。

（4）负责外国驻该省领事机构的管理与交涉事宜。

（5）会同有关部门管理该省边界事务及边境地区、口岸的外事业务和涉外事宜。

（6）管理该省与外国友好城市及其他结好单位的交往活动，办理各类对外结好关系的报批事宜；指导全省民间对外交往工作。

（7）负责外国常驻新闻机构和外国记者事务的管理。

（8）指导或负责有关部门的外国专家管理工作。

（9）共同负责本省的对外国人开放地区，单位聘请外教、招收留学生资格的审批工作。

（10）享有特权与豁免外国人违法犯罪案件的交涉。

（11）协助查处涉及一般外国人的违法案件。

2. 人力资源和社会保障部门

（1）主管外国人在华就业，包括外国人就业许可和就业证的审批签发，劳动管理和违反就业管理制度的一些处罚；

（2）外国专家部门负责外国专家的就业管理，主要是外国专家证的审批签发和管理。

3. 教育部门

（1）外国留学生的日常管理；

（2）主管单位聘请外教、招收留学生资格的审批工作。

4. 公安部门的主要职责

（1）依法管理外国人入出境事务；

（2）依法管理外国人加入和恢复中国国籍事务和国籍确认；

（3）共同负责本省的对外国人开放地区，单位聘请外教、招收留学生资格的审批工作；

（4）依法保护外国人在华的合法权益；

（5）对外国人实施出入境边防检查；

（6）对国家对外开放口岸和边境地区实施有效控制；

（7）依法查处公安涉外行政案件；

（8）侦查各类涉外刑事案件；

（9）对享有特权和豁免的外国人涉及的案件进行前期调查。

（三）公安与其他外国人管理部门之间的运行机制

1. 共同制定职能交叉事项的制度

1986年《外国人入境出境管理法》及实施细则通过后，外国人管理开始重新步入法制化的轨道。这段时期，公安部与有关部委出台了许多规定，如四部（公安部、外交部、司法部、国家安全部）、两院的《关于处理涉外案件若干问题的规定》，劳动部、公安部、外交部、对外贸易合作部的《外国人在中国就业管理规定》，教育部、外交部、公安部的《高等学校接受外国留学生管理规定》，着重就外国人管理的某一事项规定了公安部门与平行部门的分工配合问题。

2. 共同或协助管辖一些涉外治安案件

根据我国现行的法律规定，公安机关和其他行政机关共同负责处置涉及外国人的违法记者管理、野生动物管理、文物管理、外汇管理、劳动管理、宗教管理的案件，公安机关配合其他部门管辖涉及外国人违反军事设施管理、税收征收管理的案件。

3. 建立外国人管理和服务工作协调机制

2007年全国外国人管理会议召开后，公安部牵头成立了“外国人管理工作部际协调小组”。随后，全国31个省、自治区、直辖市以及80个外国人管理工作重点城市也相应建立了党委政府牵头，公安、外办、国安、经贸、旅游、教育、宣传等部门联合组成的以定期召开联席会议为主要形式的外国人管理和服务工作协调机制。

二、“小外管”体制

一般说来，公安机关的各业务部门负责中国公民相关事项的管理和服务，同样也负责外国人相关事项的管理和服务，在各自的职责范围内，均负有对外国人管理的职责。

我国“小外管”体制和公安管理体制一样，采取的是“条块分割，以块为主”。公安机关各业务部门按照职责分工和属地管辖的原则做好外国人管理工作。

尽管我国外国人管理中的出入境管理性质上属于中央事权，但鉴于我国公安管理体制的实情，只得采取委托地方政府代行中央事权的模式。

（一）“小外管”组织结构

公安机关在外国人管理中的组织按是否涉及外国人事务的多少和作用来看，公安机关可分为外国人管理的核心机构及相关机构。前者是指各级公安机关出入境管理机构的出入境管理局、处、科等，负责管理外国人入出境管理事项及组织、协助其他公安业务部门处置相关事务；后者是指除了出入境机构外的其他公安机构，包括刑侦、经侦、国保、交管、治安等部门，主要负责其职责范围内涉及外国人的事务。

按级别高低分为公安部和地方公安机关。公安部是外国人管理的最高机关，负责统管全国的外国人管理事务；地方公安机关包括省、自治区、直辖市公安厅（局）和其下属的市、县出入境机构，逐级负责相应的外国人管理事务。

（二）公安业务部门的外国人管理职责

1. 出入境管理机构的外国人管理职责

（1）外国人国籍的认定及加入审批；

（2）对外开放地区的申报；

（3）负责外国人“三非”案件的处置；

（4）负责外国人非法采访案件的处置；

（5）负责外国人遣送出境、驱逐出境、监护出境；

（6）（部、省）负责与驻华使领馆的通报、联系；

（7）负责外国人在华签证、停居留等出入境证件的审批签发；

（8）定期召集公安外事联席会议，涉外情报信息会商；

（9）涉外信息、数据的统计、上报，归口掌握；

（10）协助其他公安业务部门查处涉外案（事）件；

（11）负责外国人妨害国（边）境犯罪案件的侦查；

（12）负责对各警种外国人管理业务的培训；

（13）就外国人管理事项与公安部门平行单位联络、会商；等等。

2. 公安机关其他业务部门的职责

各级公安机关各业务部门在各自的职责范围内，均负有对外国人管理的职责。国保部门负责查处外国人危害国家安全和社会政治稳定方面的有关工作；边防管理部门负责外国人入境出境的查验、“三非”外国人的查处和移交工作以及外国人妨害国（边）境管理一些违法犯罪案件；交管部门负责办理外国人国际驾照换取中国驾照、涉外交通肇事等事件的处置；侦查部门负责对外国人违法犯罪案件的侦破；法制部门负责提供涉外法律咨询、审核；国内安全保卫、610办公室、治安管理、网络安全监察等部门负责查处外国人散发非法宗教宣传品、“法轮功”等邪教组织宣传品或从事非法传教等案件；治安部门负责涉外活动的安全保卫、查处外国人违反《治安管理处罚法》的案件、涉外群体性事件、开发和维护外国人住宿登记系统等。

（三）各级公安机关出入境管理机构的外国人管理职责

1. 公安部出入境管理局的外国人管理职责

（1）根据国家法律和政策起草，制定外国人入出境管理工作的规章、制度和具体实施办法；

（2）了解、掌握各地公安机关外管工作情况，检查、指导各地公安机关外管工作业务，召开地区或全国性的外管业务会议；

（3）归口掌握全国涉外案（事）件；根据需要或对方要求，会见外国驻华使领馆有关官员，商洽有关事务；

（4）协调与有关部门的关系，协商解决共同有关的问题，会签有关文件；

（5）制定全国公安机关外管发展的规划和外事民警训练计划，组织全国性业务训练，提高外事民警素质；

（6）组织与外国移民或外国人管理机构的外事往来和信息交流。

此外，还承担一些具体的业务工作，如审批加入、退出和恢复中国国籍的申请，签发国籍证书，审批签发外国人永久居留证，审批对外国人实施的违反出入境管理法的驱逐出境处罚等。

2. 省、自治区、直辖市公安厅、局出入境管理机构的外国人管理职责

（1）贯彻、实施国家有关外国人管理的法律法规和政策，指导、管理全省、自治区、直辖市外管工作；

（2）掌握全省、自治区、直辖市常住、临时来华外国人的数据资料，统计、上报、通报对外国人采取行政拘留以及限制人身自由行政强制和刑事强制措施的案件和外国人死亡事件；

（3）审核外国人在中国永久居留申请；

（4）审核外国人加入、恢复中国国籍的申请和进行有关人员的国籍确认；

（5）负责外国人口岸签证签发等管理工作；

（6）处置、指导处置外国人违反出入境管理法规的案件；

（7）协调本省、自治区、直辖市公安机关的外国人管理工作及与其他省、自治区、直辖市公安机关之间有关外国人管理工作的联络、协作；

（8）组织、规划、宣传本省、自治区、直辖市外国人管理工作及外管民警的培训；

（9）承办上级交办的和外国人管理有关的法律法规规定的其他事项。

3. 地级市公安机关出入境部门的外国人管理职责

（1）依法指导、监督本市外国人管理工作；

（2）掌握本辖区常住、临时来华外国人的数据资料，统计、上报、通报（经省级以上公安机关批准）对外国人采取行政拘留以及限制人身自由行政强制和刑事强制措施的案件和外国人死亡事件；

（3）受理、审批外国人入境、过境、出境、居留、旅行等签证、证件；

（4）受理审核外国人在中国永久居留申请；

（5）受理外国人加入、恢复中国国籍的申请和进行有关人员的国籍确认；

（6）处置或指导处置辖区内发生的涉外案（事）件；

（7）协助有关部门做好涉外机构、单位和外国人聚居地的安全保卫工作；

（8）组织规划宣传本市外国人管理工作及外管民警的培训；

（9）制定本市有关外国人管理评比考核制度；

（10）承办上级交办的和法律法规规定的其他事项。

4. 县（区）级公安机关出入境部门的外国人管理职责

（1）贯彻执行有关外国人管理的法律法规；

（2）掌握本辖区常住、临时来华外国人的数据资料，统计、上报对外国人采取行政拘留以及限制人身自由行政强制和刑事强制措施的案件和外国人死亡事件；

（3）受理外国人加入、恢复中国国籍的申请；

（4）在公安部出入境管理局委托下，受理外国人入境、过境、出境、居留、旅行等签证、证件的申请；

（5）查处或协助查处涉外案（事）件；

（6）组织、规划、宣传本县（区）外国人管理工作及外管民警的培训；

（7）制定本县（区）有关外国人管理评比考核制度；

（8）上级公安机关交办的或法律法规规定的其他工作。

5. 派出所的外国人管理职责

（1）制定对辖区民警有关外国人管理评比考核制度；

（2）在社区警务的基础上构建外国人管理网络；

（3）把外国人管理工作纳入公安派出所实有人口管理，做好外国人住宿登记管理工作；

（4）全面掌握辖区内境外人员情况信息，档案材料管理工作；

（5）宣传有关外国人管理的有关规定；

（6）做好辖区内外国人居住和重点涉外场所的治安防范工作；

（7）依法查处和打击各类外国人违法犯罪活动；

（8）建立完整的外国人治安信息系统；

（9）对外管民警和外管协管人员的培训。

（三）公安各业务部门之间外国人管理的运行机制

1. 涉外案件处置协作机制

根据《公安机关外国人管理工作分工配合机制规定》，公安机关各业务部门在办理涉外案（事）件以及对外国人管理工作中，应当相互配合。例如，公安机关各业务部门办理涉外案（事）件工作中，指挥中心负责涉外报警求助的受理和处置指挥工作；涉案（事）件当事人国籍不明时，由省级公安机关出入境管理机构负责认定；对外国人非法入境、非法居留、非法就业（以下简称“三非”）案件，日常工作由出入境管理机构负责，治安管理、边防管理部门配合。边境地区及其他未设出入境管理机构的，由边防管理或治安管理部门负责。涉及“三非”外国人的专项行动，由各级公安机关统一组织实施，等等。

2. 涉外情报信息会商机制

根据《公安机关外国人管理工作分工配合机制规定》，各级公安机关应建立涉外情报信息会商机制（外国人管理工作联席会议制度），由公安机关领导召集，出入境管理机构牵头组织，定期召集国保、治安、刑侦、经侦、网保、禁毒、交警等相关业务部门对一定时期内的涉外情报信息进行“会诊”，并提出对策建议。这种新的外国人管理机制初步解决了外国人管理工作仅由出入境管理机构一家独管，管不过来且难以管理到位的问题。

3. 外国人案件的办案程序

为理顺涉外案件处置中的内部程序，公安部制定了《公安机关办理行政案件程序规定》及《公安机关办理刑事案件程序规定》，分别在专门的章节规定了涉外案件的处置程序，明确了各级公安机关的职责。

思考题

1. 如何理解公安外国人管理的几个基本原则？
2. 公安外国人管理不同阶段有何管理特点？
3. 如何理解公安外国人管理的现状？
4. 公安外国人管理的法制现状是什么？
5. 公安外国人管理的体制和工作机制是什么？

第二章　外国人管理的基础理论

本章导读

各国独立行使主权并享有对外国人的属地管辖权，但必须注意不违背本国所承担的国际义务，并遵守国际法的基本原则和有关的国际惯例。与外国人管理有关的国际法制度主要有外交保护、领事保护、国际难民保护、庇护及引渡。

国家缘何施以管理外国人是外国人管理的基本问题。概括说来，国家主权相对性是外国人管理的基础。国家主权则意味着一国政府有权制订关于外国人管理的法律；必须执行体现权力分配的法律制度。但这并不意味着主权的绝对性，而是有一定的相对性。这种相对性有其历史基础，也有对其管理对象的双面性：对一般外国人的双重管辖、在主权平等基础上相互给予外交和领事人员特权和豁免以及对无国籍人和难民特殊群体外国人的属地管辖和国际人权保护。在外国人管理实践中，主权相对性有其具体的表现，要求一国既要考虑到国家主权又要考虑到国家间相互依存的现实及国际人权保护，既要遵守国内法也要遵守国际条约，既要承认外国人法律地位的平等与正义，又要考虑由此可能给国家利益带来的影响并维护这一利益。

一国对其境内的外国人怎样管理实质上是指给予外国人何种法律地位的问题。外国人法律地位是指外国人在入出境和在居留期间依照一国法律涉及的权利和义务。外国人管理是建立在国家主权相对性的基础之上，对于一般外国人来说，对其属地管辖和属人管辖的双重管辖权决定着其在一国的法律地位；而享有外交特权与豁免的人，无国籍人、受庇护者和难民这些外国人则具有特别的地位。

第一节　与外国人管理有关的几项国际法制度

一、外交保护

（一）外交保护的概念

外交保护是指一国对另一国的国际不法行为给本国国民（自然人或法人）造成的侵害或损害，在用尽当地救济仍未能解决的情况下，以国家的名义通过外交行动或法律手段援引另一国的责任，以期使该国责任得到履行，从而使得国家权利和个人权利受到尊重与保护。

这样的制度安排源于外交保护的理论基础——瓦特尔拟制（Vattel Fiction），即对个人的损害应当拟制为对其国家的损害，以便国家以自己的名义实施外交保护。该拟制的缔造者是外交保护法律制度的精神之父——瑞士法学家瓦特尔。早在1758年，瓦特尔就在论著中提出了该理论。① 这种法律拟制之所以产生，主要是因为在瓦特尔所处的年代以及之后相当长的时期内，个人既不是国际法的主体，在国际法上也没有任何权利。所以，为了在国际法上保护个人的利益，就必须将这种利益上升成为国家的利益，因为国家既是国际法上的主体，而且也有能力追究另一个国家的责任。②

（二）外交保护的性质

根据国际法原则，外交保护权不是自然人与法人的权利，而是一国对另一国的权利。

外交保护是国家的权利，其根据是国家的属人优越权，也就是国籍管辖权。这是国际法公认的，所在国对此应予以尊重。《奥本海国际法》指出："虽然外国人在进入一国的领土时立即从属于该国的属地最高权，但是，他们仍然受他们本国的保护，根据这一普遍承认的国际习惯规则，每一国家对于在国外的本国公民享有保护的权利。"

国家有权对本国公民进行外交保护，但在必要时，也可以放弃外交保护。国家所保护的是国家利益，而不是某个公民的个人利益。对于国家来说，是否对受到迫害的本国人行使外交保护权、应如何进行具体保护，完全由国家决定。权利受到侵害的个人不能主张外交保护权。

（三）外交保护的法律基础——国家责任

国家责任，又称"国际责任"，是现代国际法中一个重要的法律制度。它是指当一个国际法主体从事了违反国际法规则的行为，或者说，当一个国家违反了自己所承担的国际义务时，在国际法上应承担的责任。

从本质上讲，外国人管理是一国依照其本国的法律规范如何对在本国境内外国人事务进行管理和服务的问题。国家是一个抽象的法律人格，因此，按照国际法上的国家行为理论，国家的行为须通过具体的部门或个人加以实施。按照《国家责任条款草案》规定：国家机关的行为归责于国家。一个国家机关（不论是属于立法、行政、司法或者其他权力之下）行使政府权力的行为、经国家或政府授权代表国家或政府行使的个人行为等均属国家行为。该草案又规定："国家不对私人行为直接承担国家责任。"但众所周知，对于私人行为国家负有以"相当注意"防止外国和外国人的权利因私人行为而受到侵害的义务。国家的义务是运用相当注意以防止私人作出对外国或外国人的人身、生命或财产的侵害行为，而在私人已经作了这种行为时，惩罚不法行为人并强令他们支付必要的损害赔偿，以尽可能使受害国得到必要的满足和补偿；如果国家没有运用相当注意或在事件发生后又没有采取有些措施加以制止，也没有给予受害人以适当的救济，没有履行自己承担的国际义务，则构成该国的国家责任。

---

① Emmerich de Vattel. *The law of Nations or the principles of Natural Law* [A]. in Fenwick. The Classics of International Law [C], Washington: Carnegie Institute, 1916.

② 参见张磊：《论新时期外交保护的价值定位——兼论中国保护海外公民的对策》，载《学术探索》，2012（6）。

（四）外交保护实施的条件

1. 受害人持续具有保护国的实际国籍

国籍是确定国家属人管辖权和国家行使外交保护的依据，但一国依据国籍行使外交保护，这国籍应是受害人具有的实际国籍，即国籍必须反映出个人与国籍国的真实联系，与该国保持实际的权利和义务关系。

1955年国际法院在诺特鲍姆案的判决中指出：根据国家实践，国籍是个人与一个国家的实际人口有密切联系的这一事实的法律表述，只有当国籍把个人与赋予国籍的国家的这种密切联系转变为法律关系时，它才使该国有行使外交保护的权利。

外交保护制度中确立实际国籍原则的目的是防止个人选择有利于他的国籍国造成国家保护一个与之无实际联系的人的情况，以避免外交保护权的滥用。

外交保护的国籍条件限制不仅要求受害人具有保护国的实际国籍，而且还要求受害人连续保持该国国籍，这被称为“国籍持续原则”。按照这一原则，一个国家行使外交保护权、包括向另一个国家提出求偿时，受害人应具有保护国的国籍，而且从受害之日起到提出保护时，必须持续具有该国国籍。所谓提出外交保护时，是指保护国向加害国正式提出交涉的日期。若是提交国际法院解决，则是向国际法院提起请求的日期。这就是说，加害行为发生后，受害人不可丧失、变更或中断其国籍。

2. 本国国民的合法权益遭到所在国的非法侵害

由于每个国家都有保护其境内外国人合法权益的义务，所以，国家违反这项义务，而通过立法、司法或行政措施侵犯外国人的权益，或者是国家对其官员或私人侵害外国人的行为不予防止或惩治，而使外国人蒙受损害时，受害人的本国有行使外交保护的权利。

3. 用尽当地救济

国家行使外交保护权利，除符合上述两个条件外，国际法一般还要求受害人在受害之后，首先采用当地救济办法，即采用所在国的国内救济办法，在用尽当地救济仍未获得解决的情形下才可进行外交保护。用尽当地救济办法是指用尽所在国的行政和司法的全部实质性保护办法和充分正确地使用所在国的法律规定的一切程序上的可利用的办法。联合国1979年拟定的《关于国家责任的条文草案》也对此作了规定。

（五）外交保护的方式

国家行使外交保护的方式可根据侨民受侵害的实际情况而定。可以通过外交谈判解决，也可以采用国际仲裁或国际法院的判决解决，或者当事国认为合适的其他程序。

二、领事保护

（一）领事保护的概念

狭义的领事保护指一国的领事机关或领事官员，根据本国的国家利益和对外政策，于国际法许可的限度内，在接受国内保护派遣国及其国民的权利和利益的行为。国际文献中未见给领事保护以明确的定义。但国际法和国际条约承认领馆和领事官员有权在接受国内保护派遣国及其国民的权利和利益。《维也纳领事关系公约》规定，领事职务包括“于国际法许可之限度内，在接受国内保护派遣国及其国民之利益”。双边领事条约和各国的国内法也赋予领馆和领事官员此种权利。

广义的领事保护是指当派遣国国民在居留国受到不法侵害（国家的或个人的）或因其他原因处于“困境”时，派遣国的外交和领事官员，在国际法许可的限度内，通过与其居留国（国家或地方政府）进行交涉，甚至包括采取抗议等方式来维护其权益，或提供其他必要的协助。①

（二）领事保护的性质

《维也纳领事关系公约》第 36 条第 1 款第 3 项规定：领事官员并有权探访其辖区内依判决而受监禁、羁押或拘禁之派遣国国民。但如受监禁、羁押或拘禁之国民明示反对为其采取行动时，领事官员应避免采取此种行动。这说明个人有权拒绝或放弃领事保护，从而证明领事保护是一项个人权利。

除非本国公民主动向使领馆联系寻求保护，使领馆一般不会主动提供领事保护。1963 年《维也纳领事关系公约》第 36 条第 1 款规定，只有当所涉个人提出请求，国家才能够提供领事协助。但是，国家从全局出发，或者从当事人的根本利益出发，若认为有必要实施领事保护，即使受害人没有主动请求，国家也可实施领事保护。② 通过领事保护，一国政府履行国家保护国外公民的职责和义务、预防国外公民受到侵害，避免将个人与国家间的关系上升到国际层面，维护国家间友好关系。但是，领事保护不能违反国际法和所在国法律。③

领事保护主要是协助当事人维护自己的合法权益，起到帮助受害人用尽当地救济的作用，不是代替个人主张其权利，也不是解决国与国之间的法律关系。救济中的一切实体或程序上的权利义务，必须由本国公民自行行使和承担。国家不是法律程序中的当事人，也不是法律权利和义务的承受者。

领事保护是一种特殊的外交保护，是广义外交保护的一种，它最多只能看成是外交保护的预防阶段或准备阶段。④ 在用尽当地救济之前，自然人或法人只能享有领事保护权，而不能享有外交保护权。在这一阶段，他们有权决定是否放弃领事保护。

（三）领事保护权

领事保护权又称国际法上的领事知情权。《维也纳领事关系公约》第 36 条被认为是确立了领事保护权。所谓的领事保护权是指被逮捕或者被拘禁的国民有权被立即告知有权得到领事协助，接受国有义务迅速通知国民国籍国，领事可以在法定范围内为本国国民提供协助。

对当事人而言，领事知情是其应当享有的权利，对所在国有关部门而言，领事知情为其义务，此时，领事知情是领事协助实现的主要前提。随着人权法的发展，保障外国人获得领事保护的权利已经成为国际法的演进趋势。这对于缔约国提出了较高的要求，对于保护外国当事人权利具有进步意义。

从公约的内容及各国的实践看，领事知情的目的有两个：一是保护派遣国公民的利益。当派遣国公民在接受国遭受逮捕或者拘禁时，允许其与派遣国领事通信，从而保证被

---

① 参见黎海波：《领事保护与外交保护的“融合”与判别》，载江南社会学院学报，2013（3）。

② 参见吴佩霜：《中国领事保护正在完善》，载《新闻周刊》，2003（23）。

③ 参见刘国福：《中国公民境外权益法律救济手段探析》，载《外交评论》，2010（3）。

④ 参见殷敏：《外交保护与领事保护的比较研究》，载《国际商务研究》，2008（4）。

逮捕或者拘禁的公民能得到公正的待遇，得到其国籍国的保护或者得到适当的法律帮助。二是便利缔约国监督其公民在接受国是否受到了公正的待遇。

对于被逮捕或拘禁的外国公民来说，其领事保护权意味着：

1. 有权获得主管部门告知其享有通知本国领事的权利。

2. 有权选择是否要通知领事。

3. 经其本人请求时，接受国主管当局应迅即通知派遣国领馆。

4. 受逮捕、监禁、羁押或拘禁之人致领馆之信件亦应由该当局迅予递交。

5. 有权接受或者拒绝任何领事协助。

对于领事官员来说，领事保护权意味着：

领事官员有权探访受监禁、羁押或拘禁之本国公民，与之交谈或通信，并可以代为聘请律师。领事官员也有权探访其辖区内依判决而受监禁、羁押或拘禁之派遣国公民。但如受监禁、羁押或拘禁之公民明示反对为其采取行动时，领事官员应避免采取此种行动。

而对于所在国，其有双重性的义务：

1. 在逮捕或拘禁外国公民时有通知其享有通知其本国领事的权利的义务。

2. 在被逮捕或拘禁的外国人请求时，有通知其所属国驻本国领事机构的义务。

3. 有将被逮捕或拘禁的外国人致领馆的信件予以递交的义务。

4. 在受逮捕或拘禁的外国人拒绝接受通知其本国领事时，有尊重其选择，不予通知的义务。

三、国际难民保护

（一）难民的概念和范围

根据1951年《难民地位公约》及1967年的《难民地位议定书》，难民是指有正当理由畏惧由于种族、宗教、国籍、属于某一社会团体或持有某种政治见解等原因的迫害而留在其本国之外，并由于此项畏惧而不能或不愿受该国保护的；或无国籍并由于上述事情留在他以前经常居住国家之外，并因为畏惧迫害不能或不愿返回该国的人。①

一些区域性条约或协定以及一些国家国内法、有关国际机构，除确认了上述难民的范围外，还扩大了其适用范围。例如，1969年《非洲统一组织关于非洲难民问题的公约》将难民范围扩大到：由于外来侵略、占领、外国统治或严重扰乱其原住国或国籍所属国的一部分或全部领土上的公共秩序的事件，而被迫离开其经常居住地到其原住国家或其国籍所属国以外的另一地方去避难的人。1984年拉美国家发表的《卡塔赫纳难民宣言》则扩大到：由于其生命、安全、自由遇到普遍性暴力、外国入侵、国内武装冲突、大规模侵犯人权或其他严重危害公共秩序的情况，而受到严重威胁而逃离本国的难民。

另外，难民外延有时还扩展到“受高专关注的人”：国内的流离失所者以及寻求庇护者等普遍性难民定义范围以外的避难者。

（二）难民身份的取得和丧失

依据1951年《关于难民地位的公约》和1967年《关于难民地位的议定书》第一章的

① 参见梁淑英：《国际难民法》，48、52页，北京，知识产权出版社，2009。

规定，个人难民身份的取得和丧失都必须受一定条件的限制。

1. 难民身份的取得

取得难民身份必须符合两个要求：

（1）符合难民定义的条件。凡按《关于难民地位的公约》和《关于难民地位的议定书》关于难民的定义取得难民地位的人均应符合定义界定的条件：有政治理由即申请获得难民地位的人因有理由畏惧由于种族、宗教、国籍、属于某一社会团体或持有某种政治见解原因遭到迫害，并因而居于其本国之外，且由于此项畏惧而不能或不愿受其本国保护或返回其经常居住地国。

（2）不属于下列情形之一的人：①犯有国际文件中已作出规定的破坏和平罪、战争罪或违反人道罪；②在以难民身份进入避难国之前，曾在避难国以外犯过严重的非政治罪行；③曾有违反联合国宗旨和原则的行为并经认为有罪；④已获得联合国难民高级专员以外的其他机构的保护和援助；⑤被其居住地国家认为具有附着于该国国籍的权利和义务。①

2. 难民身份的丧失

取得难民地位的人有以下情形之一，即丧失难民身份：

（1）该人已自动接受本国的保护；

（2）该人丧失国籍后，又自动取得了国籍；

（3）该人已取得了新国籍，并享受新国籍国的保护；

（4）该人已自动在过去由于畏惧迫害而离去或躲开的国家内定居；

（5）该人由于其被认为是难民所依据的情况不复存在而不能继续拒绝受其本国的保护；

（6）该人本无国籍，由于其被认为是难民所依据的情况不复存在而可以回到其以前经常居住的国家内。

（三）确定难民身份的程序

联合国难民署制定的《根据 1951 年难民地位公约和 1967 年议定书确定难民地位的程序和标准手册》，是难民署自身工作的依据。但对两个公约的当事国并无约束力。实践中，各国一般是通过国内法对有关程序问题作出规定，但各国的规定差异较大。

四、庇护

（一）庇护的概念

国际法上庇护的一般意义是指国家对于因被通缉或受迫害而请求避难的外国人，准其入境、居留，给予保护，并拒绝引渡给另一国的国家行为。

（二）庇护的性质

根据国际法，除条约有相反规定外，原则上任何人都可以寻求外国的庇护。但是否庇护外国人由国家自由决定，国家没有庇护外国人的义务。虽然一些国家的宪法规定对因政治原因被追诉的人给予庇护权，但现在还不能说这种权利已成为一般国际法原则，因而构成国际法的一部分。尽管 1948 年《世界人权宣言》第 14 条宣布：人人为避迫害有权在他

---

① 参见邵津主编：《国际法》，87～88 页，北京，北京大学出版社，高等教育出版社，2000。

国寻求并享受庇身之所。控诉之确源于非政治性之犯罪或源于违反联合国宗旨与原则之行为者，不得享受此种权利。但它并没有给予个人受庇护的权利，只是一种寻求庇护之权而已。1967年联合国通过的《领域庇护宣言》的序言申明，国家基于主权有权决定庇护外国人与否。该宣言第1条第3款规定：“庇护之给予有无理由，应由给予庇护之国酌定之。”

（三）庇护的对象

依各国法律规定，庇护的对象仅限于因政治、种族、宗教等原因而受追诉或通缉的人。因此，庇护又称“政治避难”。但根据有关国际条约规定，国家不得庇护犯有国际罪行或危害人类罪的人，如不得庇护战犯，包括破坏和平、反人道和违反战争法规的罪犯；不得庇护犯有灭绝种族罪、种族隔离罪、危害国际民用航空安全罪，以及犯其他国际罪行的人。联合国通过的《领域庇护宣言》第1条规定，凡有重大理由可认为犯有国际文书设有专条加以规定之危害和平罪、战争罪或危害人类罪之人，不得援用请求及享受庇护之权利。①

（四）庇护的处所

给予庇护的权利是国家从它的属地优越权引申出来的。一国在其本国领土内对所有的人都有管辖和保护的权利。一个被追诉或追捕的人，一旦进入另一国家的领土，就处于所在国的管辖之下，追诉或追捕他的国家就不能在其所在国领土范围内继续进行追诉或追捕。这就已明确了国家庇护权的行使只能在自己的领域内。国际法不承认国家在其领域外庇护外国人的权利，如不得在一国驻在外国的使馆、领馆，位于境外的军舰、军用飞机或军事基地内庇护政治避难者（一般将这些机构的庇护称为“外交庇护”）。这是因为国家在驻外国机构行使庇护权有悖于这些机构的职务，也是对驻在国属地优越权的侵犯。

五、引渡

（一）引渡的概念

引渡是指一个国家或政府，应外国的请求，把正处在自己领土之内而受到该外国通缉或判刑的人，移交给该外国审判或处罚的一种国际司法协助行为。引渡的主体是国家。请求引渡的国家可以是犯罪行为发生地国、受害国及犯罪人的国籍国；被请求国是引渡对象所在的国家。

引渡是国家间刑事司法协助制度的重要组成部分，是有关国家有效行使管辖权和制裁犯罪的重要保障。根据主权平等原则，一国未经他国同意不得在他国境内行使本国管辖权。因此，一国如果要对位于他国境内的有管辖权的人进行审判或处罚，必须首先请求该人所在国将其移交给本国。此外，为了有效地制裁犯罪和维护有关国家和个人的合法利益，一国也有必要将在本国境内的但本国不能或不便管辖的罪犯移交给有管辖权的其他国家进行审判和处罚，防止罪犯逃避法律制裁。

（二）引渡对象

引渡对象可以是任何犯罪者。无论他是请求国的国民，还是被请求国的国民，或者是第三国国民，或是无国籍者，都可以引渡。然而，许多国家坚持属人主义而不把本国国民

---

① 参见周忠海主编：《国际法》，291页，北京，中国政法大学出版社，2004。

引渡给外国，它们有权处置在外国犯有严重罪行的本国人。例如法国、德国、中国及其他国家的国内法或它们缔结的引渡条约中都明确拒绝引渡本国人。有的国家不拒绝引渡本国国民，如英国、美国就坚持在条约没有相反规定的情况下，对被要求引渡的本国国民和其他人不作任何区别。不过实际上这种实例并不多见。

（三）引渡的依据

国家间引渡罪犯的依据可从国际法和国内法两方面来看。从国际法讲，引渡的依据是国际条约的规定。一国与另一国之间若没有订立引渡条约，它就没有义务将某人犯移交给别国，因为国际法并未加诸各国普遍的引渡义务。国家为保证引渡的实现，自 19 世纪以来，除签订了大量的双边条约之外，还签订了一些区域性和世界性的公约作为它们之间引渡罪犯的依据。例如，1981 年的《美洲国家引渡公约》，1952 年的《阿拉伯联盟引渡协定》，1957 年和 1975 年欧洲国家缔结的两个引渡公约。虽然在没有条约规定的情况下，国家不负引渡义务，但它可以根据情况决定引渡。在这种情况下发生的引渡，被请求国一般强调请求国给予互惠保证。

从国内法角度，国家可以依其宪法、刑法、刑事诉讼法及其他有关法律规定引渡罪犯，也可以制定专门的引渡法作为其引渡的依据。自 1833 年比利时颁布了引渡法后许多国家都制定了引渡法，列举罪名，规定程序，以规范国家的引渡。

（四）引渡的条件、程序和效果

1. 引渡的条件

（1）符合相同原则，即被指控的人所实施的行为按照请求国的法律和被请求国的法律都构成犯罪；

（2）对所控罪行的惩罚达到一定的严厉程度，即在符合相同原则的前提下，还要求所指控的罪行达到一定的严重性。若引渡旨在执行刑罚，则要求尚未执行的刑期在一定的时间以上。这项原则不仅早为各国在引渡中所实行，而且 1990 联大通过的《引渡示范条约》中也作了明确的规定。

2. 引渡程序

（1）提出引渡请求。请求国通过外交途径向被请求国提出引渡请求书；

（2）被请求国的审查。

（3）引渡的执行。一经通知予以引渡，被请求国和请求国应不迟延地安排被指控的人犯移交。

3. 引渡的效果

请求国在得到被引渡的人犯后，对其审判或处罚遵守特定罪行原型（principle of specialty)。这意味着对人犯的审判或处罚应限于请求引渡和准予引渡所依据的罪行，或者至少限于有关的引渡条约所列的罪行。确立这一原则的目的是为防止有关国家将政治犯罪者以普通刑事犯罪名义引渡回国，然后以其他罪名任意审判或处罚。[①]

此外，未得到被请求引渡国意，不得再次将该人犯引渡到第三国。

（五）拒绝引渡的理由

1990 年联大通过《引渡示范条约》，对国家拒绝引渡的理由作了原则性的规定。按该

---

① 参见王铁崖主编：《国际法》，187 页，北京，法律出版社，1995。

约第3条和第4条规定，国家拒绝引渡有强制性理由和任择性理由。

1. 拒绝引渡的强制性理由

(1) 被请求国认为请求引渡原因的犯罪行为属政治性罪行；

(2) 被请求国有充分理由确信，提出引渡请求是为了某人的种族、宗教、民族、政治见解、性别或身份等原因而欲对其进行起诉或确信该人的地位会因其中任一原因而受到损害。

2. 引渡的任择理由

(1) 被要求引渡者为被请求国国民。如被请求国据此引渡，则它应在对方提出请求的情况下将此案交由其本国主管当局审理，以便就作为请求引渡理由的罪行对该人采取适当行动；

(2) 已决定不就作为请求引渡原因的罪行对该人提起诉讼，或已决定终止诉讼；

(3) 按请求国的法律作为请求引渡理由的罪行应判处死刑，除非该国作出被请求国认为是充分的保证，表示不会判处死刑，也不会予以执行；

(4) 被请求国虽考虑到罪行性质和请求国的利益，但认为在该案情况下，鉴于该人的年龄、健康或其他个人具体情况，将该人引渡将不符合人道主义的考虑。①

第二节　外国人管理的理论基础

外国人管理的“基础理论”有多个，除了最基本或普遍性的基础理论之外，还有反映外国人管理某一方面基本现象的理论，后者可统称为“一般性的基础理论”。而外国人管理的“理论基础”则只能为一个，否则就无所谓“最基本”的理论。而且，其他一般性的基础理论都是建筑在这一“理论基础”之上，以这一“理论基础”为基点和归宿；整个外国人管理理论体系的“大厦”也应是建构在这一“理论基础”之上，否则它也不能称为“最基本”的理论。

作为外国人管理理论基础的理论应当具备的条件：从理论深度来看，它必须能够深刻地揭示外国人管理赖以存在的基础。从理论的广度上看，它必须能够全面阐释各种外国人管理的现象。从理论高度来看，它必须在一定高度上具有对外国人管理研究和法制建设进行正确指导的价值。本教材的观点是：国家主权相对性是外国人管理的理论基础。②

一、国家主权

(一) 主权概念

在国际法学中，对“主权”比较一致的看法是：主权是指对内的最高权力及对外独立自主的权力，是不受任何其他国家控制的。对内方面，主权体现为对一切事物和人有最高权力，国家有权决定其政治、经济、社会和文化制度，也就是属地最高权和属人最高权；对外方面，主权体现为不从属于其他权力，即独立权或对外主权。一国的内部主权使它得

---

① 参见邵津主编：《国际法》，80～82页，北京，北京大学出版社、高等教育出版社，2000。

② 参见张惠德、陆晶：《国家主权相对性：外国人管理的理论依据》，载《中国人民公安大学学报（社会科学版）》，2012 (6)。

以对国家进行统治和管理，制定法律，组织武装部队等等，也使该国对该国领土范围内的个人（包括本国人和外国人）享有最高控制和管辖权，例如，对外国人的入境、出境等进行管辖。一国的对外主权的核心是独立权，即国家有权独立自主地处置其内部和外部事务，而不受任何国家和其他权力的任何形式的干涉。

与此同时，也必须指出，主权原则十分重要，属于基本原则，但是这不等于说主权是绝对的。这至少因为国家是国际社会的成员，在要求别国尊重自己的主权的同时，也有义务尊重别国的主权，这里的提法是"互相尊重主权"。其次，但也很重要的是，国家有义务履行根据国际法和所缔结的条约所承担的义务。这些都使得主权的行使受到一定制约或限制。但是这是国际关系的正常运作所必需的，从根本上说是符合各国自身利益的，因而是自愿的，而且对各国来说也是一律平等的。

（二）外国人管理是国家主权的重要体现

国家主权对内是指该国政府对域内的所有人、物、事具有独占的、最终的统辖权力，对外则是独立自主处置国际关系的能力。主权的对内对外两方面是分不开的。如果一个国家对内能够有效地行使管理职能，那么一般而言，对外也能独立地处置其国际关系。这是国际人格者最起码的独立性。所以说，主权体现在政府行使权力的过程中，是政府的一个根本属性。"国际法上将在没有任何外来的干预下可以独立地有效运行的政治机构称为'政府'（government）。'govern'原意是'治理'。作为政府的治理就是对整个国家的统治，对界定地域内的人口实行管理，包括在以法治国条件下的立法、执法（行政、司法）。"① 因此，在外国人管理中，国家主权则意味着：（1）一国政府可以对界定地域内的包括外国人在内的人口管理进行立法，即有权制订关于外国人管理的法律。以国际条约形式存在的外国人法律文件，只有在主权国家承认或签署并经本国立法机关批准后，才对该主权国家产生法律效力；（2）一国政府必须执行体现权力分配的法律制度。也就是说主权国家制定的各种外国人法律法规及政策是本国外国人管理机关执行的直接法律依据。

无论国家关于外国人管理的立法还是行政、司法，首先考虑的因素是维护国家的主权、安全和社会秩序，即维护国家权益。而且，对外国人进行管理，也是行使和尊重国家主权的重要体现，是国际法的基本要求。外国人在一国的活动不仅关系到该国国家的安全与稳定，也关系到其发展与繁荣。为了保护其国家利益，国家机关制定和实施对外国人管理的措施必须以有利于国家的安全稳定和发展繁荣为最高准则。因此，"外国人管理的效果和成果直接影响到国家的尊严和国家的利益，维护国家权益的原则应当成为对外国人管理的根本原则"②。

二、外国人管理国家主权相对性的内涵

"国家主权的相对性主要是指国家主权的相互制约性，主权内容的动态变化性以及主权权力行使的有限性等。"③ 从近几十年国际关系的实践来看，关于外国人管理国家主权

---

① 张乃根：《国际法原理》，37 页，北京，中国政法大学出版社，2002。

② 万霞：《论外国人待遇及外国人管理法的发展变化》，载刘国福主编：《移民法理论与实践》，279 页，北京，法律出版社，2009。

③ 杨泽伟：《主权论—国际法上的主权问题及其发展趋势研究》，33 页，北京，北京大学出版社，2006。

的相对性得到了很快发展。首先，国家主权的相互制约性，对外国人行使属地管辖权时，应尊重其国籍国的属人管辖权。国家之间通常按平等互惠（也称对等或平等互利），相互给予某种对等的优惠待遇为条件，维护和发展国家间的关系。表现在国际关系实践中，国家间通过相关条约的规定或按照国际通行作法，相互给予对方公民一些待遇或采取对应的管理措施。其次，随着全球化的发展，主权的相对性程度也会越来越高，本质上属于国内管辖的事项范围正在逐步缩小。国家通过签署有关外国人入境居留、公民相互之间的待遇、外国人有关人权保护等事项的条约，使得这些事项往往具有国内管辖事项与国际法事项的双重性质。再次，由于各国独立行使主权并享有对外国人的属地管辖权，它们在本国境内给予外国人什么待遇，别国无权干涉。但是，各国政府在依据属地管辖权行使对外国人的管理时，必须注意不违背所承担的国际义务，并遵守所签署的国际条约、国际法的基本原则和有关的国际惯例。例如，不准外国人入境及驱逐外国人是国家主权，但国家不可以任意地行使这种权利。国际社会确认的限制这种权力的原则是：出于国家安全、公共秩序、公共卫生或公共道德等国家核心利益需要。

三、外国人管理国家主权相对性的历史基础

尽管对外国人实施管理是一国主权范围内的事，但这并不意味着主权的绝对性。“绝对主权论者”往往片面宣扬主权的最高性、绝对性以及独立性，并把它无限地运用到国家对内、对外事务的处置中。实际上，主权本身就包含有一定的相对性。

传统的国际法认为，国家对外国人管理有绝对的主权。传统的国际法学者对国家法保护自然人的自由迁徙的权利是持反对态度的，包括格老秀斯（Grotius）在内的传统国际法学者普遍认为，是否允许外国人入境和居留是国家最基本的权利之一，国家可以任意地控制外国人入境和居留的权利。19 世纪是完全国家主权时代，国际法学者认为，控制国家边界的权利是国家主权最基本的表现形式，管理外国人的权利属于国内司法的范畴，拒绝、排除或驱逐外国人是国家主权不可分割的一部分。直到 19 世纪末期，大多数国际法学者仍旧强力地支持国家对外国人具有完全管理和控制权的理论，完全国家主权的观念仍被全球广泛地接受。①

第二次世界大战后，对国家主权权利实施一定限制的理论开始为国际法学者接受，并在国际司法实践中加以运用。20 世纪 50 年代末，部分国际法学者再次提出，在对待外国人问题上，应考虑到运用国际法原则对不受限制的国家主权权利进行适当的制约。例如，国际法学者布瑞里提出，“国家在目前，许多国家在处置国际移民引发的相关问题时，已将国际法作为国内司法实践参考和考量的一种重要标准，标志着国际移民管理的领域，国家主权权利或多或少已经受到了限制。”② 由此开始了外国人管理的国家主权相对性时代。

国际社会有关外国人管理的国际条约是国家主权相对性得到普遍承认的最好佐证。《世界人权宣言》和《公民权利和政治权利公约》是关于外国人有关权利保证的国际法基

---

① 参见沈一波：《试论外国人在出入境管理中的法律地位》，见 http://cdmd.cnki.com.cn/Article/CDMD-10246-2009078145.htm。

② 罗宏观：《国际移民管理与保护的法律问题研究》，武汉大学 2006 年博士学位论文，编号 104860。

本文件。为了对国家主权作出限制，国际社会还有很多世界公约和地区公约对外国人的权利作了解释和补充。为了统一标准，更好地保护外国人，1985 年 12 月 13 日，联合国大会通过了《非居住国公民个人人权宣言》。这个宣言对外国人所应享有的权利和义务作出了较为详细具体的规定，如规定非居住国公民享有人身自由、安全权、隐私权、婚姻权、宗教自由权、选择居所的权利、财产权利、表达意见的权利等基本人权和自由，同时还规定了非经法定程序不得驱逐外侨，禁止集体驱逐外侨等内容，因此它也成了国际人权领域保护外国公民权利的集大成者。尽管这一宣言不具有法律拘束力，但它规定的内容还是符合国际实践的，得到了国际社会普遍认可。因此，它对我们了解外国人待遇的基本内容和标准，对国家规范外国人的权利和义务等具有重要意义。①

四、国家主权相对性在外国人管理中的表现

（一）对一般外国人的双重管辖

1. 属地管辖和属人管辖

（1）属地管辖。属地管辖是国家主权的具体表现，也是国家领土主权的重要内容。依领土内的一切都属于领土的规则，国家对其领土内的一切人和物，包括对领土本身有统治权。基于属地管辖，一国境内的人，无论是本国人还是外国人，都必须服从该国的属地管辖。一国境内的物，包括领土及领土内的自然资源和私人财产也在该国的属地管辖之下。属地管辖权是国家对领土内人和物实行统治的首要和最基本的依据。从国家基本权利角度讲，国家的管辖权就是它的属地管辖权。1949 年联合国大会通过的《国家权利和义务宣言草案》第 2 条对国家管辖权规定："各国对其领土以及境内之一切人与物，除国际法公认豁免者外，有行使管辖权之权。"属地管辖权是国家不可缺少的权利，是国家主权独立的基础。虽然国家还有其他依据对人和物行使管辖，但与属地管辖相比属于派生的或次要的，并且要受这种管辖权的限制。

（2）属人管辖。属人管辖，或依据国籍原则的管辖，一般是指国家对于具有本国国籍的人的管辖，不论有关的行为发生在何处。此外，这种管辖还扩大到国家对注册为本国国籍的法人、航空器、船舶和外空发射物及其所载人员的管辖。基于属人管辖，国家不仅有权要求其境内的本国人服从它的立法、司法和行政管辖，而且可以要求境外的本国人回国履行兵役义务，对他们的犯罪行为有审判和处罚的权利。当他们的合法权益遭到所在国的非法侵害时，国家有权进行外交保护。要说明的一点是，国家对其在外国的本国人的管辖要受所在国的属地管辖限制。

2. 外国人管理中的双重管辖

外国人管理中的属地管辖是指一国对其境内的外国人所进行的以立法、执行法律和司法形式表现的统治或管理。外国人一进入国境，就立即处于所在国的属地管辖之下。因此，外国人（享有特权与豁免者除外），无论是暂时旅行或是长期居留，都要服从所在国的一般法令（除限于本国公民的外），"并且就他在该国领土上所做的一切行为，对该国负

① 参见黎海波：《国际法的人本化与中国的领事保护》，见 http：//epub. cnki. net/grid2008/detail. aspx？ QueryID=4&CurRec=1。

责。他在居住期间应对他所居住的国家效忠”[①]。如果外国人违反了所在国的法律，会受到追诉。对此，外国人的本国也应予以尊重。

外国人管理中的属人管辖则表现为外国人的国籍国对于处在外国领土上的本国国民的保护和惩处。表现在对应的两方面：外国人为在国外同时也违反国籍国的违法犯罪时被国籍国实行的管辖；外国人权益在国外受到侵害未能得到当地国保护时国籍国所进行的外交保护。

3. 外国人管理中的属地管辖和属人管辖冲突的解决原则

外国人管理中的双重管辖并不是并行不悖、等量齐观的。“尽管外国人的国籍国也拥有对该人的属人管辖权，但属地管辖处于相对优先的地位，属人管辖须服从和受制于属地管辖。”[②] 不过，属地管辖权也并不因此而具有绝对性。尽管“属人权威的行使是受尊重这些公民所在的外国属地最高权威的义务的所限制”[③]，同时，“它也反向构成了对属地非法管辖或不作为的限制”[④]。

4. 属人管辖权对属地管辖权的制约机制

为了限制国家属地管辖权的滥用，国际社会设计了国家责任和外交保护制度。如果一国对外国人的合法权益受到侵害而未能提供充分的法律救济时，则违反了其承担的国际义务，从而构成国家责任，该外国人的国籍国则可以通过外交途径提出救济或赔偿。

(二) 对无国籍人、受庇护者和难民特殊群体外国人的属地管辖和国际人权保护

1. 对无国籍人的保护

国籍是保证个人的权利在国际上获得保护的必要条件。无国籍的人因此也就不能获得这样的保护。这对他们来说总归是个遗憾。[⑤] 但这并不意味着他们受到虐待时一无所依，联合国宪章中关于人权和基本自由的规定以及其他国际人权保护机制便成了他们的依靠。

2. 受庇护人的地位

受庇护的外国人要服从居留国的属地管辖；但庇护国的属地管辖权也有一定的限制：联合国通过的《领域庇护宣言》第 4 条规定：给予庇护之国家不得准许享受庇护之人从事违反联合国宗旨与原则之活动。

3. 对难民的保护

根据 1951 年《关于难民地位的公约》和 1967《关于难民地位的议定书》的有关规定，在缔约国境内的难民均应服从该国的管辖，但也对管辖设定了条件。

(三) 外交和领事人员特权和豁免是在主权平等基础上相互给予的外国国家豁免

外国国家的管辖豁免是指外国国家行为及其财产不受所在国的立法、司法及行政的管辖。这种管辖豁免常表现为外交和领事人员特权和豁免。它是建立在“平等者之间无管辖权”的主权平等理论，并成为普遍接受的习惯和惯例，即国际法。这种管辖豁免本身就说

---

① [英] 劳特派特修订：《奥本海国际法》上卷第二分册中译本，169 页，北京，商务印书馆，1981。

② 万霞：《海外中国公民安全问题与国籍国的保护》，载《外交评论》，2006 (6)。

③ [英] 伊恩·布朗利：《国际公法原理》，曾令良等译，6 页，北京，法律出版社，2003。

④ 黎海波：《国际法的人本化与中国的领事保护》，见 http://epub.cnki.net/grid2008/detail.aspx? QueryID=4&CurRec=1。

⑤ 参见梁淑英：《外国人在华待遇》，34 页，北京，中国政法大学出版社，1996。

明了一国属地管辖有例外，存在相对性。从另一方面来说，这并不意味着这种特权和豁免是绝对的，一是这种特权和豁免是主权国家相互给予的；二是其存在着豁免的范围，存在着外交和领事人员公务活动的主权行为和私人活动的非主权行为；三是这种特权和豁免有时可以被放弃。故而是外国国家的管辖豁免，是一种相对豁免。

五、主权相对在外国人管理实践的要求

（一）既要考虑到国家主权又要考虑到国家间相互依存的现实及国际人权保护

长期以来，人们经常对是否存在主权国家直接限制外国人的规则展开争论，而焦点往往就在于国家主权、平等互惠及国际人权保护等三项原则之间的冲突。“尽管国家主权学说在理论上占了上风，但国际社会的现状却是国家依存学说在事实上的鲜明体现”；“不论是国家主权学说还是国家依存学说，都不约而同地承认例外情形的存在。因此，无论采纳哪一学派的观点，都有可能得出类似的结论”①。但国际移民学家理查德普兰德却坚持，这是因为它建立在“诸多人权保护规则之上”。

其实，当制定有关外国人管理的制度时，原则上各国能够自由对此作出决定，但是这一自由并非没有限制，而是必须考虑全球化所带来的相互依存的国际现实，考虑所承担的保护基本人权的国际义务。正如阿·菲德罗斯等著的《国际法》中所称：“所有以一般国际法为基础的外国人的权利根源于这个理念：各国相互间负有义务在外国人的人身上尊重人的尊严。所以，它们有义务给予外国人以人的尊严的生活所不可缺少的那些权利。”②

（二）既要遵守国内法也要遵守国际条约

当一国实施对外国人的管理时，必须依法而行。这意味，不仅要按照本国的国内法，还要遵守所签署或加入的国际条约及国际惯例，履行自己所承担的国际义务。

（三）既要承认外国人法律地位的平等与正义，又要考虑由此可能给国家利益带来的影响并维护这一利益

关于外国人法律地位的制度，本身就是对决定这一制度各种因素存在的综合考虑与设计。首先要在内国给予外国人平等法律人格，其次要设定和保障外国人的基本权利。但只要国家还存在，国家的利益的维护就会摆在首位，以外国人自由迁徙权为代表的各类权益就会受到限制。但这并不是说，国家权益的取得不受羁绊，成熟的外国人管理就是在这两者之间找到微妙的平衡，既让国家权益的维护张弛有度，又让外国人权益的保护在法治中得到彰显。

第三节　外国人的法律地位

一、外国人法律地位的概念

外国人法律地位是指外国人在入出境和在居留期间依照一国法律涉及的权利和义务。

---

①［荷兰］Richard Plender：《国际移民法》，翁里、徐公社译，51～52页，北京，中国人民公安大学出版社，2006。

②［奥］阿·菲德罗斯：《国际法》，下册（中译本），444页，北京，商务印书馆，1981。

外国人管理是建立在国家主权相对性的基础之上，对于一般外国人来说，对其属地管辖和属人管辖的双重管辖权决定着其在一国的法律地位；而享有外交特权与豁免的人，无国籍人、受庇护者和难民这些外国人则具有特别的地位。

外国人法律地位的概念可以做以下理解：

(1) 法律地位的主体可分成一般外国人和享有外交特权与豁免的人，无国籍人、受庇护者和难民的外国人。

(2)"依照一国法律"不仅指外国人居留国的国内法，也指其参加的国家条约以及公认的国际法原则（如外国人属地管辖、属人管辖、人权保护）和国际习惯（如外国人国籍国对该人的外交保护，国家豁免）。

(3)"涉及的权利和义务"在此意味着，对外国人居留国来说，涉及相关的权利和义务；对于一般外国人的国籍国来说，涉及外交保护权是否行使，对其他外国人来说，涉及国际法赋予的权利。

由于外国人入出境管理制度是对外国人属地管辖和属人管辖的连接点，而且"外国人在入出境方面的权利，相比于其他权利，与本国人权利之间的差异更加明显"①。对外国人入出境进行管理，是国家主权最明显的体现。因此，它是外国人法律地位中必不可少的一部分。基于作为法律一般价值的平等原则及国际正义的原则，外国人的法律地位是建立在对外国人一般人格承认的基础上而根据内国法所确定的关于外国人享有具体权利的基本制度而作出的各种具体安排。因此，建立在属地管辖基础上的，以法律赋予外国人权利和义务也成了外国人法律地位内容的一部分。而建立在属人管辖基础上的，以制约属地管辖的外交保护也是外国人法律地位内容的一部分。

因此，一般外国人在一国的法律地位应包括：外国人入出境管理制度，外国人的权利和义务，外国人本国对其的属人管辖。它们最能体现外国人管理中的国家主权相对性，最能体现对外国人的双重管辖原则。

二、一般外国人法律地位的内容

(一) 外国人入出境管理制度

1. 外国人入出境管理制度的原则

每个国家都可以根据本国的具体情况，在不违背国际习惯法和国际条约规定的情况下，规定外国人入境、出境和居留的管理办法。

2. 外国人入出境管理制度的主要内容

(1) 根据国际实践，外国人入境首先需要持有其本国签发的护照，并办理入境签证(但依国际协议或本国法规定免于签证的除外)。

(2) 外国人入境、过境或出境必须从对外国人开放的或者指定的口岸通行，并接受口岸边防检查机关的检查。

(3) 各国为了本国的安全利益或其他正当理由在其法律上一般都规定限制某些人入境，如禁止入境后危害居留国安全、社会秩序和国民健康的人入境。但各国国内法规定的限制不得违反联合国宪章的宗旨和原则，不得违反一般国际法，不得有基于种族、民族、

① 刘国福等：《移民法》，62页，北京，中国经济出版社，2010。

国籍、宗教信仰及其他的歧视性内容。

(4) 国家自行规定居留的条件，对违反者也有权采取适当的措施。需在一国居留的外国人必须获得该国的许可并办理规定的手续，才得在规定的期间内居留。

(5) 依照国际法外国人有出境的自由。但是国家基于维护安全、公共秩序、卫生、风化及维护他人的权利和自由之需要可以限制外国人出境。

(6) 国家可以以公共秩序公共安全的理由，将其领土内设有住所、居所或临时过境的外国人驱逐出境。禁止基于种族、肤色、宗教、文化、出身或民族本源，个别或集体驱逐外侨。若国家滥用驱逐权，无理专横地驱逐外国人，则该国应对其非法行为承担国家责任。有关外国人的本国可以对该国的非法行为提出抗议，并就其国民被居留国的无理驱逐所遭受的损害，提出赔偿的请求。

(7) 国家可以对违反出入境管理法规进行行政和刑事处罚，但应给予外国人适当的法律救济。

(二) 外国人的权利和义务

1. 外国人的权利和义务的总体标准

国际实践中，根据对各国国内法的考察，与本国公民所享受的各类权利相比较，外国人的待遇总体上还是要低一些。① 例如，外国人通常不享受政治方面的权利，外国人在经济方面的权利一般也不完全等同于本国国民。即使连要求“最低国际标准”的西方学者，也承认对外国人的待遇“与本国人相比较，有一点歧视，在国际习惯法上一般地说是允许的”②。

通常，各国对临时入境的外国人，在出入境上给以严格的限制，并基本否定就业、教育、医疗、投资、福利等经济社会性权利，仅保障其在《非居住国公民个人人权宣言》第5条第1款的基本人权；对有一定期限居留的外国人，在出入境、就业、教育、医疗、投资、福利等经济社会性权利给予一定的限制，可以享有本国公民“专有”的部分权利；对享有永久居留权的外国人，除不赋予外国人的选举权、被选举权、参加公务权外，可以享有本国公民“专有”的绝大部分权利。

外国人义务，正如1985年12月13日《非居住国公民个人人权宣言》第4条规定的那样，应遵守居住或所在国的法律，并尊重该国人民的风俗和习惯。

2. 外国人待遇

(1) 外国人待遇的概念。国内国际法教材大多把外国人待遇中的外国人限定在“长期居留外国人及法人”，且以“原则”的形式论述。因此，本教材将外国人待遇列为外国人的权利和义务的一部分，并定义为：长期居留的外国人和开展业务活动的法人在所在国的权利和义务。

(2) 外国人待遇的原则

1) 国民待遇原则

国民待遇是指国家在一定范围内给予在其领土内的外国人以本国公民所享受的同等的

---

① 参见万霞：《论外国人待遇及外国人管理法的发展变化》，载刘国福主编：《移民法理论与实践》，279页，北京，法律出版社，2009。

② ［英］詹宁斯、瓦茨修订：《奥本海国际法》，王铁崖等译，330页，北京，中国大百科全书出版社，1998。

待遇。

从法理上说，主权国家给予本国国民的待遇是最高的，国家只有在对本国国民负责的情况下，才对外国人负责。①

国民待遇的实行一般都以对等和互惠为原则。所谓对等和互惠，是指国家之间彼此相互给予对方国家的公民和法人以同等的权利和优惠。

国民待遇适用范围一般是特定的。根据国民待遇制度，内、外国人享有同等的待遇，享受同等的民事权利和承担同等的民事义务，是仅就一般原则而言的，并非在具体的实体民事权利的享有上内、外国人完全一样。国民待遇的授予范围，以往仅限于公民的人身权、诉讼权的保护方面，现已扩及外国法人、船舶遇难救助、申请发明专利权、商标注册、版权以及民事诉讼权利方面。国民待遇让外国人与本国人在一定范围内享有平等的民事权利和法律保护。

国民待遇适用有一定的限制。各国在给予外国人国民待遇的原则下，出于保护本国国家安全、国民利益和本国产业的发展需要，对外国人的某些权利作若干限制性规定。各国对外国人民事权利的限制只要不影响他们的正常生活要求，国际法是允许的。各国法律一般都限制外国人对不动产的取得，对外国人谋求或选择职业或行业加以限制。例如，英国不准外国人拥有船舶所有权，外国人不能充任商船船长、总工程师、引水员；美国多数州不准外国人从事律师；前苏联限制外国人担任飞行员、船长、船员、公证员、领事职务等。

现在，国民待遇是一个使用广泛、内容丰富的概念。“在未来的发展中，赋予外国人在国内更多领域和更大范围以及更深层次上的国民待遇是一个不可逆转的趋势”。②

2）最惠国待遇原则

就个人待遇而言，最惠国待遇是指一国（施惠国）给予某外国（受惠国）的国民的待遇不低于它现在或将来给予任何第三国国民的待遇。

最惠国待遇是各国国民在从事国际经济、贸易或投资活动中逐渐发展起来的。一国的国民在外国从事经济、贸易和投资活动越来越频繁的必然结果是竞争日益激烈，在这种情况下，各国都期望本国国民能享有所在国给予他国国民的同样待遇，以便为他们创造一个良好的平等的竞争环境。最惠国待遇自 17 世纪开始订立，第二次世界大战以后被各国广泛采用。历经 300 年后到今天，这项原则已被广泛采用，各国一般都通过签订条约或协定规定最惠国待遇的给予、条件和范围。

根据国际条约和国家实践，最惠国待遇适用范围一般是在经贸等商事关系的某些事项上，通过自然人、法人、货物、商船等所受的待遇表现出来。如关税、旅客、行李和货物的过境、航行、铁路和公路的使用等。

最惠国待遇的实行也有例外或受到限制。根据各国订立的条约通常在以下情形不适用最惠国待遇：（1）施惠国给予其邻国的优惠待遇，例如边境贸易的优惠；（2）关税同盟内的优惠，自由贸易区或经济共同体内的优惠，如欧洲联盟国家间的各种优惠；（3）对发达国家给予发展中国家的优惠，其他发达国家不得要求最惠国待遇；（4）国际条约规定的其

---

① 参见丁伟：《冲突法论》，143 页，北京，法律出版社，1996。

② 张之光、陈春燕：《国民待遇的产生、演变及实质透析》，载《当代经济研究》，2000（7）。

他不适用最惠国待遇的情形。对最惠国待遇的例外问题，《关于最惠国条款的规定（草案)》的第23条至第26条作了规定。

最惠国待遇实行的结果，使一国境内的受惠国的国民享有与任何第三国国民在同等条件下的同等权利或优惠待遇，避免受到歧视待遇。这对促进国际经济、贸易、投资等具有重要意义。

3）平等互惠待遇原则

平等互惠待遇是指一国给予外国人某种权利、利益或优惠须以该外国人的国籍国给予该国在其境内的国民同等优惠、权利或利益为前提。这项原则旨在避免外国人在本国获得某些片面的权益或优惠。国家之间应当在互相尊重国家主权和平等互利的原则下解决有关外国人法律地位的问题。

（三）外国人的属人管辖

外交保护和领事保护是外国人国籍国制约外国人居留国属地管辖的主要方式。前者表现为当外国人居留国产生了法律救济穷尽的情况下的国家责任，其国籍国对其居留国所进行的外交行动或法律诉讼。后者表现为外国人国籍国为保护其权益在外国人所在国依法提供的各种协助。领事保护在用尽当地救济后都有可能上升为外交保护。

三、无国籍人的法律地位

无国籍人是指不具有任何国家国籍的人，即不属于任何国家国民的人。1954年《关于无国籍人地位的公约》第1条称："无国籍人"一词是指任何国家根据它的法律不认为它的国民的人。

涉及无国籍人地位的国际条约主要有：《联合国宪章》，1951年《关于难民地位的公约》和1967年《关于难民地位的议定书》，1966年《经济、社会、文化权利国际盟约》，1930年《关于某种无国籍情况的议定书》和《关于无国籍的特别议定书》，1954年《关于无国籍人地位的公约》和1985年《非居住国公民个人人权宣言》等。这些条约规定了无国籍人地位的主要内容。

上述条约的当事国应遵循条约规定决定其境内无国籍人的地位问题。非条约当事国也应按照联合国宪章的规定和有关国际人权保护的一般规定给予无国籍人与外国人相同的适当保护。各国在实践中通常把其境内的无国籍人视为外国人对待，要求他们服从它的属地优越权，遵守它的法律，并给予他们一般外国人的待遇。这样就使无国籍的人的生命、财产和基本自由有了保障。

但他们与一般外国人的地位还是有区别的，例如，国际法上关于外交保护的规则是以下述见解为根据的，即国籍是保证个人的权利在国际上获得保护的必要条件。无国籍的人因此也就不能获得这样的保护。这对他们来说总归是个遗憾。奥本海对无国籍人的地位作了一个精辟的论述，他说："无国籍人既无国籍，他们借以取得国际法利益的主要联系就不存在，因此就国际法而言，他们是得不到保护的。他们的地位犹如在公海上行驶而不挂任何国家的旗帜的船舶一样，这类船舶是同样不享受任何保护的。实际上，在大多数国家，无国籍人多少是和外国人民一样看待的。如果他们受到虐待，除了联合国宪章中关于人权和基本自由的规定之外，国际法依其现时的情形，是无法援助的，除非他们的地位在条约中有明文规定；在后一情形下，每一缔约国就可以不管求偿国籍的规则而取得保护他们的权利。”

四、受庇护人的法律地位

根据国际法，除条约有相反规定外，原则上任何人都可以寻求外国的庇护。但是否庇护外国人由国家自由决定，国家没有庇护外国人的义务。但根据有关国际条约规定，国家不得庇护犯有国际罪行或危害人类罪的人，如不得庇护战犯，包括破坏和平、反人道和违反战争法规的罪犯；不得庇护犯有灭绝种族罪、种族隔离罪、危害国际民用航空安全罪，以及犯其他国际罪行的人。

受庇护的外国人在所在国享有合法的居留权。他们的地位与一般外国人相同，要服从居留国的属地管辖，须遵守该国的一切法律、法令和规章，不得参与所在国的政治活动，享有与一般外国人相同的待遇。但他们与一般外国人不同，一方面，由于他们是遭受本国的追诉或迫害而逃到他国避难，在避难期间可以拒绝本国的召唤，拒绝本国的兵役义务。居留国不将其引渡或驱逐。另一方面，受庇护者不得因受到保护而从事违反联合国宪章宗旨与原则的活动，如不得进行反对或危害其本国的活动；居留国负有防止他们从事这种活动的义务。联合国通过的《领域庇护宣言》第 4 条规定：给予庇护之国家不得准许享受庇护之人从事违反联合国宗旨与原则之活动。

五、难民的法律地位

根据 1951 年《关于难民地位的公约》和 1967《关于难民地位的议定书》的有关规定，确定难民地位主要涉及难民的入境、居留、出境问题，难民的待遇和难民的义务问题。

（一）难民的入境、居留和出境

按公约和议定书规定，缔约国没有主动接受难民的义务，但对难民入境、居留、出境处置应遵守不推回原则并给予一定的宽容和便利：对未经许可而进入或逗留于该国领土的难民，不得因该难民的非法入境或逗留而加以刑罚，但以该难民毫不迟延地自行投向当局说明其非法入境或逗留的正当原因者为限；对难民的行动，不得加以除必要以外的限制；除因国家安全或公共秩序理由外，不得将合法在其领土内的难民驱逐出境；不得以任何方式将难民驱逐或送回（“推回”）至其生命或自由因为他的种族、宗教、国籍、参加某一社会团体或具有某种政治见解而受到威胁的领土边界。

（二）难民的待遇

依《关于难民地位的公约》第 3 条至第 30 条规定，缔约国在对难民没有种族、宗教或国籍歧视下，应给予难民一般外国人的待遇，并应按以下原则确定：

1. 国民待遇

即难民在宗教自由、出席法院事项（包括诉讼救助和担保）、缺销产品的定额供应、初等教育、行政协助的费用、捐税或费用的财政税收；公共救济和救助以及劳动立法和社会安全；艺术权利和工业财产的保护享有与所在国的缔约国国民相同的待遇。同时难民在任何缔约国境内都应享有与他经常居住国国民所享有的同样保护。

2. 最惠国待遇

指合法居留的难民在参加非政治性和非营利性的社团以及同业工会组织方面，及在从事工作以取得工资的权利方面享有与外国国民在同样情况下享有的最惠国待遇。

3. 不低于一般外国人待遇

指难民在动产和不动产的取得以及此类财产的租赁和其他契约方面；在初等教育之外的教育；在自营职业和自由职业；房屋、行动自由等方面享有不低于一般外国人在同样情况下享有的待遇。

（三）难民的义务

难民的义务是，对其所在国负有责任，必须遵守该国的法律和规章和维持公共秩序而采取的措施。

六、享有特权和豁免的外国人的法律地位

（一）外交代表的法律地位

1. 外交的特权和豁免

狭义的外交代表仅指担任常驻外交使节的使馆馆长，广义的则包括一切具有外交代表性质的正式外交人员，除使馆馆长外，还有参赞、秘书、武官、专员以及特别使团的特使等。

外交代表的特权和豁免包括：

（1）人身不可侵犯。外交代表不受任何方式的逮捕或拘禁，接受国对外交代表应特示尊重，并采取一切适当步骤以防止其人身、自由或尊严受到任何侵犯。

（2）外交代表的寓所如同使馆馆舍的权利，应享有同样的不可侵犯和保护的权利，接受国不得命令外交代表交出文书、信件，或对他的文书、信件采取开拆、扣留、检查、查封的措施；对外交代表的财产，包括交通工具，不得进行搜查、查封、扣押、征用或强制执行。但在外交代表不享有豁免的案件中，在不侵犯其人身和寓所的情况下，不排除执行处分。

（3）在接受国享有刑事、民事和行政管辖豁免。外交代表触犯了接受国的刑律，该国的司法机关不得对他进行审判和处罚。但这并不排斥接受国根据情况采取必要的措施，包括在案情严重的场合要求派遣国放弃豁免，以便进行审判和处罚。外交代表的民事和行政豁免有几种例外情形：关于在接受国境内私有不动产的物权诉讼（但为使馆用途置有的不动产不在此列）；以私人身份为遗嘱执行人、遗产管理人、继承人或受遗赠人之继承事项的诉讼；在接受国境内于公务范围外从事的专业或商业活动的诉讼；外交代表主动诉讼引起对其主诉的反诉。与管辖相关的，外交代表还免除作证义务。

（4）免除一切对人对物课征的国家的、区域的或地方的捐税；私人用品免除关税及服务费以外的课征，行李免除海关检查。除上述特权与豁免，外交代表还免除公共服务和个人劳役方面的义务，免除适用接受国施行的社会保险办法。①

2. 外交特权与豁免的限制

（1）刑事管辖豁免限制。从传统的理论意义上说，外交代表所享有的刑事管辖豁免是完全的。严格地说，这种完全的豁免仅仅是对追究法律责任方式的限制，即不得由驻在国

---

① 参见梁淑英主编：《外国人在华待遇》，153页，北京，中国政法大学出版社，1996。

司法机关对其追究法律责任，只能通过外交途径以协商方式处置。特殊案件在实践中也有要求派遣国放弃管辖豁免，而由驻在国追究刑事责任的实例。

(2) 民事管辖豁免限制。根据《维也纳外交关系公约》的规定，外交代表享受的民事管辖豁免有三种例外：外交代表以私人身份进行的遗产继承的诉讼；外交代表在我国从事公务范围以外的职业或者商业活动的诉讼；外交代表如果主动提起诉讼，对于本诉直接有关的反诉，不得主张豁免。

(3) 行政管辖豁免限制。关税与捐税限制。外交代表运进的物品，免纳关税和其他捐税，但一般限于自用或使馆运进的公务用品。超过自用部分的，不能享受免纳关税的待遇。例如，一般限制外交代表每人可免税进口一辆小轿车，大使可免税进口两辆。

(4) 外交代表身份的限制。外交代表因其个人身份的不同，所享受的特权与豁免也是存在差异的，有的外交代表可以享受全部的特权与豁免，有的外交代表只能享受部分特权与豁免。例如，外交代表如果是所在国公民或者是获得所在国永久居留资格的外国人，仅就其执行公务的行为，享有管辖豁免和不受侵犯。

(5) 豁免范围限制。外交特权与豁免的理论依据主要是“职务必要说”。这一理论既是享受外交特权和豁免的依据，也是对特权与豁免限制的依据。国际法和我国国内法都规定，外交代表不得在中国境内为私人利益从事任何职业或者商业活动。如果违反这一规定，就自然丧失了民事和行政管辖豁免的资格。

(6) 使馆馆舍用途限制。《维也纳外交关系公约》第41条和我国《外交特权与豁免条例》第25条第4项规定：“不得将使馆馆舍和使馆工作人员寓所充作与使馆职务不相符合的用途。”使馆馆舍是不可侵犯的，但使馆不得利用这一特权，将使馆馆舍用于同使馆职务不相称的目的。根据国际法的理论和实践，这一规定包含两种含义：其一，使馆不享有拘留权。一国使馆在驻在国的领域内，无权在馆舍内拘留任何人，即使对本国公民也不能行使拘留权。如果发生拘留事件，驻在国政府完全有权要求使馆交出被拘留人。其二，使馆不享有庇护权。国际上一般不允许在使馆内给予被驻在国政府通缉的罪犯以庇护。遇有罪犯进入使馆躲避法律制裁，驻在国通过外交途径要求交出罪犯时，使馆一般不能拒绝。①

(二) 领事官员的法律地位

1. 领事特权与豁免

(1) 人身不可侵犯。接受国对领事官员不得逮捕或拘留，也不得监禁或施以其他方式拘束他（她）的人身自由，但对犯有严重罪行或司法机关已裁判执行的除外。接受国有关当局对领事应予尊重并应采取适当的保护措施。

(2) 领事官员执行职务行为不受接受国的司法和行政管辖。但因领事并未以派遣国代表身份订的契约发生的诉讼，第三者因车辆船舶或航空器在接受国内造成的意外事故要求损害赔偿的诉讼；领事主动起诉引起的反诉不豁免。领事执行职务所涉的事项免于作证或提供有关公文或文件。

(3) 免除个人和物的课征，但间接税、遗产税、服务费不免除。领事初到任所需物品免纳关税；行李免除查验，但有重大理由需要检查时，应于领事或其家属在场。

---

① 参见张杰主编：《在华外国人管理》，201页，北京，中国人民公安大学出版社，2013。

（4）免除个人劳役和捐献义务，以及外侨登记、居留证、工作证及社会保险办法。

名誉领事有与职业领事相同的司法和行政豁免权和作证义务的免除；他执行领事职务从派遣国所得薪酬免除捐税；除为私人利益从事的专业或商业活动外，亦免除外侨登记和居留证等义务。

领馆中的领事雇员和服务人员的职务行为亦享有与领事相同的司法和行政管辖的豁免。他们初到任安家的物品也免除关税及服务费以外的其他捐税。①

2. 领事特权与豁免的限制

无论是国际法还是各国的国内法律，对领事特权都实行一定程度的限制。但在各国实践中，都给予与外交代表同等的待遇。领事特权与豁免权也不是毫无限制的，它和外交特权和豁免权一样，受到一定的限制。

（1）领事馆馆舍虽在原则上规定不受侵犯，但仍有一定的条件限制，即在法律上附有"推定"同意进入的限制条款。例如，遇有火灾或者其他灾害须迅速采取保护行动时，可以推定领馆馆长已经同意。

（2）领事官员人身不可侵犯权利有一定限定，领事官员享有人身不可侵犯权，但与外交官员相比，他们不享有完全的人身不可侵犯权。在一般情况下不受拘留或逮捕，但在犯有严重罪行时，则不能享受此种特权。按照《维也纳领事关系公约》的规定，对犯有严重罪行的领事官员予以逮捕或者拘留时，应通知领事馆馆长，如果是对领事馆馆长本人实行逮捕或者拘留，则应通知派遣国的使馆馆长。"严重罪行"一般是按照驻在国的法律规定来确定。②

思考题

1. 外交保护和领事保护对一国外国人管理有何意义？
2. 如何理解外国人管理的理论基础？
3. 一国境内的一般外国人有何法律地位？

① 参见梁淑英主编：《外国人在华待遇》，163～164页，北京，中国政法大学出版社，1996。

② 参见张杰主编：《在华外国人管理》，202页，北京，中国人民公安大学出版社，2013。

第三章　外国人在华法律地位

本章导读

我国通过各种国内法规定外国人在华地位的原则、享有的待遇以及对他们入境、居留和出境的管理办法，并遵守我国缔结或加入的条约以及我国接受的国际习惯规则，承认和配合外国人国籍国的属人管辖。

对于一般外国人，须服从中国关于外国人入境、居留和出境的管理；外国人在华的基本权利包括人身权、亲权、财产权、知识产权、投资经营权、通信自由权、言论自由权、诉讼权等；外国人在华禁止享有的权利包括不享有我国公民所享有的政治权利、不得担任我国的公证员、律师、专利代理人或商标代理人、引水员等，不得在中国取得对土地、矿藏、水流、森林、山岭、草原、荒地、滩涂等自然资源的所有权。未经我国主管机关的批准，不得在我国从事考古调查和考古发掘、渔业生产、渔业资源调查、矿产资源的勘探开发、水资源的开发利用、沿海江河湖泊及其他通航水域的水路运输、采集自然资源标本、捕猎野生动物问题等。而一般外国人中，享有的权利呈现差异性：除去外国人在华禁止享有的权利及出入境管理上的限制外，持有《外国人永久居留证》的外国人在华享有和中国公民一样的权利。持有外国人居留证件的外国人，享有法律赋予的与其居留许可事由相关的有关权利，一般涉及经济、文化和社会权利。在华临时入境的外国人，即在中国停留的外国人，只享有基本的权利。外国人在华的义务则包括遵守我国的法律法规、尊重我国人民的风俗习惯和社会公德以及依法纳税。外国人在华待遇包括国民待遇、最惠国待遇、优惠待遇以及对等待遇的原则。在外国人管理中，我国坚持属地管辖优先的原则，同时也尊重外国人国籍国的属人管辖原则。

依据国际法，我国有对于因政治原因遭到追诉或迫害而请求避难的外国人给予庇护的权利。在华避难的外国人与一般外国人地位相同，他们在中国居留要服从中国的管辖，遵守中国法律，享有与外国人相同的待遇，他们不得从事违反联合国宗旨和原则的活动，包括不得从事反对其本国的活动。

难民在我国的法律地位包括难民服从中国的属地管辖、受中国类似国民的管辖以及在入出境管理上有特别的制度。

在外国人的引渡立法上，我国基本形成了由国际条约、国内立法和国际习惯组成的引渡制度体系。

我国已于1975年和1979年分别加入了《维也纳外交关系公约》和《维也纳领事关系

公约》，现在又与一百多个国家建立了外交关系，与 30 多个国家签订了双边的领事条约。为了履行国际义务，保护外国使、领馆及其人员，确定它们在华的特权与豁免，我国根据上述两个条约的规定，于 1986 年和 1990 年分别公布了《外交特权与豁免条例》和《领事特权和豁免条例》，对驻华使、领馆和及其工作人员的特权与豁免作了扩展性的规定，并坚持了对等待遇的原则。

第一节　一般外国人在华的法律地位

众所周知，自 1840 年鸦片战争之后，西方列强通过一系列不平等条约在中国攫取了各种特权和利益，使得外国人在中国不服从中国政府的管辖并享有特权待遇。1949 年中华人民共和国成立后，彻底取消了外国人的特权，并遵循国际法的原则通过立法和其他措施确定了外国人在中国的法律地位。

我国通过各种国内法规定外国人在华地位的原则、享有的待遇以及对他们入境、居留和出境的管理办法，并遵守我国缔结或加入的条约以及我国接受的国际习惯规则，承认和配合外国人国籍国的属人管辖。

新中国成立后，制定了大量与外国人权利义务有关的法律、法规和其他法律规范文件。从宪法到民法通则、刑法和民事诉讼法、刑事诉讼法以及出入境管理法等，形成了一整套关于外国人权益保护的法律制度。无论是实体法上的权利，还是程序法上的权利，都作出了明确的规定。

一、法律上给予外国人法律主体资格

（一）宪法对外国人法律地位的规定

我国现行《宪法》（全国人民代表大会 2004 年修正）第 32 条规定，中国保护在其境内的外国人的合法权利和利益，在中国境内的外国人必须遵守中国的法律，即在华外国人必须按照中国的制度安排参与经济和社会活动，并遵守中国的法律，服从政府各部门的管理，尊重中国的社会风俗和习惯。

中国对因为政治原因要求避难的外国人可以给予受庇护的权利。《宪法》第 18 条规定，中国允许外国企业和其他经济组织或者个人依照中国法律规定在中国投资，同中国企业或其他经济组织进行各种形式的经济合作。在中国境内的外国企业和其他外国经济组织以及中外合资经营的企业，都必须遵守中国法律。

（二）其他基本法律给予外国人法律主体资格

我国《民法通则》第 8 条规定：在中华人民共和国领域内的民事活动，适用中华人民共和国法律。

我国《民事诉讼法》（2012 年修订）第 259 条规定：在中华人民共和国领域内进行涉外民事诉讼，适用本编（第四编）规定。本编没规定的，适用本法其他有关规定。第 5 条第 1 款明确规定："外国人、无国籍人、外国企业和组织在人民法院起诉、应诉，同中华人民共和国公民、法人和组织有同等的诉讼权利和义务。"

我国《刑法》第 6 条规定：凡在中华人民共和国领域内犯罪的，除法律有特别规定的以外，都适用本法。凡在船舶或者航空器内犯罪的，也适用本法。

2011年修正的《刑事诉讼法》第16条第1款规定："对于外国人犯罪应当追究刑事责任的，适用本法的规定。"

我国《行政诉讼法》的颁布和实施为外国人合法权益的保障提供了有力的司法保护。它规定了外国人行政诉讼的权利和义务。该法第99条规定："外国人、无国籍人、外国组织在进行行政诉讼，适用本法……"第100条第1款规定："外国人、无国籍人、外国组织在中华人民共和国进行行政诉讼，同中华人民共和国公民、组织有同等的诉讼权利和义务。"对于外交不对等的国家，该条第2款规定："外国法院对公民、组织的行政诉讼权利加以限制的，人民法院对该国公民、组织的行政诉讼权利，实行对等原则。"第102条规定："外国人、无国籍人、外国组织在进行行政诉讼，委托律师代理诉讼的，应当委托律师机构的律师。"该法还规定了外国人在行政诉讼中的具体权利和义务。

（三）一般法律给予外国人法律主体资格

2012年的《出境入境管理法》关于在华外国人的法律地位的内容，包括国家对外国人入境、出境、居留、旅游方面的规定；对外国人居留期间享有权利义务方面的规定。

1981年的《外国企业所得税法》，1986年的《外资企业法》（2000年已修订）《中外合资经营企业法》（2001年已修订）等法律对外国人在中国投资经营权和知识产权保护等方面给予了国民待遇，并且逐步扩大其范围，使外商同中国企业一样可在华进行投资和经营，并努力创造一个公平竞争的投资环境，允许外国人在中国商业、金融、外贸、航运、航空等领域投资，并可以以工业产权（专利、商标）、专有技术等无形财产作为资本投资。

我国《著作权法》（2010年修正）中明确了外国人、无国籍人的作品根据其作者所属国或者经常居住地国同中国签订的协议或者共同参加的国际条约享有的著作权，受中国著作权法保护。外国人、无国籍人的作品首先在中国境内出版的，依照本法享有著作权。未与中国签订协议或者共同参加国际条约的国家的作者以及无国籍人的作品首次在中国参加的国际条约的成员国出版的，或者在成员国和非成员国同时出版的，受本法保护。

我国《专利法》第29条对外国人在中国申请专利享有国民待遇和优先权作出明确规定，规定外国人和中国公民享有平等的诉讼权利和义务。

此外，我国签署和加入的相关国际公约、条约也都给予外国人法律主体资格，也是外国人权利保障的依据。

二、一般外国人在华法律地位的主要内容

（一）外国人须服从中国关于外国人入境、居留和出境的管理

为了规范出境入境管理，维护的主权、安全和社会秩序，促进对外交往和对外开放，2012年全国人大颁布了《出境入境管理法》。此法既适用中国公民出境入境，也适用外国人入境出境和在中国境内停留居留的管理。该法第3条规定国家保护中国公民出境入境合法权益。在中国境内的外国人的合法权益受法律保护。在中国境内的外国人应当遵守中国法律，不得危害中国国家安全、损害社会公共利益、破坏社会公共秩序。根据该法及《外国人入境出境管理条例》，外国人在中国的入出境法律地位包括一些内容：

1. 外国人没有入境中国的权利

（1）外国人进入中国国境必须办理入境手续。首先应持有效护照和有关证明到我国主

管机关办理入境签证或按我国与外国订立的双边协定规定的手续办理。

(2) 我国主管机关有权对以下外国人拒发入境签证：①被处驱逐出境或者被决定遣送出境，未满不准入境规定年限的；②患有严重精神障碍、传染性肺结核病或者有可能对公共卫生造成重大危害的其他传染病的；③可能危害中国国家安全和利益、破坏社会公共秩序或者从事其他违法犯罪活动的；④在申请签证过程中弄虚作假或者不能保障在中国境内期间所需费用的；⑤不能提交签证机关要求提交的相关材料的；⑥签证机关认为不宜签发签证的其他情形。

(3) 外国人入境我国，须接受出入境边防检查，若有上述拒发签证情形之一，或未持有效出境入境证件或者拒绝、逃避接受边防检查的，或入境后可能从事与签证种类不符的活动的，或法律、行政法规规定不准入境的其他情形，不准入境。

2. 外国人在中国停留、居留须遵守相关规定

(1) 持签证在中国停留和持居留证件在中国居留。在华停留不超过180天的，只需在签证表明的停留时间在华停留；被允许进入中国境内的外国人，外国人所持签证注明入境后需要办理居留证件的，应当自入境之日起30日内，向拟居留地县级以上地方人民政府公安机关出入境管理机构申请办理外国人居留证件；对中国经济社会发展作出突出贡献或者符合其他在中国境内永久居留条件的外国人，经本人申请和公安部批准，取得永久居留资格。

(2) 外国人在中国境内住宿，须办理住宿登记。

(3) 可对外国人的活动范围作出限制。根据维护国家安全、公共安全的需要，公安机关、国家安全机关可以限制外国人、外国机构在某些地区设立居住或者办公场所；对已经设立的，可以限期迁离。未经批准，外国人不得进入限制外国人进入的区域。

(4) 对违法的外国人可以实施出入境行政强制和处罚。对涉嫌违反出境入境管理的外国人，可以适用当场盘问、继续盘问、拘留审查、限制活动范围、遣送出境等出入境行政强制。对违反出境入境管理的外国人，可以实施警告、罚款、拘留、限期出境及驱逐出境等处罚。

3. 外国人出境权受到我国基于维护安全、公共秩序、卫生、风化及维护他人的权利和自由之需要的限制

(1) 外国人出境，应当向出入境边防检查机关交验本人的护照或者其他国际旅行证件等出境入境证件，履行规定的手续，经查验准许，方可出境。

(2) 外国人有下列情形之一的，不准出境：①被判处刑罚尚未执行完毕或者属于刑事案件被告人、犯罪嫌疑人的，但是按照中国与外国签订的有关协议，移管被判刑人的除外；②有未了结的民事案件，人民法院决定不准出境的；③拖欠劳动者的劳动报酬，经国务院有关部门或者省、自治区、直辖市人民政府决定不准出境的；④法律、行政法规规定不准出境的其他情形。

(二) 外国人在华的权利和义务

1. 外国人在华的权利

(1) 外国人在华的基本权利

1) 人身权。外国人在我国的人身权利主要包括：人身不受伤害的权利；人身自由不受侵犯的权利；住宅不受侵犯的权利；人格尊严不受侵犯的权利。

2）亲权。根据《民法通则》及我国其他有关涉外婚姻家庭关系的法律原则和规定，外国公民同中国公民、或外国公民之间在我国境内依婚姻法规定申请结婚或解除婚姻关系，涉外的夫妻关系、父母子女关系、兄弟姐妹关系，以及依我国收养法成立的涉外收养关系，均受中国法律的合法保护。但外国人不准与中国的军事、外交、公安和机要部门任职的现役人员结婚。

3）财产权。外国人的私有财产权既得到我国法律的承认，也得到法律的严格保护。根据《继承法》、《民法通则》和其他有关规定，对于外国人在华的财产继承问题，无论是法定继承、遗嘱继承和无人继承财产的处置，一般均与处置中国人的财产继承问题相同。

4）知识产权。根据我国颁布的《专利法》、《商标法》、《著作权法》和我国缔结或参加的《保护工业产权的巴黎公约》、《保护文学和艺术作品的伯尔尼公约》及其他一些相关的双边协定等的有关规定，外国人、外国企业依法在中国取得的专利权、商标权、著作权受我国法律的保护，凡条约成员国国民，在知识产权方面，享有各成员国赋予的各种权利之国民待遇。

5）投资经营权。我国《宪法》第18条规定，允许外国的企业和其他经济组织或个人依照法律的规定在中国投资，同中国的企业或者其他经济组织进行各种形式的经济合作。在中国境内的外国企业和其他外国经济组织以及中外合资经营的企业，都必须遵守的法律，他们的合法权利和利益受法律的保护。为了贯彻宪法的上述规定，我国又制定了《中外合资经营企业法》、《外资企业法》、《对外合作开采海洋石油资源条例》等一系列涉外经济法律、法规，具体规定了外国投资者在我国兴办企业或与我国公司、企业或其他经济组织合资经营中应该享有的权利。

6）通信、言论自由权。外国人的通信和言论，同我国公民待遇一样，其通信秘密和言论自由都受我国法律的保护。同时，我们也欢迎外国人对我国的建设提出宝贵建议，对我们工作中的失误提出批评。但是，中国政府绝不允许外国人利用言论及通信自由干涉我国内政，以及进行反动宣传等不利于国家和人民根本利益的一切事情。

7）宗教信仰自由权。外国人在我国享有宗教信仰自由权，可在我国举行或参加正常的宗教仪式和宗教活动。我国政府不干涉外国人信奉什么宗教，但是我国的宗教团体和宗教事务不受外国势力的支配。外国人在我国举行宗教活动，不得妨害我国的社会秩序、损害中国公民的身体健康、妨碍国家教育制度；外国人在我国不得在中国公民中组织宗教团体，不得利用宗教活动进行宗教宣传或传教，不得参加我国的宗教团体和宗教组织，更不能从事干涉我国宗教事务的活动。

8）诉讼权。根据《民事诉讼法》（2012年修订）、《刑事诉讼法》（2011年修订）、《行政诉讼法》（2014年修订），外国人、无国籍人、外国企业和组织在人民法院起诉、应诉，同公民、法人和组织有同等的诉讼权利和义务。

（2）外国人在华禁止享有的权利

外国人在华不享有我国公民所享有的政治权利，如不享有选举权和被选举权，不能参加中国的党派和其他的政治组织和活动。我国《宪法》第34条和《全国人民代表大会和地方各级人民代表大会选举法》（2010年）规定，年满18岁的中国公民才有选举权和被选举权。《宪法》第35条规定的中国公民享有的政治性的自由权利，如政治性的言论、出版、集会、结社、游行、示威自由都属于中国公民专有的，外国人不得享有。此外，我国也规定禁止外国人在中国的军队，国家权力机关，国家安全、公安、法院、检察、外交以及其他国家机关任职。

虽然外国人在华享有与我国公民相同的民事权利和义务，但我国法律也对外国人的权利作了若干限制，当然这些限制都不影响他们的正常生活。如：按我国2005年《公证法》第18条规定，外国人不得担任我国的公证员。此外，外国人也不得在中国担任律师、专利代理人或商标代理人、引水员等。根据我国宪法规定，外国人不得在中国取得对土地、矿藏、水流、森林、山岭、草原、荒地、滩涂等自然资源的所有权。根据我国《文物保护法》、《渔业法》、《矿产资源法》和《水法》等法的有关规定，外国人未经我国主管机关的批准，不得在我国从事考古调查和考古发掘、渔业生产、渔业资源调查、矿产资源的勘探开发、水资源的开发利用、沿海江河湖泊及其他通航水域的水路运输、采集自然资源标本、捕猎野生动物问题等。

（3）外国人享有权利的差异

除去外国人在华禁止享有的权利及出入境管理上的限制外，持有《外国人永久居留证》的外国人在华享有和中国公民一样的权利。

持有外国人居留许可的外国人，除享有上述“（1）”中“外国人在华享有的权利”外，还享有法律赋予的与其居留许可事由相关的有关权利，一般涉及经济、文化和社会权利。如在中国就业的外国人，享有我国相关劳动法律赋予的权利，有与中国职工同工同酬、劳动权和休息权等权利。根据《在中国境内就业的外国人参加社会保险暂行办法》参加社会保险的外国人，符合条件的，依法享受社会保险待遇。在中国学习的外国人，根据《教育法》第69条规定：中国境外个人符合国家规定的条件并办理有关手续后，可以进入中国境内学校及其他教育机构学习、研究、进行学术交流或者任教，其合法权益受国家保护。

在华临时入境的外国人，即在中国停留的外国人，仅享有上述“（1）”中“外国人在华享有的权利”。

2. 外国人的基本义务

我国的法律在规定外国人享有各项基本权利和自由的同时，也规定了外国人必须履行的基本义务，主要包括：

（1）遵守我国的法律法规。根据国际法的基本原则和国际惯例，外国人必须遵守居留国的法律法规。外国人在我们国家，就必须严格按照我国的法律法规办事。我国的法律是广大人民意愿的体现，是国家整体利益和人民根本利益最集中的体现。除前面已引用的我国宪法第32条的规定以外，《出境入境管理法》第3条也明确规定：外国人在中国境内，必须遵守中国法律，不得危害中国国家安全、损害社会公共利益、破坏社会公共秩序。外国人必须遵守我国法律法令是一个广义的概念，即不仅要遵守国家颁布的法律、法令、法规，而且要遵守地方政府颁布的法令、法规以及各部门制定的规章制度，并接受中国政府授权部门的管辖。任何违反我国法律法令的行为都是法律所不允许的，都要承担法律责任，严重者要受到我国法律的处罚与制裁。

（2）尊重我国人民的风俗习惯和社会公德。由于世界各国的历史、民族、文化以及信仰的不同，各国人民的风俗习惯和社会道德标准存在很大差异。中国政府一贯要求侨居国外的华侨及出国人员尊重居住国人民的风俗习惯和社会公德，同时，也要求在我国的外国人尊重我国人民的风俗习惯和社会公德。我国法律把尊重社会公德规定为在我国境内的一切中外人员的基本义务。

(3) 依法纳税。税收是国家为了实现其职能，按照法律预先规定的标准，强制地、无偿地取得财政收入的一种手段，是国家凭借政治权力参与国民收入分配和再分配的一种方式。对于在我国境内经商的外国人，按照国际惯例和我国的《企业所得税法》、《中外合资经营企业所得税法》、《个人所得税法》等有关法律法规的规定，同样负有依法纳税的义务。外国人应当自觉地、积极地依照各项税法的规定向我国主管部门缴纳税款，这同样也是外国人必须忠实履行的光荣义务。我国《税收征收管理法》第44条规定："欠缴税款的纳税人或者他的法定代表人需要出境的，应当在出境前向税务机关结清应纳税款、滞纳金或者提供担保。未结清税款、滞纳金，又不提供担保的，税务机关可以通知出境管理机关阻止其出境。"

3. 外国人在华待遇的原则

(1) 国民待遇的原则。为了使外国人能在中国正常地生活或开展事业，我国法律及我国所缔结的或参加的国际条约规定，外国人可享有与我国公民相同的民事权利和法律保护，并承担同等义务。根据我国《民法通则》，外国人享有我国公民享有的基本民事权利。也应承担与我国公民相同的民事责任。在投资、知识产权保护以及法律诉讼等方面，外国人也享有我国公民的待遇。但我国根据经济发展和维护公民利益的需要，在国民待遇原则下对外国人的权利范围有所限制，即在国民待遇原则下给予外国人不同于我国公民的差别待遇，是符合国际法和国际实践的。

(2) 最惠国待遇的原则。最惠国待遇主要适用于外国人在华投资贸易、航运、知识产权等方面。这种待遇标准是以我国与外国人的本国签订互惠的最惠国待遇条款或我国参加的载有最惠国待遇条款的国际条约为基础的。目前，在投资方面，我国已与多个国家签订了载有最惠国待遇条款的协定和与多个国家签订的贸易和通商航海条约或协定中也都规定了互惠的最惠国待遇。我国于2001年12月正式加入了世界贸易组织（WTO），这意味着我国须遵守其中的最惠国待遇的相关规定。根据WTO的《1994年关贸总协定》、《服务贸易总协定》、《知识产权协定》及其他协议在有关条款的规定：成员之间在货物贸易、服务贸易、与贸易有关的知识产权等方面应相互给予最惠国待遇。

(3) 优惠待遇原则。依我国法律和有关条约规定，外国人还可以在我国享有某种或某些优惠待遇，如外商在华投资某些税收的优惠，与有些邻国订立协议中相互给予对方国民某些优惠，及与其他国家签订的双边条约中规定的优惠待遇等。

(4) 对等待遇。我国政府一贯主张国家不分大小、强弱，一律平等。不论何国国籍的外国人，在我国都受到同等的法律管辖和保护，外国人不因国籍不同而受到歧视。但如果有关国家对居留该国的我国公民给予歧视待遇，我国也有权实行对等原则，给在我国的该国公民以同等的待遇。

(三) 尊重外国人国籍国的属人管辖

在外国人管理中，坚持属地管辖优先的原则，同时也尊重外国人国籍国的属人管辖原则。

1. 立法确定外国使馆、领馆及其人员的特权与豁免

我国已于1975年加入了《维也纳外交关系公约》，现在又与一百多个国家建立了外交关系，为了履行国际义务，保护外国使馆及其人员，确定它们在华的特权与豁免，我国根

据《维也纳外交关系公约》的规定，于1986年公布了《外国特权与豁免条例》。我国除于1979年加入了《维也纳领事关系公约》外，为了履行条约义务，促进我国与外国领事关系的发展，我国1990年公布了《领事特权和豁免条例》对驻华领馆和领事的特权与豁免作了规定。

2. *履行国际条约关于外国人国籍国属人管辖的相关义务*

我国除于1979年加入了《维也纳领事关系公约》外，截至2013年8月15日，新中国与外国签订或重新签订了48个双边领事条约（协定）。截至2014年9月，我国已与63个国家签订107项司法协助条约（包括已进行第一轮谈判的）。其中75项条约已生效，包括49项司法协助条约，22项引渡条约和4项被判刑人移管条约。

在处置涉外案件时，在对等互惠的基础上，严格履行我国所承担的国际条约义务。1995年，根据《维也纳领事关系公约》及我国与外国签订的双边领事条约（协定）、司法协助条约，外交部、最高人民法院、最高人民检察院、公安部、安全部和司法部制定了《关于处理涉外案件若干问题的规定》。它规定：在处置涉外案件时，在对等互惠的基础上，严格履行我国所承担的国际条约义务。当国内法或者我国内部规定与我国所承担的国际条约义务发生冲突时，应当适用国际条约有关规定（我国声明保留的条款除外）。各主管机关不应当以国内法或者内部规定为由拒绝我国所承担的国际条约规定的义务。

（1）保障使领事官员的探视权和知情权

一旦发生对外国人采取人身限制措施、外国船舶被扣留或其他强制措施及外国人在华死亡的案件，主管机关应履行通知外国驻华使领馆的义务。根据《维也纳领事关系公约》第36条第1款第2项的规定，一国对外国人采取限制人身自由的法律措施时，应将该权利即时告知当事人。通知程序体现了我国对涉外刑事案件当中外国当事人所属国的探视权和知情权的重视与保障。所谓探视权，是指一国政府的领事官员享有对处于被外国羁押状态的本国公民探望和问候的权利，也是一国政府应尽的义务。所谓知情权，是指一国的领事官员享有的了解本国公民受到羁押的理由和状况的权利。这两种权利都是国际法中属人原则派生出来的外交保护制度的具体体现，我国主管机关有义务为领事官员行使外交保护权利提供必要的便利和协助。

（2）可进行案件交涉。外国驻华使领馆索要材料，凡公开的材料或者法律规定可以提供的材料，主管机关应予提供；驻华使领馆就有关案件进行交涉，可向外交部或省级外事办公室提出，或者向中央或者省级主管部门直接提出。

（3）使、领馆官员的探视权。外国驻华使、领馆要求探视其被拘留、逮捕或正在监狱服刑的本国公民，应予以安排。《维也纳领事关系公约》第36条第I款第3项规定：领事官员有权探访受监禁、羁押或拘禁之派遣国国民，与之交谈或通讯，并代聘其法律代表……特殊程序是履行有关国际义务，维护外国当事人合法权益而必需的，是公安机关在涉外案件侦查中所必须遵循的。特殊程序的主要国际法依据是《维也纳领事关系公约》以及我国与外国签订的双边领事条约。特殊程序的主要内容，在对外国籍犯罪嫌疑人采取限制或者剥夺人身自由的法律措施后，应及时告知其享有与所属国驻华使领馆官员见面的权利，并及时通知所属国驻华使领馆，尽快安排双方见面。

（4）可在当地救济用尽的情况下，通过外交行动、法律诉讼或其他方式行使外交保护权。

（5）司法协助。对与我国订有双边司法协助协定、条约或者我国与其共同参加载有司法协助条款的公约的国家，主管部门应按协定条约或者公约的有关规定办理。未签订上述协定或条约、也未共同参加上述公约的，在对等互惠的基础上通过外交途径解决。

（6）对刑事犯罪的外国人在平等互惠的基础上进行引渡合作。根据我国《引渡法》及参加和缔结的条约和实践，我国与有关外国相互把本国境内发现而被对方指控为犯罪或判罪的人移交给对方，以便对人犯进行起诉或执行刑罚。但我国不引渡本国人，只引渡外国人和无国籍的人。和外国在平等互惠的基础上进行引渡合作。和外国之间的引渡，通过外交途径联系。我国在作出引渡外国人的决定时应遵循两项原则：一是引渡外国人不得损害我国的主权、安全和社会公共利益。凡有损我国主权、安全和社会公共利益的引渡请求，均应拒绝。二是引渡外国人按对等原则进行，即任何外国对我国的引渡请求加以限制的，我国在引渡时也加以限制。

第二节　外国人在华的庇护、难民保护和引渡

一、外国人在华的庇护

依据国际法，我国有对于被通缉或受迫害而请求避难的外国人给予庇护的权利。但我国庇护的外国人是因政治原因遭到追诉或迫害而请求我国保护的人。这已被规定在1949年《中国人民政治协商会议共同纲领》及在其后制定的中国宪法中。我国《宪法》第32条第2款规定："对于因政治原因要求避难的外国人，可以给予受庇护的权利。"但外国人须得到中国主管机关的批准才能在华避难。中国政府的主管机关是公安部。我国根据国际法对于被指控为非政治性的犯罪或源于违反联合国宪章宗旨和原则的人或国际条约规定的国际犯罪者不予庇护，例如对于犯有灭绝种族、种族隔离、战争、反和平、反人道、恐怖主义、劫持人质、危害国际民用航空安全及其他反人类的罪行者则应拒绝庇护。例如，1978年10月18日，中国政府根据宪法和国际惯例，给予前来要求避难的越南共产党中央组织部的干部阮庭荫政治庇护。

我国接受政治避难的人仅限于中国境内，拒绝在中国驻外的使、领馆及其他享有特权与豁免的机构寻求避难的人。

在华避难的外国人与一般外国人地位相同，他们在中国居留要服从中国的管辖，遵守中国法律，享有与外国人相同的待遇，他们不得从事违反联合国宗旨和原则的活动，包括不得从事反对其本国的活动。

二、在华难民的保护

我国自1971年恢复联合国的合法席位后，不仅积极参加联合国的难民救济工作，参加关于难民的国际会议，1979年还恢复了联合国难民署执委会的活动，并于1982年加入了《关于难民地位的公约》和《关于难民地位的议定书》。在实践中我国积极履行该公约和议定书规定的义务，与国际社会合作进行安置难民的工作。自1977年以来，我国已接受和安置了28万多印度支那难民（包括公约和议定书规定之外的难民），允许他们在我国指定的地区居住。

我国目前虽没有建立专门难民的立法，但依《关于难民地位的公约》和《关于难民地位的议定书》规定及我国多年来难民管理的实践，难民在我国的法律地位包括以下几点：

（一）难民应服从中国的管辖

这里所说的难民是指在中国境内的并被中国主管机关确认为难民的人（包括持有中国政府签发的身份证件及其未有身份证件的子女）以及合法在中国居留并持有中国政府签发的护照或旅行证件在外国旅行的难民和被难民署驻中国代表处甄别为难民的人（持有该代表处签发的有效证件）。

1. 服从中国的属地管辖

按国际法，所有国家对其领土内的人和物，以及发生的事件都有排它的属地管辖权，1951 年《关于难民地位的公约》第 2 条也规定："一切难民对其所在国负有责任，此项责任特别要求他们遵守该国的法律和规章以及为维持公共秩序而采取的措施。"据此，在中国境内的难民一律要受中国属地管辖的支配。此外，正在申请难民身份的人和被拒绝难民身份的人，获得允许暂留在中国的，也要服从中国的管辖。

为行使属地管辖权，中国制定了各种法律、法规，不仅要求中国人遵守，而且要求在华的外国人遵守，难民当然应该遵守。《宪法》第 32 条第 1 款规定："中华人民共和国保护在中国境内的外国人的合法权利和利益，在中国境内的外国人必须遵守中华人民共和国的法律。"其他法律作了更为直接的规定。例如，《出境入境管理法》对难民的入出境管理作了原则的规定。

2. 受中国类似国民的管辖

被中国政府接受的难民，尤其是已长期在中国居留的难民，例如，20 世纪 70 年代末和 80 年代初来华的印支难民，他们持有中国政府签发的身份证件，当他们需要到其他国家旅游、探亲、留学、从事劳务或从事其他正当活动，要求出境时，中国主管机关根据他们的情况可为他们签发护照或类似护照的旅行证件，并且这样的证件获得国际承认。这是 1951 年《关于难民地位的公约》和 1967 年《关于难民地位的议定书》都规定的。正因为难民持有中国签发的旅行证件并表明他在中国合法居留，故他在中国之外也要服从中国的管辖，中国有保护其合法权益的权利，也有惩治其犯罪的权利。

其他国家既承认中国签发给难民的旅行证件之效力，并因此允许持有此类证件的难民进入其境内，它就有责任像保护中国人一样保护该难民的人身、自由、财产及其他合法权利。若该难民的所在国非法侵犯他的合法权益，中国有权对他实行外交保护。

中国对难民行使外交保护权的根据，不是因为其具有中国国籍，而是难民实际受中国保护。首先，中国接受和安置的难民与中国之间具有最密切的法律联系，他们在中国享有的法律上的权利和义务与我国国民少有二致，他们的家庭、医疗、教育等已融入了中国社会。他们离开中国到其他国家后仍被允许返回，除非他们在别国定居或者得到本国的接受。再有，按照 1951 年《关于难民地位的公约》规定，确立并接受难民的居住国是难民的保护国，在他具有难民地位期间，他的本国或他的原居住国已拒绝接受和保护他。故被中国政府接受的并长期居住在中国的难民持有中国签发的旅行证件到其他国家时，可获中国政府的外交保护。这也是符合国际实践中惯常作法的。联合国国际法委员会二读通过的《外交保护条款草案》第 8 条的规定，也反映了这一立场。

但是，获得中国政府许可在华居住的难民若出境时声明将再返回中国的，中国仍应接纳他们返回。若他们已获得了其他国家的接纳或在其他国定居了或已声明不再受中国的保护了，中国政府可拒绝接纳他们，也无权再保护他们。因为他们已与有关国家建立了保护与被保护的关系。①

（二）难民在华入出境管理

根据我国加入的国际条约、国内法规定，难民在我国享有入境权、居留权和出境权。

入境权是难民保护中的首要和基础的权利，国家只有保障了难民的入境权，才会对其之后的基本权利进行保护。② 按照 1951 年《关于难民地位的公约》第 31 条规定："（一）缔约各国对于直接来自生命或自由受到第一条所指威胁的领土未经许可而进入或逗留该国领土的难民，不得因该难民的非法入境或逗留而加以刑罚，但以该难民毫不迟延地自行投向当局说明其非法入境或逗留的正当原因者为限……" 如果难民非法入境我国，只要其在尽可能短的时间内向公安出入境管理机构说明，其非法入境可以免于处罚。

《出境入境管理法》第 46 条增加了有关难民的入境和居留的条件："申请难民地位的外国人，在难民地位甄别期间，可以凭公安机关签发的临时身份证明在中国境内停留；被认定为难民的外国人，可以凭公安机关签发的难民身份证件在中国境内停留居留。" 也就是说，难民的居留权和出境权在我国也通过国内法的形式进行了确认。

三、在华外国人的引渡

自改革开放以来，我国引渡立法渐趋完善，基本形成了由国际条约、国内立法和国际习惯组成的引渡制度体系。

目前我国已加入的涉及引渡的国际公约有：1948 年《防止及惩治危害种族罪公约》，1966 年《消除一切种族歧视国际公约》，1970 年《关于制止非法劫持航空器的公约》，1971 年《关于制止危害民用航空安全的非法行为的公约》，1973 年《禁止和惩治种族隔离罪行国际公约》和《关于防止和惩治侵害应受国际保护人员包括外交代表的罪行公约》，1979 年《反对劫持人质国际公约》，1984 年《禁止酷刑和其他残忍、不人道或有辱人格的待遇或处罚公约》，1988 年《联合国禁止非法贩运麻醉药品和精神药物公约》、《制止危及海上航行安全非法行为公约》和《制止危及大陆架固定平台安全非法行为议定书》，2000 年《联合国打击跨国有组织犯罪公约》和 2003 年《联合国反腐败公约》，等等。

按这些公约规定，各缔约国应将各公约所列的罪行视为可引渡的罪行，各国应依照本国法律和现行条约，准予引渡犯有公约规定的罪行的人犯。缔约国之间可以各该公约作为引渡的根据。我国除参加了上述涉及引渡的国际公约外，还与泰国、俄罗斯、罗马尼亚和保加利亚等国签订了双边引渡条约。

在国内立法方面，除了我国《刑法》、《刑事诉讼法》、《缔结条约程序法》中的相关原则性规定外，主要是 1992 年 4 月由外交部、最高人民法院、最高人民检察院、公安部、司法部联合发布的《关于办理引渡案件若干问题的规定》和 2000 年 12 月九届人大常委会第十九次会议通过了《引渡法》。

在国际习惯方面，具体包括：（1）国家之间的外交实践及国内实践，特别是有关的声

① 参见梁淑英：《国际难民法》，260～263 页，北京，知识产权出版社，2009。

② 参见张保平：《出入境管理学》，183 页，北京，中国人民公安大学出版社，2014。

明、宣言、协议等外交文书；(2) 国际组织（如国际刑警组织·国际刑事法院）的实践，特别是有关会议的决议、文件以及裁定和判决；(3) 国内实践，主要是司法判例、行政命令等。

根据上述法律法规，我国有关外国人的引渡制度主要有：

(一) 引渡外国人的原则和条件

我国在作出引渡外国人的决定时应遵循两项原则：一是引渡外国人不得损害我国的主权、安全和社会公共利益。凡有损我国主权、安全和社会公共利益的引渡请求，均应拒绝。如中泰引渡条约规定：和泰王国在相互尊重主权和平等互利的基础上，为促进两国在惩治犯罪方面有效合作，缔结本引渡条约。二是引渡外国人按对等原则进行，即任何外国对我国的引渡请求加以限制的，我国在引渡时也加以限制。

关于引渡外国人的条件，首先是外国引渡请求所举的行为依照该外国法律和我国法律规定均构成犯罪。若依双方任何一方的法律规定，请求所举的行为不构成犯罪，则我国不予引渡。这是符合国际引渡制度双重归罪原则的。"双重归罪原则"也称相同原则（principle of identity）是指被控的行为必须是根据请求国和被请求国的法律均构成犯罪的行为。因为引渡涉及请求国和被请求国的司法管辖权问题。另外，对有的罪行虽然我国刑法没有规定它的罪名，但我国参加的国际公约中规定的犯罪行为也视为符合我国法律规定，属于可引渡的罪行。在符合双重归罪的原则下，还须符合以下两个条件之一，我国主管机关才能决定引渡外国人。(1) 对旨在追究犯罪嫌疑人刑事责任的引渡请求，请求国的法律和我国法律就该项请求所依据的犯罪规定最高刑应达到一定的期限；(2) 对旨在对罪行执行刑罚的引渡请求，则按请求国法院所作判决，对该犯罪尚未执行的刑期至少为 6 个月有期徒刑。这种条件在我国订立的引渡条约中都有明确规定。如《中泰引渡条约》第 2 条规定："一、就本条约而言，可引渡的犯罪是指根据缔约双方法律可处一年以上监禁或其他形式的拘禁或任何更重刑罚的犯罪。二、如果引渡请求所涉及的人因任何可引渡的犯罪被请求方法院判处监禁或其他形式拘禁，只有在该判决尚未执行的刑期至少为 6 个月时，方可予以引渡。"

(二) 引渡的拒绝

根据我国缔结的引渡条约和《引渡法》，我国主管机关对有下列情形之一的引渡请求，均应予以拒绝。

1. 请求国提出的引渡请求所依据的犯罪属于因为政治原因的犯罪。

2. 请求国提出的引渡请求旨在对被要求引渡人因其种族、宗教、国籍、政治见解等原因而追究刑事责任或者执行刑罚，或者被要求引渡人在司法程序中的地位将会因上述原因受到损害。

3. 请求国提出的引渡请求所依据的犯罪只是其军事法规中规定的犯罪，而依其普通法不构成犯罪。

4. 依我国法律或国际法规定，被要求引渡的人享有刑事管辖豁免。

5. 我国司法机关对被要求引渡的人在该请求提出前就同一犯罪已作出最终决定，或者正在进行诉讼或者其他司法程序。

6. 被请求引渡人在请求国曾经遭受或者可能遭受酷刑或者其他残忍、不人道或者有辱人格的待遇或者处罚的。

7. 我国司法机关对引渡请求所依据的犯罪具有管辖权，并且准备提起诉讼或者进行其他司法程序。

8. 按照我国法律或请求国的法律规定，对被要求引渡人因已过追诉时效或者赦免等原因而可以不予起诉或者处罚。

9. 旨在对被要求引渡人执行刑罚的引渡请求是基于一项缺席判决提出的，除非请求国保证引渡后将重新进行审理。

10. 由于被要求引渡人的年龄、健康或者其他原因，引渡不符合人道主义精神。

我国关于拒绝引渡外国人的上述理由不仅符合我国有关法律规定，而且符合国际实践和有关的条约规定。它们均已被规定在联合国大会 1990 年通过的《引渡示范条约》和我国缔结的引渡条约中。

（三）引渡外国人的程序

1. 提出引渡请求

外国请求我国引渡外国人或无国籍人须通过外交途径向我国递交书面请求书。

2. 强制措施的采取

我国主管机关认为外国引渡请求符合引渡的条件，则由最高人民法院、最高人民检察院或者公安部通知被要求引渡的人所在地的中级人民法院、人民检察院或者同级的公安机关依照我国刑事诉讼法规定，对被要求引渡的人采取必要的强制措施。按我国刑事诉讼法规定，人民法院、人民检察院和公安机关可根据案件情况，对犯罪嫌疑人、被告人采取拘传、取保候审或监视居住、拘留和逮捕等措施。

对于外国正式提出引渡请求前，因紧急情况申请对将被请求引渡的人采取羁押措施的，公安机关可以根据外国的申请采取引渡拘留措施。

被请求引渡的人在其被告知自该项引渡请求之日起的法定期间内，有权依照我国刑事诉讼法规定自行或委托他人为其辩护，向我国司法机关提出反对引渡的理由，按照我国《刑事诉讼法》第 32 条规定：犯罪嫌疑人、被告人除自己行使辩护权以外，还可以委托 1 至 2 人作为辩护人。律师、人民团体或者犯罪嫌疑人、被告人所在单位推荐的人，或犯罪嫌疑人、被告人的监护人、亲友均可被委托为辩护人。正在被执行刑罚或者依法被剥夺、限制人身自由的人，不得担任辩护人。

我国司法机关对被请求引渡的人采取羁押措施后，若请求国撤销或放弃引渡请求，我国司法机关应立即释放被羁押的人，由此羁押所产生的一切损害则由请求国负责。并且我国不再接受请求国对该人就同一犯罪再次提出引渡请求。

3. 引渡的执行

当我国收到外国引渡请求书后，经主管机关审查同意引渡，则应通知请求国，经与请求国商定执行引渡的有关事宜后，按约定移交被请求引渡的人。若我国决定拒绝引渡，亦应通知请求国并说明拒绝的理由。

若我国司法机关正在对被请求引渡人因其并非引渡请求所依据的犯罪追究其刑事责任或执行刑罚，可在对该人的司法程序进行完毕或其服刑期满之前，暂缓作出引渡决定。若由于暂缓引渡可能导致请求国超出了对被请求引渡人的追诉时效，可以应请求国的请求临时将被请求引渡人移交给请求国以便起诉。

（四）关于重叠引渡的处置和遵守同一原则

若遇到两个或两个以上国家同时向我国请求引渡一个人，我国有权接受其中任何一个国家的请求。这是我国主权的表现，并且我国与外国缔结的引渡条约中也对此作了规定。如《中泰引渡条约》第 12 条规定："被请求方对缔约另一方及一个或一个以上第三国对同一人提出的引渡请求，有权决定优先接受其中任何一个国家的请求。"

在国际引渡制度中，要求请求国家遵守专一原则（Principle of speciality）。所谓专一原则是指请求国对于被引渡人只能就其所犯构成引渡理由的罪行对该人进行审判或处罚。并且不得再次将该被引渡人引渡到第三国。《引渡法》第 14 条第 1 款规定：请求国请求引渡，应当作出如下保证：请求国不对被引渡人在引渡前实施的其他未准予引渡的犯罪追究刑事责任，也不将该人再引渡给第三国。根据专一原则，我国将被引渡人移交给请求国后，该请求国只能以引渡请求所涉及的犯罪对被引渡人进行审判或处罚，不得以任何其他罪行对被引渡人实行审判或处罚，也不得将被引渡人再引渡给第三国。请求国若不遵守该则，我国有权提出交涉并要求它承担责任。①

（五）引渡条约与引渡法发生冲突时的法律适用

当引渡条约与引渡法发生冲突时，引渡条约应当且必须在我国优先适用：外交部、最高人民法院、最高人民检察院、公安部、司法部于 1992 年印发的《关于办理引渡案件若干问题的规定》是引渡法实施前指导我国引渡工作的一个重要内部文件，其第 2 条第 2 款明确规定："我国缔结或者参加的国际引渡条约或者载有引渡条款的其他国际条约同本规定有不同规定的，适用国际条约的规定，但是我国声明保留的条款除外。"国际条约优先适用原则和"特别法优于一般法"原则仍然体现或暗含在其他一些条款当中。例如，《引渡法》第 4 条在指定外交部为引渡合作的"联系机关"后，又明确补充道"引渡条约对联系机关有特别规定的，依照条约规定"。这实际上就是指当引渡条约对联系机关的规定与引渡法不同时，优先适用条约。

即使双边引渡条约与引渡法的规定相同，也应当且只能优先适用引渡条约。在引渡合作中优先适用条约，有法可依。我国《刑事诉讼法》第 17 条规定："根据中华人民共和国缔结或者参加的国际条约，或者按照互惠原则，我国司法机关和外国司法机关可以相互请求刑事司法协助。"该条规定实际上是指：我国在开展刑事司法协助这种特定事项时，应该适用国际条约而不是国内法。例如，2006 年 9 月 19 日，上海市高级人民法院对俄罗斯联邦请求引渡沙宾科夫的裁定书中，直接援引了中俄引渡条约的规定，说明引渡沙宾科夫符合该引渡条约的规定，该案中不存在该引渡条约中可以或应当拒绝引渡的理由。再如，2007 年 4 月 2 日，最高人民法院在核准引渡韩国公民卞仁镐的引渡裁定书中，也直接援引了中韩引渡条约的规定，说明该案符合引渡条件，应予引渡。

优先适用引渡条约，并不会否定引渡法的立法价值和存在必要。首先，我国并没有也不可能与世界上所有的国家签订引渡条约，事实上，目前我国只与少数国家签订了双边引渡条约。在没有引渡条约时，我国可以按照国际礼让、互惠原则或通过个案磋商开展引渡合作，这时，引渡法就是开展引渡合作的主要法律依据。其次，几乎各个国家都在国内法

---

① 参见梁淑英主编：《外国人在华待遇》，179～181 页，北京，中国政法大学出版社，1996。

上对引渡作出立法规定，是因为引渡法相对于国际条约来说，是国内有关引渡事项的基础法，是国内法律体系中不可或缺的部分，它对开展具体引渡工作、对外缔结引渡条约和根据国际礼让、互惠原则开展引渡合作，既发挥着根本性的指导作用，也提供了具体的规则和程序。第三，即使两国之间签订有双边引渡条约，该条约也不可能面面俱到，当引渡条约没有规定，而引渡法有规定时，引渡法可以起一个参照作用，正如《引渡法》第 49 条规定的，没有引渡条约或者引渡条约没有规定的，可以参照本法第二章第二节、第四节和第七节的规定提出。①

第三节　中国的外交和领事特权与豁免

一、使馆和有关人员在华的外交特权与义务

我国已于 1975 年加入了《维也纳外交关系公约》，现在又与一百多个国家建立了外交关系，为了履行国际义务，保护外国使馆及其人员，确定它们在华的特权与豁免，我国根据《维也纳外交关系公约》的规定，于 1986 年公布了《外交特权与豁免条例》。

（一）使馆和有关人员在华外交特权与豁免

按照该条例规定，外国驻华使馆及使馆的人员享有下列特权与豁免：

1. 驻华使馆的特权与豁免

驻华使馆的特权与豁免包括以下方面的内容：

（1）使馆及其馆长有权在使馆馆舍和使馆馆长的交通工具上，使用派遣国的国旗或国徽。

（2）使馆的馆舍不受侵犯，我国的国家工作人员进入使馆馆舍，必须得到馆长或其授权人的同意。如政府官员、司法人员、警察、税务人员在未得到同意前均不得进入使馆馆舍执行公务。我国的有关机关不得向使馆直接发送文件或法庭传票等（如需要可通过外交部送达）。我国的有关机关还应采取适当措施保护使馆馆舍不被侵入或毁坏，防止一切扰乱使馆安宁或有损使馆尊严的事情发生，对非法进入使馆或损害使馆馆舍的行为，或在使馆周围扰乱使馆安宁的行为应予制止或制裁；使馆馆舍、设备及馆舍内的其他财产，以及使馆的交通工具免受我国有关机关的搜查、征用、扣押或强制执行。

（3）使馆的档案和文件无论何时，亦不论位于何处（即不论派遣国与我国保持外交关系，还是断绝了外交关系，或发生了武装冲突或战争，也不论使馆的档案和文件在使馆内还是被外交代表携出使馆），我国的有关机关都不得采取搜查、查封、扣押、没收或销毁措施。并且应采取积极的保护措施防止侵犯使馆档案和文件的事件发生，对侵犯者应予制止和制裁。

（4）使馆的人员（指使馆馆长和使馆的外交人员、行政技术人员和服务人员）在我国境内享有行动和旅行自由。如馆长和其他外交职员为执行使馆职务，可与我国外交部进行谈判或交涉，可到我国城市、农村及一些单位进行访问或调查，还可以观光旅行。我国的有关机关对使馆人员的行动自由不得干涉或妨碍。但他们的行动不得违反国际法原则和我

① 高秀东：《论双边引渡条约在我国的优先及直接适用》，载《法治研究》，2013（12）。

国的法律规定，如不得进行间谍、特务活动，或搜集我国法律禁止公开的情报和资料，或进行颠覆破坏。也不得进入我国法律禁止的区域，或会见我国法律禁止会见的人。

（5）在我国享有通讯自由，为公务目的可以与派遣国政府及该国的其他使馆和领事馆自由通讯，并可采用一切适当方法（即不违反国际电讯规章和我国政府许可的方法），包括使用外交信使、外交邮袋和明码、密码电信在内。但设置和使用供通讯用的无线电收发信机，必须征得我国政府同意。使馆从中国境外运进上述设备，应按我国的有关规定办理。

（6）使馆馆舍免纳我国国家的和地方的各类捐税。但不包括为使馆提供的特定服务所收的费用，如修理费、水电费、清除垃圾费；使馆办理公务所收的规费和手续费也免除我国的捐税，如使馆办理公证、认证、签证、护照、公民的出生死亡登记、婚姻登记等所收的费用一律免税；使馆运入的公务用品按我国的有关规定免纳关税和其他捐税。

2. 驻华外交代表的特权与豁免

驻华外交代表指驻华使馆馆长和使馆的其他外交职员。他们在我国享有的特权与豁免包括以下方面：

（1）外交代表的人身、寓所、财产、文书和信件不可侵犯，外交代表不受我国公安机关、检察院和法院的拘留或逮捕。但这并不排除在外交代表违反我国法律规章或进行犯罪的场合，我国有关机关可以采取制止他的非法行为的措施，也不排除由于外交代表本人的挑衅行为而引起他人的自卫措施的实施。另外，我国有关机关应采取适当的措施，即在不侵犯外交代表的特权前提下酌情而采取的措施，保护外交代表，防止其人身、自由和尊严受到侵犯。对侵犯外交代表的行为给予制止或制裁。未经外交代表的同意，我国的国家工作人员不得进入其寓所或进入其寓所进行司法程序，并且有关机关还有保护外交代表寓所的义务，防止和制止非法侵入或在寓所周围干扰和破坏寓所安宁的事情，对犯罪者应予制裁。我国有关机关不得开拆、扣留、检查或查封外交代表的文书和信件，也不得命令外交代表交出他的文书和信件。有关机关对外交代表的财产，包括交通工具，不得实行搜查、扣押、征用或强制执行。但在外交代表不得主张豁免的民事或行政诉讼的案件中，法院在不侵犯外交代表的人身和寓所的情况下，可以要他交出有关的文书，或对有关财产采取措施。

（2）在我国享有刑事、民事和行政管辖的豁免权。外交代表触犯了我国刑法，我国司法机关不得对其行使管辖权，不得对他进行审判和处罚。但这并不排斥我国有关当局根据情况采取必要的措施，包括在案情严重的情况下，请求其派遣国放弃他的此项豁免，以便我国司法机关对他进行审判和处罚。对未放弃豁免的外交代表可要求派遣国召回，或宣布为不受欢迎的人。外交代表的刑事责任可通过外交途径解决。在民事和行政方面，涉及外交代表在我国的民事诉讼案件，我国司法机关不得主动将其列为被告进行审判和处罚。除此，外交代表还免除行政事项管辖，如免除户籍登记、婚姻登记，对外交代表的违反交通规则也不得实行处罚。但外交代表在我国享有的民事和行政管辖的豁免有两种例外情形：①外交代表以私人身份参加的遗产继承引起的诉讼案件。如外交代表以私人身份为遗嘱执行人、遗产管理人、继承人或遗赠人的继承事件的诉讼不享有豁免；②外交代表在我国境内为私人利益从事任何职业或商业活动的诉讼。另外，外交代表主动提起诉讼对其主诉有关的反诉不得主张豁免。

外交代表在民事和行政上还免受强制执行。我国有关机关不得发布司法或行政命令扣押、查封、拍卖或变卖外交代表的财物。但对外交代表以私人身份进行的遗产继承的诉讼，和他为私人利益在我国境内从事的商业或职业活动的诉讼案件，法院及其他有关机关在不侵犯他的人身和寓所不可侵犯权的条件下，可以采取强制措施。

与管辖豁免相关的，外交代表还免除在我国刑事、民事和行政法律程序中的作证义务。我国的司法机关不得要求外交代表作证或提供证词。但在必要时可通过外交部请求派遣国同意外交代表作证。

(3) 外交代表免纳我国的捐税和关税。外交代表免纳我国国家的和地方的个人所得税或其他直接税。但以下几种税不得免除：①通常计入商品价格或者服务价格内的捐税；②有关遗产的各种捐税，但外交代表亡故，其在中国境内的动产不在此限；③对来源于中国境内的私人收入所征的捐税；④为其提供的特定服务所收的费用。外交代表运进的自用物品免纳进口关税和其他捐税（一般指贮存、运送及类似的服务费以外的课征）。

(4) 外交代表的私人行李进出中国国境免受查验。但有关机关如有重大理由推定其中装有非免税物品，或我国法律和政府禁止运进运出或者检疫法规定的管制物品的，可以查验。查验时，须有外交代表或其授权人在场。除此，我国法律规定外交代表携带自用的枪支、子弹入境，必须经我国政府批准，并按规定办理手续。我国 1996 年全国人大常委会通过并公布的《枪支管理法》第 24 条规定："外国驻华外交代表机关、领事机关及其人员携带枪支来华，必须事先向中华人民共和国外交部提出申请，经同意后，入境时向海关申报，由边防检查站审核发给携运证。到达目的地后，向驻在地的市公安局申报，办理枪支登记。外国驻华外交代表机关、领事机关及其人员所有的枪支，除猎枪可在狩猎场所使用外，一律不得携出各该国驻华外交代表机关、领事机关。外国驻华外交代表机关、领事机关及其人员携带枪支出境，应当照会中华人民共和国外交部，向驻在地的市公安局注销，申领携运证。出境时，向海关申报，将携运证交出境地边防检查站。"

(5) 外交代表在我国免除一切个人的和公共的劳务及军事义务。如免除火警、匪警役务，军事征用或军事屯宿等义务。

外交代表如果是中国公民或是在中国永久居留的外国人，则仅就其执行使馆公务行为才享有管辖豁免和不受侵犯的特权。因为按照国际法原则，我国基于属人优越权，对中国公民具有管辖权，即使他受雇于外国驻华使馆，也不能改变这种管辖权。另外，我国基于属地管辖，对永居留于我国的外国人具有管辖权。这种管辖权也不因该外国人为驻华使馆的外交代表而改变。所以中国人或者是在中国永留的外国人应服从中国的管辖。但他作为驻华使馆的外交代表，其职务行为是代表派遣国的，应享有管辖豁免和不可侵犯的特权。其职务行为以外的行为依然与中国人或居留在中国的外国人一样受中国管辖。

3. 驻华使馆其他人员的特权与豁免

与驻华外交代表共同生活的配偶及未成年子女，如果不是中国公民则享有与外交代表相同的特权与豁免。但外交代表携带自用的枪支、子弹入境的特权不及于他们的配偶和未成年子女。

使馆的行政技术人员及与他们共同生活的配偶和未成年子女，如果不是中国公民并且不是在中国永久居留的享有与外交代表基本上相同的特权与豁免。但民事和行政管辖的豁免仅限于执行使馆的公务行为。另外，行政和技术人员在其到任（担任使馆的行政技术职务）半年内运入我国的安家物品依法免纳关税和服务费以外的其他捐税。他们的行李不得免除查验。

以上所提“未成年子女”，按我国法律规定是指未满 18 周岁的子女。但鉴于各国法律对未成年人规定的年龄不尽相同，因此我国有关机关在确定外交代表和行政技术人员的子女是否属于未成年时，不仅要依据我国法律规定，而且应参照有关派遣国的法律规定，视具体情况而灵活掌握。

使馆的服务人员若不是中国公民或在中国永久居留者，可享有以下特权和豁免：(1) 执行使馆公务行为，即办理其服务工作的职务行为。如司机驾驶车辆的行为；(2) 在使馆受雇佣所得的报酬免纳中国法律规定的个人所得税；(3) 自其担任使馆服务人员起半年之内运进的安家物品免除关税及服务费以外的其他捐税。

使馆人员的服务人员若不是中国公民或在中国永久居留者，他受雇于使馆人员所得的报酬免纳个人所得税。

4. 临时来华的外交使节及有关人员的特权与豁免

途经中国的外国驻第三国的外交代表和与其共同生活的配偶及未成年子女；持中国外交签证或持有外交护照（仅限与我国签订互免签证协议的国家）来中国的外交官；中国政府同意给外交特权与豁免的其他来华访问的外国人士；来华访问的外国国家元首、政府首脑、外交部长及其他具有同等身份的官员，享有与使馆外交代表相同的外交特权与豁免。

另外，来中国参加联合国及其专门机构召开的国际会议的外交代表，临时来中国的联合国及其专门机构的官员和专家、联合国及其专门机构驻中国的代表和人员的特权与豁免按我国加入的国际公约和中国与有关国际组织签订的协议规定执行。我国加入的国际公约有：1946 年《联合国特权与豁免公约》、1947 年《联合国各专门机构特权与豁免公约》，我国加入后一公约时声明把该公约的规定适用于联合国粮农组织，国际民用航空组织，联合国教育，科学及文化组织，世界卫生组织，万国邮政联盟，国际电信联盟，世界气象组织和政府间海事协商组织。1981 年又通知联合国秘书长，将该约的规定扩大适用于国际货币基金组织、国际复兴开发银行、国际金融公司和国际开发协会。加入该约时还声明对其第 9 条第 32 节保留。

（二）使馆和享有外交特权与豁免人员的在华义务

1961 年《维也纳外交关系公约》在规定使馆和外交代表的特权与豁免的同时也在其第 41 条和第 42 条明确了它们的国际义务。我国据此亦在《外交特权与豁免条例》中规定驻华使馆及享有外交特权与豁免的人员应对我国承担以下义务：

1. 应尊重中国的法律和法规

包括我国全国人民代表大会公布的法律、法令和我国政府公布的各类法规以及有关的地方性法律规章。

2. 不得干涉中国内政

使馆和外交代表在执行公务过程中不得以任何方式干涉我国的内政。不干涉国家的内政是国际法的基本原则之一。内政是国家主权内的管辖事项，如决定国家政治、经济和社会制度，采取的国内立法、司法和行政措施，以及国家的对内对外政策等。但国内管辖事项的确定应以不涉及一国所承担的国际义务，不违反国际法为条件。干涉是指一国或数国从其自身立场出发，为维持或改变他国的方针政策或存在的情势而对他国实施的专横行为，以迫使他国按照干涉者的意志决定和处置其内政。这是国际法所禁止的。《联合国宪章》第2条第7款规定：本宪章不得认为授权联合国干涉在本质上属于任何国家国内管辖之事件。1965年联大通过的《关于各国内政不容干涉及其独立与主权之保护宣言》宣布：任何国家，不论为任何理由，均无权直接或间接干涉其他国家内政、外交；并谴责对他国武装干涉或其他形式的干涉；禁止一国使用政治、经济等措施胁迫他国，以使他国屈服；同时，禁止任何国家组织、协助、制造、资助煽动或纵容他国内部颠覆政府的活动以及干涉他国内乱。另外，使用武力消除一个民族的特性也是对不干涉原则的破坏。1970年《国际法原则宣言》以及其他国际文件也对此作了规定。所以驻华使馆和外交使节应严格遵守这项原则，不得以任何形式干涉我国的内政。

3. 不得在中国境内为私人利益从事任何职业或商业活动。

4. 不得将使馆馆舍和使馆工作人员的寓所充作与使馆职务不相符合的用途。如不得把使馆馆舍和使馆工作人员的寓所充作庇护所，庇护我国司法机关追诉的人或罪犯或其他人；不得在使馆馆舍或使馆工作人员的寓所中扣押使馆以外的任何人，包括派遣国的国民；也不得利用使馆或使馆工作人员的寓所进行其他非法活动。

对于违反我国上述规定的，我国可根据具体情况采取国际法准许采取的措施。如对违反我国法律或严重犯罪者，我国可以采取临时的强制措施，并可宣布他为不受欢迎的人，对使馆抗议以及采取报复措施等。如果外交代表在我国境内为私人利益从事任何职业或商业活动，他们不得对此主张民事和行政上的管辖豁免。

我国《外交特权与豁免条例》规定的外交特权与豁免在实施过程中，若有关国家给我国的使馆及其人员或其他人员的特权与豁免低于我国的规定，我国政府将根据对等原则，对该国驻华使馆及其人员的特权与豁免作出相应的限制。另外，我国缔结或参加的国际条约另有规定的，则按条约规定办理（但保留的除外）。我国与外国签订的外交特权与豁免协议另有规定的，按照协议的规定执行。①

二、领事特权与义务

我国除于1979年加入了《维也纳领事关系公约》外，还与30多个国家签订了双边的领事条约。为了履行条约义务，促进我国与外国领事关系的发展，我国1990年公布了《领事特权和豁免条例》对驻华领馆和领事的特权与豁免作了规定。但该条例只规定了职业领事的特权与豁免，未对名誉领事作规定，因为我国目前不接受名誉领事。

（一）驻华领馆、领事人员的特权与豁免

1. 驻华领馆、领事人员的特权与豁免

（1）有权在领馆馆舍、馆长的寓所和馆长执行职务所乘的交通工具上，使用派遣国的国旗和国徽；

（2）领馆馆舍不得侵犯。我国国家工作人员进入领馆馆舍须经馆长或派遣国使馆馆长的同意，或他们两人中一人授权的人员的同意。但遇有火灾或者其他灾害需要迅速采取保护行动时，可以推定领馆馆长已经同意。我国有关机关应采取适当措施保护领馆馆舍免受侵犯或者损害。如防止和制止扰乱领馆安宁的事情，对非法侵入领馆馆舍的人及时驱逐；

① 参见梁淑英主编：《外国人在华待遇》，154～162页，北京，中国政法大学出版社，1996。

(3) 领馆的档案和文件不受侵犯。我国任何机关不得对领馆的档案和文件进行搜查或扣留；

(4) 领馆馆舍和馆长寓所免纳捐税，但为其提供的服务费不免除；领馆办理公务所收规费和手续费也免纳捐税；领馆运进的公务用品按我国政府有关规定免纳关税和其他捐税。但保管、运输及类似服务费不免除；

(5) 领馆为公务目的可以同派遣国政府以及派遣国的使馆和领馆自由通讯，并为通讯可采用一切适当方法，包括外交信使和领事信使、外交邮袋或领事邮袋和明、密码电信在内。但领馆设置和使用无线电收发信机，必须经我国政府同意。领馆运进上述设备应按中国政府的有关规定办理。如参照2008年中国海关总署发布的《中华人民共和国海关对外国驻中国使馆和使馆人员进出境物品监管办法》办理有关手续。

2. 驻华领事的特权与豁免

(1) 人身、寓所、财产以及文书和信件不可侵犯。中国有关当局应给予领事官必要的尊重，并应采取适当措施，防止领事的人身自由和尊严受到侵犯。我国有关机关不对领事实施逮捕或者拘留，但对有严重犯罪者，依照我国法定程序予以逮捕或拘留的不在此限。领事官员也不受监禁，但为执行已经发生法律效力的判决不受此限；领事官员的寓所享有与领馆馆舍同样的不可侵犯权，对领事官员的文书和信件，我国有关机关不得开拆或扣留；对领事官员的财产不得没收或征用。但在他不享有豁免的诉讼中，有关机关所采取的强制措施例外。

(2) 领事官员和行政技术人员执行职务的行为享有司法和行政管辖豁免。我国有关机关不得对他们因公务行为而传讯或执行处分。

领事官员执行职务以外的行为的管辖豁免，按我国与外国签订的双边条约、协定或者根据对等原则办理。领事官员和行政技术人员享有的司法管辖豁免不适用于由于领事官员和行政技术人员主动提起诉讼，对与本诉直接有关的反诉。也不适于下列各项民事诉讼：①涉及未明示以派遣国代表身份所订的契约的诉讼；②涉及在中国境内的私有不动产的诉讼，但以派遣国代表身份所拥有的为领馆使用的不动产不在此限；③以私人身份进行的遗产继承的诉讼；④因车辆、船舶或者航空器在中国境内造成的事故涉及损害赔偿的诉讼。

(3) 领馆成员就其执行职务所涉事项免于作证义务，还有权拒绝以鉴定人身份就派遣国的法律提供证词。对上述事项以外的事项不免除作证义务，我国有关机关可以要求他们在司法或者行政程序中作证。对此他们不应拒绝，如果拒绝，我国有关机关可以采取强制措施，但对领事官员的拒绝，不得采取强制措施。

(4) 领馆成员（包括领事官员、行政技术人员和领馆服务人员），在中国境内有行动自由和旅行自由。他们为执行职务工作，可以与领辖区的中国有关当局或其派遣国的使领馆进行联系。可会见派遣国的侨民，也可观光旅游。我国的有关机关不得干扰或阻止。但进入我国禁止或限制外国人进入的区域须办理许可旅行证。

(5) 领事官员和行政技术人员免纳捐税，包括国家的和地方的直接税。但以下各项税捐不得免除：①通常计入商品价格或者服务价格内捐税；②对在中国境内私有不动产所征的捐税，但用作领馆馆舍的不在此限；③有关遗产的各种捐税，但领事官员之亡故，其在中国境内的动产的有关遗产的各种捐税免纳；④对来源于中国境内的私人收入所征的捐税；⑤为其提供的特定服务所收的费用。另外领馆的服务人员在领馆服务所得工资，免纳捐税。除上述外，领事官员运进的自用物品和行政技术人员到任后半年内运进的自用物品包括安家物品，按中国政府的有关规定免纳关税和其他捐税。但不免除保管、运输及类似服务费等。但上述物品不得超过直接需要的数量。

(6) 领事官员的私人行李免受查验，但中国有关机关有重大理由认为其中装有非自用物品或中国法律和政府规定禁止运入、运出或管制的物品，可以查验，查验时须有领事官员或其授权人在场。

(7) 领馆成员免除一切个人和公共劳务以及军事义务。领事官员和行政技术人员免除中国法律、法规关于外国人登记和居留许可所规定的义务。

领馆和领馆成员携带自用的枪支、子弹入出我国国境，必须经我国政府批准，并按我国政府有关规定办理（与前述使馆和使馆人员自带枪支、子弹入出境管理办法相同）。

3. 其他人员的特权与豁免

与领事官员共同生活的配偶及其未成年的子女享有一些与领事官员相同的特权与豁免，包括在中国境内的行动和旅行自由；免纳捐税；个人和公共劳务及军事义务的免除，关于外国人登记和居留许可证的免除，以及关税和私人行李查验的免除等。

与行政技术人员共同生活的配偶和未成年子女享有一些与行政技术人员相同的特权，包括行动和旅行自由，免纳捐税，免除个人和公共劳务及军事义务，免除外国人的登记和居留许可证，免除关税等。

与服务人员共同生活的配偶和未成年子女在行动和旅行自由、个人和公共劳务及军事义务，外国人登记和居留许可证的免除方面享有与服务人员相同的特权与豁免。

驻华领馆中，由中国人或在中国永久居留的外国人充任的领事官员，仅就其执行职务的行为享有领事官员享有的特权与豁免。

由中国人或在中国永久居留的外国人充任的行政技术人员和服务人员，除没有义务就其执行职务所涉事项作证外，不享有其他特权与豁免。私人服务人员不享有特权与豁免。

途经中国驻第三国的领事官员和与其共同生活的配偶及未成年子女；持有中国外交签证或者持有与中国互免签证国家外交护照的外国领事官员，在中国过境或逗留期间享有必要的豁免和不受侵犯的特权。

（二）在华享有领事特权与豁免人员的义务

在华享有领事特权与豁免的人员应当尊重中国法律、法规；不得干涉中国内政；领事官员不受逮捕或者拘留，但有严重犯罪情形，依照法定程序予以逮捕或者拘留的不在此限；不得将领馆馆舍和领馆成员的寓所充作与执行领事职务不相符合的用途；领事官员不得在中国境内为私人利益从事任何职务范围以外的职业或者商业活动。

对于违反上述义务的人我国按国际条约或国际惯例宣布他为不受欢迎的人，或采取其他适当的措施。

我国在执行上述领事特权与豁免中坚持两项原则：一是对等原则。即如果外国给予中国驻该国领馆、领馆成员以及途经或者临时去该国的中国驻第三国领事官员的领事特权与豁免，不同于中国给予该国驻中国领馆、领馆成员以及途经或者临时来中国的该国驻第三国领事官员的领事特权与豁免，中国政府可以给予该国驻中国领馆、领馆成员以及途经或临时来中国的该国驻第三国的领事官员以相应的领事特权与豁免。二是坚持信守国际条约的原则。凡我国缔结和加入的国际条约对领事特权与豁免另有规定的，按照国际条约的规定办理，但中国声明的保留条款除外。如我国加入了《维也纳领事关系公约》且未作保留，故我国关于领事特权与豁免的规定与该约有不符合的，则与有关该约的当事国间处置领事关系时应遵守条约的规定。若中外双边条约中另有规定的则应按有关条约执行。例如我国与美国、波兰、朝鲜和匈牙利等国签订的领事条约中，都规定领事官员犯有严重罪行，接受国也给予豁免不予管辖，而通过外交途径解决他们的法律责任何题。①

另外，在华外交代表和领事官员的出入境检查和在华停留期间的临时住宿登记，由公安机关负责。根据国际公约和我国的法律规定，他们负有遵守中国法律规定的义务，如违反法律法规，公安机关有权对其违法行为进行调查，在查清事实后，若其犯罪应当追究刑事责任的，通过外交途径解决。同时，他们如果在中国受到侵犯或要求保护，公安机关应配合有关部门妥善处置。

思考题

1. 如何理解一般外国人在华的法律地位？
2. 简述难民在华的法律地位。
3. 为什么说使、领馆及工作人员的特权和豁免在我国有所扩大？

① 参见梁淑英主编：《外国人在华待遇》，164～168页，北京，中国政法大学出版社，1996。

第四章 国籍

本章导读

公安外国人管理的第一要务是区分行政相对人或刑事案件当事人是本国人还是外国人。而区分本国人和外国人的依据是个人的国籍。国籍是指一个人属于某一个国家的国民或公民的法律资格。是个人与国家联系的纽带，也是与国际法联系的媒介。中国国籍法的基本原则主要有：血统主义和出生地主义结合的原则，平等原则，不承认双重国籍的原则和尽量减少无国籍原则。1980 年，我国制定了《国籍法》，规定了有关中国国籍的取得、丧失和恢复。在国内，办理有关中国国籍申请采取县公安局受理，（地）市公安局和省（自治区、直辖市）公安厅（局）审核，公安部审批的模式。

各国国籍法的规定或者采取的原则不同，有可能使某个人同时具有两个或两个以上国籍，即积极国籍冲突，也可能导致某个人不具有任何国籍，即消极国籍冲突。我国按照《国籍法》的相关规定，来处置中外通婚所生子女国籍冲突、临时出国的中国籍父母在国外所生子女的国籍冲突、居住在内地的中国公民没有被批准退出中国国籍即领取了外国护照或其他国籍证明的国籍冲突、临时出国人员的国籍冲突以及双重或多重国籍的外国人在中国的国籍认定等问题。

第一节 我国的国籍制度

一、国籍概念

国籍是指一个人属于某一个国家的国民或公民的法律资格。① 表示个人与该国保持着永久的法律联系，处于该国的属人优越权之下。②

二、国籍的意义

（一）国籍是确定自然人身份的依据

一国依法赋予某人该国国籍，则该人与该国建立法律联系，获得公民身份，成为权利

---

① 参见王铁崖主编：《国际法》，167 页，北京，法律出版社，1995。

② 参见周鲠生主编：《国际法》上册，248 页，北京，商务印书馆，1976。

义务的主体。通过国籍，可以区分本国人与外国人。

（二）国籍是国家对个人行使管辖权的依据

居民、领土、政府是一个国家的基本要素。自然人获得了一个国家的国籍后，就成为该国行使治理权力的客体。国家管辖权包括领域管辖权（属地管辖权）、国籍管辖权（属人管辖权）、保护性管辖权和普遍性管辖权，其中，国籍管辖权与保护性管辖权都需要通过国籍来认定。国家对其国民具有属人优越权。

（三）国籍是个人同国际法相联系的纽带

个人原则上不是国际法的主体，但是国民通过国籍可以享有国际法赋予其本国的权利和带给他的利益，并承担国际法要求其本国承担的义务进而给他带来的义务。

三、中国国籍法的基本原则

（一）血统主义和出生地主义结合的原则

我国国籍法采取的是血统主义为主、出生地主义为辅的原则。这项原则具体体现于《国籍法》第 4 条、第 5 条、第 6 条关于出生国籍的规定。第 4 条规定："父母双方或一方为中国公民，本人出生在中国，具有中国国籍。"第 5 条规定："父母双方或一方为中国公民，本人出生在外国，具有中国国籍；但父母双方或一方为中国公民并定居在外国，本人出生时即具有外国国籍的，不具有中国国籍。"第 6 条规定："父母无国籍或国籍不明，定居在中国，本人出生在中国，具有中国国籍。"这些规定，虽然有的侧重于血统主义原则，有的侧重于出生地原则，但综合体现了这两个原则的结合。这是符合世界国籍立法趋势的，有助于避免和减少双重国籍和无国籍的现象。

（二）平等原则

平等原则体现在国籍法规定的国籍取得、恢复和丧失方面，中国各民族一律平等，男女平等，没有任何民族、种族、宗教及其他的歧视。如《国籍法》第 2 条规定："中华人民共和国是统一的多民族的国家，各民族的人都具有中国国籍"。第 4 条和第 5 条规定，父母双方的国籍对其子女取得中国国籍具有同等效力。

（三）不承认双重国籍的原则

所谓不承认双重国籍，就是不承认具有中国国籍的人同时具有外国国籍，也不承认具有外国国籍的人同时具有中国国籍。

《国籍法》第 3 条明确规定："中华人民共和国不承认中国公民具有双重国籍。"该条款的意义在于明确表明一个中国公民在其合法退出或丧失中国国籍前，不能具有其他国家的国籍。同时也表明，一个定居外国的中国人在合法取得了外国国籍后即自动丧失了中国国籍。不承认双重国籍对减少国籍冲突起了十分积极的作用。为贯彻这一原则，《国籍法》第 5 条、第 8 条、第 9 条、第 11 条、第 13 条作了进一步具体规定。

《国籍法》第 5 条规定：……父母双方或一方为中国公民并定居在外国，本人出生时即具有外国国籍的，不具有中国国籍。这是考虑到有的国家采取纯出生地主义原则，凡在该国出生的人，出生时即具有该国国籍，我国国籍法的这一规定可以避免因此而产生的双重国籍。《国籍法》第 8 条规定："申请加入中国国籍获得批准的，即取得中国国籍；被批准加入中国国籍的，不得再保留外国国籍。”第 9 条规定：“定居外国的中国公民，自愿加入或取得外国国籍的，即自动丧失中国国籍。”第 11 条、第 13 条分别规定退出中国国籍和恢复中国国籍后，均不得保留原国籍等。这样规定，就可以避免因申请入籍、复籍而产生双重国籍。

（四）尽量减少无国籍原则

《国籍法》第 6 条规定：“父母无国籍或国籍不明，定居在中国，本人出生在中国，具有中国国籍。”《国籍法》第 5 条包含着这样一层意思，即中国人在国外所生的子女，如果出生时不具有外国籍的，则具有中国国籍，这就保证了中国人在国外所生子女不会因出生而变成无国籍人。此外，按照我国有关法律的规定，中国公民与外国人结婚，并不自动取得外国国籍和丧失中国国籍，而有关的外国人也不因此而丧失其原国籍，取得中国国籍。

四、中国国籍的取得、丧失和恢复

（一）中国国籍的取得

1. 自然取得

主要是因出生取得中国国籍，这是取得中国国籍的主要方式。根据我国国籍法的规定，因出生而取得中国国籍，主要有以下六种情况：

（1）父母双方为中国公民，均定居在中国，本人出生在中国，出生时具有中国国籍。中国绝大多数人即因此而取得中国国籍。

（2）父母一方为中国公民并定居在中国，本人出生在中国，出生时即具有中国国籍。例如，一对夫妇，丈夫是中国人，妻子是外国人，丈夫定居在中国，妻子在中国境内所生的子女即具有中国国籍。在这里，无须考虑该妻子是否在中国定居，即使其子女是在其临时来华期间出生的，也同样具有中国国籍。

（3）父母双方为中国人，均定居在外国，本人出生在外国，出生时不具有外国国籍，则具有中国国籍。例如，一对中国夫妇定居在日本，由于日本在赋予原始国籍问题上采取血统主义，因此这对中国夫妇在日本所生子女不能自动取得日本籍，根据中国国籍法，该儿童具有中国国籍。如果这对夫妇定居在实行出生地主义的国家（如美国），则该夫妇所生子女在出生时即自动取得美国国籍，根据中国国籍法，该子女就不具有中国国籍。

（4）父母一方为中国人并定居在外国，本人出生在外国，出生不能自动取得外国籍的，即具有中国国籍。例如，一对夫妇，丈夫是中国人，妻子是外国人，夫妇均定居在妻子的国家，如果该国在赋予原始国籍问题上采取的是父系血统主义，这对夫妇在该国所生子女就不能自动取得该国国籍。根据中国国籍法，其子女具有中国国籍。

（5）父母双方为中国人，其中一方定居在中国，一方定居在外国，本人出生在中国，具有中国国籍；本人出生在外国，若出生时不具有外国国籍，则具有中国国籍；若本人出生时即具有外国国籍的，不具有中国国籍。

（6）父母无国籍或国籍不明，定居在中国，本人出生在中国，具有中国国籍。这里所说的父母无国籍或国籍不明，主要有两种情况：一是居住在中国的难民里国籍不明的人，或者丧失原有国籍又未取得中国国籍或其他国籍的人，他们在中国所生的子女具有中国国籍；二是居住在边境地区的边民，由于历史或地域的原因，有些人国籍难以确定，他们在中国所生子女具有中国国籍。

2. 依法取得

依法取得即外国人通过法定程序入籍而取得中国国籍。除了自然取得中国国籍外，任何外国人不因婚姻、收养等关系而自然取得中国国籍。按我国《国籍法》第 6 条规定，取得中国出生国籍的条件是父母为无国籍或国籍不明者并且定居在中国，本人出生在中国。按该法第 7 条规定，外国人和无国籍的人可以通过向我国主管当局提出加入中国国籍的申请，获得批准可取得中国国籍。但申请加入中国国籍的人必须是出于自愿，并且愿意遵守中国宪法和其他法律，同时还应具有下列条件之一：

（1）中国人的近亲属。中国人的近亲属，是指中国人的配偶、父母、子女、同胞兄弟姐妹。

（2）定居在中国的。这里所说的定居有两种情况：一种是新中国成立前就在中国居住的外国侨民，其中主要是朝侨、越侨及他们的子女；另一种是新中国成立后被批准在中国定居的外国人，他们均持有公安机关签发的《外国人永久居留证》。对已在中国定居的外国人，根据本人意愿批准他们加入中国国籍，有利于他们在中国的生活、工作和学习。

（3）有其他正当理由。所谓其他正当理由，是指对我国的革命和经济建设有重大贡献的外籍人士。

（二）中国国籍的丧失

根据中国《国籍法》第 9 条、第 10 条的规定，丧失中国国籍有两种情况：一是定居外国的中国公民，自愿加入或取得外国国籍的，即自动丧失中国国籍；二是自愿申请并经过批准退出中国国籍。

1. 自动申请退籍

例如，在法国结婚后，依从其夫的地位。目前，这种立法的情况已不多见。关于自动丧失中国国籍，我国《国籍法》第 9 条规定："定居外国的中国公民，自愿加入或取得外国国籍的，即自动丧失中国国籍。"

从本条规定可以看出，自动丧失中国国籍有两个条件：一是已定居在外国。定居在外国，是指取得了外国政府的定居许可。在国外留学、就业的，虽然也可能在国外居住很多年，如无取得国外定居许可，也不能认为是定居国外。二是自愿加入或取得了外国国籍。所谓自愿加入，是指本人申请，经所在国政府批准而取得该国国籍。所谓取得，是指本人虽未提出申请，但根据所在国国籍法自然取得外国国籍（如因与外国人结婚、被外国人收养、因出生等）时，本人或其监护人未提出异议，这种情况可以理解为本人愿意取得该国国籍。以上两个条件必须同时具备，才能自动丧失中国国籍。如果是通过不合法手段取得外国的入籍证明或定居证明、外国护照，而不具备上述两个条件的，不能认为是自动丧失中国国籍。

自动丧失中国国籍的，不需办理退出中国国籍手续。但如果所在国规定外国人入籍必须先退出本国国籍，当事人可办理简便手续。具体做法是，由我国驻外使、领馆开具证明，证明依据我国国籍法规定，该人在取得所在国国籍时即丧失中国国籍。

2. 申请退出中国国籍

《国籍法》第10条规定：中国公民具有下列条件之一的，可以经申请批准退出中国国籍：

(1) 外国人的近亲属。外国人的近亲属，是指外国人的配偶、父母、子女、同胞兄弟姐妹。

(2) 定居在外国的。这里所说的定居，是指在国外合法居住多年的华侨及其子女以及近年来被批准出境并根据所在国法律已取得居留权，而且事实上已在该国定居的人。

(3) 有其他正当理由。例如，继承遗产，有的国家规定必须是本国公民才有权继承在该国的遗产，特别是不动产。实践中，外国血统、无国籍人和中外通婚所生子女因此而退籍的比较多。

3. 退籍的限制

公民可以申请退出所在国国籍，但公民的退籍权不是绝对的。我国《国籍法》第12条规定："国家工作人员和现役军人，不得退出中国国籍。"这里的国家工作人员，是指国家各级权力机关、各级行政机关、各级司法机关中的公务人员；如果国有企业、国家事业单位中的法人代表以及其他人员因公务需要而派遣出国的，也应视为国家工作人员。本条所说的退出中国国籍，既包括申请退出中国国籍，也包括自动丧失中国国籍。上述人员既不能申请退出中国国籍，也不能加入或取得外国国籍。近年来，一些公派出国人员擅自在国外加入外国国籍，或领取外国护照，这些行为都是违反我国国籍法的。

(三) 中国国籍的恢复

国籍的恢复，是指曾经有过一国国籍，在丧失该国国籍后，因各种原因又要恢复该国国籍。从严格意义上讲，复籍也是入籍的一种，只是因其曾经有过该国国籍，因此在入籍的条件和程序上要简单得多。我国《国籍法》第13条规定："曾有过中国国籍的外国人，具有正当理由，可以申请恢复中国国籍；被批准恢复中国国籍的，不得再保留外国国籍。"

在我国，恢复国籍的主要是曾经有过中国国籍的外籍华人，他们在年老后或因其他正当理由经批准回国定居的，为了生活便利，需要恢复中国国籍。

在实践中，认定复籍者是否曾经具有中国国籍，必须从复籍者的国籍来判断，而不能从其血统的角度判断。例如，兄弟二人，父母均是中国人，哥哥出生在中国，出生时即具有中国国籍，后随父母移居美国，并与父母一起取得美国国籍。弟弟出生在美国，出生时即具有美国国籍，如果这两人都要求取得中国国籍的，则哥哥属恢复中国国籍，弟弟属于加入中国国籍。

四、审批程序

(一) 申请

1. 申请的法律依据

我国《国籍法》第7条规定：外国人或无国籍人，愿意遵守中国宪法和法律，并具有下列条件之一的，可以经申请批准加入中国国籍……《国籍法》第10条规定：中国公民具有下列条件之一的，可以经申请批准退出中国国籍……《国籍法》第13条规定：曾有过中国国籍的外国人，具有正当理由，可以申请恢复中国国籍……可见，我国国籍法也是把申请作为加入、退出、恢复国籍的必备程序。

2. 申请的手续

（1）申请人须提交书面申请，写明本人基本情况、目前国籍状况、曾经有过的国籍、入籍的理由、退籍的理由、复籍的理由等。同时，填写国籍申请书一式三份。申请加入中国国籍的，填写《加入国籍申请书》，放弃原有国籍的声明书；申请退出中国国籍的，填写《退出国籍申请书》；申请恢复中国国籍的，填写《恢复国籍申请书》。因为国籍申请属于本人愿望，因此申请书须由本人填写，如是儿童或本人无能力填写，可由其父母或其他法定代理人代为填写。

（2）提交和缴验有关材料。申请加入或恢复中国国籍的，在国内申请的，须提交外国护照和外国人永久居留证；在国外申请的，只需提交外国护照。申请退出中国国籍的，提交居民身份证或中国护照。申请人与外国人结婚的，须提交结婚证明；申请人在国外获得永久居留资格的，提交国外永久居留资格证明；申请人是中外混生儿童的，应当提交本人出生证明、父母结婚证明、父母双方身份证件和中国籍父（或母）在国外定居的证明；申请人是外国人领养的中国儿童，应当提交证明领养关系成立的法律文书、养父母双方或一方身份证件。同时，受理机关可以根据需要，要求申请人提供其他与国籍有关的必需的证明材料。

（3）交付照片和手续费。

（二）受理和审批

1. 主管机关

（1）受理机关。《国籍法》第 15 条规定："受理国籍申请的机关，在国内为当地市、县公安局，在国外为中国外交代表机关和领事机关。"

（2）审批机关。《国籍法》第 16 条规定，加入、退出和恢复中国国籍的申请，由公安部审批。为简化手续，公安部根据实际需要，有限度地授权省级公安机关和驻外使、领馆代理审批。目前，仅授权广东省公安厅、海南省公安厅分别审批回本省定居的外籍华人恢复中国国籍的申请。为了方便国外的外籍华人申请恢复中国国籍，我国驻外使、领馆可以审批外籍华人恢复中国国籍的申请。除以上机关可以审批某一种类的申请外，其他国籍申请的审批一律由公安部负责。

2. 受理审核

受理机关初核。国籍申请受理机关首先对申请人的情况作细致的调查，对所提供的证件、证明、申请书（表）中各项进行核实；检查申请人照片是否符合要求。然后提出意见，写出调查报告，报省、自治区公安厅。调查报告内容包括：

（1）申请人的基本情况，包括姓名、性别、出生日期、本人简历、国籍情况、申请理由、政治表现等。

（2）申请人近亲属（指父母、配偶、子女、同胞兄弟姐妹）的基本情况、国籍情况、居住地等。

（3）根据申请人情况，依照国籍法提出处置意见。

调查报告用语要法律化、规范化。标题应为"关于×××申请加入（或恢复或退出）中国国籍的请示"。处置意见部分为"根据《国籍法》第××条规定，拟同意（或不同意）×××加入（或恢复或退出）中国国籍"。请示须加盖市、县公安局印章。

驻外使、领馆受理审核后可直接报公安部审批。

3. 复审

各省、自治区公安厅负责对受理机关所报材料进行复审，审核申请人的申请材料和受理机关的处置意见是否符合国籍法，并写出复审意见报公安部审批。一般情况下，复核机关与受理机关的意见取得一致后再向公安部呈报。

4. 审批和发证

公安部对省级公安机关上报的国籍申请材料，依照国籍法规定进行审批。批准申请的，根据申请事由，由公安部分别签发《入籍证书》（见图4—1）、《复籍证书》（见图4—2）、《退籍证书》等国籍证书，由受理机关转交申请人，同时收缴申请人申请前所持的身份证件。中国公民出籍的，还应通知户籍部门注销其中国居民户口。

经驻外使、领馆受理，公安部批准复籍的，发给《护照》，不发复籍证书。

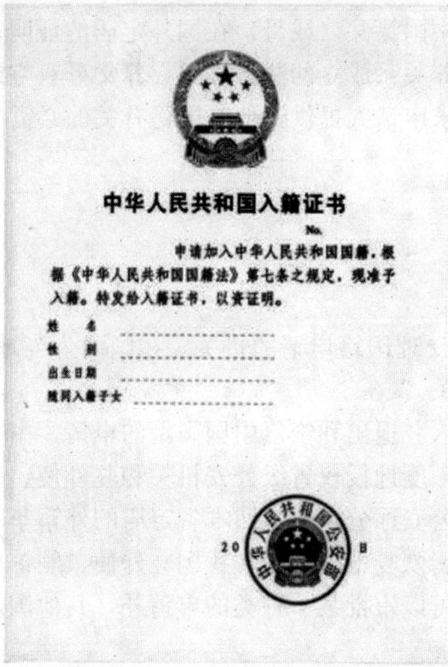

图 4—1

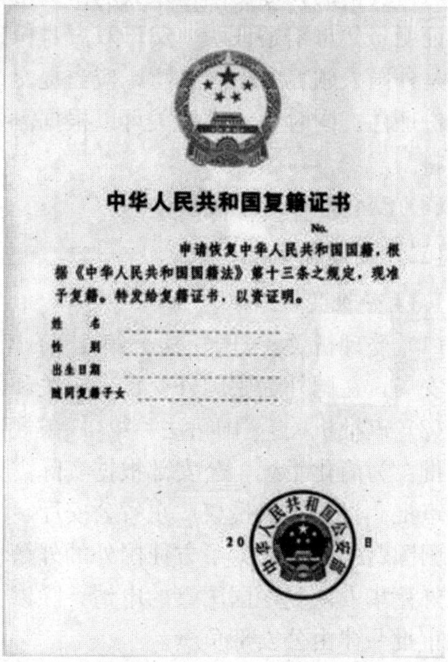

图 4—2

5. 档案管理

国籍申请材料应按要求逐人建档，所收缴的证件存入申请人档案，妥为保存。①

第二节　国籍冲突及在我国的处置

一、国籍冲突的概念及原因

国籍冲突又称国籍抵触，是指一个人在同一时间内具有不止一个国籍或者根本不具有

① 参见张惠德主编：《出入境管理》，47～53页，北京，中国人民公安大学出版社，2014。

任何国籍的法律状态。

各国国籍法的规定或者采取的原则不同，有可能使某个人同时具有两个或两个以上国籍，即积极国籍冲突，也可能导致某个人不具有任何国籍，即消极国籍冲突。

二、国籍冲突的原因

（一）积极国籍冲突产生的原因

由于国际法没有统一的国籍规则，而由主权国家规定谁是其国民，谁不是，同时各国的国情不同，因而关于国籍的立法多种多样，相互间有或多或少的歧异，因而存在积极的和消极的冲突。国籍的积极冲突即一个人同时具有两个或两个以上的国籍。例如，采取血统主义决定国籍的国家的国民在采取出生地主义的国家内所生子女就具有两个出生国籍。个人由于婚姻、被外国人收养、被认领或加入外国籍等原因，在取得新国籍时仍保持原有国籍，因而成为双重国籍者。

（二）消极国籍冲突产生的原因

由于各国立法规定不同而产生国籍消极冲突的结果会造成无国籍现象。例如，无国籍的人在采取血统主义的国家所生子女，或采取出生地主义的国家的国民在采取血统主义的国家内所生子女，都不能因出生取得国籍，因而成为无国籍者。此外，个人由于与外国人结婚、被外国人收养或被剥夺国籍等原因而丧失原国籍但是又并未取得新国籍，也成为无国籍者。

三、国籍冲突在我国的处置

（一）中外通婚所生子女国籍冲突的处置

中外通婚的夫妇所生子女的国籍冲突主要有以下几种情况：

1. 中外通婚的夫妇在中国所生子女的国籍问题

根据我国国籍法规定，中外通婚的夫妇在中国所生子女具有中国国籍。而如果该子女父或母所属国的国籍法采取血统主义原则，则该子女实际上也具有其父或母的国籍。即该子女一出生，中、外两国国籍法都认为他具有其父母所属国国籍，这样，该子女实际上具有双重国籍。

对于子女具有双重国籍的可以作出以下处置：根据《公安部关于实施国籍法的内部规定》（试行草案）处置国内中国公民要求出籍的应遵循“凡定居外国的提供方便，凡移居外国的从宽；凡在国内居住的从严”的原则，如果该子女已获得外国定居许可，可先申请退出中国国籍，然后出国定居，该子女就失去中国国籍；如果其申请退出中国国籍以外国籍人身份在中国居住，其申请不予批准，其所持外国护照在中国境内也不能使用，如若其出境，可为其签发《出入境通行证》或中国护照，如果该子女获得了外国定居许可，并持有我国使、领馆签发的签证入境的，应承认其外国国籍，收回其中国护照。这是基于国际法上属地管辖优越权所决定的，这种处置也是符合国际公约的。

2. 中外通婚人员在国外所生子女的国籍问题

根据我国国籍法，父母有一方为中国公民，本人出生在外国，具有中国国籍。但如果该子女的中国籍父（或母）定居在外国，该子女一出生即具有外国国籍的，不具有中国国籍。

（二）临时出国的中国籍父母在国外所生子女的国籍冲突问题

临时出国人员，是指持普通护照并且不以出国定居为申请理由的人员，如出国留学、就业、探亲等。根据我国国籍法，这些人员在国外所生子女具有中国国籍。但如果该子女出生地国家国籍法采取出生地主义，则该子女出生时又具有出生地国家国籍，这样，该子女实际上具有双重国籍。例如，一对中国籍夫妇在美国留学、探亲期间所生子女，根据美国国籍法，该子女出生时即具有美国国籍；但如果该夫妇并未在美国定居，根据中国国籍法，其所生子女具有中国国籍。对于该子女拥有的美国国籍，根据我国国籍法的规定不予承认。如果该子女回国，应按中国人办理回国手续，我国驻外使、领馆可发给其中国护照，或加注在其父母的护照上。如果我国驻外使、领馆误在此类人员的外国护照上签发了签证，国内公安机关发现后应注销其签证，但应将外国护照退还本人。如果临时出国人员取得了在国外的永久居留权并实际定居在外国，其在外国所生子女出生时即具有外国籍的，根据我国国籍法，该子女不具有中国国籍。这些人来中国，则应按外国人管理。如果其父母回国定居，该子女不因其父母定居状况的改变而随之自然改变国籍，如该子女欲改变国籍，应按我国《国籍法》第7条规定申请加入中国籍，不得保留外国籍。

（三）居住在内地的中国公民没有被批准退出中国国籍即领取了外国护照或其他国籍证明的国籍冲突问题

居住在内地的中国公民没有被批准退出中国国籍即领取了外国护照或其他国籍证明，对其外国国籍一律不予承认，对其继续按中国人对待。

（四）临时出国人员的国籍冲突问题

临时出国人员未办理退籍手续即在出国期间办理了加入或恢复外国国籍手续，这也是国籍管理中常见的情况。对于持用普通护照的中国人，如该人已在国外获定居权，并已实际在国外居住，持有合法外国护照的，可根据《国籍法》第9条规定，按自动丧失中国国籍处置。这些人回国后，应按外国人进行管理。如果是持因公普通护照的中国人，在国外加入或获得外国籍前，应先按照《国籍法》规定，申请退出中国国籍，批准后，发给证书，同时收回中国护照，其才可以申请加入或获得外国籍。例如，2010年年初某挪威公民申请在华永久居留资格。她曾经中国教育部选拔后公费出国留学（持中国因公普通护照），1989年左右入挪威籍，由于挪威不承认双重国籍，所以入籍时该人就将护照交还中国驻当地的有关部门，这表明其在中国已无常住户口信息。1998年后她回中国任职并多次取得中国使领馆签发的签证及中国出入境管理机构发放的居留许可。2010年年初，其以任职人员为由提出申请在华永久居留。该申请未通过，原因是：该人持因公普通护照公费出国留学，在国外所获得的国籍不予承认。

（五）中国公民非法持用外国护照问题

所谓非法持用外国护照，是指国内一些人通过非正当途径取得外国护照，并以外国人身份在国内从事活动。

处置中国公民非法持用外国护照时，应当明确以下几点：

1. 护照是公民在境外旅行使用的身份证件和国籍证明

就是说，护照具有证明公民国籍的作用。但是在法律上考虑该人的国籍问题时，护照只是作为国籍证据之一，而不是唯一的证据。不能把是否持有一国护照完全地等同于具有一国国籍，应当依照一国国内法的规定去认定一个持照人的国籍。我国政府认定一个持照人的国籍，就是依照我国的法律规定。例如，我国政府根据我国法律，就不承认持有英国政府为香港的中国同胞颁发的“英国属土公民护照”或者“英国国民（海外）护照”的人具有英国国籍，而仍只承认其具有中国国籍。一些中国公民持用的外国护照，有些可能是从外国有关机构合法取得的，本书之所以称其为非法的，是因为他们持用外国护照违反了我国的国籍法。这些人在中国境内不得以外国人身份活动，也不能在中国向发照国申请领事保护。

2. 公民退出国籍的权利即出籍权不是一项绝对的权利

国际法学家奥本海说：“出籍权虽也有人称为人的自然权利，但尚未成为一般惯例。”许多国家的立法都对公民的出籍设定了一定的限制条件。我国《国籍法》第 9 条明确规定，只有定居外国的中国公民，自愿加入或取得外国国籍的，才自动丧失中国国籍。而申请退出中国国籍，也必须符合法律规定的条件。如果没有退出中国国籍或不符合自动丧失中国国籍的条件，就不能认为该公民失去了中国国籍。

目前，非法持用外国护照的人，大都是出境后在国外或境外改变身份，根本不在国外居住，更谈不上定居。因此，这些人持用外国护照，是违反我国国籍法的。根据我国国籍法，其所持有的外国护照在我国应视为无效证件。我国公安机关或驻外使、领馆在护照上作出不承认标记后，可将护照还给本人，按中国人办理有关入出境手续。例如，公安机关发现签证机关在护照上做了签证，应将签证注销；持照人利用外国护照从事违法犯罪活动，应将外国护照没收。

（六）双重或多重国籍的外国人在中国的国籍认定

1. 对同时持用中国因私普通护照和外国护照证件人员的国籍认定

对同时持用中国因私普通护照和外国护照证件人员，如入境时使用办妥中国签证的外国护照办理入境手续，且经过出入境边防检查机关加盖入境验讫章的，承认其外国国籍，同时收缴其中国因私普通护照；如外国护照上没有中国签证，且入境时使用中国护照办理入境手续的，应告知其到当地公安机关出入境管理机构办理国籍核定手续。经出入境管理机构核定，确已在国外定居并加入外国国籍的，收缴因私普通护照，然后在其外国护照证件上加盖“停留章”（目前签发“零次签证”）；经出入境管理机构审查不具备丧失中国国籍条件的，其所持外国护照证件的最后一页将被加盖“出入境证件专用章”，不认可其外国国籍。

核定外国国籍的人员，若其仍有中国户籍的，应由出入境管理机构通知户政部门注销其户口，缴销居民身份证和居民户口簿。例如，2011 年年初某市出入境窗口受理两个持有加拿大护照儿童申请签证的时候，发现两位儿童都具有中国常住户口，经认定国籍后，出入境管理机构通知其常住户口所在地户政部门对其户口进行注销并签发签证。但与此同时，受理民警发现两位儿童的父亲（已入加拿大国籍并持加拿大护照多次出入我国国境）仍保有中国常住户口，对此，民警也要求其注销常住户口。

2. 对拥有两个或两个以上国籍的外国人国籍认定

在来华的外国人中，有些人拥有两个或两个以上国籍，即双重或多重国籍。在认定这些人国籍时，我们通常依据《国籍法》中不承认双重国籍的原则，只承认其中的一个国籍，即承认其含有签证及出入境边防检查机关加盖入境验讫章的护照所载明的国籍。若外国人免签证入境，则承认其含有出入境边防检查机关加盖入境验讫章的护照所载明的国籍。

思考题

1. 如何理解国籍在公安外国人管理中的意义?
2. 我国国籍法的基本原则有哪些?
3. 如何运用我国国籍法的基本原则来解决公安外国人管理中的国籍冲突问题?

第五章　护照及签证制度

本章导读

护照应是主权国家的主管机关依法颁发给本国公民出入国境和在国外旅行时使用的证明其身份和国籍的证件。

护照可以证明持照人的国籍、身份，是准许持照人跨国旅行的凭证、享有发照国政府外交保护的证明以及持证人行使出入境权的证明。

护照和护照外的其他证件即平时人们所称的“护照代用证件”共同组成了国际旅行证件。根据持照人享有的出入境权内容或身份，护照一般分为外交护照、公务护照和普通护照。

各国通常制定自己的护照法，明确护照管理机关，并规范护照的签发、延期、换发、补发、加注、收缴和吊销等相关事宜。

国际旅行证件的识别也是公安外国人管理的重要事项。一般说来，护照的封面标有护照的种类，护照包括封面、信息页、备注页、签证页、应急资料页和封底等项目和内容标有持证人的各类信息，其中护照的有效期是判定护照是否有效的关键信息，机读码的识别是判定护照是否真实的辅助信息。

在特定情况下，许多国家也颁发给本国人和外国人替代护照的其他国际旅行证件，如海员证、旅行证、归国证明书、外国人旅行证、难民通行证、联合国通行证等。

各国在国际旅行证件的常见防伪措施一般分为纸张防伪、印刷防伪、装订防伪、签发防伪四类。

签证是指主权国家主管机关颁发给外国公民（极少数国家颁发给本国公民），允许其入境、出境、过境的许可证明，是在申请人所持护照或护照代用证件上使用的一项文字签注。签证是一国政府管理外国人入出境和居留的最重要的法律手段，可以赋予持证人入境、出境、过境、居留、工作和学习等权利，其中以入境最为重要。不仅对签证持有人，而且对签证国都有重要的意义。

我国的签证仍分为外交签证、礼遇签证、公务签证、普通签证 4 类。而普通签证又分为 C 字乘务签证、D 字定居签证、F 字访问签证、G 字过境签证、J1 字常驻记者签证、J2 字短期采访记者签证、L 字旅游签证、M 字商贸签证、Q1 字亲属长期签证、Q2 字亲属短期签证、R 字人才签证、S1 字长期探亲签证、S2 字短期探亲签证、X1 字长期学习签证、X2 字短期学习签证、Z 字工作签证等 16 种签证。

我国签证签发的主管机关，在国外，中国的外交代表机关、领事机关和外交部授权的其他驻外机关受理审批和签发外国人入境、过境签证的申请；在国内，原则上持外交护照、公务护照人员由外事机关主管，持普通护照人员由公安部门主管。公安部门在口岸和县级以上出入境管理机关受理、审批和签发签证，并负责签证换发、补发、注销或收缴以及作废等事项的管理。

我国签证有效期的识别主要识别签证的入境有效期与停留有效期，应分别从境外签证机关签发的签证、口岸签证机关签发的签证、内地出入境管理部门换发或补发的签证以及内地出入境管理部门签发的签证延期等 4 种形式来识别。

签证真实性识别和护照真实性识别在防伪原理上相同，在防伪点设计上大同小异。

第一节　护照制度

一、护照的概念

护照应是主权国家的主管机关依法颁发给本国公民出入国境和在国外旅行时使用的证明其身份和国籍的证件。护照和护照外的其他证件即平时人们所称的“护照代用证件”共同组成了国际旅行证件。

二、护照的功能

（一）证明持照人的国籍

自国家成立以来，人就成为国家主权的基本构成要素，国际社会以国籍为标准将人划分为公民和外籍人两种基本身份来管理跨国流动人员。因此，国籍成为各国颁发护照的基本依据，即各国一般只将护照签发给具有该国国籍的公民；国籍同时又是各国辨别国际旅行者基本法律地位的依据，将不具有本国国籍的人视为外国人或无国籍人，实施有别于本国公民的移民管理。① 鉴于护照十分重要，各国一律要求发照机关准确无误地注明持证人的国籍，这一点体现在护照的封面上，清楚明白地显示发照国的国名、国徽。

（二）证明持照人的身份

各国护照都是按持证人的身份分为三种，即外交护照、公务护照、普通护照。基于外交人员的特殊身份和执行职务的必要，出于对他们所代表国家的尊重，《维也纳外交关系公约》中规定，外交人员在执行公务期间，享有外交特权，外交护照是其特殊身份的证明。公务护照则发给那些因公出国的人。因私人事务出国，如旅游、探亲、留学则发给普通护照。不同种类的护照反映持证人的不同身份。②

国际上还把旅行证件在封面以显眼的文字标示其种类，并以不同的颜色加以区分。这样做的目的在于根据护照持有人的出入境目的、事由，参照其在国内的身份地位，通过签发不同类的护照赋予持照人不同的出入境身份和权益。另外，国际社会通过签署多边或双

---

① 参见刘国福等：《移民法》，286 页，北京，中国经济出版社，2010。

② 参见王国良：《出入境管理学》，44 页，北京，中国人民公安大学出版社，2009。

边的国际条约，根据持照人所持用护照的类别来判断其身份地位，依据国际惯例或国际协议分别给予不同的出入境待遇。例如，前往国家通常根据持照人所持护照的类别分别签发对应的外交签证、公务签证和普通签证，或根据有关签证的协议对持用外交护照、公务护照的实行免签等。①

（三）准许持照人跨国旅行的凭证

申请入境的外国人必须提供本人的有效证明，这已成为国际惯例。没有护照不能申请到签证，这既表明护照与签证密不可分的依附关系，又体现了签证签发国对持证人国籍所属国主权的承认与尊重。各国一般都把签证附在护照上，持证人出入境时必须出示护照，证明其国籍和身份，供出入境管理机构审查是否符合条件。一个想到国外旅行的人，没有有效的护照是不可能成行的。而且在国外居留期间也必须随身携带护照，以备查验。例如，购买国际机票、申请居留以及兑换货币等都离不开护照。即使在街头散步，也随时会有警察来查验你的护照。可见在国外没有护照寸步难行。

（四）享有发照国政府外交保护的证明

外交保护是一个主权国家所享有的权利。1961 年《维也纳外交关系公约》中规定，本国公民在外国受到实际伤害，经过当地司法救济不能补偿，可向本国驻当地的外交或领事机关申请保护。该机构可以在国际法许可的范围内，行使外交保护权，通过外交途径要求当地政府对侵权人依法惩办，以保护派遣国及其国民的利益。国家行使这一权利的条件之一就是公民持续拥有所属国国籍。护照是持证人国籍的有效证明，护照与国籍有着密不可分的依附性和一致性，一本准确注明持证人国籍的合法有效护照是持证人申请外交保护的证明，同时也是一国保护本国公民合法权益的依据。在现代社会，人们越来越多地走出国门，其中大多数人未改变国籍，仍然与祖国保持着法律联系，外交保护就逐渐重要起来。当他们在侨居国受到不正当侵害时，国籍国有责任为其提出交涉，当其在外国不能继续生存时，国家有义务接受其回国，使个人合法权益得以保护，使国家主权和尊严得以维护。可见，护照的作用越来越突出。②

（五）持证人行使出入境权的证明

一个人享有自由离开和返回本国家的权利，出入境权得到了现代国际社会的普遍承认，各国护照法就是确认和保障出入境权的重要方式。为加强和保护这项未被限制的权利，应对申请和颁发护照及其他旅行证件的最低要求作出规定。申请和颁发护照的运作应迅速。任何个人依法获得有效护照后，就可以在护照有效期内离开和返回护照签发国，在国际旅行中享有护照签发国的保护。③

四、护照的种类

根据不同的标准，护照可以分为不同的类别：

（一）根据护照的式样是否符合国际标准，分为标准护照和护照代用证件

护照代用证件，又称准护照，是指式样不完全符合国际通行标准、名称中不含有“护

① 参见刘国福等：《移民法》，287 页，北京，中国经济出版社，2010。

② 参见张铁岩：《新编涉外警务教程》，62 页，北京，中国人民公安大学出版社，2009。

③ 参见刘国福等：《移民法》，285 页，北京，中国经济出版社，2010。

照”字样，但具有护照效力的证件。常见的准护照包括难民旅行证、无国籍人旅行证、外国人旅行证、归国证明书、联合国通行证、欧洲共同体通行证、身份证等。

（二）根据持照人享有的出入境权内容或身份，分为外交护照、公务护照和普通护照

1. 外交护照

外交护照是一国政府依法颁发给外交代表、领事官员等人从事外交活动使用的护照。护照封面一般都印有“外交护照”字样的明显标志。依照国际法和国际惯例，各国军政机关通常给予外交护照的持照人应有的尊敬、礼遇和外交特权与豁免。至于持照人在国外能享受到何种程度的待遇，还要视接受国所发给的签证类别及其国内法的有关规定而定。

2. 公务护照

公务护照是一国政府依法颁发给国家和政府的一般官员、外交代表机关和领事机关的行政技术人员等人从事公务活动使用的护照。护照封面一般都印有“公务护照”字样的明显标志。依照国际法和国际惯例，各国军政机关给予公务护照的持照人执行公务应有的通行便利和特权与豁免。

3. 普通护照

普通护照是一国政府依法颁发给本国公民因私人事务出入国使用的护照，因此也称“因私普通护照”。护照封面多数只标明“护照”字样。

鉴于国际上的通行做法及我国护照法对护照的分类，本书更认同此类分法为外交护照、公务护照和普通护照，或者直接分为因公护照和因私护照。

（三）根据持照人资料信息的存储介质、查验和管理方式，护照分为常规护照、机读护照和电子护照

常规护照，是指根据国际民用航空组织制定的标准，以护照专用纸张为主要载体、印刷为主要手段存储持照人的资料信息，人眼能够直接识别和读取这些信息的护照。机读护照，是指根据国际民用航空组织 Doc 9303 文件技术要求制作，将护照的资料页分为视读区（VIZ）和机读区（NRZ），可用眼睛视读或用光学字符识别方法阅读的护照。机读护照所用材料的物理特性和安全性能应起码等于或高于常规护照，以便用肉眼检查或自动检测发现伪造品、仿制品或冒名顶替者。电子护照（E-Passport），是指按照国际民用航空组织确立的标准将存储有持照人自然信息和个人生物特征数据信息的无线射频身份识别芯片（英文缩写为 RFID）内置到常规的身份鉴别的护照。

电子护照（E-Passport）又称智能护照（Biometric Passport）、生物特征护照，是在传统本式护照中嵌入电子芯片，并在芯片中存储持照人个人姓名、性别、出生日期、护照号码、证件照片图像、指纹信息等基本资料的新型本式证件。

除去以上分法，也有学者按护照的有效期划分，分为短期护照、长期护照和永久护照。并认为，各国护照的种类及其名称不完全相同，有的国家有一两种或四五种，也有十几种或者更多。在国际上常用的且具有代表性的护照主要有三种，即外交护照、公务护照和普通护照。其他各种名称的护照都可归于这三种之中。①

---

① 参见张轶岩：《新编涉外警务教程》，57 页，北京，中国人民公安大学出版社，2009。

五、护照的管理

护照管理是护照管理机关依法颁发护照并对持照人使用护照采取延期、换发、补发、加注、收缴和吊销措施的行政行为的总称。

（一）护照的管理机关

各国护照管理机关及其职能通常由各自的护照法明确规定，综观各国法律规定的护照管理体制，简单地说，外交部门负责外交护照、公务护照的签发和管理，其派驻国外的使、领馆还负责普通护照的签发和管理；在境内，通常由某个或某几个机关（如外交、移民、警察机关等）主管，采取授权的方式进行普通护照的签发和管理。例如，美国由其外交部门——国务院负责本国护照的管理，并允许外交部门首长——国务卿授权其他机构或个人行使部分护照管理权。而在日本，境内护照的管理则是由外交机关和地方政府分工负责。

（二）颁发护照的条件

尽管各国普遍确认公民的出入境权，基于这项权利而赋予公民获得护照权，但任何人并不因此自动得到护照，而必须依法向有关管理机关递交申请，并证明自己符合法定的资格条件。

通常情况下，申请者应具备准发护照的基本条件，即具备发照国国籍，履行合法的申请程序，提交有关证明材料，等等；同时，不具备不准发护照的条件，即护照申请人的限制条件，通常排除承担或可能承担刑事、民事方面法律责任者，或可能对国家安全和利益有损害者等，概括起来主要有以下十个方面：①

1. 申请人出国后可能损害国家安全或公共利益；
2. 可能逃避本国司法管辖；
3. 人身自由受到合法限制；
4. 犯有某些法定罪行；
5. 可能造成社会负担；
6. 可能逃避本国兵役义务；
7. 可能逃避本国其他法律义务；
8. 犯有与本国护照有关的违法行为；
9. 可能从事本国不许可的活动；
10. 前往国法律不许入境。

（三）颁发普通护照的程序

一般情况下，护照颁发程序要经过申请、受理、审批和护照制作与签发四个流程，若护照申请被拒绝，须允许进入其权利的救济程序，即申诉环节。

（四）签发后的管理

1. 护照的延期

护照的延期，就是护照有效期的合法延长。护照一经护照主管机关签发，其时间效力就确定了，护照持有人只能在确定的有效期限内使用。如果持照人需要在确定的有效期限

① 参见刘国福等：《移民法》，298～299页，北京，中国经济出版社，2010。

届满后继续使用，只有依法向护照主管机关申请并获得批准后才能继续使用。否则，持有人将构成违法而受处罚。

对于护照是否予以延期，各国的态度不一致，有的国家基于护照的安全性等方面明令禁止护照延期，如葡萄牙。允许护照延期的国家，不但要求护照持有人依法提交申请，而且对延期作出了不同的限制，如奥地利的公务护照和外交护照有效期可以延长 2 次，每次可延长 5 年。

2. 护照的换发

护照换发，是指原先签发的护照虽然有效，但因故不能或不宜继续使用，护照颁发机关依法审核持照人提交的护照换发申请，并决定是否签发新护照的行为。

各国护照法对护照换发的情形作了原则性规定，主要有以下 5 个方面：

(1) 护照颁发机关错误签发的护照；

(2) 护照剩余的有效期限不足 6 个月；

(3) 护照的签证页使用完毕；

(4) 护照使用中质量严重受损；

(5) 护照重要信息发生变更。

对批准换发的新护照，有的国家要求护照颁发机关应在上面注明原护照的基本情况。

3. 护照的补发

护照补发，是指原先签发的有效护照遗失或损毁，护照颁发机关依法审核持照人提交的护照补发申请，并决定签发新的护照。各国护照法不但要求持照人依法提出申请，而且将规范的重点集中于持照人对所持有效护照遗失或损毁事实的证明责任。

4. 护照的加注

护照的加注，是指护照颁发后，因情况变化而引起护照上记载的项目与实际情况不符或需要改变，护照颁发机关依法在持照人有效护照中签注准许变更的信息。对于护照加注，各国法律规范的宽严程度不同，有的国家基于护照的安全性考虑，明令禁止护照加注。大多数国家实行有限的护照加注，根据护照加注的程序，分为法定的护照加注和依申请的护照加注。护照上标明加注儿童的姓名、性别、出生日期并贴有其照片；加注儿童与原持有人同时使用护照，有同等效力。

5. 护照的收缴

护照的收缴，是指护照颁发机关签发护照后发现护照持有人具有不应获得护照的法定情形或护照不宜继续持用的法定情形，而责令持照人交回护照的管理措施。护照作为具有特定法律效力的证件，一经有权机关依法签发，意味着国家确认持照人出入境的权利并依法予以保护，持照人有权持用本人的护照；没有法律的授权或其他特别规定，任何部门、团体、个人均无权限制持照人对所持护照的合法持有和使用。同时，为了防止持照人滥用护照，各国规定了暂停或终止护照效力的行政强制措施。对于护照的收缴，各国护照法重点规范了适用收缴的法定情形和收缴的方式。

适用护照收缴的法定情形：护照持有人具有法定应拒发护照的任一情形；护照颁发机关错误签发的护照、发护照部门的记载有错误或无法辨认的护照，护照内缺少持证人照片或持证人已无法辨认的；持照人在国外实施了严重损害国家利益或信誉的行为；护照被非法改动；护照质量严重受损；护照被他人非法持用；护照有效期届满；多余的护照；基于持照人的人身财产安全需要而有必要中止持照人出国的。

6. 护照的吊销

护照的吊销，是指护照签发机关或者其上级机关依法直接宣告已颁发的护照失去效力的行政强制措施。它与护照的收缴联系密切，都是法律赋予国家有关机关尤其是护照管理机关管理护照合法使用的行政强制措施，适用的情形和执行方式没有本质区别。因此，许多国家的护照法只规定了护照的收缴，有的则只规定了护照的吊销。确立护照吊销的国家，护照法中着重规定了吊销适用的法定情形和有权作出吊销决定的机关以及持照人相应的法律义务。

护照吊销适用的法定情形：非法方式获取的护照；骗领的护照；持照人损害国家安全或利益的；持照人被判处了法定的罪行；持照人被司法机关指控为犯罪嫌疑人而未予以判决的；司法机关已对持照人下达限制人身自由限制令的；持照人有违反护照颁发规定的情形；持照人未按护照签发机关的通知交还护照的；持照人要求吊销的。

有权吊销护照的机关：通常情况下，有权作出吊销护照决定的机关是护照颁发机关及其上级机关。但有的国家还赋予法院吊销护照的权力。①

第二节　国际旅行证件的识别

一、护照的识别

（一）护照的种类识别

尽管护照封面颜色多种多样，但世界各国一般都在封面印有“外交护照”“公务护照”和“护照”字样的明显标识。

1. 外交护照

护照封面一般都印有“外交护照”（Diplomatic Passport）字样的明显标志（见图 5—1、图 5—2、图 5—3）。

图 5—1

图 5—2

图 5—3

① 参见张惠德主编：《出入境管理》，63～67 页，北京，中国人民公安大学出版社，2014。

公务护照封面一般都印有“公务护照”（Service Passport 或者 Official Passport）字样的明显标志（见图 5—4、图 5—5、图 5—6）。

图 5—4

图 5—5

图 5—6

2. 普通护照

普通护照封面多数只标明“护照”（Passport）字样（见图 5—7、图 5—8、图 5—9）。

图 5—7

图 5—8

图 5—9

（二）护照的项目和内容

通常说来，护照包括封面、信息页、备注页、签证页、应急资料页和封底。

1. 封面

封面通常由本国国名、国徽和护照种类三部分组成。电子护照的封面还有“”的标记。

2. 信息页

此页含有持照人最重要的一些信息（见图 5—10）。通常有：持证人的护照种类（Type）、国籍（Nationality & National status）、姓（Surname & Family name）、名（Given name & Christian name & First name）、性别（Sex）、男女（Male 或 M；Female 或 F）出生日期（Date of birth ）、证件号码（No. of passport & Document No. ）、出生地点（Place of birth）、持照人签名（Passport bearer's signature & Holder's signature &

Signature of bearer)、职业身份（Profession)、发照国家（Issuing country)、发照机关（Authority & Agency)、有效期（Date of expiry & Date of expiration & Last date of validity)、延期（Extension 或 Extended）等。

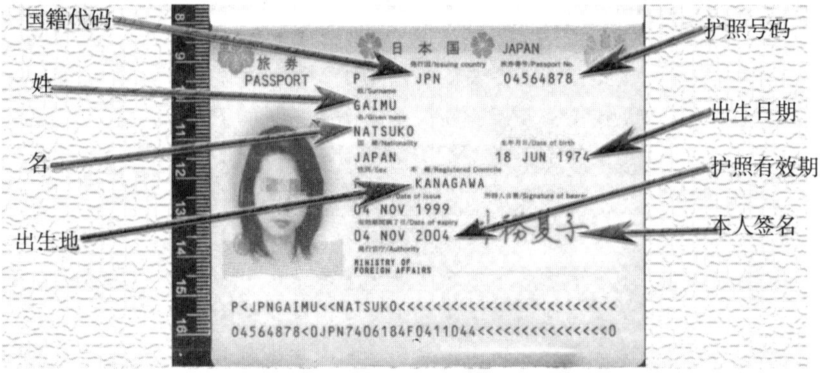

图 5—10

有的因私普通护照还有婚姻状况（Marriage status)、身份证号码（ID)、偕行儿童（Accompanying child）等项目。一些国家的护照上还有国民地位（national status)、外貌特征（special peculiarities)、头发颜色（color of hair)、眼睛颜色（color of eyes)、血型（blood group)、身高（height)、胡须（beard)、指纹（thumb prints）等内容（见图 5—11）等信息项。

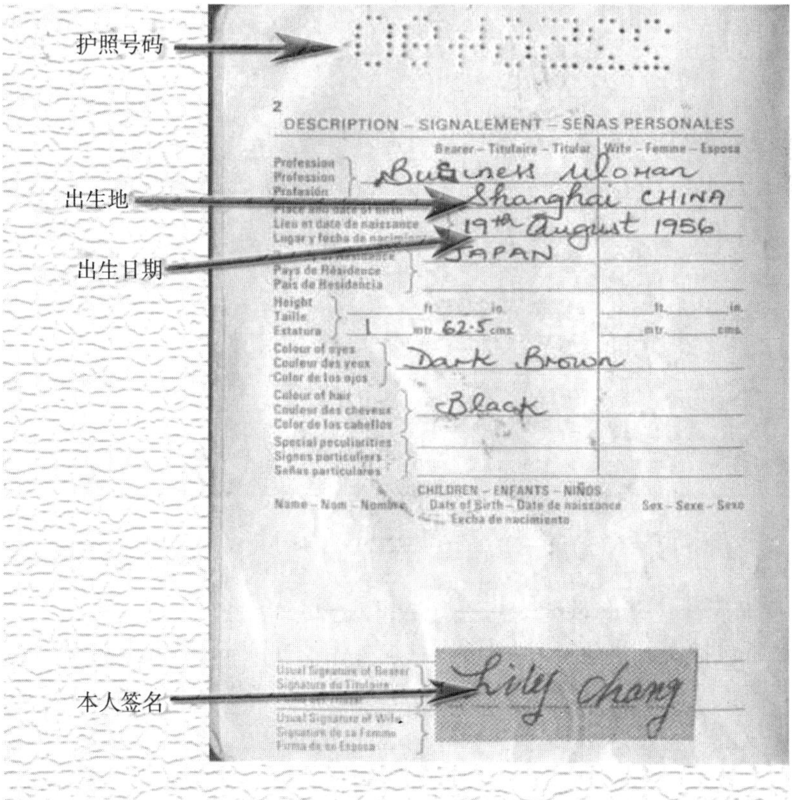

图 5—11

3. 备注（Observations 或 Remarks）页（见图 5—12）

此页中有一些加注的信息，通常有：加注持照人曾用名或外文名；加注本人姓名的另一拼写法或者变更本人姓名的拼写法；加注更正出生地点或出生日期；加注偕行儿童及其变更；加注换发护照或合订护照，等等。

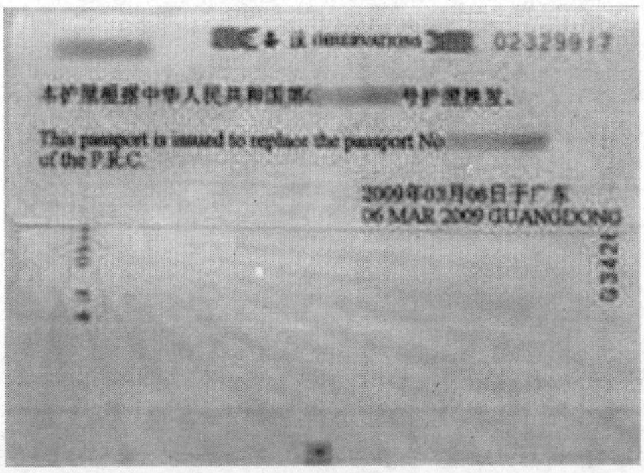

图 5—12

4. 签证（Visas）页（见图 5—13）

签证页有多页，供前往国家粘贴签证和加盖边防检查验讫章之用。

图 5—13

5. 紧急情况资料（Emergencies）页（见图 5—14）

此页中通常包括：居住地（residence）、永久住址（permanent address of bearer），紧急情况下的联系人、地址、电话（Contact individual ，address and telephone）。

6. 封底（见图 5—15）

现在，越来越多国家的护照封底享有电子芯片，并有“此处（页）不要盖章”（DO NOT STAMP HERE 或 THIS PAGE）的字样。

IMPORTANT
For your protection pencil in the names and addresses below.
Please keep these entries up to date.
Bearer's address in Australia
Adresse du titulaire en Australie
ALBERT STREET
NORTH PARRAMATTA , NSW 2151
Bearer's foreign address
Adresse du titulaire à l'étranger
In case of death or accident notify the nearest Australian Embassy or Consulate and the individual named below.
En cas de décès ou d'accident, prière d'aviser le service diplomatique ou consulaire de l'Australie le plus proche, ainsi que la personne nommée ci-dessous.
Name
Nom
. Lin
Address
Adresse
ALBERT ST.
Telephone
Téléphone
Australia 02 -
ANYONE FINDING THIS PASSPORT IS REQUESTED TO HAND IT TO A POLICE STATION OR THE NEAREST AUSTRALIAN EMBASSY OR CONSULATE.
LA PERSONNE QUI TROUVERA CE PASSEPORT EST PRIÉE DE LE REMETTRE À UN COMMISSARIAT DE POLICE OU À L'AMBASSADE OU AU CONSULAT D'AUSTRALIE LE PLUS PROCHE.

图 5—14

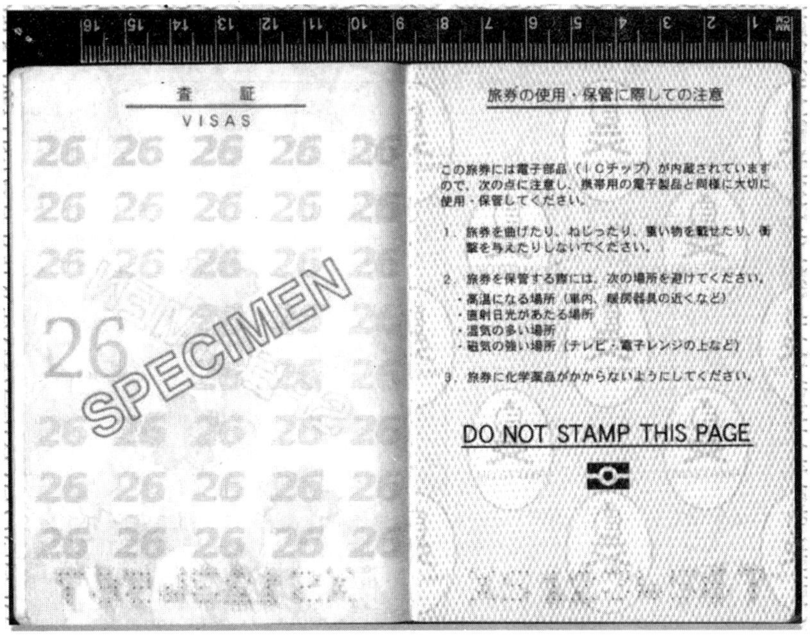
査　証
VISAS
26
SPECIMEN
旅券の使用・保管に際しての注意
この旅券には電子部品（ＩＣチップ）が内蔵されていますので、次の点に注意し、携帯用の電子製品と同様に大切に使用・保管してください。
1．旅券を曲げたり、ねじったり、重い物を載せたり、衝撃を与えたりしないでください。
2．旅券を保管する際には、次の場所を避けてください。
・高温になる場所（車内、暖房器具の近くなど）
・直射日光があたる場所
・湿気の多い場所
・磁気の強い場所（テレビ・電子レンジの上など）
3．旅券に化学薬品がかからないようにしてください。
DO NOT STAMP THIS PAGE

图 5—15

（三）护照的有效期识别

1. 护照有效期的总体判定

各国护照的有效期长短不一，最短的一年，最长的有十年，采取五年有效期的较多。护照有效期一般自护照签发之日算起。有的护照有效期，除了从护照信息页来判定，还需从护照的备注页来查验其被延期（见图5—16）。还有的从合订使用中的新护照的有效期来判定。

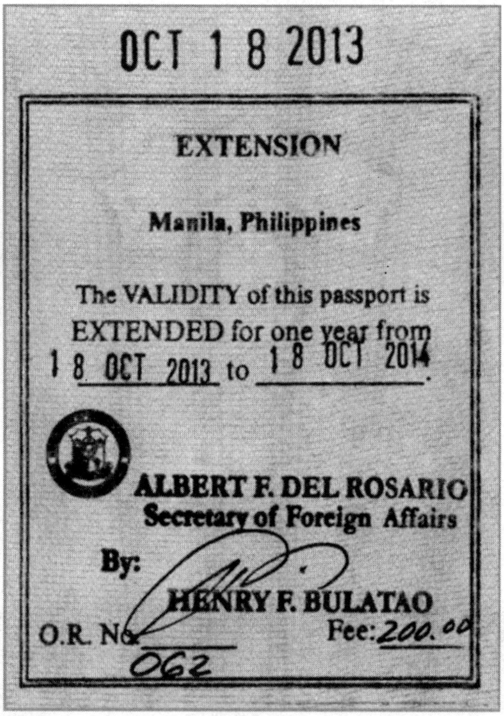

图 5—16

2. 护照有效期的英文表达

护照有效期的英文表达通常有：

（1）Date of expiry

（2）Date of expiration

（3）Last date of validity

（4）Valid until

（5）This passport expires (on)

（6）This passport is valid until

（7）Valid for XX years

（8）This passport is renewed until

（9）Extended until

（四）机读码识别

根据国际民航组织（ICAO）的标准，在护照的机读区域应按照统一的标准打印机读码，以便于各国移民检查机关利用护照阅读机读取持证人的护照资料信息，护照上的机读区域是为各国国际民用航空组织标准打印机读码所准备。以英国护照（见图 5—17）为例，对护照上的机读码进行解析。

图 5—17

第一行：

P——机读证件类型，也就是，P 为护照（通常后接一空格，但也可能为一字母），例如，PN（普通护照），PD（外交护照）

GBR——护照国籍

CACKETT——持证人姓氏（后接两个空格）

JULIA CLARE——持证人名字（中间有单个空格隔开）

第二行：

038957816——护照号码（最长 9 个数字，如果少于 9 个数字，空格插入替代）

7——5 个校验数位的第一位（基于护照号码）

GBR——持证人国籍

810710——持证人出生日期，形式为 YYMMDD（出生日期为 1981 年 7 月 10 日）

1——五个校验数位的第二位（基于出生日期）

F——持证人性别

100607——护照有效期

6——五个校验数位的第三位（基于有效日期）

0——五个校验数位的第四位（基于身份号码，本护照无身份号码，以空格代替）

0——五个校验数位的第五位（基于所有号码和之前 5 个校验数位）

校验数位的计算是在系数 10 基础上用一个连续重复的加权数 731、731……计算。因算法复杂，不予详述。

二、常见的护照替代证件

常见的护照替代证件主要有：

(一) 外国人旅行证 (见图 5—18、图 5—19)

外国人旅行证 (Travel Document for Aliens) 俗称外侨旅行证，系一国政府依照法律规章颁发给居住在本国境内外国人的旅行证。此种旅行证在形式上大多数同一般普通护照。封面上印有发证国国徽，并用发证国官方文字和英文（或法文，或发证国所在地区国家的通用文字）印有发证国名称和“外国人旅行证”或“旅行证”字样。个别国家在封面上无任何标识，而将旅行证的名称印在第一页上。发证国颁发此种旅行证的目的，在于向持证人提供一种能用作代替其国籍国护照的旅行证，供持证人到发证国以外旅行。

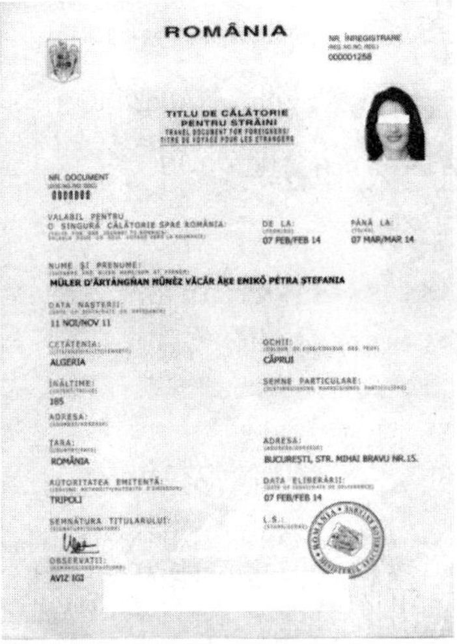

图 5—18

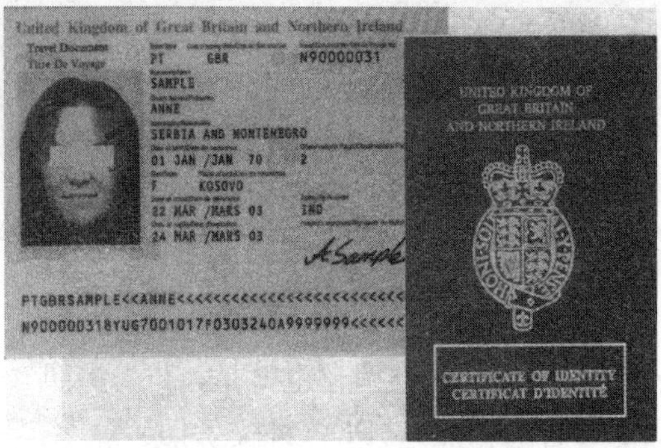

图 5—19

2. 海员证 (见图 5—20、图 5—21)

海员证是由各国政府海运部门为在从事国际航行的船舶上工作的本国海员颁发的护照代用证件，为各国政府所承认。

图 5—20

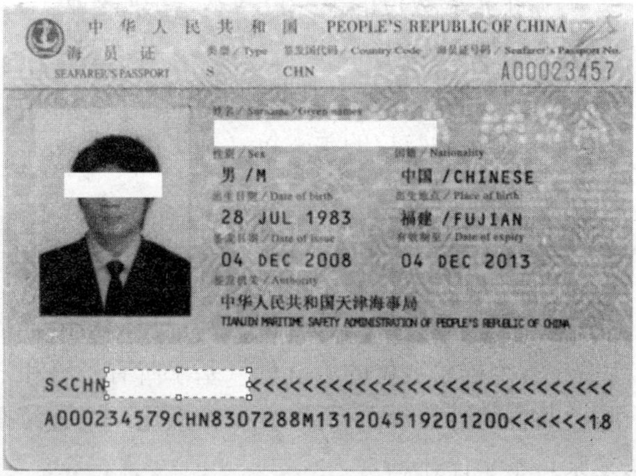

图 5—21

3. 归国证明书（见图 5—22）

此证件是一国政府颁发的一种护照代用证件，供本国公民应急单程回国使用。但是，各国的发证范围有所不同。俄罗斯发给申请回国的本国侨民；匈牙利发给在国外遗失护照的本国公民；蒙古发给在国外遗失护照的公务人员和普通公民，如系公务人员，则在归国证明书上加盖“外交”或“公务”印章。

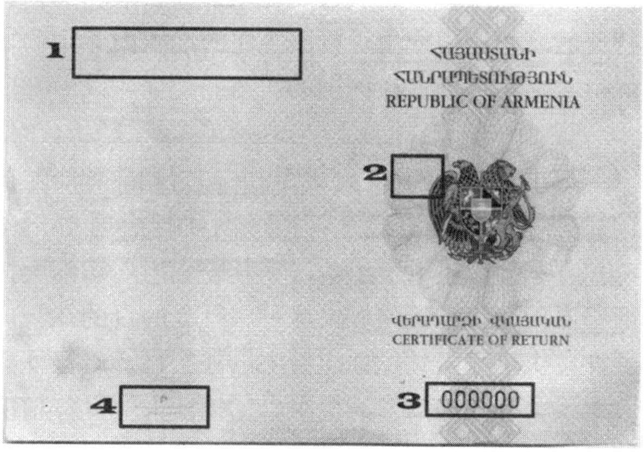

图 5—22

4. 难民旅行证（见图 5—23、图 5—24、图 5—25）

难民旅行证（Refugee Travel Documents）泛指一国政府根据有关国际公约的规定颁发给境内外国难民的旅行证。通常特指一国政府根据 1951 年 7 月 28 日联合国《关于难民地位的公约》第 28 条及 1967 年 1 月 31 日《关于难民地位的议定书》的规定颁发给合法在其领土内居留的难民的旅行证。在形式上与一般的普通护照相同。发证国颁发此种旅行证的目的在于向持证人提供一种能用作代替其国籍国护照的证件，供持证人到发证国领土以外旅行。旅行证必须有持证人签名方为有效。旅行证的有效地区一般为世界各国，或由发证机关视需要限定的地区；有效期由发证机关根据持证人的具体情况确定，一般为一年或两

图 5—23

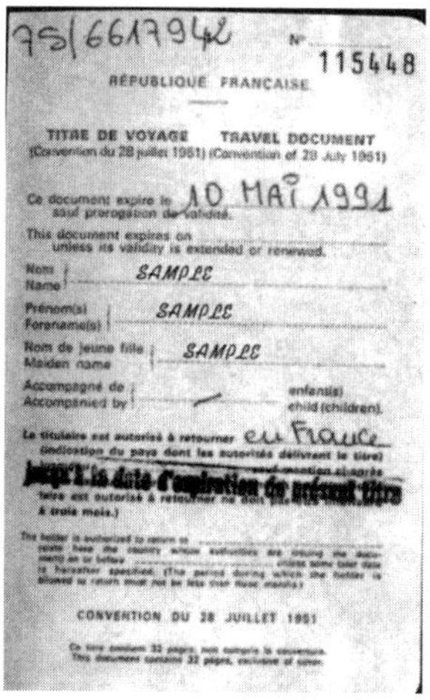

图 5—24

图 5—25

年。持证人如欲前往发证国之外旅行，必须事先办妥前往或途经国家的签证。但是，欧洲委员会比利时、丹麦、法国、德国、冰岛、意大利、卢森堡、荷兰、挪威、瑞典、爱尔兰和瑞士根据 1959 年 4 月 20 日关于取消难民签证的欧洲协定的规定，同意缔约国一方境内的难民持有效难民旅行证前往缔约国另一方境内访问不超过三个月者免办签证，超过三个月或要求多次入境者仍需办理签证。持证人如获准在第三国居留，原发证国所发的旅行证即告失效，持证人如想再到别国旅行，必须按规定申请并领取新居留国的旅行证。发证国一般允许持证人在旅行证的有效期内或主管机关签注的期限内无须另申请签证即可返回发证国，但往往要求在入境时出示持证人在该国的居留登记证，以便办理入境手续。

5. 无国籍人旅行证（见图 5—26）

无国籍人旅行证（Travel Document For Stateless）泛指一国政府根据有关国际公约的规定颁发给境内无国籍人的旅行证。通常特指一国政府根据 1954 年 9 月 28 日联合国《无国籍人地位公约》第 28 条的规定颁发给合法在其领土内居留的无国籍人的旅行证。此种旅行证的形式同一般普通护照。发证国颁发此种旅行证的目的在于向持证人提供一种能代替国民护照使用的证件，供持证人到发证国领土以外旅行。旅行证必须有持证人签名方为有效。旅行证的有效地区和有效期由发证机关根据持证人的具体情况确定。持证人如欲前往旅行证有效地区的国家旅行，必须事先办妥前往或途经国家的签证。持证人如获准在第三国居留，原发证国所发旅行证即告失效；持证人如想再到别国旅行，必须按规定申请并领取新居留国的旅行证。发证国一般允许持证人在旅行证的有效期内或主管机关签注的期限内无须另申请签证即可返回发证国，但往往要求在入境时出示持证人在该国的居留登记证，以便办理入境手续。持此种旅行证不影响持证人的国籍或国民地位。持证人无权享有发证国的外交代表或领事官员的保护，也不免除遵守发证国关于外籍人居留和入出境等项规定。持证人如果从原国籍国政府取得护照或其他旅行证件，则所持的无国籍人旅行证即告失效，并须将此证缴回原发证机关。

图 5—26

难民旅行证和无国籍人旅行证在国际上又统称为公约旅行证。公约旅行证（Convention Travel Document）泛指一国政府根据有关国际公约的规定向境内外国难民和无国籍人颁发的旅行证的总称。通常特指一国政府根据 1951 年 7 月 28 日联合国《关于难民地位的公约》和1967年1月31日《关于难民地位的议定书》的规定颁发的难民旅行证，以及根据1954年9月28日联合国《关于无国籍人地位的公约》的规定颁发的无国籍人旅行证。

6. 联合国通行证（见图5—27、图5—28）

联合国通行证《United Nations Laissez-Passer》系联合国和各专门机构根据《联合国特权和豁免公约》和《专门机构特权和豁免公约》的有关规定，向本机构的职员颁发一种具有护照效力的身份证件。有红皮通行证和蓝皮通行证两种，其效力分别相当于外交护照和公务护照。红皮通行证颁发给秘书长、副秘书长和助理秘书长、联合国D—2级以下相当于局办公室主任和驻外国新闻处主任的职员；蓝色通行证颁发给联合国和各专门机构的一般职员。持证人依其身份分别享有上述公约规定的便利、特权与豁免。通行证采用本式护照形式，除封面外的各项目内容用中文、阿拉伯文、英文、法文、俄文、西班牙文六种联合国正式语文书就。封面中央印有联合国会徽，会徽上、下方分别印有“UNITED NATIONS－NATIONS UNIES”（联合国）和“LAISSEZPASSER”（通行证）字样。证内请求页内容为“联合国秘书长请各国有关机关给予持证人职位所享有的礼遇、便利、特权和豁免，并妥为照料，遇事协助，以便利其行程和职务的执行”。本通行证为联合国所有物；除联合国或各国政府主管官员外，不得擅自涂改、增订、盖印或批注；一经涂改，即告无效。通行证如果遗失毁灭，应将事实和情况立即报告总务厅购置及交通处，经详细调查属实后，方可补发。按照上述公约的规定，联合国会员国当局承认并接受联合国通行证为有效的旅行证件，但持证人应按有关国家的规定申请必要的签证。

图5—27

图5—28

7. 欧洲共同体通行证

欧洲共同体通行证（European Communities Laissez-Passer）系欧洲共同体的组成机构颁发给在本机构内任职的官员及其驻外机构的官员使用的身份证件和国际旅行证件。现行的通行证封皮为深蓝色，封面上用西班牙文、丹麦文、德文、希腊文、英文、法文、意大利文、荷兰文和葡萄牙文九种文字印有“欧洲共同体”字样。通行证内各项目内容均使用上述九种文字书就。封 2 印有“本通行证系根据建立欧洲共同体单一委员会条约关于欧洲共同体特权与豁免附加议定书第 7 条第 1 款的规定颁发。持证人享有该议定书所规定的特权与豁免”。本通行证的颁发对象为在欧共体各组成机构内任职、其级别为 A4、A3、A2、A1（相当于副处长、处长、副司长、司长及总司长）的官员及其驻外机构官员。持证人依据其职务享有相应的优遇及特权与豁免。建立欧洲共同体单一委员会条约及其附加议定书系欧共体国家于 1965 年 4 月 8 日在布鲁塞尔签订，1967 年 7 月 1 日生效。本通行证得到欧共体国家及与欧共体有合作协议国家的承认和接受。

三、国际旅行证件真实性的识别

（一）国际旅行证件的主要防伪措施

如果想要快速抓住国际旅行证件的查验重点，识别证件真伪，就必须熟悉和掌握出入境证件的主要防伪措施。从国际旅行证件的制作工艺来看，当前各国在出入境证件中所用的常见防伪措施一般分为纸张防伪、印刷防伪、装订防伪、签发防伪四类。下面将对各国国际旅行证件中常涉及的防伪措施加以说明。

1. 纸张防伪

（1）水印。水印是指在造纸生产过程中通过改变纸浆纤维密度的方法制成的有明暗纹理的图形或文字，是纸张防伪技术中最主要的技术手段。水印是机械性加工的结果，在加工的过程中没有任何的化学方法，因此只有在透光的条件下才能被清楚地观察到。

我国在 1960 年制造出第一张国产水印纸。1963 年，经过工艺师、美术家、雕刻家和工人们的通力合作，制造出第一种有水印的钞票纸，其水印图案最复杂的为天安门。由于我国掌握了比较复杂的水印技术，从 1965 年起中国人民银行发行的人民币上就分别有天安门、五角星图案的水印。下图为我国新版百元人民币水印（见图 5—29）

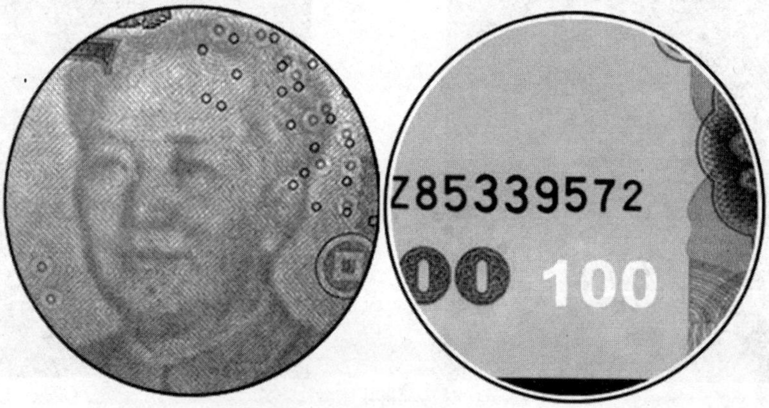

图 5—29

（2）安全纤维。安全纤维是指添加在纸浆中以增加纸张防伪性能的各种颜色的塑料或织物纤维。在造纸过程中，这些安全纤维和纸纤维一起充分混合之后形成纸张，因此，安全纤维在纸张中不规则地分布在纸张的表面和内部（图 5—30）。安全纤维的长度一般为 2mm～10mm，不同国家的护照一般采取一种或红、绿、蓝等不同颜色，大部分安全纤维具有荧光反应（图 5—31）。

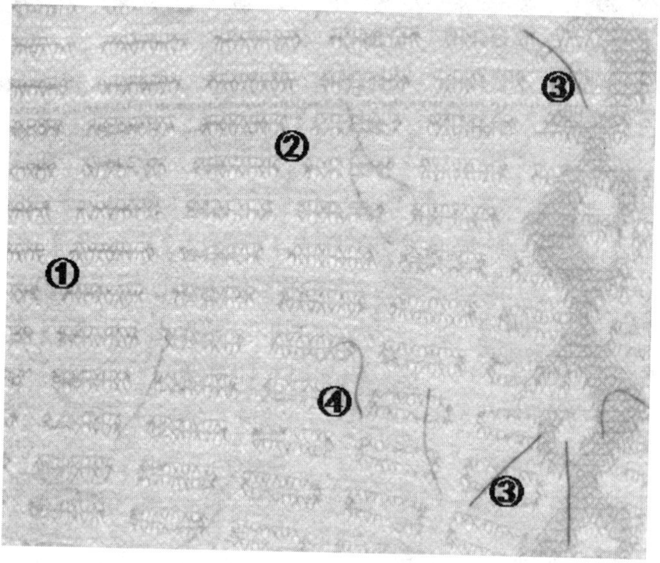

图 5—30　常光下的安全纤维

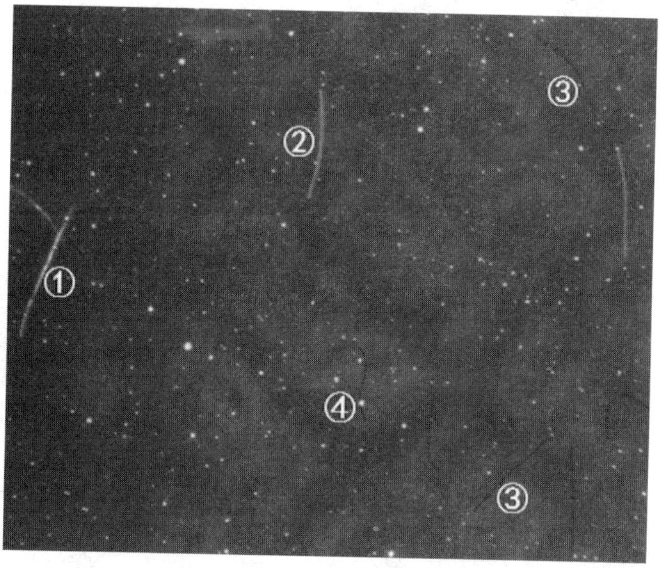

图 5—31　紫外光下的安全纤维

伪造的安全纤维大多是用彩色荧光笔绘制而成，或利用普通印刷方式印制而成，虽然有的在紫光灯的照射下也有明亮的荧光反应，但这些“纤维”并不是镶嵌于纸张内，而是浮于其表面。

（3）安全线。安全线是一段较长的连续的聚脂薄膜或外层镀有金属的塑料线，在纸张的制造过程中被镶嵌到纸张的固定位置。安全线可以是连续的或是断续的，可见的或是隐蔽的，也可以仅在特定的图案中露出一段。安全线可以和其他的防伪手段相结合，如荧光图案、磁性编码、缩微文字等。下图为美国护照安全线，与缩微文字相结合，在紫光灯下可发出荧光（图 5—32），呈现“US PASSPORT”字样。

图 5—32　紫外光下的美国护照安全线

2. 印刷防伪

（1）凹版印刷。凹版印刷又简称“凹印”，顾名思义，凹版印刷即是凹版施印的一种印刷方式（图 5—33）。是用凹版着墨，将凹版接触于承印物表面通过压力将油墨转印到承印物上的一种印刷方式。凹版印刷的文字油墨堆积突起于纸张表面，有立体感；油墨的厚度随着凹版的深度不同而有深浅变化；边缘由于印刷压力而存在羽化现象；纸张背面易出现凹陷痕迹。

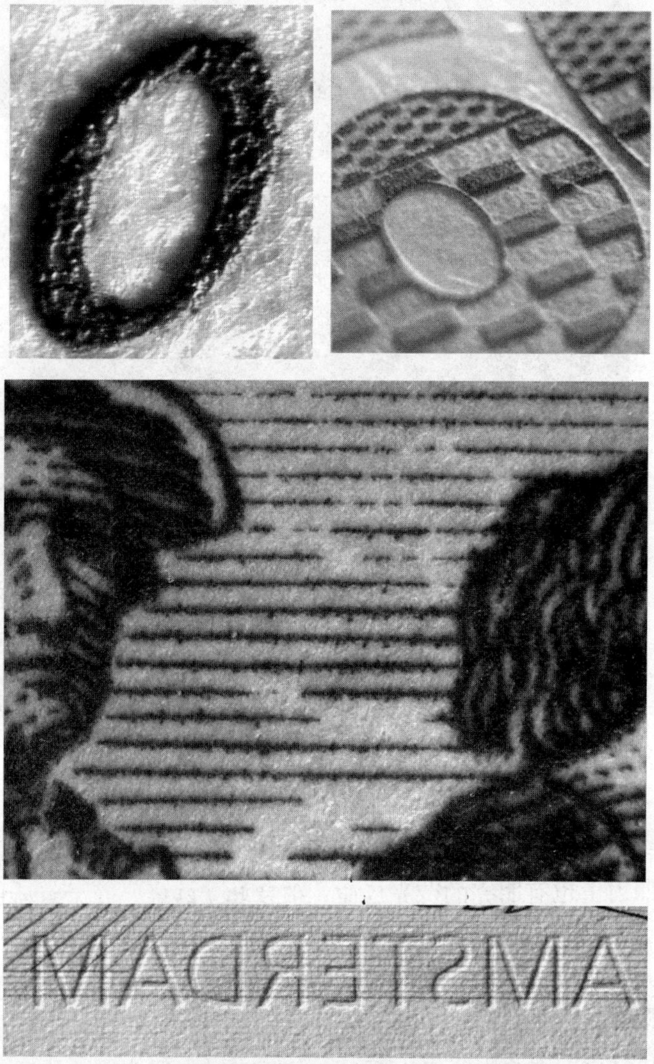

图 5—33　各类凹版印刷

（2）凸版印刷。与凹版印刷正好相反的一种印刷方式，即在凸起的印版上染上油墨，然后将凸起的涂墨图像压印到纸上完成印刷。在各国的出入境证件中，护照号码或者序列号码采用凸版印刷的方式较多，如匈牙利电子普通护照（图 5—34）。凸版印刷形成的文字边缘一般有浓重的油墨外圈现象，且正面文字低于纸张表面，背面有突起痕迹。

图 5—34　匈牙利电子普通护照的护照号码

（3）接线印刷。接线印刷指在同一印刷单元上的一个线条或一个色块图案上出现两种以上颜色，这两种颜色彼此连接时，其连接处两种颜色即不能分离又不能互相浸染，这些颜色之间有明显的接点。如中国新版电子普通护照资料页的接线图案（图 5—35）。

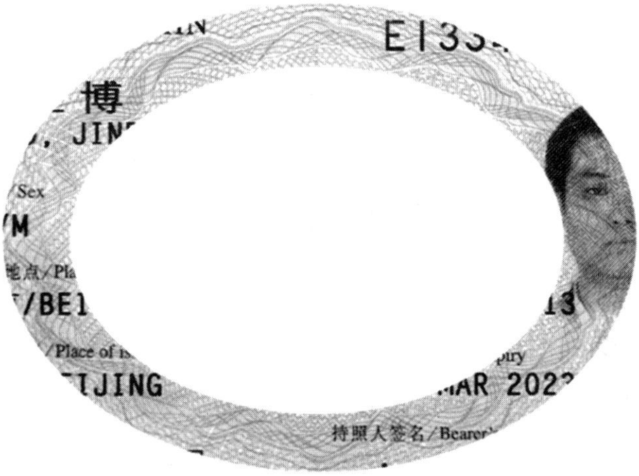

图 5—35　中国护照资料页的三色团花接线图案

（4）防复印底纹。防复印底纹是通过不同的网格图案印刷而成，并且相互混杂使肉眼难以发现。但是在复印时该图案会十分明显地出现在复制品上，从而达到阻止证件被复印的目的。我国驻外机构签发的签证上以粗细条纹相间的六边形图案（图 5—36）作为防复印底纹。

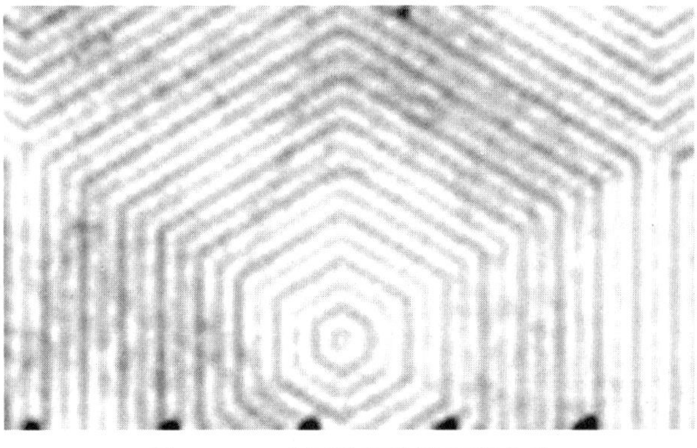

图 5—36　中国签证的防复印底纹

3. 装订防伪

（1）装订线。各国护照所采用的装订线各不相同，如匈牙利电子普通护照装订线有红白两色，两头回三针锁头，紫外光下白色线呈绿色荧光反应（图 5—37）。

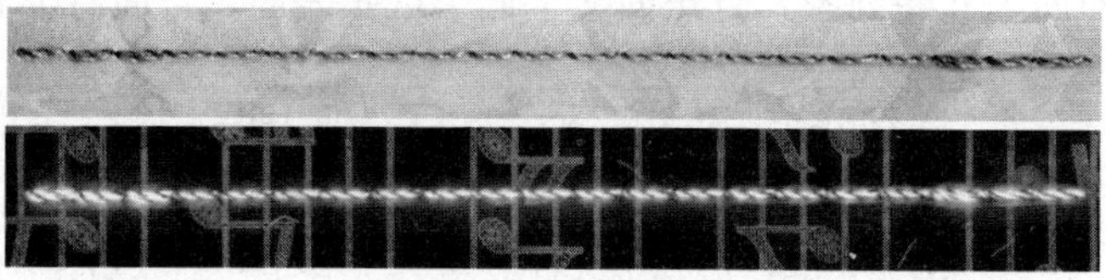

图 5—37　匈牙利护照装订线在常光和紫外光下表现

（2）穿孔号码。有些国家采用机械穿孔或激光穿孔等形式，把护照号码或序列号码打在护照顶部或底部，以防止护照签证页被拆装。下图为匈牙利电子普通护照激光穿孔证件号码（图 5—38），边缘有黄色激光烧灼痕迹，且从第一页到封三页的孔洞越来越小。

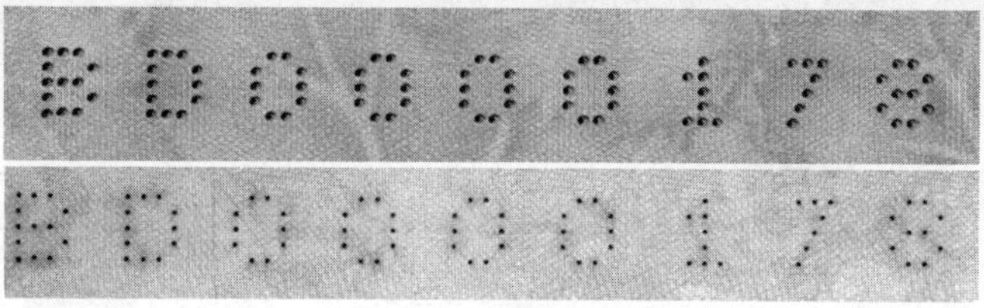

图 5—38　匈牙利护照的激光穿孔护照号码

4. 签发防伪

（1）机读码。根据国际民航组织（ICAO）的标准，在护照的机读区应按照统一的标准打印机读码，以便于各国移民检查机关利用护照机读机读取护照资料信息。下图以加拿大护照机读码为例（图 5—39）。

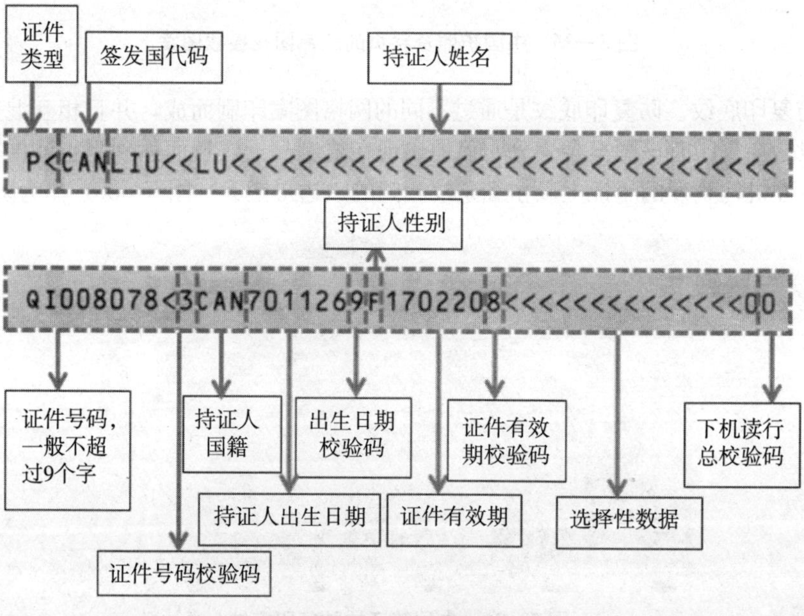

图 5—39　加拿大护照机读码

（2）芯片装置。目前，许多国家在其签发的新版护照中都添加了芯片装置，也就是俗称的“电子护照”，其中的复杂电路可以存储加密的图像和持证人信息。我国的新版电子普通护照中就内置了芯片装置，利用护照机读机可以很方便地读出其中存储的信息。

（二）国际旅行证件常见造假方法

1. 冒名顶替

冒名顶替者使用的出入境证件，是指当事人冒用他人通过合法途径获得的国际旅行证件，习惯称为“冒名顶替”，此类证件在适用法律法规上属于“他人的国际旅行证件”，其本身并没有被伪造或者变造过。

2. 整版伪造

整版伪造的国际旅行证件，是指整份证件所有的原材料、印刷方式和油墨、印刷方式、装订方式等全部都是伪造的证件。此类证件主要包括整本伪造的护照、整版伪造的签证、整版伪造的居留证件等等，在法律法规适用上属于“伪造的国际旅行证件”。

3. 局部变造

局部变造的出入境证件是指局部伪造或部分伪造的国际旅行证件，即对本人或他人的真实出入境证件的某一部位或局部进行伪造，在法律法规适用上属于“伪造的国际旅行证件”。

局部变造的主要手法有：揭换或替换照片、整版伪造资料页、拆装、涂改、拼接、对遗失或被盗的空白证件进行填写等等。

第三节　我国签证制度概述

一、签证的概念

签证，是指主权国家主管机关颁发给外国公民（极少数国家颁发给本国公民），允许其入境、出境、过境的许可证明，是在申请人所持护照或护照代用证件上使用的一项文字签注。通俗地讲，签证就是一国政府主管机关在外国人所持护照、证件上签注、盖印，表示允许外国人入出本国国境的许可证明，并告知持证人入境时间、停留时间、通行口岸和注意事项。它是一国公民进入别国必须履行的法律手续，是各国出入境管理制度的核心内容和国家主权在出入境管理中的具体体现。

二、签证的作用

签证是一国政府管理外国人入出境和居留的最重要的法律手段，可以赋予持证人入境、出境、过境、居留、工作和学习等权利，其中以入境最为重要。其意义有：

（一）对签证持有人的作用

签证是各国主管机关对申请人护照及护照代用证件的查验，是对申请人的入境目的、事由以及是否符合本国规定的审查，并根据审核结果表明申请人是否可以入境和在本国停留。

1. 进入前往国的资格证明

在国际交往中，各国出于维护国家安全、利益和公共秩序的考虑，通过签证对入境申请者的目的性、合法性、经济性、品德性、卫生防疫性等方面进行审查，从而将本国所不愿接纳的人员阻止在国门以外。取得前往国家的签证表明具有进入其国境的资格，而不能表明申请者一定能进入前往国家，只有在前往国允许的期限内接受边防检查，合法通过国境，签证的国际法效力才能真正生效，逾期不能入境，签证即失效。如需入境，必须重新申请签证。具有入境资格的人员不遵守前往国家有关边防检查的法律法规，也会被阻止入境。不具有入境资格的人员，擅自采取非法手段入境的，构成了对该国领土主权的侵害，也是对该国国家主权、尊严的蔑视，应受到该国法律的严惩。

2. 国籍身份的合法证明

由于少数国家也对外国公民颁发护照，在实践中可能会存在一人有两本护照或多本护照的现象，这样的护照不能准确地反映持照人当次入境的国籍，所以各国均以持证人入境时的签证来确认其国籍身份，而签证的种类则表明了持证人所具有的合法身份和入境目的。

3. 前往国准许停留期限的证明

签证是准许持证人合法停留的证明。各国政府主管部门在签发入境签证的同时，一般给予允许申请入境人员进入该国的期限和合法停留的期限。这种期限有长有短，视申请入境的事由而定。持证人必须在允许的期限内停留，逾期停留则构成非法居留行为。

4. 从事入境事由的合法证明

各国签证机关均根据申请人的入境事由或目的进行分类签证，如留学签证、旅游签证、就业签证、记者签证等。申请人应按照签证的规定从事活动，擅自从事与签证规定不相符的活动均属违法行为。例如，有的国家规定，持留学签证的人员未经有关主管部门许可不能打工；持记者签证的人员不能经商；等等。

（二）对签证国的作用

签证是世界各国所普遍采用的一种出入境管理法律制度，是国家实施出入境管理的有效手段。它对于维护国家安全、利益、社会秩序，推动国与国之间的交往以及加强外国人入境活动的管理具有十分重要的意义。国家利用签证这一手段主要起到以下几方面的作用：

1. 国家主权的具体体现

主权国家根据国际法有关属地管辖权的原则，通过国内立法程序，自主地决定哪些外国人可以入境，哪些外国人不可以入境。允许入境的，由国家主管机关发给入境签证；不准许入境的，拒发签证，阻止入境。一个主权国家没有必须允许外国人进入本国国境的义务，同样，外国公民也没有必须进入他国国境的权利。在国际交往中，国家通过决定是否允许外国人入境或限定入境签证条件，来达到实现外交政策的目的。

2. 国家实施出入境管理的重要手段

国家出入境管理机构通过对外国人实施签证，可以了解外国人的国籍、入境的身份和目的，掌握外国人来本国的动向，利用签证手段起到鉴别、筛选、调节、控制和监督的作用，在办理外国人签证延期、签证加签手续时，可以进一步对外国人的签证合法性进行审核，从中发现并查处违法人员，维护法律的尊严。通过采取拒签手段，将可能危害国家安全的危险分子及不准入境的人员堵在国门之外，是国家常见的保护自身安全的主动防御措施。

3. 国家调节外交关系的重要措施

在国际交往中，各国均严格区分建交国家与非建交国家、友好国家与非友好国家之间的界限，从而实行区别对待的政策，即实行差别待遇。在签证问题上反映得极为突出，对友好国家的公民入境会提供便利措施或免签证，反之，国家会视情况予以限制或阻止。根据国际法对等原则，这种差别待遇是随着国与国之间外交关系的状况而发展变化的。①

三、中国签证制度的种类和签发对象

根据新的《出境入境管理法》，我国的签证仍分为外交签证、礼遇签证、公务签证、普通签证 4 类。

(一) 外交签证 (见图 5—40)

在签证上注明“外交”字样。外交签证一般发给持外交护照者，具体的签发对象是：

1. 驻华使、领馆的外交官、领事官，联合国系统组织驻华机构人员。
2. 持用外交护照，联合国红皮通行证临时因公来华的人员以及他们的随行眷属。
3. 因公来华的各国高级官员以及他们的眷属。
4. 以官方照会申请来华或过境的各国现任外交部长，外交官、领事官以及他们的眷属。
5. 其他外交部、领事司通知发给外交签证的人员。

持外交签证的人入境后，一般享有全部或部分外交特权与豁免权。

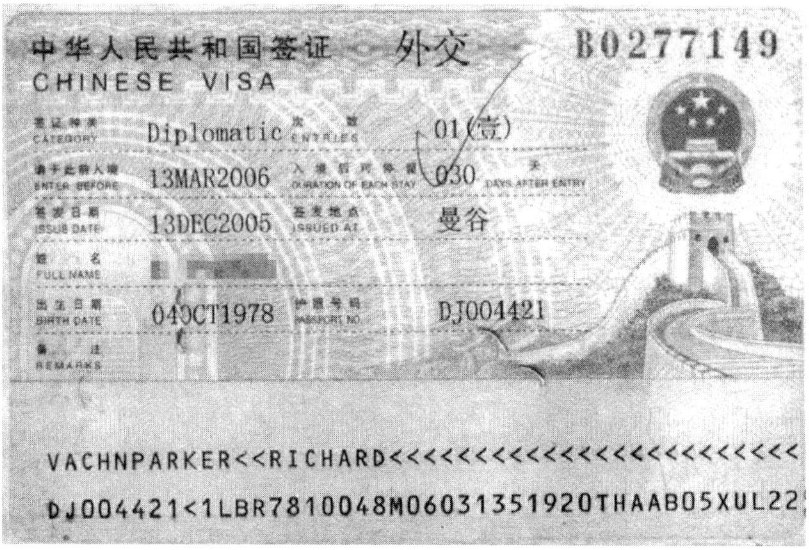

图 5—40

① 参见张铁岩：《新编涉外警务教程》，77～80 页，北京，中国人民公安大学出版社，2009。

（二）礼遇签证（见图 5—41）

在签证上注明“礼遇”字样。礼遇签证一般发给有一定特殊身份、来华后给予相应礼遇的人员。签发的具体对象是：

1. 卸任的国家元首、政府首脑、议长、最高法院院长、外交部部长、前驻华大使和其他高级官员、知名人士及其随行眷属。

2. 未持用外交护照，有影响的在野党领袖。

3. 未持有外交护照，但应我国部、省级党政机关，人民团体或军兵种以上领导机关邀请来华观礼的人员。

4. 其他应给予礼遇的人员。

持礼遇签证者来华后给予其与持外交签证者基本相同的待遇。

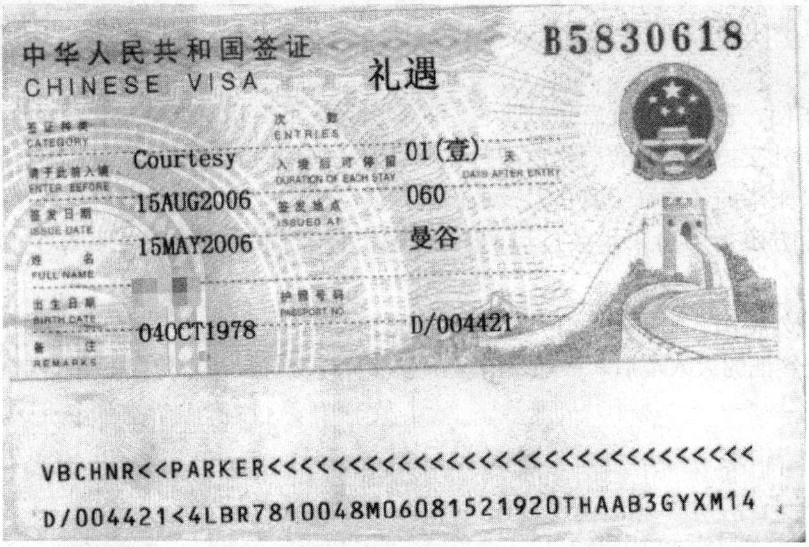

图 5—41

（三）公务签证

在签证上注明“公务”字样。一般发给来华执行公务活动的外国人，即持有公务护照、官员护照、特别护照的人。具体签发对象是：

1. 驻华使、领馆的工作人员和联合国系统组织驻华机构持用联合国蓝皮通行证的人员及其随行眷属。

2. 持有公务护照、官员护照、特别护照或联合国蓝皮通行证临时因公来华或过境的人员及其随行家属。

3. 驻华民间机构中持有公务护照的人员及其随行眷属。

4. 应邀访华的党政代表团中未持用外交护照的成员。

（四）普通签证

这是签发最多的一种签证，一般发给持用普通护照的人员，根据入境者的不同事由，在普通签证上用汉语拼音字母将普通签证加以划分。签证种类及签发对象见表 5—1：

表 5—1 普通签证的种类及签发对象

签证种类	签发对象
C 字签证	发给执行乘务、航空、航运任务的国际列车乘务员、国际航空器机组人员、国际航行船舶的船员及船员随行家属和从事国际道路运输的汽车驾驶员。
D 字签证	发给入境永久居留的人员。
F 字签证	发给入境从事交流、访问、考察等活动的人员。
G 字签证	发给经中国过境的人员。
J 字签证	J1 字签证，发给外国常驻中国新闻机构的外国常驻记者； J2 字签证，发给入境进行短期采访报道的外国记者。
L 字签证	发给入境旅游的人员；以团体形式入境旅游的，可以签发团体 L 字签证。
M 字签证	发给入境进行商业贸易活动的人员。
Q 字签证	Q1 字签证，发给因家庭团聚申请入境居留的中国公民的家庭成员和具有中国永久居留资格的外国人的家庭成员以及因寄养等原因申请入境居留的人员； Q2 字签证，发给申请入境短期探亲的居住在中国境内的中国公民的亲属和具有中国永久居留资格的外国人的亲属。
R 字签证	发给国家需要的外国高层次人才和急需紧缺专门人才。
S 字签证	S1 字签证，发给申请入境长期探亲的因工作、学习等事由在中国境内居留的外国人的配偶、父母、未满 18 周岁的子女、配偶的父母以及因其他私人事务需要在中国境内居留的人员； S2 字签证，发给申请入境短期探亲的因工作、学习等事由在中国境内停留居留的外国人的家庭成员以及因其他私人事务需要在中国境内停留的人员。
X 字签证	X1 字签证，发给申请在中国境内长期学习的人员； X2 字签证，发给申请在中国境内短期学习的人员。
Z 字签证	发给申请在中国境内工作的人员。

四、我国签证签发的主管机关

我国对外国人申请我国签证，根据申请的事由和申请人所在的地区，由不同的主管机关进行签发和管理。

在国外，中国的外交代表机关、领事机关和外交部授权的其他驻外机关受理审批和签发外国人入境、过境签证的申请。

在国内，原则上持外交护照、公务护照人员由外事机关主管，持普通护照人员由公安部门主管。又可分为：

1. 外交部系统在国内的签发机关

在国内，外交部和外交部授权的地方外事机关，受理各种驻华使、领馆的外交官、领事官、公务人员，联合国系统组织驻华代表机构官员和其他持外交护照、公务护照和相当于外交护照、公务护照使用的其他种类护照以及护照代用证件，某些虽持普通护照但属于因公来华，需要发给外交、公务或礼遇签证人员的签证申请。

2. 口岸签证机关

中国的口岸签证机关，是指我国公安机关在一些入境口岸设立的为外国人办理落地签证的机关，它是国外办签证的辅助手段，对出于人道原因需要紧急入境，应邀入境从事紧急商务、工程抢修或者具有其他紧急入境需要并持有有关主管部门同意在口岸申办签证的证明材料的外国人，可以在国务院批准办理口岸签证业务的口岸，向公安部委托的口岸签证机关申请办理口岸签证（见图 5—42）。

图 5—42

3. 境内公安系统的签发机关

外国人入境后，因非外交、公务事由需要在中国境内停留的，可以按照规定向公安机关出入境管理机构申请签证的延期、换发、补发（见图 5—43）。公安部出入境管理局委托的县级以上公安机关出入境管理机构可以受理、审核、审批外国人签证的延期、换发、补发。

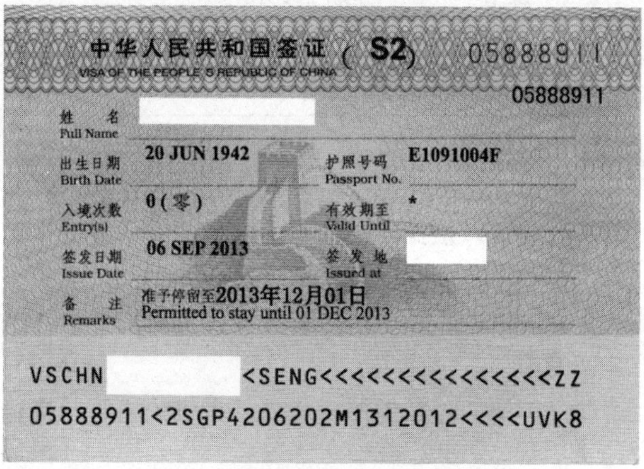

图 5—43

四、我国签证的内容及形式

我国签证的内容与世界多数国家签证的内容基本相同，包含的项目有：签证种类，持有人姓名、性别、出生日期、入境次数、入境有效期、停留期限，签发日期、地点，护照或者其他国际旅行证件号码，等等。

（一）一般形式

我国签证的一般形式为贴纸签证式样（见图 5—44）。

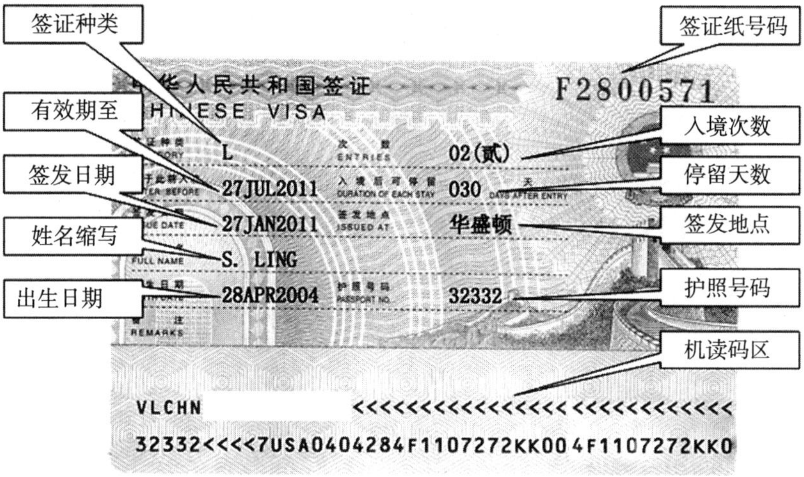

图 5—44

（二）特殊签证形式

1. 旅游团体签证（见图 5—45、图 5—46）

发给来华考察、旅游人数在 5 人以上的团体，无论持外交护照、公务护照还是普通护照均可发团体签证。签证颁发的有关事项注明在旅游团人员名单下方的“签证机关专用栏”内，团体签证随名单一式三份，签证机关存档一份，旅游团入出境时各交验一份，由边防检查站存档。

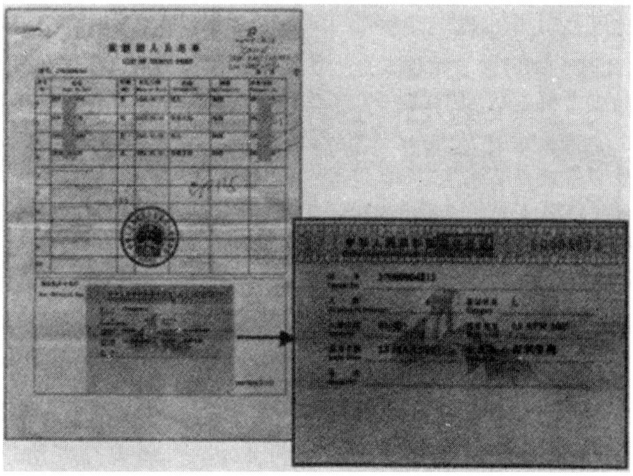

图 5—45

图 5—46

2. 另纸签证

我国另纸签证的颁发对象是：

（1）持证人所持护照或其他有效证件的颁发政府与我国互相敌视或互相不予承认的；

（2）持证人所持护照或其他有效证件内有损害我国的主权、尊严内容的；

（3）持证人的护照或其他有效证件失效或证件内无签证页的，如海员手册一般不含签证页，前往国往往采取发另纸签证的做法；

（4）签发机关认为有必要的，如持证人由于政治或安全方面的需要，不便公开来我国旅行时，可发给另纸签证。

3. 免签证

（1）单方面免签证。①持联程客票搭乘国际航行的航空器、船舶、列车从中国过境前往第三国或者地区，在中国境内停留不超过 24 小时且不离开口岸，或者在国务院批准的特定区域内停留不超过规定时限的。②自 2003 年 9 月 1 日起，我国对来自日本、文莱、新加坡 3 个国家持普通护照的公民前来中国大陆旅游、经商、探亲访友或过境不超过 15 天者，可免办签证从中国对外国人开放口岸入境。自 2008 年 7 月 1 日起，中方暂时停止了对新加坡公民持普通护照来华经商、观光旅游不超过 15 天免办签证的做法。③2000 年，海南省对来琼的日本、新加坡等 21 个国家持普通护照公民参加的外国旅游团实行 15 天免签证；对到港澳的外国人组团进入珠江三角洲地区旅游 6 天免签证。2011 年 1 月，去海南省免签证国家增加到 26 个。④截至 2015 年 4 月，51 个国家的公民，持有去往第三国的机票和签证，途经北京、上海等 12 个航空口岸中转前往第三国时，可申请不持有中国签证在上述行政区域内停留 72 小时（从入境次日起算）。

（2）互相免签。我国互相免签制度主要基于已经签订的双边和多边互免签证类国际签证。

截至 2015 年 4 月 15 日，我国与外国政府签订了 95 项互免签证协议，涉及当今世界 96 个国家。其中，96 个国家适用于持外交护照、公务护照、公务普通护照的公民；适用互免团体旅游签证有阿塞拜疆、白俄罗斯、俄罗斯、格鲁吉亚、摩尔多瓦、土库曼斯坦等 5 个国家；持普通护照互免签证的国家为圣马力诺、塞舌尔、毛里求斯、巴哈马、斐济等 5 个国家。免签入境并不等于可无限期在协定国停留或居住，根据协定要求，持有关护照免签入境后，一般只允许停留不超过 30 日。持照人如需停留 30 日以上，按要求应尽快在当地申请办理居留手续。①

我国于 2001 年 12 月加入《亚洲太平洋经济合作组织商务旅行卡协议》（APEC Business Travel Card Scheme，亚太商务旅行卡）（见图 5—47），该协议 2003 年 11 月在中国施行。亚太商务旅行卡相当于 3 年多次有效签证，持卡人可凭该卡及有效护照免办签证，直接入出实施旅行卡计划的澳大利亚、新西兰、文莱、印度尼西亚、韩国、菲律宾、马来西亚、泰国、日本、新加坡、越南、智利、秘鲁、巴布亚新几内亚、墨西哥这 15 个国家，每次停留在 2 个月以内。实施旅行卡计划的国家各出入境口岸均设有专用通道，持卡人享有快速通关的便利。该卡当时只在从事 APEC 商务的政府官员和中央大型企业高级管理人员中使用。2007 年，外交部决定将该卡扩大到民营企业使用，目前与 APEC 相关经济体有经常业务往来、依法成立、合法经营、信用和效益良好的企业均可申请。

图 5—47

第四节　中国签证的签发与管理

签发签证，是外国人入出境管理中的一项重要工作。签证机关经过严格审核，对于那些符合法律规定的人员发给入境签证，对于那些不符合法律规定的人员拒绝发给签证。通过签证签发达到维护国家安全和国家利益的目的。根据《出境入境管理法》、《外国人入境出境管理条例》及《签证证件签发工作规范》、《外国人口岸签证签发工作规范》的规定，我国签证的签发与管理制度如下：

一、境外申请的签发与管理

（一）申请材料

1. 有效国际旅行证件，包括外交、公务、普通护照等证件。
2. 《外国人签证申请表》。
3. 1 张近期 2 寸正面免冠照片。
4. 与签证申请有关的证明材料，具体情况见表 5—2。

（二）受理、审批和签发

1. 受理、审批和签发机关

中国的外交代表机关、领事机关和外交部授权的其他驻外机关（如外交部驻港澳特别

① 中国与外国互免签证协定一览表，参见中国外交部网站—服务—领事服务—资料表格—条约协议，见 http://cs.mfa.gov.cn/zlbg，2015-4-27。

行政区特派员公署）。

表 5—2　　　　　　　　　境外申请的签证种类及提交的材料

境外申请的签证种类		提交的材料
申请 C 字签证		应当提交外国运输公司出具的担保函件或者中国境内有关单位出具的邀请函件。
申请 D 字签证		应当提交公安部签发的外国人永久居留身份确认表。
申请 F 字签证		应当提交中国境内邀请方出具的邀请函件。
申请 G 字签证		应当提交前往国家（地区）的已确定日期、座位的联程机（车、船）票。
申请 J1 字及 J2 字签证		应当按照中国有关外国常驻新闻机构和外国记者采访的规定履行审批手续并提交相应的申请材料。
申请 L 字签证		应当按照要求提交旅行计划、行程安排等材料；以团体形式入境旅游的，还应当提交旅行社出具的邀请函件。
申请 M 字签证		应当按照要求提交中国境内商业贸易合作方出具的邀请函件。
申请 Q 字签证	申请 Q1 字签证	因家庭团聚申请入境居留的，应当提交居住在中国境内的中国公民、具有永久居留资格的外国人出具的邀请函件和家庭成员关系证明，因寄养等原因申请入境的，应当提交委托书等证明材料。
	申请 Q2 字签证	应当提交居住在中国境内的中国公民、具有永久居留资格的外国人出具的邀请函件等证明材料。
申请 R 字签证		应当符合中国政府有关主管部门确定的外国高层次人才和急需紧缺专门人才的引进条件和要求，并按照规定提交相应的证明材料。
申请 S1 字及 S2 字签证		应当按照要求提交因工作、学习等事由在中国境内停留居留的外国人出具的邀请函件、家庭成员关系证明，或者入境处置私人事务所需的证明材料。
申请 X 字签证	申请 X1 字签证	应当按照规定提交招收单位出具的录取通知书和主管部门出具的证明材料。
	申请 X2 字签证	应当按照规定提交招收单位出具的录取通知书等证明材料。
申请 Z 字签证		应当按照规定提交工作许可等证明材料。
签证机关可以根据具体情况要求外国人提交其他申请材料。		

2. 面谈

外国人有下列情形之一的，应当按照驻外签证机关要求接受面谈：

（1）申请入境居留的；

（2）个人身份信息、入境事由需要进一步核实的；

（3）曾有不准入境、被限期出境记录的；

（4）有必要进行面谈的其他情形。

3. 核实

驻外签证机关签发签证需要向中国境内有关部门、单位核实有关信息的，中国境内有关部门、单位应当予以配合。

4. 审批决定

签证机关经审查认为符合签发条件的，签发相应类别签证。

外国人有下列情形之一的，不予签发签证：

（1）被处驱逐出境或者被决定遣送出境，未满不准入境规定年限的；

（2）患有严重精神障碍、传染性肺结核病或者有可能对公共卫生造成重大危害的其他传染病的；

（3）可能危害中国国家安全和利益、破坏社会公共秩序或者从事其他违法犯罪活动的；

（4）在申请签证过程中弄虚作假或者不能保障在中国境内期间所需费用的；

（5）不能提交签证机关要求提交的相关材料的；

（6）签证机关认为不宜签发签证的其他情形。

对不予签发签证的，签证机关可以不说明理由。

二、口岸签证申请的签发与管理

（一）申请

1. 申请条件

（1）出于人道原因需要紧急入境；

（2）应邀紧急入境从事商务、访问、交流等活动；

（3）具有其他紧急入境需要申请办理普通签证的外国人；

（4）旅行社组织接待的外国旅游团。

2. 申请材料

（1）有效护照或者其他国际旅行证件；

（2）《外国人口岸签证申请表》；

（3）1 张符合规定要求的本人照片；

（4）与申请事由相关的证明材料，具体情况见表 5—3。

表 5—3　　口岸申请的签证种类及提供的材料

口岸申请的签证种类	提供的材料
申请 C（乘务）字签证	应当提供民航、铁路、公路、港口等运输公司出具的证明材料。
申请 G（过境）字签证	应当提供前往国家（地区）已确定日期、座位的联程机（船、车）票。
申请 L（旅游）字签证	应当提供来华处置紧急私人事务的相关证明材料。来华 2 人（含 2 人）以上旅游的应当提供中国境内旅行社邀请函、人员名单以及旅行接待计划安排。
申请 F（访问）字签证	应当由被授权单位和已备案的单位提供邀请函；其他邀请单位应当提供相关证明、来华相关活动的行程安排计划以及邀请函。
申请 M（商贸）字签证	应当提供中国境内商业、贸易合作伙伴的资质证明、来华相关活动的行程计划安排及邀请函。
申请 Q2（探亲）字签证	应当提供中国内地居民亲属（父母、配偶的父母、配偶、子女、兄弟姐妹）的邀请和费用担保证明、身份证明以及亲属关系证明复印件。
申请 R2（人才）字签证	应当按照规定提供有关人才主管部门出具的人才资格证明材料。
申请依附型签证	应当要求提供已持有有效 F 字、M 字、R2 字签证的外国人的护照以及随行配偶或者未满 18 周岁子女的亲属关系证明。

（5）必要时，应提供口岸签证机关要求提供的外国人在中国境内期间所需费用的担保证明、旅行保险证明等材料；

（6）口岸签证机关受理邀请单位（人）代外国人提出的预申请，邀请单位（人）应提供申请人有关证件、申请表复印件；

（7）留存面相、指纹等生物识别信息。

（二）受理、审批和签发（见图 5—48）

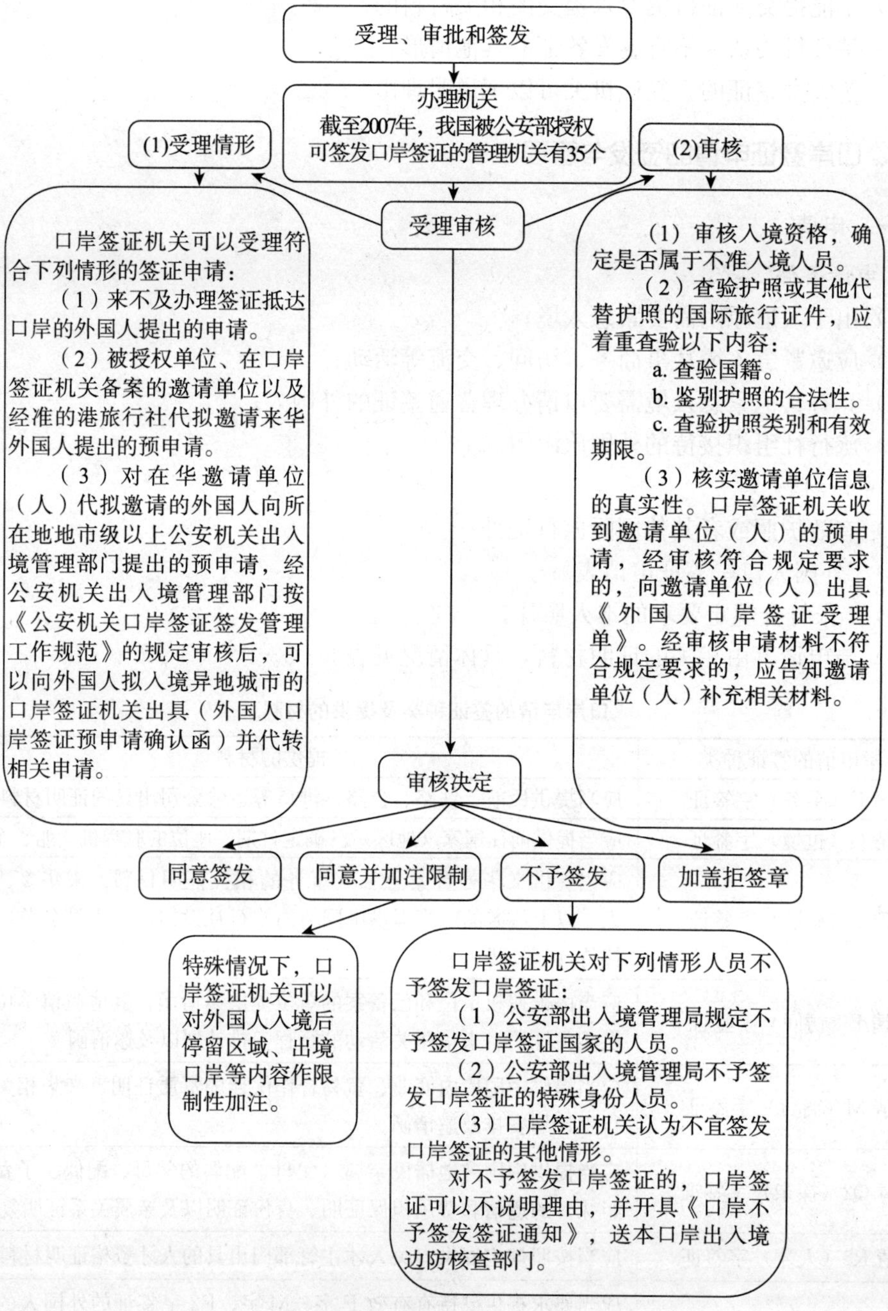

图 5—48　口岸签证申请的受理、审批和签发流程图

截至 2007 年，我国被公安部授权可签发口岸签证的管理机关有 35 个：北京、上海、天津、大连、福州、厦门、西安、桂林、杭州、昆明、广州（白云机场）、深圳（罗湖、蛇口）、珠海（拱北）、海口、三亚、青岛、烟台、威海、重庆、成都、南京、济南、沈阳（航空）、黑河、满洲里、武汉（航空）、绥芬河、河口、磨憨、珲春、长春（航空）、二连浩特、长沙（航空）、东宁、乌鲁木齐（原则上只签发一次有效入境签证）。

（三）签发后管理

口岸签证机关对签发的签证以及其他出入境证件，应当定期查询出入境管理信息系统了解申请人办理住宿登记以及是否在停留期限内出境等情况，并及时将办证等情况通报当地公安机关出入境管理机构。

口岸签证机关签发签证证件后发现持证人不符合签发条件的，应当宣布该签证证件作废。

三、境内签证申请的签发与管理

境内公安机关办理的签证申请事项主要是签证的延期。《出境入境管理法》第 29 条规定："外国人所持签证注明的停留期限不超过一百八十日的，持证人凭签证并按照签证注明的停留期限在中国境内停留。需要延长签证停留期限的，应当在签证注明的停留期限届满七日前向停留地县级以上地方人民政府公安机关出入境管理机构申请，按照要求提交申请事由的相关材料。经审查，延期理由合理、充分的，准予延长停留期限；不予延长停留期限的，应当按期离境。延长签证停留期限，累计不得超过签证原注明的停留期限。"

（一）境内签证延期的办理程序

1. 申请材料

（1）提供申请人有效护照或者其他国际旅行证件以及复印件。

（2）填写《外国人签证证件申请表》，交 1 张符合规定要求的照片。

（3）提供与签证证件申请事由相关的证明材料（具体情况见表 5—4）。

表 5—4　　延期的签证种类及提交的材料

延期的签证种类	提交的材料
持 C 字签证者	应提供当地民航、铁路、公路、港口等运输公司公函。
持 F 字签证者	应提供邀请单位公函以及营业执照副本或组织机构代码证等资质证明。
持 G 字签证者	应提供前往国家（地区）的已确定日期、座位的机（船、车）票。
持 J2 字签证者	应提供省级以上人民政府外办、港澳办、台办出具的公函。
持 L 字签证者	由旅行社接待的，应提供当地接待旅行社公函和行程计划安排；无旅行社接待的，应提供本人酒店订单预付款凭证或当地房屋租赁合同以及在华生活费用证明等。对处置其他私人事务的，应提供相关证明。
持 M 字签证者	应提供当地商业贸易合作伙伴出具的资质证明等材料。合作伙伴为独立法人单位的，延期函件应加盖单位公章；合作伙伴为个人的，延期函件应签名并提供中国居民身份证复印件。
持 Q2 字签证者	应提供亲属关系证明、亲属的本地常住户籍证明或者实际居住地的暂住证明复印件，外国人提供在华居留证件复印件。
持 R2 字签证者	应提供地市级以上高层次人才和急需紧缺专门人才认定部门的公函。
持 X2 字签证者	应提供中国境内教育、培训机构出具的《录取通知书》或《入学通知书》复印件。
持 S 字依附型签证者	应提供主申请人签证证件及亲属关系证明复印件。

（4）申请人按照规定要求留存指纹等生物识别信息。

（5）公安机关出入境管理机构要求履行的其他手续和提交的其他材料。

外国人签证延期，应由其本人向公安机关出入境管理机构提出申请。申请人具有以下情形之一的，可以委托他人或者有关单位代为申请：

（1）16 周岁以下、60 周岁以上或者因疾病等原因行动不便的；

（2）非首次申请且在华停留居留记录良好的；

（3）地市级以上人民政府或者省级以上政府有关主管部门出具邀请函件或证明材料的；

（4）公安部出入境管理局规定的其他情形。

2. 受理、审批和签发（见图 5—49）

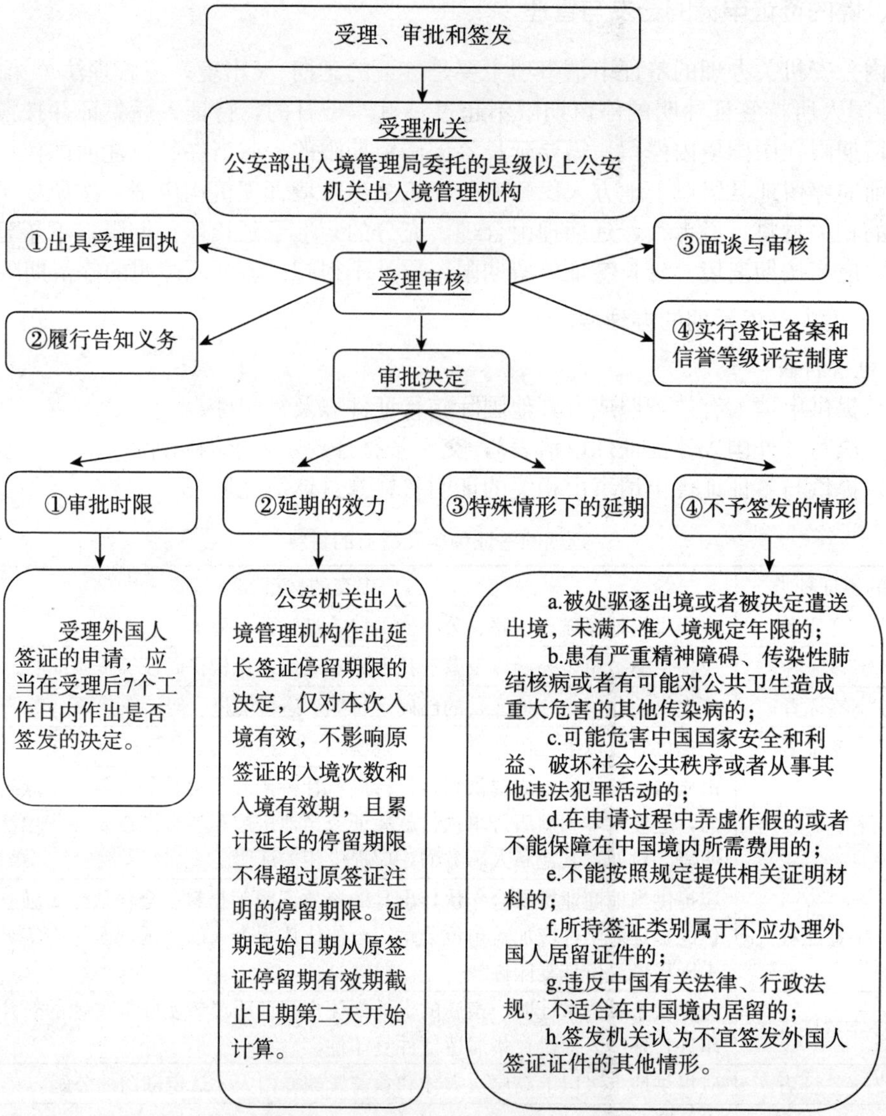

图 5—49　境内签证申请的受理、审批和签发流程图

（二）境内签证换发

1. 申请材料

（1）因护照即将到期或者签证页用完等情况领取新护照的，应提供本次入境时所持护照，可为其换发与原签证种类、入境有效期及停留期限一致的普通签证。原签证入境次数为一次的，换发为零次；入境次数为二次的，换发为一次；入境次数为多次的，换发为多次。

（2）外国人入境后增加偕行人的，应提供本次入境时所持护照、偕行人的出生证明。

（3）持团体签证入境申请分团停留的，应提供接待旅行社公函等证明材料。

（4）确有合理原因需要变更停留事由申请换发普通签证的，应提供以下证明材料（见表5—6）。

表5—6　换发签证的种类及提交的材料

换发签证的种类	提交的材料
申请换发F字签证者	应提供被授权单位或者在当地公安机关出入境管理机构登记备案的邀请单位公函，可为其换发入境有效期不超过1年、停留期不超过6个月的零次、一次、二次或多次签证。
申请换发J2字签证者	应提供省级以上人民政府外办、港澳办、台办出具的公函，可为其换发停留期不超过1个月的零次签证。
申请换发L字签证者	应提供接待单位或个人在华生活费用的担保证明。申请处置其他私人事务的，提供与事由相关的证明，可为其换发入境有效期不超过3个月、停留期不超过1个月的零次或一次签证。
申请换发M字签证者	应提供在当地公安机关出入境管理机构备案的商业贸易合作伙伴的资质证明文件等，可为其换发入境有效期不超过1年、停留期不超过6个月的零次、一次、二次或多次签证。
申请换发Q2字签证者	应提供亲属关系证明以及在华生活费用担保证明，可为其换发入境有效期不超过1年、停留期不超过6个月的零次、一次、二次签证。
申请换发R2字签证者	应提供地市级以上高层次人才和急需紧缺专门人才认定部门的公函，可为其换发入境有效期不超过5年、停留期不超过6个月的零次、一次、二次或多次签证。
申请换发X2字签证者	应提供中国境内教育、培训机构出具的《录取通知书》或《入学通知书》复印件及公函，可为其换发入境有效期不超过1年、停留期不超过6个月的零次、一次、二次签证。
申请换发S字依附型签证者	应提供主申请人签证证件、亲属关系证明以及在华生活费用担保证明，可为其换发入境有效期、停留期和入境次数与主申请人一致的签证。

（5）符合国家规定的其他换发情形的，按照国家规定的情形办理。

2. 签证换发的入境有效期和停留期。

签证换发的入境有效期最长不得超过5年，签证的停留期不超过6个月。外国人自入境之日起，换发签证的停留期连续累计不得超过1年。

（三）境内签证补发

1. 签证补发情形

外国人所持普通签证遗失、被盗抢或损毁。

2. 申请材料

（1）普通签证遗失或被盗抢的，应提交护照报失声明以及新护照或国际旅行证件。有原签证复印件的提供原签证复印件。

（2）普通签证损毁的，应出示损毁证件以及新护照或国际旅行证件。

（3）团体签证遗失、被盗抢或损毁的，应提供当地接待旅行社公函。

3. 签证补发的内容

外国人申请补发普通签证的，公安机关出入境管理机构可为其补发与原签证种类及入境有效期、停留期一致的普通签证。原签证入境次数为一次的，换发为零次；入境次数为二次的，换发为一次；入境次数为多次的，换发为多次。

4. 特殊情形的补发

签证停留期在护照报失声明开具日期前已过期的，在对逾期居留的违法行为处罚后，予以补发。

（四）签证的注销或收缴

符合下列情形的，公安机关出入境管理机构应当注销或收缴原签证证件，同时签发相应的签证证件或办理相关手续。

1. 被宣布作废的；

2. 伪造、变造的；

3. 骗取或者通过其他方式非法获取的；

4. 被他人冒用的；

5. 被决定限期出境、遣送出境或者驱逐出境的；

6. 持证人死亡的；

7. 签证机关错发的；

8. 申请停居留证件的；

9. 经审核申请人仍具有中国国籍的；

10. 应当注销或收缴的其他情形。

（五）宣布证件作废

外国人所持签证证件等有下列情形之一的，公安机关出入境管理机构可以宣布其作废：

1. 损毁、遗失、被盗抢且已向公安机关申请签发新的签证证件的；

2. 外国人被决定限期出境、遣送出境或者驱逐出境，但所持签证证件未能收缴或者注销的；

3. 被处驱逐出境或者被决定遣送出境，未满不准入境规定年限的；

4. 外国人原居留事由提前终止，经公安机关公告，未在规定期限内向公安机关申报的；

5. 所持签证类别属于不应办理外国人居留证件的，经公安机关公告，未在规定期限内向公安机关申报的；

6. 公安机关认为有必要宣布作废的其他情形。

（六）宣布作废方式和后果

公安机关出入境管理机构宣布外国人签证作废的，自公告之日起 30 日内外国人未向公安机关出入境管理机构申请签证证件的，持证人即丧失在华停居留资格，公安机关出入境管理机构发现后按照非法居留处置。

边防检查部门出境检查时发现持宣布作废证件的外国人，应阻止持证人出境，告知其到宣布作废地公安机关出入境管理机构接受处置。

第五节　我国签证的识别

一、我国签证有效期的识别

（一）签证视读区说明

根据签证种类的不同，各类签证在视读区的有效期标注形式也各不相同。我国签证有以下几种样式：

第一种是签证有效期与停留有效期分别标注的样式（如图 5—50）。签证有效期指外国人在此日期之前可以入境（签证上标有“请于此前入境”字样），停留有效期指入境后允许在中国停留的天数（签证上标有“入境后可停留”字样），停留日期以入境后第二天开始计算，到截止之日 24 时为止。通常我国驻外使领馆、其他驻外机构、外交部驻港、澳公署签发此种样式的签证。

图 5—50

第二种是我国口岸签证机关签发的签证样式（如图 5—51）。签证的停留期从签发日期的第二天起，加上备注栏中标明的天数。

第三种是我国内地出入境管理机构换发或补发的签证样式（如图 5—52），签证的入境有效期在“有效期至”栏中标明的日期；签证的停留有效期为备注栏中标明的日期。

第四种是我国内地出入境管理机构签发的签证延期样式（如图 5—53），该签证的入境

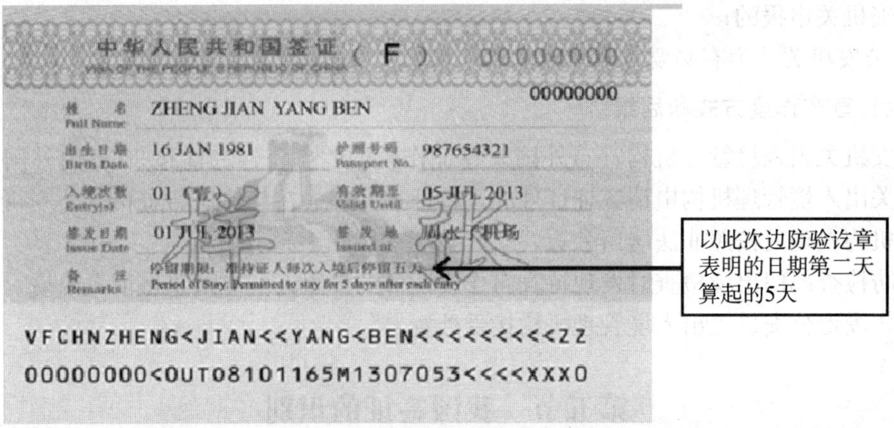

图 5—51

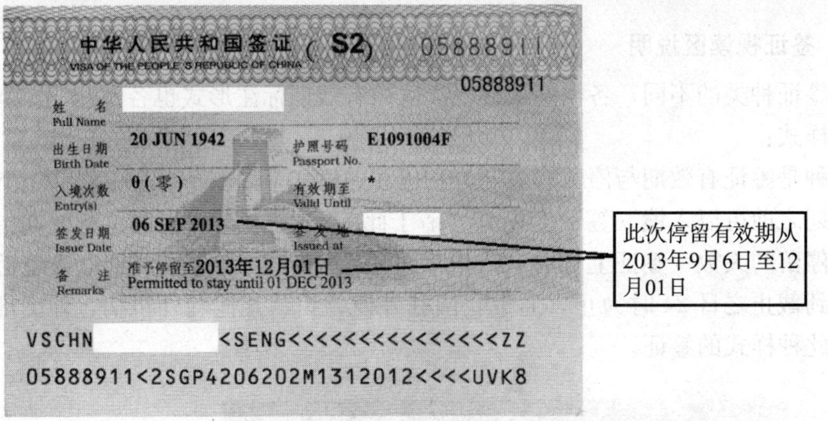

图 5—52

次数、入境有效期与被延期的原签证有关：若原签证的入境次数为一次或两次，则应做减法计算，即该签证的入境次数剩余为零次或一次；该签证的入境有效期与原签证的入境有效期相同；该签证的停留期为备注栏中标明的日期。

图 5—53

第五种为我国内地出入境管理机构签发的停留证件（见图 5—54）。此证件的入境次数和入境有效期都标有“＊”，均表示零；停留期为备注栏中标明的日期。

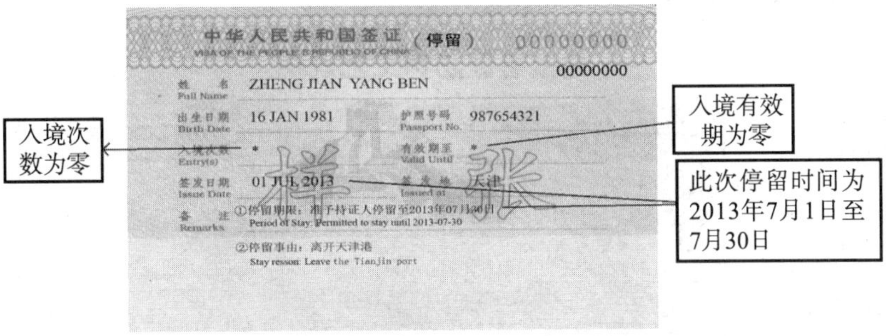

图 5—54

第六种为我国口岸签证机关签发的特区旅游签证（见图 5—55）。此签证没有入境有效期和入境次数。停留有效期为入境日期的第二天起加上备注栏中标明天数的日期。

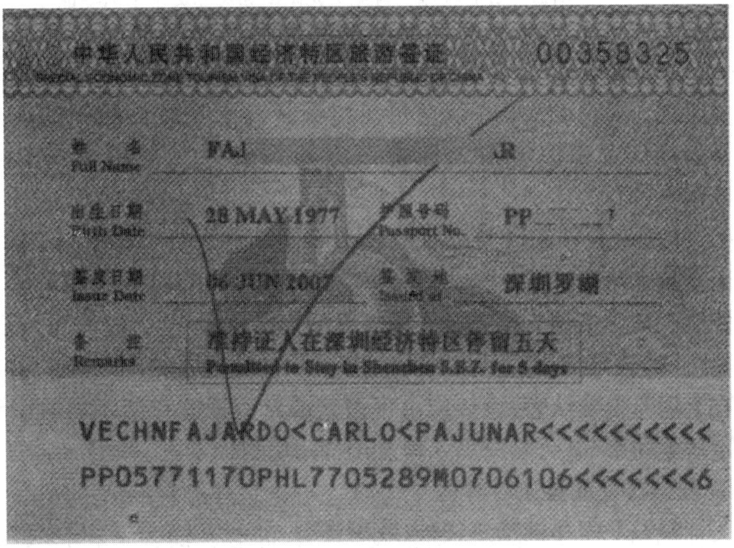

图 5—55

三、我国签证真实性的识别

（一）对遗失或被盗的空白签证的鉴别

对遗失或被盗的空白签证的鉴别，除了对签证上加盖的使领馆馆印和领事官的签名真假进行甄别外，比较准确而便捷的方法是直接与发证的中国驻外使领馆或内地主管机关联系，核实该签证是否由合法机构签发；另一种办法是核对该签证是否属于被盗或遗失的空白签证。

（二）对整版伪造的签证的鉴别

我国签证采用了凸版印刷、接线印刷、防复印底纹、缩微印刷等多项防伪技术，只要有一项防伪措施为伪造，即可判定该签证为整版伪造。

整体防伪点如图 5—56 所示。

贴纸签证防伪工艺说明

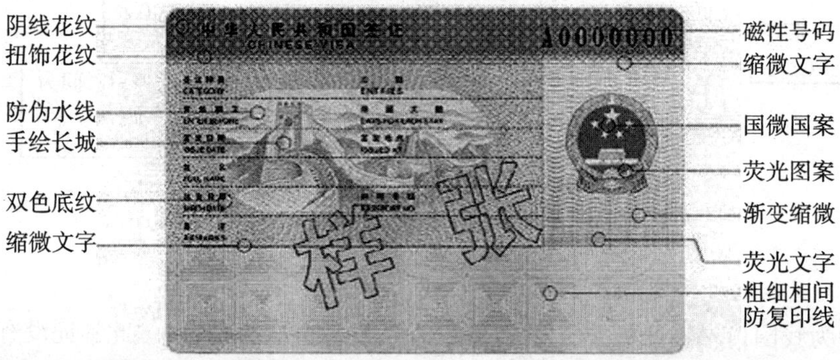

注：·采用手工绘制仰视长城景，使其更高大雄伟
·用紫外灯光检测，可见荧光国微和荧光文字中国签证
·用放大镜检测，可见缩微文字CHINESE VISA
·用磁性仪检测号码，指示灯亮
·采用彩虹印刷工艺印刷

2000年印刷

图 5—56

较为明显的防伪措施有以下几处：中国签证号码系凸版印刷（见图 5—57），号码凹陷于纸张，手摸会有明显凹凸感；国徽下方底纹为同心圆（见图 5—58），在五角星和天安门留白位置同心圆的弧线清晰可见；签证右侧的长城烽火台门窗位置（见图 5—59）着墨较多，立体感强；签证下方机读码区域的底纹线条系防复印底纹（见图 5—60），每两个相邻线条的粗细均不同；签证在紫外光下（见图 5—61）可见橘红色的签证号码、国徽和一个拱形图案，以及不规则分布的荧光纤维。

（三）对局部变造签证的鉴别

根据中国签证的特点，局部变造的手段主要有拆装、涂改、拼接等手段，其中对于拆装、拼接等手段的查验主要以明亮光线下的侧视检查为主，可以清楚发现签证或其所在资料页有明显重新粘贴、装订过的痕迹。对于涂改的签证（图 5—62、图 5—63），造假者一般以物理或化学方法刮擦或消除之后，再次打印所需资料。对于物理方法涂改的，可以使用放大镜放大查看；化学方法涂改的，可以采取强光或紫外光进行检查。

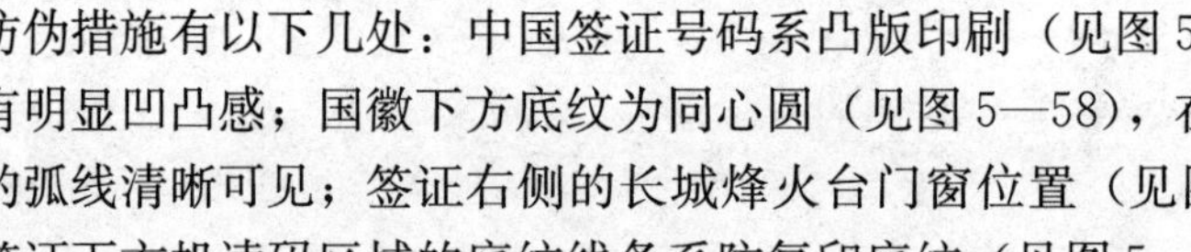

图 5—57

图 5—58　国徽中的同心圆

图 5—59　烽火台有明显凹凸感

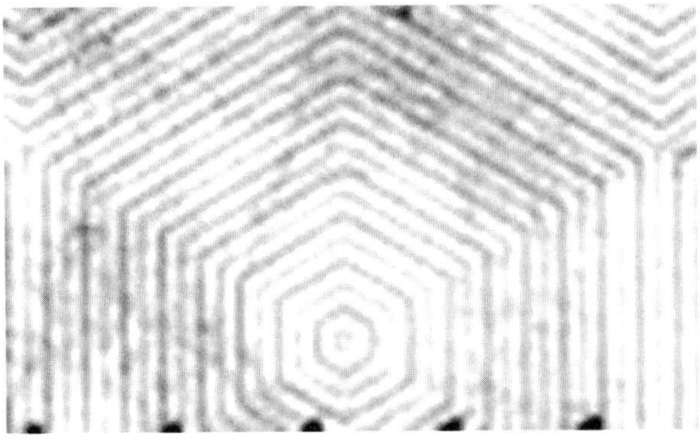

图 5—60　防复印底纹

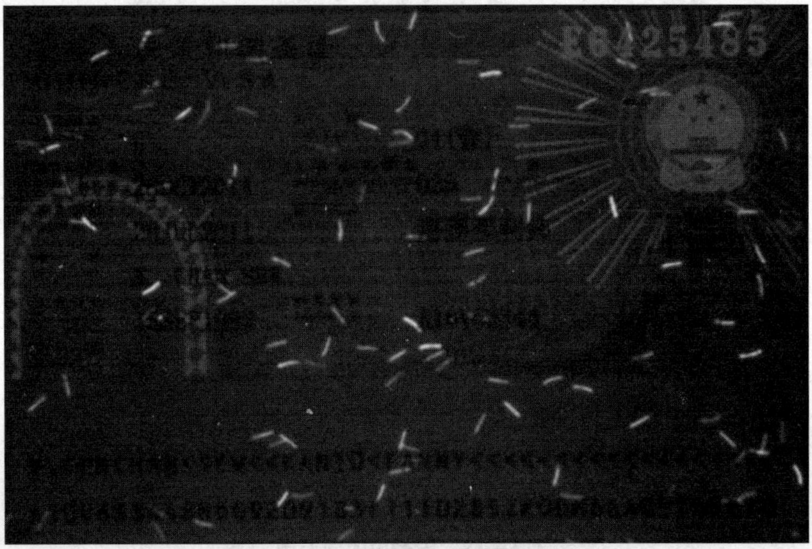

图 5—61　紫外荧光反应

图 5—62　常光下观察底纹缺失

图 5—63　侧光下观察纸张纤维翘起

总之，我国签证真实性识别和护照真实性识别在防伪原理上相同，在防伪点设计上大同小异。

思考题

1. 如何识别护照的真实有效性？
2. 常见护照的替代证件有哪些？
3. 简述我国的签证制度的主要内容。
4. 如何识别我国签证的真实有效性？

第六章 公安边防管理

本章导读

公安边防管理是指公安边防部门依据国家有关边境管理的法律法规，依法实施边境管理，维护国家边境安全和治安秩序的管理活动，是国家行政管理工作的重要组成部分。

公安边境管理的任务包括武装警卫国（边）界、出入境边防检查、沿边沿海地区的治安管理、边境涉外事务管理防范、打击沿边沿海地区的各类违法犯罪活动、做好群众工作开展边境地区调查研究和边境信息管理与统计等；边境管理的范围包括边境管理的地域管辖范围和案（事）件管辖范围。公安边防部门的职权包括武装警卫权、行政强制措施的实施权、行政处罚权、主管的刑事案件侦查权、边境涉外事务处置和对外交涉权、检查验证权、当场盘问和当场检查权、现场管制权以及使用武器、警戒权。

从国家层面看，我国的边防管理体制是统一领导、分工负责机制。我国的陆地边防工作实行解放军边防部队和公安边防部队分段管理、分工负责的管理体制，其中边境一线的巡逻守卫工作由解放军边防部队负责，边境地区的治安管理和口岸边防检查工作由公安边防部队负责；中国海警局负责海上统一执法，隶属于国家海洋局，并接受公安部的业务指导。从公安机关内部看，公安边防管理体制实行统一领导管理与分级指挥相结合的管理体制，形成了出入境边防检查机关职业制和现役制共存的局面，公安边防管理的机构则按照这两个系统来设置的。公安边防管理的主要内容包括界务管理，境外边民管理，沿海港口、船舶和渔船民管理以及边境涉外事务管理。

根据我国法律的规定，外国人来华提出申请的方式分为一般方式、特殊方式、协议方式以及特惠方式。一般方式通过境外申请签证和接受入境边防检查来实现；特殊方式表现为紧急情况下申请口岸签证入境、因公人员申请临时许可入境、办理临时入境证件入境以及难民入境等形式；协议方式表现为与其他国家政府签订的互免签证协议、根据多边协定持有 APEC 商务旅行卡入境以及同毗邻国家签订关于边境居民相互往来的协定等形式；特惠方式表现为对外国个人和旅行团单方面的免签证。入境管理还包括加强公安部、外交部在入境事务管理中的沟通配合、倚重统一的出境入境管理信息平台以及采取对等措施、留存人体生物识别信息、进行人身检查和撤销外国人入境资格等特殊要求。

我国外国人过境管理主要包括办理过境签证及延期、免办过境签证以及过境外国人需要临时入境等三种情形。

我国对外国人的出境管理主要表现为正常出境、限期出境、禁止出境以及强制出境等4种方式。

对入境、出境的外国人和外国交通运输工具，我国实行公安出入境边防检查。在对外国人入境、过境和出境检查时，查验出入境证件和中国签证真实有效，加盖入境验讫章；有特定情形的，不准入境、出境；检查时，需要把握一些要领。对外国交通运输工具入出境检查与监护，主要包括对出入境交通运输工具出入境行为是否合法的确认，对从我国开放口岸入境、停留、出境的交通运输工具所采取监督以及对在口岸停留期间交通运输工具及其服务员工、上下交通运输工具人员的管理等工作。

第一节　公安边防管理概述

一、公安边防管理的概念

（一）边防管理

边防管理活动是伴随着国家的出现而产生的。随着国家的出现，有了领土的边境，国家为保卫领土主权的完整，就出现了边境的防卫和管理。可见，边防管理是人类历史发展到一定阶段的产物。

边防是国家为维护国家领土主权完整，保卫国家边境安全，维护边境秩序，在边境地区所采取的军事防卫和依法行政管理活动的统称，是国防的重要组成部分。边防管理是边防管理部门依据国家有关边防管理的政策与法律法规，维护边境安全和社会秩序进行的一系列管理活动。

（二）公安边防管理

边防活动包括军事防卫和行政管理两方面的内容。自新中国成立以来，我国政府十分重视边防管理工作，陆续成立了很多的涉边管理部门，这些管理部门依据职责分工和法律法规所授予的权限负责具体的管理工作，各负其责。《国防法》第四章第27条中规定“中央军事委员会统一领导边防、海防和空防的防卫工作。地方各级人民政府、国务院有关部门和有关军事机关，按照国家规定的职权范围，分工负责边防、海防和空防的管理和防卫工作，共同维护国家的安全和利益。”公安边防部队既是公安机关的组成部分，也是我国边防管理部门之一。

新中国成立后，根据国际形势的发展和维护我国边境地区安全的需要，边防管理体制做了数次调整。目前，我国的陆地边防实行的是由解放军边防部队和公安边防部队分段管理、分工负责的边防管理体制，即解放军边防部队负责边境一线的巡逻守卫工作，公安边防部队负责边境地区的治安管理和口岸边防检查工作。

公安边防管理是指公安边防部门依据国家有关边境管理的法律法规，依法实施边境管理，维护国家边境安全和治安秩序的管理活动，是国家行政管理工作的重要组成部分。

二、公安边境管理的任务和范围

（一）公安边境管理的任务

《警察法》的第2条和第6条规定了人民警察的任务和职责，涉及保卫国家安全①和维护国（边）境地区的治安秩序②等内容。公安边防部门是隶属于我国公安机关依法履行国家授予的边境管理任务的职能部门。公安边境管理的具体任务包括以下方面：

一是武装警卫国（边）界，主要是武装警卫粤港澳特殊管理线和边境开放口岸、港口和海上边界的巡逻警戒。

二是出入境边防检查，即国家和地方开放口岸的出入境边防检查工作，包括出入境人员、交通运输工具的边防检查和监护，防止非法出入境和运输、携带违禁物品。

三是沿边沿海地区的治安管理，包括边境生产作业管理、边民出入境管理、边境管理区的通行管理、船舶及渔（船）民管理等。

四是边境涉外事务管理，即与有关毗邻国家边境管理部门进行会谈、会晤，妥善处置边境涉外事务，维护边境的安全与稳定。

五是防范、打击沿边沿海地区的各类违法犯罪活动，管辖发生在边境地区的非法出入国（边）境、走私、贩毒等违法犯罪案件。

六是做好群众工作。广泛开展群众工作，对沿边沿海地区的各族人民群众进行爱国主义、边境制度、边防政策、涉外政策、民族政策等方面的宣传教育；充分发动和组织群众，与有关部门密切配合，搞好警民联防和群众联防工作，做到爱边护边。

七是开展边境地区调查研究和边境信息管理与统计，了解和搜集边境地区有关情况及违法犯罪线索。

（二）边境管理的范围

在国家法律授予的权限内，我国公安边防管理部门有效行使边境管理职责的范围包括边境管理的地域管辖范围和案（事）件管辖范围。

1. 边境管理的主要地域范围

（1）边境管理区

为保护国家安全和维护边境地区的稳定，从20世纪60年代起，我国正式开始在陆地边境地区沿国界线内侧划定一定区域，实行特殊的边境管理，这一特定区域即为边境管理区。边境管理区的范围一般由边境省（区）的人民政府根据边境乡（镇）的行政区域范围来划定，一般实行特定的居住和通行管理制度。

（2）海防工作区

海防工作区是指在沿海地区仿照陆地边境管理区方法划定的一定区域，并由沿海公安边防部门管理的区域范围。其范围一般按沿海地区的乡、镇、村和领海线以内的水域、岛屿划定。划定海防工作区的决定是由1979年全国公安边防工作会议确定的。海防工作区

---

① 参见《人民警察法》第2条：人民警察的任务是维护国家安全，维护社会治安秩序，保护公民的人身安全、人身自由和合法财产，保护公共财产，预防、制止和惩治违法犯罪活动。

② 参见《人民警察法》第6条：公安机关的人民警察按照职责分工，依法履行下列职责：……（十）维护国（边）境地区的治安秩序……

不实行通行管理制度。

（3）边境地区

这里所说的边境地区，就是我国与邻国签订的边境制度条约或协议所确定的边境区域。边境地区的范围，一般为双方的边境县（市、旗、郡）。在边境地区内，实行有关条约或协议中所规定的边境制度。但是，由于各边境地区的情况不完全一致，因此各边境地区执行的边境制度也有所区别。基本相同的管理制度是：建立边防代表（安全代表、联络官）及其联系制度，协商解决处置双方边境地区内涉及双方的边境事宜；允许双方边民进入对方边境地区探亲、访友、互市等正当往来活动；签发《边境地区通行证》等。①

（4）口岸限定区域

口岸泛指国家设立的供人员、交通运输工具、货物、物品出入国（边）境的港口、机场及边境通道等，一般包括陆地口岸、空港口岸、海港口岸和内河港口岸。口岸限定区域是指为确保出入境边防检查工作的顺利进行，依据国家有关法律法规，在对外开放口岸划定的由边防检查机关管理的特定区域。1995年，我国颁布了《出境入境边防检查条例》，将边防检查机关监管的区域统一为口岸限定区域。②

2. 边境管理的案（事）件管辖范围

（1）刑事案件

根据公安部有关案件管辖分工规定的文件③规定，公安边防管理部门负责管辖在边境管理区和沿海地区发生或查获的《刑法》规定的下列案件，共计2类6种：

《刑法》分则第六章妨害社会管理秩序罪第三节妨害国（边）境管理罪中的下列案件：

组织他人偷越国（边）境案（第318条）；

运送他人偷越国（边）境案（第321条）；

偷越国（边）境案（第322条）；

破坏界碑、界桩案（第323条）。

《刑法》分则第六章妨害社会管理秩序罪第七节走私、贩卖、运输、制造毒品罪中的下列案件：

走私、贩卖、运输毒品案（第347条）；

走私制毒物品案（第350条第1款）。

（2）行政案件

违反国家边境行政管理的案件；

违反国家治安行政管理的案件；

违反国家出入境行政管理的案件；

法律法规规定的其他违反边境行政管理的案件。

---

① 参见苗伟明：《边境管理学》，124页，北京，中国方正出版社，2010。

② 参见《出境入境边防检查条例》第4条：边防检查站为维护国家主权、安全和社会秩序，履行下列职责：(一) 对出境、入境的人员及其行李物品、交通运输工具及其载运的货物实施边防检查；(二) 按照国家有关规定对出境、入境的交通运输工具进行监护；(三) 对口岸的限定区域进行警戒，维护出境、入境秩序；(四) 执行主管机关赋予的和其他法律、行政法规规定的任务。

③ 参见《公安部关于〈公安部刑事案件管辖分工规定〉的通知》（公通字〔1998〕80号）和《公安部关于调整部分妨害国（边）境管理犯罪案件管辖分工的通知》（公通字〔2002〕7号）。

(3) 涉外事件

边境涉外事件，是指一方人员违反毗邻国家法规或与毗邻国家签订的边界制度、条约，给对方造成不法侵害所引起的涉外纠纷。① 包括涉外刑事案件、涉外治安案件和一般涉外事件。对此类案（事）件的处置应区别其性质、情节及后果，并依据国家有关法律法规和与毗邻国家间签订的条约、协议来进行处置。

三、公安边防部门的职权②

（一）武装警卫权

武装警卫权是指用武装的形式（军事手段）警戒、保卫国界和重点目标，处置危害国家和重点目标行为的权利。包括：

1. 边界武装巡逻、警戒、设卡堵截、潜伏、观察、搜捕等权力；
2. 武装自卫，打击小股武装袭扰，打击武装掩护走私、贩毒等犯罪活动的权力；
3. 公安边防船艇在海上堵截、紧追和惩罚海盗的权力；
4. 对非法出入边境地区的境外交通工具及人员的实施武装监护的权力。

（二）行政强制措施的实施权

公安边防部门对违反边境管理法规和其他规定的个人或组织，可以依法实施下列强制措施：传唤、检查、强行处置、限期整顿、扣留船舶或其他交通工具。

（三）行政处罚权

公安边防部门对违反边境管理法规和其他规定的个人或组织，可以依法实施下列行政处罚：警告；罚款；拘留；没收、暂扣或吊扣证件；限期出境；阻止入境；驱逐出境。

（四）主管的刑事案件侦查权

公安边防部门根据《公安部刑事案件管辖分工规定》，对边境管理区和海防工作区发生的妨害国（边）境管理犯罪案件和部分毒品犯罪案件负有侦查权。

（五）边境涉外事务处置和对外交涉权

公安边防部门对边境上发生的依据国家授权由公安边防部门管辖的涉外事务，有调查处置权、对外交涉权。

涉外事务应包括：一般性质涉外问题、严重涉外事件、涉外案件。由于处置边境涉外事务是国家外交活动的一个组成部分，因此必须严格按照国家外交政策、边防政策法规授予的权限实施。

（六）检查验证权

公安边防部门有权依法对出入境的边民、进入边境管理区的人员以及其他在边境地区、口岸活动的人员实施检查、验证。

（七）当场盘问和当场检查权

公安边防部门对违反边境管理法规和其他规定的嫌疑人员，有权就与违法犯罪嫌疑有关的内容进行当场盘问，对嫌疑人的身份证件、随身携带的可疑物品进行当场检查。

---

①② 参见许渭生主编：《边境管理学》，11、12～13页，北京，中国政法大学出版社，2004。

（八）现场管制权

公安边防部门为处置发生的大规模群众偷渡事件、境外武装袭扰、民族分裂、武装暴乱事件、因战事或灾害等原因造成的大批难民涌入我境等突发性事件，可依法采取现场管制措施。主要包括：封闭现场和相关地区；设置警戒线，划定警戒区域；控制现场制高点；实行区域性交通管制，或命令有关船舶停航、改变航向和禁止驶入管制海域；查验现场人员身份、证件，盘查可疑人员。

（九）使用武器、警戒权

公安边防警察为制止犯罪，维护边境治安秩序，保护国家安全和公民的合法权益，在紧急情况下，依照《人民警察使用警械和武器条例》，可以使用武器、警械。

四、公安边防管理的体制与机构设置

（一）公安边防管理体制

边防管理体制是指实施边防管理行为的边防管理部门的机构设置及其执行任务的隶属关系。

从国家层面看，《国防法》的有关条款①规定了我国的边防管理体制是统一领导、分工负责机制。尽管我国的边防管理体制在新中国成立后几经调整，边防管理部门的隶属关系经历了多次的转换，但边防管理主要分为军事防卫职能和行政管理职能两部分。目前，我国的陆地边防工作实行解放军边防部队和公安边防部队分段管理、分工负责的管理体制。其中边境一线的巡逻守卫工作由解放军边防部队负责，边境地区的治安管理和口岸边防检查工作由公安边防部队负责。由此可见，公安边防部队主要负责边防管理工作中的行政管理职能。

从公安机关内部看，公安边防部队的管理体制也历经调整。根据中共中央组织部、中央政法委、公安部党委联合发布的《关于改进公安武警边防部队领导管理体制的通知》（政法〔2001〕11号）的精神，公安边防管理体制实行统一领导管理与分级指挥相结合的管理体制。公安部主要通过公安部边防管理局来组织实施对公安边防部队的领导与指挥。

根据《国务院关于北京等九城市实行边防检查职业化改革试点方案的批复》（国函〔1997〕76号），我国的北京、天津、上海、广州、深圳、珠海、厦门、海口、汕头等9个城市于1998年成立了“出入境边防检查总站”，改变了原有的全部由隶属于公安边防部队的现役制边防检查站承担边防检查任务的现状。出入境边防检查属中央事权范围，九大出入境边防检查总站由公安部出入境管理局垂直领导，由此形成了出入境边防检查机关职业制和现役制共存的局面。

随着改革开放和沿海边境管理形势的需要，广东省于1973年初、广西壮族自治区于1979年分别组建了现役制的海上公安巡逻大队。1982年，公安部组建了福建、浙江两省的

---

① 参见《国防法》第四章边防、海防和空防第27条：中央军事委员会统一领导边防、海防和空防的防卫工作。地方各级人民政府、国务院有关部门和有关军事机关，按照国家规定的职权范围，分工负责边防、海防和空防的管理和防卫工作，共同维护国家的安全和利益。

海上公安巡逻大队，并加强了广东、广西两省区的海上公安巡逻大队的力量。随后在1992—1997年期间，山东、河北、上海、天津、江苏、辽宁等6省（市）陆续组建了海警支队。2013年3月，为维护国家海洋权益，推进海上统一执法，国家出台机构改革方案，把原国家海洋局的中国海监、公安部的边防海警、农业部的中国渔政、海关总署的海上缉私警察等五支海上执法队伍进行整合，重新组建了国家海洋局。国家海洋局对外以中国海警局名义执法，接受公安部的业务指导，公安部副部长孟宏伟成为中国首任海警局局长，并继续保留在公安部内的职务。

（二）公安边防管理的机构设置

1. 公安边防部队的机构设置

（1）公安部边防管理局

公安部边防管理局是公安部部属机构，是我国公安边防管理工作的最高指挥机构，负责统一组织、指挥、管理全国的公安边防部队，下设司令部、政治部、后勤部。

（2）各省（区、市）边防总队

公安边防总队设在我国的沿边沿海的省、区、市等省级行政辖区内，是负责领导、组织、指挥所在省（区、市）的边境管理工作的最高指挥机构。

（3）各地（市）公安边防支队和各类边防检查站

在边境和沿海地区（市、州、盟）设立公安边防支队，在开放口岸设立边防检查站和特区检查站。

（4）公安边防大队、机动大队

在边境沿海地区的县（市、旗）设立公安边防大队，在边境形势极为复杂的地区设立机动大队。

（5）公安边防派出所和边境检查站

在沿边沿海地区的乡镇设立边防派出所，在出入边境地区的主要通道、要道上和沿海港口设立边境检查站。其中，边防派出所是公安边防部队的主要基层单位，同时也是所在县（市、区、旗）公安机关的派出机构，承担边境管理和履行地方公安派出所的职能任务，要向上级边防管理部门和当地公安机关负责。

2. 职改的出入境边防检查站的机构设置

（1）公安部出入境管理局

公安部出入境管理局主管全国的公安出入境管理工作，负责领导九大城市的出入境边防检查工作，并在业务上指导未改制的边防检查站的工作。

（2）出入境边防检查总站

在北京、天津、上海、广州、深圳、珠海、厦门、海口、汕头等9个城市设立了出入境边防检查总站，负责对下辖的出入境边防检查站进行管理。

（3）出入境边防检查站

在国际机场、港口及铁路等口岸设立出入境边防检查站，承担对出入境人员及行李物品检查、出入境交通运输工具的检查、监护与管理、交通运输工具载运货物的检查、口岸的限定区域的警戒、法律行政法规规定的其他任务等。

五、公安边防管理的主要内容

（一）界务管理

1. 界务管理的概念

界务，是指国（边）界事务。界务管理，是国家的有关界务管理部门（包括边境管理部门）对国（边）界线及其国（边）界标志进行维护和管理的活动。对界标及国界标志进行维护和管理，保持国界走向清晰，避免领土纠纷，是关系到维护国家领土主权、领土完整与边境安全的重要问题。

2. 界务管理的基本内容

界务管理的基本内容包括：对国界的警戒、守卫；对国界标志的保护、维修；对国界河流（包括河道、沙洲、岛屿等）的保护、维护；国界踏查；对损坏、移动、毁坏国界标志及危害国界安全行为的处置；对国界争执的处置等①。

3. 对破坏界标和危害边界安全的违法违规行为的处置

对破坏界标和危害边界安全的违法违规行为进行处置，根据涉边部门之间的职责分工，该任务通常由公安边防部门依据国家有关法律来进行查处，边境地区的公安部门分担其中的部分工作。

在两国签订的边界条约或协议中，明确规定两国应对损坏、移动、毁灭界标的人员依据本国的法律进行处置，对其追究法律责任。具体处置根据案件的性质，或追究刑事责任，或追究行政责任，我国现行的《刑法》和《治安管理处罚法》中就涉及相关的内容。例如，《刑法》的第323条规定：“故意破坏国家边境的界碑、界桩或者永久性测量标志的，处三年以下有期徒刑或者拘役。”《治安管理处罚法》第33条规定：“有下列行为之一的，处十日以上十五日以下拘留：（一）盗窃、损毁油气管道设施、电力电信设施、广播电视设施、水利防汛工程设施或者水文监测、测量、气象测报、环境监测、地质监测、地震监测等公共设施的；（二）移动、损毁国家边境的界碑、界桩以及其他边境标志、边境设施或者领土、领海标志设施的；（三）非法进行影响国（边）界线走向的活动或者修建有碍国（边）境管理的设施的。”

（二）境外边民管理

1. 境外边民管理的概念

边民，是指居住在与外国接壤的陆地边境地区一定范围内的常住居民。我国与毗邻国家签订的有关边界制度条约、协议规定，边民是指居住在边境乡（镇）范围的居民或是居住在边境县（市）范围的居民。

境外边民，是指居住在我国边境地区一定范围内的外国籍边民。

境外边民管理，是指依据本国的法律法规及毗邻两国签订的边境制度条约、协议和历史惯例，对境外边民各种出入境活动的管理。

2. 境外边民管理的法律依据

境外边民管理的法律依据主要有：一是我国已颁布的有关法律法规及地方性法规和规章

---

① 参见苗伟明：《边境管理学》，247页，北京，中国方正出版社，2010。

等，这些法律法规涉及境外边民入境后的各种活动。例如，为规范境外边民入境务工管理工作，德宏州人民政府于2013年12月通过了《德宏州境外边民入境务工管理暂行办法》，该办法自2014年1月1日起施行，暂行期限为2年。二是我国已与毗邻国家间签订的双边协议，如《中老边界制度条约》的内容涉及边境地区人员往来和维护治安、边民互市、边境地区生产和其他活动等内容。

3. 境外边民管理的具体内容

境外边民管理的具体内容包括：对过境口岸、通道、活动范围的确定；过境证件检查；入境后活动的管理等等。

境外边民过境通行口岸与通道管理。根据有关规定，边民互市和边境小额贸易应在指定的二类（地方）口岸进行，边民过境可以在任何指定的边境口岸（包括一、二类口岸）、边境通道入出境。

境外边民过境活动范围与时限管理。为保障边境地区的正常管理秩序，境外边民应在双方协议规定的边境地区的限定范围内活动，不可擅自超越。如确实需要到协议规定的范围以外活动的，应提前办理好有关手续。境外边民过境活动范围没有签订协议规定的，应由我国政府确定范围。境外边民需经边境县（市）进入内地的，应向有关机关申请办理前往内地的证件。根据我国有关规定，境外边民进入我国边境地区后，应严格遵守时间限制，在其所持的入境证件规定的时限内活动；如果不能按期出境的，需按规定办理相应的住宿及居留手续。

境外边民过境证件检查。毗邻国家的边民进入我国的边境地区，需持本国主管机关签发的并经两国协议商定的有效边境居民入出境证件。

境外边民入境后的活动类型及管理。按照毗邻两国政府签订的协议和历史传统习惯，允许两国边民到对方边境地区从事探亲访友、互市贸易、求医治病、进香朝拜、过境耕牧、参加传统民族节日联谊等正常交往活动。境外边民的上述活动应按照我国的法律法规和管理方式进行。

4. 境外边民入境活动的主要类型及管理

为便于邻国边境居民生产、生活，相邻国家通常根据传统习惯，给予从事航运、小额贸易、探亲访友、进香朝觐、求医治病等进出国境者提供便利，不必办理护照、签证和许可手续。

（1）探亲访友

我国的边境地区多为少数民族聚居的地区，居住有很多的跨境民族，存在着亲缘关系，历史上就有探亲访友的习惯并沿袭下来。这种活动主要集中在中朝、中越、中缅等边境地区。

对境外边民入境探亲访友、求医治病或参加传统联谊等活动的管理包括以下几方面：一是办理暂住登记手续，可由本人或亲友在规定的时间内到边防派出所或户籍办公室办理手续；二是办理延期手续，如果境外边民因故不能按期离境的，应按边界制度条约或协议的规定，申办延期手续；三是境外边民活动管理，境外边民在我国境内应遵守我国的法律法规，不得从事违法违规活动，不应无故或未经申请批准进入非边境地区。如有违反我国的法律法规及两国签订的边界制度条约或协议的情形，应依据我国法律规定进行处置。

(2) 互市贸易

按照毗邻两国政府签订的协议，双方边民可以到对方边境地区进行互市贸易，但对互市贸易的从业者、经营地点、经营物品种类是有限制的。这种活动在我国的大多数边境地区都存在。

小额贸易，即边民或经批准有边境小额贸易经营权的企业，可以在经国家批准对外开放的陆地边境县（旗）或边境城市辖区内，通过国家指定的陆地边境口岸，与毗邻国家边民、企业或其他贸易机构之间进行的贸易活动。[①] 这种活动主要集中在中越、中老、中缅、中尼等边境口岸。

境外边民进入我国境内开展互市贸易的，应遵守下列规定：一是经营物品的要求，经营的物品原则上应以边民自产、自销、自购、自用的物品为限，不得经营违禁物品和进行走私、贩毒活动；二是经营地点的要求，互市贸易应在指定的集市内进行，不得到非指定地点或进入非边境地区进行。

(3) 朝圣拜佛

在我国部分边境地区，存在边民到对方边境地区的寺庙进行的朝拜活动，如在我国西藏与邻国接壤的地区就有这类活动。我国政府与邻国签订的边界制度协议中规定有“应给予对方朝圣香客应有的入出境便利”的内容。

对境外边民进入我国境内朝圣拜佛的管理内容：一是出入境证件及地点管理，即境外边民应持规定的出入境证件，从指定的口岸、通道入出境；二是境外边民活动管理，境外边民在我国境内应遵守我国的法律法规，不得以从事宗教活动为借口而在我国境内进行收集情报、策反、民族分裂和颠覆等活动。

(4) 借道通行

过境借道通行，是指相邻国家的边民或交通运输工具，借用另一方边境地区道路通行的活动。过境借道通行可以依据边境协议、历史惯例或协商的方式，征得另一方的同意进行。

借道通行管理的具体要求：一是提前通知，应将准备通行的地段、时间、交通工具、通行人员、运输携带物品等相关情况提前通知给对方，在对方答复后才可实施；二是遵守约定，借道通行应在商定的路段和时间进行，不得擅自变更或超越，通行时要遵守我国的法律规定，不得从事与借道无关的活动；三是事后告知，通行结束后应及时通知被借道一方。

（三）沿海港口、船舶和渔船民管理

1. 沿海港口和船舶管理的含义

沿海港口，是指具备一定的天然条件、基础设施和人工设备的，可以供各类船舶来往、停泊、上下人员、装卸货物、避风的近岸水域，包括水域和陆域。边境管理工作中涉及的港口主要是指地方港口，不包括国家对外开放港口、军港及国家另有规定的沿海港口。

沿海船舶，是指在沿海港口和附近海域内停泊、航行、作业的各类船舶。本节特指已按规定在边境管理部门负责管理的沿海港口注册登记的船舶。

---

① 参见苗伟明：《边境管理学》，271页，北京，中国方正出版社，2010。

沿海港口和船舶管理，是指边境管理部门为了维护沿海港口及其附近海域的安全和治安秩序，保护船舶与渔船民的生命财产安全，防范、打击利用沿海船舶进行各种违法犯罪活动而依法进行的各项管理活动。

2. 沿海港口和船舶管理的任务

沿海港口和船舶管理的基本任务：维护国家主权、国家安全和国家利益；维护沿海地区及附近海域的治安秩序，加强对沿海港口、船舶及其渔船民的管理，增强渔船民的法制观念和安全意识，防范和打击沿海地区的各类违法犯罪活动以及敌对分子对内地的渗透和破坏活动，确保沿海地区的社会稳定。

沿海港口和船舶管理的具体任务：对渔船民进行宣传教育和组织工作，使其自觉遵规守法，成为坚固海防工作的坚实基础；签发、查验和管理出海船舶及渔船民证件，建立船舶和渔船民的信息档案，做好信息管理的基础业务规范化建设；建立船舶治保组织及各种群众性船管组织，提高沿海治安群防群治的效果；打击危害国家主权和海防安全、扰乱治安的各类违法犯罪活动，依法查处有关违法违规行为和涉外案（事）件；加强与其他有关部门的联系与配合，共同做好沿海港口和船舶的综合治理工作。

3. 沿海港口和船舶管理的主要机构

沿海港口和船舶管理涉及公安边防、交通、航管、渔政、港监等多个部门。根据沿海港口的不同情况，所设置的管理机构也不尽相同。在情况复杂、船舶较集中的重要沿海港口，一般在当地政府统一领导下，组建以公安边防管理部门为主、多部门参加的港口治安管理领导小组，各部门按照职责分工，各司其职，协助配合。其中，公安边防管理部门负责沿海港口和船舶的治安秩序维护，对违法犯罪行为进行查处，对进出港的船舶进行登记、检查、监护、看管等工作。在一些重要的交通、渔业港口，设有交通部门和公安边防管理部门，他们各负其责。在未设其他管理部门的沿海港口，由边防派出所或船舶检查站所派出的人员负责进出港船舶的登记、签证、检查和管理。在只设立船舶管理站的港口，由边防派出所对选聘的管理人员予以指导，使其能担负起进出港船舶的登记、签证、检查工作。

4. 沿海港口和船舶管理的主要内容

（1）沿海船舶与渔民出海证件签发、审验、变更管理

按国家有关规定，大陆沿海船舶与渔民出海从事渔业等生产时，应申请有效的出海证件《出海船舶户口簿》、《出海船民证》和《临时出海船民证》后方可出海作业。《出海船舶户口簿》一般是以船立户、一船一簿。上述证件是出海作业的船舶和渔船民必备的唯一有效证件，由边防派出所或边防工作站签发，在未设边防派出所或边防工作站的地方，根据情况，经报经县（市）公安局同意后，可以由地方公安派出所签发。

船舶的有关登记事项发生了变化，如出现船舶更新、改造、买卖、报废、转让、租赁、被盗、被劫、毁沉、漂失等情况时，应按规定及时到公安边防管理部门办理相关手续。

《出海船舶户口簿》、《出海船民证》实行年度审验制度，每年一次，未经年度审验的证件一律无效，人员和船舶不得出海作业。

办理出海船民证流程图（见图 6—1）①：

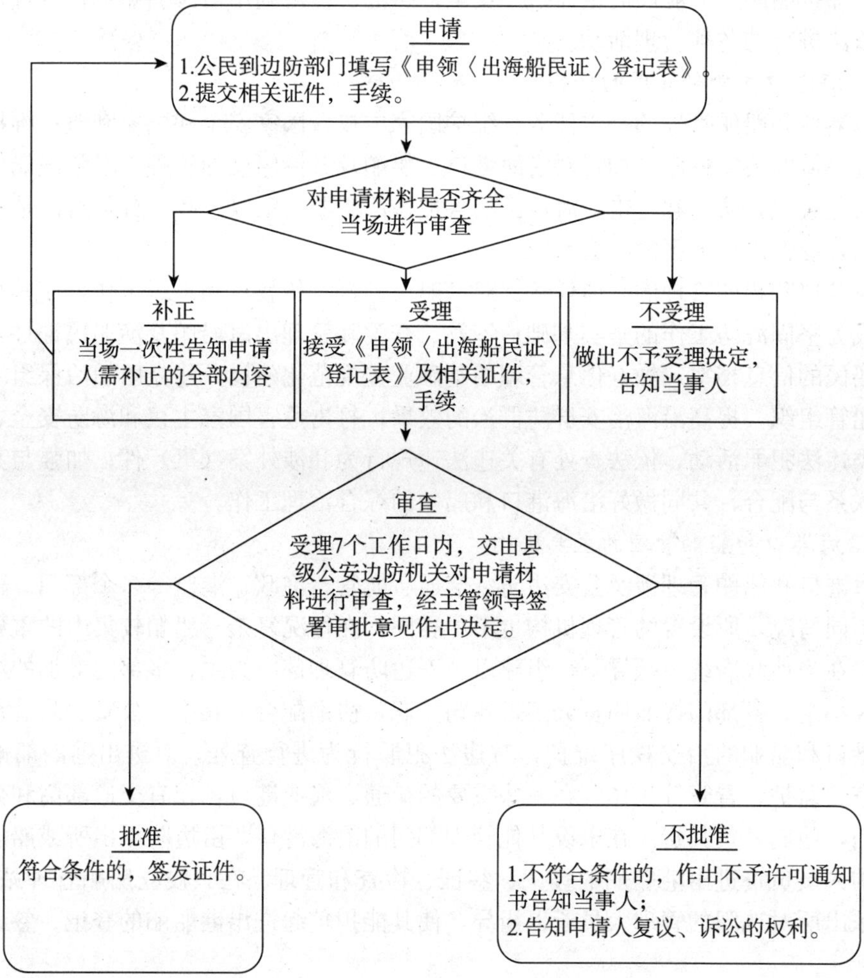

图 6—1

（2）外籍船舶和中外合资船舶管理

外籍船舶与中外合资船舶管理是较特殊的管理内容。涉边部门船舶管理工作中所涉及的外籍船舶有两种情况，处置情况不同。第一种情况是外籍船舶受不可抗力因素的影响，进入我地方口岸或非对外开放港口停泊、避风，对此，公安边防部门应及时查明入港原因，并作必要的监护。在停港期间，外籍船舶必须服从我国有关船舶管理的规定，未经公安边防部门批准同意，人员不能离船登岸，不能装卸货物，我方人员也不能登船或搭靠。船舶的维修及补充供给等，可由公安边防部门与有关部门联系予以解决。不可抗力因素一经解除，应令其立即离港、离岸。对外籍船舶及船员违反规定的行为，公安边防管理部门有权依法进行处罚。第二种情况是外籍船舶在我国所辖的领海范围内有违反我国法律的行为。有关管理部门应依照国际海洋法及我国有关法律的规定，劝其离开我国领海区域或对

① 参见大连市公安局官网，见 http：//www.ga.dl.gov.cn/publish/2013712175344.asp。

其进行行政处置，必要时，可对其进行武装干预。

按照有关规定，对悬挂外国旗帜、雇有外国船员或港澳同胞随船作业、出境的合资船舶，视同外籍船舶管理。管理涉及以下内容：应在指定的海区作业及在对外开放口岸出入和停泊，未经批准，不得在非开放口岸出入和停泊；必须接受边防检查站实施的边防检查和管理；应持合法有效的证件，船舶需持当地边防派出所或边防工作站签发的《出海船舶户口簿》，中方船员必须持有《海员证》，外籍船员必须持有效护照或海员证；所登记的船员发生调换、增减时，应按规定向边防派出所或边防工作站办理相应的变更手续；在沿海港口停泊期间，有外国籍船员的合资船舶应接受监护和外籍船员的登陆、住宿管理规定，外籍船员可凭本人的护照、海员证办理有关证件。

（四）边境涉外事务管理

1. 边境涉外事务管理的概念

边境涉外事务，是指在边境地区发生的具有涉外性因素的各类问题的总称。

边境涉外事务管理，是指边境管理部门依据国家对外工作的方针、政策以及有关法律法规，对所有涉外事务进行管理活动的总称，是国家对外工作的一部分。正确处置各类边境涉外事务，对保卫国家主权和领土完整，巩固和发展与邻国的睦邻友好关系，保持边境地区的社会稳定，促进边境地区的经济发展具有重要意义。

我国十分重视边境涉外事务的管理工作，与邻国所签订的边境制度条约中不仅作了具体事项的规定，还包括就边境涉外事务进行合作的相关内容，如合作打击越境走私、贩卖毒品和武器、拐卖妇女儿童等跨境犯罪活动。

2. 边境涉外事务管理的原则

（1）维护国家主权原则

国家主权是国家最重要的属性，国家主权原则是处置各类边境涉外事务时最重要的原则。维护国家主权原则主要包括三方面的内容，即要维护国家管辖权、国家平等权和国家自卫权，其中国家管辖权是最重要的体现，国家有权对本国的领土和有关出入国（边）境的事项行使管辖权。任何未经批准的行为都是对我国管辖权的侵犯。

（2）睦邻友好原则

和平共处五项原则是我国长期以来坚持的对外工作的方针，睦邻友好原则正是其具体体现。坚持睦邻友好原则，就是要求边境管理部门在处置有关边境涉外事务时，在维护国家主权的前提下，要“与邻为善、以邻为伴”，从友好的大局出发处置与邻国的关系，在平等互利基础上进行充分协商，坚持原则，讲究策略，妥善解决各类边境事务。

（3）依法处置原则

边境管理是国家行政管理工作的一部分，处置边境涉外事务应坚持依法处置，要做到事实清楚、证据确凿、适用法律正确、手续完备；要按照我国有关法律的规定，遵守与邻国已签订的双边条约、协议、协定的规定，履行条约所规定的义务。

（4）请示报告原则

边境涉外事务处置具有政策性、敏感性、时间性强的特点，在处置边境涉外事务时，无论问题大小，边境管理部门要严格遵守请示报告制度，不得擅自做主。当发生边境涉外情况时，应立即查明情况，核实准确，及时按规定逐级向上请示报告，不得隐情不报或谎报事实，更不许擅自做主处置。紧急情况，可视情越级上报，并同时报告直接领导部门。

3. 边境涉外事务处置的报批权限

基于边境涉外事务的特点，国家和中央主管部门对处置边境涉外事务的报批权限作了严格的规定，建立了三级审批权制度，即视边境涉外事务的性质和类型，分别由中央和中央主管部门审批；省、自治区人民政府和省、自治区主管部门审批；地、市、州主管部门审批。具体如下①：

涉及界务、领土、领海归属；抗议对方破坏边界现状；阻挠我在争议地区的巡逻、通行、生产等活动；改变会晤、会谈工作制度等边境问题；对方打死、打伤我方人员；涉及边防管理，包括是否允许无证件、无签证人员入境；等等。对于此类重大边境情况，应由省（区、市）人民政府报中央主管部门审批，涉及领土等重大问题，还须报中央审批。

重要会议以及跨省、区的友好、参观活动，报公安部、外交部批准；

重要会晤和一般会谈，以及救护、友好联欢活动，由省（区、市）公安厅（局）和外事办公室批准，并报公安部边防局备案；

一般性的涉外活动，由省（区、市）边防总队批准；

上级已授权交涉处置的一般性涉外事务，由地、市、州边防支队批准，并组织实施。

4. 边境涉外事务处置的基本程序

在陆地边境地区，应按照法律规定的程序或上级规定的程序来处置边境涉外事务。一般来说，包括五个步骤：

第一，迅速前往现场。即在我方边境附近发生涉外事件或涉外案件时，边境管理部门应迅速赶往事发地点，保护现场，并进行详细勘察、取证，获取详细证据，绘制现场略图，并标明事件的地点、方位及有关需注明情况。

第二，开展现场调查。即迅速查找当事人、知情人或发现人，了解事件或案件的起因、经过和发现的过程，并进行深入调查。

第三，迅速上报。即边境管理部门在调查清楚后，应及时、迅速将有关调查结果向上级主管部门作详细报告，并通报当地外事部门。

第四，对外交涉。即对于需与对方交涉的涉外问题，边境管理部门要事先准备交涉预案，待上级批准后，按照上级批示的精神及统一的会谈会晤口径组织实施对外交涉。

第五，及时总结存档。即在涉外事务处置结束之后，边境管理部门要及时对涉外事务的处置情况进行总结，并将有关文件存档。

5. 边境涉外事务处置的方法

（1）就地及时处置

就地及时处置是边境涉外事务处置中最常见的方法之一，主要用于处置情况较清楚、性质不太严重的一般性事件。例如，在边界附近发现的人员或牲畜的一般性越境问题，既未造成危害或较大损害，又未发现其他可疑问题，边境管理部门可依法就地及时处置，但应详细记录登记并向上级报告，事后或在适当时机通知对方。

（2）电话、书信处置

电话、书信处置也是边境管理部门常用的工作方式之一，常用于联系或协商解决一般性的问题。例如，与对方协商移交越境人员、牲畜；处置边境尸体的时间、地点，与对方

---

① 参见苗伟明：《边境管理学》，271页，北京，中国方正出版社，2010。

协商及通报举行边境会晤、会谈的时间、地点和人员；向对方发出节庆邀请、通报有关事宜等均可采用这种灵活方便的方式。

（3）边境会谈会晤

边境会谈和会晤是处置边境涉外事务的主要方法，它们是两个既有联系、又有区别的概念。

边境会晤一般是指边境双方有关人员在特定的地点互相约见、接触，转达有关当局的意见和建议。① 会晤地点一般在约请一方的境内。会谈是边境双方的代表或对等的有关人员，就某些事先确定的议题进行协商或讨论。② 通常情况下，会谈须经事先会晤约定。会谈应严格按照上级批准的方案和统一的对外口径与对方进行协商、交涉，既要坚持原则，又要灵活处置，力争达到预期的目的。对于会谈方案以外的议题，除我方确有把握以外，一般不应当场回答，更不能随意表态或承诺，可视情况灵活应对，表示待报告或研究后再答复。如果会谈会晤中涉及其他部门工作的，应及时通报有关部门。会谈可以达成口头或书面的协议。

（4）边境例会

边境例会是指边境双方的代表定期举行的会议。在相邻国家间签订的边境制度条约、协议中规定有边防代表制度，边防代表制度是边境制度的一项重要内容。根据国家授权和有关规定，我国不同边境地区的边防代表不同。在中朝、中缅边境（云南段）、中越、中老边境地区，公安边防部门担负边境涉外事务的处置工作；在中俄、中蒙等边境地区，涉及交接人员、尸体等情况时，公安边防部门要派人参加。在边境例会期间，主要是回顾上次例会到本次例会之间，双方边境上存在的主要问题，双方合作共同处置边境问题的情况，研究、协商下一步双方共同合作解决的问题等。边境例会轮流在双方举行，由会议所在地的一方筹备。

（5）外交途径

外交途径是指通过双方外交部门协商、交涉来处置相关边境涉外事务的一种方式。通常是发生边境管理部门无权或无条件处置边境涉外事务时，可以通过外交途径进行联系、协商和交涉。例如，在陆地边境地区，发生诸如涉及领土纠纷、界河改道等重大情况、重要事宜时，就需要通过外交途径来交涉解决；在沿海边境地区，发生外籍船舶严重违反和侵犯我国领海主权及权益等重大涉外事件时，需要与境外国家进行联系、交涉的，通常通过外交途径来进行联系或交涉。

6. 常见边境涉外事务的处置③

（1）非法越境的处置

非法越境，是指发生在边境地区的、未经允许越入越出国（边）境，情节不严重的行为。④ 因不可抗拒原因而误越国（边）境的，不能视为非法越境。对方人员、车辆、界水船只非法越入我国边境前沿地区，应查明情况，并就地劝其返回。如其执意不返，可暂予收留，同时报请上级批示，等候处置。对非法越入我纵深地区的人员、车辆、降落的飞机

---

① 参见许渭生主编：《边境管理学》，323页，北京，中国政法大学出版社，2004。

② 同上书。

③ 参见靳娟娟、金天义主编：《新疆边防管理与边防建设》，370～372页，北京，社会科学文献出版社，2011。

④ 构成情节严重的偷越国（边）境罪，不是此处所指的非法越境行为。

或进入我内河的船艇，应予扣留，并及时上报请示并通报有关部门。对于非法越境人员、车辆、飞机、船只等，除有犯罪嫌疑（如间谍、走私、贩毒、偷越边境）外，应按签订的边境协议中规定的程序，尽快连同他们使用的交通运输工具和随身携带的物品移交给对方，并按规定向对方索要收据。对于对方越入我境要求政治避难的人员，应迅速查明身份，如确系政治避难者，应在生活上给予照顾，并依我国有关法律规定进行处置。对方武装人员非法进入我境，应指出已越入我境，提出警告，令其返回，但不得开枪。对方飞行器进入我领空，应及时上报和通报有关部门，听候处置。我方人员非法越出自动返回者，应予批评、教育，并依情况给予处罚。如被对方扣留，应及时查明情况，必要时，将情况通报对方，向对方索要或要求对方协助查找。对方交回后，应及时了解越境原因和经过，并视情况按有关规定处罚，情节严重，触犯刑法的，应追究其刑事责任。例如，2013 年，广西壮族自治区开展打击“三非”活动，效果十分明显。截至 11 月初，在辖区内边境一线各条便道设卡堵截检查 90 余次，劝回欲非法进入那坡县境内务工的外籍边民 500 多人次，共查获“三非”外国人 58 批 323 人，其中，依法刑事拘留 4 人，拘留审查 43 人，行政处罚 264 人，就地遣送出境 295 人。①

（2）牲畜越境的处置

对方牲畜、家禽越入我方境内，边境管理部门应就地赶回。对已进入我纵深地区的，要隔离饲养，按双方协议规定的程序与方式移交给对方，并向对方索要收据。如协议规定，需索取饲养费的，按协议规定办理。严禁役使、屠宰、藏匿、变卖进入我境的对方家畜、家禽。如已屠宰，应向对方解释并给予赔偿；我方牲畜、家禽越入对方境内时，不得私自越界追赶或索要，应及时向边境管理部门报告，边境管理部门应及时将情况通报对方，要求寻找或交还。对对方主动向我移交的越界牲畜、家禽，应问明情况，予以接受，并向对方开具收据。

（3）犯罪嫌疑人越境和越境人员犯罪的处置

一方犯罪嫌疑人越入另一方境内，另一方发现后或接到邻国边境管理部门要求协助查获的通报后，应积极协助查寻、捕获，并及时移交对方。移交前，另一方应通过边境会晤、电话联系等方式确定移交时间、地点等问题。一方人员越入另一方境内后进行违法犯罪活动，另一方边境管理部门应当按双方签订的边境协议的有关规定处置。一般来讲，一方人员越入另一方境内后有犯罪行为的，另一方边境管理部门可按本国法律处置，并将情况通报对方②。

（4）边境尸体处置

边境尸体，是指在边界附近发现的国籍不明或对方人员的尸体。如一方边境管理部门发现的边境尸体不能确定其国籍，应尽快按照双方协议规定通知另一方，共同勘验和辨认，确定尸体归属。如确认是对方人员的尸体，应按规定协助运回。如无法确定尸体国籍，可就地掩埋。

（5）边境救援活动和边境重大疫情的处置

边境救援活动，是指边境一方遇重大灾害或人员遇险遇难时，另一方根据协议、惯例

---

① 参见广西新闻网：《那坡警方打击“三非”筑牢边境防护线》，见 http://news.xinmin.cn/shehui/2013/11/19/22682833.html.（2013－11－19）。

② 参见苗伟明：《边境管理学》，362 页，北京，中国方正出版社，2010。

进行的救援活动。对方边境地区发生自然灾害，如要求我方协助时，经上报批准后，应组织力量进入对方境内积极协助救灾，并将救灾的情况随时上报。我方境内如发生自然灾害或边境重大疫情，有可能危及对方时，应将情况及时通报对方，采取必要的防范措施。未经批准，不得请求和允许对方入境援助。如对方人员过境救援，应热情欢迎，表示感谢，并将情况立即上报。

(6) 边境生产作业活动的协商处置

在边界附近从事的生产作业，有可能给对方构成威胁，或签订的边境制度条约、协议中规定须协商的，应按规定或惯例通知对方，并与对方协商，取得对方同意。因此，在边境地区进行的各种生产作业活动，根据实际情况规定，需及时通知对方的应按规定程序通知对方，需与对方协商的应通过边境会谈、会晤协商解决。

(7) 外籍船舶避风、遇险和非法进入我领水的处置

外国非军用船舶在我领海航行、作业期间，为避风或其他不可抗力进入我地方口岸，应对其进行了解、询问，查清进港或在我水域停泊的原因，并做好必要的监护。非经批准，停泊期间船上人员不得上岸，不得装卸货物。违反我边境管理规定的，边境管理部门有权进行处罚。驶入原因解除后，应令其立即离港。外国非军用船舶在海上遇险，我海警船艇发现或接到呼救信号，应立即出动，积极救助。外国非军用船舶因迷失方向、机器失灵或不可抗拒的原因进入我领海内停泊的，应查明原因。情况属实，可协助其处置有关问题，指明航向送其出境。外国船舶进入我领水以内非法作业，应劝其离去。如不离开可驱逐或扣留。被扣留的外国船舶应按规定罚款或交有关部门处置。外籍军用船舶未经我国政府同意，非法进入我领海的，按照我国领海制度，视为对我国领海主权的侵犯，边境管理部门有权令其立即离开我国领海。如其不听劝阻，故意挑衅，应立即通报主管海军，并协助海军处置。

(8) 边境涉外案（事）件的处置

边境涉外案（事）件，是指在我陆地边境地区和领海以内水域发生的涉及外国、外国人（自然人、法人）的刑事、治安案件及其他事件。陆地边境的涉外案（事）件，可根据有关规定处置。如外国边民在我边境地区死亡，或因刑事、治安等案件而被取保候审、监视居住、拘留审查、拘留、逮捕的，可按规定办理。无规定的，可考虑通过边境会晤的方式通知有关国家；海上发生的涉外案（事）件，如与有关国家无协议，应按国内发生的涉外案（事）件进行管理。

(9) 境外扣留我渔船的处置

我渔船进入其他国家海域从事捕捞被对方扣留、处罚的，通常由外事部门通过外交途径向对方交涉。返回后，边境管理部门应详细了解原因及经过。我渔船在争议海域从事捕捞活动被境外有关当局扣留，也应通过外交途径进行交涉。

(10) 海上偷渡问题的交涉

我公民非法从海上偷渡到海洋邻国或其他国，需在有关国家将偷渡人员移交我方，边境管理部门又不便联系的情况下，由外交部门进行联系。边境管理部门组织有关人员将偷渡人员接回，并依我国法律有关规定处置。

(11) 边境对外友好活动的安排

边境对外友好活动是指相邻国家的边境管理部门之间为增进友谊，根据双方协议或历

史上形成的惯例所开展的各种友好交往活动。这类活动主要有互派代表团进行访问、相邻对口部门相互之间的节庆祝贺、参观访问、传统民族联谊活动等，分为我邀对方或应对方邀请参加。安排边境友好交往活动，应当充分考虑两国的关系，民族风俗习惯，我方接待条件等因素。活动范围一般应限定在双方的边境地区。应邀还是邀请，事先均须拟订活动方案，报上级批准后，严格按上级批准的方案进行。

（12）关于边境挑衅的处置

对方人员在其境内向我方射击或进行其他挑衅活动时，我方不要开枪还击或越境抓捕，应隐蔽监视，并及时向上级汇报并向对方提出交涉。

第二节　外国人入境管理

一、外国人入境的概念

入境是指一个人从某国境外进入该国境内。外国人入境就是非本国公民持合法有效的跨国旅行证件和签证，从一国对外开放或指定的口岸进入该国领土。①

外国人入境不是一种简单的地理空间的跨越，而是一种法律行为，涉及一国的领土主权。②为了维护国家的主权、安全与利益，各国普遍制定了出入境管理的法律、法规，对外国人入境行为进行管制。如今绝大部分国家实行入境证件签发制度和口岸检查的双重管理模式。③

二、外国人入境申请方式及管理

根据我国法律的规定，外国人来华提出申请的方式主要有以下几种：

（一）一般方式

1. 境外申请签证

《出境入境管理法》第 18 条规定：“外国人申请办理签证，应当向驻外签证机关提交本人的护照或者其他国际旅行证件，以及申请事由的相关材料，按照驻外签证机关的要求办理相关手续、接受面谈。”该法第 21 条第 1 款还规定：“外国人有下列情形之一的，不予签发签证：（一）被处驱逐出境或者被决定遣送出境，未满不准入境规定年限的；（二）患有严重精神障碍、传染性肺结核病或者有可能对公共卫生造成重大危害的其他传染病的；（三）可能危害中国国家安全和利益、破坏社会公共秩序或者从事其他违法犯罪活动的；（四）在申请签证过程中弄虚作假或者不能保障在中国境内期间所需费用的；（五）不能提交签证机关要求提交的相关材料的；（六）签证机关认为不宜签发签证的其他情形。”

一般情况下，外国人欲入境我国，应当首先向所在国的中国大使馆或领事馆提出申请。外国人不仅可以向所在国的中国大使馆、领事馆提出申请，而且还可以向设立在其他国家的中国大使馆、领事馆提出入境申请。外交部授权的其他驻外机关，是指外交部驻香港和澳门特派员公署的签证办事处，这两个签证办事处受理来自世界各国的外国人的入境

① 参见翁里：《国际移民法理论与实践》，173 页，北京，法律出版社，2001。

② 参见王国良：《出入境管理学》，162 页，北京，中国人民公安大学出版社，2009。

③ 参见梁家全：《人员流动的全球化与我国外国人入出境管理对策研究》，汕头大学 2010 年硕士学位论文。

申请。符合条件的外国人将获得与申请事由相应的签证。

2. 接受出入境边防检查

（1）必须经过国家授权部门批准的地点入境。《出境入境管理法》第 6 条第 1、2 款规定：“国家在对外开放的口岸设立出入境边防检查机关。中国公民、外国人以及交通运输工具应当从对外开放的口岸出境入境，特殊情况下，可以从国务院或者国务院授权的部门批准的地点出境入境。出境入境人员和交通运输工具应当接受出境入境边防检查。”

（2）履行入境边检手续。《出境入境管理法》第 24 条还规定：“外国人入境，应当向出入境边防检查机关交验本人的护照或者其他国际旅行证件、签证或者其他入境许可证明，履行规定的手续，经查验准许，方可入境。”该法第 50 条规定：出境入境交通运输工具离开、抵达口岸时，应当接受边防检查。对交通运输工具的入境边防检查，在其最先抵达的口岸进行；对交通运输工具的出境边防检查，在其最后离开的口岸进行。第 51 条规定：“交通运输工具负责人或者交通运输工具出境入境业务代理单位应当按照规定提前向出入境边防检查机关报告入境、出境的交通运输工具抵达、离开口岸的时间和停留地点，如实申报员工、旅客、货物或者物品等信息。”

（3）外国人不准入境及处置措施。《出境入境管理法》第 25 条规定：“外国人有下列情形之一的，不准入境：（一）未持有效出境入境证件或者拒绝、逃避接受边防检查的；（二）具有本法第二十一条第一款第一项至第四项规定情形的；（三）入境后可能从事与签证种类不符的活动的；（四）法律、行政法规规定不准入境的其他情形。对不准入境的，出入境边防检查机关可以不说明理由。”该法第 26 条规定了处置措施：“对未被准许入境的外国人，出入境边防检查机关应当责令其返回；对拒不返回的，强制其返回。外国人等待返回期间，不得离开限定的区域。”该法第 52 条第 2 款规定：“入境交通运输工具载运不准入境人员的，交通运输工具负责人应当负责载离。”

（4）对交通工具的监护。《出境入境管理法》第 53 条规定：出入境边防检查机关按照规定对处于下列情形之一的出境入境交通运输工具进行监护：（一）出境的交通运输工具在出境边防检查开始后至出境前、入境的交通运输工具在入境后至入境边防检查完成前……

（二）特殊方式

为了方便某些具有特定情况、需要尽快入境的外国人，我国法律还规定了一种入境申请的特殊方式。

1. 紧急情况下申请口岸签证入境

《出境入境管理法》第 20 条第 1、2 款规定：“出于人道原因需要紧急入境，应邀入境从事紧急商务、工程抢修或者具有其他紧急入境需要并持有有关主管部门同意在口岸申办签证的证明材料的外国人，可以在国务院批准办理口岸签证业务的口岸，向公安部委托的口岸签证机关（以下简称口岸签证机关）申请办理口岸签证。旅行社按照国家有关规定组织入境旅游的，可以向口岸签证机关申请办理团体旅游签证。”

2. 因公人员申请临时许可入境

公安部《关于实施〈出境入境边防检查条例〉中检查、监护和阻止出入境等问题处置办法的通知》规定，对因公来华外国人持有本人有效护照，入境签证过期不超过 10 日，且有正当理由的，由检查站审核后，加盖“临时入境许可”章放行。《国务院对确需保留的行政审批项目设定行政许可的决定》第 59 项设定了“临时入境许可”。

3. 办理临时入境证件入境

《出境入境管理法》第23条规定："有下列情形之一的外国人需要临时入境的，应当向出入境边防检查机关申请办理临时入境手续：（一）外国船员及其随行家属登陆港口所在城市的；（二）本法第二十二条第三项规定的人员需要离开口岸的；（三）因不可抗力或者其他紧急原因需要临时入境的。临时入境的期限不得超过十五日。对申请办理临时入境手续的外国人，出入境边防检查机关可以要求外国人本人、载运其入境的交通运输工具的负责人或者交通运输工具出境入境业务代理单位提供必要的保证措施。"从执行上看，出入境边防检查机关对签发紧急临时入境许可要从严掌握，做到"四个从严"：在适用情形上从严，要符合《出境入境管理法》规定的不可抗力和紧急事由；在停留期限上从严，不得超过15日；在审批权限上从严，要经出入境边防检查站值班领导批准；在身份背景审核上从严，对被列入不准入境名单或者具有《出境入境管理法》第25条规定情形之一的，或者近5年内有在华非法入境、非法居留、非法就业等违法记录的外国人，不予签发临时入境许可。

(1) 临时入境许可（船员），如图6—2所示。

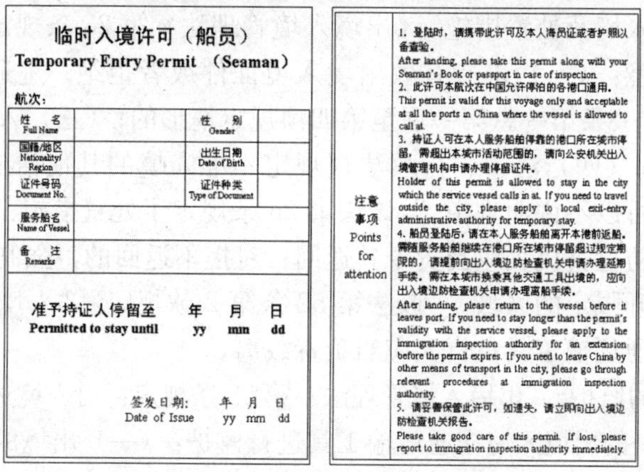

临时入境许可（船员）
Temporary Entry Permit （Seaman）

航次：

姓　名 Full Name		性　别 Gender	
国籍/地区 Nationality/Region		出生日期 Date of Birth	
证件号码 Document No.		证件种类 Type of Document	
服务船名 Name of Vessel			
备　注 Remarks			

准予持证人停留至　年　月　日
Permitted to stay until　yy　mm　dd

签发日期：　年　月　日
Date of Issue　yy　mm　dd

注意事项 Points for attention

1. 登陆时，请携带此许可及本人海员证或者护照以备查验。
After landing, please take this permit along with your Seaman's Book or passport in case of inspection.
2. 此许可本航次在中国允许停泊的各港口通用。
This permit is valid for this voyage only and acceptable at all the ports in China where the vessel is allowed to call at.
3. 持证人可在本人服务船舶停靠的港口所在城市停留，需超出本城市活动范围的，请向公安机关出入境管理机构申请办理停留证件。
Holder of this permit is allowed to stay in the city which the service vessel calls in at. If you need to travel outside the city, please apply to local exit-entry administrative authority for temporary stay.
4. 船员登陆后，请在本人服务船舶离开本港前返船。需随服务船舶继续在港口所在城市停留超过规定期限的，请提前向出入境边防检查机关申请办理延期手续。需在本城市换乘其他交通工具出境的，应向出入境边防检查机关申请办理离船手续。
After landing, please return to the vessel before it leaves port. If you need to stay longer than the permit's validity with the service vessel, please apply to the immigration inspection authority for an extension before the permit expires. If you need to leave China by other means of transport in the city, please go through relevant procedures at immigration inspection authority.
5. 请妥善保管此许可，如遗失，请立即向出入境边防检查机关报告。
Please take good care of this permit. If lost, please report to immigration inspection authority immediately.

正面

反面

图6—2

外国船员及其随行家属登陆港口所在城市（包括在港口城市换乘其他交通运输工具出境）的，由船舶负责人或船舶出境入境业务代理单位提出申请，提交船员名单以及海员证或者其他出境入境证件。出入境边防检查机关可为其签发“临时入境许可（船员）”（式样如图 6—2），停留时间不超过 15 日，本航次在我国各港口通用。外国船员及其随行家属需要随服务船舶继续在港口所在城市停留的，在临时入境许可到期前应当申请办理延期手续，每次不超过 15 日。外国船员及其随行家属需要在港口城市换乘其他交通运输工具或从陆地口岸徒步出境的，应当向出入境边防检查机关申请办理离船手续。对按双边协议享受免签政策的外国船员可按协议规定免签入境，在免签停留期内无需申请办理临时入境许可。对按规定需办妥我国签证方可入境的外国船员及其随行家属，未办签证的不准予临时入境。

临时入境许可（船员）采用 A5 纸由梅沙系统打印制作，并在签发日期上加盖证件专用章。外国船员及其随行家属确有必要超出停留期限继续在港口所在城市停留并提出申请的，出入境边防检查机关在临时入境许可（船员）背面加盖临时入境许可章，并在临时入境许可章右下角加盖证件专用章。外国船员及其随行家属需要在港口城市换乘其他交通运输工具或从陆地口岸徒步出境的，登陆港口的出入境边防检查机关在船员有效的临时入境许可左上角加盖员工入境验讫章；出境口岸出入境边防检查机关在船员有效的临时入境许可右上角加盖旅客出境验讫章。船员出境时，出入境边防检查机关无需收回临时入境许可（船员）。

（2）临时入境许可，如图 6—3 所示。

临时入境许可的签发情形和条件：

1）免签过境的外国人需要离开口岸限定区域或者过境两个以上口岸的，由外国人本人或者委托其所搭乘的交通运输工具负责人、交通运输工具出境入境业务代理单位提出申请，提交本人的出境入境证件和联程客票。出入境边防检查机关查验准许后，为其签发临时入境许可，在其出境入境证件上加盖临时入境许可章。临时入境期限为入境后 24 小时或者国务院规定的时限。

临时入境许可
Temporary Entry Permit
准予持证人在
Permitted to stay in
停留至 年 月 日
Until yy mm dd

图 6—3

2）外国人因不可抗力或者其他紧急原因需要临时入境的，由外国人本人或者委托其所搭乘的交通运输工具负责人、交通运输工具出境入境业务代理单位提出申请，填写《外国人临时入境申请表》，提交本人的出境入境证件及与申请事由相符的证明材料，并接受面谈。

3）对因外交、公务事由需要临时入境的，需由外交部主管司局或者省级外事部门出具相关函件。对其他因紧急原因需要临时入境的外国人，出入境边防检查机关认为有必要的，可以要求其本人提供在当地有固定住所并且有能力履行担保义务的自然人或者法人作为担保人，或者要求载运其入境的交通运输工具负责人、代理单位作为担保人，并提交《临时入境外国人担保人保证书》。

经出入境边防检查站值班领导批准后，可为申请人签发临时入境许可，在其出境入境证件上加盖临时入境许可章。临时入境停留时间根据申请事由确定，最长不超过 15 日。必要时，临时入境许可可限定临时入境人员的停留区域。

4）对被列入不准入境人员名单或者具有《出境入境管理法》第 25 条规定情形之一的，不准予临时入境。

对不属于上述情形但近 5 年内有在华非法出入境、非法居留、非法就业等违法记录的外国人，原则上不准予临时入境，如因紧急救助等人道原因确有必要临时入境的，需报经出入境边防检查站站长审批。

5）对过境免签和因不可抗力或者紧急原因被准予临时入境的外国人应当在临时入境许可注明的停留期限和停留区域内停留。如遇不可抗力等原因需在中国境内停留超过规定时限，或者超出准予停留区域范围的，应当按规定到公安机关出入境管理机构办理相应的外国人停留证件。外国人临时入境后违反上述规定或者有其他违法行为的，出入境边防检查机关可以注销或者收缴其临时入境许可，并依法进行处置。

签发及使用办法：

临时入境许可直接在其出境入境证件上加盖，并在临时入境许可章左上角加盖旅客入境验讫章，出境时在临时入境许可章右上角加盖旅客出境验讫章。24 小时过境免签临时入境的停留期限填写为入境后次日；72 小时过境免签临时入境的停留期限填写为入境后第四日。

（3）停留章，如图 6—4 所示。

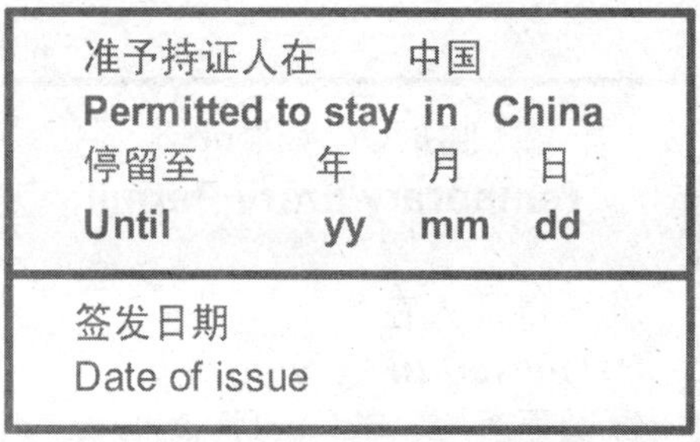

图 6—4

用于办理持团体签证入境后的分团手续。

（4）加签章，如图 6—5 所示。

用于增加偕行儿童、减少团体签证人数、改变通行口岸等情况进行加签。

（5）难民入境

中国政府于 1982 年加入了联合国《关于难民地位的公约》及《关于难民地位的议定书》，多年来也一直承担着在难民保护上的国际义务。《出境入境管理法》第 46 条增加了有关难民的入境和居留的条件：“申请难民地位的外国人，在难民地位甄别期间，可以凭

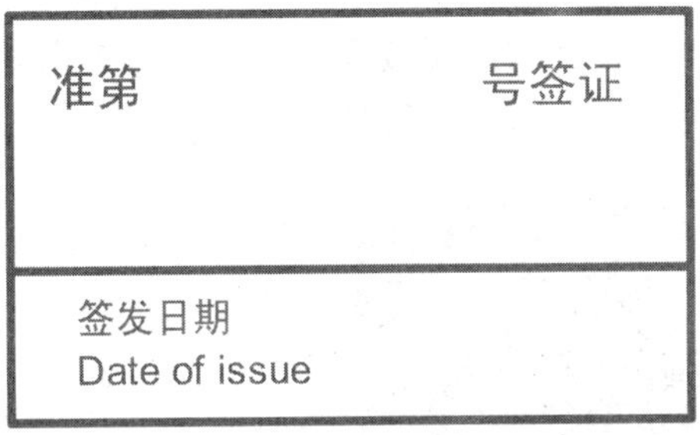

图 6—5

公安机关签发的临时身份证明在中国境内停留；被认定为难民的外国人，可以凭公安机关签发的难民身份证件在中国境内停留居留。”也就是说，按照 1951 年《关于难民地位的公约》第 31 条规定：（一）缔约各国对于直接来自生命或自由受到第一条所指威胁的领土未经许可而进入或逗留该国领土的难民，不得因该难民的非法入境或逗留而加以刑罚，但以该难民毫不迟延地自行投向当局说明其非法入境或逗留的正当原因者为限……如果难民非法入境我国，只要其在尽可能短的时间内向公安出入境管理机构说明，其非法入境可以免于处罚。

（三）协议方式

1. 根据中国政府与其他国家政府签订的互免签证协议

《出境入境管理法》第 22 条第 1 款规定，同中国政府签订有互免签证协议的国家的人员入境，按照协议执行。也就是说，只要与我国签订了签证互免协议国家的公民，可以免签证入境我国。

2. 根据多边协定持有 APEC 商务旅行卡入境

我国于 2001 年 12 月加入《亚洲太平洋经济合作组织商务旅行卡协议》（APEC Business Travel Card Scheme，亚太商务旅行卡），该协议 2003 年 11 月在中国施行。从事 APEC 商务的政府官员、中央大型企业高级管理人员以及与 APEC 相关经济体有经常业务往来信用和效益良好的民营企业管理人员持亚太商务旅行卡可以直接入出实施旅行卡计划的澳大利亚、新西兰等 15 个国家，每次停留在 2 个月以内。

3. 中国同毗邻国家签订关于边境居民相互往来的协定

根据这些协议的规定，居住在两国边境地区的外国边境居民临时进入中国国境，可以按照两国政府间的规定，凭《边境通行证》进入中国一侧的边境地区。例如，尼泊尔、老挝等国的边境居民进入中国边境地区，就是属于这种方式。

根据我国与这些国家签订的有关协议和我国政府的规定，与我国毗邻国家边民的入境，主要有以下几种情况：

（1）持本人的有效护照和我国主管机关签发的有效签证入境。其申请和审批的程序、方法与其他外国人相同。例如，我国与俄罗斯等国家相邻地区边民往来应当按国际惯例使用护照，在得到毗邻国的入境许可后，从对外开放或指定的边境口岸入境进入邻国。

（2）外国边民凭我国或本国主管机关签发的边境通行证件（见图 6—6）入境。边境通行证件有的由我国边境地区市、县公安机关或受委托的边防检查机关按照我国政府的规定签发，有的由毗邻国家边境地区主管机关根据双方签订的协议签发。例如，老挝、蒙古、越南、朝鲜等边境地区的边民，从与我国接壤的边境口岸进入我国境内地区，就使用我国与邻国签署的协定或议定书规定的边境通行证入境。

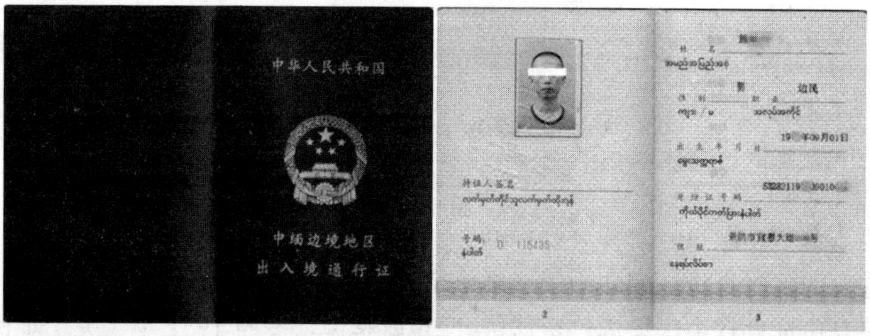

图 6—6

（3）外国边民持本国边境居民身份证件在我国入境口岸登记后入境。外国边民持《边境通行证》和《边境居民证》进入我国的规定，只适用于对方国家的边民，不适用于居住在该边境地区的第三国人和该国的非边境居民。外国边民入境时，必须从我国指定的口岸或通道入境。外国边民入境后只能在我国边境限定的地区活动，不能超过限定的区域进入我国内地。外国边民入境后的活动仅限于短期的探亲、访友、求医、买药、互市、通婚、朝圣、小额贸易以及参加传统的民族节日等。在特定的情况下，还有过耕、过牧的。

（四）特惠方式

对于一些具有特定身份的外国人，或者是在一定的限制条件下，对于一些具有特定事由的外国人，中国政府对其实行一种优惠方式，即免除入境申请，这些人员主要是：

1. 持联程客票搭乘国际航行的航空器、船舶、列车从中国过境前往第三国或者地区，在中国境内停留不超过 24 小时且不离开口岸，或者在国务院批准的特定区域内停留不超过规定时限的。

2. 我国其他单方面免签证的外国人。如对来自日本、文莱等国家持普通护照的公民前来中国大陆旅游、经商、探亲访友或过境不超过 15 天者和对外国旅行团单方面的免签证等情形。

三、入境的其他管理

（一）建立出入境管理相关部门的工作协调机制

《出境入境管理法》及《外国人入境出境管理条例》都规定了出入境管理相关部门的工作协调机制：公安部、外交部在出境入境事务管理中，应当加强沟通配合，并与国务院有关部门密切合作，按照各自职责分工，依法行使职权，承担责任；加强外国人入境出境服务和管理工作的统筹、协调与配合；省、自治区、直辖市人民政府可以根据需要建立外国人入境出境服务和管理工作协调机制，加强信息交流与协调配合，做好本行政区域的外国人入境出境服务和管理工作。

（二）倚重统一的出境入境管理信息平台

公安部将会同国务院有关部门一起建立外国人入境出境服务和管理信息平台，实现有关信息的共享。

（三）信息公开

《外国人入境出境管理条例》第 4 条规定：“在签证签发管理和外国人在中国境内停留居留管理工作中，外交部、公安部等国务院部门应当在部门门户网站、受理出境入境证件申请的地点等场所，提供外国人入境出境管理法律法规和其他需要外国人知悉的信息。”

（四）特殊要求

1. 采取对等措施

《出境入境管理法》第 7 条第 2 款规定：“外国政府对中国公民签发签证、出境入境管理有特别规定的，中国政府可以根据情况采取相应的对等措施。”

2. 留存人体生物识别信息

《出境入境管理法》第 7 条第 1 款的“经国务院批准，公安部、外交部根据出境入境管理的需要，可以对留存出境入境人员的指纹等人体生物识别信息作出规定”为签发签证和下一步出入境管理工作签发生物签证采集申请人指纹信息提供了法律依据，标志着出入境管理工作进入了“生物识别信息”时代。

3. 进行人身检查

《出境入境管理法》第 66 条规定：“根据维护国家安全和出境入境管理秩序的需要，必要时，出入境边防检查机关可以对出境入境的人员进行人身检查。人身检查应当由两名与受检查人同性别的边防检查人员进行。”

4. 撤销外国人入境资格

《外国人入境出境管理条例》第 34 条规定：“外国人有下列情形之一的，其所持签证、停留居留证件由签发机关宣布作废：（一）签证、停留居留证件损毁、遗失、被盗抢的；（二）被决定限期出境、遣送出境、驱逐出境，其所持签证、停留居留证件未被收缴或者注销的；（三）原居留事由变更，未在规定期限内向公安机关出入境管理机构申报，经公安机关公告后仍未申报的；（四）有出境入境管理法第二十一条、第三十一条规定的不予签发签证、居留证件情形的。签发机关对签证、停留居留证件依法宣布作废的，可以当场宣布作废或者公告宣布作废。”

同时，该条例第 35 条规定：“外国人所持签证、停留居留证件有下列情形之一的，由公安机关注销或者收缴：（一）被签发机关宣布作废或者被他人冒用的；（二）通过伪造、变造、骗取或者其他方式非法获取的；（三）持有人被决定限期出境、遣送出境、驱逐出境的。作出注销或者收缴决定的机关应当及时通知签发机关。”

第三节　外国人过境管理

一、过境的含义

过境，是指一国公民持合法有效的护照与签证，依照过境国的法律规定通过该国国境，前往其他国家或地区的行为。

外国人过境，须从一国对外开放的口岸通行。通常有两种情形：一是从某一口岸入境，从另一口岸出境；二是直接过境，即乘国际航班在同一个口岸入出境。由于外国人过境，同样涉及过境国的主权、安全和利益，因此除过境国法律另有规定外，拟过境的外国人也须事先征得过境国批准，办妥过境签证。

二、外国人过境管理

根据《出境入境管理法》、《外国人入境出境管理条例》、《外国人签证签发工作规范》、《外国人口岸签证签发工作规范》以及其他相关规定，我国外国人过境管理主要有以下内容：

（一）办理过境签证及延期

外国人从我国过境，可以在境外和口岸申请G字签证，应提交有效护照或者其他国际旅行证件，填写签证申请表，提交符合规定要求的本人照片，前往国家（地区）的已确定日期、座位的联程机（车、船）票以及签证机关要求的其他申请材料。

依据国际移民法惯例和过境的法律性质，中国除按照与有关国家签订的航空、航海协定，给予经常过境的机组人员、乘务人员、海员以入出境方便外，对一般的过境申请者，只要其不属不准入境的对象，通常都准其过境并发给G字签证。过境签证一般为一次或两次有效，对与我国有航空、航海、交通协定国家的海员、机组和乘务人员也可发给多次有效过境签证。

持G字签证入境的外国人，因故需要在签证停留期限届满后继续停留且无须变更签证种类的，须提供前往国家（地区）的已确定日期、座位的机（船、车）票等材料，境内有权签发签证的公安出入境管理机构可以给予其签证延期。

（二）过境城市停留不超过24小时不出机场免办过境签证

根据《出境入境管理法》第22条的规定，持联程客票搭乘国际航行的航空器、船舶、列车从中国过境前往第三国或者地区，在中国境内停留不超过24小时且不离开口岸，可以免办过境签证。与原来的出入境管理法相比，扩大了过境免签适用范围，将外国人24小时过境免签政策从空港口岸扩大至海、陆、空口岸。

（三）过境国务院批准的特定区域内停留不超过规定时限免办过境签证

《出境入境管理法》第22条规定，外国人免办签证4种情形中包括了授权国务院可以批准特定区域的过境免签证政策以及可以规定免办签证的其他情形，为国务院依据社会发展情况，适当调整过境免签的适用区域、时限和免办签证的情形，施行更为灵活的免办签证入境政策留下了操作空间，有利于促进国际交往，吸引更多外国人来华旅游、经商，进一步提高我国的对外开放和国际化程度。

2013年以来，截至2015年4月20日，经报国务院批准，北京（首都国际机场）、大连（周水子国际机场）、沈阳（桃仙国际机场）、上海（虹桥国际机场、浦东国际机场）、杭州（萧山国际机场）、广州（白云国际机场）、桂林（桂林两江机场）、重庆（江北国际机场）、成都（双流国际机场）、昆明（长水国际机场）、西安（咸阳国际机场）、厦门（高崎国际机场）12个航空口岸对51个国家持有有效国际旅行证件和72小时内确定日期、座位以及前往第三国（地区）联程机票的人员，实行过境免办签证政策。

51个国家包括奥地利、比利时、捷克、丹麦、爱沙尼亚、芬兰、法国、德国、希腊、匈牙利、冰岛、意大利、拉脱维亚、立陶宛、卢森堡、马耳他、荷兰、波兰、葡萄牙、斯洛伐克、斯洛文尼亚、西班牙、瑞典、瑞士、俄罗斯、英国、爱尔兰、塞浦路斯、保加利亚、罗马尼亚、乌克兰、塞尔维亚、克罗地亚、波黑、黑山、马其顿、阿尔巴尼亚、美国、加拿大、巴西、墨西哥、阿根廷、智利、澳大利亚、新西兰、韩国、日本、新加坡、文莱、阿拉伯联合酋长国、卡塔尔。①

上述51国公民，凭本人有效国际旅行证件、前往国（地区）签证和已确定日期及座位并在72小时内离境的联程机票或者相关证明，过境上述口岸前往第三国（地区），可免办签证。

这几个口岸的出入境边防检查部门经审核认为同时符合以下免签条件的，将按照规定办理过境手续：

1. 符合72小时过境免签范围国家的公民；

2. 持有能证明其国籍身份的有效国际旅行证件；

3. 符合前往国家或地区入境条件；

4. 持有72小时内已确定日期及座位的从上述城市的指定机场出境前往第三国或地区的联程机票或者相关证明；

5. 搭载其入出境的航空公司向边检机关进行申报。

（四）过境外国人需要临时入境的

根据《出境入境管理法》第22条、第23条规定，外国人持联程客票搭乘国际航行的航空器、船舶、列车从中国过境前往第三国或者地区，若在在中国境内需要离开口岸临时入境的，应当向出入境边防检查机关申请办理临时入境手续。临时入境的期限不得超过15日。

第四节　外国人出境管理

一、出境的概念

出境，是指居住或停留在一国境内的外国人，依法从开放口岸或指定口岸离开该国国境的行为。

外国人出境，表面上看似乎比入境、过境的性质较为次要，实质上对外国人出境的管理同样涉及一国的主权、安全和利益问题。对绝大多数自觉遵守入境国法律的外国人，他们可以在其签证的有效期内自由出境，但对于极少数违反入境国法律的外国人，入境国则有权限制或强制其出境。②

依照国际法，一个合法入境的外国人，只要他不违反该国的出境规定，履行了法定的离境手续，就不能禁止他出境。外国人的出境活动和入境一样，同样涉及一国的主权，涉及一国的安全、利益。根据国家主权原则，一国有权在任何时候，禁止某些刑事案件的被告或犯罪嫌疑人以及有违法行为的外国人在一定期限内离开国境。③

---

① 72小时过境免签口岸相关信息，参见公安部出入境管理局网站：动态资讯，见 http：//www.mps.gov.cn/n16/n84147/n84196/4380403.html，2015-04-27。

② 参见翁里：《国际移民的理论与实践》，182页，北京，法律出版社，2001。

③ 参见张铁岩：《新编涉外警务教程》，104页，北京，中国人民公安大学出版社，2009。

二、外国人出境管理的内容

根据国际移民法理论和我国对外国人出入境管理的实践，外国人出境管理主要内容有以下几个方面：

（一）正常出境

正常出境，是指外国人自愿、合法地离开一国国境。例如，进行经济贸易、科技文化交流、探亲、访友、旅游观光的外国人，入境已经达到了所要从事的各种活动的目的以及由于其他原因需要离境回国或去其他国家等。自由出境，是指外国人履行法定手续后自愿离开中国。自由出境包括两种含义：对外国人来说，只要其履行了一定的法律义务，就可以随意出境，不受任何限制；对入境国来说，只要外国人不违反法律规定，就不能限制其自由出境的权利。从对外国人入出境管理的实践来看，世界各国基本采取“严入宽出”的政策，入境审查非常严格，而出境管理则相对宽松。

为了给外国人自由离开中国提供方便，我国法律从 1985 年，取消了外国人离开中国必须办理出境签证手续。按照《出境入境管理法》第 27 条规定：“外国人出境，应当向出入境边防检查机关交验本人的护照或者其他国际旅行证件等出境入境证件，履行规定的手续，经查验准许，方可出境。”根据我国有关法律的规定，外国人出境必须具备以下条件：

1. 须持有本人有效护照或者其他有效证件

外国人出境时应履行向出入境边防检查机关交验本人护照或者其他国际旅行证件等出入境证件的义务。这些出入境证件可以证明外国人的国籍身份，能够为其享有国际法上规定的出境自由提供依据。

2. 应在停留居留证件的有效期限内出境

外国人出境时，本国签发的停留居留证件有效期是需要接受检查的重要内容。依据《出境入境管理法》第 37 条的规定，外国人应当在规定的停留居留期限届满前离境。如果外国人没有按期离境，就构成非法居留，出入境边防检查机关可以依法阻止其出境或追究其法律责任。

3. 不属于不准出境的法定情形

《出境入境管理法》第 28 条规定了外国人不准出境的四种情形，外国人只要在中国不涉及刑事、民事纠纷，不拖欠劳动者报酬，依法纳税，也没有其他不准出境的情形，就可以出境。

4. 接受出入境边防检查机关的查验

《出境入境管理法》第 27 条规定，外国人出境，应当向出入境边防检查机关交验本人的护照或者其他国际旅行证件等出入境证件，履行规定的手续，经查验准许，方可出境。外国人出境时，必须接受我国出入境边防检查机关的查验，这是外国人应履行的义务，同时也是我国出入境边防检查机关的权力。外国人出境须持有本人有效护照或者其他有效证件。①

对某些外国人，我国政府还颁发《外国人出入境证》（见图 6—7），适用于难民或证件遗失无法出境的外国人。某些退出中国国籍，暂时又未能申领到外国身份证件的原中国公

① 参见张保平：《出入境管理学》，138 页，北京，中国人民公安大学出版社，2014。

民，也可持用此种证件出境。

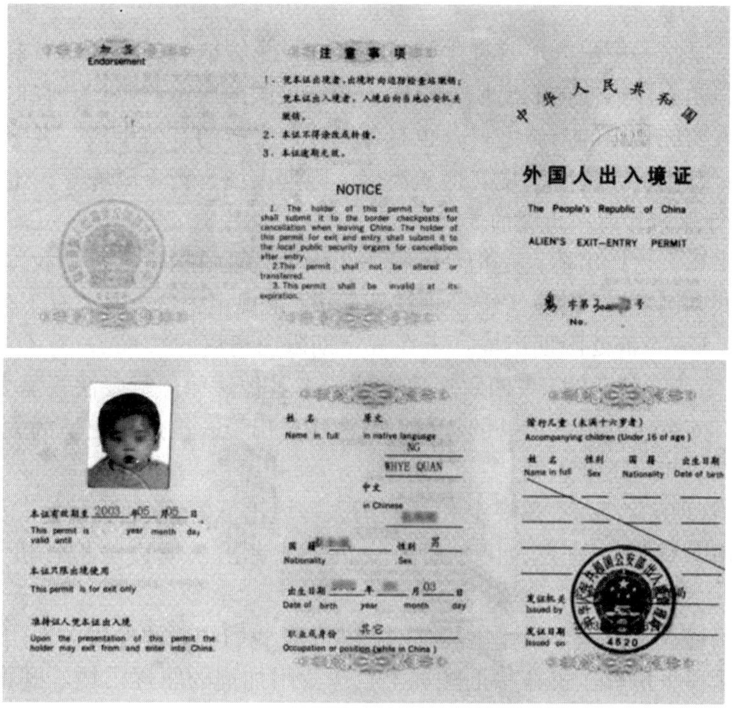

图 6—7

（二）限期出境

限制出境，是指对某些有违法行为的外国人，责令其在指定的时间内，通过指定的口岸离开入境国。

《出境入境管理法》第 81 条第 1 款规定：“外国人从事与停留居留事由不相符的活动，或者有其他违反中国法律、法规规定，不适宜在中国境内继续停留居留情形的，可以处限期出境。”

（三）禁止出境

1. 禁止出境的概念

禁止出境，是指对某些违反法律，而又尚未追究刑事责任的外国人，在一定时期内，不准许其出境或者阻止其出境。

根据《出境入境管理法》第 28 条规定，外国人有下列情形之一的，不准出境：①被判处刑罚尚未执行完毕或者属于刑事案件被告人、犯罪嫌疑人的，但是按照中国与外国签订的有关协议，移管被判刑人的除外；②有未了结的民事案件，人民法院决定不准出境的；③拖欠劳动者的劳动报酬，经国务院有关部门或者省、自治区、直辖市人民政府决定不准出境的；④法律、行政法规规定不准出境的其他情形。

2. 不准出境的决定机关和方式

根据我国有关法律的规定，我国不准出境的决定机关有人民法院，国务院有关部门或者省、自治区、直辖市人民政府，税务部门，公安及其他行政部门；实施机关为出入境边防检查机关。

（四）强制出境

1. 强制出境的概念

强制出境，是指一国出入境管理主管机关对违反出入境管理法或具有其他特定情形的外国人，采取强制手段迫使他们离境，以中止其在该国的居留或停留。强制出境是一国政府对境内外国人实施管辖的措施之一，也是各国普遍采取的有效手段。各个国家的称谓并不相同，包括驱逐出境、递解出境、遣送出境、限期出境、责令离境等。

2. 我国施行强制外国人出境的手段

（1）遣送出境。遣送出境，是指公安机关出入境管理机构将不符合我国居留条件的外国人强制送出我国国境。《出境入境管理法》第 62 条规定："外国人有下列情形之一的，可以遣送出境：（一）被处限期出境，未在规定期限内离境的；（二）有不准入境情形的；（三）非法居留、非法就业的；（四）违反本法或者其他法律、行政法规需要遣送出境的。其他境外人员有前款所列情形之一的，可以依法遣送出境。被遣送出境的人员，自被遣送出境之日起一至五年内不准入境。"

《出境入境管理法》第 70 条规定和《外国人入境出境管理条例》第 32 条规定：遣送外国人出境，由县级以上地方人民政府公安机关或者出入境边防检查机关作出决定并实施。

（2）驱逐出境。在我国，驱逐出境是对严重违反我国法律的外国人适用的一种处罚措施。主要适用于以下情形：①在《刑法》上，作为附加刑的驱逐出境，既可以独立适用，也可以附加适用，主要适用于在我国犯罪的外国人。②《出境入境管理法》第 81 条第 2、3 款规定："外国人违反本法规定，情节严重，尚不构成犯罪的，公安部可以处驱逐出境。公安部的处罚决定为最终决定。被驱逐出境的外国人，自被驱逐出境之日起十年内不准入境。"③《治安管理处罚法》第 10 条第 2 款规定：对违反治安管理的外国人，可以附加适用限期出境或者驱逐出境。④根据 2014 年《反间谍法》第 34 条规定：境外人员违反本法的，可以限期离境或者驱逐出境。

此外，驱逐出境还可作为一种国家行为，强制不受欢迎的外交官出境。例如，我国政府可按照国际条约或《外交特权与豁免条例》的规定，对享有外交或领事特权和豁免的外国人宣布为不受欢迎的人或者不可接受并拒绝承认其外交或领事人员身份、责令限期出境的人，无正当理由逾期不自动出境的，可实施驱逐出境。

3. 执行机关

根据 1992 年最高人民法院、最高人民检察院、公安部、外交部、司法部、财政部《关于强制外国人出境的执行办法的规定》及 2012 年《公安机关办理刑事案件程序规定》第 361 条的规定，执行和监视强制外国人出境的工作，由公安机关依据有关法律文书或者公文进行：

（1）对判处独立适用驱逐出境刑罚的外国人，人民法院应当自该判决生效之日起 15 日内，将对该犯的刑事判决书、执行通知书的副本交所在地省级公安机关，由省级公安机关指定的公安机关执行。省级公安机关在收到人民法院的刑事判决书、执行通知书的副本后，应当指定该外国人所在地的设区的市一级公安机关执行。

（2）被判处徒刑的外国人，其主刑执行期满后应执行驱逐出境附加刑的，应在主刑刑期届满的 1 个月前，由原羁押监狱的主管部门将该犯的原判决书、执行通知书副本或者复印本送交所在地省级公安机关，由省级公安机关指定的公安机关执行。省级公安机关在收到执行监狱的上级主管部门转交的刑事判决书、执行通知书副本或者复印件后，应当指定该外国人所在地的设区的市一级公安机关执行。

（3）被公安部处以驱逐出境、限期出境的外国人，凭公安部出入境管理处罚裁决书，由当地的公安机关执行。

（4）被公安机关决定遣送出境的外国人，由当地公安机关凭决定书执行。

（5）我国政府已按照国际条约或《外交特权与豁免条例》的规定，对享有外交或领事特权和豁免的外国人宣布为不受欢迎的人或者不可接受并拒绝承认其外交或领事人员身份、责令限期出境的人，无正当理由逾期不自动出境的，凭外交部公文由公安部指定该外国人所在地的省级公安机关负责执行或者监督执行。

4. 执行方式及有关事项

根据 1992 年最高人民法院、最高人民检察院、公安部、外交部、司法部、财政部《关于强制外国人出境的执行办法的规定》，对外国人实施强制出境的执行方式及有关事项有：

（1）被人民法院判决独立适用驱逐出境和被公安部处以驱逐出境的外国人，由公安机关看守所武警和外事民警共同押送；对主刑执行期满后再驱逐出境的外国人由原羁押监狱的管教干警、看守武警和公安机关外事民警共同押送。对上述两类人员押送途中确有必要时，可以使用手铐。

对其他被责令出境的外国人，需要押送的，由执行机关派外事民警押送；不需要押送的，可以在离境时派出民警，临场监督。

（2）执行人员的数量视具体情况而定，原则上应不少于 2 人。

（3）押送人员应提高警惕，保障安全，防止发生逃逸、行凶、自杀、自伤等事故。

（4）边防检查站凭对外国人强制出境的执行通知书、决定书或者裁决书以及被强制出境人的护照、证件安排放行。

（5）执行人员要监督被强制出境的外国人登上交通工具并离境后方可离开。从边境通道出境的，要监督其离开我国境后方可离开。

（6）对被驱逐出境的外国人入出境交通工具等具体情况，应拍照，有条件的也可录像存查。

第五节　公安出入境边防检查

一、公安出入境边防检查概述

（一）出入境边防检查的含义

出入境边防检查，是国家通过设在对外开放口岸的边防检查机关，依法对出入境人员、交通运输工具及其携带、载运的行李物品、货物等实施检查、监督的一种行政管理活动。出入境边防检查是出入境管理的一个组成部分，在出入境管理工作中具有自己特殊的职能和作用。它是维护国家主权，保卫国家安全，维护正常出入境秩序，保障出入境人员合法权益的重要手段。它是本国公民出境的最后一道关口，也是一国对外的最后防线，也是外国人入境的第一道关口，具有事先防范的作用。

（二）出入境边防检查机关

我国的出入境边防检查工作由公安部主管，公安部在口岸设立边防检查站，代表中国行使边防检查的职权。

（三）出入境边防检查机关的职责

边防检查站为维护国家的主权、安全和社会秩序，履行以下职责：对出境、入境的人员及其行李物品、交通运输工具及其载运的货物实施边防检查；按照国家有关规定对出境、入境的交通运输工具进行监护；对口岸的限定区域进行警戒、维护出境、入境秩序；执行主管机关赋予的和其他法律、行政法规规定的任务。管理与服务并重，寓管理于服务之中，进一步提高边检服务水平，为出入境人员提供便利，也是我国边防检查机关的职责之一。为此，我国边防检查机关采取了大量措施。2001 年起，在口岸设立中国公民专用通道，加快验放中国公民的速度，增强中国公民爱国意识和民族自豪感。2007 年，边防检查机关实施了包括中国公民免填出入境登记卡，推广旅客满意度电子评价系统，接受旅客监督，实行“蓝色提示线”制度尽量减少旅客排长队等 12 项便民措施，进一步提高通关效率，保障出入境人员的合法权益。

（四）出入境边防检查法律依据

自 1995 年 7 月 6 日由国务院第 34 次常务会议通过《中华人民共和国出境入境边防检查条例》以来，该条例一直是出入境边防检查的最主要法律依据。2012 年 6 月 30 日，该条例连同《公民出境入境管理法》和《外国人入境出境管理法》被《出境入境管理法》所替代。目前，出入境边防检查的主要法律依据是《出境入境管理法》和《外国人入境出境管理条例》。

（五）出入境边防检查工作的指导方针

新中国成立以来，我国的边检工作指导方针的变化大致经历了三个阶段：第一个阶段是从解放之初到改革开放前。这一时期的指导方针是“以管控为中心”。第二阶段是从改革开放后到 2007 年前。这一时期的指导方针是“管理与服务并重”。第三阶段即现阶段边检工作的指导方针是以服务为中心的边检工作指导方针。在广泛研究，深入论证的基础上，2011 年，公安部在《公安部关于进一步提高边检服务水平的意见》中明确提出“以服务为中心，坚持顺畅通关、坚持严密管控是新时期边检工作的指导方针”。以服务为中心，是服务型政府建设和加强社会管理创新必然要求，也是我国边检机关执法为民的本质要求。在突出服务的中心地位和统帅作用的同时，《公安部关于进一步提高边检服务水平的意见》强调“坚持顺畅通关、坚持严密管控是保证边检机关圆满完成各项工作任务、推动边检工作健康发展的基本点”。顺畅通关是广大出入境旅客对边检机关的第一需求，是衡量边检机关工作水平的基本指标。严密管控是出入境边检机关履行政治和社会责任的另一项基础要求。《公安部关于进一步提高边检服务水平的意见》指出“贯彻新时期边检工作指导方针，必须在全国边检机关中加强服务理念、专业素质、职业精神建设，这是提高边检机关整体服务水平的三大支柱”。在“三大支柱”之中，服务理念的定位是“人本、专业、安全”。人本是以人为本。专业是要坚持精益求精、规范高效。安全就是要坚持管控明确、秩序良好。专业素质包括专业知识全面扎实、职业养成规范严谨，职业态度认真负责。边检职业精神可以概括为八个字：忠诚、奉献、亲和、卓越。

（六）出入境边防检查的作用

1. 维护国家主权与尊严的重要手段

外国人和外国交通运输工具进入或通过一国国境，涉及一国的主权。根据国家主权原则，外国人和外国交通运输工具进入或通过一国国境必须得到该国政府主管机关批准并从该国对外开放的口岸或指定的地点通行。外国人和外国交通运输工具未经许可进入或通过一国国境，或未从对外开放口岸或指定的地点通行，是对该国主权的侵犯。世界各国为了维护自己国家的主权与尊严，都制定了出入境边防检查制度，对出入境人员、交通运输工具及其载运货物和行李物品实施检查。任何出入境的人员和交通运输工具都必须尊重和服从出入境边防检查，对违反出入境管理法律法规的人员，边防检查机关有权阻止其出境、入境或过境。这既是国家主权的体现，是任何一个独立国家所固有的权力，也是公认的国际法准则。出入境边防检查不受外交特权和豁免权的制约，不受任何外国的干涉。所有入出境人员，都要接受边防检查。

2. 通过实施出入境控制，维护国家安全和社会秩序

人员和交通运输工具的出入境行为，不仅涉及一国的国家主权，还可能涉及一国的国家安全。出入境秩序是一国社会秩序的重要组成部分。出入境边防检查机关通过对出入境人员实施普遍检查，对出入境人员进行过滤、控制，达到维护社会秩序的目的。出入境边防检查机关通过发现、制止和打击偷越国边境活动，伪造出入境证件等非法活动可以有效地发现和打击境内外敌对分子及其他违法犯罪分子利用伪假证件混入混出国（边）境，并通过对出入境秩序的监管，可以有效地实现国家主权和安全。

3. 通过提供出入境通关服务，保障出入境人员的合法权益

出入境边防检查机关也是保障出入境人员实现其出入境权，迅速、快捷、安全通关的重要力量。边防检查机关在强调严密管控的同时，也要为合法出入境人员提供方便、快捷的服务，保障出入境人员的合法权益。为此，世界各国出入境边防检查机关都简化出入境检查手续，加快验放速度。例如，美国移民管理机关为加快通关速度，开发利用指纹、掌纹辨别技术的多种快速通关系统，使得车辆、人员的通关速度大加快。我国在深圳和珠海口岸，为方便中国公民往来中国内地与香港、澳门特别行政区，提供持规定的出入境证件自助通关服务，大大方便了需多次出入境人员。①

二、外国人入出境边防检查

（一）外国人入境检查

外国人入境，应当向出入境边防检查机关交验本人的护照或者其他国际旅行证件、签证或者其他入境许可证明，履行规定的手续，经查验准许，方可入境。签证是一个主权国家实施出入境管理的一项重要手段。一个外国人想入境其他国家，除必须持有本人的有效护照外，还必须获得前往国家的签证。但随着国际关系和各国旅游事业的不断发展，为便利各国公民之间的友好往来，根据两国间签署的互免签证协议，双方公民持有效的护照可

---

① 参见张惠德主编：《出入境管理》，243页，北京，中国人民公安大学出版社，2014。

自由入出对方国境，而不必办理签证。在边防检查方面，这二者又有所区别：

1. 对于入境中国内地必须办理签证的外国人，查验出入境证件和中国签证真实有效，连同在外国人入境卡（见图6—8）上加盖入境验讫章（见图6—9、图6—10），并将外国人入境卡收存后放行。

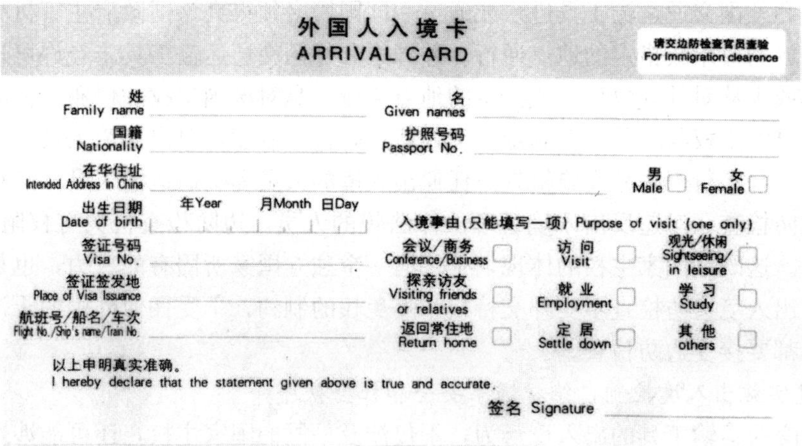
外国人入境卡
ARRIVAL CARD
请交边防检查官员查验
For Immigration clearence
姓 Family name
名 Given names
国籍 Nationality
护照号码 Passport No.
在华住址 Intended Address in China
男 Male 女 Female
出生日期 Date of birth 年Year 月Month 日Day
入境事由（只能填写一项）Purpose of visit (one only)
签证号码 Visa No.
会议/商务 Conference/Business
访问 Visit
观光/休闲 Sightseeing/in leisure
签证签发地 Place of Visa Issuance
探亲访友 Visiting friends or relatives
就业 Employment
学习 Study
航班号/船名/车次 Flight No./Ship's name/Train No.
返回常住地 Return home
定居 Settle down
其他 others
以上申明真实准确。
I hereby declare that the statement given above is true and accurate.
签名 Signature

图6—8

图6—9

图6—10

如发现以下情况，须按规定处置：

（1）出入境证件已过期，但办有我国签证的外国人，凭有效签证放行；如签证也已过有效期，则应视为持用无效护照证件，阻止其入境。

（2）持零次签证入境的外国人，即使仍在签证有效期内，仍应阻止其入境；特殊情况下可令其在口岸签证机关申请相应签证，如取得签证，应正常放行。

（3）外国驻华外交代表机关、领事机关（含联合国组织驻华代表机构）常驻人员及其眷属再次入境时无签证的，如能证明其身份，可指出错误后办理“临时入境许可”手续，令其入境后补办签证。

（4）因公来华外国人，持有本人有效护照、入境签证过期不超过10日且有正当理由的，由边防检查机关审核后，加盖“临时入境许可”章放行；因公来华人员签证过期10

日以上或未持签证的不准入境。

(5) 乘坐火车入境、过境的外国人，事先未办妥相应签证、退回有困难且不属于不准入境人员的，边防检查机关可在其护照或其他有效出入境证件上加盖“临时入境许可”章，准其入境后补办签证。对于准予临时入境的人员，应令其入境后（一般为24小时以内；如从满洲里、二连、丹东、绥芬河入境的，可在72小时以内）到目的地向有关部门申请补办相应的签证。

(6) 入境外国人实际偕行人与签证所标注不相符时，偕行人多于签证上人数的，办理偕行人加签手续；未偕行或偕行人少于签证上人数的，办理偕行人加注手续。

(7) 既办妥我国有效签证，证件上又有我国“拒签章”戳记，且不属不准入境人员的外国人，可正常查验放行。

2. 入境中国内地免办签证的外国人，查验出入境证件真实有效后放行

《出境入境管理法》规定，外国人有下列情形之一的，可以免办签证：一是根据中国政府与其他国家政府签订的互免签证协议，属于免办签证人员的；二是持有效的外国人居留证件的；三持联程客票搭乘国际航行的航空器、船舶、列车从中国过境前往第三国或者地区，在中国境内停留不超过24小时且不离开口岸，或者在国务院批准的特定区域内停留不超过规定时限的；四是国务院规定的可以免办签证的其他情形。其中第三种情形系指外国人过境的情形，因情况较为复杂，在本章第三节第二部分“外国人过境管理”中有详细说明。

(1) 与我国签订互免签证协议国家的人员，持协议范围内的出入境证件从中国内地口岸入境免办签证。

(2) 目前，我国单方面对持普通护照来华经商、旅游观光、探亲访友或过境的日本、新加坡、文莱公民，自入境之日起在华停留不超过15天者，免办签证。

(3) 持用APEC商务旅行卡的外国旅客，凭APEC商务旅行卡（背面允其免签入境的APEC经济体名称栏内有“CHN”字样）和本人有效护照可在APEC商务旅行卡有效期内免办签证多次入、出我国国境，每次可在华停留60天。

(4) 互免签证入境人员所持护照证件如注明有偕行人，核对实际偕行入境的人员与出入境证件所注明的人员是否相符，实际偕行人数少于所注人数的，办理加注手续；实际偕行人数多于所注人数的，不予放行；未带偕行人的，办理未偕行加注。

3. 外国人有下列情形之一的，不准入境

(1) 未持有效出境入境证件的。包括未持出入境入境证件的，持用无效出境入境证件的，冒用他人出境入境证件的，持用伪造或变造的出境入境证件等情形。而且，经查发现有冒用他人出境入境证件或者持用伪造或变造的出境入境证件非法入境的，边防检查机关可依法对行为人作出拘留、罚款等行政处罚。

(2) 拒绝、逃避接受边防检查的。

(3) 被处驱逐出境或者被决定遣送出境，未满不准入境规定年限的。

(4) 患有严重精神障碍、传染性肺结核病或者有可能对公共卫生造成重大危害的其他传染病的。

(5) 可能危害中国国家安全和利益、破坏社会公共秩序或者从事其他违法犯罪活动的。

(6) 在申请签证过程中弄虚作假或者不能保障在中国境内期间所需费用的。

（7）入境后可能从事与签证种类不符的活动的。

（8）法律、行政法规规定不准入境的其他情形。

（二）外国人出境

外国人出境时，查验出入境证件和中国签证或居留证件或永久居留证真实有效，连同在外国人出境卡（见图 6—11）上加盖出境验讫章（见图 6—12、图 6—13），并将外国人出境卡收存后放行。

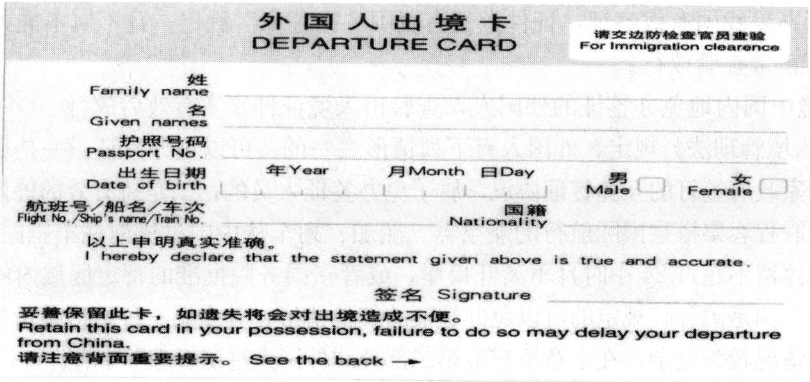
外国人出境卡
DEPARTURE CARD

请交边防检查官员查验
For Immigration clearence

姓 Family name
名 Given names
护照号码 Passport No.
出生日期 Date of birth　年Year　月Month　日Day　男 Male　女 Female
航班号/船名/车次 Flight No./Ship's name/Train No.　国籍 Nationality
以上申明真实准确。
I hereby declare that the statement given above is true and accurate.
签名 Signature
妥善保留此卡，如遗失将会对出境造成不便。
Retain this card in your possession, failure to do so may delay your departure from China.
请注意背面重要提示。 See the back →

图 6—11

图 6—12

图 6—13

1. 外国人有下列情形之一的，不准出境

（1）被判处刑罚尚未执行完毕或者属于刑事案件被告人、犯罪嫌疑人的，但是按照中国与外国签订的有关协议，移管被判刑人的除外。

（2）有未了结的民事案件，人民法院决定不准出境的；

（3）拖欠劳动者的劳动报酬，经国务院有关部门或者省、自治区、直辖市人民政府决定不准出境的；

（4）法律、行政法规规定不准出境的其他情形。

2. 在外国人出境检查中有以下几点需要注意：

（1）外国人在我境内停留期的计算从其入境的次日起算。

（2）对于因换领护照、丢失团体签证或办理签证停留延期而持零次签证出境的外国人，查验签证停留期无误后放行。

（3）持 APEC 商务旅行卡的外国人每次允许在华停留 60 日。

（4）持普通护照免签入境的日本、新加坡、文莱公民每次允许在华停留 15 天，在华停留时间超过 15 天时必须申办签证，出境时凭有效签证查验放行；在华停留时间超过 15 天而未申办签证的，依法予以处罚后放行。

（5）根据中国政府同外国政府签订的协议免办签证的外国人，入境后在中国停留 30 日以上的应申请居留证件。

（6）对于办理临时入境手续后，出境时仍未补办签证的外国人，可依照《出境入境边防检查行政处罚实施办法》处罚后放行。

（7）持有“特区签证”的人员，超越规定活动范围从特区以外口岸要求出境的，可依照《出境入境边防检查行政处罚实施办法》处罚后放行。

（8）经边防检查机关办理分团手续的旅游团成员凭有效出入境证件和“停留章”办理出境检查手续，超过停留期的按逾期居留处罚后放行。

（9）外国人在华丢失护照后，如驻华使领馆为其签发护照则应办妥签证证件或停留证件，如驻华使领馆为其签发回国证明则应办妥出入境通行证。

（三）外国人过境检查

国际旅客前往目的地国家，中途经停某一国家为过境该国。按《出入境管理法》第 22 条的规定：持联程客票搭乘国际航行的航空器、船舶、列车从中国过境前往第三国或者地区，在中国境内停留不超过 24 小时且出离开口岸，或者在国务院批准的特定区域停留不超过规定时限的，可以免办签证。对办妥直接过境手续后，无不可抗拒的原因未在规定的时间离境的外国人，按照《出境入境边防检查行政处罚实施办法》第 9 条规定，可在处罚后准予出境。对办理了过境“停留许可”却没有在规定时限内离开中国内地的外国人，可按非法居留对其实施处罚或令其到当地公安机关补办签证后方可出境；如因不可抗拒的原因造成未能在规定时限离境的，可在查明情况属实后登记放行 。

过境手续办理包括以下几种情况。

（1）持有过境签证的旅客手续办理。

持有我国过境签证的旅客，按入、出境人员办理手续。

（2）不转乘其他交通运输工具、24 小时直接过境的旅客手续办理。

24 小时内过境，在过境口岸不转乘其他交通运输工具、不出口岸限定区域、直接转入出境候机厅的过境旅客，免办边防检查手续，但需做好此类人员的监护工作。

（3）转乘其他国际航班，24 小时内从同一口岸过境的旅客手续办理。

当天转机，且已在口岸限定区域内换取下程登机牌、不再出口岸限定区域的过境旅客，在国际中转检查台为其办理过境手续。

当天转机，但需离开口岸限定区域的过境旅客，分别在入、出境现场办理过境手续。

入境现场应设置专门的检查通道办理过境手续。检查员应首先确认过境旅客是否持有订妥座位、24 小时内从同一口岸出境的联程机票，在进行人证对照和查验护照证件无误后，在出入境证件和外国人入\出境卡（按规定免填卡的除外）上加盖过境验讫章（见图6—14），发还外国人出境卡，收存外国人入境卡）。

图 6—14

旅客持下程登机牌在出境现场办理边防检查手续时，检查员查验护照证件上加盖的过境验讫章，在登机牌上加盖出境验讫章（护照上不加盖），收存外国人出境卡。

隔天转机，需离开口岸限定区域过夜的过境旅客，入境检查员应首先确认旅客持有订妥座位的、24 小时内从同一口岸出境的联程机票，需在出入境证件上加盖“停留许可”章，注明准予停留期后再在“停留许可”右下角和外国人入境卡（按规定免填卡的除外）上加盖过境验讫章，收存外国人入境卡。旅客持下程登机牌在出境现场办理边防检查手续时，检查员查验护照证件上加盖有过境验讫章的“停留许可”，在登机牌和外国人出境卡上加盖出境验讫章（护照上不加盖），收存外国人出境卡。

（4）转乘其他国际航班，24 小时内从另一口岸出境（包括乘坐国际航班国内段）的过境旅客手续办理。

入境口岸检查员在确认旅客持有订妥座位的、24 小时内从另一口岸出境的联程机票后，在护照证件上加盖“停留许可”章，注明准予停留期后再在“停留许可”右下角和外国人入境卡上加盖过境验讫章，收存外国人入境卡。

出境口岸检查员应查验护照证件上的盖有过境验讫章的“停留许可”和登机牌，在登机牌和外国人出境卡上加盖出境验讫章（护照上不加盖），收存外国人出境卡。

（5）国务院批准的特定区域过境免签证的旅客手续办理。

截至 2014 年 11 月，北京、上海等 10 个城市被国务院批准对来自 51 个国家公民 72 小时过境免签证。符合过境免签证的旅客，应在旅客出入境证件的签证页上和外国人入境卡上加盖过境验讫章；在旅客的外国人出境卡背面加盖“停留许可”章和过境验讫章。收存外国人入境卡，并将外国人出境卡发还给旅客，待办理旅客出境手续时收存。

三、外国交通运输工具入出境检查与监护

根据《出境入境边防检查条例》的规定，出入境交通运输工具，是指一切离开、进入

或者通过国境的船舶、航空器、火车和机动车辆、非机动车辆以及驮畜。与一般意义上的交通运输工具不同，出入境交通运输工具经国家开放口岸或者特许地点出入国境，从一个国家地区到达另一个国家或地区。出入境交通运输工具须符合以下条件：出入境交通运输工具及其驾驶人员必须具备直接出入境的资格和条件。针对交通运输工具的出境入境边防检查主要包括对出入境交通运输工具出入境行为是否合法的确认，对从我国开放口岸入境、停留、出境的交通运输工具所采取监督以及对在口岸停留期间交通运输工具及其服务员工、上下交通运输工具人员的管理等工作。

（一）交通运输工具的出境入境边防检查一般规定

根据现行法律法规，我国目前对交通运输工具出入境边防检查的一般规定有以下几项：

1. 交通运输工具的出入境边防检查制度

出境入境交通运输工具离开、抵达口岸时，应当接受边防检查。接受边防检查是出入境交通运输工具必须承担的法律义务，未经边防检查禁止出入境。

2. 检查地点“最先、最后口岸”原则

对交通运输工具的入境边防检查，在其最先抵达的口岸进行；对交通运输工具的出境边防检查，在其最后离开的口岸进行。特殊情况下，可以在有关主管机关指定的地点进行。

3. 交通运输工具出境入境前的报告和申报制度

交通运输工具负责人或者交通运输工具出境入境业务代理单位应当按照规定提前向出入境边防检查机关报告入境、出境的交通运输工具抵达、离开口岸的时间和停留地点，如实申报员工、旅客、货物或者物品等信息。交通运输工具出境入境前的报告和申报，既有利于维护国家安全和口岸出入境秩序，也便于加快对出入境交通运输工具的验放速度，进一步缩短口岸停留时间，提高通关效率。

4. 交通运输工具负责人及出入境业务代理单位配合边防检查的义务

交通运输工具负责人、交通运输工具出境入境业务代理单位应当配合出境入境边防检查，发现违法行为的，应当立即报告并协助调查处置。

5. 对遣返人员载离义务

入境交通运输工具载运不准入境人员的，交通运输工具负责人应当负责载离。《出境入境边防检查条例》第42条规定：发现出境、入境的交通运输工具载运不准出境、入境人员、偷越国（边）境人员及未持有效出境、入境证件的人员的，交通运输工具负责人应当负责将其遣返，并承担由此发生的一切费用。

6. 出入境交通运输工具的监护制度

交通运输工具有下列情形之一的，边防检查机关按照有关规定对其进行监护：

（1）出境的交通运输工具在出境边防检查开始后至出境前，入境的交通运输工具在入境后至入境检查完成前；

（2）外国船舶在中国内行航运期间；

（3）有必要进行监护的其他情形。

7. 上下船舶的管理制度

因装卸物品、维修作业、参观访问等事由需要上下外国船舶的人员，应当向出入境边防检查机关申请办理登轮证件。

8. 船舶之间搭靠规定

中国船舶与外国船舶或者外国船舶之间需要搭靠作业的，应当由船长或者交通运输工具出境入境业务代理单位向出入境边防检查机关申请办理船舶搭靠手续。

9. 交通运输工具有关行驶问题的规定

外国船舶、航空器在中国境内应当按照规定的路线、航线行驶。出境入境的船舶、航空器不得驶入对外开放口岸以外地区。因不可预见的紧急情况或者不可抗力驶入的，应当立即向就近的出入境边防检查机关或者当地公安机关报告，并接受监护和管理。

10. 交通运输工具禁止出境入境的规定

交通运输工具有下列情形之一的，不准出境入境；已经驶离口岸的，可以责令返回：

(1) 离开、抵达口岸时，未经查验准许擅自出境入境的；

(2) 未经批准擅自改变出境入境口岸的；

(3) 涉嫌载有不准出境入境人员，需要查验核实的；

(4) 涉嫌载有危害国家安全、利益和社会公共秩序的物品，需要查验核实的；

(5) 拒绝接受出入境边防检查机关管理的其他情形。

(二) 出境、入境交通运输工具监护要求

1. 对出境、入境飞机的监护由民航部门负责，出入境边防检查机关一般不进行监护，如发现检查与登机、申报人数不符或者其他可疑情况时，可以登机检查。

2. 对出境、入境的船舶，出入境边防检查机关根据工作需要可以采取码头巡查、视频监控、梯口监护、驻船监护等方式实施监护。码头运营方、船方应当根据有关法律、法规和国际公约履行协管、自管义务。出入境边防检查机关应当建立风险评估、多方共管、信誉管理制度，对出境、入境船舶实施有效管理。

3. 对出境、入境列车和汽车，出入境边防检查机关在入境后至手续办理完毕及开始办理出境手续至出境前应当按规定采取电子监控、视频监控、驻点监护、随车监护等方式实施监护。

4. 未采取监护措施的交通运输工具，其负责人应当自行管理，保证该交通运输工具和员工遵守我国法律、法规。

(三) 不准交通运输工具出境入境的处置办法

不准交通运输工具出境入境应当审慎实施。不准交通运输工具出境、入境或者责令其返回的决定应当由出入境边防检查站站长作出。不准大型交通运输工具（飞机、客班轮、客运列车、大型货轮、邮轮）出境、入境或者责令其返回的决定，应当请示边检总站（边防总队）批准。作出决定后应当立即通知交通运输工具负责人，通报口岸的有关部门，并将有关情况及时报上级主管机关。不准出境、入境情形消失后，出入境边防检查机关应当立即放行。

思考题

1. 简述公安边境管理的任务、范围和公安边防部门的职权。

2. 如何理解公安边防管理体制？

3. 外国人入境我国有哪些方式？
4. 如何理解过境国务院批准的特定区域内停留不超过规定时限免办过境签证的含义？
5. 简述我国对外国人的出境管理的几种方式。
6. 简述对入境、出境的外国人和外国交通运输工具进行出入境边防检查时的要领。

第七章　外国人在华停留居留管理

本章导读

外国人在华停留居留是指合法进入中国大陆或内地的外国人，依照我国的法律所赋予的停留、居留和永久居留资格在华居住。外国人在华停留是指外国人持停留期限不超过180日的C字、F字、G字、J2字、L字、M字、Q2字、R2字、X2字及S2字等签证，并按照签证注明的停留期限在中国境内停留；外国人在华居留通常持用Z、X1、J1、Q1、S1，入境后30日内办理居留证件，或持其他类签证凭有关材料直接申请居留证件，在“有效期至”栏中标明的期限内，多次入出境；对中国经济社会发展作出突出贡献或者符合其他在中国境内永久居留条件的外国人，经本人申请和公安部批准，取得永久居留资格，持有《外国人永久居留证》的外国人只要在证件有效期内，可多次出入境；除我国法律对外国人限制的权利外，享有国民待遇。

外国人在华停留居留管理的的内容包括外国人在华停留居留资格管理及与居留资格相关事项的管理。前者包括停留居留资格的取得、限制条件、在特定情况下的注销以及对外国人居留资格的保护；后者包括对外国人居住管理、外国人就业管理、在华外国留学生管理、外国人在华死亡后的处置等相关事项的管理。

公安机关对外国人在华停留资格管理，实际上就是签证的延期、换发、补发和停留证件的签发与管理，外国人居留证件的签发与管理以及外国人在华永久居留证件的签发与管理。

公安机关对外国人的居住管理包括对外国人居住或办公场所的管理、住宿登记管理以及对外国人购房与租屋的管理。

外国人就业是指没有取得定居权的外国人经过我国主管部门批准在中国境内依法从事社会劳动并获取劳动报酬的行为。外国人在华就业总体表现为5种形式，主管部门分别为人力资源和社会保障部门、外国专家部门、中国海洋石油外国人就业办公室、文化部门及教育部门，而公安出入境管理机关负责查处外国人在华非法就业工作。除此之外，公安出入境管理机关还负责为在华就业外国人工作类居留证件的签发与管理。

公安部门对在华外国留学生的管理主要集中在为其办理停留和居留手续、证件查验、负责住宿登记管理以及涉及在华留学生案（事）件的处置。

鉴于大型涉外活动规模大、影响广、敏感性强、跨部门参与等特点，目前，我国大型涉外活动仍实行政府组织的，以公安机关为组织实施主体的安保工作模式。大型涉外活动安全保卫工作的基本原则主要有：预防为主、安全第一的原则，统一指挥、合成作战的原则，情报主导警务的原则，“内紧外松”的原则，点面结合的原则以及国际合作的原则。出入境管理部门在涉外安全保卫工作中有特定的职责。大型涉外活动安全保卫工作可在筹备、运行现场两个阶段进行组织和实施。

第一节　外国人在华停留居留管理概述

一、外国人在华停留居留的概念

在国际上，外国人居留，是指合法进入一国国境的外国人，依照入境国的法律所赋予的居留资格在入境国居住。从各国移民法的实践来看，一部分国家、地区使用的居留概念是狭义的，与停留、永久居留等概念并列，这类国家、地区主要有：俄罗斯、乌克兰、拉脱维亚、比利时、德国、印度尼西亚、沙特阿拉伯；而大部分国家、地区在广义上使用居留一词，其居留包括短期居留、长期居留和永久居留。

在我国，1986 年施行的《外国人入境出境管理法》及实施细则曾采取居留广义和狭义混用的方式。而《出境入境管理法》着意把外国人入境后的活动称为“停留居留”，从该法“第四章 外国人停留居留”的结构来看，其中的“居留”也概念混用，从其“第一节 停留居留”标题用词来看，居留显然指狭义的概念，但从“第二节 永久居留”显然把“永久居留”包含在“居留”的概念中。

因此，外国人在华停留居留是指合法进入中国大陆或内地的外国人，依照我国的法律所赋予的停留、居留和永久居留资格在华居住。

二、外国人在华停留居留的分类

（一）停留

《出境入境管理法》第 29 条第 1 款规定：“外国人所持签证注明的停留期限不超过一百八十日的，持证人凭签证并按照签证注明的停留期限在中国境内停留。”《外国人签证证件签发工作规范》规定了持 C 字、F 字、G 字、J2 字、L 字、M 字、Q2 字、S2 字、R 字、X2 字及签证可以境内延期的情形，说明来我国从事乘务、访问、过境、临时记者、旅游、商贸、短期探亲、短期私人事务以及来华人才、短期学习人员的活动属于在华停留。但根据 2014 年人力资源社会保障部、外交部、公安部、文化部联合制定的《外国人入境完成短期工作任务的相关办理程序（试行）》的规定，工作期限不超过 30 日的短期工作人员，按工作证明上注明的工作期限工作，并在 Z 字签证中注明的停留期停留。

外国人只需持上述几类签证（见图 7—1），并在签证标明的停留有效期内在华停留即可。

（二）居留

《出境入境管理法》第 30 条第 1 款规定：外国人所持签证注明入境后需要办理居留证件（见图 7—2）的，应当自入境之日起 30 日内，向拟居留地县级以上地方人民政府公安机关出入境管理机构申请办理外国人居留证件。《外国人入境出境管理条例》第 15 条规定，我国的居留证件分为工作类、学习类、记者类、团聚类及私人事务类 5 类，发给在中

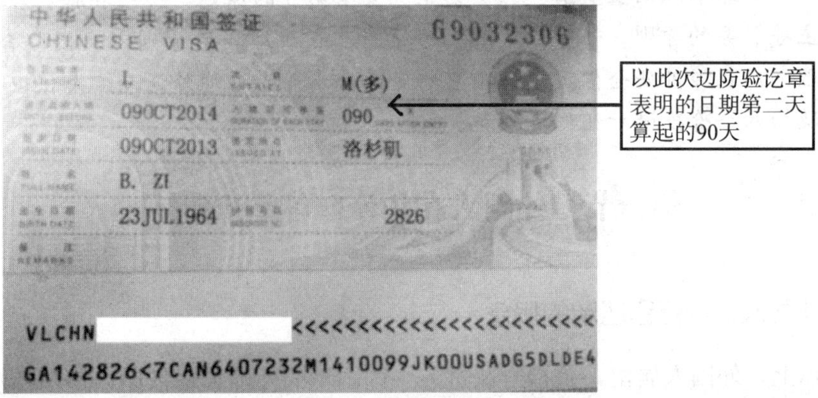

图 7—1

国境内工作、长期学习、常驻记者等外国人及其家属，因家庭团聚需要在中国境内居留的中国公民的家庭成员和具有中国永久居留资格的外国人的家庭成员以及因寄养等原因需要在中国境内居留的人员。

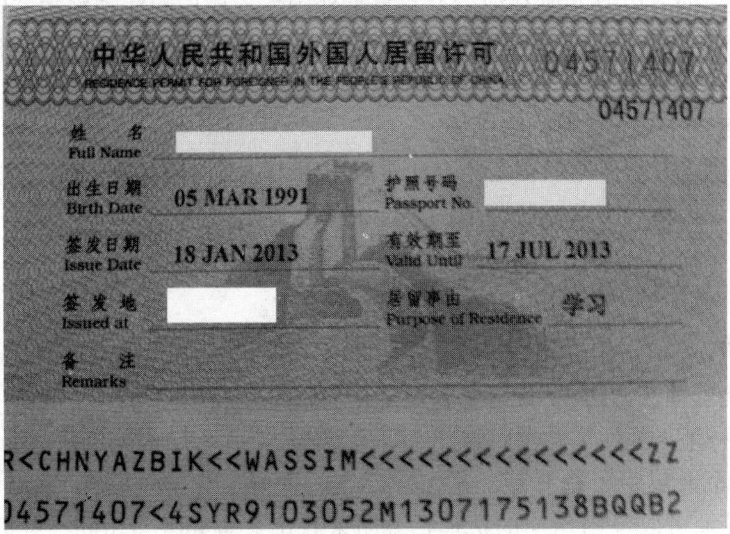

图 7—2

在华居留的外国人通常持用 Z、X1、J1、Q1、S1 类签证，入境后 30 日内办理居留证件；或持其他类签证凭有关材料直接申请居留证件，在“有效期至”栏中标明的期限内，多次入出境。

（三）永久居留

《出境入境管理法》第 47 条规定：“对中国经济社会发展作出突出贡献或者符合其他在中国境内永久居留条件的外国人，经本人申请和公安部批准，取得永久居留资格。外国人在中国境内永久居留的审批管理办法由公安部、外交部会同国务院有关部门规定。”第 48 条规定：“取得永久居留资格的外国人，凭永久居留证件在中国境内居留和工作，凭本人的护照和永久居留证件出境入境。”

持有《外国人永久居留证》（见图7—3）的外国人只要在证件有效期内，可多次出入境；除我国法律对外国人限制的权利外，享有国民待遇。

图7—3

三、外国人在华停留居留管理的的内容概述

从世界上绝大多数国家的出入境（移民）管理法的实践来看，外国人居留管理的内容通常包括两个方面：一是围绕外国人居留资格展开的，包括居留资格的取得、分类、保障、限制和取消制度等；二是与居留资格相关的包括外国人工作管理、学习管理、居住登记等事项的管理制度。

因此，外国人在华停留居留管理的内容包括外国人在华停留居留资格管理及与居留资格相关事项的管理。

（一）外国人在华停留居留资格管理

1. 停留居留资格的取得

（1）外国人在华停留资格的取得。①持C字、F字、G字、J2字、L字、M字、Q2

字、R字、X2字及S2字签证的外国人入境后凭签证注明的停留期限在华停留，停留期限不超过180日。②需要延长签证停留期限的，应当在签证注明的停留期限届满7日前向停留地县级以上地方人民政府公安机关出入境管理机构申请，按照要求提交申请事由的相关材料。经审查，延期理由合理、充分的，准予延长停留期限；不予延长停留期限的，应当按期离境。公安机关出入境管理机构作出延长签证停留期限的决定，仅对本次入境有效，不影响原签证的入境次数和入境有效期，且累计延长的停留期限不得超过原签证注明的停留期限。延期起始日期从原签证停留期有效期截止日期第二天开始计算。③外国人持签证入境后，按照国家规定可以变更停留事由、给予入境便利的，或者因使用新护照、持团体签证入境后由于客观原因需要分团停留的，可以向停留地县级以上地方人民政府公安机关出入境管理机构申请换发签证。④在中国境内的外国人所持签证遗失、损毁、被盗抢的，应当及时向停留地县级以上地方人民政府公安机关出入境管理机构申请补发签证。⑤停留证件免办签证入境的外国人需要超过免签期限在中国境内停留的，外国船员及其随行家属在中国境内停留需要离开港口所在城市，或者具有需要办理外国人停留证件其他情形的，应当按照规定办理外国人停留证件。外国人停留证件的有效期最长为180日。

（2）外国人在华居留资格的取得。外国人所持签证注明入境后需要办理居留证件的，应当自入境之日起30日内，向拟居留地县级以上地方人民政府公安机关出入境管理机构申请办理外国人居留证件。申请办理外国人居留证件，应当提交本人的护照或者其他国际旅行证件以及申请事由的相关材料，并留存指纹等人体生物识别信息。公安机关出入境管理机构应当自收到申请材料之日起15日内进行审查并作出审查决定，根据居留事由签发相应类别和期限的外国人居留证件。外国人工作类居留证件的有效期最短为90日，最长为5年；非工作类居留证件的有效期最短为180日，最长为5年。

（3）外国人在华永久居留资格的取得。《出境入境管理法》第47条第1款规定："对中国经济社会发展作出突出贡献或者符合其他在中国境内永久居留条件的外国人，经本人申请和公安部批准，取得永久居留资格。"该法第48条又规定："取得永久居留资格的外国人，凭永久居留证件在中国境内居留和工作，凭本人的护照和永久居留证件出境入境。"

2. 对外国人停留居留资格的限制

（1）事由上的限制。《出境入境管理法》第37条规定："外国人在中国境内停留居留，不得从事与停留居留事由不相符的活动，并应当在规定的停留居留期限届满前离境。"我国主要对外国人在华活动内容进行限制。例如，未持职业、学习和记者类签证或居留许可的外国人，不得在中国境内工作、学习和进行采访活动，否则将构成非法就业、非法采访等违法行为。《出境入境管理法》第43条对外国人非法就业的情形进行了详细界定：（一）未按照规定取得工作许可和工作类居留证件在中国境内工作的；（二）超出工作许可限定范围在中国境内工作的；（三）外国留学生违反勤工助学管理规定，超出规定的岗位范围或者时限在中国境内工作的。

（2）活动范围上的限制。包括两种：一是针对所有在华居留外国人的限制。《出境入境管理法》第44条规定："根据维护国家安全、公共安全的需要，公安机关、国家安全机关可以限制外国人、外国机构在某些地区设立居住或者办公场所；对已经设立的，可以限期迁离。未经批准，外国人不得进入限制外国人进入的区域。"二是针对特定身份外国人的限制。例如，持用72小时过境免签证的外国人只能在规定的行政区域内停留；又如，

《出境入境管理法》第61条规定的被采取限制活动范围的外国人，未经决定机关批准，不得变更生活居所或者离开限定的区域。

（3）期限上的限制。对于持签证或居留许可在中国境内停留的外国人，签证的停留期和居留许可的有效期自然是其停留期限的最长限制。对于互免签证的外国人，《出境入境管理法》规定其停留期限则根据双方协议确定。《出境入境管理法》第29条规定，外国人所持签证注明的停留期限不超过180日的，持证人凭签证并按照签证注明的停留期限在中国境内停留。需要延长签证停留期限的，应当在签证注明的停留期限届满7日前向停留地县级以上地方人民政府公安机关出入境管理机构申请；不予延长停留期限的，应当按期离境。第30条规定，外国人所持签证注明入境后需要办理居留证件的，应当自入境之日起30日内，向拟居留地县级以上地方人民政府公安机关出入境管理机构申请办理外国人居留证件。外国人工作类居留证件的有效期最短为90日，最长为5年；非工作类居留证件的有效期最短为180日，最长为5年。第33条规定，外国人居留证件登记事项发生变更的，持证件人应当自登记事项发生变更之日起10日内向居留地县级以上地方人民政府公安机关出入境管理机构申请办理变更。

（4）其他方面的限制。根据《出境入境管理法》的规定，对外国人在华居留的限制还有：①服从证件管理的义务。《出境入境管理法》第38条规定："年满十六周岁的外国人在中国境内停留居留，应当随身携带本人的护照或者其他国际旅行证件，或者外国人停留居留证件，接受公安机关的查验。在中国境内居留的外国人，应当在规定的时间内到居留地县级以上地方人民政府公安机关交验外国人居留证件。"②出生和死亡方面的报告。在中国境内出生的外国婴儿，其父母或者代理人办理停留或者居留登记；外国人在中国境内死亡的，其家属、监护人或者代理人应当按照规定，持该外国人的死亡证明向县级以上地方人民政府公安机关出入境管理机构申报。聘用外国人工作或者招收外国留学生的单位，应当按照规定向所在地公安机关报告有关信息。

（5）服从证件管理的义务。《出境入境管理法》第38条规定："年满十六周岁的外国人在中国境内停留居留，应当随身携带本人的护照或者其他国际旅行证件，或者外国人停留居留证件，接受公安机关的查验。在中国境内居留的外国人，应当在规定的时间内到居留地县级以上地方人民政府公安机关交验外国人居留证件。"该法第39条第1款规定："外国人在中国境内旅馆住宿的，旅馆应当按照旅馆业治安管理的有关规定为其办理住宿登记，并向所在地公安机关报送外国人住宿登记信息。"

3. 注销外国人停留居留证件

《出境入境管理法》第40第2款规定："外国人在中国境内死亡的，其家属、监护人或者代理人，应当按照规定，持该外国人的死亡证明向县级以上地方人民政府公安机关出入境管理机构申报，注销外国人停留居留证件。"

4. 撤销居留资格和强制出境

《出境入境管理法》也规定了对外国人实施的继续盘问、拘留审查、限制活动范围、遣送出境等强制措施；对不适宜在中国境内继续停留居留情形的，可以处限期出境；情节严重，尚不构成犯罪的，公安部可以处驱逐出境。

5. 对外国人居留资格的保护

（1）保护在中国境内的外国人的合法权益。《出境入境管理法》第3条"在中国境内的外国人的合法权益受法律保护”的规定意味着对于合法入境的外国人或在中国境内合法获取居留资格的外国人，可以在规定的期限和地域范围内停留，从事规定的活动。上述权益受到法律保护，未因法定情形，未经法定程序，不得限制和剥夺。无论是合法入境还是非法入境的外国人，只要其已在中国境内，受到中国法律管辖，那么根据中国法律其享有的合法权益受到法律保护。

（2）为在中国境内合法居留的外国人，提供了申请居留延期、变更居留事由和申请永久居留资格的途径。《出境入境管理法》第32条规定：“在中国境内居留的外国人申请延长居留期限的，应当在居留证件有效期限届满三十日前向居留地县级以上地方人民政府公安机关出入境管理机构提出申请，按照要求提交申请事由的相关材料。经审查，延期理由合理、充分的，准予延长居留期限；不予延长居留期限的，应当按期离境。”《出境入境管理法》第47条第1款规定：“对中国经济社会发展作出突出贡献或者符合其他在中国境内永久居留条件的外国人，经本人申请和公安部批准，取得永久居留资格。”在实务中，境内的外国人可以通过申请新的签证和居留许可，变更居留身份。

（3）有居留许可和永久居留资格的外国人可以享受免签入境的规定，且对取消外国人永久居留资格的规定极为严格。关于免签入境的规定已在前文作了介绍。《出境入境管理法》第81条第1款规定：“外国人从事与停留居留事由不相符的活动，或者有其他违反中国法律、法规规定，不适宜在中国境内继续停留居留情形的，可以处限期出境。”但对永久居留的外国人，《出境入境管理法》第49条有严格的规定：“外国人有下列情形之一的，由公安部决定取消其在中国境内永久居留资格：（一）对中国国家安全和利益造成危害的；（二）被处驱逐出境的；（三）弄虚作假骗取在中国境内永久居留资格的；（四）在中国境内居留未达到规定时限的；（五）不适宜在中国境内永久居留的其他情形。”

（4）提供有关外国人居留权益保护的法律救济。①关于限期出境和驱逐出境。《出境入境管理法》第81条第1、2款规定：“外国人从事与停留居留事由不相符的活动，或者有其他违反中国法律、法规规定，不适宜在中国境内继续停留居留情形的，可以处限期出境。外国人违反本法规定，情节严重，尚不构成犯罪的，公安部可以处驱逐出境。公安部的处罚决定为最终决定。”限期出境作为行政处罚，应按照《出境入境管理法》未规定的应适用《行政处罚法》的原则，适用完全救济。②关于拒绝延长居留期限、拒绝变更居留资格拒绝签发再入境签证。这些属于不利于外国人的决定，属于针对外国人的强制措施，对于这些事项，外国人能否提起救济，目前相关法律法规并无明确规定。在实务中，如前文所述，公安机关认为拒绝延长居留期限、拒绝变更居留资格、拒绝签发再入境签证等行为具有国家主权色彩，与一般的拒绝签发行政许可不同，一般不允许进行复议，司法机关往往也不受理此类诉讼。③关于继续盘问、拘留审查、限制活动范围、遣送出境。《出境入境管理法》第64条第1款明确规定：“外国人对依照本法规定对其实施的继续盘问、拘留审查、限制活动范围、遣送出境措施不服的，可以依法申请行政复议，该行政复议决定为最终决定。”①

（二）与外国人在华停留居留资格相关事项的管理

广义的在华外国人居留管理，除包括外国人在华居留资格的取得、分类、保障、限制和取消等外，还包括外国人居住管理、外国人就业管理、在华外国留学生管理、外国人在

① 参见张惠德主编：《出入境管理》，215～219页，北京，中国人民公安大学出版社，2014。

华死亡后的处置等内容，此部分内容在本章中将详细论述。

第二节　公安机关有关外国人在华停留、居留、永久居留证件的办理

一、外国人在华停留证件的办理

在外国人在华停留管理问题上，实际上是对签证的延期、换发、补发和停留证件签发等事项的管理，签证的延期、换发、补发具体办理参见本教材第五章第四节“中国签证的签发与管理”中的“三、境内签证申请的签发与管理”；本节主要讲述外国人在华停留证件的办理。

二、停留证件的办理

（一）签发对象

根据《出境入境管理法》第 23 条、第 34 条，以及《公安机关签证证件签发管理工作规范》的规定，外国人停留证件主要签发给：

1. 免办签证入境的外国人因非外交、公务事由需要超过免签期限继续停留的；

2. 外国船员及其随行家属需要离开船舶停靠的港口所在城市的；

3. 对免办签证过境的外国人临时入境以及享受广东 144 小时免签旅游团、海南免签旅游团免签政策入境，有不可抗力原因的；

4. 外国人居留事由终止因人道主义原因需要继续停留的；

5. 具有其他需要办理外国人停留证件情形的：

（1）在中国境内出生的外国婴儿需要在中国停留的；

（2）需要办理停留证件的外国人的配偶、父母（包括岳父母）以及未满 18 周岁的子女；

（3）对被限期出境、驱逐出境和遣送出境的外国人；

（4）被有关部门判处缓刑、假释或保外就医等监外服刑的外国人，需要在境内协助调查等被依法限制出境的外国人以及刑满释放但未被遣送出境的外国人；

（5）有境内公安出入境管理机构不予签发签证又未被限制出境或遣送出境的外国人。

（二）申请材料

1. 提供申请人有效护照或者其他国际旅行证件以及复印件。

2. 填写《外国人签证证件申请表》，提交 1 张符合规定要求的照片。

3. 提供与停留证件申请事由相关的证明材料。

（1）免办签证入境的外国人因非外交、公务事由需要超过免签期限继续停留的，应按照变更停留事由申请换发普通签证的，应提供相关的证明材料。

（2）外国船员及其随行家属需要离开船舶停靠的港口所在城市的，应提供船员证或其他旅行证件、亲属关系证明、船舶代理公司出具的公函以及已确定日期和座位的机（船、车）票或者其他与停留事由相关的证明材料。

（3）经批准退出中国国籍需要在中国境内停留的，应提供《退籍证书》、外国护照以

及与停留事由相关的证明材料。

(4) 外国人居留事由终止因人道主义原因需要继续停留的，应提供原居留证件以及与申请事由相关的证明材料。

(5) 具有其他需要办理外国人停留证件情形的：①在中国境内出生的外国婴儿需要在中国停留的，应提供婴儿的出生证明及父母双方的护照复印件；②需要办理停留证件的外国人的配偶、父母（包括岳父母）以及未满 18 周岁的子女，应提供主申请人的签证证件以及与主申请人的亲属关系证明；③对被限期出境、驱逐出境和遣送出境的外国人，应凭有关部门出具的决定书签发相应期限的停留证件；④被有关部门判处缓刑、假释或保外就医等监外服刑的外国人，需要在境内协助调查等被依法限制出境的外国人和刑满释放但未被遣送出境的外国人，应凭有关部门出具的判决书、限制出境证明或协助调查证明等签发相应期限的停留证件。

4. 申请人按照规定要求留存指纹等生物识别信息。

5. 有关证件和证明缴纳原件，留存复印件。

6. 公安机关出入境管理机构要求履行的其他手续和提交的其他材料。

（三）办理机关

公安部出入境管理局委托地级市（含直辖市所辖区县）以上公安机关出入境管理机构受理、签发外国人停留证件。经省级公安机关出入境管理机构请示公安部出入境管理局批准，县级公安机关出入境管理机构可以根据公安部出入境管理局的委托受理、签发外国人停留证件。

（四）受理审批期限

经审查，外国人停留证件申请符合受理条件的，公安机关出入境管理机构应当受理，并出具受理回执。停留证件申请的受理回执有效期自受理之日起不超过 7 个工作日；受理外国人停留证件的申请，应当在受理后 7 个工作日内作出是否签发的决定。

（五）签发

如果符合条件，公安机关出入境管理机构将签发外国人停留证件。停留证件的有效期视停留事由确定，最长不得超过 180 日。

1. 外国船员及其随行家属在中国停留需要离开港口所在城市的，签发的停留证件有效期不得超过 30 日。

2. 对被限期出境、驱逐出境和遣送出境的外国人，签发有效期与限定离境期限一致的停留证件，并可以限定停留区域和出境口岸。

3. 对确有合理事由在华停留需超过 180 日的，如被有关部门限制出境或需要协助调查的外国人，限制期限超出 180 日的，到期后可为其重新签发停留证件。

（六）停留证件补发

公安机关出入境管理机构对原停留证件遗失、被盗抢或损毁的外国人，可以补发相应期限的停留证件。应要求申请人提供护照报失声明、新领取的护照或国际旅行证件。经公安机关出入境管理机构认定属于签证证件过期情形，应依法处罚后再予以补发。

（七）停留证件不予签发、注销或收缴、宣布证件作废的情形及宣布作废的方式和后果

停留证件的不予签发、注销或收缴、宣布证件作废的情形及宣布作废的方式和后果在本书第五章第四节关于“境内签证申请的签发与管理”中已讲述。

（八）另纸停留证件

持有另纸签证或者另纸停留证件的人员，护照签证页用完又领不到新护照的人员以及因其他特殊情况，签发机关可以签发另纸停留证件。

二、居留证件的办理

（一）签发对象

1. 所持普通签证注明入境后需要办理居留证件的人员。
2. 国家规定的专门人才、投资者、来华学习人员。
3. 出于人道和其他合理事由确需由停留变更为居留的其他人员。

（二）申请材料

1. 提供申请人有效护照或者其他国际旅行证件以及复印件。
2. 填写《外国人签证证件申请表》，交 1 张符合规定要求的照片。
3. 提供与停留证件申请事由相关的证明材料（见表 7—1）。

表 7—1　　居留证件的类别及须提供的材料

类别	须提供的材料
人才类	应提供高层次人才和急需紧缺专门人才主管部门出具的人才资格认定证明。可以为其签发有效期 5 年以内的居留证件。
工作类	持 Z 字签证入境者应当提交当地人力资源和社会保障、外国专家、文化等主管部门出具的工作许可证明或短期工作证明以及工作单位出具的证明函件；持其他种类签证入境者，还应当提交符合中国政府有关主管部门确定的外国高层次人才和急需紧缺专门人才条件和要求规定的证明材料，或者按照《关于为外国籍高层次人才和投资者提供入境及居留便利的规定》等有关规定，提交相应证明材料。
学习类	持 X 字签证入境者，应提供就读学校注明学习期限的公函和《录取通知书》或《入学通知书》；持非 X 字签证入境者，还应提供教育部或者省级人民政府教育行政主管部门出具的《外国留学人员来华签证申请表》。可以根据学校公函意见，签发与其在华学习期限相同的居留证件。
记者类	持 J1 字签证入境的，应提供省级以上人民政府外办、港澳办、台办等相关主管部门签发的《记者证》。非持 J1 字签证入境的，还应提供上述主管部门出具批准办理记者类居留证件的公函。可以为其签发有效期 1 年的居留证件。
探亲类	按照下列规定提供相关材料。非持 Q1 字签证入境的外国人，还应提供被探望人的在华生活费用担保证明。
私人事务类	应提供高层次人才和急需紧缺专门人才主管部门出具的人才资格认定证明。可以为其签发有效期 5 年以内的居留证件。
依附类	对持有居留证件的外国人的配偶、父母（包括岳父母）以及未满 18 周岁的子女，申请人应提供主申请人的居留证件以及与主申请人的亲属关系证明，公安机关出入境管理机构经审核后可以为其签发有效期与主申请人一致的依附类居留证件。
16 周岁以上的外国人首次申请有效期 1 年以上的居留证件，须提交当地卫生检疫部门或县级以上卫生医疗部门出具的身体健康证明。	

（三）办理程序（见图 7—4）

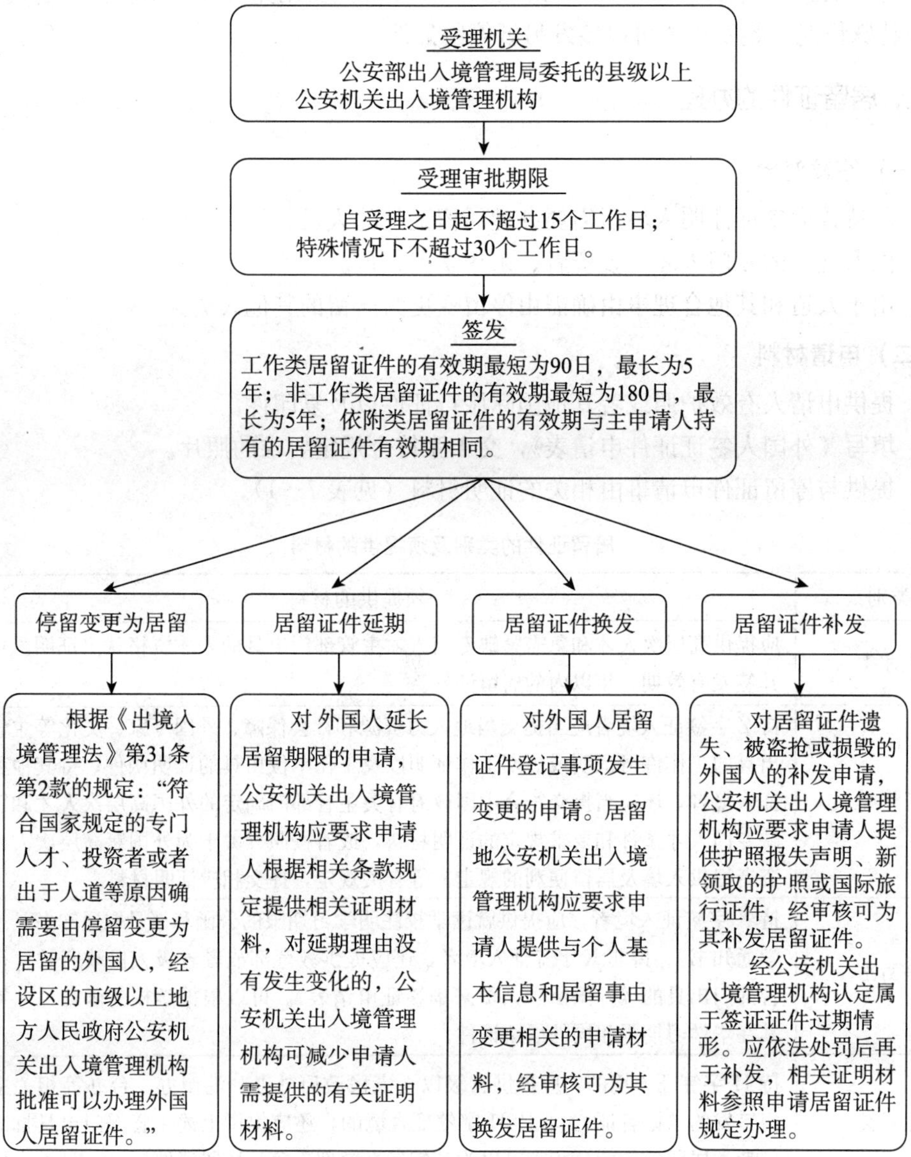

图 7—4　居留证件的办理流程图

（四）管理中注意的事项

与签证的延期、换发以及停留证件一样，公安机关出入境管理机构在外国人居留证件管理时，应注意以下事项：

1. 把握的原则

应坚持签发政策的统一性、内部审批签发的规范化以及签发、通报、后续监管一体化，注意对重点对象的重点管理。

2. 受理、审批要领

（1）审核确认申请人为外国国籍；

（2）审核调查申请人的有关情况；

（3）注意对外国人所持出境入境证件的伪假识别；

（4）提高防范、查处违法违规办证的能力；

（5）与相关部门协作配合，信息共享。

三、永久居留证件的办理

（一）申请条件

见表 7—2。

（二）申请材料

1.《外国人在中国永久居留申请表》。

2. 有效的外国护照或者能够代替护照的证件。

3. 中国政府指定的卫生检疫部门出具的或者经中国驻外使、领馆认证的外国卫生医疗机构签发的健康证明书。

4. 经中国驻外使、领馆认证的国外无犯罪记录证明。

表 7—2　　永久居留证件的类别及办理条件

种类	基本条件	分类条件	备注
投资类	（1）遵守中国法律是指申请时无未了结的刑事案件以及需要追究行政违法责任但尚未处置等情形的；在中国无犯罪记录；无其他情节较重或性质恶劣的违法行为。	在中国直接投资、连续 3 年投资情况稳定且纳税记录良好。	在中国投资实际缴付的注册资本金应当符合下列条件之一： ①在国家颁布的《外商投资产业指导目录》鼓励类产业投资合计 50 万美元以上； ②在中国西部地区和国家扶贫开发工作重点县投资合计 50 万美元以上； ③在中国中部地区投资合计 100 万美元以上； ④在中国投资合计 200 万美元以上。
任职类		在中国担任副总经理、副厂长等以上职务或者具有副教授、副研究员等副高级以上职称以及享受同等待遇，已连续任职满 4 年，4 年内在中国居留累计不少于 3 年且纳税记录良好的。	其任职单位应当符合下列条件之一： ①国务院各部门或者省级人民政府所属的机构； ②重点高等学校； ③执行国家重点工程项目或者重大科研项目的企业、事业单位； ④高新技术企业、鼓励类外商投资企业、外商投资先进技术企业或者外商投资产品出口企业。

续前表

种类	基本条件	分类条件	备注
特殊贡献类	(2) 身体健康是指申请时无精神病和艾滋病、性病、开放性肺结核病等国家法定传染性疾病且生活能够自理；有其他疾患生活不能自理但不会增加社会负担。	对中国有重大、突出贡献以及国家特别需要的，主要指对国家经济发展和社会进步作出过重大、突出贡献或对国家有重大价值的世界顶尖人才、特殊技能人才及知名人士等，包括世界著名科学奖项获得者、世界知名学者、企业家、运动员、文艺人士等，以及长期在华工作并对地方经济、科技、文化、社会等事业作出重大、突出贡献的人员。	
家属类		投资类、任职类及特殊贡献类所指人员的配偶及其未满18周岁的未婚子女。	
婚姻类	(3) 无犯罪记录是指申请人在境外的主要生活地以及在我国国内均没有犯罪行为的记录。“主要生活地”是指连续居留2年以上的国家或地区。在国内停（居）留期间的无犯罪记录由受理、审核机关负责核准。申请人曾在多个地区停（居）留1年以上的，由受理、审核机关负责与有关地区公安机关核准。	中国公民或者在中国获得永久居留资格的外国人的配偶，婚姻关系存续满5年、已在中国连续居留满5年、每年在中国居留不少于9个月且有稳定生活保障和住所的。	
未成年投靠父母类		未满18周岁未婚子女投靠父母的。	
老人投靠亲属类		在境外无直系亲属，投靠境内直系亲属，且年满60周岁、已在中国连续居留满5年、每年在中国居留不少于9个月并有稳定生活保障和住所的。	

5. 4张2英寸近期正面免冠彩色照片。

6. 其他有关材料：

(1) 投资类：

外商投资企业批准证书、登记证明以及联合年检证明、验资报告、个人完税证明。鼓励类外商投资企业还应当提交国家鼓励发展的外商投资项目确认书。

（2）任职类：

①任职单位出具的本人职务或者职称证明；

②《外国专家证》或者《外国人就业证》；

③任职单位的登记证明以及年检证明、个人完税证明；任职单位是外商投资企业的，须提交外商投资企业批准证书和联合年检证明；

④在执行国家重点工程项目或者重大科研项目的企业、事业单位中任职的人员须提交省、部级政府主管部门出具的项目证明文件；在高新技术企业中任职的人员须提交高新技术企业证书；在鼓励类外商投资企业、外商投资先进技术企业或者外商投资产品出口企业中任职的人员须提交国家鼓励发展的外商投资项目确认书或者外商投资先进技术企业确认书或者外商投资产品出口企业确认书。

（3）特殊贡献类：

中国政府主管部门出具的推荐函及有关证明。

（4）家属类：

属于配偶的，提交婚姻证明；属于未满 18 周岁未婚子女的，提交本人出生证明或者亲子关系证明；属收养关系的，提交收养证明。外国有关机构出具的上述证明须经中国驻该国使、领馆认证。

（5）婚姻类：

中国籍配偶的常住户籍证明或者外国籍配偶的《外国人永久居留证》、婚姻证明、经公证的生活保障证明及房屋租赁或者产权证明。外国有关机构出具的上述证明须经中国驻该国使、领馆认证。

（6）未成年投靠父母类：

中国籍父母的常住户籍证明或者外国籍父母的《外国人永久居留证》、本人出生证明或者亲子关系证明；属收养关系的，还须提交收养证明。外国有关机构出具的上述证明须经中国驻该国使、领馆认证。

（7）老人投靠亲属类：

提交被投靠的中国公民常住户籍证明或者外国人的《外国人永久居留证》、经公证的亲属关系证明以及投靠人国外无直系亲属关系证明、经公证的投靠人经济来源证明或者被投靠人经济担保证明、经公证的投靠人或者被投靠人的房屋租赁或者产权证明。外国有关机构出具的上述证明须经中国驻该国使、领馆认证。

（三）申请方式

申请在中国永久居留人员由本人向公安机关提出申请并办理相关手续，也可以委托亲属以及国家机关、律师事务所等有关法人机构代理申办手续（统称“被委托人”）。未满 18 周岁的申请人应由其父母代理申办手续，其父母也可委托上述人员或机构代为申请。

委托国家机关或有关法人机构申请的，须有申请人本人或未满 18 周岁未婚子女的父母书写并签字的委托书。委托书应注明申请人与被委托人的基本情况、委托事项等内容，具体承办人须有被委托机构的授权书。委托亲属申请的，委托书还应注明申请人与被委托人关系以及委托理由等内容。

（四）受理

见图 7—5。

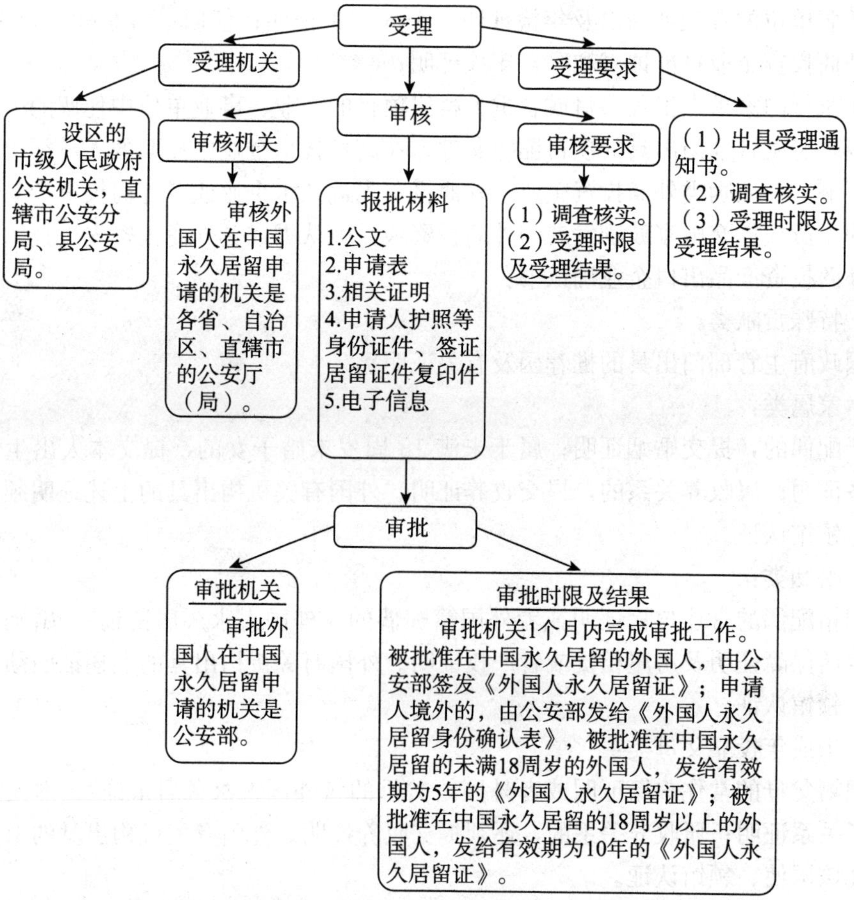

图 7—5　永久居留证件办理的流程图

（五）补发和换发

《外国人永久居留证》有效期满、内容变更、损坏或者遗失的，持证人应当向其长期居留地的设区的市级人民政府公安机关或者直辖市公安分局、县公安局申请换发或者补发。公安机关经审核对没有丧失在中国永久居留资格规定情形的，1 个月以内换发或者补发证件。

持有《外国人永久居留证》的外国人应当在证件有效期满前 1 个月以内申请换发；证件内容变更的，应当在情况变更后 1 个月以内申请换发；证件损坏或者遗失的，应当及时申请换发或者补发。

（六）出入境、居留管理

对已受理申请并在审核、审批过程中的申请人，应按有关规定办理相关的签证或居留手续，必要时可适当办理延期直至明确审批结果。被批准在中国永久居留的人员，永久居留证件由受理机关转交申请人、监护人或被委托人，同时应注销申请人原有效签证或居留证件。申请人在境外的，《外国人永久居留身份确认表》由受理机关转交监护人或被委托人。

被批准在中国永久居留的人员，在有关法律规定范围内，可自由选择生活、工作地以及工作单位，无须办理有关审批、变更或迁移手续，无须定期缴验证件，但应按《外国人入境出境管理条例》的有关规定申报住宿登记以及设立办公场所或住所，需随身携带永久居留证件，前往非开放地区旅行应申办旅行证件，违反规定的可视情况依法处置。公安机关可以把《外国人永久居留证》作为在中国永久居留外国人的身份证件办理住宿登记、非开放地区旅行证件、驾驶证等各有关手续。

具有在中国永久居留资格的外国人有违反《外国人入境出境管理条例》行为的，未经公安部批准不得对其采取取消居留资格、遣送出境、限期出境或驱逐出境等强制措施或处罚。

各级公安机关出入境管理机构应将永久居留人员所持护照、长期居留地、服务处所、身份变更等情况及其违法犯罪查处情况在计算机信息系统中登记。

（七）外国人在中国永久居留享有相关待遇

2012年12月，中组部、公安部等25部门联合下发《外国人在中国永久居留享有相关待遇的办法》，规定：

1. 原则上享有国民待遇

持有中国“绿卡”的外籍人员，除政治权利和法律法规规定不可享有的特定权利和义务外，原则上和中国公民享有相同权利，承担相同义务。

2. 出入境的便利

在中国居留期限不受限制，可以凭有效护照和《外国人永久居留证》出入中国国境，无需另外办理签证等手续；其配偶及直系亲属，可按有关规定申请办理相应签证、居留证件或《外国人永久居留证》；进出境自用物品按照海关对定居旅客的有关规定办理手续，与中国籍的"居民旅客"相比，"定居旅客"更便于将本人或家庭在境内居留期间需要的日常生活用品携运入境。

3. 在华工作的便利

在中国就业，免办《外国人就业证》；符合条件的，可优先办理《外国专家证》《回国（来华）专家证》以及各地人才居住证；可以用合法获得的人民币在中国境内进行外商直接投资；在中国投资项目、设立外商投资企业的，发展改革、商务、工商、外汇等部门按照外资管理有关规定简化核准及审批程序；可按规定参加专业技术职务任职资格评审和专业技术人员资格考试。

4. 在生活方面的待遇

在子女就学方面，随迁子女义务教育阶段入学，符合条件的，可享受相关政策，由其居住地教育行政部门按照就近入学的原则办理入、转学手续，不收取国家规定以外的费用。鉴于我国高等教育阶段针对外国学生的入学要求更适用于外籍人才子女，因此仍按现行政策执行；可以用"绿卡"作为有效身份凭证办理社会保险参保手续。在境内居住而未就业的"绿卡"持有者，符合相关要求的，也可以参加我国城镇居民基本医疗和城镇居民社会养老保险，享受社会保险待遇；可按照《住房公积金管理条例》等规定，在工作地缴存和使用住房公积金，离开该地区时，可按规定办理住房公积金的提取或转移手续"，即持"绿卡"人员在住房公积金方面与中国公民享有同等待遇；持"绿卡"外国人在缴纳所得税、办理金融业务、进行国内商旅消费、申请机动车驾驶证等方面都享受中国公民同等待遇。

（八）永久居留资格的丧失

1. 丧失情形

具有在中国永久居留资格的外国人有下列情形之一的，公安部可以取消其在中国永久居留资格，同时收缴其所持《外国人永久居留证》或者宣布作废：

（1）可能对国家安全和利益造成危害的；

（2）被人民法院判处驱逐出境的；

（3）通过提供虚假材料等非法手段骗取在中国永久居留资格的；

（4）未经批准每年在中国累计居留不满 3 个月或者 5 年内在中国累计居留不满 1 年的。

2. 管理要求

公安机关发现已被批准在中国永久居留的外国人具有上述情形之一的，经调查核实后报公安部审批。经公安部决定取消其永久居留资格的，受理机关应及时通知当事人，收缴其永久居留证件并办理有关签证手续或依法遣送出境。对取消永久居留资格的，公安部将予公布并宣布《外国人永久居留证》作废。受理、审核机关发现已受理申请的申请人具有取消永久居留资格前 3 种情形的，应作出不予批准的决定或及时报上级公安机关。

被批准在中国永久居留的外国人，确因实际需要 1 年内不能在中国累计居留满 3 个月的，应向其长期居留地的受理机关提出申请，受理机关报审核机关审批，对有正当合理理由的，审核机关应予批准并通知受理机关。但连续 5 年内必须在中国累计居留 1 年，不满 1 年的，可取消其在中国永久居留资格。

各边防检查站在对持有《外国人永久居留证》的外国人进行入境检查时，可不对持证人在中国居留期限是否符合规定条件进行审查确认。

公安机关出入境管理机构对被批准在中国永久居留的外国人是否符合"每年在中国居留不得少于 3 个月"的条件可以采取"无事不理"的原则，不必专门定期查验。如果发现当事人具有此种情形的，应调查确认其是否仍有在中国永久居留的意愿和事实，是否仍与中国保持着密切、稳定的联系，如住房、家庭、工作、经济来源等情况。确认应取消其在中国永久居留资格的，报公安部审批。

第三节　外国人居住管理

一、外国人居住或办公场所及活动范围的管理

《出境入境管理法》第 44 条和第 77 条对外国人居住或办公场所、活动范围和违法处罚作了规定。

《出境入境管理法》第 44 条规定："根据维护国家安全、公共安全的需要，公安机关、国家安全机关可以限制外国人、外国机构在某些地区设立居住或者办公场所；对已经设立

的，可以限期迁离。未经批准，外国人不得进入限制外国人进入的区域。”

《出境入境管理法》第77条规定：“外国人未经批准，擅自进入限制外国人进入的区域，责令立即离开；情节严重的，处五日以上十日以下拘留。对外国人非法获取的文字记录、音像资料、电子数据和其他物品，予以收缴或者销毁，所用工具予以收缴。外国人、外国机构违反本法规定，拒不执行公安机关、国家安全机关限期迁离决定的，给予警告并强制迁离；情节严重的，对有关责任人员处五日以上十五日以下拘留。”

二、住宿登记管理

（一）外国人住宿登记的主要法律依据

1.《出境入境管理法》

该法第39条规定：“外国人在中国境内旅馆住宿的，旅馆应当按照旅馆业治安管理的有关规定为其办理住宿登记，并向所在地公安机关报送外国人住宿登记信息。外国人在旅馆以外的其他住所居住或者住宿的，应当在入住后24小时内由本人或者留宿人，向居住地的公安机关办理登记。”

2.《旅馆业治安管理办法》

该办法第6条规定：“旅馆接待旅客必须登记，登记时，应当查验旅客身份证件，按规定的项目如实登记。接待境外旅客住宿还应在24小时内向当地公安机关报送住宿登记表。”

3.《公安派出所外国人住宿登记管理办法（试行）》

该办法第2条规定：“公安派出所负责居住在辖区内的外国人住宿登记管理工作。公安派出所外国人住宿登记的对象，是指在中国境内购房、租房居住以及在有关机构或他人家中住宿等不在旅馆住宿的外国人。”

4.《治安管理处罚法》

《治安管理处罚法》第五十六条规定：“旅馆业的工作人员对住宿的旅客不按规定登记姓名、身份证件种类和号码的，或者明知住宿的旅客将危险物质带入旅馆，不予制止的，处二百元以上五百元以下罚款。”

（二）住宿登记的意义和目的

住宿登记管理工作是公安出入境管理工作的一项重要基层基础工作。和中国国内公民、港澳台居民、华侨在宾馆、旅馆住宿须办理住宿登记一样，外国人也须办理住宿登记。其主要作用是：

1.及时掌握外国人行踪

可以及时查控非法入境人员（包括国际恐怖分子、走私贩毒分子和列入不准入境人员）及需要侦控的可疑人员，掌握其去向行踪，采取对策。

2.将外国人纳入派出所实有人口管理要求

实有人口管理是治安管理的一项重要内容，其含义是按照属地管辖原则，以派出所、社区警务站为单位，为了发现违法犯罪线索，预防违法犯罪活动，依法对辖区内的包括常住人口、寄住人口、未落常住人口人员、暂住人口以及境外居民人员等实际居住的各类人口，实施的调查了解、登记、掌握控制、教育矫正和保护服务等行政管理活动。2003年公安部首次提出了派出所将辖区内的外国人纳入实有人口管理的工作要求，主要手段就是抓好住宿登记管理，并借助于涉外信息网络，切实掌握外国人来华身份、落脚点和主要活动情况，做到对外国人来能发现、行知其踪、走明去向，实现动态管控。

3. 查找外国人或失窃财物

保护入境外国人合法权益，保障其在我国境内活动顺利进行，为其亲友、单位和国籍国临时查找外国人以及发还失窃财物提供确切信息。

4. 有利于及时发现违法犯罪人员

可以及时发现非法入境、非法居留、非法旅行的外国人，还可以发现刑事犯罪可疑情况及其他违法活动，为及时防范、打击外国人破坏我国政治稳定和社会安定的不法活动提供有力的信息，以维护国家主权、安全和利益。

（三）住宿登记的范围

1. 固定性的留宿单位（指宾馆、饭店、旅店、招待所、学校等企业、事业单位或者机关、团体和其他中外机构）。

2. 在中、外居民家中住宿（如由中、外居民接待，或租、借给住宿人住宿等情况）。

3. 在移动性住宿工具中临时住宿（如外国人在临时搭设的帐篷内住宿或有关单位在某些场地或旅游景点设置的帐篷，或者乘坐汽车等）。

4. 特殊情况，以接待单位证明为准。

（四）公安机关在外国人住宿登记管理中的职责

1. 治安部门的职责

（1）开发、安装和维护旅店业境外人员住宿登记系统；

（2）依照《治安管理处罚法》对旅馆未按照规定办理外国人住宿登记进行处罚。

2. 出入境管理部门的职责

（1）开发、安装和维护派出所境外人员住宿登记系统；

（2）实现旅店业治安管理信息系统、警综平台和出入境信息系统的对接，完成三网联网；

（3）对派出所民警和旅店业前台接待人员进行涉外知识的培训；

（4）依照《出境入境管理法》对本部门发现的未办理住宿登记的外国人进行处罚；

（5）负责对派出所和旅店业外国人住宿登记管理工作的考核。2013年10月1日起，公安部上调了外国人住宿登记“三率”即“及时率”、“登记率”和“准确率”考评标准，分别应达到95%、100%和98%。

3. 派出所的职责

（1）督促相关人或单位办理外国人住宿登记。外国人主动申报住宿登记；督促出租房房主督促外国人申报登记；督促旅店业按照法律规定办理外国人住宿登记手续。

（2）办理外国人住宿登记。向申报者明确申报程序和登记内容；提高住宿登记的申报率、及时率和准确率。

（3）收集掌握辖区内外国人购、租、借房情况。与本地区房管单位联系，收集外国人购、租、借房资料，完善各派出所的外国人购、租、借房情况表。

（4）开展外国人住宿登记等涉外法律法规宣传。在出入境管理部门指导下开展外国人住宿登记等涉外法律法规宣传。

（5）培训、考核。派出所民警在健全台账的同时，履行核实的职责，外国人住宿登记管理工作应纳入派出所民警岗位目标考核中。

（6）处罚。依法查处辖区内违反住宿登记管理规定的外国人，并以所属公安机关名义作出处罚决定。

现在，北京、上海、广州等地在国际社区设立了“一站式”服务管理的外国人管理服务社区工作站，外国人可以就近申报住宿登记。为方便采集外国人住宿登记信息，许多地方开发应用了诸如“证件通”的信息采集设备，实现信息采集电子化、数据录入自动化，信息采集准确率达到100%。

（五）公安派出所办理住宿登记的程序

根据《公安派出所外国人住宿登记管理办法（试行）》的规定，派出所负责办理辖区内在中、外居民家中住宿的外国人的住宿登记手续，应当做到“来登记、走注销、知行踪、明去向”。

公安派出所户籍室负责办理外国人住宿登记。外国人居住相对集中的地区，可以在社区警务室办理。

具体办理程序（见图7—6）如下：

1. 核查证件

外国人申报住宿登记时，公安派出所民警应当查验相关材料，查验其护照或者其他身份证件；留宿外国人的个人或者机构代办申报住宿登记的，应当同时查验代办人的有效身份证件或者单位证明。主要核查证件是否有伪造、涂改、冒用的痕迹和嫌疑；看签证、证件是否逾期；看登记内容与证件内容是否一致。

2. 登记有关信息

外国人住宿登记事项包括：英文姓名、中文姓名（选填）、性别、出生日期、国籍、职业、身份证件种类及号码、停（居）留证件种类及号码、来华事由、工作机构、住址、入住时间、拟离开时间、本人联系方式、紧急情况下的联系人及联系方式、备注等。

3. 录入上传

登记民警应当及时将相关信息录入计算机管理信息系统，并上报出入境管理机构。

4. 社区民警回访核查

应通过系统把信息反馈给社区民警，由社区民警接管。社区民警及时对入住本辖区的外国人进行一次回访核查，并将回访情况及时录入该管理系统。发现外国人有违法犯罪嫌疑的，应当及时上报国保、刑侦、治安等部门；发现非法入境、非法居留、非法就业外国人的，应当及时上报出入境管理机构。

5. 备注栏的运用

外国人离开本辖区住宿的，公安派出所应当注销《外国人住宿登记表》，并在“备注”栏中注明拟前往的地点。外国人住宿变更、延期以及在华居留期间死亡，都应在《外国人住宿登记表》“备注”栏中注明。外国人在华居留期间死亡的，公安派出所民警应当在《外国人住宿登记表》“备注”栏中注明死亡时间、死亡地点、死亡原因等情况，注销《外国人住宿登记表》。

6. 信息补录

办理外国人住宿登记注销及信息手续后，公安派出所应当及时将相关信息在计算机管理信息系统补录，并上报出入境管理机构。

7. 存档

公安派出所应当建立外国人管理工作台账，妥善保管外国人住宿登记档案。

8. 处罚

依法查处辖区内违反住宿登记管理的外国人，并以所属公安机关或县级公安出入境管理机构名义作出处罚决定。

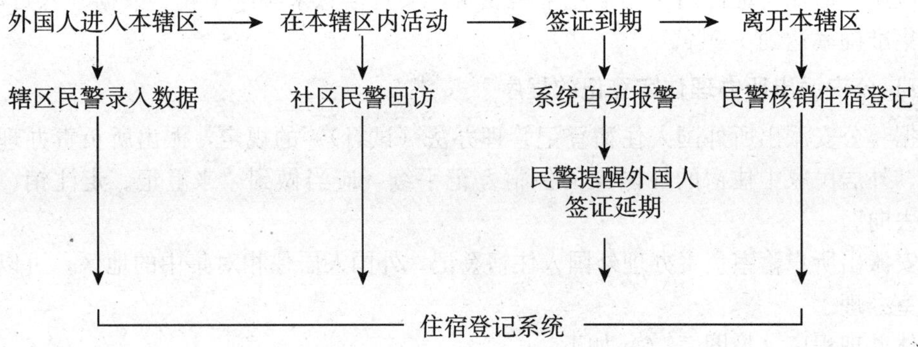

图 7—6

（六）临时住宿登记系统的录入（以福建省境外人员临时住宿登记系统为例）

1. 宾旅馆通过旅店业住宿登记系统登记境外人员住宿信息，再自动流转到治安管理信息系统，最后自动流转到出入境管理信息系统。

（1）进入系统（见图 7—7）。

图 7—7

（2）进入主界面（见图 7—8）。

图 7—8

（3）单击“境外旅客管理”→“境外旅客入住”，进入如下界面。输入相关信息后单击“保存”按钮即完成境外旅客登记（见图 7—9）。

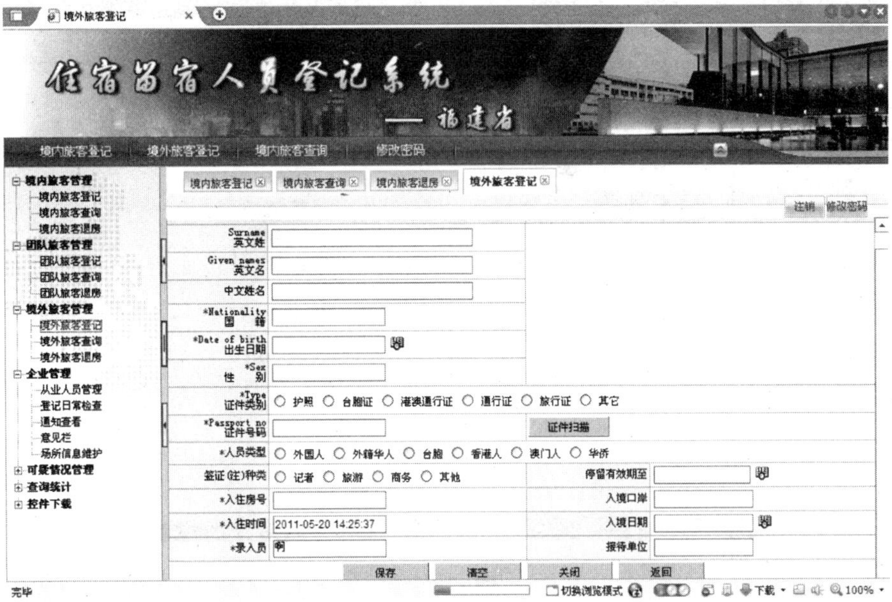

图 7—9

若宾旅馆使用专用护照扫描仪，则点击“证件扫描”显示，见图 7—10：

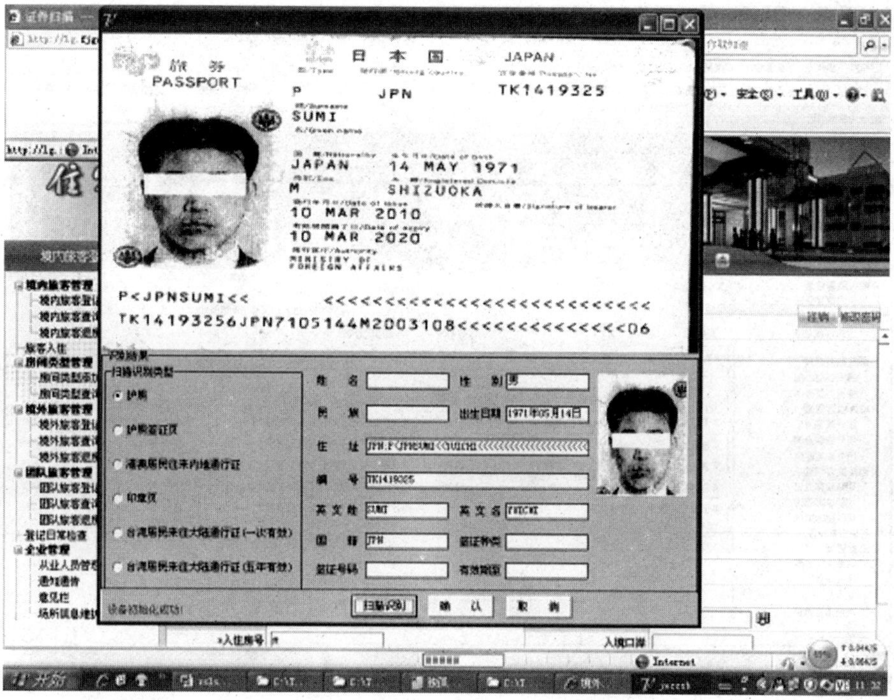

图 7—10

然后，会呈现以下界面（见图 7—11）：

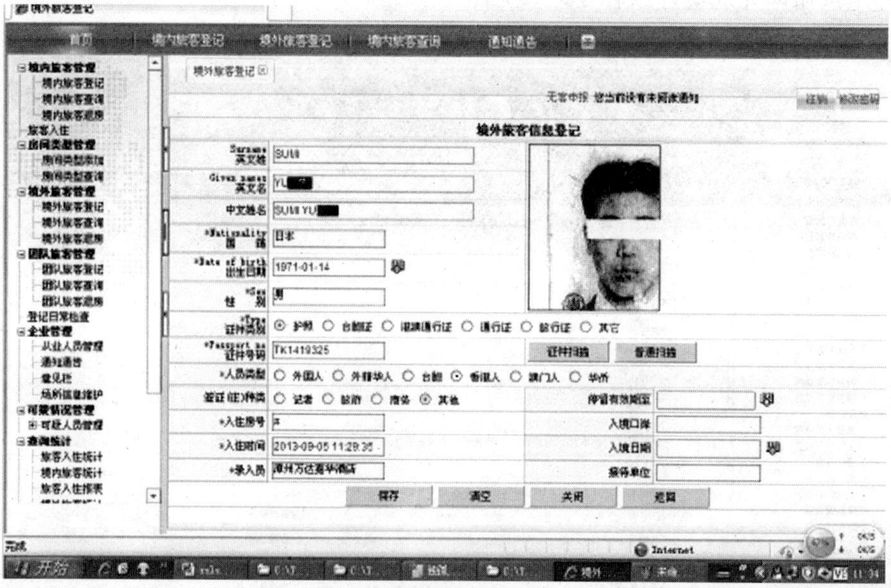

图 7—11

2. 派出所通过治安管理信息系统登记散居社会的境外人员住宿信息，再自动流转到出入境管理信息系统。

（1）进入系统（见图 7—12）。

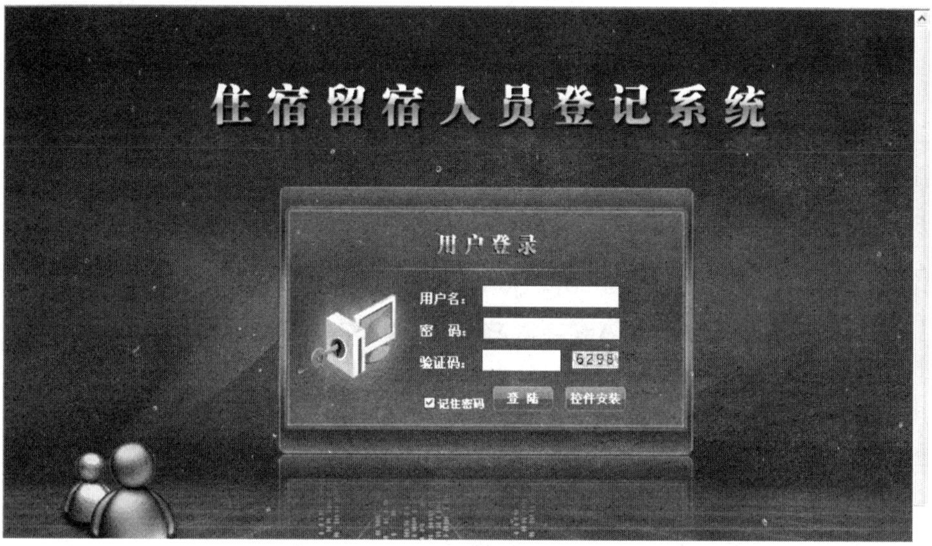

图 7—12

（2）进入主界面（见图 7—13）。

图 7—13

（3）单击“境外人员管理”（见图 7—14）。

（4）选择某个地址，系统自动关联（见图 7—15）。

（5）登记住宿信息（见图 7—16）。

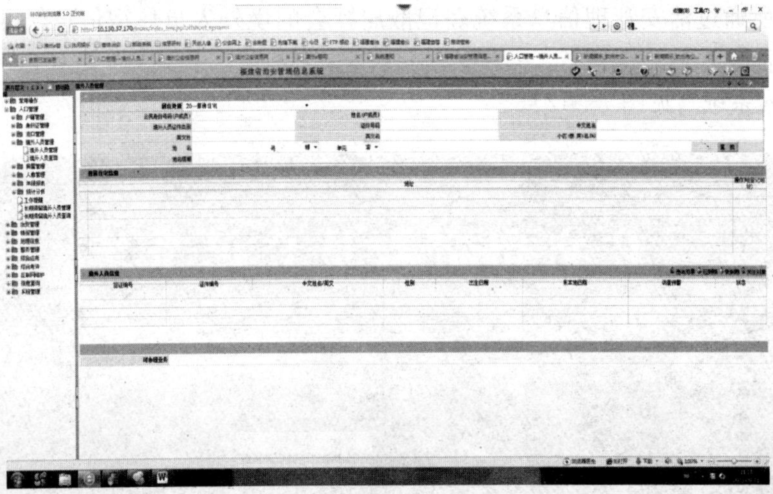

图 7—14

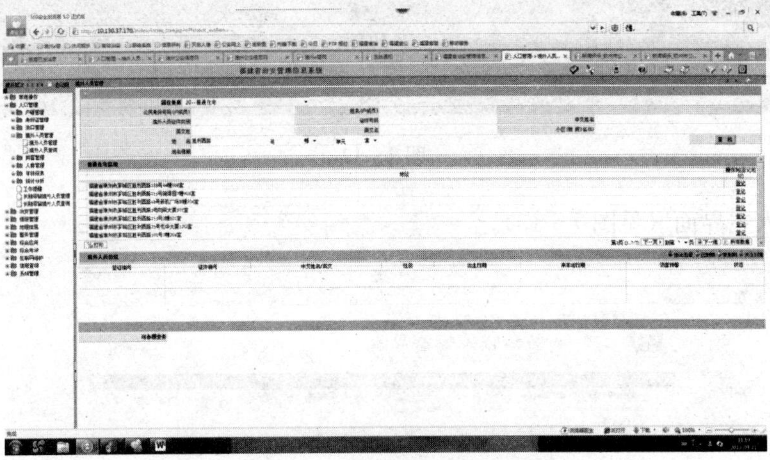

图 7—15

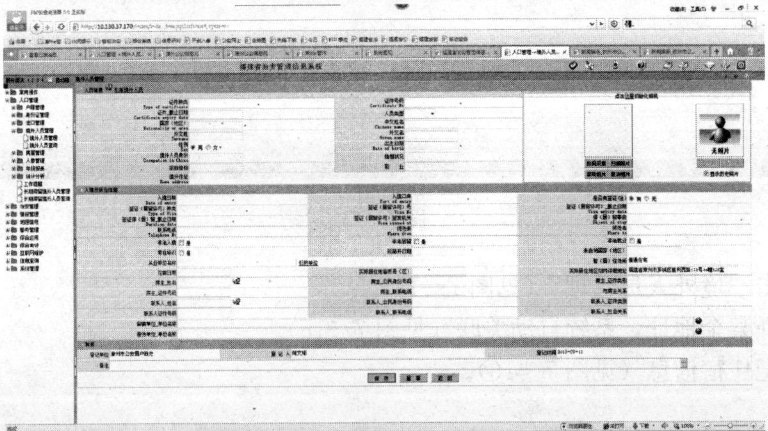

图 7—16

3. 境外人员持纸质的临时住宿登记表到出入境办证窗口申请签证或签注，出入境管理信息系统关联不到有效的住宿登记信息，办证人员直接通过出入境管理信息系统中的住宿登记管理模块录入住宿信息。

（1）进入该模块，点击“住宿管理”，再点击“登记住宿信息”（见图 7—17）。

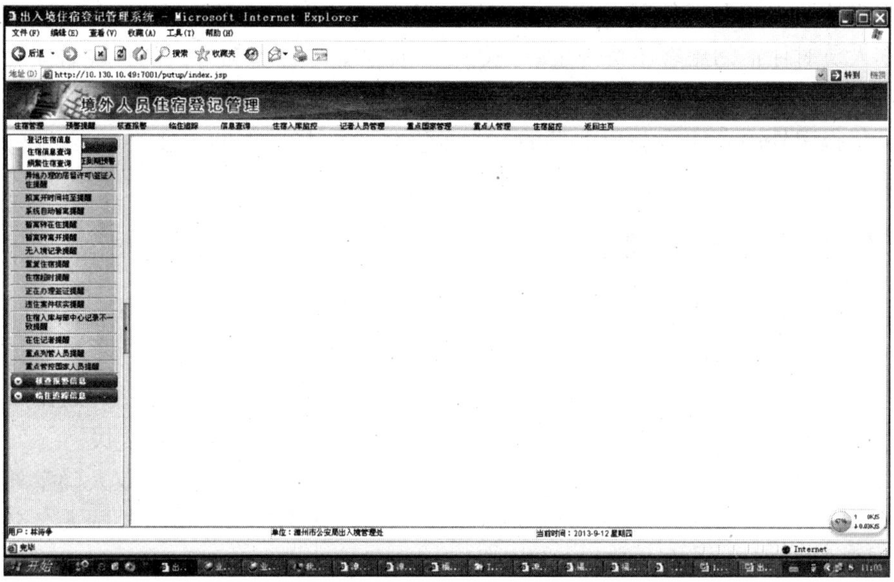

图 7—17

（2）录入住宿信息后保存即可（见图 7—18）。

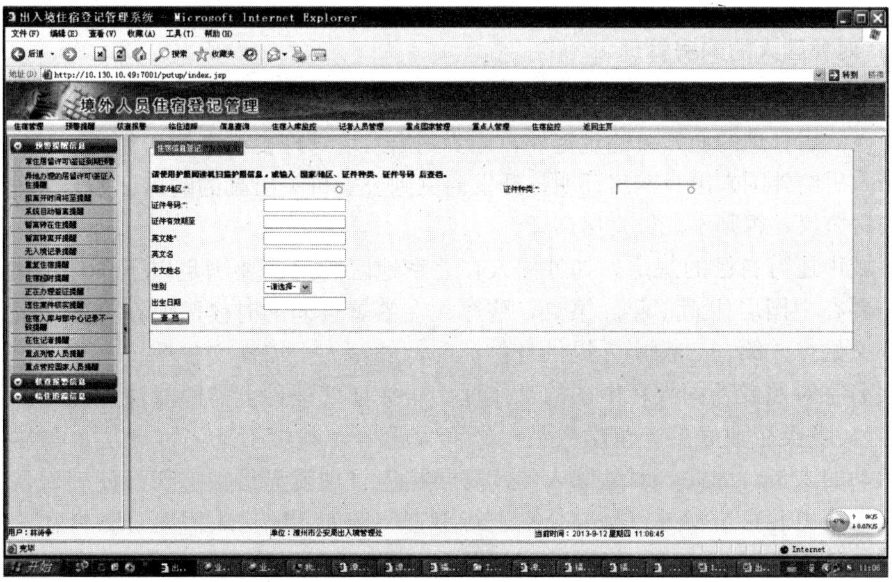

图 7—18

（七）处罚

未执行“外国人在旅馆以外的其他住所居住或者住宿的，应当在入住后 24 小时内由本人或者留宿人，向居住地的公安机关办理登记”，按照《出境入境管理法》第 76 条规定：给予警告，可以并处 2 000 元以下罚款。

旅馆未按照规定办理外国人住宿登记的，依照《治安管理处罚法》的有关规定处罚：旅馆工作人员对住宿的旅客不按规定登记姓名、身份证件种类和号码的，或者明知住宿的旅客将危险物品带入旅馆，不予制止的，处 200 元以上 500 元以下罚款；旅馆未按照规定向公安机关报送外国人住宿登记信息的，给予警告；情节严重的，处 1 000 元以上 5 000 元以下罚款。

三、外国人购房与租屋管理

在华外国人居住方式更加多元化，越来越多的人走进社区，分散居住，并从一线大都市向二、三线的中小城市扩散，且居住形式不一，有的外国人以租房为主，还有外国人在中国购买了商品房，或者借住他人房屋居住，在一些商品交易频繁的地区，还出现了所谓“二房东”，即外国人从房屋产权人手中租下大批房屋，专门租给本国籍公民。

对租住外国人的管理是以掌握其动态信息为前提的。不能单纯以产权人确定外国人购买的房屋实际居住人，因为相当多外国人居住人与产权人不一致，即以外国人名义购买中国境内房屋的现象存在，有些房屋是境外公司法人代表购买后由员工居住。人户分离状态的存在表明以户籍确定外国人居住者身份是不准确的。

公安机关对租房与购房居住的外国人有着不同的管理方法和法律依据，将“以房管人”作为动态勤务工作模式，可以增强对租、售房的外国人的管理，加强社会治安控制能力。

（一）对外国人的购房管理

在华外国人在中国购房，除要符合建设部六部委相关规定以及《关于进一步规范境外机构和个人购房管理的通知》的规定外，还要到出入境管理机构办理居住证明，公安机关将信息录入后给外国人出具购房证明，开发商见到公安机关出具的购房证明，才能与外国人签订购房协议，否则不能颁发房产证。

一些城市还有自己的规定，如外国人在北京地区购房还要满足以下条件：第一，购房人员需要在中国居住满 1 年。第二，购房人在签署合同的时候需要在合同中同时注明中文和外文姓名。第三，购房人提供身份证明，外籍人士需提交护照、居留证、经公证的中外文名字对照或外国人在中国的工作证、居住证（证件上需同时注有此人的中文及外文姓名）。各类企业雇员、留学人员、经商人员等，其中不乏入境后从事与签证性质不符的活动的人员。因此，对外国人的购房与租房管理就显得很迫切。此外，备齐资料后，需首先交由北京市涉外审批办公室进行审查。例如，购房人需要贷款且在北京无固定收入的，其收入证明、婚姻证明及配偶同意购房抵押贷款证明均需经所在国公证机构公证。

（二）对外国人的租房管理

相关的法律依据包括 1995 年 3 月 6 日公安部颁布的 24 号令《租赁房屋治安管理规

定》，第十届全国人民代表大会常务委员会第十七次会议2005年8月28日通过、2006年3月1日起施行的《治安管理处罚法》（2012年修正），2007年10月公安部发布的《公安派出所外国人住宿登记管理办法》。当然，有些地方也出台了外国人房屋出租的管理办法，如2011年1月通过的《广东省外国人管理服务暂行规定》，2012年5月31日通过的《广东省租赁房屋治安管理规定》。国家的法律法规对出租人和承租人的治安责任的规定如下：

首先，房屋出租人承担一定的治安责任。具体包括：

（1）有责任查验外国人的证件，不准将房屋出租给无合法有效证件的承租人。

（2）与租房的外国人应签订租赁合同，并应督促或带领外国人承租人到公安派出所申报住宿登记，并到房产管理部门办理登记备案手续；房屋用途或者居住人员发生变更的，应当到公安机关办理变更临时住宿登记手续，并到房产管理部门办理租赁变更手续。

（3）如果发现外国人承租人有违法犯罪活动或者有违法犯罪嫌疑的，出租人有责任及时报告公安机关。

（4）出租人有责任对出租的房屋经常进行安全检查，及时发现和排除安全隐患，保障外国人承租人的居住安全。

（5）房屋停止租赁的，出租人有责任到公安派出所办理注销手续，以便派出所登记人员及时将信息录入到外国人管理的信息平台。

（6）房屋出租单位或者个人委托代理人管理出租房屋的，代理人必须遵守有关规定，承担相应责任。

（7）房屋出租人将房屋出租给无身份证件的人居住的，或者不按规定登记承租人姓名、身份证件种类和号码的，处200元以上500元以下罚款。

（8）房屋出租人明知承租人利用出租房屋进行犯罪活动，不向公安机关报告的，处200元以上500元以下罚款；情节严重的，处5日以下拘留，可以并处500元以下罚款。

其次，承租房屋的外国人具有相应治安责任。外国人必须持有本人的护照或其他替代证件，按时到公安派出所申报住宿登记，并到房产管理部门办理登记备案手续。将承租房屋转租或者转借他人的外国人，应当到公安机关办理变更临时住宿登记手续，并到房产管理部门办理租赁变更手续；外国人有责任安全使用出租房屋，发现承租房屋有安全隐患，应当及时告知出租人予以消除；且应对于所承租的房屋不准用于生产、储存、经营易燃、易爆、有毒等危险物品；对外国人集体承租或者单位为外国人承租房屋时，应当建立安全管理制度。

当外国人在华购房、租房遇到经济纠纷时，可通过《涉外民事关系法律适用法》获得救济途径。根据这部法律关于不动产物权的规定，此类纠纷适用不动产所在地法律。

根据现行《治安管理处罚法》第57条规定，房屋出租人将房屋出租给无身份证件的人居住的，或者不按规定登记承租人姓名、身份证件种类和号码的，处200元以上500元以下罚款。房屋出租人明知承租人利用出租房屋进行犯罪活动，不向公安机关报告的，处200元以上500元以下罚款；情节严重的，处5日以下拘留，可以并处500元以下罚款。

根据公安部的《租赁房屋治安管理规定》第12条，被处罚人和单位对处罚决定不服的，可以依照《行政复议法》的有关规定向上一级公安机关申请复议。复议期间，不停止处罚决定的执行。

此外，外国人在租住房屋时，最先接触房屋主人。公安机关一般从外国人租房、购房等行为源头人手，通过强化出租房屋的治安管理，落实出租房主对承租房屋的外国人申报登记和日常监督管理的治安责任。治安部门指导并要求派出所建立外国人租住、购买房屋的基础台账，签订治安安全责任书，并将信息录入出入境管理信息系统。治安、出入境管理机构对出租房主、房屋中介机构和外国人留宿单位负责人开展法制教育，明确其对房屋的监管责任。

第四节　外国人就业管理

一、外国人就业管理

目前，我国管理外国人就业的法律、法规主要有：《出境入境管理法》，1996年劳动部（现为人力资源和社会保障部）、公安部、外交部、对外贸易经济合作部（现为商务部）联合颁发的《外国人在中国就业管理规定》，1990年国家外国专家局的《关于聘用已在华任职的外国文教专家和外籍工作人员的暂行规定》，1995年国家外国专家局的《外国经济专家来华工作管理办法》，2000年教育部、外交部、公安部颁发的《高等学校接受外国留学生管理规定》，2014年人力资源社会保障部、外交部、公安部、文化部联合制定的《外国人入境完成短期工作任务的相关办理程序（试行）》等等。

（一）外国人就业的定义

广义上讲，取得定居权的外国人可以自由就业。根据1996年我国劳动部（现为人力资源和社会保障部）、公安部、外交部、对外贸易经济合作部（现为商务部）联合颁发的《外国人在中国就业管理规定》，外国人就业可理解为：没有取得定居权的外国人经过我国主管部门批准在中国境内依法从事社会劳动并获取劳动报酬的行为。

（二）外国人就业的分类

1. 按就业的管理部门分，在华就业的外国人主要有：

（1）在我国除国有企业之外的企业工作，持有人力资源和社会保障部门签发的《外国人就业证》的外国人；

（2）由我国政府直接出资聘请的外籍专业技术和管理人员，或者由国家机关和事业单位出资聘请，具有本国或国际权威技术管理部门或者行业协会确认的高级技术职称或者特殊技能资格证书的外籍专业技术和管理人员，并持外国专家部门签发的“外国专家证”的外国人；

（3）持有中国海洋石油外国人就业办公室签发的《外国人在从事海上石油作业工作准

证》，从事海上石油作业，不需登陆就业、有特殊技术的外籍劳务人员；

（4）经文化部门批准持《临时营业演出许可证》，进行营业性文艺演出的外国人；

（5）经教育部门批准的在华勤工助学的外国留学生。

2. 按外国人就业的期限分，在华就业的外国人主要有：

（1）入境完成短期（在境内停留不超过 90 日）工作任务的外国人，按《外国人入境完成短期工作任务的相关办理程序（试行）》的有关规定，申请办理相关手续。

（2）入境完成长期（在境内停留超过 90 日）工作任务的外国人，均应按照《外国人在中国就业管理规定》申请办理相关手续。

（3）入境从事季节性劳务、短期劳务的外国人，按有关规定执行。

（三）外国人就业的主管部门

外国人在华就业的主管部门是人力资源和社会保障部门、外国专家部门、中国海洋石油外国人就业办公室、文化部门及教育部门；公安部门负责查处外国人在华非法就业工作。

（四）外国人就业主要原则

1. 鼓励引进高层次管理、高科技人才

早在 1994 年公安部、劳动部（现为人力资源和社会保障部）、外交部《关于制止外国人在华非法就业的通知》中，我国需要引进的是“高级技术、管理人才和有特殊技能的外国人”，1996 年的《外国人在中国就业管理规定》第 6 条也强调，“用人单位聘用外国人从事的岗位应是有特殊需要”。为更好地吸引外国籍高层次人才和投资者来我国服务和投资，国务院办公厅于 2002 年转发了公安部、外交部等 9 个部门联合制定的《关于为外国籍高层次人才和投资者提供入境及居留便利规定的通知》。2004 年我国又制定了《外国人在中国永久居留审批管理办法》，着重吸引在中国投资、任职和有特殊贡献的外国人在华永久居留。2008 年，中共中央组织部等多个部门联合印发了《引进海外高层次人才暂行办法》、《关于为海外高层次人才提供相应工作条件的若干规定》和《关于海外高层次引进人才享受特定生活待遇的若干规定》。2010 年，中共中央在《关于制定国民经济和社会发展第十二个五年规划的建议》中指出，“积极引进和用好海外高层次人才”。2010 年中共中央、国务院在《国家中长期人才发展规划纲要（2010—2020 年）》中确定了“大力吸引海外高层次人才和急需紧缺专门人才”的部署，将其作为我国人才战略的八大总体部署之一。《出境入境管理法》第 42 条第 1 款规定：“国务院人力资源社会保障主管部门、外国专家主管部门会同国务院有关部门根据经济社会发展需要和人力资源供求状况制定并定期调整外国人在中国境内工作指导目录。”通常说来，高层次管理、高科技人才主要是指文教专家、经济和科技专家、工程技术人员、体育教练、运动员和中外合资、合作企业以及外商独资企业的管理人员等。

2. 立足国情保护本国劳动者的就业权益

鉴于我国人口众多、劳动力资源丰富、劳动力供大于求的基本国情，需要引进的是高级技术、管理人才和有特殊技能的外国人，不得引进来华从事一般性劳务活动的外国人。1996 年的《外国人在中国就业管理规定》第 6 条在强调“用人单位聘用外国人从事的岗位应是有特殊需要”的同时，也强调“国内暂缺适当人选，且不违反国家有关规定的岗位”。

国际劳动管理中，之所以采取劳动力市场测试制度，目的是避免引进外国人就业对本国劳动力市场造成冲击，保护本国劳动者的利益。我国实行的外国人须取得工作许可和工作类居留证件才能合法在华就业的制度，目的是通过双许可的方式来加强对外国人就业的审批和管理。

3. 依法管理

自从1986年《外国人入境出境管理法》实行以来，外国人在华就业一直实行就业许可和居留许可制，必须经过劳动主管部门和公安出入境管理机构共同审批和依法管理，任何单位和个人不得聘用未取得工作许可和工作类居留证件的外国人，任何单位和部门无权擅自从事引进外国人来华工作。1996年的《外国人在中国就业管理规定》对外国人在华就业作了详细的规定，成了管理在华就业的专门规章。

《出境入境管理法》第41条第2款规定：“外国人在中国境内工作管理办法由国务院规定。”第42条规定：“国务院人力资源社会保障主管部门、外国专家主管部门会同国务院有关部门根据经济社会发展需要和人力资源供求状况制定并定期调整外国人在中国境内工作指导目录。国务院教育主管部门会同国务院有关部门建立外国留学生勤工助学管理制度，对外国留学生勤工助学的岗位范围和时限作出规定。”同时，该法第43条对外国人非法就业的情形进行了界定，第59～62条对所采取的强制措施以及第80～81条对外国人非法就业的处罚都作了规定。

为弥补《出境入境管理法》有关外国人就业管理的遗漏，2014年，人力资源和社会保障部、外交部、公安部、文化部联合制定了《外国人入境完成短期工作任务的相关办理程序（试行）》，该部门规章虽有与上位法冲突之嫌，但“有”总比“没有”强，不过，也只能当作权宜之计。

（五）外国人在华就业的申请

1. 外国人从事长期工作的申请

（1）申请条件。外国人就业应具备以下条件：①年满18周岁，身体健康；②具有从事其工作所必需的专业技能和相应的工作经历；③无犯罪记录；④有确定的聘用单位；⑤持有有效护照或能代替护照的其他国际旅行证件；⑥拟从事的岗位应是有特殊需要，国内暂缺适当人选，且不违反国家有关规定的岗位。

（2）一般申请程序（以在我国除国有企业之外的企业工作的外国人为例）（见图7—19）。

1）用人单位向本省（自治区、直辖市）或被授权的地级市人力资源和社会保障部门为拟聘用的外国人申请《外国人就业许可证》（见图7—20）；

2）用人单位持《外国人就业许可证》等材料向本省（自治区、直辖市）或被授权的地级市外事部门或商务部门为拟聘用的外国人申请《被授权单位邀请函》（或《邀请确认函》）（见图7—21）；

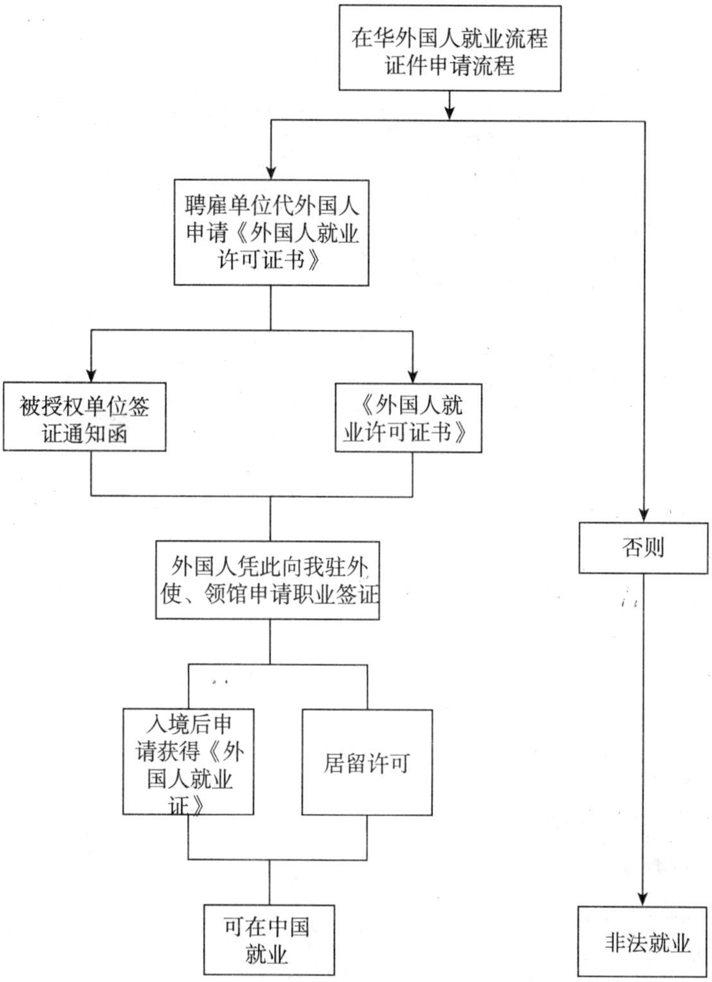

图 7—19

中华人民共和国
外国人就业许可证书

经审核，现批准＿＿＿＿（国籍），＿＿＿＿先生（女士），在中华人民共和国＿＿＿＿省（自治区、直辖市），＿＿＿＿市（地区），＿＿＿＿县（市、区），＿＿＿＿单位，从事＿＿＿＿工作。

签发机关（印）
中华人民共和国[illegible]
签发日期

[illegible]

编号：

图 7—20

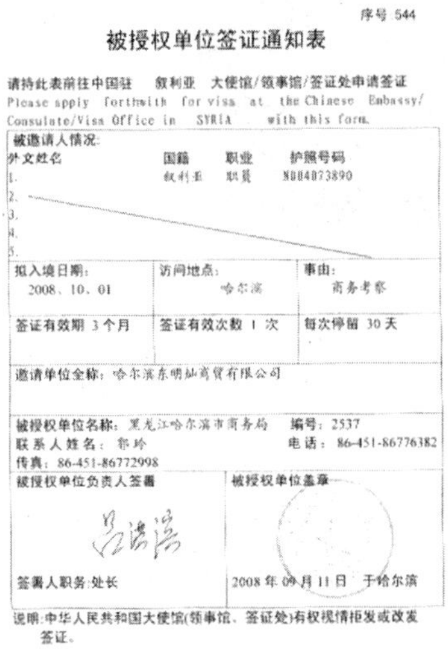

序号 544

被授权单位签证通知表

请持此表前往中国驻　叙利亚　大使馆/领事馆/签证处申请签证
Please apply forthwith for visa at the Chinese Embassy/Consulate/Visa Office in SYRIA with this form.

被邀请人情况：

外文姓名	国籍	职业	护照号码
1.	叙利亚	职员	N004873890
2.			
3.			
4.			
5.			

拟入境日期：2008、10、01	访问地点：哈尔滨	事由：商务考察
签证有效期 3 个月	签证有效次数 1 次	每次停留 30 天

邀请单位全称：哈尔滨东明灿商贸有限公司

被授权单位名称：黑龙江哈尔滨市商务局　编号：2537
联系人姓名：郭玲　电话：86-451-86776382
传真：86-451-86772998

被授权单位负责人签署 签署人职务：处长	被授权单位盖章 2008 年 09 月 11 日　于哈尔滨

说明：中华人民共和国大使馆（领事馆、签证处）有权视情拒发或改发签证。

图 7—21

3）拟来华就业的外国人持《外国人就业许可证》和《被授权单位邀请函》（或《邀请确认函》）向中国驻外使、领馆申请“工作（Z字）签证”（见图7—22）；

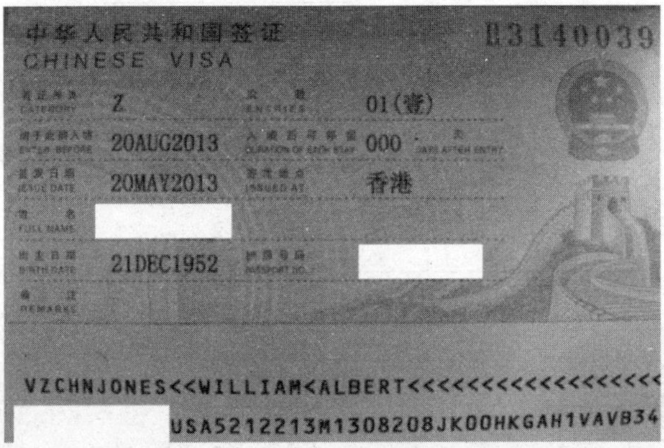

图7—22

4）拟就业的外国人入境后30日之内与用人单位签订雇佣合同并向颁发《外国人就业许可证》的部门申办《外国人就业证》，最后向居住地公安部门申办“居留许可”（见图7—23）。

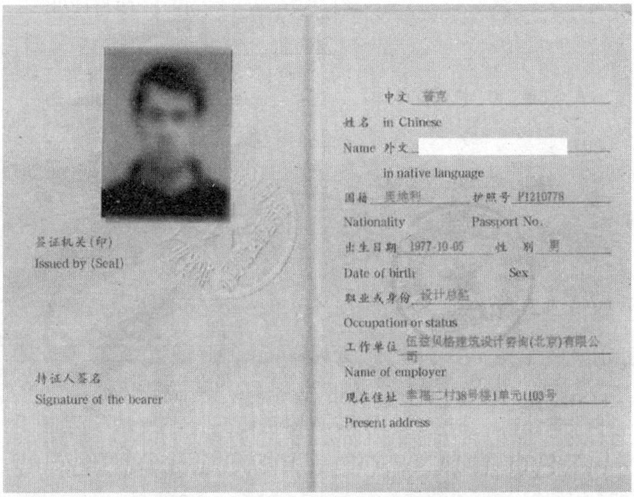

图7—23

2. 外国人从事短期工作的申请

(1) 短期工作的情形。外国人入境完成短期工作任务，指因下列事由入境，且在境内停留不超过90日的：①到境内合作方完成某项技术、科研、管理、指导等工作；②到境内体育机构进行试训（包括教练员、运动员）；③拍摄影片（包括广告片、纪录片）；④时装表演（包括车模、拍摄平面广告等）；⑤从事涉外营业性演出；⑥人力资源社会保障部门认定的其他情形。

以下情形不视为完成短期工作任务：①购买机器设备配套维修、安装、调试、拆卸、指导和培训的；②对在境内中标项目进行指导、监督、检查的；③派往境内分公司、子公司、代表处完成短期工作的；④参加体育赛事的（包括运动员、教练员、队医、助理等相关人员。但根据国际体育组织要求，经我国主管部门批准，持注册卡入境参赛等情况除外）；⑤入境从事无报酬工作或由境外机构提供报酬的义工和志愿者等；⑥文化主管部门在批准文书上未注明“涉外营业性演出”的。具有①、②、③、④情形，且停留时间不超过 90 日的，应当申请办理 M 字签证；具有⑤、⑥情形，且停留时间不超过 90 日的，应当申请办理 F 字签证。

（2）应持有的相关准予工作的证件。入境进行短期营业性演出的外国文艺表演团体、个人应持有文化主管部门出具的批准文书及在中国短期工作证明（以下简称工作证明）（中英文式样见图 7—24）；入境完成其他短期工作任务的，应持有人力资源社会保障部门颁发的外国人就业许可证书及工作证明。工作证明登记项目包括：持有人国籍和姓名、工作内容、工作地点、工作期限、签发日期等。

工作证明编号：

外国人在中国短期工作证明

现批准，________（国籍）________先生/女士（护照号码：　　　　　　　　　　　　）等（　　　）人，在中华人民共和国境内从事________________工作，期限从________年________月________日至________年________月________日。工作期限________日。

就业许可证书编码（批准文书文号）：

工作地点：

一、________________省（自治区、直辖市）________________市（区）。

二、________________省（自治区、直辖市）________________市（区）。

三、________________省（自治区、直辖市）________________市（区）。

四、________________省（自治区、直辖市）________________市（区）。

五、________________省（自治区、直辖市）________________市（区）。

附：外国人在中国短期工作人员名单

审批机关（印章）

年　月　日

附

外国人在中国短期工作人员名单

	姓名	国籍	护照号码
1			
2			
3			
4			
5			

续前表

	姓名	国籍	护照号码
6			
7			
8			
9			
10			
11			
12			
13			
14			
15			
16			
17			
18			
19			

No.

APPROVAL OF SHORT-TERM EMPLOYMENT
FOR FOREIGNERS WORKING IN P. R. CHINA

This is to certify that Mr. /Ms. ____________ (Passport No. ____________)
of ____________ (Nationality) and ________ others have been approved to work as ____________
for ____________ days, from ____________ (date) to ____________ (date).
ALIEN EMPLOYMENT LICENSE NO. ____________

Place of work:
1. ____________ (province);
2. ____________ (province);
3. ____________ (province);
4. ____________ (province);
5. ____________ (province);

Annex. Name List of the Foreigners for Short-term Employment

Issued by (Seal)
Date of Issue (yyyymmdd)

图 7—24

(3) 短期工作人员申请人境工作的程序。

①申请工作许可。

Ⅰ. 申请人力资源社会保障部门许可证书及工作证明

境内合作方拟邀请外国人入境从事短期工作的，应向省级人力资源社会保障部门或者其授权的地市级人力资源社会保障部门提出申请，并提交以下证明材料：

（ⅰ）境内合作方登记证明、组织机构代码（均为复印件）；

（ⅱ）中外双方合作协议、项目合同等；

（ⅲ）拟入境人员简历；

（ⅳ）有效护照或其他国际旅行证件（复印件）；

（ⅴ）申请完成专业技术工作任务的外国人，应按国家规定提供相关学历或技术（职业）资格证明文件；

（ⅵ）审批机关规定的其他证明材料。

人力资源社会保障部门对入境短期工作事由明确、完整、合理，且没有违反国家法律法规者，发放许可证书及工作证明。

外国人入境完成工作任务的地点涉及两个或以上省级地区的，应在境内合作方所在地的人力资源社会保障部门申请办理相关手续。

各省级人力资源社会保障部门应在外国人入境前，将《外国人短期工作信息表》，以电子文档形式报送人力资源社会保障部。

Ⅱ.申请文化主管部门批准文书及工作证明。

外国文艺表演团体、个人拟入境进行营业性演出的，应当由演出举办单位向首次演出所在地文化主管部门提出申请，文化主管部门应当根据《营业性演出管理条例》及其实施细则的规定，自受理申请之日起20日内作出决定。批准的，发给批准文书，并注明"涉外营业性演出"；不予批准的，应当书面通知申请人并说明理由。其中，拟入境进行营业性演出的外国文艺表演团体、个人，在境内停留时间不超过90日的，文化主管部门为其出具工作证明。演出增加地已列入工作证明的，演出增加地文化主管部门不再另行出具工作证明。

演出所在地文化主管部门应在外国文艺表演团体、个人入境前，将《外国人演出信息表》通过涉外营业性演出审批信息公示系统报送文化部，文化部以电子文档形式抄送人力资源社会保障部。

入境进行营业性演出的外国文艺表演团体、个人，完成短期工作任务后，拟继续在境内进行短期营业性演出的，演出举办单位应重新向文化主管部门申请工作证明，但工作时间不超过停留或居留许可有效期。审批手续依照本程序中"申请文化主管部门批准文书及工作证明"的有关要求办理。

②办理邀请函或邀请确认函。

用人单位持许可证书及工作证明到注册地或所属被授权单位申请办理邀请函或邀请确认函。

演出举办单位持批准文书及工作证明到注册地或首次演出所在地省、自治区、直辖市政府外事部门，办理被授权单位邀请确认函。

③申请Z字签证。

获准入境完成短期工作任务的外国人，应到中国驻外使馆、领馆或者外交部委托的其他驻外机关（以下简称驻外签证机关）申请Z字签证。申请人应提供以下证明材料：

（ⅰ）许可证书（批准文书）和工作证明的原件及复印件；

（ⅱ）被授权单位邀请函或邀请确认函；

（ⅲ）本人护照或者其他国际旅行证件的原件和复印件；

（ⅳ）驻外签证机关要求的其他材料。

驻外签证机关对许可证书（批准文书）原件和工作证明原件进行核验，留存复印件。对于工作证明中工作期限不超过30日的，驻外签证机关均签发停留期为30日的签证，同时在备注栏做双语备注“工作时间不得超出工作证明所注期限 Allowed to work only within the period of time indicated in the approval”；对于工作证明中工作期限超过30日的，签证备注栏中应注明入境后30日内办理居留手续。

与中国有互免签证协议国家人员，入境完成短期工作任务的，需在入境前获得工作证明，并持上述材料到我国驻外签证机关申请Z字签证。

④办理工作类居留证件。

（4）其他事项。①获得批准文书和工作证明的外国人取消工作任务未入境的，演出举办单位应及时函告文化主管部门；获得许可证书和工作证明的外国人取消工作任务未入境的，境内合作方应及时函告人力资源社会保障部门审批机关。②外国人入境完成短期工作任务，其工作期限不得超出工作证明所注期限，工作证明到期后不延期。③持工作证明的外国人完成短期工作任务后，若其居留许可在有效期内，拟被境内用人单位聘用的，可按《外国人在中国就业管理规定》的有关程序在境内办理相关手续。

三、外国人就业合法的认定标准

（一）在华从事长期工作外国人合法就业的认定标准

在中国从事长期工作的外国人，《出境入境管理法》第41条第1款规定：外国人在中国境内工作，应当按照规定取得工作许可和工作类居留证件。《外国人入境出境管理条例》第22条第1款规定：“持学习类居留证件的外国人需要在校外勤工助学或者实习的，应当经所在学校同意后，向公安机关出入境管理机构申请居留证件加注勤工助学或者实习地点、期限等信息。”

因此，符合下列情形之一，便可认定外国人在华就业（长期）合法：

1. 持《外国人就业证》或《外国人专家证》或《外国人在从事海上石油作业工作准证》或《临时营业演出许可证》和外国人工作类居留证件。持《外国专家证》的外国人，还需其工作的单位具有聘请外国专家的资格；

2. 加注勤工助学或者实习地点、期限等信息的学习类外国人居留证件。

（二）在华从事短期工作外国人合法就业的认定标准

有下列情形之一，可认定为合法就业；

1. 工作期限不超过30日的短期工作人员，须有Z字签证；文化主管部门批准文书、工作证明，或人力资源社会保障部门许可证书及工作证明。

2. 工作期限超过30日的短期工作人员，须有Z字签证；文化主管部门批准文书及工作证明，或人力资源社会保障部门许可证书及工作证明；公安机关办理的停留期为90日的工作类居留证件。

四、公安机关对外国人就业的管理

（一）在华就业人员的日常管理

1. 公安机关在外国人就业管理中的职责分工

（1）出入境管理部门职责：主动查找、搜集各类线索，受理各类举报、移交的案件线索，查处全市范围内的非法就业案件，对案件情况进行统计及分析研判，并对各分局办理的此类案件进行审核和督导。

（2）派出所职责：做好本辖区外国人住宿登记管理工作；对本辖区内“三资”企业、内资企业外国人就业情况做到底数清、情况明；对本辖区涉外场所加强管理，宣传外国人就业法律法规，发现外国人非法就业线索，及时向出入境部门报告。

2. 公安机关对在本地就业的外国人日常管理

（1）对涉外企业机构外籍员工的管理。

①信息采集与比对、建立基础台账。应对本辖区的涉外企业、机构进行注册登记，采集注册信息和人员信息；对已注册登记的企业、机构进行年审，更新基本信息。对年审已过期的或有违规办理签证情况的，注销备案信息，暂停办理签证资格；对上述信息建立基础台账。

②走访、核查。可建立实地走访制度，核实涉外企业机构基本情况，宣传法律法规，搜集动态反映，填写《涉外企业机构走访检查记录表》，存档备查。走访时，应注意发现涉外企业机构办公地址、外国人居住地的治安以及生活设施安全中的隐患，并及时解决；发现其与注册地不符、涉嫌私自谋职、涉嫌骗取签证的线索。

根据分级管理职责，对签证受理过程中发现的可疑线索开展实地核查。具体做到“五查”：一查涉外企业、机构注册地址是否属实；二查签证申请人与单位是否存在真实聘用关系；三查涉外企业、机构是否正常开展经营业务；四查签证申请人在单位内从事的具体工作；五查是否存在违法或其他涉嫌骗取签证问题。

（2）外国文教专家的日常管理。

①对单位申请聘用外国专家资格联合进行实地踏勘、审批。

对申请聘用外国专家资格的单位，省级公安机关会同同级外专局、外事部门应实地踏勘，按照一票否决原则，进行资质审核，做到“三审查、四询问”：

“三审查”，即审查教学工作场所，核实是否有正规授课地点；审查申请材料，核实是否符合13项申请标准要求；审查住宿地点，核实专家公寓是否符合外国人住宿登记管理工作标准。

“四询问”，即询问聘用外国专家工作的内容；询问聘用外国专家渠道；询问外国专家住宿场所；询问聘用外国专家的基本情况（包括数量、国籍等）。

实地踏勘后，30个工作日内将审查结果通报同级外专局，并进行申请聘用外国专家资格的审批。

②岗前培训。

聘用外国专家资质审批合格后，对聘用单位的管理人员进行岗前培训。具体做到：熟悉涉外法律法规；熟知办理签证手续；熟悉外国专家背景；熟知上报情况信息要求。

③法制宣传。

每年至少1次，对外国专家进行法律法规宣传。内容包括：“四法、一提示”，即《出入境管理法》、《治安管理处罚法》、《宗教管理条例》和《道路交通安全法》，日常安全防范提示。

发生涉及外国专家的案（事）件，处理完毕后，应对其聘用单位再次进行法律法规宣传，通报情况，予以警示。

④日常检查。

每年至少2次，对聘用单位管理工作进行日常检查，填写《检查登记表》，并由聘用单位主管领导签字盖章。检查重点：一是外国专家档案、签证管理情况。二是外国专家办理住宿登记情况。三是外国专家是否参加社团组织或有其他异常行为。四是宣传政策规定，搜集情报信息。五是对聘用单位遇到的问题，提出工作意见。其中，对擅自离职的外国专家，依法办理居留许可作废。

⑤倒查通报。

对涉及外国专家的案（事）件，按照单位管人原则，48小时内倒查聘用单位管理工作落实情况。一是倒查外国专家基本信息掌握情况，包括住宿登记，签证办理等。二是倒查动态活动掌握情况。三是倒查档案管理情况。四是倒查外国专家考勤管理情况。五是倒查涉外法律法规宣传情况。

对存在问题提出书面整改要求，并将情况通报外专、外事部门。对问题突出或造成严重后果的，暂停聘用单位办理签证资格。

⑥年度评审

每年末，对聘用外国专家单位开展年度评审，并将情况通报外专部门。对被外专部门注销资格或暂缓注册的单位，停止其办理签证资格。其中，对4类存在问题单位提出注销资格或暂缓注册建议：一是聘用外国专家从事违法犯罪活动，造成严重影响的单位。二是违法违规聘用外国专家的单位。三是日常管理不到位，不及时落实整改措施的单位。四是未按要求开展年检总结的单位。

（3）受理外国人聘用单位和知情者的报告

根据《出境入境管理法》第45条的规定，聘用外国人工作的单位，聘用的外国人离职或者变更工作地域的，应当及时向所在地县级以上地方人民政府公安机关出入境管理机构报告；公民、法人或者其他组织发现外国人有非法就业情形的，应当及时向所在地公安机关报告。

（二）居留证件的办理

1. 受理、审批和签发机关

公安部委托的县级以上公安机关出入境管理机构。

2. 申请材料

（1）提供申请人有效护照或者其他国际旅行证件以及复印件。

（2）填写《外国人签证证件申请表》，交1张符合规定要求的照片。

（3）提供与居留证件申请事由相关的证明材料：

①人才类：应提供高层次人才和急需紧缺专门人才主管部门出具的人才资格认定证明。可以为其签发有效期5年以内的居留证件。

②工作类：

a. 长期工作的外国人。

持Z字签证入境者应提供当地人力资源和社会保障部门、外国专家局等部门出具的工作许可证明，聘用单位营业执照副本或其他资质证明材料和单位公函。国家另有规定无须提供工作许可证明的按照相关规定办理。

非持Z字签证入境的外国人申请工作类居留证件，还应满足下列条件之一：

（ⅰ）在中国个人直接投资合计 200 万美元以上的外国投资者以及企业聘雇的外国人，应出具证明其个人投资金额的外资企业批准证书；

（ⅱ）在世界 500 强企业、跨国公司地区总部中工作以及在其他公司企业中担任副总经理以上职务或享受同等待遇的高级管理人员和重要专业技术人员，应出具世界 500 强企业认定书、跨国公司地区总部确认函或相关公司、企业的批准证明、营业执照副本等证明材料；

（ⅲ）国家和省部级科研机构、重点高等学校聘用的学术、科研带头人以及有关部门聘用的具有副教授、副研究员以上职称或享受同等待遇的学术、科研骨干，应出具职位证明；

（ⅳ）来华任职人员，对其中的投资者和企业的法人代表可以签发有效期 5 年以内的居留证件，对其他人员可以签发有效期 2 年以内的居留证件（见图 7—25）。

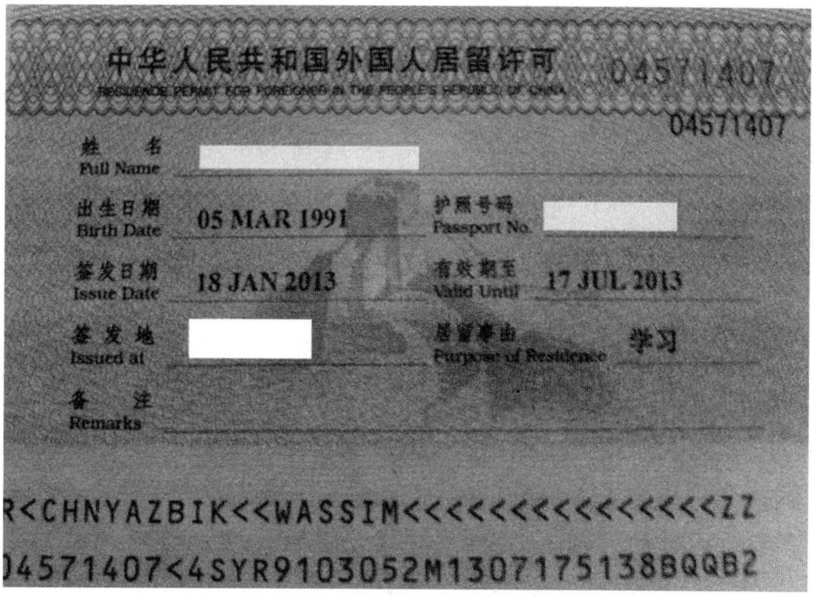

图 7—25

b. 短期工作的外国人。

工作期限超过 30 日的短期工作人员，按工作证明上注明的工作期限工作，并持工作证明、Z 字签证等证明材料到公安机关办理停留期为 90 日的工作类居留证件。其中，外国文艺表演团体、个人可持工作证明和 Z 字签证等证明材料到演出举办单位注册地或首次演出所在地公安机关办理居留手续。已取得居留证件的外国演员在国内其他演出地演出，不再重复办理居留手续。

（三）外国人非法就业的查处

外国人非法就业的查处参见本教材第九章第五节。

第五节　外国留学生管理

一、外国留学生管理概述

外国人学习管理即外国留学生管理具有重要意义。首先表现在留学生交流可以加强国与国之间的联系，通过留学生之间的交流、理解，最终培养留学生对所在国文化的认同。同时通过留学生教育，可提高大学的国际形象和知名度，促进国内高等教育体制的改革，促进大学课程的国际化，并充实其研究和创新体系，提高所在国大学的国际竞争能力。从人力资源角度讲则一方面表现为可为留学生来源国直接输送各类专业人才；另一方面也可以使本国的学生不出国门就可以进行国际性的交流和学习，这两方面都说明了人力资源开发是留学生教育的重要目标。另外，留学生教育也是拓宽教育融资渠道的一种方式。

从各国对外国人管理的实践来看，通常外国留学生管理作为出入境（移民）制度的重要一部分。外国留学生既是外国人又是学生的双重身份决定了其受外国人管理法律制度和教育法律制度规范的双重性。虽然一国的外国留学生教育管理制度会规范外国人在该国受教育的活动、培养各国对中国文化的认同感、带来可观的经济效益，但作为外国人入境、居留、就业、定居（移民）、入籍、融合等相关事项的法律制度却在更大范围内影响外国留学生在居留国的活动，从近处说，将涉及国家的安全和出入境管理秩序；从长远说来，不仅影响该外国人的终身迁徙方向，而且会对居留国的人才发展战略、融入国际社会的程度、社会发展，甚至是国家综合实力的改变意义非凡。管理重点体现在对外国留学生的签证、居留、工作以及身份的转换管理。

二、在华外国留学生管理

（一）外国留学生的概念

外国留学生是指持外国护照在我国教育科研机构注册、接受学历教育或非学历教育的外国公民。所谓教育科研机构，通常是指实施全日制高等学历教育的普通高等学校及其科研院（所）和获得接受外国学生资格的中、小学校及外国教育机构同中国教育机构在中国境内合作举办以中国公民为主要招生对象的教育机构。

（二）外国留学生的类别

1. 外国留学生以是否接受学历教育为标准，可以分为接受学历教育留学生、非学历教育留学生两类。接受学历教育的类别为：专科生、本科生、硕士研究生和博士研究生；接受非学历教育的类别为：进修生、研究学者和中小学校就读学生。

2. 以留学途径为标准，外国留学生可以分为政府奖学金资助留学生（国家计划内招收的外国留学生）和校际交流外国留学生以及自费外国留学生。外国留学人员来华签证申请表（JW201 表）用于中国政府奖学金留学生或按政府间交流渠道来华留学人员，由中国国家留学基金管理委员会秘书处商情有关高等学校具体办理有关手续；外国留学人员来华签证申请表（JW202 表）用于自费来华留学生，由各高校为被本校录取的来华留学人员办理。JW201 表和 JW202 表是用于来华留学人员办理来华留学签证，入境、入学报到、办理居留手续的重要文件。凡招收外国留学生的院校均可提供外国留学人员来华签证申请表（JW202 表）。民办大学可通过向本地省级教育行政部门申请，经同意后招收外国留学生，同时可按需要获得外国留学人员来华签证申请表（JW202 表）。

（三）新中国外国留学生管理的历程

新中国成立后，由于政府的积极推动，从招收东欧社会主义国家 33 名交换生开始，经历了“文化大革命”时期的来华留学生工作的中断，直到 1972 年。后来华留学生工作逐步恢复，仍以接收社会主义国家的学生为主，同时也接收了部分资本主义国家的学生，当年共接收来自 44 个国家 383 名来华留学生。

1978 年中国实施改革开放政策以来，为积极推动来华留学教育的发展，出台了许多政策鼓励来华留学事业的发展，

1979 年第二次全国留学生工作会议召开，制定了《外国留学生工作试行条例》，开始接受自费生，留学生经费由单一依靠政府拨款开始向多渠道筹措发展。自此中国来华留学生获得快速发展，

1998 年，在国务院转批的 1998—2002 年教育振兴行动计划中，来华留学生的总工作方针是深化改革，加强管理，保证质量，积极稳妥发展 。

进入 21 世纪，国家把扩大教育对外开放、加强国际合作与交流作为国家教育战略的关键环节，而来华留学生工作不仅是教育的对外开放的重要方面，也是高等学校走向世界和建设世界一流大学的重要组成部分。因此，2003—2007 年教育振兴计划中，提出按照扩大规模、提高层次、保证质量、规范管理的原则，积极创造条件，扩大来华留学生的规模。2010 年 7 月 29 日，在国务院颁布的《国家中长期教育改革和发展规划纲要（2010—2020 年)》中规定：“进一步扩大来华留学生规模。增加中国政府奖学金的数量，重点资助发展中国家学生，不断优化来华留学人员结构。积极实施来华留学预备教育，增加高校外语授课学科专业，大力提高来华留学教育质量。”2010 年 9 月 21 日教育部出台了《留学中国计划》，其中指出：“不断完善来华留学生政策、法规、制度。明确政府、来华留学教育机构和来华留学生的权利、义务和责任。保证来华留学工作规范发展，形成有利来华留学事业科学发展的体制和机制。”

随着中国加快了与世界融合的步伐，加入 WTO、举办 2008 年奥运会、进一步开放旅游市场、开展上海世博会等一系列举措使得中国以前所未有的速度进入到了国际市场，外国资本、外国人进入中国的数量、规模和程度成倍增长，外国留学生也成为这股人流大军的一员。据教育部的统计数据，2013 年共计有来自 200 个国家和地区的 356 499 名各类外国留学人员分布在全国 31 个省、自治区、直辖市的 746 所高等学校、科研院所和其他教育教学机构中学习。①

在华外国留学生管理的效应不仅关系到留学生利益和国家形象，而且还关系到我国的对外关系和国际影响。因此，对外国留学生的管理决不能有任何轻视和放松。

（四）外国留学生的管理机构

外国留学生的主管部门主要是教育部门，协助管理部门是外事和公安部门，涉及对外国留学生招生和录取，奖学金制度，教学管理，校内管理，社会管理，出入境管理、在华居留管理等。

（五）外国留学生管理的法律法规依据

2012 年 7 月施行的《出境入境管理法》以及 2013 年 9 月施行的《外国人入境出境管理条例》对外国留学生的入境、出境和居留作了规定。根据国务院批准，国家教育委员

---

① 参见《中国教育报》，2014-2-22，第 2 版。

会、外交部、文化部、公安部和财政部 1985 年制定的《外国留学生管理办法》，接受留学生应当遵循我国的对外政策和教育制度，兼顾派遣国情况，贯彻坚持标准、择优录取、创造条件、逐步增加的方针；外国留学生居留管理应遵守的原则是：第一，在学习上严格要求，认真帮助；第二，在政治上积极影响，不强加于人；第三，在生活上适当照顾，严肃管理。1999 年教育部制定的《中小学接受外国留学生管理暂行办法》，对中小学接受外国留学生进行了规范。教育部、外交部和公安部于 2000 年施行的《高等学校接受外国留学生管理规定》对我国高等学校招收外国留学生、奖学金制度、教学管理、校内管理、社会管理及入出境和居留手续作了规定，其中第 36 条规定：外国留学生在校学习期间不得就业、经商，或从事其他经营性活动，但可以按学校规定参加勤工助学活动。

三、公安机关在外国留学生管理中的职责

（一）对申请招收外国留学生资质院校进行审批

由省教育厅牵头会同省一级公安机关（出入境管理部门具体负责）、省外办，对申请招收外国留学生资质院校进行联合审批。

1. 审核材料

（1）办学许可证书，确认办学资质；

（2）市教育局及市外办批复，确认初审意见。

（3）外国留学生公寓楼防火验收及房屋建设验收报告，确认符合安全标准。

（4）申请报告，确认院校办学历史、计划招收留学生规模及教学师资条件合格。

（5）外国留学生管理机构设置及人员配备情况，确认职责任务明确。

（6）招收新生、学籍档案、住宿登记等外国留学生日常管理规章制度建设情况。

（7）涉外突发事件应急处置方案制定情况，确认联系渠道畅通，措施具体有效。

2. 实地踏勘

对申请材料合格的院校，会同省教育厅、省外办进行实地踏勘，检查软硬件设施。30 个工作日内，将审查结果通报省教育厅。

3. 岗前培训

招收外国留学生资质审批合格后，联系安装住宿登记管理、外国留学生信息采集系统。对外国留学生管理工作人员进行岗前培训。具体做到：熟悉涉外法律法规；熟悉系统使用；熟知外国学生管理工作综合考核办法；熟知上报情况信息要求。

（二）停留和居留手续的办理

1. 办理外国留学生的签证延期

外国人来华学习签证分为 X1 字和 X2 字签证，时间超过 6 个月的留学生申请者，须申请 X1 字签证；学习时间不满六个月者，须申请 X2 字签证。外国留学生的外籍配偶、未满 18 周岁子女，未满 18 周岁的外国留学生的父母或者境外监护人，可以凭接受学校的邀请函及留学生护照或者居留许可申请 S1、S2 字（见图 7—26）签证。

一般说来，持 X2 字签证的外国留学生和持 S2 字签证的外国留学生的外籍配偶、未满 18 周岁子女及未满 18 周岁的外国留学生的父母或者境外监护人，入境后在签证表明的停留有效期限内可以在我国停留，期满需要延期本次停留期限的，应到公安出入境管理机构

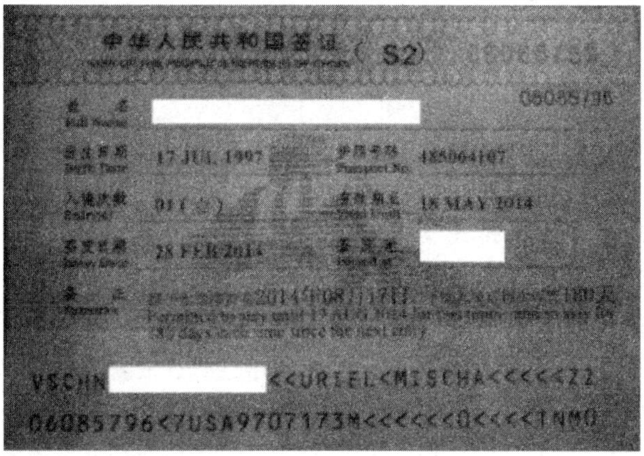

图 7—26

申请签证延期。前者应提供中国境内教育、培训机构出具的《录取通知书》或《入学通知书》复印件；后者应提供主申请人签证证件及亲属关系证明复印件。

2. 办理外国留学生的居留证件

（1）持 X1 字签证入境的外国留学生，须在入境后 30 日内到公安机关出入境管理机构申请办理居留证件。申请时须提供本人有效护照和就读院校注明学习期限的公函、“录取通知书”和健康证明。逾期不办者属非法居留。

（2）持 L 字签证、F 字签证入境向公安机关出入境管理机构申请居留证件，须提供就读院校的“录取通知书”、“外国留学人员来华签证申请表”（JW201 表或者 JW202 表）和学校注明学习期限的公函。经批准同意后，公安机关出入境管理机构可为其签发与其在华学习期限相同的居留证件。如居留证件项目内容及在华住址和就读院校发生变化，须在 10 日内向居留证件签发机关申请变更。

（3）居留证件可以由就读院校代办，但受理外国人的首次居留证件申请，必须面见本人。

（4）居留证件的遗失补办

如果居留证件遗失，而没有及时办理补办手续，并继续在中国停留，那就构成了非法居留，根据《出境入境管理法》的有关规定，会被处以罚款，情节严重的还有可能被拘留。

（5）延长居留证件

居留证件有效期满后还需继续在中国学习的学生，需要办理居留证件的延长手续，应在有效期满一个月（30 日）前申请延长。如果居留证件到期，而没有及时办理居留证件延长手续，继续在中国停留，那就构成了非法居留，根据《出境入境管理法》的有关规定，学生会被处以罚款，情节严重的还有可能被拘留。

（6）转学留学生的居留证件

从中国某院校转入其他中国院校学习的留学生，如已经拥有中国公安部门颁发的居留证件，应先在原居留地公安机关出入境管理机构办理迁出手续，到校后，必须交验护照和居留证件，由学校开具证明，于 10 日内到公安机关出入境管理机构办理居留证件。

3. 办理停留证件

外国留学生学习结束离开中国大陆，一定要在签证或居留许可的有效期内出境。如因故不能按期出境，需提出申请，经批准申请停留证件。

公安机关出入境管理机构在办理上述居、停证件时，应比对住宿登记信息。对发现错登的问题不予批准，通报院校核实情况。

4. 外国学生校外勤工俭学和实习加注

根据《外国人入境出境管理条例》第 22 条的规定：持学习类居留证件的外国人需要在校外勤工俭学或者实习的，应当经所在学校同意后，向公安机关出入境管理机构申请居留证件加注勤工俭学或者学习地点、期限等信息。持学习类居留证件的外国人所持居留证件未加注前款信息的，不得在校外勤工助学或者实习。《签证证件签发工作规范》第 16 条也规定：持学习类居留证件的外国人，需要勤工助学或者在校外实习的，应当提交就读学校和实习单位出具的同意勤工俭学或者校外实习的函件，申请居留证件加注（见图 7—27）。

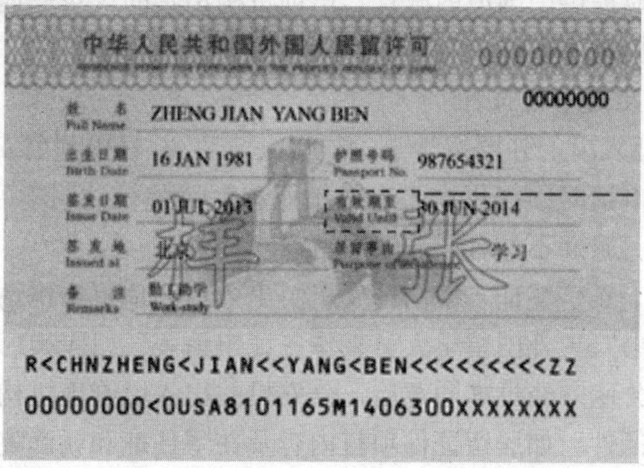

图 7—27

5. 特殊情况

(1) 持外国外交、公务、官员护照或者特别护照和中国外交、公务、礼遇签证来华者，如需在华学习或者进修，应当持本国外交机构出具的、声明在华学习期间放弃特权与豁免的照会，向中国省（部）级外事部门提出申请，经批准后凭外事部门的同意函到公安机关出入境管理机构申请居留许可；

(2) 持外国外交、公务、官员或者特别护照根据双边协议免办签证来华者，如需在华学习或者进修，应当换持普通护照，到公安机关出入境管理机构申请 X2 字签证或者居留许可。

（二）证件查验

1. 出入境边防检查部门负责外国留学生入出境的边防检查

2. 外国留学生居留证件查验

按照中国法律，留学生外出需随身携带本人护照和在中国居住的有效证件，以备公安部门随时查验。根据《出境入境管理法》第 38 条规定：年满十六周岁的外国人在中国境内停留居留，应当随身携带本人的护照或者其他国际旅行证件，或者外国人停留居留证件，接受公安机关的查验。在中国境内居留的外国人，应当在规定的时间内到居留地县级以上地方人民政府公安机关交验外国人居留证件。

（三）负责住宿登记管理

1. 在华外国留学生临时住宿登记制度

（1）外国留学生在宾馆、饭店、旅店、招待所、学校等企业、事业单位或机关、团体及其他中国机构内住宿，应当出示护照或者其他国际旅行证件、签证或者居停留证件或外国人永久居留证等出境入境证件，并填写临时住宿登记表。在移动性住宿工具内临时住宿，须于24小时内向当地公安机关申报。

（2）外国留学生在上述以外的其他住所居住或者住宿的，若寄居或暂住在居民家中，应当在入住后24小时内，由外国人本人携带出境入境证件，或者由留宿人携带外国人出境入境证件及本人身份证件，向居住地的公安派出所或社区警务站办理临时住宿登记；若租赁房屋居住，须携带校方开具的证明及出境入境证件、租房合同等材料，在24小时内至居住地公安派出所或社区警务站办理境外人员临时住宿登记；在校外住宿期间地址发生变动的，应重新办理临时住宿登记。

2. 比对住宿登记信息。对发现错登的问题不予批准，通报院校核实情况

（四）日常管理

1. 入学法律宣传

每学期开学初，深入各院校，组织新入学外国留学生进行法律法规宣传。主要内容包括："四法、一提示"，即出入境管理法、治安管理处罚法、宗教管理条例、道路交通安全法相关规定，日常安全防范提示。

2. 检查信息采集质量

每学期开学1个月后，可通过实地走访，对各院校采集或更新外国留学生信息的准确率进行检查。检查结果纳入综合考评，发现问题督促整改。

3. 走访院校检查

可定期对相关院校进行走访。重点检查外国留学生考勤、签证管理情况；办理住宿登记情况；外国留学生团体活动情况；列管重点外国人动态情况，并宣传法律规定，搜集情报信息。

4. 情报信息分析研判

可会同教育、外事、相关各院校定期召开外国留学生管理会议，通报警情，分析不足；对排查涉外不安定因素和线索，提出具体工作措施；突出问题严格落实专案通报查处。

5. 考核评定

依据外国学生管理工作综合考核办法，对各院校外国留学生管理工作进行月考评，季小结，年评定。对年终评定为优秀的院校，予以通报表彰；年终评定为合格的院校，限期整改，整改期间暂停为该院校外国留学生办理签证；年终评定为不合格的院校，通报批评。与教育、外事共同会商，暂停或取消该院校招收外国留学生资质。

（五）涉及在华留学生案（事）件的处置

1. 受理有关外国留学生情况的报告

《出境入境管理法》第45条：聘用外国人工作或者招收外国留学生的单位，应当按照规定向所在地公安机关报告相关信息。公民、法人或者其他组织发现外国人有非法入境、非法居留、非法就业情形的，应当及时向所在地公安机关报告。

《外国人入境出境管理条例》第26条规定：有下列情形之一的，聘用外国人工作或者招收外国留学生的单位，应当及时向所在地县级以上地方人民政府公安机关出入境管理机构报告：（一）聘用的外国人离职或者变更工作地域的；（二）招收的留学生毕业、结业、肄业、退学，离开原招收单位的；（三）聘用的外国人、招收的留学生违反出境入境管理规定的；（四）聘用的外国人、招收的留学生出现死亡、失踪等情形的。

2. 涉及在华留学生的行政案件查处和刑事案件执法

公安机关主要负责外国留学生违反出入境管理、治安管理等涉外行政案件的处置和刑事案件的立案侦查，也负责外国留学生违法犯罪案件的出入境行政强制和驱逐出境的执行工作。

第六节　大型涉外活动安全保卫工作

一、大型涉外活动的概念

大型涉外活动，是指一个地区或在某一行政区划内，有组织地举行有外国人参加的规模较大的政治、经济、文化、体育、宗教等具有较大影响力的社会性活动。

二、大型涉外活动的安保工作模式

一般说来，大型活动可分为：政府组织的大型活动和商业性的大型活动。根据2007年国务院制定的《大型群众性活动安全管理条例》及其他规定，大型活动的性质不同，安保工作模式亦应有所不同。对政府组织的活动，安保工作应以公安机关为组织实施主体，保卫力量主要以公安民警为主，并配备一定数量的群众治安力量。而对于商业性的体育比赛、文艺演出、展销展览等，则采取安保工作社会化的模式，将安保工作的组织职能和执行职能相对分离，公安机关主要承担组织职能，制订方案，确定安全保卫目标，决定安全保卫措施、力量和要求，并督促主办单位具体组织实施。

从近年来大型活动安全管理的现状来看，警力投入越来越大已成为显著特点，警方基本上已成为大型活动安全管理的主力军。这种由警察直接参与安全管理的方式，一方面可以使警方直接掌握整个活动的状况，及时地将安全事故扼杀在萌芽状态，防止事态的进一步扩展，威严的着装警察也可以有效地震慑犯罪分子，给广大参与活动的群众很大的安全感；另一方面，由于警察队伍的高度纪律性和国家强制性，不仅使整个活动的安全管理显得较为有序、统一，而且便于调动社会各方面的力量投入到安全管理中，很大程度上提高了大型活动的安全系数，很好地保证了“安全第一”。从人性化观念上看，由于公安机关在大型活动的安全管理上是以确保安全为重中之重，我国公安机关在大型活动安全问题上承担着比较大的安全责任，因此我国的警方对于执勤的警察提出了很高的要求。我国目前在提高警察综合素质上采取了一系列的措施，为提高大型活动执勤的效果提供了保证。当然，我国警方所采取的安全管理方式虽然保证了大型活动的安全，但也对我国的警方造成了很大的压力。因此，当前我国在用警力保障安全的同时也在大力推广“谁主办，谁负责”的原则，增加主办方的责任感，让民间的安全管理力量参与到大型活动的安全管理中，以减轻警方所承担的巨大压力。[1]

但鉴于大型涉外活动规模大、影响广、敏感性强、跨部门参与等特点，目前，我国大型涉外活动仍实行政府组织的，以公安机关为组织实施主体的安保工作模式。

三、大型涉外活动安全保卫工作的基本原则

（一）预防为主、安全第一的原则

安全保卫的所有工作措施都是围绕安全这一目标而进行组织和实施的。具体到大型涉外活动安全保卫工作来说，安全第一就是保证重要外宾的绝对安全，保证参加国际活动的各国人员抵离、住宿和参加各项活动的安全，不发生任何危及人身安全的问题。要做到这一点，关键在于防范。在大型涉外活动举办前，就要对所有可能危及活动安全进行的隐患进行排查和消除。通过情报收集研判和对治安重点人员的排查控制，及时消除针对大型涉外活动的有预谋的破坏捣乱活动；通过对场地特别是临时搭建物的治安消防检查，及时消除治安消防隐患；通过对进入活动现场的人、物、车进行安全检查，将一切可能危及活动进行的易燃易爆等违禁物品予以收缴控制，使活动现场成为干净区。

（二）统一指挥、合成作战的原则

鉴于大型涉外活动的特点，加强对大型涉外活动的治安管理，就需要指挥、情报信息、通讯、警卫、治安、出入境、消防、交通、反恐、特警等部门和警种的共同参与。安保工作的组织实施是一项多警种协同作战的系统工作，只有各部门、各警种充分发挥职能作用，才能有力地加强大型活动安全保卫。因此在大型涉外活动安保工作中，必须建立强有力的指挥系统，把参战的警力和装备有机组织起来，形成一个统一的整体，明确各部门、各警种的任务分工，按照安全保卫的意图和目标，充分发挥作用，使各部门步调一致，形成合力。

完成大型国际活动的涉外安全保卫工作仅仅依靠出入境管理机构自身的力量是远远不够的，必须发挥整体作战的优势，依靠各个警种间的紧密协作，形成合力。外管部门在大型活动保卫工作中要充分发挥自己的优势，同时要加强与其他警种的业务协作，把各方面的力量尽可能组织到涉外保卫工作中来。在工作中还要注意与国家安全、国保、外交、宣传、文化、体育、民族、宗教等有关部门加强协作，取得各方面的支持和配合，使出入境管理机构的警力得以有效的外延。

（三）情报主导警务的原则

随着经济全球化进程的加快，受国际恐怖主义的影响，一些敌对分子针对大型涉外活动进行捣乱破坏以制造影响的可能性加大。因此，必须牢固树立情报信息主导警务的理念，突出情报信息在安保工作中的重要作用。应在安全管理指挥体系中建立警情分析中心，依托公安机关全警采集、运行顺畅、集约高效的综合性、多功能的公安情报信息资源优势，将各类信息汇总、分析、筛选、分类，并及时地传递到各职能部门。指挥中心要在充分占有情报信息的基础上，从全局的高度分析安全管理状况，及时协调各参战部门。通过加强情报信息工作，全面掌握敌对势力、暴力恐怖分子和社会不稳定因素的动向，并有

---

① 参见沈惠章：《论大型活动的安全管理》，载《新疆社科论坛》，2008（3）。

针对性地采取预防和处置工作的措施，做到先情报、后行动，大情报、小行动，力争将危害消除在初始阶段和萌芽状态，消除在活动举办之前，封堵在活动现场之外。①

在大型涉外活动中，可由公安部门牵头，成立有公安、国家安全等部门参加的警情分析中心，严密掌握境内外敌对势力和敌对分子、恐怖分子、“法轮功”邪教分子、黑社会组织的动向，注意发现线索，坚决抵制和打击各种敌对势力、敌对分子和恐怖分子的渗透破坏活动，做好境外代表、记者的背景审查工作。这要求充分发挥出入境管理机构公开管理的优势，采取公秘结合的方式，可充分发挥临时住宿登记信息等出入境管理系统的重要作用，尽可能将境外人员的基本情况掌握住，特别要把预警性信息作为重点，做到提前发现，预作部署，未雨绸缪，防患未然。

随着我国大型活动的增多，建立国外信息交流中心已经十分必要，大型活动的安全管理要积极拓展信息渠道，为安全管理风险评估提供依据。运用预警评估机制对大型活动的风险等级进行评估，在此基础上科学配置安全管理力量。②

（四）快速稳妥的原则

在大型涉外活动期间，民警处置突发的案（事）件处置的关键在于先期的现场处置。主要是做好两点：

一是快速处置、快速恢复秩序、快速消除影响。“快速”要求现场处置民警对发生的案（事）件快速反应，立即制止正在进行的违法行为，使用喊话器、提示牌等物品协助控制现场，并将情况报告指挥中心。然后将违法人员迅速带至预先设立的临时处理场所。如现场有围观外籍人员拍照摄像，应立即劝阻，并将不服从劝阻者带离现场审查。核实身份：通过违法人员随身携带的证件、本人自述或其他方式查验其身份，并通过公安系统核实。根据涉及人员身份不同，采取相应的处置措施。

二是坚持用程序化保证文明执法，讲求策略，把握时机，防止授人以柄，导致不良后果。

（五）“内紧外松”的原则

在执勤形式上，要坚持“内紧外松”的原则，使我们的警力配置和工作形式适应大型涉外活动保卫工作的要求。发生问题时，应由便衣干警先行出面，干警的身份应予以适当的包装，不要给外界以警察林立，如临大敌，戒备森严的印象。对境外队员的正常活动，如境外记者经批准进行的采访、境外人员的游览购物、中外人员的正常接触，不应予以随意干预或设置不必要的限制。③

（六）点面结合的原则

大型活动在一定的空间里举行，确保举办区域的安全是安保工作的重点。安保工作的主要警力和措施围绕大型活动涉及的点线来组织实施，特别是领导和重要来宾涉及的上下车点、行车路线、休息室、主席台以及重要通道、观众聚集处，要重点加强防范控制，防止人群聚集拥挤。但大型活动并不是孤立的，大型活动能否安全顺利举行，与外部治安环

---

① 参见陈江渝、杨超：《浅议大型会展活动安全保卫工作的十大原则》，载《公安研究》，2005（12）。

② 参见周正：《大型群众性活动安全保卫工作实务研究》，载《公安研究》，2014（5）。

③ 参见吴建设：《谈大型国际活动的涉外安全保卫工作》，载《北京警院学报》，1996（3）。

境息息相关。因此在大型活动举办前特别是有国内外影响的大型活动，要以活动举办场地、住地和主要活动点线为中心，有针对性地组织专项整治，消除各类治安问题和社会丑恶现象，为大型活动顺利进行创造良好的治安环境。①

在大型涉外活动中，“点”包括大型国际活动的主要执勤部位、重点控制部位、住地重要大型活动、重点控制对象等。对点上所需的警力必须予以充分保证，予以重点加强，以点带面才能收到纲举目张的功效。因此，在警力组织和领导精力上必须全力以赴地抓好重点。“面”主要包括涉外治安秩序的治理，境外人员在参观游览、购物时的安全管理，对社会面控制，对其他警种的业务指导等。面上的工作是基础，不可忽视，没有良好安全的大环境，点的工作也就难以奏效。

（七）国际合作的原则

随着对外开放交流领域的扩大，国内外政要和公众人物参加大型活动的次数更加频繁，大型活动的国际性特点日趋明显，对公安机关的安全保卫工作也提出更高的要求。公安机关必须学习借鉴发达国家大型活动安保工作的先进经验和做法，转变思想观念，转变警务模式，转变方式方法，使安保工作与国际惯例接轨，既确保安全、方便来宾，又以人为本、展示形象。

我国在安全管理的发展上也要实行“请进来，走出去”的方针，重视国际交流与合作，倾听国内外安全专家的提议，取其精华。同时，要建立多层次、多领域的国际警务合作渠道，广泛收集情报信息，建立危险分子和重点嫌疑人资料数据库，用于身份识别和安全评估，掌握各国有可能进入奥运会的恐怖分子的动向，做到预先准备、先期处置，将恐怖事件消灭在萌芽状态。在安全管理力量方面，可以将安全管理人员送出国门，接受更先进的训练；在科学技术上，要对国外先进的技术持欢迎态度，以开放、积极、宽容的姿态集各方智慧，求得共同发展。广泛的国际交流与合作，对推动我国大型活动安全管理的发展将起到积极的作用。②

四、出入境管理机构在涉外安全保卫工作中的主要职责

（1）制定、完善参加境外人员管理及出入境工作方案并组织实施；

（2）指导有关公安机关做好境外来华人员的出入境边防检查以及入出境证件、签证、签注的签发和外国人管理工作；

（3）积极配合有关部门做好外国记者的安全及采访管理工作；

（4）指导并做好涉外案（事）件和涉外突发性事件的处置工作预案，指导、协调有关部门处置涉外案（事）件；

（5）加强边防检查，防止境外不法分子入境从事破坏活动；

（6）指导有关部门加强当地外国常驻机构、企业和所有外国人的管理，做好境外人员临时住宿登记管理工作，掌握涉外安全情况信息；

（7）归口掌握涉外案（事）件情况，负责向外国驻华使领馆通报有关情况并及时向有关部门反馈结果，协调相关涉外警务事宜。

---

① 参见李世全、刘景喜：《浅谈大型活动安全保卫工作的组织与实施》，载《公安研究》，2010（10）。

② 参见沈惠章：《论大型活动的安全管理》，载《新疆社科论坛》，2008（3）。

五、大型涉外活动安全保卫工作的组织和实施

（一）大型涉外活动安全保卫的筹备

1. 成立安全保卫临时组织机构

首先在地方党委、政府的领导下，成立大型涉外活动的领导小组，并组建指挥中心。成立指挥中心安全保卫部，直接对指挥中心负责，贯彻落实领导小组的决定，研究制定安全保卫工作的各项方案。

应像大型活动一样，在安全保卫部下设综合保卫组、现场保卫组、要人保卫组、维护稳定工作组、安全生产工作组、公共卫生安全工作组、办公室等临时机构。此外，还应设置专门的涉外安保协调组，负责涉外安全保卫职责。

2. 了解掌握活动的基本情况

公安机关要取得安全保卫工作的主动权，做到“早介入，早准备”，信息的掌握十分重要。因此，各级公安机关要主动通过政府及文化、宣传、体委等经常举办活动的部门、单位和广播、电视、报刊等媒体报导，及早了解、掌握涉及大型活动的信息，做到早准备、早部署，争取工作的主动。特别是对下列重要的大型活动，尤需提前掌握信息，增强工作的预见性：（1）参与大型涉外活动人员的基本情况，包括参加活动的境外人员，尤其是重要外宾以及参与人数等；（2）大型涉外活动的基本内容；（3）涉及大型涉外活动的敌情和治安形势；（4）涉及大型涉外活动的国际公约、条约、国际惯例和我国的有关法律规定。等等。

3. 制订各种方案、预案

在专题调研的基础上应搞好超前预测，多方设想可能出现的各种复杂情况和涉外问题。要从最坏处着想，向最好处努力，预先制订各种方案、预案。

制订方案首先要根据当时当地的政治、经济、文化等社会环境、历史背景、活动氛围、新闻炒作和群众对活动的关注程度等因素，作一个充分的估量和预测，掌握活动规模和变化规律，以使制订出的方案切合实际。

可根据不同大型涉外活动的目标要求和风险评估内容，制订符合实际的安全保卫工作方案和预案，方案和预案要突出预警、控制、追责三个重点。① 按照不同的组别，制订相应的方案，应主要包括：（1）大型国际活动主要执勤部位，如会场住地的涉外安保工作方案；（2）重要大型活动的保卫工作方案，如开、闭幕式等；（3）涉外事件分工和处置对策的预案；（4）重点地区控制方案；（5）出入境管理工作方案，如签证、口岸签证、住宿登记管理等；（6）专项工作方案，如集中清理“三非”人员的专项斗争、涉外治安整治、境外记者管理等。要通过不断修改、补充使各项方案尽可能完善，形成一整套严谨的、系统的、规范的管理办法。

4. 动员部署和业务培训

大型涉外活动安全保卫工作的具体组织实施，归根到底是由公安机关基层科所队和广大民警具体承担，为了将方案的目标、意图、设想以及具体的措施和要求贯彻下去，就有必要进行动员部署和业务培训。

---

① 参见周正：《大型群众性活动安全保卫工作实务研究》，载《公安研究》，2014（5）。

首先要进行反复深入的思想动员，使参战单位和民警在安全保卫工作中能体现安全保卫工作整体部署和意图，使民警充分认识到所举办的大型国际活动的重要政治意义，激发干警强烈的使命感和责任感，把干警的思想认识统一到上级的要求上来，调动干警的积极性，增强其政治觉悟。其次，要尽可能详尽地向民警介绍大型涉外活动的基本情况、面临的敌情和治安形势的严峻程度以及多方面的不安定因素，使干警充分认清工作的艰巨性和复杂性，时刻保持清醒的头脑、高度的警觉和旺盛的斗志。第三，采取多种形式，如外语强化培训、开办专题讲座、印发培训材料等等，使干警明确总体的工作部署和规格要求，熟练掌握处置原则、法律规定，提高他们的政策水平、执法水平、语言能力和临场处置能力。第四，以往类似活动保卫工作的成功经验及发生的危及活动安全的各类问题，有针对性地培训民警相应的处置要领。

（二）大型涉外活动现场的防范控制

1. 驻点工作是安全保卫工作不可缺少的环节，起到桥梁纽带的作用

在对大型活动实施安全保卫工作时，可根据需要或主（承）办单位的提请，派遣驻点（联络）人员参加联合办公，驻点工作贯穿于整个活动。驻点人员一般由治安、交警部门派人组成，必要时也可请消防部门派人参加。驻点人员必须履行下列职责：掌握活动内容、活动动态和变化状况；参加现场踏勘和安全检查，督促主（承）办单位落实安全措施；掌握本系统、主（承）办单位和其他有关部门的联系电话、负责人姓名；要策划、控制活动现场使用票、证的种类、总量；控制机动车辆通行证的发放范围；要当好领导的助手和参谋，提出安全保卫工作设想，拟定保卫工作方案，协调有关部门、单位的关系，做好有关安全保卫工作的解释，协助现场指挥工作。

2. 常规现场防范控制

和大型活动的现场防范控制一样，涉外活动现场的防范控制也应包括：（1）协助安检；（2）对大型活动参与人数总量的控制；（3）对大型活动现场动态的控制；（4）对大型活动场地安全的控制；（5）对大型活动场地的控制；（6）群体性纠纷、冲突的预防和控制；（7）安全事故的防范与处置，等等。

3. 涉外事件处置

（1）处置总体思路。对大型涉外活动现场发生的涉外事件应遵循“依法管理，坚决果断，讲究策略，反应适度，及时稳妥”的基本原则，妥善处置。应做到“五快”：发现反应快，领导到位快，掌握事态快，现场处置快，公布处理结果快。

（2）一般要领。在现场处置中，首先应判明问题的性质，区别情况灵活处置。要给现场指挥员以随机处置的必要权限，除重大问题外不必层层请示，避免贻误战机拖延时间。在具体问题的处置上，既要考虑个别事件的影响又要考虑到国家的对外政策和外交斗争的需要，善于审时度势，讲究斗争艺术，做到反应适度，沉着冷静，措施稳妥。在具体方法上要强调快发现，快处置，抓得准，用处置速度来屏蔽新闻热点，最大限度地减少危害和负面影响。对于重大涉外事件，应统一进行新闻发布，在处置时应尽快拟出对外交涉和宣传报道口径，经批准后适时对外公布，避免不利的新闻效应。

（3）分类处置要领。政治维稳类：主要从治安管理的角度来处置。秩序维护类：可按“五个步骤十个环节”执行。一是查验证件、确定身份；二是依法告知、收缴物品；三是及时取证、固定证据；四是依法警告、强制带离；五是依法裁决、拟定口径。场馆、会场

区类：应梯次投入处置力量，根据事态的发展，警力跟进：小的事件，先有主办方工作人员处理；大的事件，按先属地警力第一时间开展工作，后投入专业警种；要就近部署警力，就近现场指挥。

（4）注意事项。境外人员对我攻击的一般性问题，原则上不予干预，尽可能采取技术性办法加以制止；超出指定范围的游行、示威等活动，坚决依照我国法律制止，但对肇事人员一般不予处置；对涉及我国主权、涉及第三国和有伤风化、危害会场秩序的活动，一律制止，而对一般中性言行则网开一面，相对放宽；对于参加国际活动的境外人员从事违法犯罪活动的，要敢于大胆依照我国的有关法律法规和有关的国际公约、条约的规定严肃处置，表现出顽强的民族气节，不畏服于国际敌对势力的政治压力。① 针对具有享有外交特权与豁免的外国人：不得强制带至公安机关接受询问；不得采取限制人身自由和查封、扣押财物等强制措施；在记录身份信息和必要询问后及时予以放行。

思考题

1. 如何理解外国人在华停留、居留和永久居留的含义？
2. 如何理解外国人在华停留居留资格管理的含义？
3. 简述外国人在华停留、居留和永久居留证件的办理程序。
4. 简述公安机关对外国人在华居住管理的主要内容。
5. 简述公安机关在外国人就业管理中的主要职责。
6. 简述公安机关在外国人留学生管理中的主要职责。
7. 如何理解公安机关在大型涉外活动的角色？

① 参见吴建设：《谈大型国际活动的涉外安全保卫工作》，载《北京警院学报》，1996（3）。

第八章　涉外案（事）件概述

本章导读

公安涉外案（事）件是指公安机关依法查处的具有涉及外国、外国人或国际组织等涉外因素的案（事）件。从涉外因素的当事人对社会是否有危害行为及程度大小来分，可分为公安涉外案件和公安涉外事件；从公安机关行为的性质来分，可分为公安涉外行政案（事）件及公安涉外刑事案件，两种案件在性质、处置的法律依据、结案结果和决定机关、所适用的程序、在同一案件、同一事件中同时实施时的地位和作用以及依据的标准均有所不同。处置涉外案（事）件是一项政治性、政策性、原则性、法律性都很强的复杂工作，为做好公安涉外案（事）件的处置工作，必须遵循的原则和要求有：维护国家主权原则，对等互惠原则，养成法治思维，案件处置及时迅速以及加强请示报告，密切协调配合。

公安涉外案（事）处置机制与我国公安外国人管理的“小外管”机制和“大外管”机制相一致，主要分为公安内部处置机制和公安外部处置机制。公安机关处置涉外案（事），在内部层级上，出入境管理部门居中与治安、侦查、边防、交通等警种紧密联系，形成“统一领导，分级管理，诸警联动，协同工作”的涉外案件运作机制。在外部层级上，表现为涉外行政案（事）件中的与相关行政部门的分工与配合、与外事部门及驻华使领馆的联系；涉外刑事案件中的与安全、司法、检察、法院部门的分工配合、与外事部门及驻华使领馆的联系。

涉外案（事）件本身就具有涉外性。这种涉外性决定了公安机关在处置时具有一些显著特点：属地管辖的优先权、行政性和司法性、处置法律依据的二元性、执法程序的特殊性、处置的敏感性以及原则性与灵活性相结合，等等。

公安机关在处置涉外案（事）件中，对行政案件和刑事案件的当事人是否是外国人、是哪国人、来华的具体身份等身份信息的确认十分重要，涉及一个人在居住国的法律地位、外国人的国籍国与所在国的法律关系以及外国人的身份状态。公安机关相关业务部门在外国人身份证件的查验、外国人出境入境证件真伪的认定、国籍暂时不明时的认定以及国籍、身份最终不明等情形下有明确的分工合作。外国人身份确认的主要内容有：国籍的判定、来华具体身份的判定以及外国人身份是否合法的判定。外国人的形态观察、对外国人的询问、对外国人人身及携带物品的检查、向外国人在华接待（工作）单位的核实、信息库查询以及向外国人国籍国驻华使领馆的核实是外国人身份确认的常有方法。在公安外国人管理中，民警可综合运用观察、询问、检查等方法，从人的体貌特征、行为、表情、语言、衣着、行李等方面获得有效的形态信息，再进行逐项分析与综合研判，及时发现各类危害国家安全、社会稳定的嫌疑人员。

第一节　公安涉外案（事）件概述

一、涉外案（事）件的概念

涉外案（事）件是指具有涉外因素的案（事）件。所谓涉外因素，是指涉及外国、外国人或国际组织等国际要素。

涉外案（事）件实际上是涉外案件和涉外事件的复合概念。

但从实际情况来看，涉外案件和涉外事件是两个概念。涉外事件一般情况下是指具有涉外因素的当事人不具有违法行为，或者只有轻微的违法行为。如，外国人正常死亡、财物或证件丢失、失踪，涉外群体性事件等。而涉外案件是指需办案机关讯问查证、依法处置的案件，或者引起诉讼活动的案件，具有涉外因素的当事人具有违法行为，应对其进行行政处罚或追究刑事责任。两者之间又有必然的联系，事件是指发生的事实，案件是指发生的事实被立案侦查。它们都有涉外的共性。

1995 年，外交部、最高人民法院、最高人民检察院、公安部、国家安全部、司法部制定了《关于处理涉外案件若干问题的规定》（外发［1995］17 号）。该规定对涉外案件的定义做了以下界定：指在我国境内发生的涉及外国、外国人的刑事、民事、经济、行政、治安等案件及死亡事件。本教材认为，这并不代表“涉外案件”是涉外事件的上位概念，只不过在强调其重要性罢了。因此，大多数国内教材在论及“涉外案（事）件”时，尽管内容也涉及“涉外事件”，但称谓上，径直用“涉外案件”来涵盖。

在实际工作中，公安机关曾称之为“涉外事（案）件”，后由于“涉外案件”的高比例和重要性，才形成“涉外案（事）件”这种现代称谓。

二、涉外案件的概念

涉外案件主要有三种形态：

一是违法主体为外国人的案件；

二是侵害对象为外国人的案件；

三是违法主体涉及本国人或外国人，尽管他们在国外，但违法行为地或违法结果地在本国（属人管辖权和保护管辖权原则），该案件仍置于我国的法律管辖之下。

上述三种形态，有一种与外国或外国人发生关系即构成涉外案件。

综合各种法律规定，关于涉外案件的概念主要存在如下广义和狭义的区别：

1. 狭义的概念，是指在我国境内发生的涉及外国的违法犯罪案件。

2. 广义的概念，是指发生在我国境内涉及外国的违法犯罪案件和在我国境外发生的与中国有关的犯罪案件，同时也包括涉及国际条约和国际合作的刑事犯罪案件。

3. 重大涉外案件，主要是指案件性质恶劣、情节严重的涉外案件。比如致人死亡或者造成多人伤害的，以及财产损失数额较大，受到社会、媒体特别关注或关系到我国国际形象、声誉，事发原因复杂，政治影响较大，或者涉及外国的政治、经济利益，因而引起他国进行询问、联系、催促的案件。涉及敏感政治问题的以及案情复杂需要寻求警务合作的案件，等等。

三、公安涉外案（事）件的概念

公安涉外案（事）件是指公安机关依法查处的具有涉外因素的案（事）件。

在涉外案（事）件处置中，涉及公安机关、国家安全机关、人民检察院、人民法院，以及根据其职权分工的其他行政主管部门，因此，公安涉外案（事）件是涉外案（事）件中十分重要的一类。由于国家的治安行政机关和刑事执法机关的性质，公安部门在共同或协助其他行政部门处置涉外案件的同时，自己还独自承担着外国人违反入出境管理、治安管理、枪支管理、交通管理等行政案件、刑事案件侦查以及外国人失踪、死亡及其财物或证件丢失，涉外群体性事件等职责。

本教材的公安涉外案（事）件仅论及涉及外国人的案（事）件，不论及有关中国人在境内违法犯罪逃往国外及在境外实施的违法犯罪。

四、公安涉外案（事）件的分类

（一）按涉案的对象分

可分为外国人违反我国法律法规的案件（也就是外侵中案件）、外国人权益受到侵害案件（也就是中侵外或外侵外案件）以及外国人求助、报失、死亡等事件。

（二）从涉外因素的当事人对社会是否有危害行为及程度大小分

可分为公安涉外案件和公安涉外事件，前者是指需公安机关讯问查证、依法处置的案件，或者引起诉讼活动的案件，具有涉外因素的当事人具有违法行为，应对其进行行政处罚或追究刑事责任。主要是公安机关处置的涉外行政案件和涉外刑事案件。后者一般情况下是指公安机关处置的诸如外国人正常死亡、财物或证件丢失、失踪，涉外群体性事件等具有涉外因素的当事人不具有违法行为，或者只有轻微的违法行为的事件。

（二）从公安机关行为的性质及法律性质来分，可分为公安涉外行政案（事）件及公安涉外刑事案件

公安涉外行政案（事）件与公安涉外刑事案件的区分：

1. 两种案件的性质不同

前者是公安行政执法行为，有的是基于违反公安涉外行政管理法规的违法行为而作出，有的是为防范各种危害治安的因素不致发生危害而作出，是一种较轻的法律制裁，追究违法者的行政责任，重在管理；后者是公安涉外刑事执法行为，基于对触犯法律的犯罪行为而作出，是一种最严厉的法律制裁，追究犯罪嫌疑人的刑事责任，重在打击。

2. 处置两种案件的法律依据不同

公安行政行为的依据是公安行政法律规范，包括公安行政法律、公安行政法规、地方性公安法规、公安部规章、省级和省会市、国务院批准的较大市的地方人民政府规章，民族自治条例、及上级公安机关、人民政府的规范性文件。可见，公安行政行为的法律依据

具有多层次性和广泛性。尽管也涉及诸如《维也纳领事关系公约》、《关于难民地位的公约》之类的国际法，但主要依据的是国内法。而公安涉外刑事案件的查处所依据的法律则具有高层性和集中性的特点，主要有《刑法》、《刑事诉讼法》、最高人民法院关于审理有关刑事案件适用法律问题的司法解释、公安部制定的《公安机关办理刑事案件程序规定》、刑事案件立案标准等有关刑事侦查工作的规定。相比公安涉外行政案件，查处时所依据的国际法更多，大量依据惩治国际犯罪的国际公约及刑事司法协助条约。

3. 结案结果和决定机关不同

公安涉外行政案件只在公安机关内部操作，最终由公安机关决定结案。结案方式通常是对违法行为人给予行政拘留、没收财物、罚款、吊销（扣）执照（许可证）、限期出境、驱逐出境、限定不准再次入境期限等公安行政处罚，并辅之遣送出境等出入境行政强制执行。刑事案件一般要经过公安、检察、法院三道工序，公安涉外案件的查处仅是第一个阶段，最后以法院的判决结案。

4. 两者所适用的程序不同

虽然在办理这两类案件时，都有内部报告和外部通知的特殊处置程序。但在一般处置程序上，则区别很大：公安行政行为适用的是公安行政执法程序，由各种公安行政执法程序所组成，如治安管理处罚程序、道路交通管理处罚程序、出入境管理处罚程序、边防管理处罚程序等，适应公安机关内部行政管理职能的分工，各个程序相对应的公安行政管理实体法不同。公安涉外行政执法程序的这种多样化、分散化特点，是公安行政管理事项的多样性、分散性决定的。查处的一般程序主要包括管辖、受理、立案、调查、告知、听证、裁决、执行等阶段。刑事侦查行为适用的是刑事诉讼程序，是刑事诉讼法和公安部为贯彻实施刑事诉讼法制定的《公安机关办理刑事案件程序规定》规定的，体现高度集中、统一的特点。一般要经过立案、侦查、侦查终结等程序。两类案件所使用的法律文书也是完全不同的，前者使用的是公安行政法律文书，后者使用的是刑事法律文书，这些文书在名称、格式、所载内容上均截然不同。

5. 在同一案件、同一事件中需要同时实施两种行为的，它们的地位，作用不同

在同一案件、同一事件中需要同时实施两种行为的，公安涉外刑事侦查行为一般处于中心、主导、支配地位，公安涉外行政行为则处于从属、次要地位，起支持、配合、服务于刑事侦查工作的作用，公安涉外行政行为在此往往根据刑事侦查工作的需要而作出，作为一种侦查策略而使用。在有多名违法犯罪人员的同一案件中，有的人的行为构成犯罪，有的人的行为只构成违法，公安机关对犯罪行为实施刑事侦查行为，对违法行为实施公安行政行为，在这种情况下，两种行为则是各自独立的，没有主次轻重之分。

6. 依据的标准不同

主要的标准是以事实为依据，以法律为准绳。事实，就是公安机关作出某一执法行为所指向的违法事实或犯罪事实。认定该事实是违法事实还是犯罪事实，是有具体的衡量标准的。治安案件有公安部颁行的《治安案件立案标准》，刑事案件也有公安部颁行的刑事案件立案标准，还有最高人民法院对各类犯罪构成犯罪的有关数额、情节标准，这是我们区别违法行为和犯罪行为的基本依据。若是违法和犯罪区分开了，适用法律就有了基础。法律，这里有两层含义，一是根据违法犯罪事实，应该适用什么法律，是适用公安行政管理法规，还是适用刑事法律。二是公安机关已经对某一违法或犯罪事实适用了法律，这种

适用法律行为是否正确。公安机关针对违法行为适用了公安行政管理法规，实施了公安行政行为，或者针对犯罪行为适用了刑事法律，实施了刑事侦查行为，这里，事实和法律就会把这两种行为严格区别开来。

五、公安涉外案（事）件处置的原则和要求

处置涉外案（事）件是一项政治性、政策性、原则性、法律性都很强的复杂工作，为做好公安涉外案（事）件的处置工作，必须遵循以下原则和要求：

（一）维护国家主权原则

我国是一个独立的主权国家，任何外国人，无论具有什么身份，在我国领域内活动，必须遵守我国的法律，对违反我国法律的外国人，我国行使完全的管辖权，除享有特权与豁免权的外国人要通过外交途径解决外（这里要注意，不是不查处，而是通过外交途径解决），必须按照我国法律法规查处，以维护我国的主权和法律尊严。如果违背国家主权原则，在处置上就会出现各种偏差，也可能导致外交上的被动。因此，公安机关在处置涉外案（事）件时，既要反对缩手缩脚、推卸责任和听之任之的态度，又要防止对外国人滥加处罚的偏激倾向，要敢于处置、善于处置。另一方面，遇有外国政府，使、领馆或国内有关单位提出妨碍我国行使主权的不正当的要求时，必须坚持维护国家主权的原则，坚决依照我国法律办理。

（二）全警涉外的原则

公安机关的任务是保护人民、惩治犯罪、维护国家安全和社会秩序以及保卫、促进社会主义物质文明和精神文明建设。其业务部门的设置就是为了完成上述任务按照公安行政管理和刑事执法来设置的。无论是中国人，还是外国人都可称为行政相对人和刑事案件当事人。也就是说，每个对外执法的公安业务部门在管理中国公民的同时，也管理在其属地的外国人。公安部制定的《公安机关外国人管理工作分工配合机制规定》就是按公安机关各业务部门的职责分工和相关协作来管理外国人的，表明了“全警涉外”的理念。

除有关被授权单位依照诸如《出境入境管理法》、《外国人入境出境管理条例》、《外国人在中国就业管理规定》等专门关于外国人的法律法规以及国际条约的相关规定外，在处置涉外案（事）件时，应趋同化管理，即“管中国人怎么管，管外国人就怎么管”。涉外案（事）件随时随地发生，必须迅速依法处置。不仅要求一线民警先期进行现场处置，而且要求随后的相关公安业务部门依法依规进行处置。因此，全警涉外是适应现实需要。

（三）对等原则

对等原则，是指一国对我国或我国公民有特别限制和不利对待时，我国对该国或其公民采取对等措施，是国际法理念中对称或平衡的重要体现，具体表现为两种状态：第一，两国根据相互签订或缔结的国际条约，相互给予对方以同等待遇。第二，两国之间虽然没有签订条约或缔结有关条约，但愿意按照双方认可的国际惯例，本着互惠平等的精神，在某项具体合作事务中相互给予对方同等的待遇。对等原则有着十分明确的使用对象和范围。一方就某类案件提供协助，另一方亦就类似案件提供类似协助，十分明显的对等性和

互利性。对等原则是国际法的重要准则。对等原则是平等原则的延伸，是国家主权平等和维护国家主权的要求。

（四）养成法治思维

法治思维，就是按照法治的观念和逻辑来观察、分析和解决问题的思维方式。它要求思维主体崇尚法治、尊重法律，自觉将法律付诸实践，善于运用法律手段来解决问题。在涉外案件处置中是否具有法治思维，直接关系权力能否得到正确行使，直接影响依法治国成效和经济社会发展。

1. 树立法治信仰

树立法治信仰就是尊重法律的权威，在法律的框架内行使权力、保障权利。在法治社会，法律不仅是治理国家的工具，而且是规范社会关系、裁判纠纷诉讼的主要标准，必须得到充分认同和严格遵守。少数外国人实施违法犯罪行为，不仅违反了我国法律，也损害了其本国的荣誉和形象，有的按其国内法也已构成违法犯罪，对这些违法犯罪的外国人进行处置是理所当然的，只要证据确凿，手续完备，适用法律准确，不但不会引起其他外国人的疑虑，影响当地的投资环境或者我国与有关国家的关系，相反，通过对违法犯罪外国人的处置，还会使其他外国人看到我国执法的严肃性，有利于他们更好地遵守我国法律。公安机关在处置涉外案（事）件过程中，有责任维护国家主权和利益，充分运用各种法律手段制裁违法行为。

在工作实践中，一些群众以及基层地方领导认为，处置涉外案（事）件会影响投资环境和国与国之间的关系，因此，对违法的外国人怕处置、不敢处置，或相互推诿，大事化小，小事化了。其结果，可能助长外国人违法行为的蔓延和发展，使国家和人民利益遭受更严重的损失，而且还会造成中国法治不健全的负面影响，这是十分有害的。因此，公安机关在涉外案（事）件处置过程中，要注意防止两种错误倾向：一是把一切涉外案（事）件均视为“敏感问题”，畏首畏尾，甚至对违法行为人持放纵态度，如果这样就违背了依法管辖的原则；二是擅自扩大自己的管辖权限随意执法，在案件处置上，或畸轻畸重，或应当正确适用法律而未能适用。这两种倾向和行为不利于公正执法，是公安机关的违法失职行为。

2. 增强程序意识

实体公正和程序公正是法治的两大要件。程序公正是实体公正的必经之路，没有程序公正就没有实体公正。在涉外案件处置中，不仅要求实体公正，而且更加注重程序公正。处置涉外案件必须严格依法办事。依法办事不仅要求实体合法，而且要有完备的法律手续，即程序合法。涉外案（事）件审结完毕，需要作出裁决时，应当严格依照有关法律的规定予以处罚。手续完备包括：一要齐全，应当出具的法律手续不要短缺；二是履行法定手续，不能随意制定；三要依据准确，不能出现运用法律法规错误。

3. 强化证据意识

处置涉外案（事）件必须注意证据的获取工作。没有证据，难以定案；证据不充分，也不能结案。因此，保护现场，做好现场取证和有关调查工作，对能够顺利结案至关重要。涉外案件发生和存在的时间、空间不同，案件的性质、内容和情节各异，如果没有充分的证据，不但不能依法查处，还会在对外交涉上处于被动地位。所谓充分，就是对各种证据要仔细、认真地收集，要全面地进行审查判断。如在收集书证时，必须注意其内容的完整性；收集证人证言，要注意核实、认真推敲；在处置过程中要抓住战机，做好录音、录像、照相等工作，这是最直接有力的证据。同时证据要“确凿”，不能反映客观事实本来面目的证据，对处置涉外案件将是十分不利的。

4. 加强保护外国当事人权利的意识

加强公安民警保护外国当事人权利的意识，主要通过以下途径来实现：

（1）为外国人行使权益提供条件和保障。不仅包括为外国人提供的各类服务，如在办理签证、居留证件、各类证照登记审批中，应热情办理，规范服务；还要为外国人维护合法权益提供法律保障，如提供充分的复议、诉讼等法律救济途径。

（2）预防、发现、制止侵害外国人的违法犯罪。这是警察部门治安管理的基本任务。要求警察部门通过各种手段，加强社区警务和治安基层基础工作，强化公民治安意识完善各种安全防范措施，及时掌握违法犯罪活动的线索和动态，加以防范、控制。①

（3）严格执法，维护外国人的合法权益。要按照法律法规的规定严格执法，依法追究侵害外国人合法权益的违法犯罪行为。

（4）履行相关的国际义务。为了避免因为没有履行自己承担的国际义务而构成国家责任情形的出现，一国在进行外国人管理时，一是要遵守相关的国际条约，如遵守维也纳两公约及签署的双边或多边司法协助条约，履行涉及外国人案件的特权和豁免、通知、引渡等相关义务等。二是尊重一国运用外交保护对主权国家外国人属地管辖权进行制约的国际惯例。“从国际法讲，国家有保护外国人合法权益的责任，若对外国人的合法权益不予保护或侵犯，致使外国人蒙受损害，则国家对此应承担国际责任。外国人的国籍国有权进行外交保护”②。

（五）案件处置及时迅速

处置涉外案（事）件，必须做到及时迅速。及时迅速：一是一旦发生涉外案（事）件，必须快速反应，立即赶赴现场，这也是处置其他案（事）件的要求；二是案件发生后，必须依照法律程序迅速审结案件，处置涉外案件及时反应、迅速审结案件是正确妥善处置的关键一环，这是由涉外案件本身所具有的属性决定的。涉外案件主要是具有案件突发性强、当事人流动快、来华时间短、易产生国际国内影响的特征。涉外案件中的当事人大多为外籍人员，他们大多为入境旅游、经商的临时来华人员，居留地点变化也快，公安机关调查的时间有限，加上警力和语言的限制，取证难度大，如果不及时处置，当事人一旦出境，时过境迁，势必给案件的调查处置造成困难。如果是境外人员作案，一般会迅速离境，以逃避处罚。这就要求公安机关民警一接到报案，必须快速反应，分秒必争，尽快掌握必要的证据，查清当事人的身份，以免贻误战机，影响及时取证。如果不及时采取措施，妥善进行处置，有的案件可能会造成事态扩大，使工作处于被动。

（六）加强请示报告，密切协调配合

涉外案件不仅因人物、地点、时间、情况等不同而千差万别，问题错综复杂，而且在处置时政策性强，所以在实际工作中要特别注意请示报告，如实反映情况，严格按上

---

① 参见熊一新、李健和：《治安管理学概论》，36页，北京，中国人民公安大学出版社，2007。

② 梁淑英：《外国人在华待遇》，27页，北京，中国政法大学出版社，1996。

级指示和拟定的口径办事，不能轻易擅自处置，不能随意改变对外口径或多重拟定口径。对重大的涉外案（事）件，各级公安机关、各部门的领导要亲自指挥，精心组织，妥善处置。

鉴于涉外案（事）件复杂性、广泛性，涉及社会各个领域，除少数案件独立管辖外，多数涉外案（事）件的查处往往涉及多个执法主体来完成。因此，必须注意协调配合：一是公安机关内部的协调配合，按照公安机关各业务部门处置涉外案件的划分，治安、交通、刑侦、技侦、政保、出入境管理等业务职能部门要协调办案，既有明确分工，又有密切配合，出入境管理部门在工作中发现和掌握的案件线索，应当及时通报与该案件、事件线索有关的业务部门；二是公安机关与其他政府部门的协调配合，同外办、旅游、教育、宗教以及检察、法院等相关部门相互支持、紧密联系、主动协作，共同处置好各类涉外案（事）件。

第二节　公安涉外案（事）件处置机制

一、公安涉外案（事）处置机制

公安涉外案（事）处置机制，是指公安机关在处置外案（事）过程中为实现外国人管理工作“维护国家权益、保护外国人合法权益、促进国际交往”的整体目标，消除公安内外相关部门、层级、地域以及各环节之间存在的管理冲突，按照各自职能范围，通过制度安排进行调节，形成的互相配合、互为依托的模式及其运作方式。

从实际运作来看，公安涉外案（事）处置机制与我国公安外国人管理的“小外管”机制和“大外管”机制相一致，主要分为公安内部处置机制和公安外部处置机制。

具体说来，公安机关处置涉外案（事），在内部层级上，出入境管理机构居中与治安、侦查、边防、交通等警种紧密联系，形成“统一领导，分级管理，诸警联动，协同工作”的涉外案件运作机制；在外部层级上，表现为涉外行政案（事）件中的与相关行政部门的分工与配合、与外事部门及驻华使领馆的联系；涉外刑事案件中的与安全、司法、检察、法院部门的分工配合、与外事部门及驻华使领馆的联系。

二、涉外案件中的公安内部处置机制

公安机关在涉外案件处置中需要各警种间特别是出入境管理、边防管理、刑侦、治安、派出所等部门间通力协作，形成合力。

（一）公安机关内部横向分工

1. 公安机关在涉外案件处置分工配合机制中统一组织实施的事项

（1）涉及“三非”外国人的专项行动，由各级公安机关统一组织实施；

（2）发生或可能发生重大突发性涉外案（事）件时，当地公安机关应立即成立由主要领导同志负总责，指挥中心牵头，相关部门组成的处置领导小组，加强对案（事）件处置的组织领导。

2. 行业公安机关在涉外案（事）件处置分工配合机制中的主要职责

铁路、交通、民航、森林公安机关办理的涉外案（事）件，在报上级公安机关的同

时，对采取限制人身自由强制措施、拘留处罚以及涉案当事人死亡案件的有关情况应当通报案（事）件发生地的省级公安机关出入境管理机构。需要向外国驻华使馆、领馆通报情况的，由案件发生地省级公安机关出入境管理机构负责，以省、自治区、直辖市公安厅、局名义通报当事人国籍国驻华使馆、领馆。海关缉私公安机构按现行规定由海关总署直属的海关缉私局负责与驻华使馆、领馆联系。

3. 出入境管理机构在涉外案件处置分工配合机制中的主要职责

（1）负责外国人违反《出境入境管理法》的案件。

（2）负责外国人非法采访案件。

（3）对违法外国人实施出入境行政强制。对刑满释放后的非毗邻国家外国人执行遣送出境、驱逐出境以及对非毗邻国家“三非”外国人执行遣送出境，由出入境管理机构负责，有关办案单位和边防管理部门配合；地方公安机关对其查获的毗邻国家“三非”外国人执行遣送出境工作，由出入境管理机构负责将“三非”外国人押解至边境地区的边防管理部门；对国际刑警组织通缉或外国警方通过外交途径查找的外国犯罪嫌疑人，在华有违法犯罪行为的，按我国有关法律规定处置完毕后，负责有关递解移交或监护出境工作。

（4）负责归口统计、上报发生在本辖区的各类涉外案（事）件。统计发生在本辖区内的对外国人采取行政拘留以上处罚及限制人身自由强制措施的案件和外国人死亡事件并逐级层报公安部出入境管理局。

（5）省级公安机关出入境管理机构负责与外事及与外国驻华使馆、领馆的联系工作：对外国人处以拘留处罚或采取限制人身自由强制措施以及外国人死亡的案（事）件，以公安厅名义，按规定通报外国驻华使馆、领馆外国，协调安排驻华使馆、领馆提出探视或要求与当事人通话、通信、送物等领事事宜。

（6）为其他警种提供支持：查明或协助其他警种查明涉案外国人的身份；建立翻译人才库，以保障各部门办理涉外案（事）件工作的需要；定期召集有关部门对一定时期内的涉外情报、信息、动态进行研究分析，并提出对策建议；涉外案（事）件办结后，需依法限制外国人再入境的报批。

4. 治安部门在涉外案件处置分工配合机制中的主要职责

涉外治安案件的查处主要由治安部门归口管理，出入境管理机构配合。受理、立案、调查取证等工作由治安部门负责。例如，外籍人员的嫖娼行为由治安部门处置，后续涉及的遣送出境、不准入境等由出入境管理机构处置，案件相关材料复印后两部门同时归档。

外国人违反治安管理案件，由县市级以上公安机关的治安部门、出入境管理机构查处或指导派出所查处；派出所应当将居住在本辖区内的外国人纳入实有人口中的重点人口实施管理，做好外国人住宿登记管理工作，对“违住”案件进行查处。

5. 其他警种在涉外案件处置分工配合机制中的主要职责

（1）刑侦部门根据《公安机关办理刑事案件程序规定》，负责侦查各类涉及境外人员的刑事案件，如抢劫、盗窃、杀人、强奸、伤害、诈骗等。涉及境外人员的偷渡案件、不明死因的死亡事件和失踪等特殊事件，由刑侦部门和出入境管理机构共同调查处置；对国际刑警组织通缉或外国警方通过外交途径查找的外国犯罪嫌疑人，在华无违法犯罪行为的，由刑侦部门负责有关递解移交或监护出境工作。

(2) 境外人员涉毒案件，由缉毒部门负责查处，必要时出入境管理机构予以配合。

(3) 境外人员经济犯罪案件，由经侦部门负责查处，必要时出入境管理机构予以配合。

(4) 境外人员进行政治挑衅活动、散布反动言论、书写或散发反动标语传单和宗教宣传品、进行非法传教和宗教渗透等非法活动的政治案件，由国内安全保卫部门负责立案和组织侦查控制工作，出入境管理机构积极配合。

(5) 涉及境外人员的交通事故和交通肇事案件，由交管部门负责处置，必要时刑侦、出入境管理机构予以配合。

(6) 境外人员住地发生火灾，由消防部门负责处置，辖区公安机关和出入境管理机构积极配合。

(7) 口岸偷渡案件、“三非”外国人的遣送、移交工作由边防机关负责。

(二) 公安机关内部纵向分工

1. 公安部

(1) 统一掌握对外国人采取行政拘留以上处罚及限制人身自由强制措施的案件和外国人死亡事件；

(2) 对违法外国人不准入境期限的审批；

(3) 办理对外国司法部门、警方提出查找犯罪嫌疑人下落、递解犯罪嫌疑人或提供调查取证等司法协助请求；

(4) 负责拟定重大或敏感案件通报的口径，或直接通报外国驻华使馆。

2. 省级公安机关

(1) 对采取限制人身自由强制措施、拘留处罚以及涉案当事人死亡案件的有关情况，通报省外事部门及当事人国籍国驻华使馆、领馆；

(2) 对外国驻华使馆、领馆提出可能发生针对其馆舍、大使官邸的恐怖袭击要求公安机关提供安全保卫请求时，具体安全保卫工作由省级公安机关统一组织相关业务部门落实执行；

(3) 呈报本省的对外国人采取行政拘留以上处罚及限制人身自由强制措施的案件和外国人死亡事件。

3. 地市级公安机关

(1) 在公安机关内部挑选或在社会上聘请一批兼职的外语人才，建立翻译人才库；

(2) 各业务部门在各自的职责范围内，办理涉外案（事）件；

(3) 呈报对外国人采取行政拘留以上处罚及限制人身自由强制措施的案件和外国人死亡事件。

4. 县（市）级公安机关

(1) 各业务部门在各自的职责范围内，办理涉外案（事）件；

(2) 呈报对外国人采取行政拘留以上处罚及限制人身自由强制措施的案件和外国人死亡事件；

(3) 指导派出所查处外国人违法《治安管理处罚法》的案件及违反住宿登记的案件。

（三）公安机关内部配合机制

根据《公安机关办理行政案件程序规定》第228条的规定：对外国人作出行政拘留、拘留审查或者其他限制人身自由以及限制活动范围的决定及此期间死亡的，决定机关应当在48小时内将外国人的姓名、性别、入境时间、护照或者其他身份证件号码，案件发生的时间、地点及有关情况，违法的主要事实，已采取的措施及其法律依据等情况报告省级公安机关。根据《公安机关外国人管理分工配合机制规定》第20条规定，省级公安机关应将相关情况报告公安部。

根据《公安机关办理刑事案件程序规定》第357条的规定：对外国籍犯罪嫌疑人依法作出取保候审、监视居住决定或者执行拘留、逮捕及此期间死亡的，应当在48小时以内层报省级公安机关；重大涉外案件应当在48小时以内层报公安部。

《公安部关于公安机关执行（关于处理涉外案件若干问题的规定）中有关问题的通知》和《公安机关外国人管理工作分工配合机制规定》对公安机关在办理涉外案件中的内部通报做了具体规定。主要有：

（1）省级公安机关出入境管理机构统一归口负责掌握并统计在本地区内发生的限制人身自由及死亡涉外案（事）件情况。公安机关的其他各业务部门应及时将案件、事件的主要情况通报出入境管理机构。通报内容包括：外国人的姓名，性别，入境时间，护照或者其他身份证件号码，案件发生的时间、地点及有关情况，违法的主要事实，已采取的措施及其法律依据，以及对外表态口径。如同级公安机关没有出入境管理机构的，可请上一级对口部门通知出入境管理机构，各部门之间要密切配合、相互协调，防止工作中出现漏洞。

（2）重大涉外案件可能引起外交交涉等其他较敏感的涉外案件时，有关省级公安机关应及时将详细情况报公安部主管部门。

（3）公安机关各业务部门要及时将掌握的涉外情况信息，报告同级公安机关指挥中心，同时通报同级出入境管理机构。指挥中心负责会同信息来源单位进行处置。

（4）公安机关要建立涉外情报信息会商机制，由出入境管理机构归口定期召集有关部门对一定时期的涉外情报、信息、动态进行研究分析，并提出对策建议。

（5）公安出入境管理机构归口掌握本辖区常住、临时来华外国人的数据资料；统计发生在本辖区内的对外国人采取行政拘留以上处罚及限制人身自由强制措施的案件和外国人死亡事件，并层报公安部出入境管理局。对未采取行政拘留处罚及限制人身自由强制措施等其他的涉外案（事）件情况由各办案单位自行统计掌握。

三、涉外案件中的公安外部处置机制

（一）与其他国家部门协调机制

1. 与其他的行政部门、刑事司法部门的分工配合

（1）与其他的行政部门的分工配合。①商请外交（事）部门通过外交途径处置。根据2012年《公安机关办理行政案件程序规定》第214条第1款的规定，违法行为人为享有外交特权和豁免权的外国人的，办案公安机关应当将其身份、证件及违法行为等基本情况记录在案，保存有关证据，并尽快将有关情况层报省级公安机关，由省级公安机

关商请同级人民政府外事部门通过外交途径处理。根据《公安机关办理刑事案件程序规定》第 349 条的规定，犯罪嫌疑人为享有外交或者领事特权和豁免权的外国人的，应当层报公安部，同时通报同级人民政府外事办公室，由公安部商请外交部通过外交途径办理。②通报外事部门。根据 2012 年《公安机关办理行政案件程序规定》第 228、229 条以及《公安机关办理刑事案件程序规定》第 356、357 条的规定，对外国人作出行政拘留、拘留审查或者其他限制人身自由以及限制活动范围的决定后及在此期间死亡的，发生重大或者可能引起外交交涉的外国人犯罪案件的，对外国籍犯罪嫌疑人依法作出取保候审、监视居住决定或者执行拘留、逮捕后，省级公安机关应当在规定期限内，通报同级人民政府外事办公室。③共同管辖案件的处罚。在外国人违反外国记者管理、外国人宗教管理、文物管理、野生动物管理、外国人劳动管理的案件中，公安机关分别会同外事、宗教事务、野生动物行政管理机关、人力资源和社会保障部门进行相应的惩罚。④对违法外国人的出入境行政处罚。在我国，凡是外国人从事与停留居留事由不相符的活动，或者违反《出境入境管理法》及其他违反中国法律、法规规定，不适宜在中国境内继续停留居留情形的，依照《出境入境管理法》第 81 条规定，县级以上公安出入境管理都可以对该外国人实施限期出境处罚。

（2）与其他刑事司法部门的分工配合。①对外国人犯罪案件的侦审。根据 2013 年 1 月 1 日起施行的新刑事诉讼法，将外国人犯罪案件改由基层法院进行一审，公诉则由相关的基层检察院负责。根据 2013 年最高人民法院、最高人民检察院、公安部、国家安全部、司法部《关于外国人犯罪案件管辖问题的通知》的有关规定，外国人犯罪案件的侦查，由犯罪地或者犯罪嫌疑人居住地的公安机关或者国家安全机关负责。需要逮捕犯罪嫌疑人的，由负责侦查的公安机关或者国家安全机关向所在地同级人民检察院提请批准逮捕；侦查终结需要移送审查起诉的案件，应当向侦查机关所在地的同级人民检察院移送。人民检察院受理同级侦查机关移送审查起诉的案件，按照刑事诉讼法的管辖规定和本通知要求，认为应当由上级人民检察院或者同级其他人民检察院起诉的，应当将案件移送有管辖权的人民检察院审查起诉。②对外国人护照的扣押。对外国人适用取保候审时，不能一概扣留护照，而应当根据外国人的实际情况来决定。按照 1991 年公安部《关于重申拘留、逮捕外国人应及时通知外国驻华使领馆的通知》，不要轻易扣留外国人护照。因为扣留护照属于限制人身自由范畴，如必须采取扣留护照的措施，时间一般不要超过 3 天，并报公安部出入境管理局审核，决定是否通知外国驻华使、领馆。办案机关对异地外国人取保候审时，如果该犯罪嫌疑人在中国有固定工作、住所的，可以不扣留护照，而是要求犯罪嫌疑人在指定时间到当地公安派出所、社区检察室或基层组织报到。如果检察机关发现侦查机关长时间扣留护照，或者扣留护照未履行规定程序的，应当制发纠正违法通知书或者检察建议纠正。③对外国人驱逐出境的执行。根据 2012 年《公安机关办理刑事案件程序规定》第 361 条规定，对判处独立适用驱逐出境刑罚的外国人，省级公安机关在收到人民法院的刑事判决书、执行通知书的副本后，应当指定该外国人所在地的设区的市一级公安机关执行。被判处徒刑的外国人，主刑执行期满后应当执行驱逐出境附加刑的，省级公安机关在收到执行监狱的上级主管部门转交的刑事判决书、执行通知书副本或者复印件后，应当指定该外国人所在地的设区的市一级公安机关执行。我国政府已按照国际条约或者《外交特权与豁免条例》的规定，对实施犯罪，但享有外交或者领事特权和豁免权的外国人宣布为不受欢迎的人，或者不可接受并拒绝承认其外交或者领事人员身份，责令限期出境的人，无正当理由逾期不自动出境的，由公安部凭外交部公文指定该外国人所在地的省级公安机关负责执行或者监督执行。

（二）与外国驻华使领馆的联系机制

我国公安机关对外交涉实行归口制度：省级公安机关统一归口负责涉外案（事）件、领馆安全保卫工作与外国驻华使馆、领馆的联系工作。地（市）级以下公安机关（含地、市级公安机关）除经省级以上公安机关批准外一律不准直接与外国驻华使馆、领馆发生联系。省级公安机关与外国驻华使领馆的联系的主要情形有：

1. 外国人的身份确认

在涉外案（事）件中，如果外国人存在身份证件存在明显伪造、变造疑点，或者外国人无有效证件但报称为某国国籍等情况时，省级公安出入境管理机构可以省（市、区）公安厅（局）的名义与相应的外国驻华使领馆联系，进行核实。

2. 通知对其在华公民采取行政、刑事人身强制措施及死亡等事宜

根据《维也纳领事关系公约》及我国与外国签订的双边领事条约（协定）、司法协助条约，外交部、最高人民法院、最高人民检察院、公安部、安全部和司法部《关于处理涉外案件若干问题的规定》，《公安机关办理行政案件程序规定》及《公安机关办理刑事案件程序规定》等法律法规的有关规定，对外国人作出行政拘留、拘留审查或者其他限制人身自由以及限制活动范围的决定、对外国籍犯罪嫌疑人依法作出取保候审、监视居住决定或者执行拘留、逮捕后以及在上述期间死亡的，应由省级公安机关（刑事案件中，经省级公安机关批准，领事通报任务较重的副省级城市公安局可以直接行使领事通报职能）在规定的时间内将相关情况通知该外国人所属国家的驻华使馆、领馆。通知式样可以“照会”（见表8—1）的形式，也可以《领事通报表》（见表8—2）的形式。

表8—1

×××公安厅

NO.××（年份）/××（编号）

××驻中国大使馆（或××驻××领事馆）：

××公安厅向贵馆致意，并谨就××事通知如下：

（主要情况）

顺致敬意！

××年×月×日

表 8—2

收件机关：　　（国）驻　　　　　　使馆/总领事馆　　档案编号：

一、身份资料（自述）□ 姓名（中外文）：________________性别：男□/女□ 出生日期：________________国籍：________________ 境外常住地址：______________________________ **二、证件信息** 身份证件种类：护照□/身份证□/其他□ 证件号码：________________签发机关：________________ 签发日期：________________有效至：________________ 入境日期：________________入境口岸：________________	
告知当事人领事权利的时间	年　月　日　时　分
当事人是否接受领事探视	是□　　　否□
主要案情 一、案件发生的时间、地点： 二、执行强制措施的种类及地点： 三、法律依据：	
死亡事件情况 一、死亡时间、地点： 二、死亡原因、通知对象：	
发件机关： 发件日期：　年　月　日　联系人姓名和职务： 联系电话：　　　　　传真号	

通知应在规定的期限内，一般是 7 天；中外签订了双边领事关系条约的，按条约规定。当事人要求不通知使馆、领馆，且我国与当事人国籍国未签署双边协议规定必须通知的，可以不通知，但应当由其本人提出书面请求（式样见表 8—3）。

表 8—3

关于领事通报的声明书（中英文对照）
Statement on Consular Notification

你在中国被依法限制或剥夺人身自由期间，希望我们将你被限制或剥夺人身自由的情况通知你本国驻华使领馆吗？As a foreign citizen whose personal freedom is legally restricted or deprived of in China，do you want us to notify your country's embassy or consulate in China about your such status?

□ 我希望将我被限制或剥夺人身自由的情况通知我国驻华使领馆。I want my country's embassy or consulate in China to be notified about my status as legally restricted or deprived of personal freedom.

□ 我不希望将我被限制或剥夺人身自由的情况通知我国驻华使领馆。I don't want my country's embassy or consulate in China to be notified about my status as legally restricted or deprived of personal freedom.

声明人签字（Signature）：

日期（Date）：

填写注意事项：

1. 此声明书适用于非强制性通知国家（包括澳大利亚、克罗地亚两国及除英、法两国以外其他未与我签订双边领事条约［协定］国家）的公民。主管机关应根据当事人选择进行通知或不通知。

2. 强制性通知国家（截至 2010 年 3 月 31 日为朝鲜、蒙古、日本、越南、老挝、巴基斯坦、印度、也门、伊拉克、俄罗斯、亚美尼亚、阿塞拜疆、格鲁吉亚、白俄罗斯、乌克兰、立陶宛、土库曼斯坦、吉尔吉斯斯坦、哈萨克斯坦、乌兹别克斯坦、土耳其、波兰、罗马尼亚、摩尔多瓦、马其顿、斯洛文尼亚、波黑、保加利亚、匈牙利、捷克、斯洛伐克、意大利、英国、法国、美国、加拿大、墨西哥、古巴、秘鲁、玻利维亚、阿根廷、新西兰、突尼斯）公民无须填写此表。主管机关应按时限进行通知。

3. 安排外国人所属国家驻华外交、领事官员探视事宜

外国人在被行政拘留、拘留审查或者其他限制人身自由以及限制活动范围期间，被监视居住、拘留、逮捕或者正在看守所服刑期间，若该外国人同意（式样见表 8—4），公安机关应当及时安排其驻华外交、领事官员的探视事宜。

表 8—4

关于领事探视的声明书（中英文对照）

Statement on Visit by Consular Officers

你在中国被依法限制或剥夺人身自由期间，如果你本国驻华使领馆官员提出对你进行领事探视，帮助你得到法律协助以及通知你的家人，你对此接受吗？As you are legally restricted or deprived of personal freedom in China，consular officers from your country's embassy or consulate in China may offer to visit you and help you obtain legal counsel and contact your family. Do you accept such visit?

□ 我接受我国驻华使领馆官员对我进行探视。I accept visit by officers from my country's embassy or consulate in China.

□ 我不接受我国驻华使领馆官员对我进行探视。I decline visit by officers from my country's embassy or consulate in China.

声明人签字（Signature）：

日期（Date）：

填写注意事项：

此声明适用于所有被采取限制或剥夺人身自由强制措施的在华外国公司。主管机关应根据当事人选择进行处理。

4. 转交信件

外国驻华外交、领事官员与其本国在华被监视居住、拘留审查、拘留、逮捕或者正在服刑的本国公民往来信件，我主管部门应按有关领事条约及《维也纳领事关系公约》的规定迅速转交。

5. 外国驻华使、领馆索要材料、交涉等问题

外国驻华使、领馆如向我索要其公民被取保候审、拘留审查、监视居住、拘留或逮捕等有关材料，请其向省、自治区、直辖市高级人民法院、人民检察院、公安厅（局）、国家安全厅（局）或司法厅（局）提出。凡公开的材料或者法律规定可以提供的材料，应予提供。地方外事办公室或者外交部予以协助。

外国驻华使馆就有关案件进行交涉，可请其向外交部或者省级外事办公室提出，或者向中央或者省级主管部门直接提出。外国驻华使馆向主管部门提出的重要交涉，主管部门商外交部后答复外国驻华使馆。外国驻华领馆只同其领区内省级主管部门联系。外事办公室与主管部门之间互通情况，共商对外表态口径及交涉事宜。

第三节　公安涉外案（事）件处置的特点

无论何种类型的案件，只要执法主体、执法过程和违法犯罪主体、侵犯客体、法律事

实中有一个要素涉及外国人、外国组织、外国国家以及国际组织的，即视为具有涉外因素，构成涉外案件。因此，涉外案（事）件本身就具有涉外性。这种涉外性决定了公安机关在处置时具有以下几个显著特点。

一、属地管辖的优先权

按照国家主权原则，国家有权处置一切内部事务，包括涉外案（事）件的处置。外国人（享有特权与豁免者除外），无论是暂时旅行或是长期居留，都要服从所在国的一般法令（除限于本国公民的外），“并且就他在该国领土上所作的一切行为，对该国负责。他在居住期间应对他所居住的国家效忠”①。如果外国人违反了所在国的法律，会受到追诉。对此，外国人的本国也应予以尊重。根据我国《刑法》和《出境入境管理法》及《治安管理处罚法》等法律规定的属地管辖原则，凡是发生在中国领域内的违法犯罪行为，不论其行为人是中国公民、还是外国人，包括外国组织、机构等，公安机关都有权依照中国法律予以处罚。

但外国人仍然受其国籍国的属人管辖，表现为外国人的国籍国对于处在外国领土上的本国国民的保护和惩处。表现在对应的两方面：外国人为在国外同时也违反了国籍国法律的违法犯罪时被国籍国实行的管辖；外国人权益在国外受到侵害未能得到所在国法律救济时国籍国所进行的外交保护。外交保护是国家的权利，其根据是国家的属人优越权，也就是国籍管辖权。这是国际法公认的，所在国对此应予以尊重。《奥本海国际法》指出：“虽然外国人在进入一国的领土时立即从属于该国的属地最高权，但是，他们仍然受他们本国的保护，根据这一普遍承认的国际习惯规则，每一国家对于在国外的本国公民享有保护的权利。”

“尽管外国人的国籍国也拥有对该人的属人管辖权，但属地管辖处于相对优先的地位，属人管辖须服从和受制于属地管辖。”②

凡是外国人的行为按我国法律认为构成违法犯罪且应受处罚的，公安机关应与外交部门积极配合，依法追究违法犯罪的外国人的责任，只要处置机关依法作出决定，即使该决定可能或已经引起某些外交交涉，也不要轻易放弃国家对外国人的属地管辖权。作为一个国家的执法机关，我国有理由维护国家的尊严不受其他国家的意志所左右。

在处置涉外案件时，既要反对缩手缩脚、推卸责任的态度，又要防止对外国人滥加处罚的偏激倾向，要敢于处置、善于处置；另外，遇有外国政府或使领馆及我方有关单位提出妨碍我行使主权的不正当要求时，必须坚持维护国家主权的原则，坚决依照我国法律办事。

二、行政性和司法性

（一）从业务性质上看，涉外警务的各项事务既包括行政事务，又包括司法事务。具体地说，有些涉外警务纯属行政事务，例如，出入境管理，在华外国人居留、旅行管理，等等；有些涉外警务纯属司法事务，例如，涉外刑事案件处置，国际侦查协作，等等；还有的涉外警务同时兼有行政性和司法性。

（二）从运用手段上看，在处置涉外警务过程中，既需要行政手段，又需要司法手段，有时还需要两种手段交替使用。

---

① ［英］劳特派特修订：《奥本海国际法》上卷第二分册中译本，69页，北京，商务印书馆，1981。

② 万霞：《海外中国公民安全问题与国籍国的保护》，载《外交评论》，2006（6）。

（三）从法律适用上看，涉外警务既涉及行政法律，又涉及刑事法律。处置涉外行政警务必须依据有关的行政法律，而处置涉外刑事案件则应当依据有关的刑事法律。

三、处置法律依据的二元性

处置涉外案件，应依照我国法律规定办理，以维护国家主权，同时亦应遵守我国参加和签订的国际条约的有关规定。当国内法与我国所缔结的国际条约义务发生冲突时，应适用国际条约的有关规定，遵循国际惯例。涉外案件处置的特殊性，决定有关涉外案件处置的法律制度具有国内法和国际法的二元性特点。

最高人民法院、最高人民检察院、外交部、公安部、安全部、司法部等部门联合颁发的《关于处理涉外案件若干问题的规定》明确指出：处理涉外案件，应依照我国法律规定办理，以维护我国主权，同时亦应遵守我国参加和签订的多边或双边条约的有关规定。当国内法以及某些内部规定同我国所承担的条约义务发生冲突时应适用国际条约的有关规定。也就是说，在涉外案件处置过程中所依据的法律，不仅仅是中国的法律，而且还有我国参加和签订的各种国际条约的有关规定，还要考虑国际上的基本原则、国际惯例等。

国内法与国际法是两个完全不同的法律体系，前者是一个国家的立法机关制定的法律，后者是世界各国通过缔结条约的形式来制定的。但是它们是互相联系，相互促进，共同发展的。

四、执法程序的特殊性

为了保障涉外案件中的外国籍当事人合法权利，国际公约和中外双边领事条约都明确规定了涉外案件处置的特定程序。

所谓特殊性程序，是针对一般性办案程序而言，主要是指公安机关在办理涉外案（事）件时，除和办理涉及中国公民的案件一样，履行一般的程序外，还应按照我国由遵守国际条约而设计的特殊程序，即履行内部通报和外部通知的特殊程序。

这种附加的特殊程序，有利于提高办案水平，防止错拘、错捕避免造成不良的国际影响，同时，也是为了保证外交工作上的主动和稳妥，便于从国际关系及国家对外政策的角度提出处置意见。另一方面，也利于在对等互惠原则的基础上，严格履行我国所承担的国际条约义务。

五、处置的敏感性

从国家主权角度来说，外国人只要违反我国法律，就必须依照法律规定予以处罚，这一基本原则适用于任何外国人。但是，对于某些特殊案件或具有特殊身份的外国人，不单单是刑罚适用问题，而且时常涉及国家与国家之间的关系。

相对于我国一般刑事案件和治安案件，涉外案件的违法主体或侵害对象有一方涉及外国人（包括享有外交特权和豁免权的外国人），加之涉外对象具有身份不易明确，流动性大、可控性差等特点。若涉外案件处置不当，不仅会损害涉案外籍人的利益，扩大案件影响范围，更严重的会形成外界舆论压力，导致整个涉外案件高度敏感，极易引起国际关注，引发和加剧国家之间的矛盾，形成国际性的热点和焦点。

涉外案件处置程序复杂，牵扯警力多，对外影响大。动不动就扩大化，政治化，变成外交争议事件。有时，一起独立的司法个案，往往被无限扩大，甚至政治化。司法政治化和政治司法化在普遍的学理意义上是一个常规问题的两方面，也时常不自觉地与政治发生千丝万缕的联系，一般问题敏感化，敏感问题政治化。

由于涉外案件涉及外籍人的利益，其性质往往上升到国家政治、外交等领域，因此对其的处置，是一项政治性、法律性、原则性很强的工作，

因此，由于其特殊性，要求我们必须重视外国人、外国当局、中国人与外国人、外国国家之间的各种矛盾与冲突，善于正确运用政治、法律、外交、经济和行政等多种方法，积极遵守国际公约和国际惯例，依法保护外国人在华的合法权益，依法维护我国和我国人民的利益。

六、原则性与灵活性相结合

一般而论，公安机关处置普通外国人违法犯罪活动是职权范围内的事，要求严格依法办案，不受外界干扰。但个别案件的处置有时又关系到国家与国家之间的关系，国家关系与外交因素往往直接影响案件的具体处置结果，因而又不能不注意一定的灵活性。

因此，在处置涉外案件时，必须要有大局观念，全面考虑各方面的因素和条件，既要坚持法律的严肃性和原则性，也要掌握策略的灵活性，要在法律允许的范围内根据不同情况区别对待。外国人违法情况有的比较简单，对照法律条文给予处罚，不会引起什么疑义。有些违法行为比较复杂，甚至牵涉到当时的国际形势、政治气候、外事活动，这就要求我们不能简单地、千篇一律地用一个模式去处置各种不同的案件。

对于一些情况特殊的案件，可以根据违法行为的性质、危害后果的大小、违法行为的情节、案件发生的时间、空间，以及两国外交关系、需要加以考虑的因素等，在法律允许的范围内，在裁量的幅度内予以适当考虑，并恰当地选择处置时间。要通过处置，既在可能范围内收到最好的社会效果，又不会因为处置过严或处置不当导致或诱发新的问题或造成政治上、外交上的被动。这需要讲究策略和艺术，当然灵活性必须是在法律允许的范围内，借口灵活性不执行法律和政策，也恰恰是违背了原则性与灵活性相结合的原则。①

此外，依据公安部曾规定，劳动教养、收容教育等长期限制人身自由的法律措施，也不能适用于外国人，这是对依法制裁的另一种灵活处置的表现方式。

第四节　外国人身份的确认

一、外国人身份确认的含义

在公安外国人管理中，外国人身份确认是指公安机关对行政相对人或刑事案件的当事人是否是外国人、是哪国人、来华的具体身份等情况的证实。

在社会面清查、设卡盘查、巡逻防控、案件办理等警务工作中，都涉及对可疑外国人进行身份核查，旨在掌握基本情况和行为轨迹，及时查处违法问题，实现外国人管理工作警务效能最大化。

---

① 参见邹志峰、张翘楚：《外国人管理培训教程》，164页，沈阳，辽宁人民出版社，2004。

二、外国人身份确认的重要性

1. 涉及一个人在居住国的法律地位。在外国人管理中，首先要分清行政相对人或刑事案件的当事人是本国人，还是外国人。每个国家都会根据自己制定的国籍法来确定一个人是否是本国人，如何获得、退出和恢复本国国籍。国籍的判定之所以重要，是因为，这首先涉及该人与本国的权利义务关系，即忠诚和外交保护的关系。具体说来，在法律适用问题上，本国人和外国人适用的实体法和程序法有所差别，拥有不同的法律地位。

2. 涉及外国人的国籍国与所在国的法律关系。在公安外国人管理中，确定外国人的国籍，涉及《维也纳领事关系条约》中有关外国人一些事项通知其使领馆的问题；涉及多边国际条约、地区性条约和双边条约的适用问题；涉及签证制度的适用问题以及外国人国籍国领事保护和外交保护问题；等等。

3. 涉及外国人的身份状态。从不同的角度，外国人的身份有不同的状态：是身份合法还是非法？是普通外国人还是享有外交、领事特权和豁免的外国人？是定居的外国人，还是停留或居留的外国人？是来华工作、旅游、学习或从事其他活动的外国人？等等。

三、公安机关相关业务部门在外国人身份确认中的分工合作

（一）外国人身份证件的查验

根据《出境入境管理法》第 38 条第 1 款的规定：年满 16 周岁的外国人在中国境内停留居留，应当随身携带本人的护照或者其他国际旅行证件，或者外国人停留居留证件，接受公安机关的查验。再据 2012 年《公安机关办理行政案件程序规定》及《公安机关办理刑事案件程序规定》的有关规定，对外国人国籍的确认，以其入境时有效证件上所表明的国籍为准。也就是说，公安各业务部门都有权查验外国人的身份证件，只要外国人所持出境入境证件（包括：护照及护照的替代证件；外国人的签证、停留证件、居留证件、永久居留证件以及我国外交（事）机关发给因公来华的身份证件和居留证件；外国人的临时出境证件）真实有效，即可判定外国人身份明确。

（二）对外国人出境入境证件真伪的认定

根据《出境入境管理法》第 69 条的规定：出境入境证件的真伪由签发机关、出入境边防检查机关或者公安机关出入境管理机构认定。这意味着，外国人在入境、出境时，其入境、出境证件的真伪认定由出入境边防检查机关认定；在华停留、居留的外国人的出境入境证件由公安出入境管理机构认定。

《外国人入境出境管理条例》第 27 条规定：金融、教育、医疗、电信等单位在办理业务时需要核实外国人身份信息的，可以向公安机关出入境管理机构申请核实。

（三）国籍不明时的认定

行政相对人或涉外案件的当事人国籍不明主要有四种情形：一是没有任何身份证件；二是持用无效身份证件；三是报称身份证明丢失、被盗；四是同时持有中国、外国护照国籍难以确定的。

对于前两种情形，由公安出入境管理机构核查、认定。根据《公安机关外国人管理工

作分工配合机制规定》第4条规定：公安机关各业务部门办理涉外案（事）件工作中，涉外案（事）件当事人国籍不明时，由省级公安机关出入境管理机构负责认定。之所以作出此项规定，是因为省级公安机关出入境管理机构有权与外国人驻华使领馆进行直接联系，核实外国人的国籍。

对于第三种情形，由派出所出具报案证明，并由县（区、市）、市公安出入境管理机构核实外国人身份后出具护照报失证明，然后由报失人到其驻华使领馆申请新护照，再由县（区、市）、市公安出入境管理机构为该外国人补发签证或居留许可。

（四）国籍、身份不明的外国人，按照其自报的国籍或者无国籍人对待

根据2012年《公安机关办理行政案件程序规定》213条第2款规定，对无法查明国籍、身份不明的外国人，按照其自报的国籍或者无国籍人对待。

根据2012年《公安机关办理刑事案件程序规定》第347条规定，国籍不明的，由出入境管理机构协助予以查明。国籍确实无法查明的，以无国籍人对待。再据该规定第348条规定：确认外国籍犯罪嫌疑人身份，可以依照有关国际条约或者通过国际刑事警察组织、警务合作渠道办理。确实无法查明的，可以按其自报的姓名移送人民检察院审查起诉。

四、外国人身份确认的主要内容

（一）国籍的判定

1. 判定是否具有合法的外国国籍

由于我国的国籍法采取父系母系血统主义和出生地主义相结合、单一国籍的原则，因自愿加入、出生、婚姻、收养等原因在国籍的取得、丧失和恢复上与其他国家存在着冲突，客观上易于造成一个人同时具有中国国籍和外国国籍的现象。另一方面，中国经济的发展以及由此带来中国公民越来越强的荣誉感，中国人传统的儒家文化的影响，户籍制度与经济福利的紧密挂钩，使许多移民境外并加入外国国籍的中国人主观上刻意拥有双重或多重国籍，获取其带来的多重好处。更有甚者，利益的驱动使有些中国公民不择手段，通过购买、境外产子等非法或违反我国国籍法的方法获得外国护照，这是我国不予承认的。因此，对一个人到底是中国公民还是外国公民的判定上，不是单纯地依其是否持有外国护照，而是看其获得外国国籍是否合法，是否违反了我国的国籍法。

2. 判定是哪国国籍?

由于各国国籍法律制度的不同导致了国籍冲突，常常出现的个人具有双重国籍或不具任何国家国籍的情况。在坚持单一国籍原则的中国，公安机关在执法中，也经常遇见持有多个国籍的外国人。与其他许多国家坚持联系紧密或真实国籍原则的判定标准不同的是，我国采取的是让入境的外国人选择持哪国护照申请签证、通过我国出入境边防检查的方法来判定该外国人是哪国国籍。

（二）来华具体身份的判定

1. 普通外国人还是享有外交、领事特权和豁免的外国人

在确定国籍之后，来华外国人具体身份的判定首先要依其所持的护照、签证种类来判定该外国人是否是享有外交、领事特权和豁免的外国人。由于我国与许多国家通过双边领

事条约，赋予持有外交、公务、因公护照的免签证待遇，因而，来华享有外交、领事特权和豁免的外国人常常仅持有外交或公务护照。但也有一些国家持此类护照的来华人员需要签发外交、礼遇、公务签证或普通签证。这些因公来华的外国人，我国外交（事）机关发给其在华的身份证件和居留证件。因此，外国人是否享有外交、领事特权和豁免最终是看签证，免签证待遇的，以其持有的护照种类来判定其在华的具体身份，而且我国外交（事）机关也会为其签发相应的身份证件和居留证件（见图 8—1、图 8—2、图 8—3、图 8—4、图 8—5、图 8—6、图 8—7）。

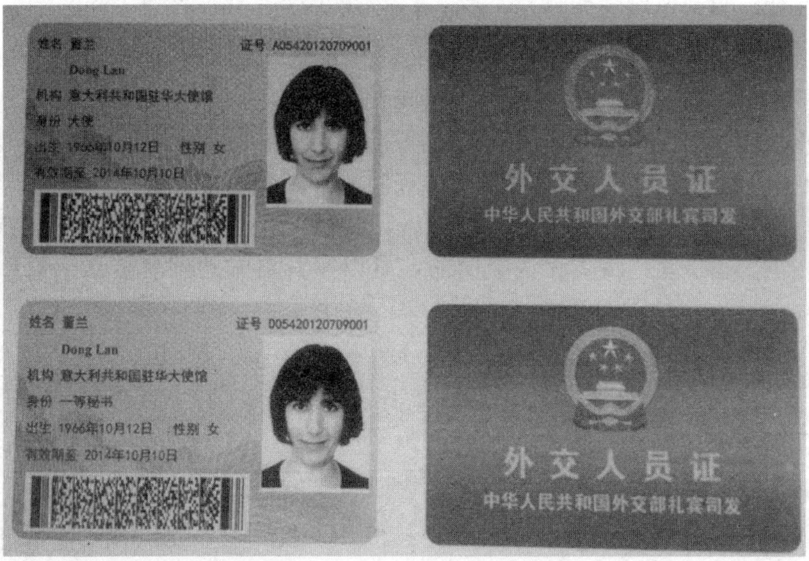

图 8—1

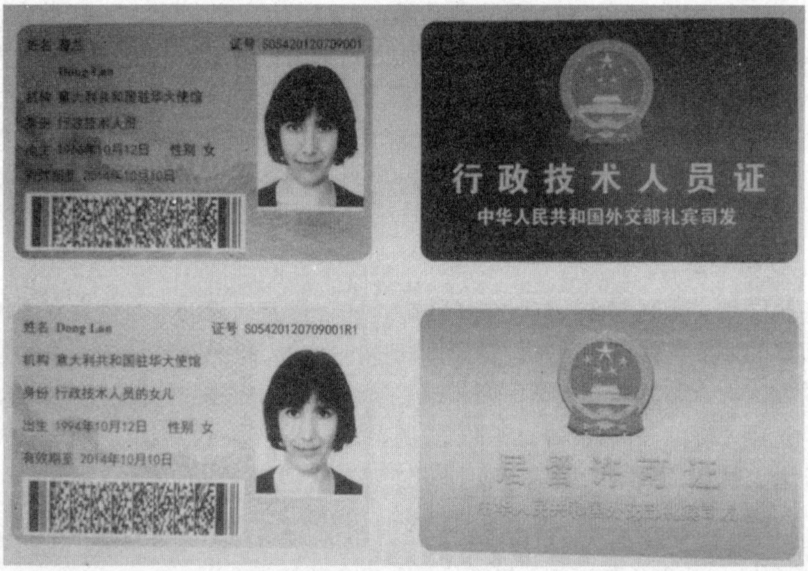

图 8—2

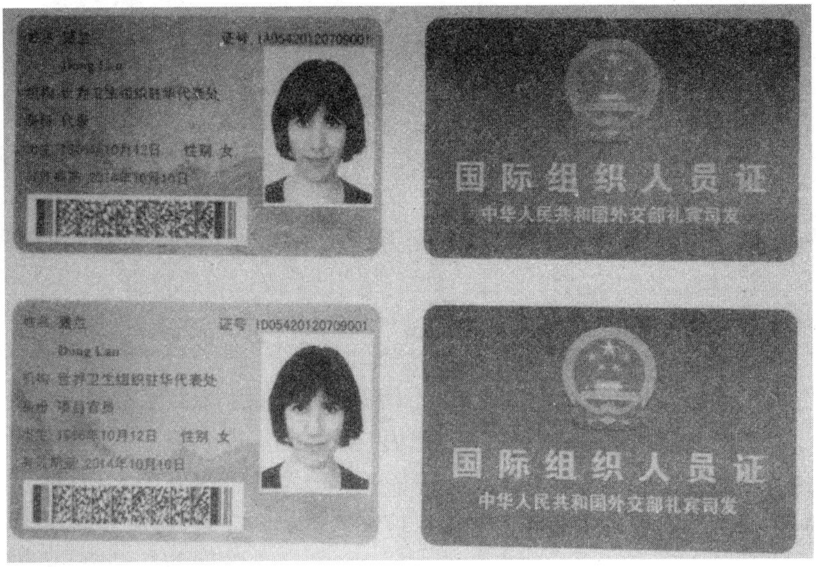

图 8—3

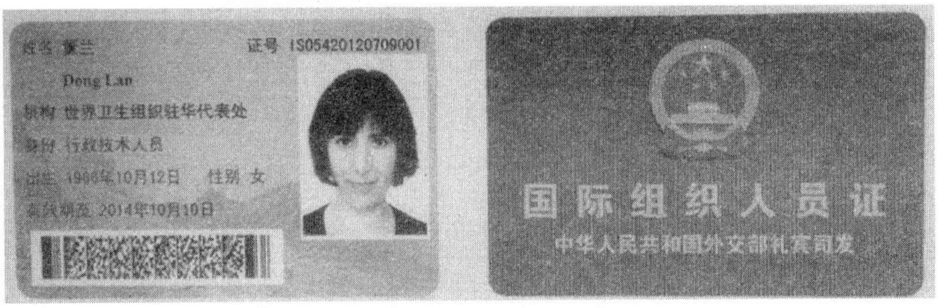

图 8—4

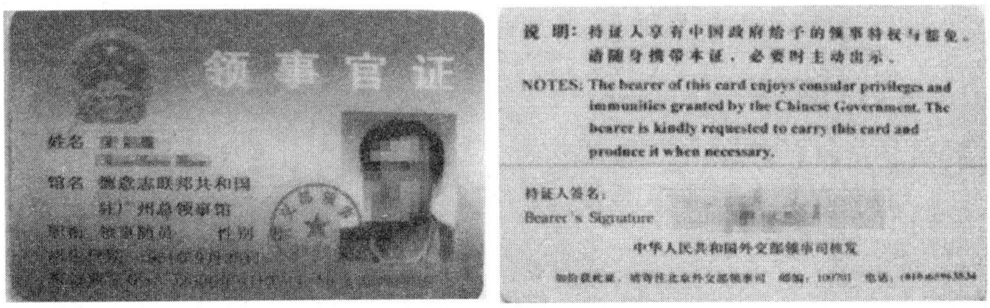

图 8—5

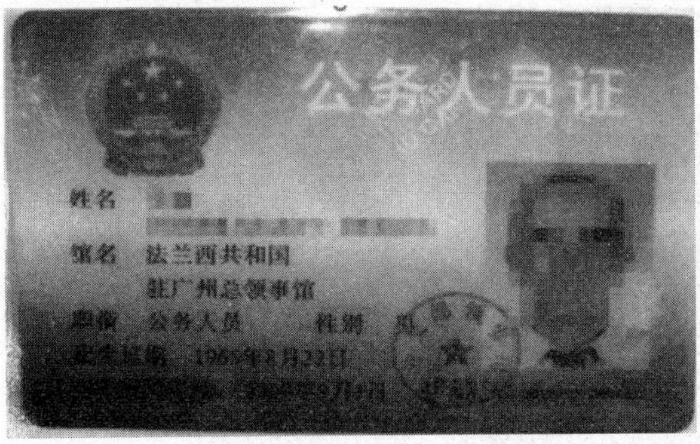

图 8—6

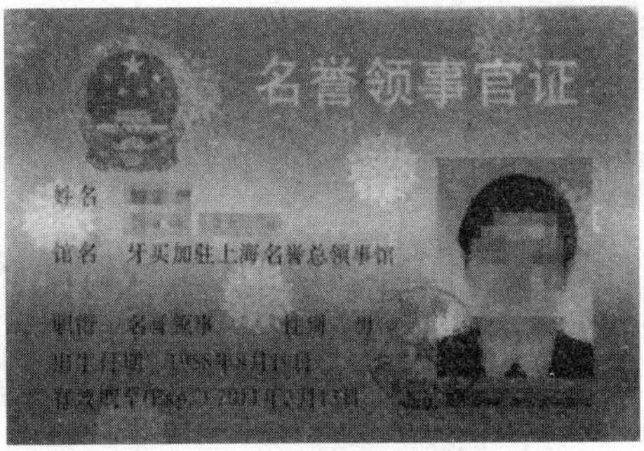

图 8—7

2. 因公务来华的外国人还是因私事来华的外国人

在公安外国人管理中，还有通过外国人持有的护照及签证来判定其是因公务来华还是因私事来华。一是因为，根据《出境入境管理法》及《外国人入境出境管理条例》的有关规定，在外国人在华签证和居留证件的签发管理上，公务来华的外国人归口到外交或外事部门，因私事来华的外国人则归口到公安出入境管理机构。二是因为，公务来华的外国人在华常常有工作单位或接待单位，此类外国人的身份确认及其他相关事项的处置往往通过这些单位即可解决。

3. 定居的外国人，还是非定居的外国人

在普通外国人的管理上，多数国家通常按移民签证和非移民签证分类管理。在我国，来华的普通外国人也可分成两类：定居的外国人和非定居的外国人。前者持有公安机关签发的《外国人永久居留证》，在证件有效范围内，可以不受限制的出入境，享有除政治权利或一些对外国人限制的民事权利外，享有国民待遇；后者在华的活动空间、时间、事由则受到更多的限制。

4. 非定居外国人来华的具体事由

在我国，非定居的普通外国人的具体身份，以其在华停留时间 180 天（在华工作的外国人为 90 天以上）为界限，分为停留和居留来管理。在华停留的外国人只需在签证标明的停留期限在华从事签证种类对应的乘务、过境、旅游、访问、短期探亲、短期采访、短期学习进修等活动，不能在华工作或其他获取经济社会福利的活动；在华居留的外国人也只能按其所持居留证件所允许的事由进行相应的活动。

（三）外国人身份是否合法的判定

1. 外国人国际旅行证件是否真实有效

外国人国际旅行证件包括护照和护照的替代证件。此两类证件皆有有效期和防伪标志，防止持证人非法持有。因此，判定外国人身份是否合法，首先要看证件是否在证件标明的有效期限内，是否经过涂改、变造、伪造，所有人是否是持有人本人。

外国人所持证件无法识别的，应立即通知属地出入境管理部门进行甄别。

对未随身携带有效身份证件的外国人，要求其提供姓名或护照号码等基本信息，通过基层出入境管理系统核实其身份。如系统无被核查外国人信息，通知属地出入境管理部门处理。

2. 外国人入出境许可证件是否真实有效

在我国，外国人入出境许可证件包括外国人的签证、停留证件、居留证件、永久居留证件。这些证件也都有有效期限和防伪标志，真实有效的判定标准与外国人国际旅行证件真实有效的判定标准相同。

3. 出入境边防检查机关的印章是否存在及真实

除非外国人换发了新护照，一般情况下，在华外国人的护照上都应该有出入境边检部门加盖的验讫章，通常分为入境验讫章、出境验讫章和过境验讫章，印迹均为红色（桃花色）。入境、出境、过境验讫章及所需印油均由公安部边防局统一制作，任何单位或个人未经批准不得擅自制作。检查站使用的“临时入境许可章”、“入境、过境章”、“延期章”、“停留章”、“加签章”、“入、出境偕行人数章”、“未偕行儿童章”、“港澳同胞偕行儿童章”、“注销章”、“更正章”、“停留许可证”等印章的印迹为蓝色，“边防检查站证件专用章”为红色。

4. 核查是否属于列控人员

可通过属地出入境管理部门核查其是否属于列控人员。

5. 外国人是否从事了与停留居留事由不相符的活动，或者有其他违反中国法律、法规规定的行为

外国人所持的国际旅行证件和入出境许可证件被判定真实有效后，并不代表外国人在华的身份就合法。若外国人从事了与停留居留事由不相符的活动，或者有其他违反中国法律、法规规定的行为，必须对外国人的违法行为作出相应处罚，并考虑是否对其出入境活动作出进一步限制。

五、外国人身份确认的方法

（一）外国人的形态观察

在还未与出入境人员进行正面、直接接触或检查之前，先通过隐蔽打量等手段，对受检对象有一个整体的、初步的印象与判断，从而锁定重点检查对象的过程。

仔细观察对象的外貌、衣着、行为举止、表情、行李物品等，锁定重点检查人员；观察是边检形态信息获取手段中使用最广泛、作用最明显的方法，不仅在询问出入境人员过程中可运用观察收集相关可疑点，而且在检查证件过程中也可对出入境人员进行观察，从其表情和行为变化入手发现新的线索或疑点。

（二）外国人的证件查验

查验外国人所持证件，一是获取外国人的身份信息、出入境信息；二是获取外国人在华的身份状态是否合法。

（三）对外国人的询问

询问对象的确定建立在观察和检查的基础上，在观察和检查过程中，发现检查对象有任何可疑之处或者与样本信息有相符或相近之处的即为询问的对象。询问应带有明显的目的性。

询问的最终目的是一方面从询问内容上，直接获取该出入境人员的身份、目的等信息，进行进一步的验证；另一方面，从询问的表现形式上来说，通过听与看，间接观察此人表情、动作等形态信息的变化，并借此发现其是否有说谎，进而评估其是否存在潜在的危险。

询问的内容没有固定套路，执勤人员应该根据实际需要，随时针对自己认为有疑问的地方，改变询问的深度和广度，采取各种询问方式收集对解开疑问有帮助的各类形态信息，准确判断询问对象的真实身份和动机。

询问没有固定的模式可循，应该因势利导，根据询问对象不同情况选择不同方法。询问方法如果按询问内容的开放性不同可以分为开放式和封闭式询问；按询问的目的不同可分为引导式、试探式、陈述式、跳跃式询问等等；按询问目的表现的强弱可以分为直接和间接式询问；按问题的前后承继关系和内容的外延不同可以分为直线式和倒三角式询问。

（四）外国人的人身及携带物品的检查

在证件查验和询问外国人后，仍不能排除嫌疑的，公安民警可对外国人的人身及携带物品进行检查。

对于任何嫌疑对象或是可能藏匿违禁物品的部位和空间应秉持着“疑罪从有”的态度进行严格检查，使合理的质疑成为解开一切疑惑的“敲门砖”。在实施人身及行李物品检查的过程中，要尤其注重检查策略和方法的运用，并应结合实际情况全局性、关联性、发散性地思考问题。民警通过细致查验发现大量细微而琐碎的物品及痕迹，后运用定向推理和发散关联的思维方式将这些已知的线索片段进行拼凑组合，并进一步推断出造成这种现象的各种原因及其衍生出的各种可能性。

（五）向外国人在华接待（工作）单位核实

在来华的外国人中，持 C 字（乘务）、F 字（访问）、X 字（学习）、J 字（记者）、Z 字（工作）签证的外国人是有接待单位或工作单位的，公安机关通过这些单位能迅速查明外国人的身份信息。

（六）信息库查询

对外国人相关信息的查明，其入境记录、住宿登记、在境内签证和居留证件办理、涉外案（事）件等相关信息可以通过出入境管理信息系统核实，这需要通过出入境管理民警被授权的专门的密钥软件才可查询。

（七）向外国人国籍国驻华使领馆的核实

当外国人非法入境、持有伪假证件或没有任何身份证件时，省级公安机关出入境管理机构可依照外国人供述的国籍以省级公安机关的名义联系相应的驻华使领馆，以便尽快核实该外国人的身份。

（八）向外交部礼宾司或省级外事办公室核实

如对外交官身份有疑问，可向外交部礼宾司核实；如对领事官员或名誉领事官员身份有疑问，可向为其签发身份证件的省级外事办公室或外交部领事司核实。

六、外国人的形态辨别

在公安外国人管理中，民警可综合运用观察、询问、检查等方法，从人的体貌特征、行为、表情、语言、衣着、行李等方面获得有效的形态信息，再进行逐项分析与综合研判，及时发现各类危害国家安全、社会稳定的嫌疑人员。

（一）外国人体征的辨别信息

1. 人种信息

全世界人类生活在不同的地区，因气候、进化、遗传等原因使得人与人之间存在皮肤颜色、瞳孔颜色、毛发颜色、体型、脸型、鼻型等生物体质和遗传性状的不同，具体可以分为高加索人种（白色人种）、蒙古利亚人种（黄色人种）和尼格罗人种（黑色人种）。

（1）高加索人种，又称白色人种或欧罗巴人种，主要特征是肤色较浅，头发柔软、发色呈金色到黑色不一，体毛较发达. 眼睛多为灰色、蓝色或褐色、内外眼角在同一水平线上，鼻翼较窄，鼻梁较高，有的鼻尖呈鹰钩状，嘴唇较薄，身材较高大，颧骨不高，颌骨不明显，脸庞中部向前凸出。白色人种包含了多个支系，各个支系之间也存在差异。其中，北欧支系有挪威、芬兰等国家，人种特征是头发多为淡黄或金黄色，眼睛呈灰色或浅蓝色；地中海支系有法国、西班牙、突尼斯等，人种特征有身材中等，发色较深且多为卷发，眼睛多为棕色或栗色，肤色呈棕色；中欧支系有波兰、捷克等国家，人种特征介于二者之间。白色人种在亚洲也有分布，其中属南亚支系的有印度、巴基斯坦、孟加拉等国家，属西亚支系的有伊朗、沙特、阿联酋等国家，属中亚支系的有哈萨克斯坦、土库曼斯坦、吉尔吉斯斯坦、塔吉克斯坦、乌兹别克斯坦、阿富汗等国家。我国新疆地区少数民族多属于中亚支系，但相貌带有中亚地区居民特点，身材较瘦，眼窝深陷，眼睛呈褐色，鼻梁高挺，睫毛较长，发色较浅，呈褐色或黄色，老年人的额纹一般较深。

欧洲人与阿拉伯人虽同属白色人种，但区别比较明显（见图 8—8）。一般来说，欧洲人穿着讲究，注重个人外表，身材高大，头发、胡须颜色较浅，皮肤白皙；阿拉伯人身高相对欧洲人来说比较矮小，头发、眼睛、胡须的颜色都为黑色，胡须较重。男子多蓄胡须，女性则穿着保守，多包头巾或蒙面纱。

比利时人

智利人

叙利亚人

图 8—8

（2）蒙古利亚人种，又称黄色人种，主要特征是肤色浅黄，头发平直呈黑色，眼睛呈黑色或深褐色，眼外角一般高于眼内角，脸部扁平，鼻翼比白色人种宽，鼻梁比白色人种低，嘴唇厚度适中（见图 8—9）。

韩国人

马来西亚人

图 8—9

通常分布在东亚和东南亚各国，一般意义上还包括了美洲的印第安人和因纽特人。

(3) 尼格罗人种 (Negroid)：又称黑色人种、赤道人种，现主要分布于撒哈拉沙漠以南的非洲大陆、西印度群岛、美国、澳大利亚等地。该人种的特征是皮肤黑棕色、毛发细短、卷曲、体毛较少、眼睛为棕色、头型长、鼻低而大、唇厚。但黑色人种的黑也是不一样的，如西南非的肯尼亚、乌干达人黑得油光发亮，北非国家则是浅黑色，坦桑尼亚、赞比亚人处于中间状态 (见图 8—10)①。

乌干达人　　牙买加人　　南非人

图 8—10

美国黑人后裔与非洲黑人在人种上同属黑色人种，在外貌和肤色方面颇有相像之处，但由于二者在后天所生活的社会环境和接触的文化上存在较大的差异，因此美国的黑人在肤色上比非洲的黑人稍微浅一些，英语表达方面两者差别更大。

2. 特殊印记

长期的工作环境对人的外表会造成一定的影响。长期军事训练的人一般身体健壮，皮肤黝黑，手掌、肘部皮肤粗糙或有老茧，即受训痕迹；有暴力犯罪或与涉黑团体有关系的人员身上常有刀疤、文身或其他伤痕；长期从事体力劳动的人员，一般肤色较黑，身材匀称，手掌上布满老茧；从事室内工作或脑力劳动的人员，一般肤色白皙，有的配戴眼镜，并且由于长期伏案工作可能会有驼背。

(二) 外国人动作表情

1. 面部表情

着重看外国人的面部表情是放松还是紧张，是否显得不自然、慌乱，是否有神情恍惚、东张西望、心神不宁、忧心忡忡等反常现象。通常企图违法的外国人不是表现出故作镇静而死盯着民警看，就是异常紧张，与民警对话时眼神游移不定，有的甚至面部肌肉抽搐或手抖。

2. 行为是否异常

可以周围环境和出入境人员为参考，考量观察对象的行为是否符合常理。例如，在天气较冷的情况下，其不停擦汗，或在天气并不是很热或很干燥的情况下，喝水次数过于频繁等。

3. 衣着外表

衣着及行李物品能反映其身份信息。例如，留学生衣着以休闲服运动鞋为主，携带运动双肩背包或斜跨单肩包，常见的行李是笔记本电脑和书本；以旅游为目的的外国人，行

① 参见公安部出入境管理局编：《出入境人员检查》，33～34 页，北京，群众出版社，2008。

李物品较少，一般都是随身小包，时常会手持旅游手册之类的书籍，或身背摄影器材，衣着多以方便活动的休闲装为主。

衣着与所处季节、环境温度有着很大的关系。衣着过厚的背后可能存在着非法夹带嫌疑，企图用厚实的衣服来遮盖由于夹带造成体型上的不协调。这些夹带有可能是伪假证件，也有可能是毒品，从国外一些恐怖袭击案例中可知，长袍之下可能藏匿炸药等对公共安全有巨大威胁的物品。在衣物检查时，以“查厚不查薄”为原则。

衣着服饰不但要考虑与气候环境的搭配，还要考虑与身份的搭配，同时衣着服饰本身还要考虑不同部位间的搭配是否协调。例如，一个衣着光鲜西装革履的人随身带的包却很破旧，或者衣着朴素的人背的包却是名牌，这些都是典型意义上的衣着搭配不协调。曾经轰动英国的“球鞋炸弹人”事件就是这样一个案例。当时，一个衣着讲究的旅客，脚上却不合时宜地穿了一双运动鞋，这种衣着服饰搭配的不协调引起了检查人员的注意，进而查获了该名企图实施恐怖活动的人员。

七、外国人身份核实后的处理

外国人身份核实后，应分类处理：

（1）外国人具有外交身份的，须立即放行，减少现场滞留时间。

（2）对证件、签证及住宿登记有效，且无其他可疑问题的外国人，予以放行。

（3）对未随身携带证件，但能够查明身份的外国人，告知其行为违法，视情依法处罚。

（4）对未办理住宿登记的外国人，如在本辖区居住，依法处罚后，要求其补办住宿登记；如不在本辖区居住，按照有关规定移交居住地派出所处理。

（5）发现列控外国人，须立即采取控制措施，通知属地出入境管理部门及列控单位到场处理。

（6）发现签证或居留许可逾期，或无法查明身份的外国人，须立即采取控制措施，通知属地出入境管理部门到场处理。

思考题

1. 公安涉外行政案（事）件及公安涉外刑事案件的区别是什么？
2. 如何理解公安涉外案（事）处置机制？
3. 公安机关在处置涉外案（事）件时有哪些显著特点？
4. 如何理解公安机关在处置涉外案（事）件时身份确认的重要性？
5. 公安机关相关业务部门在外国人身份确认时如何分工合作？
6. 外国人身份确认的主要内容有哪些？
7. 公安民警怎样才能发现各类危害国家安全、社会稳定的外国籍嫌疑人员？

第九章　公安涉外行政案件

本章导读

公安涉外行政案件，是指公安机关依法查处的具有涉外因素的行政案件。从公安机关管辖的角度划分，可分为专属管辖案件、共同管辖案件和协助管辖案件；从公安机关法律法规的适用角度来分，可分为违反有关外国人的专门性法律法规或专门性的条款的案件和违反中外公民普遍适用的法律法规，每类案件都有不同的处置方法和特点。

公安涉外行政处罚，是指公安机关对违反涉外公安行政管理法规的外国人或外国组织依法实施的行政制裁。可分为两大类：一类是既可以适用于本国人，也可以适用于外国人的普适性处罚，如警告、罚款、拘留、吊销公安机关发放的许可证以及没收违法所得；另一类是专门针对外国人专门性处罚，如限期出境和驱逐出境。

公安涉外行政强制，是指公安机关对违反治安管理或者其他公安行政管理法律、法规的行政相对人——外国人或外国组织，依法对其人身、财产进行限制或控制；对其不履行公安行政决定的，公安机关自行或者申请人民法院，依法强制其履行义务的行为的总和。根据我国现行法律，公安涉外行政强制，从内容上分，包括公安涉外行政强制措施和公安涉外行政强制执行两方面的内容；与公安涉外行政处罚一样，从适用对象上分，涉外行政强制可分为两大类：一类是普适性行政强制；另一类是专门性行政强制。相关法律文书的制作须准确规范。

总体说来，公安机关办理涉外行政案件，除有特别规定外，与办理其他行政案件的实体、程序基本一致。特别规定主要是指办理涉外行政案件在行政责任、办案程序、法律救济、国际义务等方面与办理其他行政案件不同的规定。公安涉外行政案件处置的程序分为一般程序和特殊程序。一般程序主要包括受案、传唤、取证、听证、告知、决定、执行等；特殊程序是区别于国内行政案件处置的特定程序，是指公安机关在涉外行政案件处置过程中，对某些特定案件的处置、某些特定法律措施的应用，采取通知通报的处置办法，是确保外国人当事人合法权利的一种外交救济措施。特殊程序通常被认为包括内部通报和对外通知，本教材认为，还应包括对享有外交特权和豁免权的外国人违法案件的处置程序。在本章第四节中，介绍了公安涉外行政案件处置的完整程序。

外国人违反出入境管理案件是指公安机关对外国人在入境出境及居留、停留期间违反出入境管理法律法规，尚不够刑事处罚，依法予以行政处罚的案件。外国人“三非”案件是其中最典型的案件，处置时有着独特的程序；其他违反出入境管理也都有对应的法律适用。

涉外治安案件是指具有涉外因素的治安案件。主要由公安机关治安管理部门包括公安派出所负责处置。处置涉外治安案件，应当遵守涉外治安案件处置的法定程序，和其他公安涉外行政案件处置一样，我国治安案件处置也包括一般程序和特殊程序。其中，一般程序和处置中国公民违反《治安管理处罚法》的案件一样，适用治安调解或包括受案、传唤、取证、听证、告知、决定、执行等常规案件处置程序；特殊程序是指对违反《治安管理处罚法》的外国人实施治安拘留时的对内通报和对外通知以及对享有特权和豁免的外国人的特殊处置等有别于中国公民的特定查处程序及方法。

涉外道路交通事故处置，因其涉及的道路交通事故主体较为特殊，因此与非涉外道路交通事故处置有一定的区别。我国涉外交通事故的处置，主要适用《道路交通事故处理程序规定》。此外，还需要别的法律来配合适用。与中国公民涉及的道路交通事故处置不同的是，对肇事的外国人是否采取不准出境、诉前财产保全措施、采取人身强制措施、拘留以及外国当事人死亡时的特殊处置程序。

公安机关处置的涉外行政案件，还包括对外国记者非法采访、外国人违反宗教管理、外国人违反军事设施管理、外国人死亡以及外国人求助等案（事）件的处置。

第一节　公安涉外行政案件的概念及分类

一、公安涉外行政案件的概念

公安涉外行政案件，是指公安机关依法查处的具有涉外因素的行政案件。

二、涉外行政案件的分类

（一）从公安机关管辖的角度划分

涉外行政案件主要有下列几种：

1. 专属管辖案件

专属管辖案件，是指由公安机关主管的涉外行政案件。从我国现行的法律规定来看，由公安机关主管的涉外行政案件有以下几类：

（1）违反出入境管理案件；

（2）违反治安管理案件；

（3）违反枪支管理案件；

（4）违反交通管理案件；

（5）外国人死亡案件的处置；

（6）外国人组织或参与游行示威案件；

（7）侵扰驻华使领馆及外国人住所和办公处所的案件；

（8）其他由公安机关主管的案件。

2. 共同管辖案件

共同管辖案件，是指由公安机关和其他行政机关共同主管的涉外行政案件。例如，我国《文物保护法》第 65 条第 2 款规定：“违反本法规定，构成违反治安管理行为的，由公安机关依法给予治安管理处罚。”根据我国现行的法律规定，由公安机关和其他行政机关共同负责处置的涉外行政案件，主要有以下几类：

（1）违反外国记者管理的案件；

（2）违反外国人宗教管理的案件；

（3）违反文物管理的案件；

（4）违反野生动物管理的案件；

（5）违反外国人劳动管理的案件。

3. 协助管辖案件

协助管辖案件，是指由公安机关配合其他行政机关实施管辖的涉外行政案件。从我国现行法律规定看，需要公安机关配合其他行政部门管辖的涉外案件，主要有以下几类：

（1）违反税收征收管理案件；

（2）违反军事设施管理案件。

另外，从公安机关处置涉外案（事）件的实际情况来看，通常把外国人死亡、外国人求助、外国人走失、外国人财物丢失等事件，归到公安涉外行政案件中去。

（二）从公安机关法律法规的适用角度来分

公安涉外行政案件可分为：

1. 违反有关外国人的专门性法律法规或专门性的条款的案件

如，外国人违反《外国人入境出境管理条例》、《外交特权与豁免法》、《领事特权与豁免法》、《外国人在中国就业管理规定》、《外国常驻新闻机构和外国记者采访条例》、《高等学校接受外国留学生管理规定》等有关外国人的专门性法律法规的案件以及违反《出境入境管理法》有关外国人法律法规专门性条款的案件。此类案件对外国人适用专门的行政违法责任、办案程序、法律救济。

2. 违反中外公民普遍适用的法律法规

如，在外国人违反《行政处罚法》、《刑法》、《海关法》、《国家安全法》、《民用航空法》等法律法规时，与办理中国公民违法案件的实体、程序基本一致外，还适用一些特殊程序，如国际法中的相关规定、《公安机关办理行政案件程序规定》中“第十三章　涉外行政案件的办理”以及1985年公安部、外交部、司法部、国家安全部、最高人民法院和最高人民检察院《关于处理涉外案件若干问题的规定》等法律法规。

第二节　公安涉外行政处罚

一、公安涉外行政处罚的概念

公安涉外行政处罚，是指公安机关对违反涉外公安行政管理法规的外国人或外国组织依法实施的行政制裁。实施涉外行政处罚则是查处涉外行政案件的结果，是我国公安机关重要的执法行为，也是维护我国主权、利益和社会秩序的具体体现。

二、公安涉外行政处罚的种类

根据我国现行法律，公安涉外行政处罚可分为两大类：一类是普适性处罚；另一类是专门性处罚。

（一）普适性处罚

所谓普适性处罚，是指既可以适用于本国人，也可以适用于外国人的处罚，即不是专门针对外国人的。处罚形式主要有警告、罚款、拘留、吊销公安机关发放的许可证以及没收违法所得。公安机关在实施上述处罚时，须履行《行政处罚法》的告知程序（式样见表9—1），出具相应的处罚决定书（式样见表9—2）。

表9—1

（此处印制公安机关名称）

行政处罚告知笔录

执行告知单位______________告知人______________________________
被告知人_________________单位法定代表人________________________
告知内容：

□ **处罚前告知**

根据《中华人民共和国行政处罚法》第三十一条之规定，现将拟作出行政处罚决定的事实、理由、依据告知如下：____

____

____

____

问：对上述告知事项，你（单位）是否提出陈述和申辩？（对被告知人的陈述和申辩可附页记录，被告知人提供书面陈述、申辩材料的，应当附上，并在本告知笔录中注明）

答：____

____

____

____

对你提出的陈述和申辩，公安机关将进行复核。

被告知人
年 月 日 时 分

□ **听证告知**

公安机关拟对你（单位）作出____

____的行政处罚，根据《中华人民共和国行政处罚法》第四十二条之规定，你（单位）有权要求听证。如果要求听证，你（单位）应在被告知后三日内向______________________________提出，逾期视为放弃听证。

问：对上述告知事项，你是否要求听证？

答：____

____

对要求听证的，公安机关将在二日内决定是否受理。符合听证条件的，公安机关将在十日内举行听证。对放弃听证的，公安机关将依法作出处理决定。

被告知人
年 月 日 时 分

表 9—2

（此处印制公安机关名称）

行政处罚决定书

×公（　　）行罚决字〔　　〕号

违法行为人（姓名、性别、年龄、出生日期、身份证件种类及号码、户籍所在地、现住址、工作单位、违法经历以及被处罚单位的名称、地址和法定代表人）________________________

____

现查明____

____

____

以上事实有____

____等证据证实。

根据____之规定，

现决定____。

执行方式和期限____

____。

逾期不交纳罚款的，每日按罚款数额的百分之三加处罚款，加处罚款的数额不超过罚款本数。

如不服本决定，可以在收到本决定书之日起六十日内向________________________

________________________申请行政复议或者在三十月内依法向

____人民法院提起行政诉讼。

附：__________________清单共________份

公安机关（印）

年　月　日

行政处罚决定书已向我宣告并送达。

被处罚人

年　月　日

一式三份，被处罚人和执行单位各一份，一份附卷。治安案件有被侵害人的，复印送达被侵害人。

1. 警告

公安机关对有轻微违法行为的人，依法提出批评和告诫，责令其承认错误并保证改正违法行为的一种行政处罚。它是一种声誉罚，是涉外公安行政处罚中最轻的一种处罚。警告对于初次违反治安管理、出入境管理等法律、法规，情节轻微或未构成实际危害结果的违法行为，以及违法后态度较好者适用较多。警告既适用于公民，也适用于法人和其他组织。它的特点在于，对违法者实施的是精神上或名誉、信誉等方面的惩戒，并不剥夺或者限制行为人的实体权利。

2. 罚款

罚款是适用范围最广泛的一种处罚，属于财产罚。罚款是公安机关在其职权范围内，对违反出入境、治安管理等法律法规的单位和个人依法向国家强制缴纳一定数额的货币的处罚。作为一种财产罚，罚款是依法给予违法者一定的经济制裁，迫使其向国家缴纳一定数额的金钱，使其受到财产上的损失，从而达到惩戒的目的。罚款并不影响违法者的人身自由和其他活动，但能起到惩戒作用，是行政处罚中适用最灵活的一种处罚方式。

3. 拘留

通常称为行政拘留，是对违法者短期内限制人身自由的一种处罚措施。属于人身罚或自由罚。行政拘留包括违反治安管理处罚法等治安法规的行政拘留和违反出入境管理法规的行政拘留。这两种拘留虽然都称为行政拘留，但它们在适用法律、裁决权限、救济程序、对象等诸多方面均有差异。例如，《出境入境管理法》规定的拘留处罚的幅度是，5日以上10日以下、5日以上15日以下、10日以上15日以下，由县级以上地方人民政府公安机关或者出入境边防检查机关决定。《治安管理处罚法》规定的拘留处罚的幅度是，5日以下、5日以上10日以下、10日以上15日以下三个档次。拘留的处罚是由县级以上公安机关决定。对被决定给予行政拘留处罚的人，在处罚决定生效后，由作出拘留决定的公安机关送拘留所执行。根据《治安管理处罚法》第16条规定："有两种以上违反治安管理行为的，分别决定，合并执行。行政拘留处罚合并执行的，最长不超过二十日。"值得注意的是，行政拘留可以同罚款并处，但不能同警告并处。

4. 吊销公安机关发放的许可证

适用于违反出入境管理、道路交通管理、枪支管理、管制刀具管理、危险物品管理等法规的外国人，根据其情节，公安机关可以依法吊销公安机关签发的出入境证件、驾驶执照和其他许可证件。例如，根据《出境入境管理法》第47条规定，外国人符合相关条件，经过公安部批准，获得在中国境内永久居留资格。该法第49条规定，外国人有下列情形之一的，由公安部决定取消其在中国境内永久居留资格：对中国国家安全和利益造成危害的；被处驱逐出境的；弄虚作假骗取在中国境内永久居留资格的；在中国境内居留未达到规定时限的；不适宜在中国境内永久居留的其他情形。此资格的取消是不可能再行恢复的，这就是对不遵守我国法律的外国人的一种否定性评价，显然是一种制裁性的处置结果，属于出入境行政处罚。

5. 没收违法所得

没收违法所得，是指公安机关依法将违法当事人的违法所得和非法财物，强制无偿收归国有的行政处罚。违反《出境入境管理法》第72条、74条、79条、80条规定，为外国人出具邀请函件或者其他申请材料，容留、藏匿非法入境、非法居留的外国人，协助非法入境、非法居留的外国人逃避检查，或者为非法居留的外国人违法提供出境入境证件，介绍外国人非法就业的，非法聘用外国人的个人和单位，有违法所得的，没收违法所得。

（二）专门性的处罚

所谓专门性的处罚，是指在特定情况下，专门针对外国人包括国籍不明的外国人的处罚方法。违法主体只能是外国人。主要有限期出境和驱逐出境。限期出境和驱逐出境都属于资格罚。资格刑是指主管机关对违法行为人剥夺或者限制其从事某种活动的资格的处罚。

1. 限期出境

限期出境是指公安机关对有严重违法行为的外国人取消其在华居留的资格，责令其在指定的期限内离开中国国境的一种处罚措施。

《出境入境管理法》第81条第1款规定：外国人从事与停留居留事由不相符的活动，或者有其他违反中国法律、法规规定，不适宜在中国境内继续停留居留情形的，可以处限期出境。

《治安管理处罚法》第10条第2款规定：对违反治安管理的外国人，可以附加适用限期出境或者驱逐出境。

2012年《公安机关办理行政案件办案程序》第224条规定：外国人具有下列情形之一的，经县级以上公安机关或者出入境边防检查机关决定，可以限期出境：（一）违反治安管理的；（二）从事与停留居留事由不相符的活动的；（三）违反中国法律、法规规定，不适宜在中国境内继续停留居留的。对外国人决定限期出境的，应当规定外国人离境的期限，注销其有效签证或者停留居留证件。限期出境的期限不得超过30日。

公安机关在实施限期出境处罚时，与普适性处罚一样，须履行《行政处罚法》的告知程序，出具相应的处罚决定书（式样见表9—3）。

表9—3

（此处印制公安机关名称）

限期出境决定书

×公（　　）行罚决字〔　　〕号

违法行为人＿＿＿＿性别＿＿＿年龄＿＿＿出生日期＿＿＿＿

国籍/地区＿＿＿＿身份证件种类及号码＿＿＿＿＿＿＿＿

因＿＿＿＿＿＿＿＿＿＿＿＿＿＿＿＿＿＿＿＿＿＿＿＿＿＿

＿＿＿＿＿＿＿＿＿＿＿＿＿＿＿＿＿＿＿＿＿＿＿＿＿＿＿

＿＿＿＿＿＿＿＿＿＿＿＿＿＿＿＿＿＿＿＿＿＿＿＿＿＿＿

＿＿＿＿＿＿＿＿＿＿＿＿＿＿＿＿＿＿＿＿＿＿＿＿，根据

□《中华人民共和国治安管理处罚法》第十条第二款

□《中华人民共和国出境入境管理法》第八十一条第一款之规定，决定限期出境，并注销其有效出境入境证件种类及号码＿＿＿＿＿＿＿＿＿＿＿＿＿＿＿＿＿＿

＿＿＿＿＿＿＿＿＿＿＿＿＿＿＿＿＿＿＿＿＿＿＿＿＿＿。

如不服本决定，可以在收到本决定书之日起六十日内向＿＿＿＿＿＿＿＿

＿＿＿＿＿＿＿＿＿＿＿＿＿＿申请行政复议或者在三个月内依法向

＿＿＿＿＿＿＿＿＿＿＿＿＿＿＿＿＿＿＿＿＿＿＿＿＿＿＿

人民法院提起行政诉讼。

公安机关（印）

年　月　日

行政处罚决定书已向我宣告并送达。

被处罚人

年　月　日

一式三份，一份交违法行为人，一份交执行宣布单位，一份附卷。

2. 驱逐出境

（1）驱逐出境的概念。驱逐出境是指公安机关对违反治安管理或者出境入境管理、情节严重、尚不构成犯罪的外国人取消其在华居留资格，将其逐出中国国境的一种处罚措施。

（2）适用情形。在我国，驱逐出境是对严重违反我国法律的外国人适用的一种处罚措施。公安机关实施的驱逐出境主要适用于以下情形：①《出境入境管理法》第 81 条第 2、3 款规定："外国人违反本法规定，情节严重，尚不构成犯罪的，公安部可以处驱逐出境。公安部的处罚决定为最终决定。被驱逐出境的外国人，自被驱逐出境之日起十年内不准入境。"②《治安管理处罚法》第 10 条第 2 款规定：对违反治安管理的外国人，可以附加适用限期出境或者驱逐出境。

（3）法律文书（见表 9—4）。驱逐出境决定书是公安部对外国人决定驱逐出境时使用的文书。"因"后面的横线处简要填写查明的违法行为人的违法事实和证据。该文书应当加盖"公安部"印章或者"公安部出入境管理局"带国徽的印章。

表 9—4

（此处印制公安机关名称）

驱逐出境决定书

公驱出决字〔　　〕号

违法行为人________性别____年龄____出生日期________

国籍/地区________身份证件种类及号码________________

因____

____

____

____，根据

□《中华人民共和国治安管理处罚法》第十条第二款

□《中华人民共和国出境入境管理法》第八十一条第二款之规定，决定驱逐出境，并注销其有效出境入境证件种类及号码________________________

____。

被处罚人自被驱逐出境之日起十年内不准入境。

本决定为最终处理决定。

公安部（印）

年　月　日

违法行为人

年　月　日

一式三份，一份交违法行为人，一份交执行宣布单位，一份附卷。

3. 设定不准入境期限

限期不准入境及限制再次申请期限，前者适用于被遣送出境的包括外国人在内的境外人员①及被驱逐出境的外国人②。后者是针对出境后非法前往其他国家或者地区被遣返的中国公民③。两者都是对出入境人员为其违法行为承担一定期限内不能入境或出境的否定性后果。从《出境入境管理法》的结构来看，把限期不准入境及限制再次申请期限放在“法律责任”的第七章中，立法者显然将其归为出入境行政处罚。因此，限期不准入境及限制再次申请期限皆属于行政处罚而非行政强制。

三、公安涉外行政处罚形式

1. 单处罚

单处罚是指法律法规对某种违法行为只规定一种处罚的处罚形式。包括警告、罚款和拘留。

2. 并处罚

并处罚是指公安机关对某种违法行为规定可以或必须适用两种以上的处罚的处罚形式。《出境入境管理法》第 7 章法律责任中，规定了大量的并处罚，其中第 81 条规定：外国人从事与停留居留事由不相符的活动，或者有其他违反中国法律、法规规定，不适宜在中国境内继续停留居留情形的，可以处限期出境。这意味，只要外国人违反了中国法律，可以在作出相应处罚的同时，可以并处限期出境。除《治安管理处罚法》第 10 条第 1 款规定的 4 种处罚外，还可以附加适用限期出境或者驱逐出境。《公安机关办理行政案件程序规定》第 226 条规定，对外国人处以罚款或者行政拘留并处限期出境或者驱逐出境的，应当于罚款或者行政拘留执行完毕后执行限期出境或者驱逐出境。

3. 双处罚

双处罚是指对某种特定的违法行为的双方责任人予以处罚的处罚形式。例如，根据《出境入境管理法》第 72 条、74 条、79 条、80 条规定，为外国人出具邀请函件或者其他申请材料，容留、藏匿非法入境、非法居留的外国人，协助非法入境、非法居留的外国人逃避检查，或者为非法居留的外国人违法提供出境入境证件，介绍外国人非法就业的，非法聘用外国人的单位，在对单位处罚的同时，并对其直接负责的主管人员和其他直接责任人员予以处罚。

四、公安涉外行政处罚的法律救济

（一）驱逐出境的法律救济

根据《出境入境管理法》第 81 条第 2 款的规定，外国人违反本法规定，情节严重，尚不构成犯罪的，公安部可以处驱逐出境。公安部的处罚决定为最终决定。

（二）驱逐出境以外的行政处罚的法律救济

规定专门性的处罚的《出境入境管理法》没有对出入境处罚作出救济规定。

---

① 参见《出境入境管理法》第 62 条第 3 款规定：被遣送出境的人员，自被遣送出境之日起 1 至 5 年内不准入境。

② 参见《出境入境管理法》第 81 条第 3 款规定：被驱逐出境的外国人，自被驱逐出境之日起 10 年内不准入境。

③ 参见《出境入境管理法》第 75 条规定：中国公民出境后非法前往其他国家或者地区被遣返的，出入境边防检查机关应当收缴其出境入境证件，出境入境证件签发机关自其被遣返之日起 6 个月至 3 年以内不予签发出境入境证件。

按照一般法与特别法、上位法与下位法的适用原则，在《出境入境管理法》没有对出入境处罚作出法律救济的情况下，应按照《行政复议法》、《行政处罚法》和《行政诉讼法》的有关规定来使用。即对处罚决定不服的，可以在收到本决定书之日起 60 日内向上一级行政机关申请行政复议或者在 3 个月内依法向同级人民法院提起行政诉讼。

第三节　公安涉外行政强制

一、公安涉外行政强制的概念

公安涉外行政强制，是指公安机关对违反治安管理或者其他公安行政管理法律、法规的行政相对人——外国人或外国组织，依法对其人身、财产进行限制或控制；对其不履行公安行政决定的，公安机关自行或者申请人民法院，依法强制其履行义务的行为的总和。

二、公安涉外行政强制的种类

根据我国现行法律，公安涉外行政强制，从内容上分，包括公安涉外行政强制措施和公安涉外行政强制执行两方面的内容。

与公安涉外行政处罚一样，从适用对象上分，涉外行政强制可分为两大类：一类是普适性行政强制；另一类是专门性行政强制。

（一）普适性行政强制

普适性行政强制既可以适用于本国人，也可以适用于外国人的行政强制，即不是专门针对外国人的。普适性行政强制形成主要有

1.《治安管理处罚法》的公安行政强制

主要有：（1）收缴；（2）对醉酒人的约束；（3）责令 12 个月内不得进入体育场馆观看同类比赛、强行带离现场；（4）责令停止活动、立即疏散；（5）强制性教育；（6）强制传唤；（7）扣押及追缴。

2.《道路交通安全法》（2011 年修订）的公安行政强制

主要有：（1）暂扣机动车及机动车驾驶证；（2）强制约束至酒醒；（3）责令立即驶离；（4）强制拆除、收缴；（5）强制报废；（6）加处罚款及申请人民法院强制执行。

3.《消防法》（2008 年修订）及《消防监督检查规定》（2009 年修订）的公安行政强制

主要有：公安机关消防部门可以行使的公安行政强制行为有：（1）强制清除或者拆除；（2）临时查封；（3）封闭火灾现场；（4）强制征用、强制排险和局部交通管制。此外，《消防法》对公安行政强制执行也进行了规定，赋予了公安消防部门部分行政强制执行权力。例如，《消防法》第 60 条第 3 款规定，有该条第 1 款第 3 项、第 4 项、第 5 项、第 6 项行为，经责令改正拒不改正的，强制执行，所需费用由违法行为人承担。第 70 条第 4 款规定，当事人逾期不执行停产停业、停止使用、停止施工决定的，由作出决定的公安机关消防机构强制执行。

4.《公安机关办理行政案件程序规定》（2012 修订）的公安行政强制

主要有：（1）扣押；（2）强制约束；（3）强制传唤；（4）收缴与追缴；（5）强制执行、申请人民法院强制执行。

5.《禁毒法》（2007年）的公安行政强制

主要有：（1）强制铲除；（2）强行带离现场；（3）强制检测；（4）强制隔离戒毒。

6.《人民警察法》（1995年）的公安行政强制

主要有：（1）当场盘问检查、继续盘问；（2）保护性约束；（3）交通管制；（4）现场管制、强行带离现场、立即拘留。

7.《出境入境管理法》（2012年）的公安行政强制

主要有：（1）当场盘问；（2）继续盘问；（3）传唤；（4）扣押交通运输工具及物品；（5）人身检查。①

8. 公安涉外行政强制执行

对外国人进行罚款而未交纳罚款的可实施强制执行；对限期出境而未在规定期限出境的外国人，可实施遣送出境；对外国人限期迁离住所或办公场所而未迁离的外国人，可实施强制迁离。

（二）专门性行政强制

所谓专门性行政强制，是指在特定情况下，专门针对外国人或境外人员的行政强制行为。根据《出境入境管理法》第六章和《公安机关办理行政案件程序规定》（2012修订）第十三章的规定，针对外国人或境外人员的行政强制主要有：

1. 拘留审查

（1）适用依据及情形。根据《出境入境管理法》第60条、《公安机关办理行政案件程序规定》第216条规定，外国人具有下列情形之一，经当场盘问或者继续盘问后不能排除嫌疑，需要作进一步调查的，经县级以上公安机关或者出入境边防检查机关负责人批准，可以拘留审查：（一）有非法出境入境嫌疑的；（二）有协助他人非法出境入境嫌疑的；（三）有非法居留、非法就业嫌疑的；（四）有危害国家安全和利益，破坏社会公共秩序或者从事其他违法犯罪活动嫌疑的。

（2）拘留审查的决定机关和期限。外国人符合拘留审查适用条件的，由县级以上地方人民政府公安机关或者出入境边防检查机关作出决定。实施拘留审查，应当出示拘留审查决定书，并在24小时内进行询问。发现不应当拘留审查的，应当立即解除拘留审查。拘留审查的期限不得超过30日；案情复杂的，经上一级地方人民政府公安机关或者出入境边防检查机关批准可以延长至60日。对国籍、身份不明的外国人，拘留审查期限自查清其国籍、身份之日起计算。

（3）公安机关办理拘留审查案件时应注意的问题。①对享有外交特权和豁免权的外国人，不得适用拘留审查强制措施，办案公安机关应当将其身份、证件及违法行为等基本情况记录在案，保存有关证据，处置。②公安机关办理拘留审查案件，使用通用的语言文字。对不通晓我国语言文字的，公安机关应当为其提供翻译；当事人通晓我国语言文字而不需要他人翻译的，应当出具书面声明。③对外国人作出拘留审查的决定后，决定或者批准机关应当在48小时内将外国人的姓名、性别、入境时间、护照或者其他身份证件号码，案件发生的时间、地点及有关情况，违法的主要事实，已采取的措施及其法律依据等情况报告省级公安机关；省级公安机关应当在规定期限内，将有关情况通知该外国人所属国家

① 参见于群、马顺成主编：《公安行政强制的适用与规范》，2～9页，北京，中国人民公安大学出版社，2012。

的驻华使馆、领馆，并通报同级人民政府外事部门。当事人要求不通知使馆、领馆的，可以不通知，但应当由其本人提出书面请求。④外国人在拘留审查期间死亡的，有关省级公安机关应当通知该外国人所属国家驻华使馆、领馆，同时报告公安部并通报同级人民政府外事部门。⑤外国人在拘留审查期间，其所属国家驻华外交、领事官员要求探视的，决定机关应当及时安排。该外国人拒绝其所属国家驻华外交、领事官员探视的，公安机关可以不予安排，但应当由其本人出具书面声明。

（4）与拘留审查相关的法律文书。①拘留审查/延长拘留审查决定书（见表9—5），是县级以上公安机关或者出入境边防检查机关对外国人决定拘留审查或者延长拘留审查时使用的文书。“拘留审查/延长拘留审查”后面的横线处及括号内填写期限和起止时间，对国籍、身份不明的外国人，拘留审查期限自查清其国籍、身份之日起计算。

表9—5

（此处印制公安机关名称）

拘留审查/延长拘留审查决定书

×公（　　）拘审决字〔　　〕号

违法嫌疑人______________性别_______年龄_______出生日期______________________

国籍/地区_______身份证件种类及号码____

因

□ 有非法出境入境嫌疑　　　　□ 有协助他人非法出境入境嫌疑

□ 有非法居留嫌疑　　　　　　□ 有非法就业嫌疑

□ 有危害国家安全和利益违法犯罪活动嫌疑

□ 有破坏社会公共秩序违法犯罪活动嫌疑

□ 其他____

经当场盘问或者继续盘问后仍不能排除嫌疑，根据《中华人民共和国出境入境管理法》第六十条之规定，决定对违法嫌疑人拘留审查/延长拘留审查_______日（自_______年_____月_____日至_______年_____月_____日）。

如不服本决定，可以在收到本决定书之日起六十日内向____申请行政复议。

执行场所及地址____

公安机关或者出入境边防检查机关（印）

年　月　日

已向我宣告并送达。

违法嫌疑人

年　月　日

一式三份，被拘留审查人和执行单位各一份，一份附卷。

②《出入境管理解除拘留审查决定书》（见表9—6）。该文书是县级以上公安机关对被拘留审查的外国人解除拘留审查时所使用的文书。该文书相关项目的填写应当与《出入境

管理拘留审查/延长拘留审查决定书》一致。

表 9—6

（此处印制公安机关名称）

解除拘留审查决定书

×公（　　）解拘审决字〔　　〕号

被拘留审查人__________性别______年龄______出生日期____________

国籍/地区__________身份证件种类及号码____________________

拘留审查决定书文号______________________________

拘留审查期限自______年____月____日至______年____月____日。

因

☐ 案件处理完毕　　　　☐ 不应当拘留审查

☐ 被限制活动范围　　　☐移交其他部门处理

☐ 其他______________________________

根据《中华人民共和国出境入境管理法》第六十条第二款、《公安机关办理行政案件程序规定》第二百一十七条之规定，决定解除拘留审查。

公安机关或者出入境边防检查机关（印）

年　月　日

被拘留审查人

年　月　日

一式三份，一份交被拘留审查人，一份交执行单位，一份附卷。

2. 限制活动范围

（1）适用依据及情形。《出境入境管理法》第 61 条、《公关机关办理行政案件程序规定》第 218 条，外国人具有下列情形之一的，不适用拘留审查，经县级以上公安机关或者出入境边防检查机关负责人批准，可以限制其活动范围：（1）患有严重疾病的；（2）怀孕或者哺乳自己婴儿的；（3）未满十六周岁或者已满七十周岁的；（4）不宜适用拘留审查的其他情形。

（2）限制活动范围的决定机关和期限。外国人符合限制活动范围适用条件的，由县级以上地方人民政府公安机关或者出入境边防检查机关作出决定。被限制活动范围的外国人，应当在指定的时间到公安机关报到；未经决定机关批准，不得变更生活居所或者离开限定的区域；不得以任何形式干扰证人作证；不得毁灭、伪造证据或者串供。

限制活动范围的期限不得超过 60 日。对国籍、身份不明的，限制活动范围期限自查清其国籍、身份之日起计算。

（3）与限制活动范围相关的法律文书（见表 9—7）。限制活动范围决定书是县级以上公安机关或者出入境边防检查机关对外国人决定限制活动范围时使用的文书。“不得离开”后面的横线处填写违法嫌疑人被限制活动范围的具体区域。

表 9—7

（此处印制公安机关名称）

限制活动范围决定书

×公（　　）限范围决字〔　　〕号

违法嫌疑人＿＿＿＿性别＿＿＿年龄＿＿＿出生日期＿＿＿＿＿＿

国籍/地区＿＿＿＿身份证件种类及号码＿＿＿＿＿＿＿＿＿＿

因

☐ 患有严重疾病　　☐ 怀孕　　☐ 哺乳自己不满一周岁婴儿

☐ 未满十六周岁　　☐ 已满七十周岁

☐ 其他＿＿＿＿＿＿＿＿＿＿＿＿

根据《中华人民共和国出境入境管理法》第六十一条之规定，现决定对违法嫌疑人限制活动范围，期限自＿＿＿年＿＿月＿＿日至＿＿＿年＿＿月＿＿日。在此期间，其应当遵守以下规定：

一、未经决定机关批准，不得变更生活居所，不得离开＿＿＿＿＿＿＿＿＿＿

＿＿＿＿＿＿＿＿＿＿＿＿＿＿＿＿＿＿＿＿的区域；

二、在传唤的时候及时到案；

三、不得以任何形式干扰证人作证；

四、不得毁灭、伪造证据或者串供。

如不服本决定，可以在收到本决定书之日起六十日内向＿＿＿＿＿＿＿＿

＿＿＿＿＿＿＿＿＿＿＿＿＿＿＿＿＿＿申请行政复议。

公安机关或者出入境边防检查机关（印）

年　月　日

违法嫌疑人

年　月　日

一式三份，被限制活动范围人和执行单位各一份，一份附卷。

3. 遣送出境

（1）遣送出境的概念、适用依据及情形、决定机关以及适用程序参见第六章第四节“外国人出境管理”中的“二、外国人出境管理的内容”中的“（四）强制出境”。

（2）《遣送出境决定书》的样式（见表 9—8）及制作规范。遣送出境决定书是对外国人或者其他境外人员决定遣送出境时使用的文书。对决定遣送出境的理由选择“其他需要遣送出境”情形的，应当在随后的横线处简要注明违法行为人实施的违法行为名称以及违反的法律、法规名称及其条、款、项。

表 9—8

(此处印制公安机关名称)

遣送出境决定书

×公（　　）遣送决字〔　　〕号

违法行为人______________性别_______年龄_______出生日期__________________________

国籍/地区___________身份证件种类及号码____

因

☐ 被处限期出境，未在规定期限内离境　　☐ 有不准入境情形

☐ 非法居留　　☐ 非法就业

☐ 其他需要遣送出境____

根据《中华人民共和国出境入境管理法》第六十二条之规定，决定对违法行为人造送出境，自被遣送出境之日起_______年内不准入境。

如不服本决定，可以在收到本决定书之日起六十日内向____申请行政复议。

公安机关或者出入境边防检查机关（印）

年　月　日

违法行为人

年　月　日

一式三份，一份交被遣送出境人，一份交执行单位，一份附卷。

4. 不准入境

《出境入境管理法》第 25 条规定，外国人有下列情形之一的，不准入境：未持有效出境入境证件或者拒绝、逃避接受边防检查的；被处驱逐出境或者被决定遣送出境，未满不准入境规定年限的；患有严重精神障碍、传染性肺结核病或者有可能对公共卫生造成重大危害的其他传染病的；可能危害中国国家安全和利益、破坏社会公共秩序或者从事其他违法犯罪活动的；在申请签证过程中弄虚作假或者不能保障在中国境内期间所需费用的；入境后可能从事与签证种类不符的活动的；法律、行政法规规定不准入境的其他情形。

5. 不准出境

《出境入境管理法》第 28 条规定，外国人有下列情形之一的，不准出境：被判处刑罚尚未执行完毕或者属于刑事案件被告人、犯罪嫌疑人的，但是按照中国与外国签订的有关协议，移管被判刑人的除外；有未了结的民事案件，人民法院决定不准出境的；拖欠劳动者的劳动报酬，经国务院有关部门或者省、自治区、直辖市人民政府决定不准出境的；法律、行政法规规定不准出境的其他情形。

6. 宣布作废、注销或者收缴出境入境证件

依照《出境入境管理法》第 67 条及有关规定：

（1）对于外国人有下列情形之一的，其所持签证、停留居留证件由证件签发机关或者其上级机关可以当场宣布作废或者公告宣布作废：签证、停留居留证件损毁、遗失、被盗抢的；被决定限期出境、遣送出境、驱逐出境，其所持签证、停留居留证件未被收缴或者注销的；原居留事由变更，未在规定期限内向公安机关出入境管理机构申报，经公安机关公告后仍未申报的；符合法定不予签发签证、居留证件情形的；案件当事人拒不交出护照，经人民法院、人民检察院、公安机关、国家安全机关、行政监察机关提请宣布作废的。

（2）对于外国人有下列情形之一的，其所持签证、停留居留证件由公安机关注销或者收缴：被签发机关宣布作废或者被他人冒用的；通过伪造、变造、骗取或者其他方式非法获取的；持有人被决定限期出境、遣送出境、驱逐出境的。被注销证件内有有效签证、签注、居留许可的，应告知其可同时持用换发证件与注销证件内有效签证、签注、居留许可出入境，并提醒其申请换发证件时加注原证件号码。注销后，证件交还当事人。作出注销或者收缴决定的机关应当及时通知签发机关。签发机关应当根据当事人申请，按规定签发出入境证件。

7. 限期迁离住所或办公场所

《出境入境管理法》第 44 条规定：根据维护国家安全、公共安全的需要，公安机关、国家安全机关可以限制外国人、外国机构在某些地区设立居住或者办公场所；对已经设立的，可以限期迁离。

8. 强制外国人迁离住所或办公场所

《出境入境管理法》第 77 条第 2 款规定：外国人、外国机构违反本法规定，拒不执行公安机关、国家安全机关限期迁离决定的，给予警告并强制迁离。

9. 待遣羁押

《出境入境管理法》第 63 条规定：被拘留审查或者被决定遣送出境但不能立即执行的人员，应当羁押在拘留所或者遣返场所。《外国人入境出境管理条例》第 29 条第 3 款规定：由于天气、当事人健康状况等原因无法立即执行遣送出境、驱逐出境的，应当凭相关法律文书将外国人羁押在拘留所或者遣返场所。2012 年《公安机关办理行政案件程序规定》第 222 条对待遣羁押的情形规定为：因天气、交通运输工具班期、当事人健康状况等客观原因或者国籍、身份不明，不能立即执行遣送出境的。

实践中，待遣羁押的适用情形还包括回国证件未获签发、回国经费没有落实等原因而不能立即被遣返的外国人。对被拘留审查、被决定遣返但不能立即执行的人员，拘留所应当与其他被拘留人分别拘押和管理。

由于待遣羁押是对外国人实施处罚或出入境行政强制后采取的另一种限制人身自由的出入境行政强制，因此，需要履行对使领馆通报的相关手续。

拘留所和遣返场所收押被遣返人员时，应当告知被羁押人依法享有的权利和应当遵守的规定。同时，保障被羁押人在被羁押期间享有其所属国家驻华外交、领事官员探视权；在生活饮食方面，应当按照规定的标准为被羁押人提供饮食，并尊重被羁押人的民族饮食习惯；在医疗卫生方面，应当做好防病、防疫、治疗工作；对患病的被羁押人应当及时治疗，发现被羁押的被遣返人员患有精神病、传染病或者病情严重可能危及生命安全的，应当报告决定机关，并建议决定机关作出停止羁押的决定；在日常作息方面，应当保证被羁押人每天不少于 2 小时的拘室外活动时间，不得强迫被羁押人从事生产劳动；在通信权方面，应当保障被羁押人在羁押期间的通信权利；在检举控告方面，应当保障被羁押人提出举报、控告以及其依法享有的行政复议等救济权利。此外，对女性被羁押人的人身检查应当由女性人民警察进行；对女性被羁押人的直接管理应当由女性人民警察进行。[1]

三、公安涉外行政强制的法律救济

（一）普适性公安涉外行政强制的法律救济

此种救济方式不仅适用于中国公民，也适用于外国人，有《行政强制法》、《行政复议法》和《行政诉讼法》等法律规定的内容和程序。

行政强制对行政相对人的人身权或者财产权会构成有效拘束甚至侵害，法律应当充分保障行政相对人的知情权、参与权、监督权。根据无救济即无权利的常识，要保障行政相对人享有上述权利，应当在法治框架内构建起完整有效的救济体制，力求在救济体制中有效化解纠纷、消解矛盾。从具体的救济途径及制度化程度来看，行政相对人主要通过行政强制复议、行政强制诉讼和行政强制赔偿等法律制度获取救济。除此之外，不能忽视行政强制声明异议、行政强制申诉、行政强制补偿等制度对行政强制对象权益救济的作用。

根据行政相对人提出救济的时间，可以将行政强制救济分为事前救济、事中救济和事后救济。事前救济只可能发生在行政强制执行中，有关机关在行政强制执行前应当履行催告程序，当事人可以申请中止执行，此种申请就是一种事前救济。事中救济发生在行政强制措施或者行政强制执行实施过程中。公安机关对行政相对人采取行政强制措施时，行政相对人如果有异议，可以陈述自己的意见，进行申辩，公安机关应当充分听取意见和申辩。在行政强制执行过程中，如果公安机关没有强制执行权，申请法院强制执行的，行政相对人可以申请法院对公安机关的行政决定进行审查。事后救济主要包括行政救济和司法救济。[2] 根据《行政强制法》第 8 条的规定，行政相对人有权就行政机关实施行政强制措施、行政强制执行的行为提起行政复议和行政诉讼，如果因公安机关违法实施行政强制受到损害的还可以依法要求赔偿。

（二）专门性的公安涉外行政强制的法律救济

此种救济方式仅适用于外国人，有特定的内容和程序。根据《出境入境管理法》第 64 条规定：外国人对依照本法规定对其实施的继续盘问、拘留审查、限制活动范围、遣送出境措施不服的，可以依法申请行政复议，该行政复议决定为最终决定。其他境外人员对依照本法规定对其实施的遣送出境措施不服，申请行政复议的，适用前款规定。

第四节　公安涉外行政案件处置的程序

总体说来，公安机关办理涉外行政案件，除有特别规定外，与办理其他行政案件与办理其他行政案件依据的实体法、处置程序基本一致。特别规定主要是指办理涉外行政案件在行政责任、办案程序、法律救济、国际义务等方面与办理其他行政案件不同的规定。

国内有些教科书为编写上的方便，常把公安涉外行政案件处置的程序分为一般程序和特殊程序。

一般程序，即公安行政案件的普通查处程序，是指公安机关依照行政管理法律法规的规定，对某些违反行政管理行为人所实施的调查与处置，采取法律规定中所确立的通常运用的程序及方法。这些处置程序也完全适用于涉外治安案件的处置，主要包括受案、传唤、取证、听证、告知、决定、执行等（见图表 9—1）。

---

① 参见张保平：《出入境管理学》，231～232 页，北京，中国人民公安大学出版社，2014。

② 参见肖金明：《行政强制释论》，366～376 页，北京，山东大学出版社，2012。

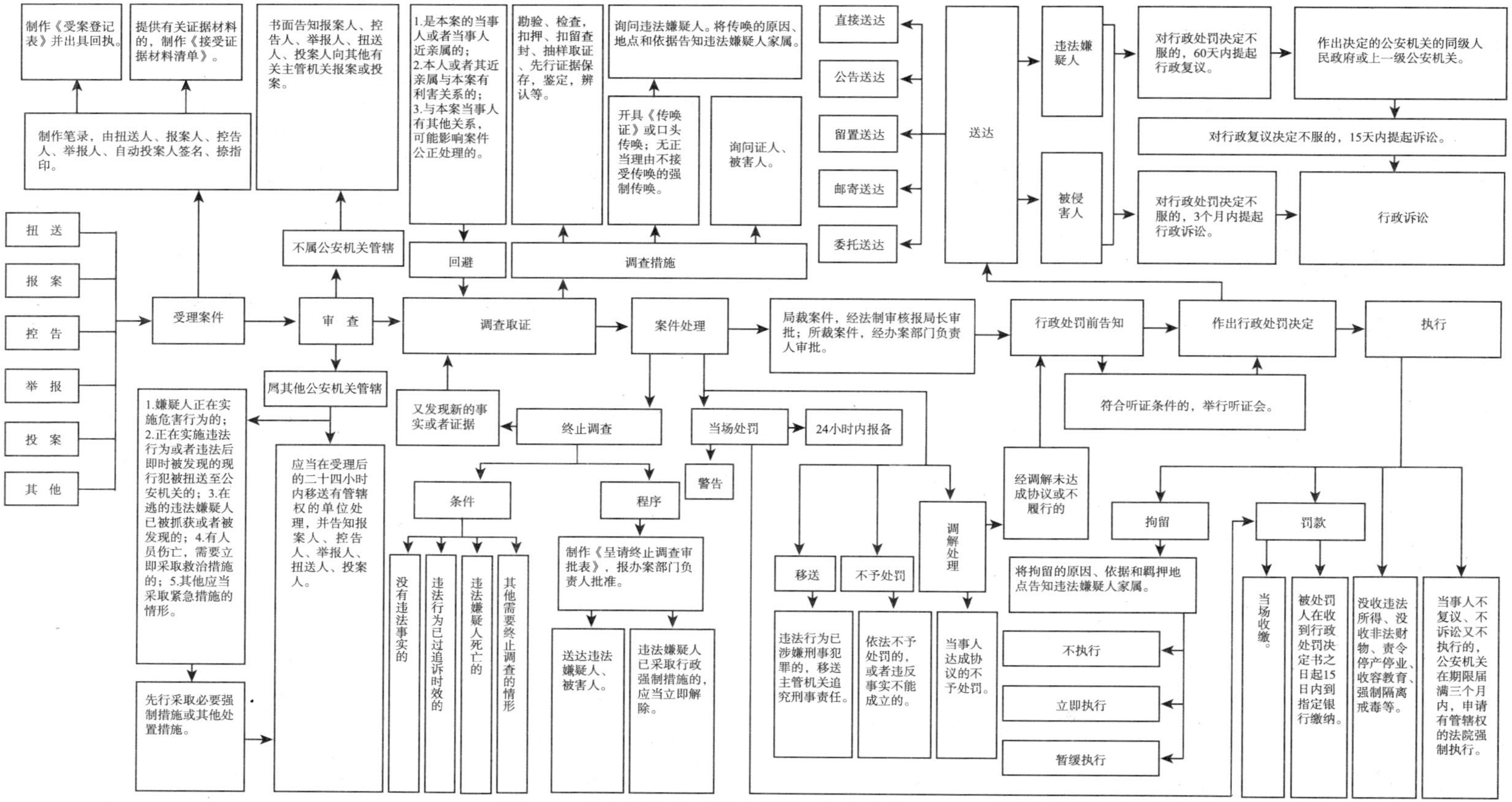

图9—1 公安机关办理行政案件一般程序流程图

特殊程序，即公安涉外案件的特殊查处程序，它是区别于国内行政案件处置的特定程序，是指公安机关在涉外行政案件处置过程中，对某些特定案件的处置、某些特定法律措施的应用，采取通知通报的处置办法，是确保外国人当事人合法权利的一种外交救济措施。也就是说，作为公安涉外案件的外国人当事人，可以利用行政诉讼救济和外交救济两个救济手段。

特殊程序包括内部通报和对外通知。根据《公安机关办理行政案件办案程序》第227条、228条、229条、230条以及《公安机关外国人管理分工配合机制规定》第20条规定，内部通报主要是，对外国人作出行政拘留、拘留审查或者其他限制人身自由以及限制活动范围的决定及此期间死亡的，决定机关应当在48小时内将外国人的姓名、性别、入境时间、护照或者其他身份证件号码，案件发生的时间、地点及有关情况，违法的主要事实，已采取的措施及其法律依据等情况报告省级公安机关，并层报到公安部；对外通知主要是，省级公安机关应当在规定期限内，将有关情况通知该外国人所属国家的驻华使馆、领馆，并通报同级人民政府外事部门（若当事人要求不通知使馆、领馆，且我国与当事人国籍国未签署双边协议规定必须通知的，可以不通知，但应当由其本人提出书面请求）。

本教材认为，公安行政案件的特殊程序还应包括对享有外交特权和豁免权的外国人违法案件的处置程序。根据《公安机关办理行政案件办案程序》第214条的规定，违法行为人为享有外交特权和豁免权的外国人的，办案公安机关应当将其身份、证件及违法行为等基本情况记录在案，保存有关证据，并尽快将有关情况层报省级公安机关，由省级公安机关商请同级人民政府外事部门通过外交途径处置。对享有外交特权和豁免权的外国人，不得采取限制人身自由和查封、扣押的强制措施。

一、公安涉外行政案件处置的程序

总体说来，公安涉外行政案件处置可归纳为一个完整的程序（见图9—2），具体内容以下：

（一）受案

1. 案件受理的含义

案件受理是指公安机关对发现和单位及个人的报告、申诉、检举、揭发、交代以及自首的违反行政管理行为表示接受，并拟定行政违法案件查处的一种程序上的法律活动。案件受理是查处案件的第一道程序，对违反行政管理行为只有受理后公安机关的查处活动才有合法的依据。

2. 受案处置要领

（1）做详细的询问笔录。弄清违法行为发生的时间、地点、起因、经过、后果。

（2）确定案件管辖是否正确。对不属于公安机关职责范围内的事项，应当告知当事人向其他有关主管机关报案或者投案；对属于公安机关职责范围，但不属于本单位管辖的，应当在受理后的24小时内移送至有管辖权的单位处置，并告知报案人，但具有下列情形之一的，受理案件或者发现案件的公安机关及其人民警察应当依法先行采取必要的强制措施或者其他处置措施，再移送至有管辖权的单位处置：①违法嫌疑人正在实施危害行为的；②违法嫌疑人正在逃跑的；③有人员伤亡，需要立即采取救治措施的；④违法嫌疑人已被抓获或者被发现的；⑤国家、集体或者公民利益正在遭受重大损害的；⑥其他应当采取紧急措施的情形。

（3）及时通知相关人员或单位做好现场的保护和控制。

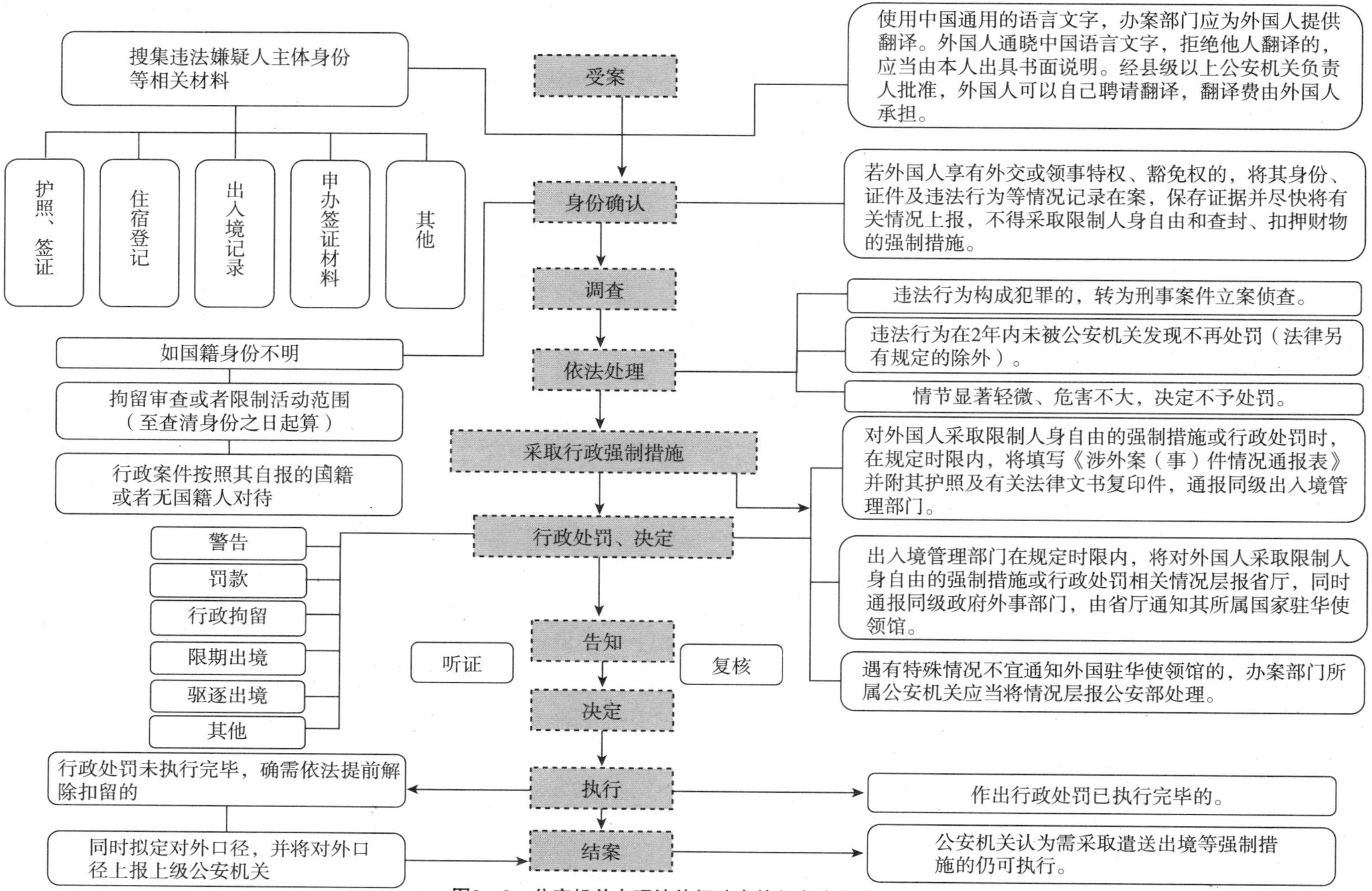

图9—2　公安机关办理涉外行政案件程序流程图

(4) 查明或请求出入境管理机构查明涉案外国人的基本情况，如姓名、性别、年龄、国籍、身份、在华地址、所持证件种类及号码、来华时间等。

(二) 立案

1. 立案的含义

立案是指有案件管辖权的公安机关或其委托的组织依据有关法律法规，对违反行政管理行为的事实加以确认的法律活动。立案是案件查处程序的第一个必经阶段，除了适用简易程序的案件外，其他案件的调查处置必须经过立案后才能进行，否则即属违法。立案是公安行政行为，一经确定即发生法律效力。

2. 立案的必备条件

一是有违反公安行政管理的事实，只要事实基本清楚，而不要求完全查清违法事实和违法行为人；同时，予以立案的违反治安管理事实，必须有证据证明确已发生；二是违反公安行政管理的行为必须是情节轻微，尚不够刑事处罚；三是需要给予违法行为人行政处罚。

按照所受理案件的性质，承办人应分别填写立案登记表，报主管领导审批。属于治安案件的填写《治安案件受理立案登记表》，属于行政案件的应填写《行政案件立案登记表》。

3. 不予立案

不予立案情况有：一是已经构成犯罪，应依法追究刑事责任的；二是不属于公安机关管辖的其他行政违法行为；三是虽有违法行为，但依法不予处罚的；四是相对人已经死亡的；五是超过法定追诉时效的。

(三) 现场处置

现场处置，是为制止违法行为、控制现场、获取证据以及对危重伤病人员紧急救助而采取的措施。既涉及对中外公民人身财产的保护，又是对违法行为的制止。

1. 现场控制

到达现场后，民警应尽快了解当事人的基本情况和基本案情。如违法犯罪行为正在进行，应采取有效措施予以制止或约束，阻止具有违法犯罪行为的嫌疑人逃离现场；对现场的危重伤病人员要迅速采取紧急救助措施；留住举报人、当事人和见证人；对混在围观群众中乘机作案和起哄闹事的不法分子，要及时抓获并审查。

对主要涉案人员要采取相应的处置措施，必要时可将其带离现场. 在安全、便于询问的地方及时进行调查取证，要有效防止事态扩大或发生围攻、伤害外国人的情形，避免因工作不当引起对外交涉。

2. 确认外国人的国籍和来华身份

在询问涉及案件的外国人时，应首先查验其出入境有效证件，其国籍身份以其所持入出境证件上标明的国籍为准，然后将详细内容记录在案。对于未随身携带入出境有效证件的外国人，要派民警随同前往证件所在地查验。对于没有入出境有效证件的外国人，可暂以其自称的国籍和身份办理相应手续，对涉案人的国籍身份一时难以认定的，请求出入境管理机构认定。

违法行为人为享有外交特权和豁免权的外国人的，办案公安机关应当将其身份、证件及违法行为等基本情况记录在案，保存有关证据，并尽快将有关情况层报省级公安机关，由省级公安机关商请同级人民政府外事部门通过外交途径处置。

(四) 调查

调查是公安机关为了查明案件事实真相所进行的一切法律活动的总称，主要包括：

1. 现场或事后收集、调取证据材料

（1）调查取证工作必须全面、客观、公正地进行，能够证明或否定违法的一切证据都要收集，程序要合法有效。（2）重大现场的勘查应当采取拍照、录音、录像等手段获取证据及固定证据。（3）有外国人死亡的现场，要及时开展尸表检查，确定初步死因，进行现场勘查，做好调查取证工作，同步进行拍照摄像。（4）有争议的某些专门性技术问题，要由公安机关指派或聘请有专门知识的人进行鉴定或检测。（5）必要情况下，可先行登记保存与扣押证据。（6）对享有外交特权和豁免权的外国人，不得采取限制人身自由和查封、扣押的强制措施。

2. 传唤、询问当事人

（1）对违反行政管理的行为人或嫌疑人，必要时可采取留置盘查措施，以进一步发现线索，获取证据，查明全部事实情况。

（2）询问违反行政管理的行为人或嫌疑人、被侵害人或证人，应当有两名民警以上同时在场，依照规定做好调查访问、笔录制作等取证工作。

（3）对不通晓我国语言文字的，公安机关应当为其提供翻译；当事人通晓我国语言文字，不需要他人翻译的，应当出具书面声明。对外国人询问出现语言不通时，办案单位应指派通晓相关语言的民警或自行聘请翻译，必要时由出入境管理处协助解决。翻译人员应同时在笔录上签字。

（五）公安涉外行政强制措施的适用

1. 实施公安涉外行政强制措施

在公安涉外案件处置过程中，应根据外国人的违法行为决定对其是否实施行政强制措施，采取何种行政强制措施。

2. 履行告知其复议权利的义务

县级以上公安机关及出入境边防检查机关在作出拘留审查，限制活动范围决定时，应告知外国人向上一级公安机关复议的权利。

3. 履行特殊程序

对外国人实施人身强制措施的，应按规定进行内部通报和外部通知。

（六）案件定性、裁决

涉外案件调查取证终结，应根据涉外案件的客观事实情况是否清楚、违法行为人供述是否真实、有关证人证言及其他证据材料是否确定充分、法律法规是否有处罚的明文规定等多方面情况进行系统分析后，对涉外案件进行定性。根据不同情况，做出处置决定。

1. 涉嫌构成行政违法的，包括违反《治安管理处罚法》、《出境入境管理法》等行政法律法规的，依有关行政法律法规确定处罚的种类和幅度办理。

2. 虽有违法行为，但情节轻微的，依法免除行政处罚。

3. 对于享有外交特权与豁免权的外国人，依据有关法律规定，通过外交途径解决。

5. 对轻微的、因民事或治安纠纷引起的涉外案件，可以采取调解、劝阻方法解决。

6. 对长住外国人轻微违法行为或一般过错，依法不够处罚条件的，建议外国人所在单位作行政处置。

7. 不具有违法犯罪性质，但需要公安机关进行处置的事件，如外国人正常死亡、走失、精神病、醉酒等，视具体情况，按照相关处置程序处置。

（七）处罚前的告知与听证程序

1. 告知程序

公安机关在作出行政处罚决定前，应当告知违法嫌疑人拟作出行政处罚决定的事实、理由及依据，并告知其依法享有的陈述权和申辩权。适用一般程序作出行政处罚决定的，采用书面形式或者笔录形式告知。对违法行为事实清楚，证据确实充分，依法应当予以行政处罚，因违法行为人逃跑等原因无法履行告知义务的，公安机关可以采取公告方式予以告知。自公告之日起7日内，违法嫌疑人未提出申辩的，可以依法作出行政处罚决定。公告告知的期限计入办案期限。办案部门有听证告知义务，告知听证的，在3日后作出处罚决定。公安机关在作出行政处罚决定时，应当告知被处罚人有行政复议、提起行政诉讼等救济权利。总之，公安机关在不同阶段要告知当事人公安机关作出处罚的事实、理由及当事人依法享有的陈述权、申辩权、听证权、复议权、诉讼权等。

2. 听证程序

听证适用的范围包括公安机关作出的责令停产停业，吊销许可证或者执照，较大数额罚款（对个人处2 000元以上罚款，对单位处10 000元以上罚款，对违反边防出入境管理法律、法规和规章的个人处6 000元以上罚款）的处罚决定。不得因违法嫌疑人提出听证要求而加重处罚。

违法嫌疑人要求听证的，3日内提出申请。当事人先前放弃听证或者撤回听证：处罚决定还没有作出，当事人反悔，又要求听证的，公安机关应当组织听证；当事人先前放弃听证或者撤回听证，处罚决定已经作出，当事人反悔，又要求听证的，公安机关可不组织听证，这个结果由当事人承担。

（七）裁决并执行

在办理涉外行政案件时，要严格遵守我国《行政处罚法》和《行政诉讼法》的有关规定，严格履行宣裁手续，将制作的法律文书向被处罚人宣布，同时制作宣裁笔录。对外国人的行政处罚，只适用一般程序，不适用简单程序。对裁决行政拘留处罚的，如被处罚人申请复议，执行单位应暂停拘留处罚。

涉外行政处罚案件在调查取证结束后，根据我国《行政处罚法》第31条的规定，办案人员要依法告知当事人作出行政处罚决定的事实、理由和依据，并告知当事人依法享有的复议和诉讼权利。案件符合听证规定的，应告知当事人听证的权利。当事人要求听证的，按有关听证的规定进行。

在执行罚款时，要开具罚款收据；没收违禁物品和非法所得时，应开列没收物品清单和收据。上述单据要由违法行为人签字，其中一份要交违法行为人收执。拘留处罚除作出裁决书外，还应开具《执行拘留通知书》。拘留所凭《执行拘留通知书》执行拘留。

对外国人采取拘留处罚的，应按规定进行内部通报和外部通知。

（八）公安涉外行政强制执行

对外国人进行罚款而未交纳罚款的可实施强制执行；对限期出境而未在规定期限出境的外国人，可实施遣送出境；对外国人限期迁离住所或办公场所而未迁离的外国人，可实施强制迁离。

（九）报列不准入境人员名单

对违法的外国人，可报列不准入境人员名单。应由办案单位向出入境管理机构提出，以县、市公安局名义，经市、省公安局、厅审核后报公安部审批。

（十）归档

办理公安涉外行政案件结束后，应做好案卷的归档工作。

第五节　外国人“三非”案件处置

一、外国人“三非”的含义

在我国，外国人违反出入境管理案件是指公安机关对外国人在入境出境及居留、停留期间违反出入境管理法律法规，尚不够刑事处罚，依法予以行政处罚的案件。而外国人“三非”案件是外国人违反出入境管理案件的三种最典型案件。查处外国人“三非”案件是基层公安机关外国人管理工作的一项基本业务。

“三非”是外国人非法入境、非法居留、非法就业的简称或统称。“三非”不是法律词汇，从“简称”的角度看，外国人“三非”应指外国人实施了非法入境、非法居留、非法就业的连续性违反出入境管理法的行为。一般来说，一个非法入境的外国人，肯定会非法居留，通常会非法就业。而常规的处置方法是，拘留审查后，遣送出境，报列不准入境人员名单；从“统称”的角度看，是为了表述上的方便，把外国人分别实施上述三种违法行为的合计称呼。除非表述方便的需要，若要准确表述某一案件的性质，应单独用非法入境或非法居留或非法就业来表述。

在国际移民法中，有关实施非法入境、非法居留、非法就业的外国人表述中，常用“illegal migrant（非法移民）”、“irregular migrant（非正规移民）”。而外国人实施的“非正规迁徙（irregular migration）”，从目的地国角度来讲，它是非法入境、停留或工作，意味着其没有特定国家迁徙规定要求的必需的授权或证件入境、居住或工作。

在中国，尽管法律上没有外国人“三非”的术语，但为了对应国际移民法中“illegal migrant（非法移民）”、“irregular migrant（非正规移民）”的概念，为了表述上的方便，也因为中国喜欢用数字简化并列此句的习惯以及这三类案件的典型性，于是产生了外国人“三非”案件（现象）或“三非”外国人等概念。

二、外国人非法入境案件处置

（一）非法入境的概念

按照2000年《联合国打击跨国有组织犯罪公约关于打击路、海、空偷运移民的补充议定书》第3（b）条，非法入境（illegal entry）是指以不符合合法进入接受国的必要规定的方式越境的行为。

（二）外国人非法入境案件处置程序（见图9—3）

1. 及时发现

围绕在当地的外国人吃、住、行、消、乐环节，严格查验外国人身份证件和住宿登记，

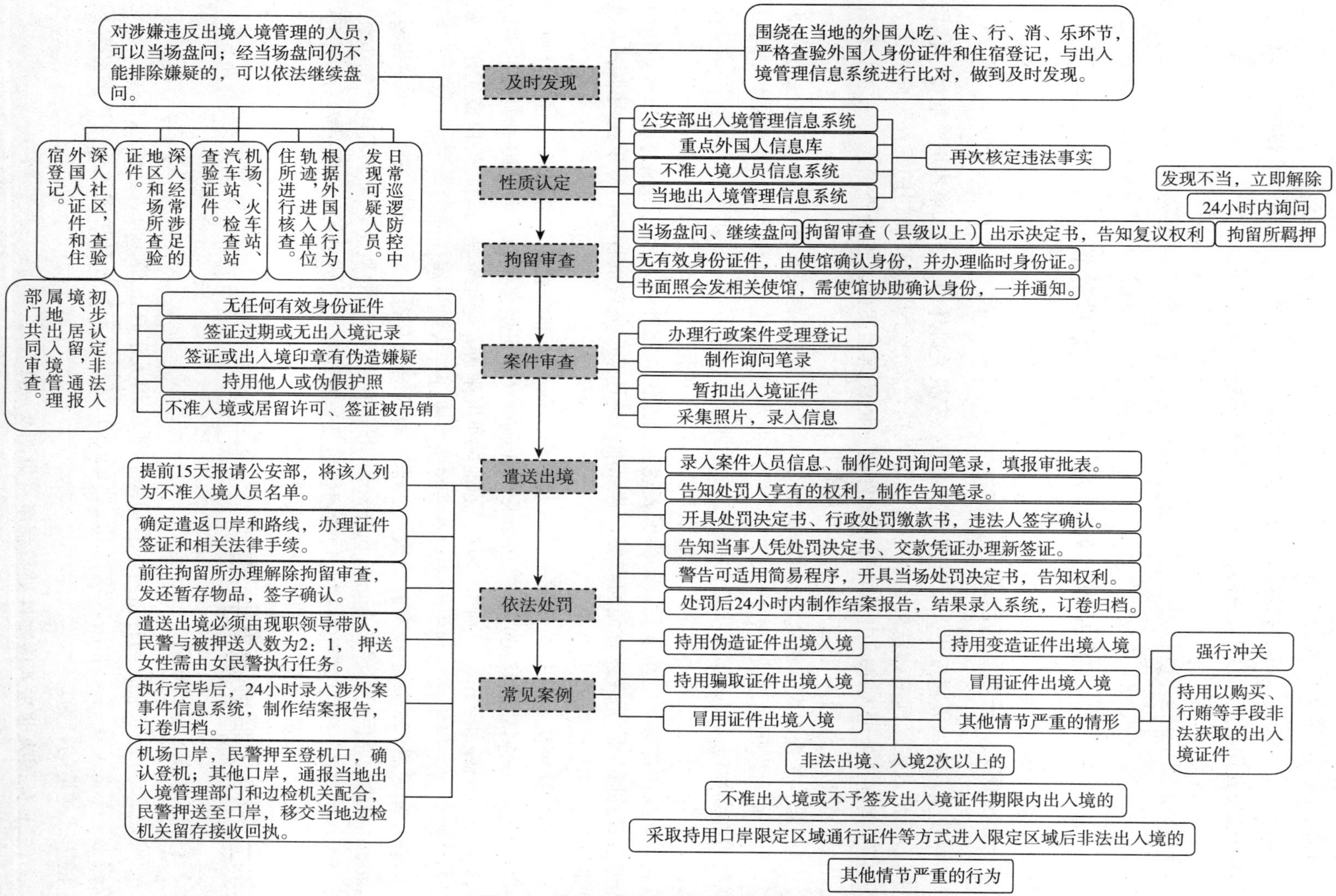

图9—3　外国人非法入境案件处置程序图

与出入境管理信息系统进行比对，做到及时发现。

（1）深入社区，查验散居外国人证件和住宿登记。

（2）深入外国人经常涉足的地区和场所查验证件。

（3）在机场、火车站、长途汽车站、进出检查站等查验证件。

（4）根据外国人行为轨迹核查提供线索，进单位、进住所核查。

（5）在巡逻防控等日常工作中，对可疑外国人进行身份核查。

对涉嫌违反出境入境管理的人员，可以当场盘问；经当场盘问仍不能排除嫌疑的，可以依法继续盘问。

2. 性质认定

根据《出境入境管理法》、《外国人入境出境管理条例》、《违反〈中华人民共和国出境入境管理法〉的行为名称（试行）》、《违反〈中华人民共和国出境入境管理法〉的行为认定及其行政处罚裁量标准（试行）》等法律、法规和规章，对下列情形，可初步认定涉嫌非法入境、非法居留，应通报属地出入境管理部门共同开展审查。

（1）无任何有效身份证件的。

（2）持用他人或伪假护照的。

（3）签证过期或无出入境记录的。

（4）所持签证或出入境印章有伪造嫌疑的。

（5）属不准入境或居留许可、签证被注销的。

3. 拘留审查

对应依法采取拘留审查强制措施的外国人，按照以下工作程序办理：

（1）通过公安部出入境管理信息系统、当地出入境管理信息系统、不准入境人员信息系统和重点外国人信息库，再次核定违法事实。

（2）经当场盘问或者继续盘问后仍不能排除嫌疑，需要作进一步调查的，县级以上公安机关可以对外国人拘留审查，向外国人开具《拘留审查决定书》，告知其可以依法申请行政复议的权利，并将违法外国人押送至当地拘留所羁押。办案单位在二十四小时内进行询问。发现不应当拘留审查的，应当立即解除拘留审查。对不适用拘留审查，可以限制其活动范围。

（3）规定期限内将书面照会发送相关使馆。需使馆协助确认身份，一并通知。

（4）对无有效身份证件的，由使馆确认身份，并为其办理临时身份证件。

4. 案件审查

（1）办理行政案件受理登记，加盖办案单位公章。

（2）制作询问笔录。详细记录其姓名、性别、国籍、出生日期、护照号码、签证信息、入境口岸、来华目的、在当地住址、接待单位、住宿登记情况、在华行为轨迹等基本情况。核实其非法入境、非法居留具体情节。核查是否有其他违法犯罪行为。

（3）暂扣其出入境证件，固定违法证据。

（4）采集照片，将基本信息录入涉外案（事）件信息系统。

5. 依法处罚

对应依法予以警告或罚款处罚的外国人，按照以下工作程序办理：

（1）在涉外案事件信息系统中，按程序要求录入案件和人员信息，制作处罚询问笔录，填报《公安行政处罚审批表》。

(2) 告知被处罚人享有的权利，制作告知笔录。

(3) 开具《行政处罚决定书》，由违法人签字确认。对作出罚款处罚的，同时开具《行政处罚缴款书》，由违法人签字确认后，自行到银行缴纳。

(4) 告知当事人凭《行政处罚决定书》、交款凭证办理新签证。

(5) 对依法予以警告处罚的，可适用行政处罚简易程序，开具《当场处罚决定书》，告知被处罚人享有的权利。

(6) 处罚结束后24小时内，制作结案报告，将处理结果录入涉外案（事）件信息系统，并订卷归档。

6. 遣送出境

对应依法采取遣送出境的外国人，按照以下工作程序办理：

(1) 提前15天报请公安部，将该人列入不准入境人员名单。

(2) 确定遣返口岸和路线，办理证件签证及相关法律手续。

(3) 前往拘留所办理解除拘留审查，发还暂存物品，由其签字确认。

(4) 执行遣送出境任务须由现职领导带队，民警与被押送人按不少于2∶1比例配备。如被押送人为女性，需配备女民警执行任务。

(5) 在机场口岸执行的，民警须押送其至登机口，确认其登机，直至飞机起飞。

(6) 在其他边境口岸执行的，应提前通报当地出入境管理部门和边防检查机关配合工作。民警押送其至出境口岸，移交当地边防检查机关，留存接收回执。

(7) 执行遣送出境完毕后，24小时内将情况录入涉外案事件信息系统。制作结案报告，并订卷归档。

(三) 外国人非法入境类型、法律适用及常见案例

1. 持用伪造证件出境、入境

根据《出境入境管理法》第71条规定，持用伪造证件出境、入境，处1 000元以上5 000元以下罚款；情节严重的，处5日以上10日以下拘留，可以并处2 000元以上10 000元以下罚款。

具有下列情形之一的，应当认定为“情节严重”：

(1) 非法出境、入境2次以上的；

(2) 在不准出境入境或者不予签发出境入境证件的期限内非法出境、入境的；

(3) 采取持用口岸限定区域通行证件等方式进入口岸限定区域后非法出境、入境的；

(4) 其他情节严重的情形。

“伪造的出境入境证件”，是指整版伪造的出境入境证件。

2. 持用变造证件出境、入境

根据《出境入境管理法》第71条规定，持用变造证件出境、入境，处1 000元以上5 000元以下罚款；情节严重的，处5日以上10日以下拘留，可以并处2 000元以上10 000元以下罚款。

具有下列情形之一的，应当认定为“情节严重”：

(1) 非法出境、入境2次以上的；

(2) 在不准出境入境或者不予签发出境入境证件的期限内非法出境、入境的；

(3) 采取持用口岸限定区域通行证件等方式进入口岸限定区域后非法出境、入境的；

（4）其他情节严重的情形。

“变造的出境入境证件”，是指采取涂改项目，拼接、拆装资料页、签证页，揭换照片，伪造、涂改边防检查验讫章印，在非法获取的空白出境入境证件上打印出境入境人员信息等方式变造的出境入境证件。

3. 持用骗取证件出境、入境

《出境入境管理法》第 71 条规定，持用骗取证件出境、入境，处 1 000 元以上 5 000 元以下罚款；情节严重的，处 5 日以上 10 日以下拘留，可以并处 2 000 元以上 10 000 元以下罚款。

具有下列情形之一的，应当认定为“情节严重”：

（1）非法出境、入境 2 次以上的；

（2）在不准出境入境或者不予签发出境入境证件的期限内非法出境、入境的；

（3）采取持用口岸限定区域通行证件等方式进入口岸限定区域后非法出境、入境的；

（4）其他情节严重的情形。

“骗取的出境入境证件”，是指以编造出入境事由、身份信息或者相关证明材料等方式骗取的出境入境证件。

案例

尼日利亚人 Ndukwe Orlando Prince
持用骗取证件出境、入境案

2013 年 8 月 11 日，某市公安局出入境管理民警在审核一名外国男子（护照资料显示，该人名为 Johnson Wilfred，1977 年 1 月 1 日出生，国籍：塞拉利昂，护照号码为 E0029801）签证申请时，发现其与不准入境人员 Ndukwe Orlando Prince 疑似同一。经当场盘问仍无法排除其非法入境嫌疑，该市公安局决定对其拘留审查 30 天，并将其羁押在市拘留所。经审查，该人真实姓名为 Ndukwe Orlando Prince，男，1980 年 2 月 19 日出生，尼日利亚人，护照号码为 A3862281A，因在华非法居留被报列为不准入境人员，2015 年 12 月 31 日前不准入境。为了达到再次入境中国的目的，Ndukwe Orlando Prince 于 2013 年 7 月 7 日，通过更改姓名和出生日期，骗取了塞拉利昂护照和中国签证，并于 2013 年 8 月 1 日从广州白云机场入境。2013 年 8 月 24 日，该市公安局决定对 Ndukwe Orlando Prince 处以行政拘留 10 日，并处罚款人民币 5 000 元，并将其从上海浦东机场遣送出境。

4. 冒用证件出境、入境

《出境入境管理法》第 71 条规定，冒用证件出境、入境，处 1 000 元以上 5 000 元以下罚款；情节严重的，处 5 日以上 10 日以下拘留，可以并处 2 000 元以上 10 000 元以下罚款。

具有下列情形之一的，应当认定为“情节严重”：

（1）非法出境、入境 2 次以上的；

（2）在不准出境入境或者不予签发出境入境证件的期限内非法出境、入境的；

（3）采取持用口岸限定区域通行证件等方式进入口岸限定区域后非法出境、入境的；

（4）其他情节严重的情形。

“冒用他人出境入境证件”，是指冒名顶替他人，持用非本人的出境入境证件。

5. 逃避边防检查

《出境入境管理法》第 71 条规定，逃避边防检查，处 1 000 元以上 5 000 元以下罚款；情节严重的，处 5 日以上 10 日以下拘留，可以并处 2 000 元以上 10 000 元以下罚款。

具有下列情形之一的，应当认定为“情节严重”：

（1）非法出境、入境 2 次以上的；

（2）在不准出境入境或者不予签发出境入境证件的期限内非法出境、入境的；

（3）采取持用口岸限定区域通行证件等方式进入口岸限定区域后非法出境、入境的；

（4）其他情节严重的情形。

“逃避出境入境边防检查”，是指采取擅自越过国（边）境线，藏匿于交通运输工具、集装箱，攀爬、翻越口岸限定区域隔离设施，或者蒙混进入口岸限定区域等方式规避出境入境边防检查的行为。

6. 以其他方式非法出境、入境

《出境入境管理法》第 71 条规定，以其他方式非法出境、入境，处 1 000 元以上 5 000 元以下罚款；情节严重的，处 5 日以上 10 日以下拘留，可以并处 2 000 元以上 10 000 元以下罚款。

具有下列情形之一的，应当认定为“情节严重”：

（1）非法出境、入境 2 次以上的；

（2）在不准出境入境或者不予签发出境入境证件的期限内非法出境、入境的；

（3）采取持用口岸限定区域通行证件等方式进入口岸限定区域后非法出境、入境的；

（4）其他情节严重的情形。

“以其他方式非法出境入境”，是指采取强行冲闯关口，或者持用以购买、行贿等手段非法获取的出境入境证件等方式非法出境、入境的行为。

案例

越南人 Hoanc Thi－Puuong 以其他方式非法出境、入境案

2013 年 8 月 29 日，某市公安局查获一名越南妇女，该人未持有效出入境证件，随身携带一张号码为 091635390 的越南身份证，疑似非法入境，该市公安局决定对其拘留审查。经查，该人名为 Hoang Thi－Puuong，女，1989 年 12 月 10 日出生，于 2013 年 7 月 29 日通过翻越边境山路非法入境中国。10 月 28 日，该市公安局决定解除对越南人 Hoang Thi－Puuong 的拘留审查，在对其违法行为作出处罚后遣送出境。

此案的性质认定，除根据《出境入境管理法》第 71 条、《违反〈中华人民共和国出境入境管理法〉的行为名称（试行）》、《违反〈中华人民共和国出境入境管理法〉的行为认定及其行政处罚裁量标准（试行）》第 3 条、第 4 条的规定外，还根据公安部《关于进一步规范涉外案件统计工作的通知》（公境办〔2013〕1232 号）的有关规定，该通知明确将内地公安机关发现毗邻国家的非法入境案件定性为“以其他方式非法出境、入境案”。

三、外国人非法居留案件的处置

（一）非法居留的概念

鉴于外国人非法入境，一定会有非法居留的事实，我国通常把非法居留这种非法入境后的行为一起归到非法入境的非法情形中。因此，非法居留是指在中国境内的外国人超出签证或停、居留证件规定的有效停、居留期限的违法行为。

（二）外国人在我国非法居留的情形

1. 超过签证、停留居留证件规定的停留居留期限停留居留的；

2. 超过临时入境手续规定的期限停留的。参见“第六章公安边防管理第二节外国人入境管理”；

3. 免办签证入境的外国人超过免签期限停留且未办理停留居留证件的。外国人免办签证入境的情形参见“第五章护照及签证制度第三节我国签证制度概述”；

4. 超出限定的停留居留区域活动的。主要表现为：过境免签证外国人超出该口岸有关城市行政管辖范围；合法身份的边民在不涉及“妨害国（边）境罪”案件以及未存在主观上骗取《边境通行证》的情况下，超出边境活动限定的地区，等等；

5. 其他非法居留的情形。主要表现为：外国人所持签证、停留居留证件被宣布作废，作废期限后仍在华停留居留的；外国人多次利用护照报失证明效力达到在华居留目的的行为的，等等。

（三）外国人非法居留的法律适用及常见案例

《出境入境管理法》第 78 条第 1 款规定，外国人非法居留的，给予警告；情节严重的，处每非法居留 1 日 500 元，总额不超过 10 000 元的罚款或者 5 日以上 15 日以下拘留。

外国人非法居留的，按照以下标准给予处罚：（1）超过临时入境手续规定的期限停留、免办签证入境的外国人超过免签期限停留且未办理停留居留证件、超出限定的停留居留区域活动的，处每非法居留 1 日 500 元，总额不超过 10 000 元的罚款或者处 5 日以上 15 日以下拘留；（2）超过签证、停留居留证件规定的停留居留期限非法居留 10 日以下的，处警告；非法居留 11 日以上的，从非法居留第 11 日起，处每非法居留 1 日 500 元，总额不超过 10 000 元的罚款或者处 5 日以上 15 日以下拘留；（3）因非法居留被处罚后 1 年内再次非法居留的，处每非法居留 1 日 500 元，总额不超过 10 000 元的罚款或者处 5 日以上 15 日以下拘留。

案例

韩国人 Jo Chul－Su 非法居留案

Jo Chul－Su，男，1958 年 3 月 3 日出生，韩国人，护照号码为 M89663111，于 2013 年 5 月持“L”签证从上海虹桥机场入境，暂住某市江东街道江南三区 2 幢 6 单元 201 室。其停留有效期至 2013 年 7 月 30 日，但到期后既未按时离境，也未办理延期，至 8 月 20 日被查获时，其已在华非法居留 21 日。8 月 20 日，该市公安局决定对其处以行政拘留 5 日。

四、外国人非法就业案件处置

（一）外国人就业非法的认定标准

根据《出境入境管理法》第 43 条、《违反〈中华人民共和国出境入境管理法〉的行为名称（试行）》、《违反〈中华人民共和国出境入境管理法〉的行为认定及其行政处罚裁量标准（试行）》第 21 条以及 2014 年人力资源社会保障部、外交部、公安部、文化部联合制定了《外国人入境完成短期工作任务的相关办理程序（试行）》等法律法规的规定，“外国人非法就业”主要有 4 种情形：

1. 未按规定取得工作许可和工作类居留证件（在华从事不足 30 日短期工作的外国人除外，这类人持 Z 字签证，并在 Z 字签证中注明的停留期停留）在中国境内工作的；

2. 超出工作许可限定的地域工作的；

3. 不在工作许可限定的单位工作的；

4. 外国留学生超出勤工助学规定的岗位范围或者时限在中国境内工作的。

（二）非法就业外国人的常见类型

1. 餐饮场所提供服务的外国人；

2. 娱乐场所进行表演的外国人；

3. 学校或培训机构任教的外国人；

4. “三资”企业内工作的外国人；

5. 从事家政服务的外国人。

（三）对非法就业外国人的处置措施

1. 出入境行政强制

对涉嫌违反出境入境管理的人员，可以采取当场盘问、继续盘问、拘留审查、限制活动范围等出入境行政强制措施；对确属非法就业的外国人可以实施遣送出境等出入境行政强制执行。按照《外国人入境出境管理条例》第 32 条的规定，外国人被遣送出境所需的费用由本人承担。本人无力承担的，属于非法就业的，由非法聘用的单位、个人承担。

2. 出入境行政处罚

（1）对违反规定为外国人出具邀请函件或者其他申请材料的个人和单位，可实施罚款，有违法所得的，没收违法所得，并责令其承担所邀请外国人的出境费用。

（2）对非法就业的外国人可处以罚款；情节严重的，处以拘留，并处罚款。也可并处限期出境的处罚，确定不准入境的具体期限。

（3）对介绍外国人非法就业的个人和单位可处以罚款；有违法所得的，没收违法所得。

（4）对非法聘用外国人的单位、个人可处以罚款；有违法所得的，没收违法所得。

（四）对外国人非法就业的处置程序（见图 9—4）

1. 发现

（1）通过民警外出工作中发现、前台窗口单位受理中发现、“朋友”耳目提供线索、群众举报多种途径发现非法就业案件线索。

（2）实地走访外国人和所在单位及场所，对四类外国人：在餐饮场所提供服务的外国人；在娱乐场所进行表演的外国人；在学校或培训机构任教的外国人以及在“三资”企业内工作的外国人，除查验有效身份证件外，重点询问其与所在单位或场所的关系。

（3）通过外国专家局核查单位或场所是否具有雇用外国专家的相关资质。

办案民警应在带齐摄录像机等取证设备，进行现场取证。若初步认定外国人与所在单位或场所存在雇用关系，未办理《外国人就业证》及相应居留许可，或所持《外国人就业证》及居留许可与实际工作单位不符，可初步认定其涉嫌非法就业，可以办理行政案件受案登记，并开展调查取证工作。

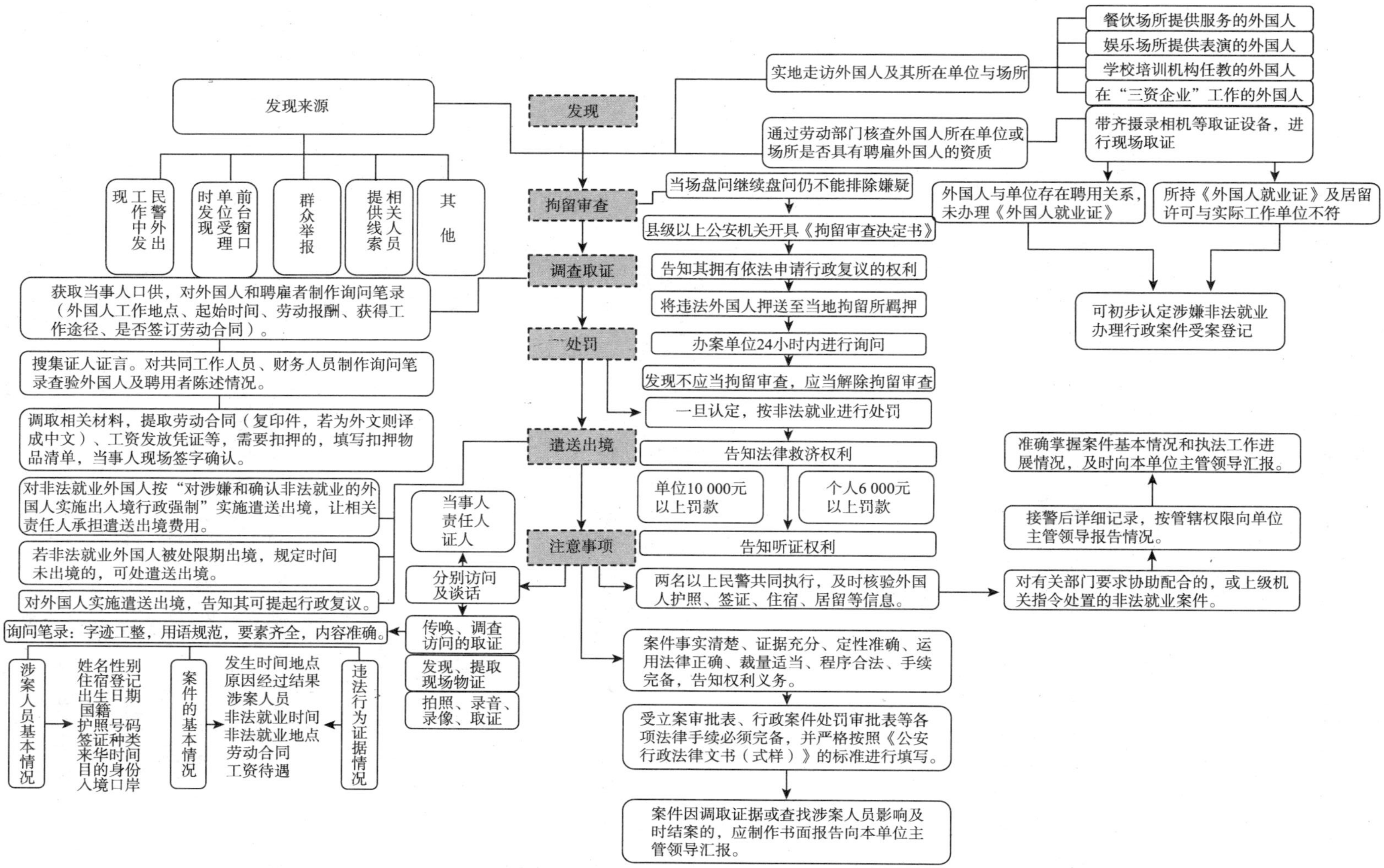

图9—4　外国人非法就业案件处置流程图

2. 拘留审查

经当场盘问或者继续盘问后仍不能排除非法就业嫌疑，需要作进一步调查的，县级以上公安机关可以对外国人拘留审查，向外国人开具《拘留审查决定书》，告知其可以依法申请行政复议的权利，并将违法外国人押送至当地拘留所羁押。办案单位在二十四小时内进行询问。发现不应当拘留审查的，应当立即解除拘留审查。

3. 调查取证

办案民警除对现场取证外，还要调取如下证据材料：

(1) 获取当事人口供。对外国人及聘用者制作询问笔录。重点记录外国人工作地点、工作起始时间、劳动报酬、获得工作途径、是否签订劳动合同等情况。

(2) 搜集证人证言。对与外国人共同工作人员，聘用单位财务人员制作询问笔录，验证外国人及聘用者陈述情况。

(3) 调取相关材料。提取劳动合同（复印件，如果是外文应翻译成中文）、工资发放凭证等证明聘用关系的实物证据。对需扣押的实物证据，按规定填写《扣押物品清单》，当事人现场签字确认。

4. 处罚

一旦认定外国人非法就业，可按前文中的“对与外国人非法就业相关的行为实施处罚”进行处罚，并告知其法律救济权利。若对个人处 6 000 元以上罚款，对单位处 10 000 元以上罚款，应告知其有要求听证的权利。

5. 遣送出境

对非法就业的外国人处罚后可按前文中的“对涉嫌和确认非法就业的外国人实施“出入境行政强制”实施遣送出境，让相关责任人承担遣送出境费用。

若非法就业的外国人被处以限期出境，在规定的时间内未出境的，可对其实施遣送出境。

对外国人实施遣送出境，应告知其向作出决定机关的上一级机关进行复议的权利。

6. 几点注意事项

(1) 严格按照执法规范程序。执法过程中各环节必须有两名以上民警共同执行，及时核验涉案外国人的护照、签证以及住宿、居留等信息，严格按照执法规范程序，开展案件的受理、调查、取证、处理工作。

(2) 询问要有技巧。对案件的当事人、责任人或证人要分别访问或谈话，依照法律规定做好传唤、调查、访问等取证工作；询问笔录应字迹工整，用语规范，要素齐全，内容准确。应包括：涉案人员的基本情况（姓名、性别、出生日期、国籍、护照号码、签证种类、来华时间、目的、身份、入境口岸、住宿登记办理情况等）；案件的基本情况（发生时间、地点、原因、经过、涉案人员、结果等）；违法行为证据情况（非法就业的时间、地点、劳动合同、工资待遇等）。

(3) 关键是收集和固定证据。最好的办法是提前摸查，掌握前期的证据；现场突击后，应注意发现和提取遗留在现场的相关物证，现场拍照、录音、录像，可留意上班记录、名片、公司文件，最后，可出具证据保全决定书，以便固定相关证据。(4) 法律手续要完备。对案件的处理要做到事实清楚、证据充分、定性准确、运用法律正确、裁量适当，程序合法，法律手续完备。例如，受立案审批表、行政案件处罚审批表等各项法律手续必须完备，并严格按照现行《公安行政法律文书（式样）》的标准进行填写；要有对被予以行政处罚的外国人要告知权利义务，等等。

（五）外国人非法就业处罚的法律适用及常见案例

1. 非法就业

《出境入境管理法》第80条第1款规定，外国人非法就业的，处5 000元以上20 000元以下罚款；情节严重的，处5日以上15日以下拘留，并处5 000元以上20 000元以下罚款。

具有下列情形之一的，应当认定为“情节严重”：（1）非法就业3个月以上的；（2）非法就业所得30 000元以上的；（3）因非法就业被处罚后1年内再次非法就业的；（4）其他情节严重的情形。

案例1

意大利人Putano Marco非法就业案（未按规定取得工作许可和工作类居留证件在中国境内工作）

Putano Marco，男，1985年5月10日出生，意大利人，护照号码YA1189465。2013年7月14日持L签证从广州白云机场入境，同年8月底到达某市，暂住吴宁街道双溪路29巷36号。该人在未按规定取得工作许可和工作类居留证件的情况下私自在该市易学外语培训学校教授英语，至9月15日被公安机关查获。9月17日，该市公安局对Putano Marco非法就业行为处以罚款人民币5 000元；对易学外语培训学校非法聘用外国人的行为处以罚款人民币30 000元。

案例2

英国人陆加父子二人非法就业案（不在工作许可限定的单位工作）

2013年12月2日，北京街头车行道斑马线的一起交通事故，引发公众关注并迅速传播。事件双方是一名骑摩托车的外籍男子和一位过马路的中年妇女。事后出现几种舆论，“老外街头扶摔倒大妈遭讹1 800元”、“中国大妈冤枉，她确实被老外撞了”，也有人把关注点集中在“老外用中文对倒地大妈爆粗口”上。

各媒体相继报道英籍男子陆加在京无证驾驶机动车发生交通事故并与中国妇女发生纠纷一事后，鉴于该事件的敏感性，北京市公安局出入境管理总队成立了专案组，协助交管部门开展工作。

专案组第一时间做好涉案外籍人员身份核实工作，并在对该人询问过程中敏锐地发现，英国籍涉案人员陆加未办理临时住宿登记，且自称在京工作单位与所持居留许可邀请单位不符，涉嫌非法就业。嫌疑人陆加起初拒不承认非法就业，始终坚称自己只是临时帮忙。专案组民警凭借丰富的办案经验、精心的谈话技巧、充分的法制宣教，对嫌疑人进行引导和批评教育，使该人认识到自己的错误，交待了自己自2013年以来，持邀请单位为北京合力映画影视文化传媒有限公司的就业居留许可，在北京尝试西餐厅（又名 ASSAGGI 西餐厅）非法就业的事实。

针对这一重大突破，专案组顺藤摸瓜，在对北京尝试西餐厅进行深入调查走访后，进一步查明陆加的父亲、意大利人朱利亚诺在北京尝试西餐厅非法就业的事实。

鉴于上述二人的违法行为，北京公安局根据《出境入境管理法》第八十条第一款之规定，给予陆加行政拘留 5 日并处罚款 5 000 元人民币的处罚，给予朱力亚诺行政拘留 14 日并处罚款 10 000 元人民币的处罚；拘留期满后依法将二人遣送出境。

2. 介绍外国人非法就业

《出境入境管理法》第 80 条第 2 款规定，介绍外国人非法就业的，对个人处每非法介绍 1 人 5 000 元，总额不超过 50 000 元的罚款；对单位处每非法介绍 1 人 5 000 元，总额不超过 100 000 元的罚款；有违法所得的，没收违法所得。

介绍外国人非法就业的个人和单位，都按照"每非法介绍 1 人 5 000 元"的标准计算罚款金额，但法定总额上限有区别：个人介绍外国人非法就业的法定罚款总额上限为 50 000 元；单位介绍外国人非法就业的法定罚款总额上限为 100 000 元。介绍人从非法介绍中获利的，依法没收其违法所得。

"介绍外国人非法就业"，是指在劳动单位与不符合就业规定的外国人之间居间介绍或者其他介绍外国人非法就业的行为。

案例

瑞典人 Catherrin Mouerdew 介绍外国人非法就业案

Catherrin Mouerdew，女，1990 年 2 月 6 日出生，瑞典人，系某市银贝儿童中心外籍教师。2013 年 11 月，该人私自介绍某大学留学生 Sandiyago Freelam（男，1990 年 8 月 19 日出生，瑞典人）到银贝儿童中心任教，后于 2013 年 12 月 14 日被查获。公安机关对 Catherrin Mouerdew 介绍外国人非法就业的行为处以罚款人民币 5 000 元。（对银贝儿童中心非法聘用外国人、Sandiyago Freelam 非法就业行为另行处置。）

3. 非法聘用外国人

《出境入境管理法》第 80 条第 3 款规定，非法聘用外国人的，处每非法聘用 1 人 10 000 元，总额不超过 100 000 元的罚款；有违法所得的，没收违法所得。

"非法聘用外国人"，是指：（1）聘用未取得工作许可和工作类居留证件的外国人在中国境内工作的；（2）聘用超出工作许可限定地域的外国人在中国境内工作的；（3）聘用超出工作许可限定单位的外国人在中国境内工作的；（4）违反勤工助学岗位范围和时限的规定聘用外国留学生在中国境内工作的；（5）其他非法聘用外国人的情形。

案例

吧丽春天酒吧非法聘用外国人演出案件

Moroaova Polina，女，1990 年 1 月 15 日出生，乌克兰人，2013 年 9 月 30 日持 M 签

证从深圳罗湖口岸入境后抵达某市，一直在该市吧丽春天酒吧从事演艺工作，后于2013年10月10日被查获。经调查，吧丽春天酒吧在明知Morozova Polina未按规定取得工作许可和工作类居留证件的情况下，仍聘用其在酒吧演出，每月支付报酬人民币6 000元。2013年10月13日，该市公安局决定对吧丽春天酒吧处以罚款人民币20 000元并没收违法所得；对Morozova Polina非法就业的行为处以罚款人民币5 000元。

第六节　外国人违反出入境管理其他案件处置

一、外国人违反出入境管理其他案件的含义

外国人违反出入境管理其他案件是指公安机关处置外国人的除“非法入境、非法居留、非法就业”外的违反出入境管理法律法规，尚不够刑事处罚，依法予以行政处罚的案件。

二、外国人违反出入境管理的其他案件类型、法律适用及常见案例

（一）协助他人非法出境、入境

1. 含义

“协助他人非法出境入境”，是指为非法出境入境人员提供伪造、变造、骗取、他人的出境入境证件，协助非法出境入境人员骗取前往国家（地区）签证，引带他人非法出境入境，为非法出境入境人员指点作案路线、传授作案经验、提供送行或者接应便利等行为。

2. 法律适用

《出境入境管理法》第72条规定，协助他人非法出境入境的，处2 000元以上10 000元以下罚款；情节严重的，处10日以上15日以下拘留，并处5 000元以上20 000元以下罚款，有违法所得的，没收违法所得。

单位有前款行为的，处10 000元以上50 000元以下罚款，有违法所得的，没收违法所得，并对其直接负责的主管人员和其他直接责任人员依照前款规定予以处罚。

具有下列情形之一的，应当认定为《出境入境管理法》第72条规定的“情节严重”：

（1）协助他人非法出境、入境2人或者2次以上的；

（2）口岸经营等单位工作人员利用工作便利协助他人非法出境入境的；

（3）违法所得20 000元以上的；

（4）其他情节严重的情形。

（二）骗取签证、停留居留证件等出境入境证件

1. 含义

“弄虚作假骗取”，是指通过编造出入境事由、身份信息或者相关的证明材料等方式申请或者取得除中国护照之外的出境入境证件的行为。

2. 法律适用

《出境入境管理法》第73条规定，弄虚作假骗取签证、停留居留证件等出境入境证件

的，处 2 000 元以上 5 000 元以下罚款；情节严重的，处 10 日以上 15 日以下拘留，并处 5 000 元以上 20 000 元以下罚款。单位有前款行为的，处 10 000 元以上 50 000 元以下罚款，并对其直接负责的主管人员和其他直接责任人员依照前款规定予以处罚。

具有下列情形之一的，应当认定为《出境入境管理法》第 73 条第 1 款规定的“情节严重”：

（1）骗取出境入境证件 2 份或者 2 次以上的；

（2）中国公民在不准出境、不予签发出境入境证件期限内骗取出境入境证件的；

（3）外国人在不准入境、不予签发签证期限内骗取出境入境证件的；

（4）其他情节严重的情形。

3. 常见案例

×××公司骗取签证、停留居留证件案件

2013 年 10 月，某市公安局出入境管理局在商务签证专项调查中发现该市×××公司有骗领签证嫌疑。经查，2012 年以来，该公司法人郑×应其印度籍员工 Kandasamy Rajkumar 的要求，为其四名和本公司无任何业务往来的印度籍朋友提供虚假申请商务签证的证明材料，谎称该四人与公司有业务往来，并以公司的名义，先后四次为该四人向该局骗领商务签证。2013 年 10 月 29 日，该市公安局出入境管理局依据《出境入境管理法》第 73 条之规定，分别对×××公司、该公司法人代表郑×、印度籍员工 Kandasamy Rajkumar 作出罚款人民币 10 000 元、2 000 元、2 000 元的决定，同时对已签发给四名印度籍人员的签证宣布作废。

（三）违反规定为外国人出具申请材料

1. 含义

“违反本法规定，为外国人出具邀请函件或者其他申请材料”，是指违反《出境入境管理法》第 18 条、第 19 条、第 20 条、第 29 条、第 30 条、第 32 条等规定，对外国人的真实情况不进行必要的核实或者通过编造事由、身份信息等方式，为外国人出具内容虚假的邀请函件或者其他申请材料的行为。

2. 法律适用

《出境入境管理法》第 74 条规定，违反本法规定，为外国人出具邀请函件或者其他申请材料的，处 5 000 元以上 10 000 元以下罚款，有违法所得的，没收违法所得，并责令其承担所邀请外国人的出境费用。

单位有前款行为的，处 10 000 元以上 50 000 元以下罚款，有违法所得的，没收违法所得，并责令其承担所邀请外国人的出境费用，对其直接负责的主管人员和其他直接责任人员依照前款规定予以处罚。

个人违反规定为外国人出具邀请函件或者其他申请材料的，根据《出境入境管理法》第 74 条第 1 款的规定，按照以下标准给予处罚，有违法所得的，没收违法所得，并责令其承担所邀请外国人的出境费用：

（1）罚款从 5 000 元起，违反规定出具邀请函件或者其他申请材料每增加一件或者一次加罚 1 000 元，总额不超过 10 000 元；

（2）因违反规定出具邀请函件或者其他申请材料被处罚后一年内再次实施相同违法行

为的，处 10 000 元罚款。

单位违反规定为外国人出具邀请函件或者其他申请材料的，根据《出境入境管理法》第 74 条第 2 款的规定，按照以下标准给予处罚，有违法所得的，没收违法所得，并责令其承担所邀请外国人的出境费用，对其直接负责的主管人员和其他直接责任人员依照前款规定给予处罚：

(1) 罚款从 10 000 元起，违反规定出具邀请函件或者其他申请材料每增加一件或者一次加罚 10 000 元，总额不超过 50 000 元；

(2) 因违反规定出具邀请函件或者其他申请材料被处罚后 1 年内再次实施相同违法行为的，处 50 000 元的罚款。

3. 常见案例

××公司及法人代表李××违反规定为外国人出具申请材料案

2013 年 8 月 27 日，某市公安局出入境管理机构在审核科特迪瓦人 Ali Stonly（男，1980 年 4 月 12 日出生）提交的 F 签证申请材料时发现，该人对邀请单位××公司的经营范围、经营规模等情况基本上一无所知，对其进行商务洽谈内容的表述也较为含糊。该市公安局出入境管理机构立即开展调查。经查，远航咨询有限公司法人代表李××与 Ali Stonly 在酒吧结识。2013 年 8 月中旬，Ali Stonly 找到李××，称自己的签证即将到期，请李某某为其提供公司的相关材料及邀请公函，以便自己能够继续在华停留。李××看在两人是朋友的份上无偿为 Ali Stonly 提供了相关材料。8 月 29 日，该市公安局对李××违反规定为外国人出具申请材料的违法行为处以罚款人民币 5 000 元，对××公司违反规定为外国人出具申请材料处以罚款人民币 10 000 元，对 Ali Stonly 骗取签证、停留居留证件等出境入境证件的违法行为处以罚款人民币 2 000 元并处限期出境。

(四) 拒不接受查验出境入境证件

1. 含义

“外国人拒不接受公安机关查验其出境入境证件”，是指外国人违反《出境入境管理法》第 38 条第 1 款的规定，拒绝接受公安机关对其护照或者其他国际旅行证件、外国人停留居留证件等出境入境证件进行查验的行为。

2. 法律适用

《出境入境管理法》第 76 条第 1 款第 1 项规定，拒不接受查验出境入境证件，给予警告，可以并处 2 000 元以下罚款。

拒不接受公安机关查验其出境入境证件，情节较轻的，给予警告。采取侮辱、逃跑等方式拒不接受公安机关查验其出境入境证件的，给予警告，并处 2 000 元以下罚款。

3. 常见案例

美国人 Paul Smith 拒不接受查验出境入境证件案

2013 年 9 月 4 日，某公安派出所民警在走访辖区内某外语培训机构时，发现有一名外国人并非该机构聘任的老师，即上前进行询问并要求该人出示护照及有效签证，该人先是以语言不通为由不予配合，后又以护照放在宾馆，路途遥远无法提供为由不接受查验，民警遂将其传唤至派出所。经查，该人名为 Paul Smith，男，1968 年 7 月 6 日出生，美国人，所持L签证有效期至11月3日，此次到培训机构并不存在非法就业情形，其只是去了解中国培训机构聘用教师的相关情况。民警要求其出示护照及有效签证时，该美国人认为在学校老师及学生面前丢了面子，并认为自己的证件均合法有效且自身也没有违法行为故拒不接受查验。9月5日，公安机关对Paul Smith处以警告。

（五）拒不交验居留证件

1. 含义

“外国人拒不交验居留证件”，是指已取得居留证件的外国人违反《出境入境管理法》第38条第2款的规定，拒绝在规定时间内到居留地县级以上地方人民政府公安机关交验居留证件的行为。

2. 法律适用

《出境入境管理法》第76条第1款第2项规定，拒不交验居留证件，给予警告，可以并处2 000元以下罚款。

拒不交验居留证件超过规定时限3日以下的，给予警告。拒不交验居留证件超过规定时限4日以上或者拒不交验居留证件2次以上的，给予警告，并处2 000元以下罚款。

3. 常见案例

叙利亚人Aiham Bader拒不交验居留证件案

2013年7月10日，某市公安局出入境管理机构为美思旅游用品有限公司销售经理Aiham Bader（男，1979年1月1日出生，叙利亚人）签发了有效期至2014年7月9日的工作类居留证件。12月15日，公安机关在回访时了解到Aiham Bader经常往返于多地经商，不常在公司。此次因业务原因赴外地出差，预计12月18日返回。民警遂通知其返回后于12月25日到公安机关交验居留证件，同时告知美思旅游用品有限公司工作人员提醒Aiham Bader做好交验工作。12月25日，Aiham Bader并未前来交验居留证件，公安机关再次通知，Aiham Bader明确表示工作很忙，拒绝前来交验。当日，民警将Aiham Bader传唤至公安机关进行询问，Aiham Bader对其拒不交验居留证件的行为供认不讳，被公安机关处以警告，并处罚款人民币2 000元。

（六）未按规定办理出生登记

1. 含义

“未按规定办理外国人出生登记”，是指在中国境内出生的外国婴儿的父母或者代理人，未按照《出境入境管理法》第40条第1款的规定，到婴儿父母停留居留地县级以上地方人民政府公安机关出入境管理机构办理外国人停留或者居留登记的行为。

2. 法律适用

《出境入境管理法》第76条第1款第3项规定，未按规定办理出生登记，给予警告，可以并处2 000元以下罚款。

未办理出生登记超过规定时限10日以下的，给予警告。未办理出生登记超过规定时限11日以上的，给予警告，并处2 000元以下罚款。

（七）未按规定办理死亡申报

1. 含义

“未按规定办理外国人死亡申报”，是指在中国境内死亡的外国人的家属、监护人或者代理人，未按照《出境入境管理法》第 40 条第 2 款的规定，持该外国人的死亡证明向县级以上地方人民政府公安机关出入境管理机构办理外国人死亡申报，注销外国人停留居留证件的行为。

2. 法律适用

《出境入境管理法》第 76 条第 1 款第 3 项规定，未按规定办理死亡申报，给予警告，可以并处 2 000 元以下罚款。

未办理死亡申报超过规定时限 10 日以下的，给予警告。未办理死亡申报超过规定时限 11 日以上的，给予警告，并处 2 000 元以下罚款。

（八）未按规定办理居留证件登记事项变更

1. 含义

“外国人居留证件登记事项发生变更，未按照规定办理变更”，是指持有外国人居留证件的外国人，未按照《出境入境管理法》第 33 条第 2 款的规定，在居留证件登记事项发生变更之日起 10 日内向居留地县级以上地方人民政府公安机关出入境管理机构申请办理变更居留证件登记事项的行为。

2. 法律适用

《出境入境管理法》第 76 条第 1 款第 4 项规定，未按规定办理居留证件登记事项变更，给予警告，可以并处 2 000 元以下罚款。

未办理居留证件登记事项变更超过规定时限 3 日以下的，给予警告。未办理居留证件登记事项变更超过规定时限 4 日以上或者未办理居留证件登记事项变更 2 次以上的，给予警告，并处 2 000 元以下罚款。

（九）外国人冒用他人出境入境证件

1. 含义

“在中国境内的外国人冒用他人出境入境证件”，是指在中国境内的外国人冒用他人出境入境证件办理银行开户、财产登记、住宿登记或者从事出境入境以外的其他活动。

2. 法律适用

《出境入境管理法》第 76 条第 1 款第 5 项规定，外国人冒用他人出境入境证件，给予警告，可以并处 2 000 元以下罚款。

在中国境内的外国人冒用他人出境入境证件，情节较轻的，给予警告。在中国境内的外国人冒用他人出境入境证件从事违法活动或者冒用他人出境入境证件 2 次以上的，给予警告，并处 2 000 元以下罚款。

3. 常见案例

喀麦隆人 Sunday Ottabaka 冒用他人出境入境证件案

2013 年 7 月 24 日，某市公安局出入境管理局民警接到粤海酒店前台求助电话称，酒店刚刚接待了一名外国人，在采集信息时发现该人与所持证件照片不是很像，现该外国人已经入住，请公安机关协助核查。民警接电话后将该护照持有人的详细信息打印整理，后赴粤海酒店进行核查。到酒店后，民警找到了该外国人并对其进行询问，刚开始该外国人坚称自己就是护照持有人，但在民警对护照持有人的历史住宿登记资料、办理签证记录、出入境记录等进行核实时，该外国人无法回答出相应信息，民警立即将其传唤至公安机关进行进一步询问。经查，入住酒店的外国人名叫 Sunday Ottabada，男，1986 年 5 月 18 日出生，喀麦隆人，系某职业技术学院的学生，于 7 月 24 日到某师范大学找朋友玩，由于出行时较为匆忙，忘记携带护照，故向朋友借用护照入住酒店。该市公安局出入境管理局对 Sunday Ottabaka 冒用他人出境入境证件的违法行为处以警告，对护照持有人进行了批评教育。

（十）违反外国人住宿登记规定

1. 含义

“违反外国人住宿登记规定”，是指外国人在旅馆以外的其他住所居住或者住宿的，外国人或者留宿人未按照《出境入境管理法》第 39 条第 2 款的规定，在入住后 24 小时内向居住地公安机关办理登记的行为。

2. 法律适用

《出境入境管理法》第 76 条第 1 款第 6 项规定，违反外国人住宿登记规定，给予警告，可以并处 2 000 元以下罚款。

外国人在旅馆以外其他住所居住或者住宿，外国人或者留宿人未办理登记超出规定时限 3 日以下的，给予警告。外国人在旅馆以外其他住所居住或者住宿，外国人、留宿人未办理住宿登记超过规定时限 4 日以上或者未办理住宿登记 2 次以上的，给予警告，并处 2 000 元以下罚款。

3. 常见案例

越南人 Vu Thi－Hoa 违反外国人住宿登记规定案

Vu Thi－Hoa，女，1991 年 8 月 16 日出生，越南人，护照号码为 B4416129。该人于 2013 年 7 月 12 日入境，并于当日到达某县，一直居住在该县熟溪街道江山新村二路 36 幢 7 号，但未按规定办理住宿登记，直至 7 月 29 日被该县公安局出入境管理科查获。7 月 30 日，该县公安局出入境管理科对 Vu Thi－Hoa 处以警告，并处罚款人民币 1 500元。

（十一）未按规定报送外国人住宿登记信息

1. 含义

“未按照规定向公安机关报送外国人住宿登记信息”，是指外国人在旅馆住宿的，旅馆未按照《出境入境管理法》第 39 条第 1 款的规定向所在地公安机关报送外国人住宿登记信息的行为。

2. 法律适用

《出境入境管理法》第 76 条第 2 款规定，旅馆未按照规定办理外国人住宿登记的，依照《治安管理处罚法》的有关规定予以处罚；未按照规定向公安机关报送外国人住宿登记信息的，给予警告；情节严重的，处 1 000 元以上 5 000 元以下罚款。

具有下列情形之一的，应当认定为“情节严重”：

（1）未按照规定报送外国人住宿登记信息 3 人或者 3 次以上的；

（2）因未按照规定报送外国人住宿登记信息被处罚后 1 年内再次未按照规定报送的；

（3）其他情节严重的情形。

3. 常见案例

××宾馆未按规定报送外国人住宿登记信息案

2013 年 9 月 7 日，某市公安局接到相关部门通报，自 9 月 10 日起，将有 5 名参加中非水利研修班的外国人，到该市考察并入住望江宾馆。9 月 13 日，民警发现××宾馆并没有报送上述外国人住宿登记的信息。经查，确有 5 名非洲籍水利工作人员于 9 月 10 日晚入住××宾馆。当时望江宾馆为其办理了住宿登记，并留存了护照资料页、有效签证页、入境章页等复印件。但由于当天前台工作人员疏忽大意，第二天换班时也未履行交接手续，故在登记后一直未向公安机关报送数据。9 月 13 日，该市公安局对××宾馆未按规定报送外国人住宿登记信息的行为处以罚款人民币 1 000 元。

（十二）擅自进入限制区域

1. 含义

“外国人未经批准，擅自进入限制外国人进入的区域”，是指外国人违反《出境入境管理法》第 44 条第 2 款的规定，未经批准擅自进入不对外国人开放的地区以及其他限制外国人进入的区域。

2. 法律适用

《出境入境管理法》第 77 条第 1 款规定，外国人未经批准，擅自进入限制外国人进入的区域，责令立即离开；情节严重的，处 5 日以上 10 日以下拘留。对外国人非法获取的文字记录、音像资料、电子数据和其他物品，予以收缴或者销毁，所用工具予以收缴。

具有下列情形之一的，应当认定为“情节严重”：

（1）公安机关责令其立即离开，但仍在该区域滞留的；

（2）拒不配合公安机关收缴、销毁其非法获取的文字记录、音像资料、电子数据和其他物品或者拒不配合公安机关收缴其所用工具的；

（3）因擅自进入限制外国人进入的区域被处罚后 1 年内再次擅自进入限制外国人进入的区域的；

（4）其他情节严重的情形。

（十三）拒不执行限期迁离决定

1. 含义

“外国人、外国机构违反本法规定，拒不执行公安机关、国家安全机关限期迁离决定”，是指外国人、外国机构违反《出境入境管理法》第 44 条第 1 款的规定，拒不执行公安机关、国家安全机关限期迁离决定的行为。

2. 法律适用

《出境入境管理法》第 77 条第 2 款规定，外国人、外国机构违反本法规定，拒不执行公安机关、国家安全机关限期迁离决定的，给予警告并强制迁离；情节严重的，对有关责任人员处 5 日以上 15 日以下拘留。

具有下列情形之一的，应当认定为“情节严重”：

（1）拒不执行迁离决定超过规定时限 5 日以上的；

（2）阻碍公安机关、国家安全机关执行强制迁离决定的；

（3）其他情节严重的情形。

（十四）未尽监护义务致使外国人非法居留

1. 含义

“未尽监护义务致使外国人非法居留”是指因监护人或者其他负有监护责任的人未尽到监护义务，致使未满 16 周岁的外国人非法居留的行为。

2. 法律适用

《出境入境管理法》第 78 条第 2 款规定，因监护人或者其他负有监护责任的人未尽到监护义务，致使未满 16 周岁的外国人非法居留的，对监护人或者其他负有监护责任的人给予警告，可以并处 1 000 元以下罚款。

未尽监护义务致使外国人非法居留，按照以下标准给予处罚：（1）致使未满 16 周岁的外国人非法居留 10 日以下的，处警告；（2）致使未满 16 周岁的外国人非法居留 11 日以上或者曾因致使未满 16 周岁的外国人非法居留被处罚的，处警告，并处 1 000 元以下罚款。

“监护人或者其他负有监护责任的人”，是指具有完全法律责任能力的，未满 16 周岁外国人的父母、祖父母、外祖父母、兄姐、关系密切且愿意承担监护责任的其他亲属以及其他负有监护责任的人。

3. 常见案例

老挝人 Manivanh 未尽监护义务致使外国人非法居留案

Manivanh，女，1980 年 11 月 26 日出生，老挝人，护照号码为 P0690057。该人于 2011 年 4 月 8 日携儿子 Nilahath（男，2008 年 10 月 16 日出生，老挝人，护照号码为 P0534415）从磨憨口岸入境，后入住某市白云街道莲花山社区珊瑚里 1 号，两人的停留有效期均至 2013 年 2 月 13 日。2013 年 2 月 28 日，Manivanh 带儿子 Nilahath 到出入境大厅办理延期时被查获。该市公安局决定对 Manivanh 非法居留行为处以罚款人民币 2 500 元，对其未尽监护义务致使外国人非法居留的行为，处以警告并处罚款人民币 100 元，合并执行警告、罚款人民币 2 600 元。

（十五）容留、藏匿非法入境、非法居留的外国人

1. 含义

“容留、藏匿非法入境、非法居留的外国人”，是指为非法入境、非法居留的外国人提供住所、临时居所或者其他用来躲藏的场所等行为。

2. 法律适用

《出境入境管理法》第 79 条规定，容留、藏匿非法入境、非法居留的外国人的，处 2 000 元以上 10 000 元以下罚款；情节严重的，处 5 日以上 15 日以下拘留，并处 5 000 元

以上 20 000 元以下罚款，有违法所得的，没收违法所得。

单位有前款行为的，处 10 000 元以上 50 000 元以下罚款，有违法所得的，没收违法所得，并对其直接负责的主管人员和其他直接责任人员依照前款规定予以处罚。

具有下列情形之一的，应当认定为“情节严重”：

（1）容留、藏匿非法入境、非法居留的外国人 3 人或者 3 次以上的；

（2）容留、藏匿非法入境、非法居留的外国人 30 日以上的；

（3）容留、藏匿具有《出境入境管理法》第 21 条第 1 款第 1 项至第 4 项规定情形的非法入境、非法居留的外国人的；

（4）违法所得 2 0000 元以上的；

（5）因容留、藏匿非法入境、非法居留的外国人被处罚后 1 年内再次实施相同违法行为的；

（6）其他情节严重的情形。

3. 常见案例

叙利亚人 Saal Aahad 容留、藏匿非法入境、非法居留的外国人案

2013 年 9 月 28 日，某市公安局出入境管理局民警在 Saal Ashad（男，1981 年 7 月 14 日出生，叙利亚人）租房内，查获一名非法居留的外国人 Yalla Abas Ashad（女，1959 年 6 月 4 日出生，叙利亚人）。经查，Yalla Abas Ashad 与 Saal Ashad 系母子。9 月 20 日，Saal Ashad 发现其母的签证有效期至 2013 年 9 月 8 日，已在华非法居留，但担心母亲被遣返回国，遂让母亲继续居住在自己的房间内，告知其平常尽量少出门，避免被公安机关查获。9 月 28 日，某市公安局对 Saal Ashad 容留、藏匿非法入境、非法居留的外国人的行为处以罚款人民币 2 000 元；对 Yalla Abas Ashad 非法居留的行为处以罚款人民币5 000元。

（十六）协助非法入境、非法居留的外国人逃避检查

1. 含义

“协助非法入境、非法居留的外国人逃避检查”，是指采取通风报信，提供费用、交通运输工具等方式，帮助非法入境、非法居留的外国人逃避公安机关检查的行为。

2. 法律适用

《出境入境管理法》第 79 条规定，协助非法入境、非法居留的外国人逃避检查的，处 2 000 元以上 10 000 元以下罚款；情节严重的，处 5 日以上 15 日以下拘留，并处 5 000 元以上 20 000 元以下罚款，有违法所得的，没收违法所得。单位有前款行为的，处 10 000 元以上 50 000 元以下罚款，有违法所得的，没收违法所得，并对其直接负责的主管人员和其他直接责任人员依照前款规定予以处罚。

具有下列情形之一的，应当认定为“情节严重”：

（1）协助非法入境、非法居留的外国人逃避检查 3 人或者 3 次以上的；

（2）通过故意向公安机关提供虚假信息等方式协助非法入境、非法居留的外国人逃避检查的；

（3）违法所得 20 000 元以上的；

（4）因协助非法入境、非法居留的外国人逃避检查被处罚后1年内再次实施相同违法行为的；

（5）其他情节严重的情形。

（十七）为非法居留的外国人违法提供出境入境证件

1. 含义

“为非法居留的外国人违法提供出境入境证件”，是指通过出售、出租、出借等方式为非法居留的外国人提供出境入境证件的行为。

2. 法律适用

《出境入境管理法》第79条规定，为非法居留的外国人违法提供出境入境证件的，处2 000元以上10 000元以下罚款；情节严重的，处5日以上15日以下拘留，并处5 000元以上20 000元以下罚款，有违法所得的，没收违法所得。单位有前款行为的，处10 000元以上50 000元以下罚款，有违法所得的，没收违法所得，并对其直接负责的主管人员和其他直接责任人员依照前款规定予以处罚。

具有下列情形之一的，应当认定为“情节严重”：

（1）违法提供出境入境证件2份或者2次以上的；

（2）为非法居留且具有其他违法犯罪行为的外国人违法提供出境入境证件的；

（3）违法所得20 000元以上的；

（4）其他情节严重的情形。

3. 常见案例

摩洛哥人Abudula Mohanmed为非法居留的外国人违法提供出境入境证件案

2013年8月4日，Abudula Mohanmed（男，1982年1月31日出生，摩洛哥人）到某市公安局出入境管理机构报称其所持护照遗失，前台民警受理材料后审查发现，已有人于8月3日持Abudula Mohanmed报称遗失的护照出境。经查，出境的人员系其弟Abudula Mohanmad，其弟于2009年入境后一直在华非法居留，为逃避处罚，于2013年7月与Abudula Mohanmed商议，冒用Abudula Mohanmed的身份出境。Abudula Mohanmed在明知的情况下，仍将其护照交给其弟使用。8月8日，公安机关对Abudula Mohanmed为非法居留的外国人违法提供出境入境证件的行为处以罚款人民币10 000元，并将其遣送出境。

（十八）从事与停留居留事由不相符的活动

1. 含义

“与停留居留事由不相符的活动”，是指违反《出境入境管理法》规定的非法出境入境、非法居留、非法就业，以及擅自超出外国人停留居留资格范围，在中国境内从事采访、宗教等活动。

2. 法律适用

《出境入境管理法》第81条第1款规定，外国人从事与停留居留事由不相符的活动，或者有其他违反中国法律、法规规定，不适宜在中国境内继续停留居留情形的，可以处限期出境。

此外，外国人违反出入境管理案件还包括扰乱口岸限定区域管理秩序，未办理临时入境手续登陆，未办理登轮证件上下外国船舶，交通运输工具擅自出境、入境，交通运输工具擅自改变出境、入境口岸，交通运输工具未按规定申报，交通运输工具拒绝协助边防检查，交通运输工具违反规定上下人员、装卸货物或者物品，交通运输工具载运不准出境入境人员出境、入境，外国船舶未经批准擅自搭靠外国船舶，（外国船舶、航空器）未按规定路线、航线行驶，（出境入境的船舶、航空器）违反规定驶入对外开放口岸以外地区等由公安出入境边防检查机关处置的案件。

第七节　涉外治安案件处置

一、涉外治安案件的概念

涉外治安案件是指具有涉外因素的治安案件。主要由公安机关治安管理部门包括公安派出所负责处置。本节主要讲述外国人违反《治安管理处罚法》的案件。

二、涉外治安案件处置程序（见图 9—5）。

（一）涉外治安案件处置程序

处置涉外治安案件，应当遵守涉外治安案件处置的法定程序。和其他公安涉外案件处置程序一样，我国涉外治安案件处置也包括一般程序和特殊程序。

1. 一般程序

一般程序和处置中国公民违反《治安管理处罚法》的案件一样，适用治安调解或包括受案、传唤、取证、听证、告知、决定、执行等常规案件处置程序。

2. 特殊程序

根据《治安管理处罚法》、《出境入境管理法》、《外国人入境出境管理条例》以及《公安机关办理行政案件程序规定》等法律法规的规定，治安案件的特殊程序主要体现在：

（1）对违反《治安管理处罚法》的外国人实施治安拘留时的对内通报和对外通知。

（2）辅之出入境行政处罚及行政强制。对违反《治安管理处罚法》的外国人，对外国人处以罚款或者行政拘留并处限期出境或者驱逐出境的，应当于罚款或者行政拘留执行完毕后执行限期出境或者驱逐出境。若外国人在限期的时限内未出境，可实施遣送出境。对外国人遣送出境后，可由决定机关确定该外国人的不准再次入境的期限。对被驱逐出境的外国人，十年内不准再次入境。

（3）对享有特权和豁免的外国人的特殊处置。对具有享有外交特权与豁免的外国人要注意：现场依法处理时，不得强制带至公安机关接受询问；不得采取限制人身自由和查封、扣押财物等强制措施；在记录身份信息和必要询问后及时予以放行。

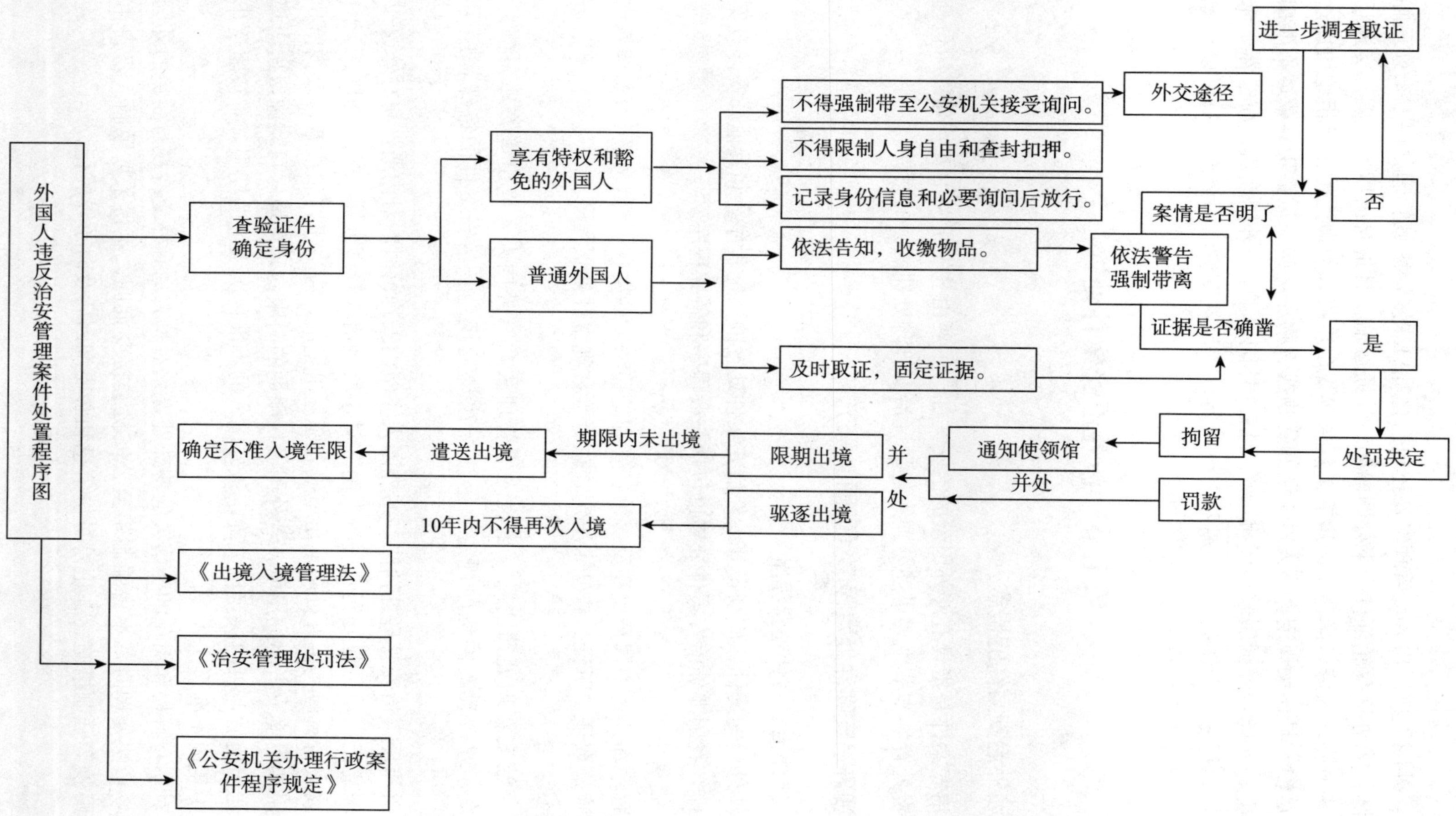

图9—5　外国人违反治安管理案件处置程序图

（二）涉外治安案件现场处置程序

在现场处置外国人违反治安管理案件时，应着重把握以下环节：

1. 查验证件、确定身份

及时查验当事人员证件，确定身份，核实签证及住宿登记是否有效，对暂时没有证件的，根据其自述或周边人员介绍，通过出入境系统尽快予以核实。同时，应尽快找到该人有效身份证件。对于外交人员拒不出示外交身份证件的，明确告知其如不出示证件，将视其为无外交身份人员。

2. 依法告知、收缴物品

对于当事人的违法行为应予以依法告知劝阻，对于其携带的违禁物品，应立即予以收缴。

3. 及时取证、固定证据

应全程使用执法记录仪，尽可能多地使用摄录像设备，及时取证，妥善固定证据。

4. 依法警告、强制带离

对于不听劝阻，继续其违法行为的人员，依法予以警告；如其拒绝停止违法行为，予以强制带离。

外国违法人被带离现场后，应及时依法裁决、拟定口径：对于违法行为人，依法给予治安处罚，并辅之出入境行政处罚及行政强制。同时，及时拟定对外答复口径，做好对外交涉准备。

三、涉外治安调解

（一）涉外治安调解的概念

涉外治安调解系指在公安机关主持下，为保障调解的顺利进行，可以由社会相关机关、团体、企事业单位成员共同参与的，以书面自愿原则为基础，在不违反国家法律、法规等强制性规定及公序良俗前提下，组织一方境外当事人同另一方或者多方境内外当事人，按照法定的程序，对涉及违反社会治安管理或者法律许可调解的轻微刑事案件中的人身、财产等权利的损害赔偿达成协议，并在约定期限内履行，而对违反治安管理的行为人不再实施治安处罚的一种行政管理措施。[①]

治安调解制度的概念，大都由以下四个方面构成，即以公安机关为主导，以因民间纠纷引起的违反治安管理行为为内容，以治安管理处罚法为主通过协商、教育等中立的软处置方式进行调停，对自行达成协议的双方当事人不再施以治安处罚。

涉外治安调解作为一种灵活解决治安案件的调解方式，也迎合了当前“非诉解决各类纠纷”的国际潮流。在当前全球“诉讼爆炸”、司法资源相对不足的情况下，运用调解，庭外仲裁等方式，高效率、低成本地解决各类域外纠纷，已成为欧美等发达国家现代法律制度发展的一个时代潮流和重要课题。如在美国，自 20 世纪六七十年代起，国际社区调解就已被逐步重视起来，并在推行社区警务战略过程中，引导警民之间逐步建立合作型、伙伴型关系，警察的服务职能进一步被强化，并形成了以社区问题为导向的纠纷解决机

---

① 参见李岱：《涉外治安调解制度探索与研究》，华东政法大学 2010 硕士学位论文。

制。实践中，许多境外人员往往在纠纷及轻微刑事案件的处置过程中，早期自愿提出调解请求，以求事件的快速合理解决，不耽误其域外行程。

（二）涉外治安调解的原则

1. 书面自愿调解

对于境外当事人如果自愿接受调解的，应当要当场自行书写愿意接收行政调解的承诺书，并由翻译人员当场加以确认签字，以避免事后产生类似效力不确定性的因素。在实务中，这一书面自愿调解原则同样适用于部分享有外交特权和豁免当事人的调解请求，也是处置此类涉外行政纠纷及案（事）件所把握的首要原则。

2. 平等公正调解

在涉外调节中，有些居中调停的人员对一些国家人种的内心歧视，抑或对另一些国家公民有好感而产生的格外尊重。另一方面，涉外调解活动可能遭受到当地政府经管部门或者其他部门自身行政活动或者行政干预而带来的外部压力。这些极易产生不平等或者不公正的调解，从而导致调解的失败。显见，涉外治安调解中恪守平等公正调解原则十分必要。

3. 及时、高效

该原则强调涉外治安调解不仅应当具有及时性，同时还应具备有效性的双性合一的理念。在一个涉外纠纷或者案（事）件发生以后，如果能够得以及时、有效地进行调解结案，可能会给境外当事人一方带来诸多域外行程安排、时间及经济上的便利，以减少不必要的域外诉讼。

4. 尊重当事人人格尊严

该原则的把握在处置涉外治安调解案件中也相当重要，即便该涉外调解的属性具有准具体行政行为的色彩，但其最终结果是平等双方当事人之间自愿达成一种协议，实现共赢。

涉外治安调解的本质是应当建立在平等、自主选择的基础上，应充分肯定当事人享有的权利价值，充分尊重当事人人格的尊严，依法给予应有的对待，这是涉外治安调解必须遵循的一项重要规则。

5. 协同合作调解原则

该原则是一项最富有时代特征的调解原则。在涉外治安调解中，邀请、接受其他国家机关、境内外团体、组织及企事业单位和个人的参与，是该项工作得以顺利进行的前提和保障。在实务操作中，一个涉外调解案件的成功结案，往往需要司法行政部门、当事人的所在单位、物业、居委、境外志愿者、翻译志愿者，有的甚至需要使领馆及政府外事部门的有效协助，离开了上述部门和个人的参与，仅凭公安机关一方主体，涉外行政调解的工作大多将无法有序、有效的开展。

此外，还有类似于回避原则、教育与惩罚相结合原则、公开调解原则等均是公安机关涉外调解中应当遵守和适用的普遍原则，但由于其在涉外治安调解中不具有特殊性，此处就不再一一解释和评析。

（三）涉外治安调解的程序

1. 调查取证

因为涉外调解有他的特殊性，最主要的问题是一方当事人是境外人员，由于目前情况还不能够在对其违反治安管理的一般行为采取限制出境措施，该当事人甚至一些关键的境外人证可能随时离境。所以，为了第一时间保留证据，在调解前，先查明涉外纠纷、案（事）件的事实，收集证据就显得尤为重要了。而且这一调查取证行为应是公安机关依职权采取的积极的调查行为，而不应以预先调解为理由，忽视取证工作的重要性或依当事人的申请被动地进行取证工作，以丧失最佳的取证时间。

2. 征求调解意愿

尤其是依境外当事人的意愿调解的，在涉外治安调解中，应当要求其提交由其本人及其翻译人当场签字的调解申请书。因为在实践中，我们发现尽管许多境外当事人知道中国的调解制度并愿意以低成本、高效能的方式接受调解，但事实上其内心还是抱有试试看的心态，对该项制度并不真正的了解，一旦调解的结果对其或者可能对其产生不利的结果，该当事人很有可能以并非自愿为由，轻则不履行调解协议，重则以公安机关采取强制调解为诬陷，要求行政复议或诉讼，令调解主体的工作产生被动。因此征求境外当事人调解意愿，采用书面调解申请的形式显得更为合理。

3. 调解部门审核

调查取证工作结束后，如果双方当事人愿意调解的，应当报调解部门审核，决定是否可以进行调解。这个环节很关键，充分说明了由主管部门参与的调解与双方当事人之间私了还是有差别的，有其的严肃性。从另一侧面来看也是涉外治安调解应当具备准具体行政行为性质的一个特征，为今后设立公安涉外行政调解到可诉性创造了客观条件。同时，这一审核程序的正确运用，可以防止调解被滥用，将一些应当受到法律制裁的行为进行调解，从而扩大了调解的范围，缩小了公安机关打击违法犯罪的本职属性。当然，从和谐办案的角度出发，在把握审核尺度时，还是要宜宽不宜严，类似涉外轻伤案（事）件，可调可不调的，只要双方当事人愿意，还是应当予以调处结案，以减少办案成本，促进社会和谐。

4. 及时调解

在涉外治安调解中，及时性的把握更符合涉外调解的目的，因为很多参与调解的境外人员其本身在国内仅作短暂停留，为此，才愿意选择高效便捷的治安调解以免耽误自己的行程，如果时间拖久了，会给该境外当时人带来很多不必要的麻烦。假设该当事人是受害人的话，一定会对其中国的旅程及行政法治效率产生不良的影响，为此强调以双方当事人指定认可的当日调解为主，如果当日不能够及时进行调解的，受害方当事人应当提供相应的财产担保，以确保事后的给付履行。同时对不能在当日进行调解完毕的当事人可以在七个工作日内再调解一次，以避免调解期限的无限制拖延，违背涉外调解的本意，造成的案件积压。

5. 制作《涉外调解协议书》

在涉外调解协议书中，应当包括以下内容：(1) 参与调解机关的名称，主持人、双方当事人和其他在场人员的基本情况，境外当事人要注明国籍、护照号码、有无特殊（外交豁免）身份等内容。(2) 纠纷及案（事）件发生时间、地点、人员、起因、经过、情节、结果等情况。(3) 协议内容、履行期限和方式及担保内容，并应注明不履行该协议或怠于履行协议的不利后果。(4) 参与调解机关印章、主持人、双方当事人、翻译人及其他参加人签名、印章。最后该《涉外调解协议书》应一式三份，双方当事人各执一份，调解机关留存一份附卷备查。

6. 督促履行调解协议

在涉外调解中，仅有调解协议而不积极进行履行，该协议等于一纸空文，可以假设的条件很多，比如：境外当事人离境了怎么办，受害方境外当事人因为对方当事人的拖延无法实现既得利益又怎么办。再如，当事人没有履行能力又怎么办，此时，调解主体应当有相应的督促义务，对不予履行或怠于履行的在第一时间主动依法进行治安处罚，避免节外生枝。①

(四) 涉外治安调解的案例

××国驻华使馆外交官参与斗殴（案例）

2010年3月19日21时20分许，110报警：某酒吧街有多人打架。接报后，民警立即赶赴现场开展工作。经查，双方因停车问题发生纠纷，因语言不通导致双方互有肢体接触，进而发展为互殴，一方为五名外国人，一方为三名中国人，双方均有不同程度的受伤。

经查，参与打架人员有：××国驻华使馆一秘裴宁（男，35岁）、斯蒂芬（男，44岁），二秘聂卓安（男，55岁）及使馆工程人员皮特（男，38岁）和斯图亚特（男，32岁）。中方人员：酒吧员工赵××（男，47岁，××市人）、王××（男，32岁，××省人）、苗×（男，31岁，××省人）。后该国使馆二秘薄胜昆到场了解情况。外方人员皮特和斯图亚特面部有划伤，中方赵××在争执中被打伤面部，经到医院就诊，诊断为头皮裂伤及外伤后神经性反应（缝合3针）。经当事双方协商，双方自愿达成和解，由外方赔偿中方赵××各种费用共计6 000元人民币，双方不再因此事追究对方责任，并写下书面和解协议。

案件处置：

(1) 查验证件、核实身份。接到报案后，处置民警第一时间要求当事双方提供身份证件。其中一名外籍人员提供了外交身份证，其他四名人员当时没有提供身份证件，后四人先后取来证件，经民警核实，5人当中有3人有外交身份，2人为普通外国人。

(2) 告知劝离程序。现场民警依据规定，告知外交官享有外交特权与豁免，可自行离开，通过外交途径解决。后该国驻华使馆一秘斯蒂芬自行离去，但一秘裴宁、二秘聂卓安一直留下陪同另两名同事。

(3) 警方告知其双方验伤。外籍人员皮特和斯图亚特面部有划伤，经民警现场询问，外籍人员明确表示不需要到医院进行诊治。中国人赵春生被打伤面部，经朝阳医院诊断为头皮裂伤（缝合3针）及外伤后神经性反应。

(4) 进行调解程序。该国使馆二秘薄胜昆到场后，执意要将5名外籍人员全部带走，民警告知其外交官可以离去，普通外国人需要留下接受调查。于是二秘薄胜昆告知警方5名外籍涉案人员委托其协商解决此事，中国人赵春生声明由其妹妹赵春桂代理进行协商。后经双方代表自行协商达成调解协议，由外方一次性赔偿赵春生各种损失共计人民币六千元，双方不再因此事追究对方责任。

(5) 签字确认。在双方拟定和解书时，某国驻华使馆外交官薄胜昆代表两名非外交身

① 参见李岱：《涉外治安调解制度探索与研究》，华东政法大学2010硕士学位论文。

份外国人起草了协议书，并经当事人双方在其拟定的英文协议书上签字确认，外方人员将六千元人民币现金赔偿款交付赵春生后自行离开。

（6）对享有外交特权与豁免的外国人要注意：现场依法处理；不得强制带至公安机关接受询问；不得采取限制人身自由和查封、扣押财物等强制措施；在记录身份信息和必要询问后及时予以放行。

四、外国人违反《治安管理处罚法》的常见案件

（一）猥亵行为

《治安管理处罚法》第44条规定，猥亵他人的，或者在公共场所故意裸露身体，情节恶劣的，处5日以上10日以下拘留；猥亵智力残疾人、精神病人、不满14周岁的人或者有其他严重情节的，处10日以上15日以下拘留。

案例

英国人安迪酒后猥亵他人案

2012年5月9日，接西城出入境报称，8日23时许，英国人安迪（男，持旅游签证，24岁）酒后在宣武门地铁站外，强行亲吻并抚摸过路女子赵娜（18岁，四川人），后被周边群众制止。因安迪处于醉酒状态，被民警送至宣武医院观察。9日晚，市局新闻办“平安北京”微博接到大量案发过程中周边群众拍摄的视频信息，微博转载超过10万次。

此案引起广泛反响，社会关注度极高，北京市公安局高度重视，积极迅速妥善处置，由属地分局依法给予安迪治安拘留的处罚。

（二）盗窃行为

《治安管理处罚法》第49条规定，盗窃、诈骗、哄抢、抢夺、敲诈勒索或者故意损毁公私财物的，处5日以上10日以下拘留，可以并处500元以下罚款；情节较重的，处10日以上15日以下拘留，可以并处1 000元以下罚款。

案例

巴基斯坦人Khur Shid Hamid盗窃案

Khur Shid Hamid，男，1956年4月12日出生，巴基斯坦人。2013年4月7日13时40分许，该人在某市商贸城摊位内，趁无人注意，将金某放在柜台上的一台金色的直板触摸屏的手机偷走（价值1 050元）。2013年4月10日，Khurshid Hamid被处以行政拘留10日。

（三）故意损毁公私财物行为

《治安管理处罚法》第49条规定，盗窃、诈骗、哄抢、抢夺、敲诈勒索或者故意损毁公私财物的，处5日以上10日以下拘留，可以并处500元以下罚款；情节较重的，处10

日以上15日以下拘留，可以并处1 000元以下罚款。

案例

肯尼亚人 Gathu Benson Maina 故意损毁公私财物案

Gathu Benson Maona，男，1974年12月1日出生，肯尼亚人。2012年4月22日0时许，该人在“马义德”餐厅喝完酒后，回到入住的宾馆6楼，用脚将房门踢破。同日，Gathu Benson Maina被处以行政拘留7日。

（四）谎报案情行为

《治安管理处罚法》第60条规定，有下列行为之一的，处5日以上10日以下拘留，并处200元以上500元以下罚款：（一）隐藏、转移、变卖或者损毁行政执法机关依法扣押、查封、冻结的财物的；（二）伪造、隐匿、毁灭证据或者提供虚假证言、谎报案情，影响行政执法机关依法办案的；（三）明知是赃物而窝藏、转移或者代为销售的；（四）被依法执行管制、剥夺政治权利或者在缓刑、暂予监外执行中的罪犯或者被依法采取刑事强制措施的人，有违反法律、行政法规或者国务院有关部门的监督管理规定的行为。

案例

阿富汗人 Mukhtar Ahmad S O Ghulam Dastgir 谎报案情案

Mukhtar Ahmad S O Ghlam Dastgir，男，1989年6月13日出生，阿富汗人。2014年1月18日下午，该人在建设银行取款150万元人民币，并将钱存入自己账号，后电话告知其父钱被抢了并打电话报警。公安机关接警后向其调查情况，该人坚称被抢事实。经调查证实，Mukhtar Ahmad S O Ghulam Dastgir为逃避债主逼债，在某宾馆三楼电梯间内，自己头撞墙角，用水果刀划破自己的右腹部，将自己弄伤并谎称被人抢劫账款。2014年1月20日，Mukhtar Ahamad S O Ghulam Dastgir被处以行政拘留10日，并处罚款人民币200元。

（五）嫖娼行为

《治安管理处罚法》第66条规定：卖淫、嫖娼的，处10日以上15日以下拘留，可以并处5 000元以下罚款；情节较轻的，处5日以下拘留或者500元以下罚款。在公共场所拉客招嫖的，处5日以下拘留或者500元以下罚款。

案例

澳大利亚人 Zaharia Stefan 嫖娼案

Zaharia Stefan，男，1957年2月1日出生，澳大利亚人。2013年3月4日22时许，其入住半岛星际酒店，并打电话给违法行为人邱某，谈好以人民币400元的价格发生性关系一次。后两人在该房间内发生性关系时被公安机关当场查获。2013年3月5日，Zaharia Stefan 被处以行政拘留 10 日。

(六) 卖淫行为

《治安管理处罚法》第 66 条规定，卖淫、嫖娼的，处 10 日以上 15 日以下拘留，可以并处 5 000 元以下罚款；情节较轻的，处 5 日以下拘留或者 500 元以下罚款。在公共场所拉客招嫖的，处 5 日以下拘留或者 500 元以下罚款。

案例

乌干达人 Nabitaka Recheal Kimera 卖淫案

Nabitaka Recheal Kimera，女，1982 年 6 月 19 日出生，乌干达人。2013 年 9 月 19 日，该人与阿不力提．卡斯木在某市一居民楼二楼房间内发生性关系一次后收取嫖资 180 元，后被公安机关查获。2013 年 9 月 20 日，Nabitaka Recheal Kimera 被处以行政拘留 10 日。

(七) 赌博行为

《治安管理处罚法》第 70 条规定，以营利为目的，为赌博提供条件的，或者参与赌博赌资较大的，处 5 日以下拘留或者 500 元以下罚款；情节严重的，处 10 日以上 15 日以下拘留，并处 500 元以上 3 000 元以下罚款。

案例

阿富汗人 Mohamaad Ibrahim S O Ghulam Qader 赌博案

Mohamaad Ibrahim S O Ghulam Qader，男，1960 年 1 月 1 日出生，阿富汗人。2013 年 10 月 7 日下午 1 时许，该人在某市租住房间内，伙同舒某、徐某、吴某等人用扑克牌以“牛公”方式进行赌博，Mohamaad Ibrahim S O Ghulam Qader 在舒某坐庄时，以单次 200 元压角押注多次，后被公安机关查获，当场收缴赌资 21 700 元。当日，Mohamaad Ibrahim S O Ghulam Qader 被处以行政拘留 10 日，并处罚款人民币 500 元。

(八) 吸食毒品行为

《治安管理处罚法》第 72 条规定，有下列行为之一的，处 10 日以上 15 日以下拘留，可以并处 2 000 元以下罚款；情节较轻的，处 5 日以下拘留或者 500 元以下罚款：(一) 非法持有鸦片不满 200 克、海洛因或者甲基苯丙胺不满 10 克或者其他少量毒品的；(二) 向他人提供毒品的；(三) 吸食、注射毒品的；(四) 胁迫、欺骗医务人员开具麻醉药品、精神药品的。

案例

埃及人 Rezk Emad Mohamed Ahmed Ahmed 吸食毒品案

Rezk Emad Mpjamed Ahmed Ahmed，男，1974 年 9 月 18 日出生，埃及人。2013 年

5月7日凌晨，该人在某市自住房中以抽烟的方式吸食大麻烟。当日23时30分许，该人在国际大厦接受检查时被公安机关查获，经对其尿样通过大麻试剂检测，结果呈阳性。2013年5月8日，Emad Mohamed Ahmed Ahmed Rezk被处以行政拘留14日。

第八节 涉外道路交通事故处置

一、涉外道路交通事故的含义

根据《道路交通事故处理程序规定》，在交通事故中，涉及涉外因素，例如：事故当事人为外国人，即为涉外交通事故。涉外交通事故中的任何一方当事人涉外，均能成立涉外案件，既可以是受害人，也可以是肇事方。

涉外道路交通事故处置，因其涉及的道路交通事故主体较为特殊，因此与非涉外道路交通事故处置有一定的区别。如果涉外的主体是临时境外来华人员的，其一旦离开中国，涉及其的道路交通事故处置以及道路交通事故损害赔偿就难以实现；如果涉外道路交通事故主体是享有外交特权和豁免权的外国人，根据国际公约，其享有豁免权。

二、涉外道路交通案件的处置原则

（一）维护国家主权和尊严

从国家主权原则的角度出发，任何国家对于自己境内的任何自然人和物都享有属地优越权，作为自然人的外国人也不可能例外。任何外国人从进入该国国境之时起，就处于这个国家的属地优越权之下，需要服从该国的管辖，遵守该国相关法律的规定。

外国人在中国境内发生交通事故，人身健康或者财产遭受损失；或者外国人在交通事故中造成他人损害的，根据我国《道路交通事故处理程序规定》第68条规定，外国人在境内发生道路交通事故的，除按照本规定执行外，还应当按照办理涉外案件的有关法律、法规、规章的规定执行。

公安机关交通管理部门在涉外交通事件处置过程中，有责任维护国家主权和利益，充分适用各种法律手段制裁不法行为，不允许任何有损国家主权的事情发生。

处置涉外道路交通事故是项原则性很强的工作，处置涉外道路交通事故是我国主权的行使。

（二）当事人在民事权利义务上一律平等

由于涉外道路交通事故不仅涉及中国人而且涉及外国人，根据国际条约和我国法律，侵权损害适用侵权行为地法，而且本国人与外国人在适用法律上一律平等。在处置涉外道路交通事故时，应该对本国人和外国人的权利进行平等维护。

根据国际惯例和国际条约，享有外交豁免权的外国人尽管不受刑事、行政、民事的管辖，但是在民事权利义务上是平等的。

（三）有理、有利、有节

有理，是指涉外道路交通事故处置中的结论和意见要建立在充分的证据基础之上，符合国际条约、国际惯例和我国法律，具有充分的说服力；

有利，是指处置涉外道路交通事故要有利于国家对外关系、对外政策的需要，利于交通管理工作的需要；

有节，是指在办案的过程中，对于某些问题的处置要适可而止，不宜穷追不舍。

（四）根据外交政策区别对待

区别对待与当事人一律平等并不矛盾。区别对待是指有无外交特权的区别、损害赔偿调解方式的区别。

三、适用法律

（一）主要适用法律

我国《道路交通事故处理程序规定》第 9 章第 68 条规定：“外国人在中华人民共和国境内发生道路交通事故的，除按照本规定执行外，还应当按照办理涉外案件的有关法律、法规、规章的规定执行。”从该条规定可知，我国涉外交通事故的处置，主要适用《道路交通事故处理程序规定》。此外，还需要别的法律来配合适用。

（二）其他适用的法律

在诉讼程序上，如在我国起诉，必然适用我国《民事诉讼法》，但是其中有些环节得适用《民事诉讼法》第四编涉外民事诉讼程序的特别规定；在实体法的适用上，根据《涉外民事关系法律适用法》第 44 条规定：“侵权责任，适用侵权行为地法律，但当事人有共同经常居所地的，适用共同经常居所地法律。侵权行为发生后，当事人协议选择适用法律的，按照其协议。”

涉外交通事故，本质上是一种侵权案件。一般情况下，侵权案件适用侵权行为地法律。因此，在我国发生的涉外交通事故，适用我国法律。但是当事人有共同的经常居住地时，则需适用共同经常居住地的法律。经常居住地，是指离开住所后最后连续居住满一年以上的地方，但住医院治病除外。

此外，对涉及享有特权与豁免的外国人道路交通事故的处置，还要依据国内法中的《公安机关办理行政案件程序规定》、《外国特权与豁免条例》和《领事特权和豁免条例》以及国际法中的《维也纳领事关系公约》及其他国际法的有关规定。

四、对涉外交通事故处置的一般程序

（一）现场处置

交警接到报案后，赶赴现场，抢救伤员，对现场进行勘查、调查取证；和出入境管理机构一起确定当事外国人的身份。

（二）对事故作出初步的判断

1. 根据外国人是否具有享有外交（领事）特权和豁免身份，选择适用的法律。

2. 确定交通事故的性质。是一般交通事故，还是交通肇事案件。对于属于交通事故的，交警决定适用简易程序处置还是适用一般程序处置，对适用一般程序的，交警通知医疗部门抢救伤员，通知保险公司、救助基金支付抢救费用；对交通肇事案件中，外国人是加害方还是受害方，确定是否采取行政强制措施。

（三）确定交通事故责任

针对掌握到的证据，制作交通事故责任认定书；确定对外国人是否采取不准出境、诉前财产保全措施及刑事强制措施。

（四）情况通报

由交警部门将案件有关情况通报给出入境管理机构，并报送到省公安厅、公安部。对外国人采取人身强制措施、拘留及外国人死亡的，由省公安厅照会外国人国籍国的驻华使领馆，并通报省外事部门。

（五）事故的最终处置

根据当事人双方的要求，对损害赔偿进行调解；当事人一方或者双方不同意调解或者未达成调解协议，当事人可以向人民法院起诉。若涉及外国人交通肇事刑事案件，交警部门侦查完毕后，移送检察机关。

1. 涉外重大交通事故处置的案例

2002 年 10 月 31 日 18 时 30 分，一辆载有 21 名日本游客（连同中方导游和驾驶员共 23 人）车号为鲁 B16660 号“金龙”牌大客车，由于驾驶员思想麻痹，超速行驶，行至淄博高速公路 88 公里 800 米处时，与前方正常行驶的鲁 Q06505 号解放牌半挂大货车追尾相撞，大客车剐擦高速公路中心隔离护栏后又向右冲入高速公路右侧路沟内，造成日本游客 3 人死亡，2 人重伤，16 人轻伤。

事故发生后，山东省公安厅交警总队及出入境管理处、山东省外办、山东省旅游局等有关部门连夜赶赴现场，指导事故处置，在日本驻华使馆及新闻媒体到来之前，查明了游客身份，做出事故鉴定，制定统一的对外口径。同时对事故调查、治疗、处置的全过程做了详细记录。为避免事故政治化、国际化，各工作组确定了低调处置、统一口径、一个“口子”对外的工作方针，要求严格请示和汇报制度。

事故处置过程中，山东有关省领导专程赶到淄博，听取了事故处置的汇报，会见了日本驻华大使馆公使高桥邦夫，并到医院看望、慰问了伤员和死者家属。

事故处置后，淄博市公安局出入境管理处为该旅游团办理了团体签证分离手续。11 月 6 日 15 时，伤员和家属乘坐上海航空公司的包机由济南返回日本。死者骨灰由家属带走，遗体由国际运尸中心运回日本。

2. 外国人饮酒后驾驶机动车行为处置的案例

《道路交通安全法》第 91 条规定，饮酒后驾驶机动车的，处暂扣 6 个月机动车驾驶证，并处 1 000 元以上 2 000 元以下罚款；醉酒后驾驶机动车的，由公安机关交通管理部门约束至酒醒，吊销机动车驾驶证，依法追究刑事责任。饮酒后驾驶营运机动车的，处 15 日拘留，并处 5 000 元罚款，吊销机动车驾驶证，5 年内不得重新取得机动车驾驶证；醉酒后驾驶营运机动车的，由公安机关交通管理部门约束至酒醒，吊销机动车驾驶证，依法追究刑事责任，10 年内不得重新取得机动车驾驶证，重新取得机动车驾驶证后，不得驾驶营运机动车。

韩国人 Cho Sung-kook 饮酒后驾驶机动车案

Cho Sung-kook，男，1955 年 5 月 22 日出生，韩国人。2012 年 7 月 3 日晚，该人驾驶浙×××29R 号小型轿车至某市江东南路刑大门口地段时，该市公安局交通警察大队执勤民警对其进行酒精测试，发现其呼气酒精含量为 0.59mg/ml，属于饮酒后驾驶机动车。2012 年 7 月 4 日，Cho Sung-kook 被处以罚款人民币 1 900 元，暂扣机动车驾驶证 6 个月。

五、对交通事故外国当事人的特殊规定

（一）对涉及普通外国人交通事故的处置

1. 告知当事人有关我国法律法规中权利、义务

公安机关交通管理部门在处置涉外交通事故时，应当告知当事人有关我国法律法规中权利、义务。

2. 不准出境

公安部 2008 年发布的《道路交通事故处理程序规定》第 69 条规定，外国人在中国境内发生交通事故，且在事故未处置完之前，公安机关依法可以不准该外国人出境，直到交通事故处置完毕为止。

若外国当事人在道路交通事故处置过程中要求离境的，应根据案情分别对待：

（1）道路交通事故案情事实未查清之前，请外交部或有关外事管理部门转告外国当事人，公安机关交通管理部门还要继续核实案情，暂不要离境。

（2）外国当事人要承担赔偿责任的案件，请外国当事人在事故发生地寻找担保人，由担保人出具担保书后方准离境。如找不到担保人，缴纳一定数额的保证金后，准予离开。对于拟离境逃避赔偿责任的外国当事人，可通过地市公安机关提请外事管理部门控制其出境。

（3）要赔偿外国当事人的案件，可让其到使馆或我国公证机关办理委托书后离境，使馆方面也可以提供委托书。

3. 诉前财产保全措施

《道路交通事故处理程序规定》第 70 条规定，受害赔偿权利人可以向法院采取诉前财产保全措施。

所谓诉前财产保全，也就是诉前保全，是指利害关系人因情况紧急，不立即申请财产保全将会使其合法权益受到难以弥补的损害的，可以在起诉前向人民法院申请，由人民法院所采取的一种财产保全措施。

根据我国法律规定，外国人有未结民事诉讼的，人民法院有权通知边检部门阻止其出境。而民事案件属于“不告不理”，必须由当事人向人民法院提起诉讼才行。

外国人在中国境内“居住”具有不稳定性，临时性，且一般在中国境内的财产有限，若不及时申请财产保全，可能导致后期判决难执行的问题。因此，在确定了外国人承担全部责任或者主要责任时，公安机关交通管理部门就负有告知义务，即告知道路交通事故损

害赔偿权利人有向人民法院提出采取诉前保全措施的请求权。

4. 语言文字的使用

《道路交通事故处理程序规定》第71条规定，公安机关交通管理部门在处理道路交通事故过程中，使用通用的语言文字。对不通晓我国语言文字的，应当为其提供翻译；当事人通晓我国语言文字而不需要他人翻译的，应当出具书面声明。

如果外国人在道路交通事故处置过程中，不愿使用我方提供的翻译，可以自己聘用翻译，但其聘请翻译的行为，以及所聘请的翻译的资质，需要经过公安机关交通管理部门的批准。在聘用翻译完成翻译活动的过程中，所发生的翻译费用需要由外国籍当事人自行承担。

另外，人民法院审理涉外民事案件时，强调要使用我国通用的语言文字。当事人要求提供翻译的，可以提供，费用由申请人负担。外国人、无国籍人、外国企业和组织在人民法院起诉、应诉、委托律师代理诉讼的，必须委托我国的律师。

5. 死亡的善后处置

对于外国人，若因道路交通事故死亡，应有公安机关或司法机关的法医出具“死亡鉴定书”。尸体需要进行解剖的，必须征得死者家属或所属国驻华使领馆官员的同意，并应出具书面材料。

若死者家属或死者所属的驻华使领馆提交书面材料，可以对尸体进行火化。火化后，既可以由家属或友人将骨灰携带出境，也可以托运出境。如果死者家属不同意在我国火化，也可将尸体运回本国处置，我国主管机关应提供必要的协助。

（二）对涉及享有特权与豁免的外国人道路交通事故的处置

1. 区分外国人享有特权与豁免的范围

根据国际法以及我国的《外国特权与豁免条例》和《领事特权和豁免条例》的有关规定，外国人在享有外交特权和豁免、领事特权与豁免方面有范围上的差异。在涉外事故中，前者享有完全的特权和豁免；后者仅限制在执行公务时间内。以下案例充分说明了其重要性：

2003年3月1日凌晨，美领馆副领事包永胜在上海市徐汇区因驾车不当，撞入上海安保设备开发工程公司经营部，造成两名值班人员一死一伤及不同程度的物损。事发后，公安部、外交部领导对此案极为关注，并作了三点指示：（1）对包进行边控；（2）约见美领馆负责人，告知在事件未解决前包不得离境；（3）尽快开展经济赔偿调解工作。

在上海市公安局领导的统一指挥下，出入境管理局会同交警总队、技侦总队、法制办和边检总站等单位，把握“有理、有利、有节”的外交原则，在对包实施边控的同时，多次与美国驻沪领事馆及肇事者包永胜进行交涉和谈判，细致稳妥地开展案件调查取证和经济赔偿调解工作。交警总队按照有关法律吊销了包永胜的机动车驾驶证。同时，办案人员向美方指出，根据《维也纳领事关系公约》和《中美领事条约》规定，领事官员仅就执行职务的行为不受接受国司法或行政的管辖，他们的私人行为不享受管辖豁免权。我国对包永胜具有民事和行政管辖权，其在民事赔偿未解决之前不得离境；如需离境，必须根据我国道路交通事故处置的有关规定，提供担保人或交250万元人民币（30万美元）保证金。同时还告知我警方已布置了边控措施。

本案的成功的关键之处在于，我方准确把握国际公约，严格依法办事。根据《维也纳领事关系公约》规定，领事享有一定限度的管辖豁免权。

此案处置也存在着一些疏忽的地方，如现场处置交通事故的民警未对包永胜进行酒精测试，从而为此案的定性带来了一定难度，也使得美方在以后的谈判中有机可乘。再如，公安机关应建立一套针对外国驻华使、领馆官员违法处置工作预案，以便于在工作中抓住战机，争取主动。

2. 对涉及享有外交特权和豁免权外国人交通事故的总体把握

《公安机关办理行政案件程序规定》的第 214 条规定，违法行为人为享有外交特权和豁免权的外国人的，办案公安机关应当将其身份、证件及违法行为等基本情况记录在案，保存有关证据，并尽快将有关情况层报省级公安机关，由省级公安机关商请同级人民政府外事部门通过外交途径处置。对享有外交特权和豁免权的外国人，不得采取限制人身自由和查封、扣押的强制措施。

对享有外交特权和豁免权的外国人发生道路交通事故的，中国公安机关交通管理部门有权进行调查，但是应当尊重其外交特权和豁免权。

3. 对涉及享有外交特权和豁免权外国人交通事故的处置

(1) 具体要领。享有外交特权与豁免的外国人发生道路交通事故时，交通警察认为应当给予暂扣或者吊销机动车驾驶证处罚的，可以扣留其机动车驾驶证。需要检验、鉴定车辆的，公安机关交通管理部门应当征得其同意，并在检验、鉴定后立即发还；其不同意检验、鉴定的，记录在案，不强行检验、鉴定。需要对享有外交特权和豁免的外国人进行调查的，可以约谈，谈话时仅限于与道路交通事故有关的内容；本人不接受调查的，记录在案。

公安机关交通管理部门应当根据收集的证据，制作道路交通事故认定书送达当事人，当事人拒绝接收的，送达至其所在机构。

享有外交特权与豁免的外国人拒绝接受调查或者检验、鉴定的，其损害赔偿事宜通过外交途径解决。

享有外交特权和豁免权的外国驻华使、领馆官员，接受其国家公民委托的，可以以其个人名义担任诉讼代理人，在诉讼过程中就其代理事项不再享有外交特权及豁免权。审理涉港澳台民事案件，适用涉外民事诉讼程序特别规定。

(2) 死亡处置。公安机关交通管理部门处置享有外交特权与豁免的外国人发生人员死亡事故的，应当将其身份、证件及事故经过、损害后果等基本情况记录在案，并将有关情况迅速通报省级人民政府外事部门和该外国人所属国家的驻华使馆或者领馆。

第九节　其他常见公安涉外行政案（事）件处置

一、外国记者非法采访的处置

根据《外国常驻新闻机构和外国记者采访条例》（国务院令第 537 号）规定，外国记者包括外国常驻记者和外国短期采访记者。外国常驻记者，是指由外国新闻机构派遣，在中国境内常驻 6 个月以上、从事新闻采访报道业务的职业记者；外国短期采访记者，是指在中国境内停留期不超过 6 个月、从事新闻采访报道业务的职业记者。国家依法保障外国常驻新闻机构和外国记者的合法权益，并为其依法从事新闻采访报道业务提供便利。外交部主管外国常驻新闻机构和外国记者事务。公安机关会同其他有关部门在各自职责范围内负责外国常驻新闻机构和外国记者事务。

(一) 在华外国记者管理制度

依照国务院2008年颁布的《外国常驻新闻机构和外国记者采访条例》的规定，外国记者分为常驻记者和短期采访记者两类。

外国常驻记者，是指由外国新闻机构派遣常驻中国6个月以上，从事新闻采访报道业务的职业记者；持J—1签证入境，在境内持外交部新闻司签发的“常驻记者证和临时记者证”和公安机关签发的“J—1外国人居留许可”。

外国短期采访者，是指来华6个月以内，从事新闻采访报道业务的职业记者，持J—2签证入境。确认外国记者是否具备采访资格，只要其具备J—1、J—2签证，或外交部签发的常驻记者证或临时记者证即可。

《外国常驻新闻机构和外国记者采访条例》第17条规定外国记者在中国境内采访，需征得被采访单位和个人的同意。外国记者采访时应当携带并出示外国常驻记者证或者短期采访记者签证。

按照条例规定，外国常驻新闻机构和外国记者应当遵守中国法律、法规和规章，遵守新闻职业道德，客观、公正地进行采访报道，不得进行与其机构性质或者记者身份不符的活动。

(二) 合法采访

外国常驻新闻机构和外国记者应当遵守中国法律、法规和规章，遵守新闻职业道德，客观、公正地进行采访报道，不得进行与其机构性质或者记者身份不符的活动。

外国记者在中国境内采访，需征得被采访单位和个人的同意，携带并出示外国常驻记者证或者短期采访记者签证。外国常驻新闻机构和外国记者可以通过外事服务单位聘用中国公民从事辅助工作。

外国记者在华从事合法的采访活动，由外事部门（外宣部门）进行管理，公安机关一般不予干预，在将其纳入实有人口管理的同时，将有关情况通报相关部门。如外事部门（外宣部门）提出协助要求的，公安机关可以根据实际情形采取警戒、保卫等方式予以协助。

案例

2013年3月1日，某市公安局出入境管理大队民警在进行外国人住宿登记检查时，发现一名美国记者入住该市国际会议中心1247房间。经查，该名记者名为Johnson Ian Denis（男，1962年7月27日出生，美国人，居留事由为记者），于2012年12月17日从北京首都机场入境。经向陪同人员施某电话了解，Johnson Ian Denis是《纽约时报》常驻中国记者，此次系应该市影视集团总裁徐某的邀请，前来采访影视旅游产业的发展情况，目的是为在美国宣传中国的旅游景点，预计整个采访活动将持续2至3天。出入境管理大队将情况向指挥中心和外事部门进行了通报，并持续关注相关动态。

(三) 外国人非法采访

1. 外国人非法采访的概念

外国人非法采访是指外国人违反《外国常驻新闻机构和外国记者采访条例》规定所进

行采访的行为。

2. 外国人非法采访的情形

(1) 不具备合法记者身份的外国采访活动；

(2) 外国记者未办理外国人旅行证进入非开放地区采访的；

(3) 外国记者正在办理但尚未领取相关证件或采访时未携带证件或证件不全而进行采访的；

(4) 外国记者未征得被采访对象同意进行采访的；

(5) 外国记者采访单位或者有关场所管理规定，在有禁止摄像、照相、采访标识的地方采访的。

3. 外国人非法采访的处置程序

根据2008年10月国务院颁布实施的《中华人民共和国外国常驻新闻机构和外国记者采访条例》第20条、第21条和第22条的有关规定，外交部和公安机关共同处置外国人非法采访案件。实际工作中，公安机关通常执行外国人非法采访的现场处置工作。

当公安机关发现外国人进行非法采访线索后，应当立即赶往现场，查验外国人护照证件，并向相关单位进行查询，然后区别不同情形，分别进行处置。

对不具有记者身份的外国人进行采访活动，应向外国人指出非法采访或从事与其来华身份不符的活动是违法行为，责令其停止采访报道活动；然后根据情节轻重采取不同的处置办法。情节较轻的可以当场没收其文字采访资料、胶片、录音带或录像带，但不要扣留或没收照相机、录音机、摄像机等采访设备，同时要及时进行现场取证，做好询问笔录，并让本人签字。情节较重的，公安机关可以依法追究其法律责任。

对进行非法采访报道活动的外国人，应当区别身份，做出相应处置。

对违反《外国常驻新闻机构和外国记者采访条例》，进行非法采访报道活动的外国常驻记者，除外交部新闻司视情节给予警告、责令暂停或者终止其业务活动；情节严重的，吊销其外国常驻新闻机构证、外国常驻记者证或者记者签证等处罚外，也可由公安机关缩短其在中国的停留期限或者取消其在华居留资格，列入不准入境人员名单。

外国记者利用记者身份从事情报、间谍活动或在敏感地区、敏感部位造谣煽动，制造事端；负有特殊任务，搜集情报，进行政治性破坏活动的，违法行为情节特别严重，构成危害国家安全的，应当由有关公安机关依法处以限期出境、驱逐出境或追究其刑事责任。

对外国记者违反《外国常驻新闻机构和外国记者采访条例》规定，如未取得外交部新闻司和公安机关的批准私自前往非开放地区进行采访活动，未征得被采访单位和个人的同意即进行采访活动，或者进行与其身份不符的活动或其他违法活动的，一般交由外事部门（外宣部门）处置，公安机关也可以依法处以限期出境、驱逐出境或追究其刑事责任。

4. 外国人非法采访处置的典型案例

2014年3月3日，一名外国人到某县采访当地一家工厂污染事件，并与在工厂周边聚集的村民谈话，拍摄了一些照片、取得了录音等资料。当地公安派出所得到消息后立即报告出入境管理机构，随后派员一同赶往现场，对该外国人进行了查验和询问，经查，该人持美国护照于2014年2月25日从北京首都机场入境，持F签证，停留有效期至2014年5月24日。现场民警告知该美国人，其行为属于非法采访，与签证事由不符，并责令该人当场将拍摄的相片、录音等资料删除，写出承认进行非法采访的书面材料后予以放行。

二、违反宗教管理案件处置

（一）宗教事务管理的法律依据

1. 宪法依据

《宪法》（以下简称《宪法》）第 36 条第 4 款规定：“宗教团体和宗教事务不受外国势力的支配。”独立自主自办教会，不受外国势力的支配，是我国进行宗教事务管理的一项重要原则。不允许任何境外宗教团体和个人干预我国宗教事务，不允许在我国境内进行任何形式的传教活动。我国实行宗教和教育相分离的原则，任何外国宗教组织和国际宗教组织及其驻华机构和个人，不得擅自在中国境内招收宗教留学人员。

2. 法规依据

1994 年国务院颁发的《中华人民共和国境内外国人宗教活动管理规定》和 2004 年颁布的《宗教场所管理条例》是我国政府管理宗教事务的重要依据。

（二）我国涉及外国人宗教事务管理的原则

1. 依法保障中国境内外国人的宗教信仰自由权利和正常的宗教活动

随着我国改革开放的不断深入和国际交往的日益扩大，我国宗教界同国外宗教界交往活动日益增多，而且还有大量的信仰各种宗教的外国人来华同我国进行经济、科技、文化教育、卫生、体育等各方面的交流合作，也有许多外国人来华探亲、旅游、访问、经商。宗教生活是在华外国人精神生活的一部分，信仰宗教是他们的个人私事，中国政府尊重他们的宗教信仰，保护他们正常的宗教活动。同时也保障宗教方面的国际交往和文化艺术交流活动。

根据《中华人民共和国境内外国人宗教活动管理规定》和《宗教活动场所管理条例》，在中国境内居留的外国人，不论其是否信仰宗教、信仰何种宗教，中国政府都予以尊重。他们出于自己的信仰所进行的正常宗教活动，只要不涉及中国公民，中国政府就不会干预。

2. 必须遵守中国的法律、法规，维护中国社会的公共利益

外国人在中国活动，必须遵守中国的法律，这是世界各国的惯例。所以，国务院颁布的规定明确规定，外国人在中国境内进行宗教活动，应当遵守中国的法律、法规，不得在中国成立宗教组织，不得设立宗教办事机构、宗教活动场所，不得开办宗教院校，不得在中国发展教徒、委任宗教教职人员和进行其他传教活动，不得邮寄或携带散发性的和带有危害中国社会公共利益内容的宗教印刷品和宗教音像制品入境。

（三）外国人在华正常宗教活动的情形

1. 经宗教事务主管部门同意，可以为外国人指定专用宗教活动场所或专门地点，用以举行非中国公民参加的宗教活动。

2. 外国人在中国境内可以邀请中国宗教教职人员为其举行洗礼、婚礼、葬礼和道场法会等宗教仪式。

3. 外国人进入中国国境，可以携带本人自用的宗教印刷品、宗教音像制品和其他宗教用品。

（四）外国人在华非法宗教活动的情形

1. 携带有危害中国社会公共利益内容的宗教印刷品、宗教音像制品入境，或在中国

公民之间传播这种有危害内容的宗教印刷品或音像制品；

2. 外国宗教组织、国际宗教组织、驻华机构或个人在中国私自招收宗教留学生；

3. 非法成立宗教组织，或设立宗教办事机构；

4. 非法设立宗教活动场所或者开办宗教院校；

5. 非法在中国公民中发展教徒，或者委任宗教教职人员；

6. 进行其他传教活动。

（五）外国人在华非法宗教活动的处置程序

根据宗教管理法规的规定，宗教事务管理机关和公安机关是宗教行政处罚的主体。公安机关应当配合宗教管理机关对有违法行为的外国人实行处罚。

依照我国《中华人民共和国境内外国人宗教活动管理规定》第 9 条的规定，对于违反该法的外国人，公安机关可以依照我国《出境入境管理法》、《治安管理处罚法》及《刑法》有关规定处置。

在对外国人非法宗教活动的处置中，通常由公安机关国内安全保卫部门甄别认定是否为“非法传教”。若认定为外国人“非法传教”，则由出入境管理部门协助国内安全保卫部门依法处置；若不是，则由出入境管理部门协助治安部门依法处置。

发现外国人从事非法宗教活动，要及时制止，将当事人带至附近派出所或合适场所进行审查，并没收、追缴全部宣传品：情节轻微的，进行警告；情节比较严重的，可按我国《出境入境管理法》第 81 条的规定作缩短停留期限或取消居留资格处置。有扰乱公共场所秩序行为的，可以按我国《治安管理处罚法》处置。

（六）典型案例

2002 年 7 月 15 日，××市公安局出入境管理处接到举报称：近日将有一批朝鲜人途经××市准备偷渡到越南。接报后，出入境管理处立即向市局领导汇报，市局领导对此十分重视，要求出入境管理处会同××公安分局迅速在相关宾馆、场所进行布控，依法对这五名外国人进行盘查。检查中，民警对他们随身行李检查时发现了 344 份宗教宣传品（每份宣传品含一张基督教宣传光盘、一本中文的彩图小册子、一盒录音带和一张记录远东广播宗教电台频率的节目表），他们拒不交代宣传品的来源和此行目的，仅表示原打算前往××县旅游。后经民警反复做工作，他们最终承认准备将这些宣传品带到靖××县分发。根据以上事实，可以认定这是一起有预谋、有计划、有组织的境外宗教势力企图在广西进行非法传教的案件。

××市公安局办案民警向这涉案的外国人指出非法传教是违反《境内外国人宗教活动管理规定》有关规定的行为，是与我国的宗教信仰政策相违背的，同时收缴了他们所携带的宗教宣传品，并依法缩短其在华停留期，限其 7 日内离境，并报公安部将以上 5 人列入不准入境人员名单。

三、违反军事设施管理案件处置

（一）军事设施的概念

军事设施，是指国家直接用于军事目的的有关建筑、场地和设备，包括指挥机关、地面和地下的指挥工程、作战工程、军用机场、港口、码头，以及营区、训练场、试验场、军用洞库、仓库、军用通信、侦察、导航、观测台场标志等。

（二）军事设施管理制度

依照1990年的《军事设施保护法》（2014年修正）的有关规定，我国军事设施管理制度主要包括：

1. 军事设施分类管理

根据军事设施的性质、作用和安全保卫的需要，将军事设施划分三种不同的类型，分别采取不同的保护措施。

第一类为军事禁区，是指为最重要的或者具有重大危险因素的军事设施划定的保护区域。第二类为军事管理区，是指为重要的军事设施划定的保护区域。第三类为一般军事设施。第一类数量虽少，但要严格保护，第二类予以适度的保护，第三类只采取一般性措施。其中又分为陆地军事禁区、军事管理区和水域军事禁区、军事管理区。

2. 国家对进入军事禁区和军事管理区实行许可制度

法律规定，禁止陆地、水域军事禁区管理单位以外的人员、车辆、船舶进入禁区，禁止对禁区进行摄影、摄像、录音、勘察、测量、描绘和记述，经军区级以上军事机关批准的除外。同时还规定军事管理区管理单位以外的人员、车辆、船舶进入军事管理区，必须经过军事管理区管理单位许可。

3. 公安机关有协管职责

按照此法，公安机关有责任协助军事禁区和军事管理区维护治安管理秩序，惩治各种违法行为。

（三）违法行为处罚

《军事设施保护法》第43条规定，有下列行为之一的，公安机关可以依照治安管理处罚法的规定处罚：

1. 非法进入军事禁区、军事管理区，不听制止的；

2. 在军事禁区外围安全控制范围内，或者在没有划入军事禁区、军事管理区的军事设施一定距离内，进行危害军事设施安全和使用效能的活动，不听制止的；

3. 在军用机场净空保护区域内，进行影响飞行安全和机场助航设施使用效能的活动，不听制止的；

4. 对军事禁区、军事管理区非法进行摄影、摄像、录音、勘察、测量、描绘和记述，不听制止的；

5. 其他扰乱军事禁区、军事管理区管理秩序和危害军事设施安全的行为，情节轻微，尚不够刑事处罚的。

四、外国人死亡的处置（见图9—6）

（一）死亡的确定

死亡分正常死亡和非正常死亡。因健康原因自然死亡的为正常死亡；非正常死亡指除刑事案件、交通事故、火灾事故、重大责任事故致人死亡以外的，因自杀、意外事故、不明原因猝死等非正常原因导致的死亡。

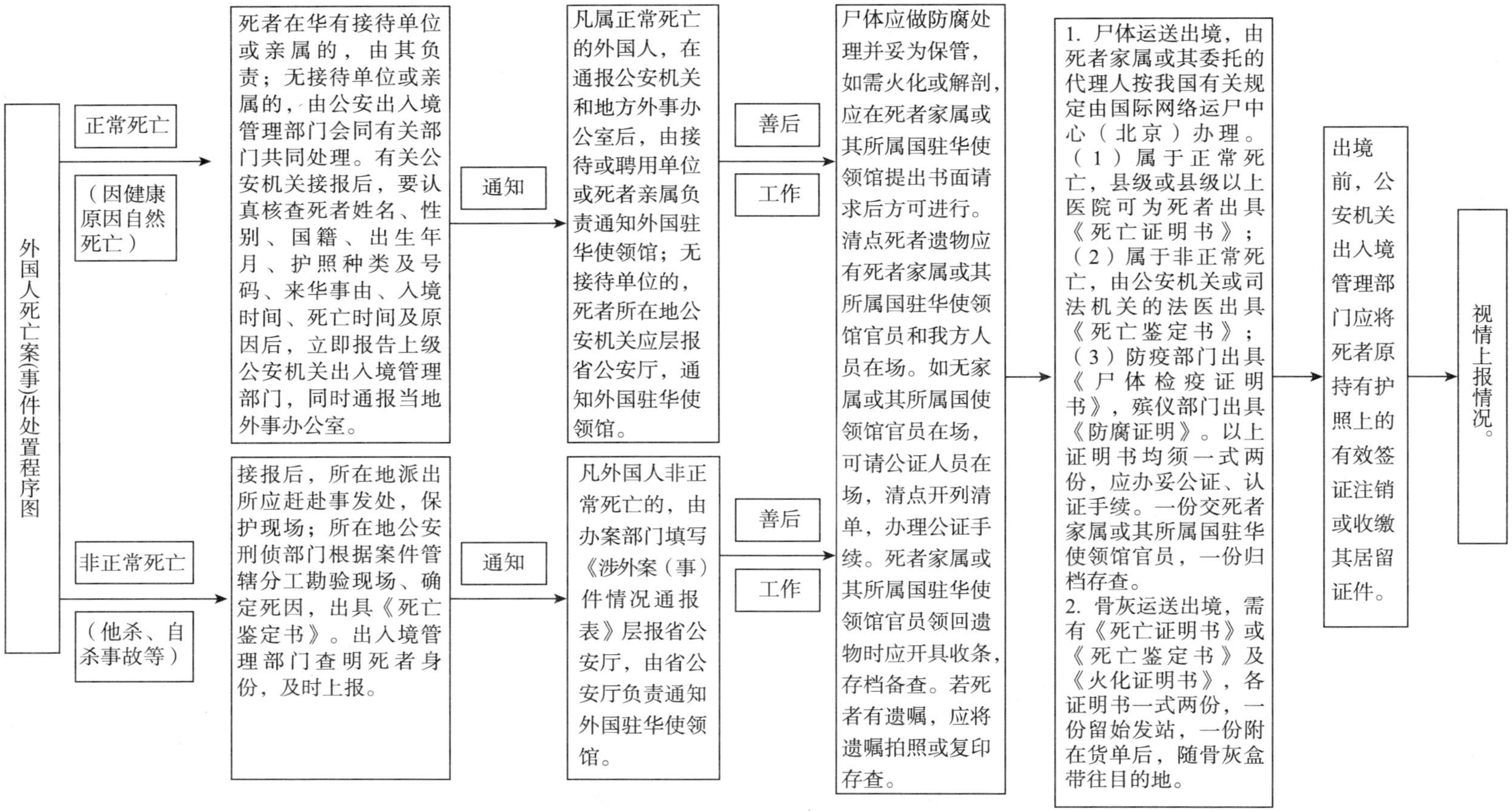

图9—6　外国人死亡案（事）件处置程序图

发现外国人在华死亡，发现人（包括个人或单位）应立即按照规定报告当地公安机关。如属正常死亡，有接待或聘用单位的，善后处置工作由接待或聘用单位负责；无接待或聘用单位的，由公安机关会同有关部门处置。如属非正常死亡，应保护好现场，由公安机关会同有关部门处置。

（二）通知外国驻华使领馆及死者家属

发现外国人在华死亡，应尽快通知死者所属国家驻华使领馆及其家属：如属正常死亡，由死者原接待或聘用单位负责通知，如无接待或聘用单位，当地公安机关应当层报省公安厅，由省公安厅负责通知；如属非正常死亡，当地公安机关应当层报省公安厅，由省公安厅负责通知。但是，外国人在由其他部门进行案件查处、起诉或审理期间死亡的，由案件查处、起诉、审理机关负责通知；在监狱服刑过程中死亡的，由司法行政机关负责通知。如死因不明，需要调查后方能确定的，可先通知死亡事项，同时告知死因正在调查中。

通知时限，应按死者所属国家与我国签订的双边领事条约规定办理；如无双边领事条约，或双边领事条约没有规定的，应按《维也纳领事关系公约》和国际惯例尽快通知，最长不应超过七天。

（三）尸体解剖

正常死亡者或死因明确的非正常死亡者，一般不需作尸体解剖。若死者家属或其所属国家驻华使领馆要求解剖，可以同意，但应要求死者家属或其所属国家驻华使领馆出具书面请求。

死因不明的非正常死亡者，为查明死因，需进行解剖时，由公安、司法机关按有关规定办理。

（四）出具证明

一般情况下，正常死亡，由县级以上医院或公安机关出具“死亡证明书”，如死者生前曾住医院治疗或抢救，可应其家属要求提供“诊断书”或“病历摘要”；非正常死亡，由公安机关的法医按照规定出具“死亡鉴定书”。但是，外国人在由其他部门进行案件查处、起诉或审理期间死亡的，由案件查处、起诉、审理机关法医出具“死亡鉴定书”；在监狱服刑中死亡的，由司法行政机关的法医出具“死亡鉴定书”。如相关机关没有法医，公安机关的法医可以按照有关规定代为出具。死者所属国家驻华使领馆提出办理公证要求时，应告其向公证部门申办“死亡公证书”等相关文件；提出办理认证要求时，应告其向外交部领事司或所属国家驻华领馆领区内我地方外事部门申请认证手续。“死亡证明书”、“死亡鉴定书”交死者家属或死者所属国家驻华使领馆。

对外公布死因要慎重。如死因尚不明确，或有其他致死原因，待查清或内部意见统一后，再向外公布和提供证明。

（五）对尸体的处置

尸体的处置，应尊重死者家属或所属国家驻华使领馆的意愿，处置前应妥为保存（如防腐、冷冻）。如外方要求举行宗教仪式，应告其向宗教部门咨询。

1. 如外方要求尸体在当地火化，应由死者家属或所属国家驻华使领馆提出书面请求并签字，由当地殡仪馆负责火化，骨灰带回或运回死者所属国家。如外方要求将骨灰埋或撒在我国，应告其向民政部门咨询。

2. 如外方要求将死者在我国土葬，告其向民政部门咨询。

3. 如外方要求将尸体运回所属国家，公安机关按照规定提供必要的协助。

如死者在华无家属、亲友、接待人或聘用单位，无人处置遗体的，层报省公安厅处置。

（六）遗物的清点和处置

清点死者遗物，应有死者家属或其所属国家驻华使领馆官员在场。如家属或者驻华使领馆官员明确表示不能到场，可请公证员到场，并由公证员将上述人员不能到场的事实和原因注明。遗物清点应当造册，列出清单，清点人均应签字。

移交遗物，应当出具移交书，一式二份，注明移交时间、地点、在场人、物品件数、种类和特征等并签字，需要办理公证的，依法办理有关手续。如死者有遗嘱，应将遗嘱拍照或复制，原件交死者家属或其所属国家驻华使领馆。

（七）注销相关证件

属地的出入境管理部门应注销我国为该外国人签发的出境入境我国的许可证件。

（八）报送情况

出入境管理部门应将外国人死亡案件情况逐级报到公安部出入境管理局，并抄报同级外办；对重大、疑难、复杂的外国人死亡案件应形成书面报告，并做好对外交涉准备。

（九）结案归档

立案部门须在 24 小时内将案件情况录入涉外案事件信息系统。各办案单位均应保存本单位在案件调查、取证过程中所取得的书面材料和视听资料，按照要求及时订卷归档。

（十）典型案例

1. 外国人正常死亡案件

案例

印度人在医院病死案

2013 年 6 月 23 日，一名印度人因中暑导致心脏衰竭，在 120 救护车送往医院时抢救无效死亡，该市人民医院出具了《死亡证明书》，死者遗体被存放在该市殡仪馆。经了解，死者在该市有两个外甥：Mankani Navin 和 Chandnani Sushi，同在该市切格贸易商行就业。公安机关告知两人自行通知印度驻沪总领馆及死者在印度的妻子前来处置后事，并依法注销了死者原持的居留证件。

2. 外国人非正常死亡案件

案例

乌克兰人 Turhenev Serhiy 猝死案

2012 年 10 月 1 日上午 8 时许，停泊在舟山市普陀区六横镇中远船务码头的外轮钢铁男爵号（船籍英属马恩岛，于2012年8月进入六横中远舟山船务修理）上发现一外籍船员死亡，死者名为Turhenev Serhiy，男，1948年7月28日生，乌克兰人。经现场调查访问及勘察，该死者体表无外伤，初步鉴定结果系猝死。当地公安机关出具“死亡鉴定书”后，尸体由外轮代理公司协助家属运送出境。

案例

乌克兰船员Oleg Marusov在公海死亡案

2010年12月14日，马绍尔群岛籍“瑟尔”（M. V Thor）轮于从美国科珀斯克里斯蒂港装运6万余吨大豆后驶往舟山，1月18日23时许行至太平洋公海海域时，乌克兰船员Oleg Marusov在船上死亡，船方将尸体进行冰冻。1月24日夜，该船抵达舟山虾峙门锚地并办妥船舶入境手续，船方请求当地医院出具死亡证明书，相关医院答复未经医院抢救，无法出具；后船方向当地公安机关报案，请求出具死亡鉴定书。鉴于该船员死于外籍船舶上，且死亡时船舶位于公海，经请示上级公安机关后，告知船方可以由死者所属国家使领馆官员及家属授权，委托杭州市司法鉴定所对尸体进行解剖并出具死亡鉴定书。

3. 外国人被害案件的善后处理

案例

“10.28”天安门金水桥恐怖袭击致多名外国人伤亡案

2013年10月28日中午12时许，三名新疆人驾乘吉普车闯入长安街便道，沿途快速行驶故意冲撞游人群众，随后撞向金水桥护栏，点燃车内汽油致车辆起火燃烧，三名新疆人当场死亡。此次暴力恐怖袭击案件共造成42名无辜人员伤亡。其中，死亡2人（包括1名菲律宾女子），受伤40人（包括3名菲律宾人及1名日本人）。

北京市公安局出入境管理总队立即启动重大案事件处置预案，迅速成立了处置、善后工作专班，组建了前置处突、沟通联络、对外交涉、内部协调、资料汇总等工作小组，迅速落实各项工作部署。一是警力前置执勤，积极应对媒体。每日安排前置警力在同仁医院骨科病房周边维护秩序，妥善应对现场境外记者采访，确保外籍伤者安全。二是密切沟通使馆，及时对外交涉。主动向两国使馆通报了死伤者情况，严格依照公开口径对外交涉，准确告知使馆与政府主责部门沟通联系，安排使馆官员到医院探视伤者，协调使馆为伤者尽快回国治疗做好相关准备工作。三是主动对接外办，积极出谋划策。着眼大局，不等不靠，凭借以往办案经验，积极建言献策，主动与市外办新成立的领保处领导对接，介绍外国伤者回国治疗及运送遇难者遗体出境事宜的有关案例，多次陪同市外办领导与使馆会谈，提出工作建议，积极促成伤者顺利离境。四是协调局内单位，推动善后工作。积极协调市局刑侦、法医、属地分局等单位，及时封闭伤者暂住酒店房间，确保物品完好；适时安排遇难者家属查看遗体、整理遗物；提前开具死亡证明、伤情鉴定及伤检报告；建议并配合文保总队落实护送措施；协调机场分局开启绿色通道，陪同市外办领导在机场送行，确保伤者顺利出境。

案件启示：

（1）要尽快核实身份，核清死者身份是基础、是前提、是关键。

（2）要强化取证意识，全面收集现场录音录像、人证物证资料，避免事后被动（如死者家属不认账）。

（3）移动尸体要慎重，但特殊情况要区别对待（如果公共场所停尸时间不能过长，可经请示后进行相应处理）。

（4）要及时上报，统一交涉，做好善后。由于死亡案件比较敏感，所以在现场处置过程中对外答复时一定要稳妥，切不可自作主张，应当由各有关单位共同研提意见，形成最终口径，报上级审批后再行答复。

五、外国人求助的处置

接到外国人求助报警或者指令后，应立即赶赴现场，了解求助相关内容，对外国人的身份进行核实，对其出入境情况、活动轨迹及违法犯罪记录情况进行核查，并根据求助内容会同相关警种进行处置。若求助人员有亲属及同行人员的，应及时通知到场协助处置，也可以通知求助人的朋友在自愿情况下到场参与协助处置。

（一）护照报失

外国人发生护照遗失、被盗的，应向发生地派出所报案，凭派出所出具的《报案证明》，到当地出入境管理部门开具《护照报失证明》。

案例

2013 年 8 月 4 日，约旦人 Samah Amjed Omar Arafat 到出入境大厅报称其上午乘坐出租车时，护照不慎丢失。民警告知其先赴出租车停靠地派出所报案，然后持《报案证明》再到出入境管理机构办理护照遗失手续。Samah Amjed Omar Arafat 到派出所后，派出所民警认为该护照属于自然遗失，并不属于被盗、被抢范畴，不适宜出具《报案证明》。出入境管理民警得知消息后，立即与派出所民警联系沟通，告知其 Samah Anhed Omar Arafat 需要的《报案证明》只需证明该外国人曾来派出所报过护照遗失，并不要求证明该外国人护照遗失的具体经过。经协调，Samah Amjed Omar Arafat 持《报案证明》再次来到出入境窗口，民警在核实了身份信息、住宿登记信息、签证是否有效等情况后，受理了其护照遗失申请。民警一方面关注是否有人前来上交捡到的护照，一方面核查是否有人持 Samah Amjed Omar Arafat 报失的护照出境。核实无误后，民警将《护照报失证明》交付给 Samah Amjed Omar Arafat。后 Samah Amjed Omar Arafat 在约旦驻华大使馆补办了新护照，并补办了停留证件。

（二）精神病人的处置

1. 开启现场执法记录仪

民警到达现场前，需将现场执法记录仪开启，确保现场处置全程录音录像。

2. 带至附近安全地点，安抚情绪

为防止影响公共场所秩序，属地公安机关应于前期将病患带至附近安全地点，安抚情绪。现场处置民警应配备约束带、防割手套等防护装备，确保精神病人、周围群众和处置民警的人身安全，必要时可以对精神病人采取保护性约束措施，但不得对其人身进行故意伤害。

3. 查验证件

待该人情绪、行为恢复正常，确认其身份。①经出示相关证件，表明警察身份。告知根据《出境入境管理法》第38条之规定，公安机关有权查验其护照等身份证件；②依法查验外国人护照。根据证件照片和外国人自报信息核对证件是否持证人所有；③检查外国人签证、居留许可、停留证件是否在有效期内；④外国人未携带证件的，可通过核录仪或联系出入境管理部门，根据其自报的证件号码、姓名等信息查询其证件情况；⑤发现外国人未办理住宿登记的，应妥善控制嫌疑人。

4. 联系亲属、接待单位

在确定疑似外籍精神病人身份后，应当及时联系该人在华亲属，有接待单位的通知该人接待单位。暂时无法联系到在华亲属、接待单位的，可以联系驻华使馆到场，并要求其尽快查找、通知病患亲属或接待单位。

5. 确定性质，分类处置

属地公安局可通过现场访问，确定案（事）件性质。

肇事肇祸的外籍精神病人由属地公安局立案处理，送有关部门鉴定治疗。

轻微滋事的外籍精神病人，应由家属、使馆或接待单位负责送精神病专科医院办理入院手续、承担治疗费用。属地公安局负责民警应全程陪同。

6. 调查取证

确定身份后，了解病患有无过激行为，有无违法行为，全程录音录像。必须将病患的身份信息、症状、过激行为或违法行为记录在案，妥善保存。

7. 加强请示，及时上报

要及时将现场情况汇总并形成工作意见，阶段性地向指挥中心和有关领导请示、汇报。

8. 视情决定是否给予行政处罚

间歇性外籍精神病人在精神正常时有违反中国法律法规需要采取强制措施或给予行政处罚的，按照有关法律法规规定程序办理。

外籍精神病人在不能辨认或者不能控制自己行为时有违反中国法律法规应当给予行政处罚的，不予行政处罚，但应当责令其监护人严加看管和治疗。

外籍精神病人出现肇事肇祸情形，有违法行为的，由分县局依法对其违法行为进行处罚。

要积极与精神病人家属、使馆和接待单位沟通，妥善处理后续工作，避免造成不必要的交涉或纠纷。

9. 遣送出境，并报列不准入境人员名单。

案例

2012年10月17日，某市公安局接报称某派出所在处警过程中，带回一名精神异常的外国人，请求出入境管理机构派员协助处置。出入境外管民警到达派出所向当时出警民警了解相关情况后得知，该名外国人被发现在马路中央赤裸身体指挥交通，考虑到该名外国人的人身安全，处警人员先将该人带回派出所，为了防止其出现自伤行为，对其采取了保护性约束措施。该人身上未携带任何有效身份证件，说话语无伦次。民警将该情况上报指挥中心和分管局领导，通过与市政府相关职能部门（卫生局、精神病医院）协调，当晚将该外国人送至该市第三人民医院，并由医院对其进行精神疾病鉴定后，采取临时性看护和保守治疗措施。经多次沟通联系，最终确认该人为孟加拉国人，名叫 Anwar Miah，男，1970 年 5 月 21 日出生。此后，该市公安局一方面将情况及时层报省厅，希望孟加拉国驻华使馆能尽快为其发放回国证件；另一方面继续通过孟加拉国在该市经商的人员调查了解该精神异常人员情况，争取尽快查清其活动轨迹。通过走访，民警成功找回了该孟加拉国人的护照和手机等财物，后顺利将其遣送回国，并报列不准入境人员名单。

（三）走失事件

案例

2014 年 3 月 8 日，一外国人到某市公安局出入境管理机构窗口求助，该外国人只能说简单的英语，不会说汉语，随身没有携带任何有效身份证件。通过简单交流民警初步判断其是伊朗人，当即找到伊朗语翻译与该外国人进行通话。经了解，该伊朗人于前一天晚上独自从外地到达该市，入住宾馆后将行李及证件都放在房间内，仅携带住宿登记单及宾馆的地址名片卡后打车去酒吧娱乐，后醉酒在酒吧门口广场的椅子上坐了一晚，待早上醒来后，随身物品都已丢失，自己也不记得入住的宾馆名称。民警通过核查住宿登记管理系统，对前一天入住的 47 名外国人相片逐一比对，最终查到了该外国人入住的宾馆信息，处置民警在核查出入境管理系统证实该人所持证件、签证无误后，对该伊朗人进行了批评教育，并将旅馆地址、房间号抄录给该外国人，将其送上了出租车。

思考题

1. 公安涉外行政案件分类的依据是什么？
2. 公安涉外行政处罚的种类和适用情形有哪些？
3. 公安涉外行政强制的种类和适用情形有哪些？
4. 如何理解公安涉外行政案件处置程序中的一般程序和特殊程序？
5. 论述公安涉外行政案件处置的完整程序。
6. 论述外国人“三非”案件的处置要点。
7. 外国人“三非”外的违反出入境管理行为有哪些情形，如何处罚？
8. 如何进行涉外治安调解？
9. 涉外治安案件处置中有哪些注意事项？
10. 涉外道路交通事故处置有哪些注意事项？
11. 对外国记者非法采访、外国人违反宗教管理、外国人违反军事设施管理、外国人死亡以及外国人求助等案（事）件处置各有哪些要领？

第十章　涉外刑事案件的处置

本章导读

涉外刑事案件既包括在我国境内发生的具有涉外因素的刑事案件，也包括在我国境外发生的与我国或与我国签署的国际条约有关的刑事案件。从行为发生地、涉外刑事案件管辖的角度，有不同的划分法。本教材主要论述和介绍公安机关处置的涉及外国人的刑事案件。

涉外刑事管辖权，是指一国政府对涉外犯罪所拥有的起诉和惩罚的权力，亦即指国家在国际司法事务中所享有的控制和处置具有涉外因素刑事案件的权力。刑事管辖权是国家主权的重要组成部分，在惩治国际犯罪或跨国犯罪活动中，是一国与别国划分刑事案件处置权力的法律依据。同时，也是各国警察等司法机关开展国际合作的前提条件。因此，在涉外刑事案件处置中，管辖权具有十分重要的作用。

公安机关的涉外刑事案件管辖，涉及国内法和国际法中的刑事案件管辖，前者主要分为地域管辖、部门管辖、级别管辖和专属管辖；后者主要有属地管辖、属人管辖权、保护管辖权和普遍管辖权。基于不同的管辖原则，就同一犯罪行为必然导致涉案国家行使管辖权的冲突。国家间可通过法律协调、外交协调等方式按照国家主权平等、国际刑法优先、或起诉或引渡以及属地优先等原则来解决管辖权冲突的问题。

和公安涉外行政案件的处置程序一样，根据我国目前的法律规定，我国公安机关办理涉外刑事案件主要有一般程序和特殊程序。前者是公安机关在办理涉外刑事案件中，和涉及中国人的刑事案件一样，应遵循的法律程序；后者是指国际法和国内法针对涉外案件设定的保护外国当事人合法权利的特殊程序。本章第三节具体论述和介绍了公安机关处置涉外刑事案件的完整程序。

外国人犯罪侦查的国际警务合作是指在侦查外国人犯罪的案件中，我国公安机关依据国际条约、惯例或双边互惠原则，直接在其他国家警察或有侦查权的司法机关或在国际组织协调下，相互提供支持、便利和协助的活动。本教材认为，外国人犯罪侦查需要国际警务合作主要适用外国人在我国和他国跨国犯罪、外国人在我国领域内犯罪逃往境外、外国人在他国领域内犯罪逃进我国以及外国人在我国领域外对我国国家或公民实施了严重罪行等情形。公安部是我国公安机关进行国际警务合作的中央主管机关，通过有关国际条约、协议规定的联系途径、外交途径或者国际刑警组织渠道，接受或者向外国提出国际警务合作请求。地方各级公安机关依照职责分工办理国际警务合作事务。其他司法机关在办理刑事案件时，需要外国警方协助的，由其中央主管机关与公安部联系办理。我国公安机关主要通过多边和双边合作机制两个途径来参与国际警务合作。我国外国人犯罪侦查国际警务合作基本形式主要有：交流刑事信息、国际通报、案件协查、国际通缉、国际联合侦查、境外调查取证、跨国追缉、跨国押解、委托追缴犯罪收益、联合控制下交付等。

第五节以案例形式讲述了妨害国（边）境管理犯罪案件的处置。

第一节　涉外刑事案件概述

一、涉外刑事案件的含义

（一）刑事案件中的涉外因素

构成涉外刑事案件必须具备以下因素之一：

1. 中国领域内涉及外国的，即行为发生或结果发生在中国领域内的涉及外国人、外国国家、外国组织和外国机构的犯罪行为，包括行为主体涉外的案件、行为对象涉外的案件等。

2. 中国领域外涉及中国的，即行为发生或结果发生在中国领域外的涉及中国公民、中国组织、中国国家的犯罪行为，包括发生在外国籍船舶和航空器上的涉及中国公民、中国组织、中国国家的案件。

3. 国际条约规定的犯罪行为，即中国缔结或参加的国际条约和多边、双边条约规定的刑事犯罪行为。

4. 涉及国际执法合作的，即中国有关国家机关和外国有关国家机关之间就刑事执法进行协作的案件。

（二）涉外刑事案件的概念

涉外刑事案件，具有狭义和广义两个概念。从狭义上说，涉外刑事案件是指在我国境内发生的具有涉外因素的刑事案件。从广义上说，涉外刑事案件既包括在我国境内发生的具有涉外因素的刑事案件，也包括在我国境外发生的与我国或与我国签署的国际条约有关的刑事案件。

根据 2013 年 1 月 1 日起施行的《最高人民法院关于适用〈中华人民共和国刑事诉讼法〉的解释》第 392 条的规定，涉外刑事案件是指：

1. 在领域内，外国人犯罪的或者我国公民侵犯外国人合法权利的刑事案件。

2. 符合刑法第 7 条、第 10 条规定情形的我国公民在中华人民共和国领域外犯罪的案件；

3. 在领域外，符合我国《刑法》第 8 条、第 10 条规定情形的外国人对国家和公民犯罪和中国公民犯罪的案件。

4. 符合我国《刑法》第 9 条规定的情形，在所承担国际条约义务范围内行使管辖权的案件。

我国《刑法》第 7 条规定：“中华人民共和国公民在中华人民共和国领域外犯本法规

定之罪的，适用本法，但是按本法规定的最高刑为三年以下有期徒刑的，可以不予追究。中华人民共和国国家工作人员和军人在中华人民共和国领域外犯本法规定之罪的，适用本法。”第 8 条的规定，“外国人在领域外对国家或公民犯罪，而按本法规定的最低刑为三年以上有期徒刑的，可以适用本法，但是按照犯罪地的法律不受处罚的除外。”第 10 条的规定，凡在领域外犯罪，依照本法应当负刑事责任的，虽然经过外国审判，仍然可以依照本法追究，但是在外国已经受过刑罚处罚的，可以免除或者减轻处罚。第 9 条的规定，“对于缔结或者参加的国际条约所规定的罪行，在所承担条约义务的范围内行使刑事管辖权的，适用本法。”

二、涉外刑事案件的分类

（一）依照行为发生地划分

1. 发生在中国领域内的涉外刑事案件

（1）行为主体为外国人的犯罪。涉外刑事案件通常就是指的此类案件，本章也是主要论述此类案件的侦查。伴随我国改革开放的深入，来华的外国人大量增加，随之也带来了违法犯罪的增加。外国人犯罪由于涉及国与国之间的关系，在实体与程序上都需要区别对待。

（2）行为对象为外国人的犯罪。与外国人在华犯罪增加对应，中国公民针对他们实施犯罪，外国人成为被害人的情形也在增加。

（3）外国人在本国犯罪后潜逃至我国的。一般是外国有关机关请求我国协助予以引渡的案件。

（4）中国公民在外国犯罪后逃回国内的。

2. 发生在中国领域外的涉外刑事案件

（1）行为对象涉及中国的犯罪。随着中国公民及组织出国从事各种活动人数的增多，针对中国公民、中国组织及中国国家的刑事犯罪也不断增加。此类案件原则上由犯罪发生地国家的司法机关依其本国法律处置。

（2）中国公民在域外违反我国刑法的犯罪。这是指我国《刑法》第 7 条基于属人管辖原则所规定的犯罪。

（3）中国公民在国内犯罪逃至域外的，即需要外国协助予以引渡或遣返的案件。

（4）中国公民在域外违反所在国法律的案件。此类案件原则上依当地法律处置。

（二）依照涉外刑事案件管辖划分

1. 我国单独管辖的涉外刑事案件，即根据国际条约和国内法规定，只能由中国有关机关行使管辖权的犯罪行为，具体包括：

（1）发生在中国领域内，行为主体为中国公民或单位和普通外国人的涉外犯罪。

（2）中国公民在外国实施的，根据当地法律不认为是犯罪，但根据中国《刑法》应处 3 年以上有期徒刑的犯罪和国家工作人员、军人在域外的犯罪。

2. 双重或多重管辖的涉外刑事案件，具体包括：

（1）外国人在中国领域外实施的针对中国国家、中国组织、中国公民的犯罪。

（2）中国公民在中国领域外实施的犯罪。

（3）行为发生地或结果发生地具有涉外因素的犯罪。

3. 特殊管辖的涉外刑事案件，具体包括：

（1）国际条约规定的犯罪。这是我国《刑法》第9条基于普遍管辖原则确立的有管辖权的犯罪，不论这些犯罪主体、对象是否有涉外因素，如劫持航空器犯罪、种族灭绝犯罪、毒品犯罪、洗钱犯罪等。

（2）享有外交特权和领事特权与豁免的外国人在中国领域内的犯罪。根据有关国际条约和国内法的规定，对于享有外交特权和领事特权与豁免的外国人的犯罪应当追究刑事责任的，通过外交途径解决。

本教材主要论述和介绍公安机关处置的涉及外国人的刑事案件。

三、涉外刑事案件管辖权

（一）涉外刑事管辖权的含义

涉外刑事管辖权，是指一国政府对涉外犯罪所拥有的起诉和惩罚的权力，亦即指国家在国际司法事务中所享有的控制和处置具有涉外因素刑事案件的权力。

涉外刑事管辖权问题，只能在具有涉外因素的刑事诉讼案件中产生。一国政府的司法机关所侦查或审判的刑事案件，如果涉及外国国家、外国公民或财产，或者在外国领域发生的法律事实，都会产生一国政府主管机关对该刑事案件是否享有管辖权的问题。也就是说，在国内法的意义上，刑事管辖权是根据管辖范围、权限来划分刑事案件的处置机关。在国际法的意义上，则意味着一国政府对具有涉外因素的刑事案件，包括跨国犯罪案件和国际犯罪案件享有侦查、审判权力的法律依据。

行使涉外刑事管辖权，有的案件适用本国的法律规定，有的案件应当适用国际法。特别是对于我国缔结或者参加的国际条约所规定的罪行行使管辖权，更是需要适用国际法，包括国际刑法。

虽然涉外刑事管辖权问题是国际社会所关心的问题之一，并且通过一系列国际条约和本国立法以及司法实践，也存在着这样或那样的概念和规范。但是，国际社会还没有一整套公认的关于涉外刑事管辖的规则或惯例。一般而言，各国行使涉外刑事管辖权基本上是根据属地管辖和属人管辖两项原则。一国司法机关既可以对其本国公民或外国人在其领域内的犯罪行为实施管辖权，又可以对本国公民在外国的犯罪行为行使管辖权。由于一些国家突出地强调保护本国公民的利益，他们认为只要犯罪行为涉及其本国公民时，本国的司法机关就有权行使管辖。这种法律规定在司法实践中，常会引起行为地国家或被告国籍所属国家在涉外管辖上的冲突。

（二）涉外刑事管辖权的作用

刑事管辖权是国家主权的重要组成部分，在惩治国际犯罪或跨国犯罪活动中，是一国与别国划分刑事案件处置权力的法律依据。同时，也是各国警察等司法机关开展国际合作的前提条件。因此，在涉外刑事案件处置中，管辖权具有十分重要的作用。

1. 国家主权的重要组成部分

作为一个主权国家，应当对危害各国利益，包括本国利益的犯罪行使管辖的权力，以维护国家主权的尊严。在涉外刑事案件处置中，通过管辖权的确立和实现，国家主权主要体现在这样几个方面。

（1）在我国境内的外国人犯罪，应当依据我国刑法追究刑事责任；属于我国管辖的涉外刑事案件，应当按照刑法关于管辖的决定，由我国公安等司法机关处置，外国司法机关无权管辖。

（2）根据我国刑法规定，外国人在我国境外侵犯我国国家或公民利益的犯罪行为应当追究刑事责任的，虽然经过外国处罚，仍然可以按照我国法律处置，当然在外国已经受过刑罚的，可以免除或减轻处罚；

（3）在我国领域外的中国船舶或中国航空器内发生的犯罪行为，由我国主管机关行使管辖权。

2. 有利于打击国际犯罪和跨国犯罪

随着现代化交通工具和信息网络的广泛使用，跨国犯罪、国际犯罪日益增多，特别是我国与世界各国经济文化交流活动的增多，也随之产生了越来越多的跨国犯罪和国际犯罪活动。这种犯罪活动不仅破坏了我国与世界各国的友好往来，也阻碍了我国改革开放的深入发展，因此，确立刑事管辖权并努力实现有效管辖，尤其是有效地实行域外管辖权力，更能够依法惩治各种形式的国际犯罪和跨国犯罪活动，维护我国和国际社会秩序。

3. 有利于履行国际义务

自1980年以来，我国先后缔结和加入了一些关于惩治国际犯罪的国际公约。对于我国缔结或加入的国际公约，我国均承担公约规定的义务，包括对犯有条约规定的特定罪行的犯罪行使刑事管辖的义务。也就是说，我国政府应当在所承担公约义务的范围内，行使涉外刑事管辖权，提高我国在国际司法活动中的地位，维护我国在国际社会中的良好声誉。

4. 有利于推进国际合作

面对不断上升的跨国犯罪和国际犯罪活动，仅仅依靠各个国家的司法机关独立实施管辖，已远远不能适应同这类犯罪作斗争的需要。如果各国仅仅依靠自己独立地行使犯罪管辖，就可能在管辖空间上出现空隙和漏洞，导致某些犯罪分子不能得到应有的惩罚。因此，为了更有效地同跨国犯罪和国际犯罪作斗争，各国司法机关必须尽可能实行国际合作，即管辖合作，建立侦查协作机制。无论是本国公民犯罪，还是外国人犯罪，终究都逃脱不了法律的制裁。而要想实现有效的国际合作，管辖权的确立是首要的前提条件。

一国对某种犯罪或某个犯罪分子拥有法定管辖权，是促使他国司法机关与之联系的基础，在涉外刑事案件处置过程中，需要引渡、联合侦查或协助侦查、诉讼转移的，都必须首先确定各自的刑事管辖权。

可见，刑事管辖权的确定和实施，对于完善我国法制体系，提高我国司法机关的执法能力，有效地加强与其他国家的司法合作，制裁跨国犯罪和国际犯罪，具有十分重要的作用。①

① 参见向党主编：《涉外案件处置》，235～236页，北京，中国人民公安大学出版社，2011。

（三）涉外刑事管辖权的分类

涉外刑事管辖权主要可分成两类：

1. 国内法意义上的管辖权，它是依照国内法确定国内刑事司法系统处置涉外刑事案件的权利；

2. 国际法意义上的管辖权。它是依照国际法确定各个国家间处置涉外刑事案件的权力。

第二节　国内、外法中的涉外刑事案件管辖

一、国内法中的涉外刑事案件管辖

根据 2012 年《公安机关办理刑事案件程序规定》的有关规定，公安机关的涉外刑事案件管辖主要分为地域管辖、部门管辖、级别管辖和专属管辖。

（一）地域管辖

地域管辖，又称区域管辖或者地区管辖。地域管辖，是指以犯罪地为标准来划分同级公安机关之间对刑事案件的管辖权，即在本辖区内办理刑事案件的分工和权限。如果说级别管辖是纵向划分不同层级公安机关之间处置刑事案件的权限，那么地域管辖则是横向划分同级公安机关之间处置刑事案件的权限。

鉴于涉外刑事案件发生的复杂状况，为了便于分清职责，顺利结案，我国法律规定将地域管辖分为普通地域管辖和特殊地域管辖两种管辖模式。

1. 普通地域管辖

普通地域管辖，又称一般地域管辖，是以犯罪地为标准确定案件的管辖机关。适用于我国域内发生的各种涉外案件的立案侦查。《公安机关办理刑事案件程序规定》第 351 条规定：外国人犯罪的刑事案件，由犯罪地的县级以上公安机关立案侦查。刑事案件由犯罪地的公安机关立案侦查，是地域管辖的一般原则。普通地域管辖确定的原则主要有两条：

一是以犯罪地公安机关管辖为主，犯罪嫌疑人居住地公安机关管辖为辅。刑事案件一般应当由犯罪地的公安机关管辖，这是确立地域管辖的首要原则。所谓犯罪地，不仅包括犯罪行为发生地，还包括犯罪行为预备地、犯罪行为实施地、犯罪结果发生地和销赃地等与犯罪活动有关的一切场所。

地域管辖的确立，采取以犯罪地的公安机关管辖为主的原则，是因为犯罪地是犯罪嫌疑人实施犯罪活动的地区。这样规定，便于公安机关快速赶赴现场，及时获取证据，迅速查清案情。亦利于及时查找证人，利于刑事诉讼活动的顺利开展，符合诉讼经济原则，体现了刑事诉讼原则性和灵活性相结合的立法精神。

鉴于涉外刑事案件本身所具有的发案范围的广泛性和犯罪主体的复杂性，有些案件如果由犯罪嫌疑人居住地的公安机关管辖更为合适的，可以由犯罪嫌疑人居住地的公安机关立案侦查。这里的居住地，是指犯罪嫌疑人的户籍所在地和住处所在地。根据司法实践，居住地不仅包括犯罪嫌疑人的户籍所在地，还可以包括犯罪嫌疑人工作和学习的场所。这一原则精神在涉外刑事案件的管辖中表现得更为具体。例如，中国公民在中国境外实施犯

罪的，应当由该公民出境前的居住地或者户籍所在地的公安机关管辖最为适宜。又如，中国公民在驻外的使领馆内实施犯罪的，应当由该公民主管单位所在地或者他的原户籍所在地的公安机关立案管辖。

二是以最初受理案件的机关管辖为主，以犯罪地的公安机关管辖为辅。《公安机关办理刑事案件程序规定》第 18 条第 1 款规定："几个公安机关都有权管辖的刑事案件，由最初受理的公安机关管辖。必要时，可以由主要犯罪地的公安机关管辖。"这个原则是对第一个原则的重要补充，是对地域管辖原则的进一步完善。

从司法实践来看，一个刑事案件同时有几个公安机关都有权管辖的情形主要表现是：犯罪行为预备地和犯罪行为实施地不在同一公安机关管辖区域内的；犯罪行为实施地和犯罪结果发生地不在同一公安机关管辖范围内的；犯罪行为实施地与销赃地点不在同一公安机关管辖范围内的；同一个犯罪人在不同地区实施同一罪行的；同一个犯罪人在不同地区实施数个罪行的；共同犯罪中的数个犯罪人在不同的地区实施同一个罪行的；在不同地区实施数个罪行或者犯罪人居住地不在同一个公安机关管辖范围内的。

对于上述情形的案件，一般应当由最初受理的公安机关管辖。但是，如果最初受理的公安机关发现自己直接立案侦查不利于案件及时处置，为确保案件顺利处置，也可以将案件移送主要犯罪地的公安机关。

2. 特殊地域管辖

特殊地域管辖，是普通地域管辖的对称，是指以犯罪嫌疑人被抓获地或者入境地为标准确定涉外刑事案件的管辖机关。这一概念包括两层含义：一是由犯罪嫌疑人被抓获地的设区的市一级级以上公安机关负责此类案件的侦查工作；二是由犯罪嫌疑人入境地的县级以上公安机关侦破此类案件。也就是说，这种特殊地域管辖专门适用于外国人在中国域外犯罪的案件。根据 2012 年《公安机关办理刑事案件程序规定》第 352 条和第 355 条的规定，属于特殊地域管辖的案件主要有以下两种：

一是外国人实施国际犯罪后进人中国领域内的，公安机关拥有管辖权。我国缔结或者参加的国际条约规定的罪行属于国际犯罪，按照我国刑法和有关国际条约的规定，对这类国际犯罪依据普遍管辖原则公安机关享有管辖权。实施犯罪的外国人只要进入我国领域内，我国公安机关就有义务对其开展侦查活动，适用我国法律追究其刑事责任。

二是外国人在中国领域外实施对中国的犯罪后入境的，公安机关有义务管辖。依照我国刑法的规定，外国人在我国领域外犯罪，侵犯中国国家或者中国公民合法利益，且依照中国刑法规定应当追究刑事责任的，在其进入中国国境后，入境地的公安机关有责任对其立案侦查。

（二）级别管辖

级别管辖，是指公安机关上下级之间，受理和侦查涉外刑事案件的分工和权限。我国公安机关组织机构的设置分为四个层级，即县级、市级、省级和公安部机关以及铁路、交通、民航、森林公安机关等，构成了我国公安机关内部系统的运作机构。级别管辖就是划分和确定各级公安机关之间和专门公安机关之间处置涉外刑事案件的管辖权。亦即纵向划分不同级别公安机关之间办理涉外刑事案件的职权范围。

根据我国的国情和公安机关的机构设置情况，我国有关法律根据刑事案件的性质、犯罪行为危害程度、犯罪主体及公安机关的特性等因素确定级别管辖的标准。为了及时公正地处置涉外刑事案件，我国法律对各级公安机关分别设定了不同的管辖职权。甚至对同一案件的不同处置阶段都分别设定了不同的管辖级别，亦即采取立案侦查和强制措施的适用权限分离的政策，从而从立案侦查的角度有效地保障涉外案件的顺利处置。

1. 县级公安机关的权限

根据2012年《公安机关办理刑事案件程序规定》第351条的规定：外国人犯罪案件，由犯罪地的县级以上公安机关立案侦查。

该规定第355条规定：外国人在领域外对国家或者公民犯罪，应当受刑罚处罚的，由该外国人入境地或者入境后居住地的县级以上公安机关立案侦查；该外国人未入境的，由被害人居住地的县级以上公安机关立案侦查。

2. 市级公安机关的权限

根据2012年《公安机关办理刑事案件程序规定》第352条的规定：外国人犯缔结或者参加的国际条约规定的罪行后进入我国领域内的，由该外国人被抓获地的设区的市一级以上公安机关立案侦查。

3. 省级公安机关的权限

根据2012年《公安机关办理刑事案件程序规定》第358条的规定，对外国籍犯罪嫌疑人依法作出取保候审、监视居住决定或者执行拘留、逮捕后，由省级公安机关根据有关规定，将其姓名、性别、入境时间、护照或者证件号码、案件发生的时间、地点，涉嫌犯罪的主要事实，已采取的强制措施及其法律依据等，通知该外国人所属国家的驻华使馆、领事馆，同时报告公安部。经省级公安机关批准，领事通报任务较重的副省级城市公安局可以直接行使领事通报职能。

外国人在公安机关侦查或者执行刑罚期间死亡的，有关省级公安机关应当通知该外国人国籍国的驻华使馆、领事馆，同时报告公安部。

4. 部级公安机关的权限

根据2012年《公安机关办理刑事案件程序规定》第358条的规定，公安部统一掌握全国公安机关对外国人刑事强制措施及在此期间外国人死亡的案件情况。

根据2012年《公安机关办理刑事案件程序规定》第356条的规定，发生重大或者可能引起外交交涉的外国人犯罪案件的，有关省级公安机关应当及时将案件办理情况报告公安部，同时通报同级人民政府外事办公室。必要时，由公安部商外交部将案件情况通知我国驻外使馆、领事馆。

根据2012年《公安机关办理刑事案件程序规定》第355条又规定：外国人在领域外对国家或者公民犯罪，应当受刑罚处罚的，没有被害人或者是对国家犯罪的，由公安部指定管辖。

根据2012年《公安机关办理刑事案件程序规定》第364条的规定，公安部是公安机关进行刑事司法协助和警务合作的中央主管机关，通过有关国际条约、协议规定的联系途径、外交途径或者国际刑事警察组织渠道，接收或者向外国提出刑事司法协助或者警务合作请求。

（三）职能管辖

我国的公安机关，除地方公安机关外，还有行业公安机关。根据《公安机关办理刑事案件程序规定》第353、354条及有关规定，对几类特殊案件的管辖规定如下：

1. 中国船舶或者航空器内犯罪案件。外国人在领域外的中国船舶或者航空器内犯罪的，由犯罪发生后该船舶或者航空器最初停泊或者降落地、目的地的中国港口的县级以上交通或民航公安机关或者该外国人居住地的县级以上公安机关立案侦查；未设交通或者民航公安机关的，由地方公安机关管辖。

2. 国际列车内的犯罪案件。外国人在国际列车上犯罪的，由犯罪发生后列车最初停靠的中国车站所在地、目的地的县级以上铁路公安机关或者该外国人居住地的县级以上公安机关立案侦查。

此外，根据2012年《公安机关办理刑事案件程序规定》、2003年《公安机关外国人管理工作分工配合机制》及其他有关规定，公安机关内部不同侦查部门之间对涉外刑事案件侦查也有分工：

1. 公安机关国内安全保卫部门负责侦查危害国家安全的刑事犯罪案件中不属于国家安全机关管辖的涉外刑事案件。

2. 公安机关经济犯罪侦查部门负责侦查破坏金融、财税等经济秩序的涉外刑事案件。

3. 公安机关刑事侦查部门负责侦查危害公共安全罪，破坏社会主义市场经济秩序罪，侵犯公民人身权利、民主权利罪，扰乱公共秩序罪，妨害司法罪，妨害国（边）中的大多数涉外刑事案件，以及侵犯财产罪、妨害社会管理秩序罪中的扰乱公共环境管理罪、妨害文物管理罪、妨害国防利益罪。

4. 公安机关禁毒部门负责侦查危害社会管理秩序罪中违反毒品管理法规的涉外刑事案件。

5. 公安机关治安部门负责侦查危害公共安全罪，破坏社会主义市场经济秩序罪，走私罪，侵犯公民人身权利、民主权利罪，妨害社会管理秩序和文物管理罪，危害公共卫生罪，破坏环境资源保护罪，组织、强迫、引诱、容留、介绍卖淫罪，制作、贩卖、传播淫秽物品罪，危害国防利益罪中的部分涉外刑事案件。

6. 公安机关交通管理部门负责侦查危害公共安全罪中的交通肇事案件。

7. 公安机关消防部门负责侦查危害公共安全罪中的失火案件和消防责任事故涉外案件。

8. 公安机关边防部门负责侦查妨害社会管理秩序罪中的妨害国（边）境管理的涉外刑事案件。

9. 公安机关出入境管理机构负责侦查妨害社会管理秩序罪中的妨害国（边）境管理的涉外刑事案件。

二、国际法中的刑事管辖

（一）国际法中刑事管辖权的主要类型

1. 属地管辖权

属地管辖权是由于领土最高权而产生的以地域为标准确定的刑事管辖权。凡是发生在本国领土的犯罪行为，不管犯罪行为人是本国公民还是外国公民，都适合本国刑法，凡是在本国主权所辖及的领域内，包括领陆、领水和领空以及控制领土内所实施的犯罪行为或犯罪结果发生在本国领域内的，都必须依照本国的法律予以处置。也可以说是以犯罪行为地为根据确定管辖权。

凡是在我国领域内犯罪的，无论是外国法人还是外国自然人都适用我国刑法。我国《刑法》第6条第1款规定“凡在中华人民共和国领域内犯罪的，除法律有特别规定的以外，都适用本法。”特别规定主要是指享有外交特权和豁免的外国人，除此类人员以外的外国人或无国籍人，只要在我国境内发生犯罪行为，都须依照我国的法律规定追究法律责任。外国人在我国领域内犯罪，从侵害的客体来看，主要有两种形态：

一是侵害我国国家利益、社会秩序或中国公民的利益；二是侵害外国国家利益或外国公民的利益。后一种犯罪形态虽然并没有直接侵害我国国家、社会秩序或公民的利益。但从危害结果看，也是间接地侵害了我国的国家利益和社会秩序。

2. 属人管辖权

属人管辖权是指一个主权国家有权对具有本国国籍的公民实施管辖，无论他是处在本国领域内还是处在本国领域外。国家据此可以对居留在本国领域以外的本国公民提供外交保护，也可以对其犯罪行为实施管辖。根据这一原则，凡是具有中国国籍的人，如果实施了犯罪行为，无论是在中国领域内，还是外国领域内，我国司法机关都享有管辖权，对此，我国法律从两个方面进行了规定：

（1）以犯罪行为为标准。我国《刑法》第7条规定：中华人民共和国公民在中华人民共和国领域外犯本法规定之罪的，适用本法。也就是说中国公民在我国领域外实施我国刑法规定上的犯罪，适用我国刑法追诉，这一刑事管辖权又称为主动的属人原则或被害人国籍原则。

（2）以船舶和航空器国籍为标准。我国《刑法》第6条第2款规定：“凡在中华人民共和国船舶或者航空器内犯罪的，也适用本法。”依照国际惯例和我国的法律规定，船舶和飞机也是有国籍的，我国《船舶登记条例》第3条规定：船舶经依法登记，取得国籍；我国《民用航空器适航管理条例》第11条规定：在中华人民共和国注册登记的民用航空器具有中华人民共和国国籍。据此，根据国籍原则，我国司法机关对发生在中国国籍船舶或飞机内的犯罪行为享有完全的管辖权。不管船舶或飞机航行在哪国领域，其内部发生的犯罪行为都应当置于我国法律管辖之下。

3. 保护管辖权

保护管辖权是指外国人如果在一国的领域外侵害本国的国家或公民的利益，国家就有权利对犯罪人行使刑事管辖，依法追究其法律责任。

当外国人在本国领土之外实施了危害本国国家利益或本国公民利益的犯罪活动时，根据传统的领土管辖和国籍管辖原则都无法确立对其行使刑事管辖的权力。保护管辖原则便因此而产生，依照保护管辖原则，对在领域之外实施侵害本国国家或公民利益的罪犯进行刑事管辖，不仅弥补了领土管辖和国籍管辖原则的不足，也进一步发展了国家涉外刑事管辖理论。

我国刑法在立法上采用了保护原则，确立了对涉外犯罪的第三种刑事管辖权，即保护管辖权，也考虑到保护管辖原则的实际情况，对在领域之外发生的外国人侵害我国利益的犯罪作出了严重罪行的限制。我国《刑法》第8条规定：外国人在中华人民共和国领域外对中华人民共和国国家或者公民犯罪，而按本法规定的最低刑为3年以上有期徒刑的，可以适用本法，但是按照犯罪地的法律不受处罚的除外。

但是，依照保护管辖的原则，对在外国犯罪的外国人实施管辖具有一定的困难，犯罪人和犯罪地点都在外国，如果犯罪人不在我国实际控制之下，我国司法机关是无法追究其刑事责任的。一般说来，有效行使管辖权主要有三种途径：其一，犯罪人进入我国领域内被抓获；其二，通过司法合作，从外国引渡到中国；其三，缺席审判。究竟如何执行，则要具体条件具体实施，从司法实践来看，引渡是最为成功的司法协作。

4. 普遍管辖权

普遍管辖权是指只要犯罪人的行为构成国际条约规定的侵害各国共同利益的犯罪行为，任何一个主权国家都有权对其实施刑事管辖，而不论犯罪行为和犯罪结果是否发生在本国领土内，不论犯罪人是否属于本国公民，也不论是否侵害其国家或公民的利益，只要犯罪人进入本国境内并且在控制之下。

普遍管辖原则，是为了适应犯罪行为日益国际化、跨国化，且危害世界共同利益的增长趋势而创设的一项管辖权。

20世纪60年代以来，随着世界范围内国际贩毒、跨国走私、贩卖人口、劫持人质、飞行器及船舶的劫持犯罪等国际犯罪活动不断加剧，给人类共同利益和国际社会的发展造成极大危害。为了有效地预防和惩罚这种危害国际社会的犯罪活动，世界各国共同制定了一系列的国际条约。

我国《刑法》第9条规定："对于中华人民共和国缔结或者参加的国际条约所规定的罪行，中华人民共和国在所承担条约义务的范围内行使刑事管辖权的，适用本法。"

普遍管辖原则是对罪行不发生在本国，也未对本国造成直接损害，并且犯罪人也不具有本国国籍的刑事案件进行管辖。在客观上进一步严密了追诉国际性犯罪的网络，并且在这方面有效地促进了各国的协调与合作，强化了国际法律程序，其实质还是犯罪人所在地国家和实际控制犯罪国家的管辖。

（二）刑事管辖权的冲突与解决

1. 刑事管辖权的冲突

基于不同的管辖原则，就同一犯罪行为必然导致涉案国家行使管辖权的冲突。涉外刑事管辖权的冲突，是指两个或两个以上的国家同时主张对同一起犯罪案件拥有刑事管辖权或没有一个国家主张行使刑事管辖权。前者是积极冲突，后者是消极冲突。具体表现形式有：

（1）本国公民在域外犯罪时的冲突，即属人管辖与属地管辖的冲突。按照属人原则，行为人国籍国拥有管辖权；而按照属地原则，行为地国家拥有管辖权。

（2）外国人在域外侵害本国利益时的冲突，即保护原则与属人原则、属地原则的冲突。为保护本国国家或者公民的利益，各国普遍采取保护管辖原则。但是对于这种行为人不具有本国国籍，且行为发生地又不在本国领域内的案件，本国要想真正实现管辖权是比较困难的。

（3）国际犯罪管辖的冲突，即普遍管辖与属人管辖、属地管辖及保护管辖的冲突。对于国际犯罪，如果一个主权国家主张普遍管辖而行使管辖权，则会与该案件的犯罪地所在国、犯罪人国籍国和被害人所在国发生管辖冲突。

（4）双重国籍管辖的冲突，即对具有双重国籍的犯罪嫌疑人，其不同的国籍国同时基于属人管辖而主张管辖权。

2. 管辖权冲突的解决原则

（1）国家主权平等原则，即无论大国、小国，富国、贫国，强国、弱国，所有主权国家的国际法律地位一律平等，这不仅是国际交往和解决国际争端的基本原则，也是解决涉外刑事案件管辖权冲突的基本原则。

（2）国际刑法优先原则，即国际刑法优先于国内刑法。对于涉外犯罪的管辖，国际刑法有规定的，应当在条约义务范围内根据公约（条约）优先原则，依据条约的具体规定解决管辖问题。在这种情况下，基于国际刑法而产生的普遍管辖就优先于属地管辖、属人管辖和保护管辖。就同一犯罪有不同国际条约的，还应根据“后法优先”原则解决冲突。

（3）或起诉或引渡原则。或起诉或引渡原则是依照国际条约而建立的一项针对可引渡的犯罪特别是国际犯罪开展国际刑事合作的原则。它要求缔约国对于国际条约确定的可引渡犯罪，在接到另一缔约国提出的有关引渡的请求时，要么对被请求引渡人实行引渡，要么将其移交给本国有关机关进行追诉，两者必选其一。该原则是缔约国的义务，它不仅可以解决管辖冲突，而且对于加强打击国际犯罪的刑事合作起着非常重要的作用。

（4）属地优先原则，即多个国家同时都主张对某一具体案件拥有管辖权时，由犯罪地所在国管辖，其管辖权优先于属人管辖权、保护管辖权。犯罪地国家包括行为发生地国家和结果发生地国家，行为发生地国家优先于结果发生地国家。属地优先原则有利于追诉犯罪。尽管这一原则在国际刑法中尚未得到确立，但是可以成为普遍管辖原则、或起诉或引渡原则的补充。

3. 管辖权冲突的解决方式

（1）法律协调。①国内法协调。如前所述，我国刑法在确立涉外刑事管辖权的同时，规定了权力行使的限制条件，有罪行限制、刑期限制、行使地域限制等。②国际法协调。在互利互惠的基础上，世界各国一方面签订司法合作条约，通过引渡、诉讼转移等方式解决管辖权的冲突问题；另一方面签订了领事、通商、航海条约，对可能发生的管辖权冲突作出预防性规定。

（2）外交协调。在没有双边条约的情况下，通过外交途径进行个案协调，也是各国普遍采用的一种方式。各国之间的协调与合作应当以协定为主要形式，外交途径作为一种辅助形式，可以弥补各国之间法律协调的不足。①

第三节　涉外刑事案件的处置程序

和公安涉外行政案件的处置程序一样，根据我国目前的法律规定，我国公安机关办理涉外刑事案件主要有一般程序（见图 10—1）和特殊程序。前者是公安机关在办理涉外刑事案件中，和涉及中国人的刑事案件一样，应遵循的法律程序；后者是指国际法和国内法针对涉外案件设定的保护外国当事人合法权利的特殊程序。

具体说来，公安机关处置涉外刑事案件的完整程序有以下内容。

一、涉外刑事案件的受理

（一）案件的来源

涉外刑事案件的来源通常包括单位和个人的扭送、报案、控告、举报、投案以及公安机关及其他国家机关在职务活动中发现的涉外犯罪行为或获取的犯罪线索。

① 参见邹志峰、张翘楚：《外国人管理培训教程》，174～178 页，沈阳，辽宁人民出版社，2004。

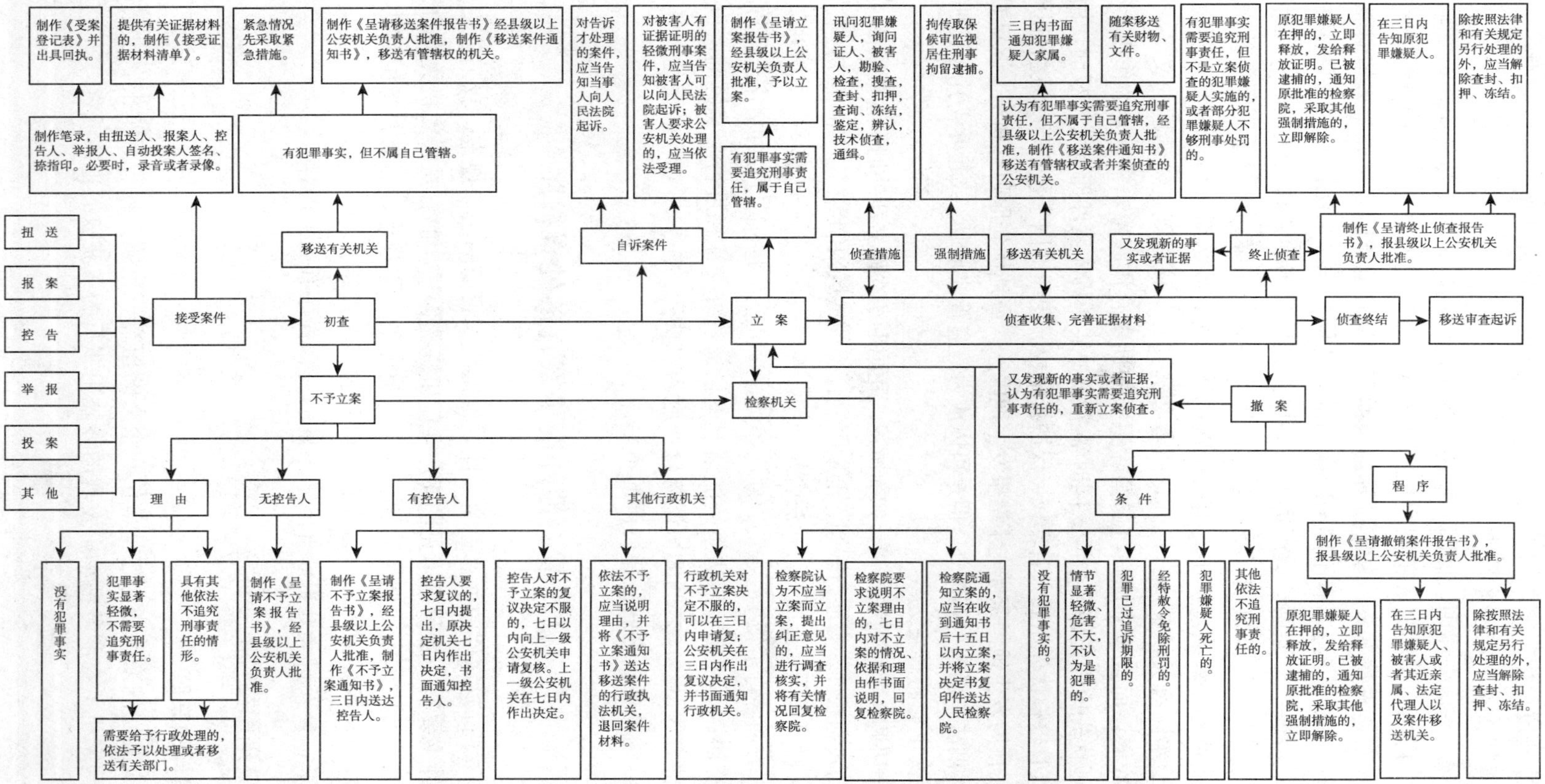

图10—1 公安机关办理刑事案件一般程序流程图

（二）接受案件

公安机关受案时，紧急情况先采取紧急措施：发案地的公安机关应迅速采取措施，保护现场，控制犯罪嫌疑人。

案件受理后，应制作《受案登记表》并出具回执。提供有关证据材料的，应制作《接受证据材料清单》。

二、初查

（一）查明涉外人员的身份

若发现是涉外案件，应查明涉外人员的身份。犯罪嫌疑人是外国人的，可根据2012年《公安机关办理刑事案件程序规定》第347条、349条的规定认定：外国籍犯罪嫌疑人的国籍，以其在入境时持用的有效证件予以确认；国籍不明的，由出入境管理机构协助予以查明。国籍确实无法查明的，以无国籍人对待。犯罪嫌疑人为享有外交或者领事特权和豁免权的外国人的，应当层报公安部，同时通报同级人民政府外事办公室，由公安部商请外交部通过外交途径办理。

（二）查明是否立案

若发现有犯罪事实需要追究刑事责任，属于自己管辖的，应制作《呈请立案报告书》，经县级以上公安机关负责人批准，予以立案。

若发现有犯罪事实但不属自己管辖的涉外刑事案件，应当按照2012年《公安机关办理刑事案件程序规定》第351至354条、2003年《公安机关外国人管理工作分工配合机制》及其它有关规定，移送给有管辖权的机关。如需采取紧急措施的，应当先采取紧急措施，然后移送主管机关。

对没有犯罪事实，不予立案；对于有犯罪事实显著轻微、不需要追究刑事责任或具有其他依法不追究刑事责任的情形的，需要给予行政处置的，依法予以处置或者移送有关部门。

三、涉外刑事案件的立案

符合涉外案件立案条件的，承办侦查人员应制作《呈请立案报告书》，经县级以上公安机关负责人批准，正式将该案件作为涉外刑事案件进行侦查。

四、涉外刑事案件的侦查

（一）涉外刑事案件的侦查措施

1. 现场勘验

（1）现场保护。发生涉外刑事案件后，案发地基层公安机关或保卫组织要妥善保护现场，保全证据，排除险情，抢救受伤人员，控制犯罪嫌疑人，并立即报告负责的公安机关。

（2）勘验人员的组成。勘验人员不得少于2人。对于外国人死亡案件或者其他特别重大案件的现场勘验，应当商请检察机关和外事部门派人参加，并且应当及时通知有关国家驻华使领馆派人到场；邀请2名与本案无利害关系、有见证能力、为人公正的公民做见证人。

（3）现场勘验的要领。首先要检查、提取有关外国人的证件及其他能直接确定身份的物品，尽快确定其具体身份。对于使领馆内的享有外交特权与豁免的任何犯罪嫌疑人，除非该国政府已明确照会我国放弃其外交特权与豁免外，不得采取任何强制措施，只能告知该使领馆自行采取相应措施。然后对各种痕迹和所有能够揭露、证实犯罪的物证进行全面提取、收集、保全。如需对有宗教信仰的外国被害人进行勘验或尸体解剖，必须征得其所属国驻华使领馆及其家属的同意，而且要尊重其风俗习惯。

（4）对特殊场所的勘验。对于发生在驻华使领馆以及其他享有外交特权与豁免的驻华机构内的刑事案件，进行勘验前应有各有关机构的请求、委托的正式照会或书面材料。每一场所的勘验都应征得其同意，以免发生侵犯外交特权与豁免的事件，即使遇到紧急情况也不例外。在勘验过程中，还应注意：①如需提取场所内的档案文件作为证据的，必须征得该使领馆同意；②如需搜查使领馆内的某个房间，必须征得该使领馆同意，并在使领馆两名工作人员在场的情况下进行。发现犯罪证据需要提取的，需当场征得其同意。

对于发生在停泊或者降落于我国港口、机场的外国船舶、飞机上的刑事案件，必须接到该船舶的船长或飞机的机长的书面委托书，或该船舶或飞机所属国驻华使领馆的照会后，方可进行现场勘验。

（5）现场勘验的记录。勘验现场时，要把整个现场的原始状态、勘验过程中发现的各种痕迹、物证用现场笔录、现场图、现场照相、现场录像等方法加以固定。涉外刑事案件的现场记录工作有着比一般刑事案件更为严格的标准和要求。如果进入外国驻华使领馆及其他享有特权和豁免权的驻华机构馆舍进行现场勘验，拍摄的现场照片必须在现场勘验结束前确认是否符合要求，如不符合要求可及时补照。①

2. 涉外刑事案件的询问与讯问

（1）询问证人。公安机关有权要求涉外刑事案件的外国知情人、报案人、被害人提供其所了解的一切与案件有关的情况。应当告知被询问人必须如实提供证言和有意作伪证或者隐匿罪证的法律责任。询问未满18周岁的外国人，可以通知其法定监护人到场。

享有外交特权与豁免的外交人员，没有作证的义务。如需他们提供情况，应当通过外交途径进行交涉，请其给予协助。但如果这些人是被害人，其所作的陈述可以当作证据使用。

询问外国证人，应当了解和尊重其风俗习惯。不懂汉语的，应将笔录口译给他听后再请其签名。

（2）讯问外国犯罪嫌疑人

讯问外国犯罪嫌疑人的程序及其权利与义务与讯问中国犯罪嫌疑人基本相同。要注意的是，对于不通晓中国语言文字的外国犯罪嫌疑人，公安机关应当为其提供翻译。犯罪嫌疑人通晓中国语言文字而不需要他人翻译的，应当出具书面声明。犯罪嫌疑人经公安机关批准，也可自己聘请翻译，但翻译费用由犯罪嫌疑人自己承担。第一次讯问后，如犯罪嫌疑人要聘请律师为其提供法律帮助，则只能容许其聘请中国的律师。

讯问结束后，讯问笔录应当交给犯罪嫌疑人核对或向其宣读。笔录经犯罪嫌疑人核对无误后，应在末页上写明“以上笔录我看过（向我宣读过），和我说的相符”，并逐页签名（盖章）或捺指印，拒绝签名（盖章）或捺指印的应在笔录上注明。如用外文书写的，要在其下方翻译成中文。最后，讯问人员、记录人员以及翻译人员都必须在笔录上签字。

---

① 参见马忠红主编：《刑事侦查学》，483页，北京，中国人民公安大学出版社，2014。

（二）刑事强制措施的适用

1. 对外国籍犯罪嫌疑人实施的刑事强制措施

根据我国《刑事诉讼法》的规定，刑事强制措施包括拘传、取保候审、监视居住、拘留和逮捕5种。在涉外刑事案件侦查中，公安机关为了保证侦查的顺利进行，犯罪嫌疑人逃匿、毁灭罪证或者继续犯罪，同样可以采取强制措施限制或者剥夺外国犯罪嫌疑人的人身自由。同时，由于外国犯罪嫌疑人的特殊身份，还可以对其采取口岸控制的措施。

2. 履行的特殊程序

根据《外交部、最高人民法院、最高人民检察院、公安部、国家安全部、司法部关于处理涉外案件若干问题的规定》以及《公安机关办理刑事案件程序规定》的规定，对外国人采取取保候审、监视居住、拘留、逮捕以及外国人在公安机关侦查或者执行刑罚期间死亡的情况，皆须履行特殊程序。

（1）报告程序。对外国籍犯罪嫌疑人依法作出取保候审、监视居住决定或者执行拘留、逮捕及此期间死亡的，应当在48小时以内层报省级公安机关；重大涉外案件应当在48小时以内层报公安部。

（2）通报程序。对外国籍犯罪嫌疑人依法作出取保候审、监视居住决定或者执行拘留、逮捕及此期间死亡的，应当在48小时以内层报省级公安机关，并通报同级人民政府外事办公室。重大涉外案件应当在48小时以内层报公安部，同时通报同级外事部门。

（3）告知程序。采取上述措施时，应告知当事人有与领事官员联系的权利。

（4）通知程序。由省级公安机关将外国人的姓名、性别、入境时间、护照或者证件号码、案件发生的时间、地点，涉嫌犯罪的主要事实，已采取的强制措施及其法律依据等，通知该外国人所属国家的驻华使馆、领事馆，同时报告公安部。经省级公安机关批准，领事通报任务较重的副省级城市公安局可以直接行使领事通报职能。外国人在公安机关侦查或者执行刑罚期间死亡的，有关省级公安机关应当通知该外国人国籍国的驻华使馆、领事馆，同时报告公安部。

（5）安排探视与通信。公安机关侦查终结前，外国驻华外交、领事官员要求探视被监视居住、拘留、逮捕或者正在看守所服刑的本国公民的，应当及时安排有关探视事宜。犯罪嫌疑人拒绝其国籍国驻华外交、领事官员探视的，公安机关可以不予安排，但应当由其本人提出书面声明。

在公安机关侦查羁押期间，经公安机关批准，外国籍犯罪嫌疑人可以与其近亲属、监护人会见、与外界通信。

3. 一些注意事项

在对外国犯罪嫌疑人采取人身强制时，还应注意：

（1）外国犯罪嫌疑人被采取人身强制措施后，聘请律师为其提供法律帮助的，必须聘请在中华人民共和国的律师事务所执业的律师。

（2）如是外国人担任保证人的，其必须在中国境内居住。享有外交特权与豁免的外交人员因享有司法豁免权，我国司法机关也不能追究其法律责任，故不适宜担任保证人。

（3）公安机关对需要在边防检查站阻止外国犯罪嫌疑人出境的，应当向省级公安机关办理边控手续。需要限制犯罪嫌疑人人身自由的，应当附有法律文书。紧急情况下，需要采取边控措施的，县级以上公安机关可以出具公函，先向当地出入境边防检查站交控，但应当在7日内按照规定程序办理全国范围内的边控措施。

五、侦查终结

经过侦查，如果案件事实清楚，证据确凿、充分，犯罪性质和罪名认定准确，法律手续完备，就可以结案，并按照《刑事诉讼法》的规定，写出起诉意见书，连同案件材料、证据一并移送同级人民检察院审查起诉。

在侦查过程中，如果出现《刑事诉讼法》第15条规定的情形，不应对犯罪嫌疑人追究刑事责任的，应当撤销案件，终结侦查。对于撤销案件后，外国或外国人提出不同意见的，可以依法说明理由；对于通过外交渠道提出交涉的，公安机关拟定对外答复口径由外交机关答复。

六、处置涉及外交特权和领事特权与豁免的刑事案件

（一）处置的方法

外交人员和领事人员涉嫌犯罪处置的法律依据是《维也纳外交关系公约》、《维也纳领事关系公约》和我国《外交特权与豁免条例》、《领事特权与豁免条例》、《刑法》以及我国其他有关法律规定。对于享有外交特权和领事特权与豁免人员的犯罪行为，不能直接适用我国法律，而应通过外交途径解决。所谓通过外交途径解决，是指公安机关在查清犯罪事实的基础上，提出处置意见，由外交部或者当地的外交机关同有关的使领馆进行交涉。依照国际惯例、外交关系的需要和我国的司法实践，一般可以采取以下几种处置方法：

1. 发出警告。一般违法犯罪行为通常由外交机关向有关国家的使领馆发出警告照会，提请注意。这种警告是国家之间最轻一级的抗议。

2. 本国自行召回。对于违法犯罪情节比较严重的，由我国外交机关向有关国家的使领馆发出抗议照会，提出严正警告，表示强烈不满，并且要求派遣国将违法犯罪人在指定时间内召回本国。这种抗议照会，一般会公开报道，以表示维护国家尊严和利益的严正立场。

3. 驱逐出境。对于违法犯罪情节严重，严重威胁我国国家安全的，由外交机关宣布该人为不受欢迎的人，将其驱逐出境。

4. 放弃豁免。对于情节特别严重，危害我国国家安全和利益的行为人，可以要求派遣国政府放弃该人所享有的管辖豁免权，以便由我国司法机关对其追究刑事责任。放弃任何一项豁免权在任何情况下都必须通过外交途径以书面形式明确表示，但在实践中较为少见，一般派遣国也不会同意放弃豁免权，除非有特殊事件。

（二）注意的问题

处置享有外交特权和领事特权与豁免人员的违法犯罪行为，一方面要依法维护我国国家主权、国家安全和社会秩序，维护国家尊严，另一方面也要遵守国际公约和国际惯例，对外国的国家主权和尊严给予应有的尊重。具体要注意以下几点：

1. 外交和领事人员享有外交和领事特权，不受任何形式的逮捕。

2. 不得限制人身自由，使身体受到伤害或者尊严、名誉受到侮辱、侵犯。不得强迫外交和领事官员接受询问，不得将外交和领事官员长时间阻留在现场，在验明身份、进行

必要的询问后应尽快让其离开或通知使领馆将其领回。更不能使用警械或将其拘禁。但该人正在实施违法犯罪行为并造成危害时，公安机关有责任采取必要措施及时制止。

3. 不得扣留财物，包括个人物品、护照、外交官证、领事官证、驾驶证、文件等。查验证件时将有关情况记录在案后应立即将证件退还，也不得扣留外交、领事官员的汽车或者其他交通工具。

第四节　外国人犯罪侦查的国际警务合作

一、外国人犯罪侦查的国际警务合作含义

在侦查外国人犯罪的案件中，我国公安机关依据国际条约、惯例或双边互惠原则，直接在其他国家警察或有侦查权的司法机关或在国际组织协调下，相互提供支持、便利和协助的活动。

侦办涉外刑事案件时，既应当从保护国家和公民利益出发，主动作为，更需要利用国内国外两种资源，积极寻求与相关国家尤其外籍犯罪嫌疑人国籍国或我受侵害公民所在国家的大力合作。以多边、双边合作为平台，利用国际条约、刑事司法协助条约、引渡条约等法律以及警务合作意向书、联合声明、谅解备忘录等官方文件或双方达成的共识，在对等互惠的前提下共同开展案件协查、联合侦查、跨境追缉等活动。①

二、外国人犯罪侦查需要国际警务合作的情形

（一）外国人在我国和他国跨国犯罪

在当今跨国犯罪日益猖獗的情况下，外国人参与的犯罪行为可能跨越多个国家，其结果可能蔓延至多个国家。外国人在我国和他国跨国犯罪是指外国人的犯罪过程跨越了我国及他国国境，对所涉及国家的刑法所保护的社会利益均造成严重损害，依照我国及他国的刑法均应当承担刑事责任的行为。其具体包括以下三种情形：（1）犯罪行为本身涉及我国与他国等两个以上的国家；（2）犯罪行为虽然在一国境内实施，但其犯罪结果发生在另一国家境内；（3）共同犯罪人就同一犯罪分别在我国和他国实施。②

（二）外国人在我国领域内犯罪逃往境外

根据属地管辖的原则，只要外国人在我国境内犯罪，都应按照我国刑法和刑事诉讼法追究其刑事责任。外国人在我国境内犯罪后逃往我国境外的，可通过国际通报、国际通缉、跨境追缉等形式，与国际刑警组织及相关国家展开国际警务合作。

（三）外国人在他国领域内犯罪逃进我国

20 世纪 70 年代以来，联合国通过一系列国际公约，将普遍管辖原则扩大适用于特定的国际犯罪。这一管辖原则的出现及适用，彻底打破了犯罪行为地、犯罪行为人国籍的

---

① 参见马忠红主编：《刑事侦查学》，479 页，北京，中国人民公安大学出版社，2014。

② 参见吕岩峰、李海澄：《国际犯罪与涉外犯罪、跨国犯罪关系辨析——以基础概念解析为进路》，载《当代法学》，2008（4）。

界限。

尽管各国都从立法角度确立了各自的域外犯罪管辖，但大都限于管辖对象进入本国领域后的法律制裁。而真正惩治跨国犯罪和国际犯罪，仅仅依靠这种法律意义的域外管辖是不够的，必须使执法管辖延伸至本国域外。

而通过引渡、诉讼转移制度、联合侦查活动，不仅是一国在他国域内执法方式的发展与变化，而且也是域外管辖权力的进一步扩展。这种通过国际警务合作形式进行执法空间的移动和跨越，哪怕外国人在他国领域内犯罪逃进我国，也逃脱不了处罚。

（四）外国人在我国领域外对我国国家或公民实施了严重罪行

根据我国刑法的保护管辖权，外国人（包括无国籍人）在我国领域外对我国国家或者公民犯罪的，按照我国刑法规定，最低刑为3年以上有期徒刑的，可以适用我国刑法，但是按照犯罪地的法律不受处罚的除外；我国《刑法》第10条规定："凡在中华人民共和国领域外犯罪，依照本法应当负刑事责任的，虽然经过外国审判，仍然可以依照本法追究，但是在国外已经受过刑罚处罚的，可以免除或者减轻处罚。"

我国刑法的保护管辖是一种专门针对外国人的管辖原则。当然，由于我国公民散居海外的人数较多，外国人在境外侵犯我国公民的案件频发，加上犯罪时证人和证据绝大多数在外国，因而实际行使保护管辖权存在一定的困难。因为犯罪人是外国人，犯罪地点又是在国外，如果该犯罪人不能引渡过来，或者没有在我国领域内被抓获，我们就无法对其进行刑事追究。但是，如果刑法对此不加以规定，就等于放弃本国的管辖权，外国犯罪人就可以肆无忌惮地对我国国家或者公民的利益进行侵害。因此，确立保护管辖权是为了在法律上表明我国的立场，这对于保护我国国家利益，保护我国驻外工作人员、商务人员、留学生和侨民的利益是完全必要的。同时，我国刑法对保护管辖进行限制也是合理的，因为，世界各国的刑事法制差异较大，外国人在国外只需遵守所在国的法律，我们不能要求外国人在我国领域外也要遵守我国的法律规定。①

三、外国人犯罪侦查国际警务合作的主管机关及程序

（一）主管机关

公安部是我国公安机关进行国际警务合作的中央主管机关，通过有关国际条约、协议规定的联系途径、外交途径或者国际刑警组织渠道，接受或者向外国提出国际警务合作请求。地方各级公安机关依照职责分工办理国际警务合作事务。其他司法机关在办理刑事案件时，需要外国警方协助的，由其中央主管机关与公安部联系办理。

（二）程序

1. 公安部收到外国的刑事司法协助或者国际警务合作请求后，应当根据我国法律和国际条约、协议的规定进行审查。对于符合规定的，交有关省级公安机关办理，或者移交其他有关中央主管机关；对于不符合条约或者协议规定的，通过接收请求的途径退回请求方。

2. 负责执行刑事司法协助或者国际警务合作的公安机关收到请求书和所附材料后，

① 参见赵秉志、杜邈：《关于外国人犯罪的刑事管辖权研究》，载《刑法论丛》，2009（4）。

应当按照我国法律和有关国际条约、协议的规定安排执行，并将执行结果以及相关材料报省级公安机关审核后报送公安部。

3. 需要请求外国警方提供刑事司法协助或者国际警务合作的，应当按照有关国际条约、协议的规定提出刑事司法协助或者国际警务合作请求书，以及所附文件和相应译文，经省级公安机关审核后报送公安部。

4. 需要通过国际刑警组织缉捕犯罪嫌疑人、被告人或者罪犯，查询资料、调查取证的，应当提出申请层报国际刑警组织中国国家中心局。

5. 公安机关提供或者请求外国刑事司法协助或者国际警务合作，应当收取或者支付费用的，根据国际条约、协议的规定，或者按照对等互惠的原则协商办理。

6. 办理引渡案件，应当依照法律规定和有关条约执行。①

四、外国人犯罪侦查国际警务合作的途径

在外国人犯罪的侦查中，我国公安机关主要通过多边和双边合作机制两个途径来参与的国际警务合作。

（一）多边合作机制

公安部与联合国、国际刑警组织、上合组织、东盟组织等建立多边合作机制，同时在打击毒品犯罪、金融犯罪、非法移民领域也建立了国际机制，并在联合国反腐败公约等多个框架下开展国际合作。其中，最重要的是以国际刑警组织为依托，在国际刑警组织框架内开展国际多边合作。

1984 年 9 月，我国加入国际刑警组织，标志着我国公安机关与世界各国警方进入了新的合作发展阶段。我国在国际刑警组织的框架内与世界各国警察组织开展多边和双边合作，在打击跨国毒品、走私等个案中与西方国家开展联合侦查。

国际刑警组织的重要作用主要体现在：（1）收集和传递犯罪情报；（2）协助送达侦查文书；（3）通缉查控在逃国际罪犯；（4）协调引渡和移送囚犯。

作为与国际刑警组织及其他成员国之间进行国际刑事警察合作的机关，我国国家中心局的主要职责是：（1）从本国各部门收集与国际警务合作有直接关系的文献与刑事犯罪情报，并将情报转达各中心局与总部；（2）确保各国家中心局请求协查的案件得到本国的协查；（3）从其他中心局接收信息、复查信息并作出回复；（4）将本国法庭或警察部门要求国际合作的协查件传递给其他国家中心局；（5）中心局局长作为本国的代表团成员参加国际刑警组织大会并确保大会决议的执行。

（二）双边边合作机制

双边警务合作是国际警务合作中最常见、最频繁的合作形式。

我国政府缔结或者参加有关国际警务合作条约主要表现为：（1）双边警务合作条约。主要内容包括：在办理国际犯罪案件方面进行合作、交换国际犯罪情报、执法人员培训、警察业务工作经验交流、警用技术开发与交流等。（2）双边国际刑事司法协助条约。主要包括域外送达文书、域外调查取证、讯问犯罪嫌疑人或罪犯、询问证人、移交赃款赃物、

---

① 参见马忠红主编：《刑事侦查学》，481 页，北京，中国人民公安大学出版社，2014。

交换法律情报、通报诉讼结果等。(3) 双边引渡条约。(4) 领事条约。领事公约和条约中都有关于两国开展警务合作的条款，主要涉及对某些涉外案件的处置方式和利用领事途径送达司法文书、取证等。

而在双边边合作机制中，着重通过以下经常性的双边协调方式进行警务合作：(1) 直接联系方式，即合作双方根据条约的规定，建立起两国警察的直接联系渠道，及时沟通信息和情报的工作机制。(2) 派驻联络官方式。警务联络官的主要职责是：收集和传递犯罪情报，分析并向本国汇报驻在国犯罪情况和活动规律，协调本国与驻在国的警务活动，代表本国警方和其他执法机关进行警务交涉。

若我国警方与外国警方之间在没有警务合作相关条约或者共同联络制度情况下，可以互惠为基础，通过外交机关的协调，进行个案合作，根据实际需要临时相互给予一定便利和支持。

五、我国外国人犯罪侦查国际警务合作基本形式

(一) 交流刑事信息

在国际警务合作形式中，最基本、最普遍采用的合作形式是国家间相互交流关于社会治安和刑事情报的信息。

国际刑警组织是一个国际犯罪情报中心，搜集、传递犯罪信息是其工作的重中之重。它拥有全世界范围内最新技术的通讯和数据处置系统，利用电子邮件、密码无线电、电传和传真等多种系统通过整体转换网络、电话或电报传输文字、图像、表格、人像、数据等信息资料，是所有成员国专用的国际警务通讯网络。

当某一国的司法当局接到他国或者国际组织的刑事情报信息后，除了完成分类贮存之外，凡是与自己有关的都要立即研究部署，采取最有效措施，对犯罪分子实行控制，或者制定相应的防范计划，迅速将国际刑事信息变成缉捕犯罪嫌疑人或者预防犯罪的积极行动。

(二) 国际通报

1. 国际通报的含义

国际通报是国际刑警组织为了缉捕、查明罪犯或发现犯罪线索及查明无名尸体，请求各成员国警察机关进行协助的一项国际侦查措施。

2. 国际通报的分类

国际通报分别以红、蓝、绿、黄、黑、白、紫七种颜色为标志，表示请求内容的差别和轻重缓急。通报因其右上角标有不同颜色小方块而得名。主要包括以下几种：

(1) 红色通报，即逮捕通报。该通报用于逮捕并引渡罪犯，内容包括逮捕令的细节和犯罪事实详介以及罪犯的照片和指纹，它可以起到临时拘留证的作用。详见国际通缉。

(2) 蓝色通报，即协查通报。该通报用于收集、传递犯罪情况信息，内容包括犯罪组织的名称、国别、实施犯罪的地点；犯罪的类别、特征、危害后果；罪犯体貌特征、犯罪手段、逃匿方向等。

(3) 绿色通报，即警告通报。该通报作用是将危害极大、流窜作案的国际职业案犯的活动范围、犯罪手段、联络方法等情况通知各成员国国家中心局，以提醒各国加以防范。

（4）黄色通报，即失踪者通报。该通报用于协助查找本国失踪者，特别是青少年失踪后，根据家长的要求发布通报以协助查找。

（5）黑色通报，即无名尸体通报。该通报用于帮助有关国家对失踪人员进行查找和核对。一般适用于有特殊身份的外国人，如外交官、科学考察人员、旅游者和商人等。

（6）白色通报，即收藏品失窃通报。该通报用于查找收藏的被盗珍贵文物和艺术品等贵重物品的内容，包括被盗情况以及查找盗窃嫌疑人的范围，如有可能还附有照片。

（7）紫色通报，即犯罪手段通报。该通报用于向各国中心局通报最新出现的和有研究价值的作案手段，如国际贩毒路线、洗钱方法等方面的新情况。

（三）案件协查

1. 案件协查的含义

案件协查是指有关国家警察机关为侦破国际犯罪、跨国犯罪案件而开展的相互配合、支持警务合作。

2. 案件协查工作程序

在案件协查过程中，国际刑警组织起着十分重要的作用。国际刑警组织框架下的案件协查工作程序：

（1）要求国内的案发地侦查部门将案件情况、犯罪嫌疑人特征和潜逃去向制作成书面材料，逐级层报本国国家中心局，并尽快提供案件证据材料和犯罪嫌疑人近照。

（2）国家中心局经过审核后，认为有必要进行国际协查，需要起草请求协查的书面文件。文件包括案件涉及的人、事、物、时间和地点等内容。按照国际刑警组织统一行文规定完成后，由国家中心局负责人签发。

（3）请求国可以直接发协查函给被请求国，也可以通过国际刑警总部转发。一般遇有特大或重大案件需要协查时，大都采取直接与有关国家中心局联系的办法，随后再呈递国际刑警总部。如一般性的刑事情报线索，则直接呈递国际刑警总部，再由总部转发有关国家中心局。

（4）接受请求的被请求国国家中心局应立即采取措施，提供迅速有效的协助，并将协查的进展情况及时通报国际刑警组织或者请求国国家中心局。

（5）请求国已经控制住犯罪嫌疑人后，协查活动即告结束。被请求国应及时向国际刑警组织和请求国通报，并着手展开引渡协助程序。

（四）国际通缉

1. 国际通缉的含义

国际通缉是指接受成员国对在逃犯罪嫌疑人的通缉请求，将通缉令转发给其他有关国家和地区，以促进和协调世界范围内的追捕活动。该制度是国际刑警组织于 1960 年召开的第 29 届年会以决议的形式确定的。

2. 国际通缉的形式

国际通缉使用的通缉令为红色通缉令，因在通缉令右上角标有一块红色方块而得名。通缉令的格式是统一的：题头标明发出的国家和案别；正文标明犯罪嫌疑人或被告人的姓名、性别、出生日期及其国籍，个人的身份及职业，其父母的姓名和居住地，犯罪时或者近期照片，十指指纹和体貌特征，犯罪事实及有无犯罪前科等；尾部标明发出的国家和时间。

3. 国际通缉的途径和方式

当有迹象表明一国刑警正在追缉的犯罪嫌疑人确已逃往国外，需要通过国际合作才能予以逮捕归案时，该国可以通过两种渠道取得有关国家的协助：

(1) 已有确实证据证明该犯罪嫌疑人已逃往甲国，或正藏匿在甲国时，可以由本国的国家中心局向甲国的国家中心局发出通缉令，甲国刑警按照通缉令的要求立即实施追捕活动。这是一种直接合作，小范围行动的通缉方式。

(2) 当被追捕的犯罪嫌疑人虽然逃往国外，但其去向尚不明确时，如果该犯是国际犯罪和跨国（境）犯罪集团的成员，或持有能够出入多国国境的有效签证或得到国际黑社会势力的暗中帮助，他就有可能继续犯罪或逃窜世界各地。在这种情况下，请求国国家中心局应当立即将通缉令发往国际刑事警察组织总部，由该组织转发有关国家和地区或者所有成员国国家中心局，要求它们立即组织警力，部署缉拿。

（五）国际联合侦查

1. 国际联合侦查的含义

国际联合侦查即国家间的联合侦查，是指两个以上国家的警察机关围绕某个专案或某个专项计划，通过直接联系方式，共同开展的侦查活动。

2. 国际联合侦查的形式

就所涉及的国家领域而言，国际联合侦查有两种形式：一是两个以上国家的警察在一国境内携手行动，即集中联合侦查；二是参与联合侦查的各国警察在本国境内分头行动，即协同联合侦查。

3. 设立国际联合侦查的意义

在国际联合侦查中，有时需要一个国家的警察机关派出侦查人员到另外一个国家执行侦查任务。这是一国家警察域外侦查权的具体体现。就现实而言，两国警察机关通过签订双边警务合作协议，在平等互惠的原则基础上，合作双方相互授予对方警员入境侦查的权力。这是国际侦查合作实践与理论的一个重大发展，对于遏制日益猖獗的国际犯罪和跨国（境）犯罪无疑具有更重要的意义。

4. 国际联合侦查的条件

由于国际联合侦查是涉及两个以上主权国家的侦查措施，因而其适用对象具有特定性。一般来说，它只能限于国际公约规定或双方认可的犯罪行为，即国际公约规定的国际犯罪和两个以上国家法律共同认可的犯罪，且这些犯罪的主体和情节具有跨国要素。

5. 国际联合侦查适合外国公民为主体跨国犯罪的情形

从十余年的跨国联合侦查实践看，外国公民为主体的跨国犯罪主要有：外国人在外国犯罪后逃到我国，需要我国公安机关查明、缉捕并引渡回国的案件；外国人在我国犯罪后逃到外国，我国要求有关国家协助缉捕并引渡给我国的案件；外国人在我国境内实施针对外国国家或公民利益的犯罪，外国请求我国公安机关缉捕并引渡案件；外国公民实施的犯罪行为跨越包括我国在内的两个以上国家，需要由我国与其他国家进行联合侦查的案件。.

（六）境外调查取证

1. 境外调查取证的含义

境外调查取证一般是建立在双边条约或互惠的基础之上的一种国际侦查协助形式，是指我国公安机关为查清特定跨国犯罪事实，发现犯罪嫌疑人而派遣侦查人员到境外与对方国家警方合作开展查证核实的措施。它包括：讯问犯罪嫌疑人或被告人、询问证人、被害人，进行鉴定、勘验、检查、搜查并扣押物证、书证和赃款赃物，完成与调查取证有关的诉讼行为。它不同于刑事司法协助委托性质的调查取证，而是侦查员直接进入对方境内开展侦查活动。

2. 境外调查取证的适用外国人犯罪的情形

（1）对方国家公民在我国境内犯罪后潜逃回国影响重大的案件；

（2）犯罪行为或结果发生在境外的案件；

（3）犯罪案件的证人和物证在境外的案件；

（4）犯罪赃物被转移到境外的案件。

3. 境外调查取证的国内程序

（1）主办案件单位确需境外取证时，应将案情、取证范围、取证目的、取证手段、申请派遣侦查人员的计划等事项一一列明，逐级上报审批，经公安部批准，并报外交部备案后，才可以开展境外调查取证。

（2）经批准之后，办案单位应选派了解案情、政治觉悟高、业务素质强、熟悉前往国情况并具有一定国际知识的侦查员开展工作。侦查人员到达取证国后，不仅要在我国驻该国使馆的统一协调下开展取证活动，而且要尽可能通过各种途径争取该国警方的配合，尊重当地国家的法律和习俗，以便顺利开展取证活动。

（3）国内主管部门应成立临时指挥小组，负责对境外调查取证活动的全程指导。

4. 境外调查取证的国外程序

（1）提出境外调查取证的请求。按照有关国际刑事司法协助或国际警务合作协议、条约的规定，我国公安部或地方公安机关向有关国家直接送达正式的、符合法定格式的请求书，请求协助。

（2）合作双方进行协商。在请求获得批准之后，合作双方商定具体的事项，确定具体实施细节，得到当事国事先的合理安排。

（3）取得我驻外使、领馆的支持。境外调查取证人员应经常与我国驻外使、领馆保持联系，在工作过程中遇到的各种外交和相关的法律问题由我国驻该国的使、领馆出面与该国有关机构交涉解决。

（4）获得合作方的理解和帮助。由于各国的法律制度、风俗文化等方面的不同，合作双方在调查取证过程中可能遇到一些困难，双方应本着互谅互让的精神开展工作。

按照国际惯例，在国际司法协助中，外国提供的证据不需要经过认证，就可以确认其有效性，允许在整个刑事诉讼中使用，除非有合法的根据证明该证据是通过非法手段获得的虚假证据。

（七）跨国追缉

1. 跨国追缉的含义

跨国追缉，或叫跨国缉捕，是指我国公安机关派遣侦查人员进入外国境内，在外国警方的协助下，对潜逃外国的犯罪嫌疑人或罪犯进行追踪缉捕的活动。

跨境追缉是对付跨国犯罪活动，特别是在我国境内犯罪，潜逃到外国的犯罪嫌疑人的有效侦查措施之一。它不仅可以加快案件的侦破速度，及时打击严重的跨国犯罪活动，而且还可以防止犯罪分子继续实施犯罪活动，避免产生新的危害。

2. 实施跨国追缉的条件

（1）必须在双边协议授权的条件下进行。没有双边协议，或者虽有协议但未明确规定可以进入对方境内追缉，是不能使用这一侦查措施的。

（2）事先通报并征得对方同意。通过一定联络方式，例如利用边防会晤会谈制度等，将案件情况通报对方并征得对方同意后，才能进入对方领境内开展追缉活动，并需协调行动。

（3）必须持有具有法律效力的文书。如有关司法机关签发的逮捕证或有关公安机关签发的拘留证。

（八）跨国押解

1. 跨国押解的含义

跨国押解是指按照国际惯例或国家间协议，我国警方将外国警方所拘捕的或我国警方跨国在外国追缉的犯罪嫌疑人或罪犯押解回国的一种跨国警务行动。它分为两个过程：一是移交和接收；二是押解回国。

2. 跨国押解犯罪的外国人的适用

（1）我国警方通过国际刑警组织通缉而被外国警方拘捕的犯罪嫌疑人或罪犯；

（2）我国向别国请求引渡的犯罪嫌疑人或罪犯；

（3）在跨境追缉中在境外拘捕的犯罪嫌疑人或罪犯。

3. 跨国押解的一般程序

（1）通报。一般情况下，在移交之前，合作双方应通过会晤或其他方式通报犯罪嫌疑人或罪犯的情况。包括：犯罪嫌疑人或罪犯的自然情况和照片、所犯罪行、关押地点和随身证件以及准备移交的相关证据和财务等。有时，被接收国警方在联合侦查或跨国缉捕中拘捕的犯罪嫌疑人或罪犯可以不通报。

（2）审查。在接收之前做好充分的准备工作. 审查是否属于我国通缉的犯罪嫌疑人或罪犯，或者我国对其是否具有刑事司法管辖权。

（3）移交和接收。移交和接收一般在犯罪嫌疑人或罪犯的关押地进行，交接手续可在羁押场所进行。在犯罪嫌疑人或罪犯离境前或在乘交通工具更换械具前的安全由移交国警方负责，离境后由接收国负责。并且按照有关刑事司法协议或条约，通过具体协商，在移交和接收犯罪嫌疑人或罪犯的同时，应当随同移交有关的证据和财物，应不影响以后进行的刑事诉讼。

（九）委托追缴犯罪收益

1. 委托追缴犯罪收益的含义

委托追缴犯罪收益，是指一国的警察机关在侦查国际犯罪、跨国（境）犯罪案件过程中，请求别国警方对犯罪分子在国家间转移的非法收益采取追查、冻结或扣押、没收等措施的总称。

委托追缴犯罪收益是国际公约、国际组织或多边、双边条约框架内的国际侦查措施。根据请求在先，协助在后的原则，一国警察机关需要另一国警察机关给予合作，实施委托追缴犯罪收益措施时，应依据国际公约、国际组织或多边、双边条约具体规定的程序和方法，提出请求并直接转交被请求国警方。

2. 犯罪收益范围

犯罪收益范围包括：固定资产、流动资产和知识产权等，包括房屋、机器设备等固定资产和现金存款、金银首饰、有价证券、家用电器等流动资产，专利权、商标权、著作权等知识产权以及保险、赠予等所有权或债券凭证。

3. 犯罪收益追缴的实施程序

（1）向被请求国提出追缴申请。根据联合国公约和双方条约规定的具体程序和方法，向被请求国拟订请求书并直接转交被请求国警方。请求书中应表明犯罪收益可能置于被请求国管辖范围的依据，并附上对没收财产的详细说明、法律依据和有关事实的陈述以及请求国按照法律程序发出的财产没收令的副本。

（2）被请求国协助追缴。被请求国收到追缴请求并经认定符合法律要求后，在不违背本国法律规定情况下，应根据请求国提供的有关线索开展追查工作。如发现请求国指称的犯罪资产，应依法采取冻结或扣押等强制措施，控制犯罪资产。执行请求国做出的关于没收犯罪资产的命令，或按照请求国的要求，采取其他适当行动保障犯罪资产的安全。

（3）犯罪收益的移交。对于已经查控的犯罪资产，应当由被请求国按照协议移交给请求国，由请求国按照本国法律规定做出最终处置。

（十）联合控制下交付

1. 联合控制下交付的含义

联合控制下交付，是指在两个以上国家警方知情和合作监控下，允许跨国运输的货物中非法或可疑的毒品运出、通过或运入其领土，以期尽可能多地查明毒品犯罪分子的一种技术侦查手段。

2. 实施控制下交付的步骤

（1）做出控制下交付的决定。一旦获悉有关毒品犯罪信息，是否实施控制下交付，要充分进行必要性和可行性研究分析然后再决定是否实施控制下交付。就必要性而言，主要看案情复杂程度、毒品犯罪成员多少、涉毒数量大小等因素。对于案情较为简单，参与人员少、涉毒数量少的案件不必实施控制下交付，反之则应考虑实施控制下交付。就可行性而言，主要看是否有足够时间与相关地区缉毒侦查部门及时联系，案情是否暴露，能否确保人身、毒品和毒资安全等因素，符合条件的才能实施控制下交付。

（2）制订控制下交付方案。如果经研究决定对某毒品案件实施控制下交付，就应当先行制订实施方案。方案内容主要包括成立案件指挥部，明确指导思想、责任和任务，确定控制下交付的实施方案和处置突发事件的预案等。

3. 实施控制下交付的基本方法

（1）成立以一国为主、他国辅助的指挥协调中心，并明确整个行动的最高指挥官。

（2）行动全过程都要保持高度的保密性和隐蔽性。

（3）行动全过程的各个环节不能存有漏洞被毒品犯罪分子利用。也不能有障碍，以确保货物在国与国之间继续运送，在有关国家警方连续监控状态下运送，直至到达目的地。

（4）对夹带或隐匿毒品货物的发货人、收货人，有关国家警方要分别运用种种必要的侦查技术手段进行严密监视和控制，密切掌握其动向，以配合监控行动。

（5）整个行动都要取得货物途径国海关的支持和配合。在联合实施控制下交付的过程中，必须保证货物在符合海关规则的前提下，货物能够安全通过国境，顺利到达最终运入国。

(6) 一旦时机成熟，需要收网捕获交货和取货的毒品犯罪分子时，行动所在地国警方则应迅速出击，一击制胜。[①]

第五节　外国人妨害国（边）境管理犯罪案件处置

有关妨害国（边）境管理犯罪的法律主要是《刑法》以及2012年《最高人民法院、最高人民检察院关于办理妨害国（边）境管理刑事案件应用法律若干问题的解释》（以下简称“两高解释”）。其中，《刑法》第六章“妨害社会管理秩序罪”第三节“妨害国（边）境管理罪”中共涉及6个条文8项罪名，分别是组织他人偷越国（边）境罪，骗取出境证件罪，提供伪造、变造的出入境证件罪，出售出入境证件罪，运送他人偷越国（边）境罪，偷越国（边）境罪，破坏界碑、界桩罪，破坏永久性测量标志罪。其中，提供伪造、变造的出入境证件罪与出售出入境证件罪在同一条文中；“破坏界碑、界桩罪”与“破坏永久性测量标志罪”在同一条文中。通常情况下，组织他人偷越国（边）境案、运送他人偷越国（边）境案、偷越国（边）境案和破坏界碑、界桩案由公安机关边防部门管辖；边境管理区和沿海地区（限于地、市行政辖区）以外发生的上述案件由刑事侦查部门管辖。刑事侦查部门管辖骗取出境证件案、提供伪造、变造的出入境证件案、出售出入境证件案和破坏永久性测量标志案。随着公安出入境管理部门组建办案机构以及公安部对妨害国（边）境管理犯罪案件管辖分工的调整，部分省、自治区、直辖市的公安出入境管理部门逐步承担了除破坏界碑、界桩案和破坏永久性测量标志案以外全部或部分妨害国（边）境管理犯罪案件的侦办工作。

办理妨害国（边）境管理犯罪案件应注意三个方面的问题：一是以单位名义或者单位形式组织他人偷越国（边）境、为他人提供伪造、变造的出入境证件或者运送他人偷越国（边）境的，应当依照刑法第318条、第320条、第321条的规定追究直接负责的主管人员和其他直接责任人员的刑事责任。二是实施组织他人偷越国（边）境犯罪，同时构成骗取出境证件罪、提供伪造、变造的出入境证件罪、出售出入境证件罪、运送他人偷越国（边）境罪的，依照处罚较重的规定定罪处罚。三是对跨地区实施的不同妨害国（边）境管理犯罪，符合并案处置要求，有关地方公安机关依照法律和相关规定一并立案侦查，需要提请批准逮捕、移送审查起诉、提起公诉的，由该公安机关所在地的同级人民检察院、人民法院依法受理。

在出入境管理部门管辖的妨害国（边）境管理犯罪的6项犯罪案件中，犯罪主体皆为一般主体，即任何达到刑事责任年龄、具有刑事责任能力，实施了相应行为的自然人。犯罪主体没有国别或居住地的限制，不论是中国公民，还是外国人、无国籍人。鉴于本教材公安外国人管理的主题以及出入境管理部门在公安外国人管理的核心地位，故本节选取皆是出入境管理部门管辖的、外国人为犯罪主体的案例。

---

① 参见邹志峰、张翘楚：《外国人管理培训教程》，295～307页，沈阳，辽宁人民出版社，2004；又可参见叶氢主编：《外国人管理——暨涉外案（事）件查处》，154～179页，北京，中国人民公安大学出版社，2007。

一、组织他人偷越国（边）境罪

（一）概念与特点

组织他人偷越国（边）境罪是指领导、策划、指挥他人偷越国（边）境或者在首要分子指挥下，实施拉拢、引诱、介绍他人偷越国（边）境等行为的犯罪。

本罪有如下构成特征：

1. 本罪侵犯的客体是我国国（边）境管理秩序。组织他人偷越国（边）境犯罪影响我国社会秩序的稳定，在国际上造成恶劣影响，一直是我国公安机关打击非法出入境活动的重点。

2. 本罪在客观方面表现为非法组织他人偷越国（边）境的行为，即违反国（边）境管理法规，实施了领导、策划、指挥他人偷越国（边）境行为，或者在首要分子指挥下，实施拉拢、引诱、介绍他人偷越国（边）境等行为。行为人只要实施了上述一种或几种形式的组织行为，均构成本罪，且均只以一罪论处。

3. 本罪的主体是一般主体，即任何达到刑事责任年龄、具有刑事责任能力，实施了组织他人偷越国（边）境行为的自然人。本罪的主体没有国别或居住地的限制，不论是中国公民，还是外国人、无国籍人，均可称为本罪的主体。

4. 本罪在主观上只能是故意，即行为人明知组织他人偷越国（边）境的行为违法国家关于国（边）境管理法规，而仍然实施。至于犯罪的动机，多为谋取经济利益，但并不限于此。动机如何，并不影响本罪的构成，而只能最为本罪的情节之一而影响量刑。

（二）刑罚适用

1.《刑法》规定

依照《刑法》第 318 条规定，犯本罪的，应处 2 年以上 7 年以下有期徒刑，并处罚金。有下列情形的，处 7 年以上有期徒刑或者无期徒刑，并处罚金或者没收财产：（1）组织他人偷越国（边）境集团的首要分子；（2）多次组织他人偷越国（边）境或者组织他人偷越国（边）境人数众多的；（3）造成被组织人重伤、死亡的；（4）剥夺或者限制被组织人人身自由的；（5）以暴力、威胁方法抗拒检查的；（6）违法所得数额巨大的；（7）有其他特别严重情节的。

犯前款罪，对被组织人有杀害、伤害、强奸、拐卖等犯罪行为，或者对检查人员有杀害、伤害等犯罪行为的，依照数罪并罚的规定处罚。

2. 司法解释

根据《最高人民法院、最高人民检察院关于办理妨害国（边）境管理刑事案件应用法律若干问题的解释》第 1 条的规定：（1）组织他人偷越国（边）境人数在 10 人以上的，应当认定为刑法第 318 条第 1 款第（二）项规定的“人数众多”；违法所得数额在 200 000 元以上的，应当认定为刑法第 318 条第 1 款第（六）项规定的“违法所得数额巨大”；（2）以组织他人偷越国（边）境为目的，招募、拉拢、引诱、介绍、培训偷越国（边）境人员，策划、安排偷越国（边）境行为，在他人偷越国（边）境之前或者偷越国（边）境过程中被查获的，应当以组织他人偷越国（边）境罪（未遂）论处；具有刑法第 318 条第 1 款规定的情形之一的，应当在相应的法定刑幅度基础上，结合未遂犯的处罚原则量刑。

（三）案例：缅甸人周温组织他人偷越国境犯罪及梅彩慧犯偷越国境犯罪案

1. 主要案情

案例

2014年4月初，缅甸人周温（KYAW WIN，男，1988年10月2日出生，初中文化程度，家住缅甸掸邦腊戌市）因其姐姐依普（另案处理）要求，拉拢了缅甸境内同村的辣波、童佐等七人，准备一起通过骗取旅游边防证方式偷越国境进入我国，到其表姐梅彩慧（AYE TIN，女，1984年6月15日出生，小学文化程度，家住缅甸掸邦腊戌市）所在的地方——我国××省××市打工。该消息在村里传开后，同村很多人都要求跟随周温到该市打工。周温经联系依普确认梅彩慧收取2 000元介绍费安排务工，并有车辆在我国境内接应的情况下，即要求. 前往我国的缅甸同村人员辣波、童佐、苏棉等20余人进行报名登记，交代每个人准备好路费、身份证，并于4月3日在其家中集合乘车前往缅甸木姐口岸。到达木姐口岸后，周温又安排大家采购好途中所需生活用品、食品，进行缅币兑换等事项。4月4日，周温带领大家排队办理旅游边防证，过境后在我国国门处集合，并与依普会和。在依普的安排下，周温带领大家一同前往昆明。与此同时，梅彩慧安排朱振芳（另案处理）前往我国昆明接应周温，将被告人周温等缅甸人共计20余人带至我国××省××市。待安顿好后，梅彩慧先后安排该批缅甸人到××市不同厂区务工，直至2014年7月31日被我国××省××市公安局查获并被刑事拘留，同年9月2日被依法逮捕。2014年 月被该市中级人民法院判决如下：

（1）被告人周温犯组织他人偷越国境罪，判处有期徒刑二年，并处罚金人民币一万元（刑期从判决执行之日起计算。判决执行以前先行羁押的，羁押一日折抵刑期一日，即自2014年7月31日起至2016年7月30日止。罚金限本判决发生法律效力之日起三十日内缴纳）。

（2）被告人梅彩慧犯偷越国境罪，判处有期徒刑十一个月，并处罚金人民币五千元（刑期从判决执行之日起计算。判决执行以前先行羁押的，羁押一日折抵刑期一日，即自2014年7月31日起至2015年6月30日止。罚金限本判决发生法律效力之日起三十日内缴纳）。

2. 经验与启示

（1）近年来，境内外“蛇头”组织毗邻国家人员偷渡入境的案件持续高发，组织偷渡批次和规模呈扩大趋势，有的通过骗取签证从对外开放口岸入境，有的通过翻山越岭涉水从口岸以外的地点入境，从事卖淫、非法就业、通婚等活动，危害社会秩序，冲击劳动力市场。对工作中发现的案件线索，公安机关要按照“先刑事、后行政”的原则，深挖扩线、固定证据，依法追究境内外“蛇头”的刑事责任。

（2）组织他人偷越国（边）境罪与《刑法》中的其他组织类案件有一个典型的区别，《刑法》中的其他组织类案件往往组织者有刑责而被组织者无刑责，如组织卖淫案，组织者负有“组织卖淫罪”的刑责，而被组织者无“卖淫罪”的刑责；但组织他人偷越国（边）境罪中，组织者有“组织他人偷越国（边）境罪”的刑责，被组织者达到“情节严重”也负有“偷越国（边）境罪”的刑责。

（3）以此案为例，公安机关以“组织他人偷越国（边）境罪”将梅彩慧刑拘，但检察机关认为梅彩慧并没有直接着手境外的招募、拉拢、引诱行为，也没有直接带领缅甸人偷越国境或是安排偷越国境的路线，故梅彩慧“组织”的情节不明显，证据不够充分。检方同时认为，梅彩慧收取了缅甸人的务工介绍费，安排了缅甸人从口岸到内地的行程，即没有梅彩慧的协助缅甸人是无法完成偷越国（边）境的整个动作，梅彩慧的行为显然带有社会危害性，故检方在梅彩慧并没有亲自实施偷越国（边）境行为的情况下，以“偷越国（边）境罪”从犯的身份向人民法院移送起诉，法院对于这一理解和认识给予了支持。

二、骗取出境证件罪

（一）概念与特征

骗取出境证件罪，是指为组织他人偷越国（边）境使用，以劳务输出、经贸往来或者其他名义，弄虚作假，骗取护照、签证等出境证件的犯罪。

本罪有如下构成特征：

1. 本罪的客体是国家对出境证件的管理制度。国家通过对出境证件的管理实现对人员出境行为的管理。行为人为组织他人偷越国（边）境骗取出境证件侵害了国家对出境证件的管理制度，进而破坏了国家对国（边）境的管理秩序。

2. 本罪在客观上表现为弄虚作假，采用欺骗的手段，以劳务输出、经贸往来或者其他名义，使出入境管理人员发生错误认识，从而为其发放出境证件的行为。为组织他人偷越国（边）境，编造出境事由、身份信息或者相关的境外关系证明的，应当认定为弄虚作假。本罪的犯罪对象是出境证件，包括护照或者代替护照使用的国际旅行证件，海员证，出入境通行证，旅行证，中国公民往来香港、澳门、台湾地区证件，边境地区出入境通行证，签证、签注，出国（境）证明、名单，以及其他出境时需要查验的资料。

3. 本罪的主体既包括任何具有刑事责任能力的自然人，也包括单位。

4. 本罪在主观上只能是故意。行为人的主观故意必须具有为组织他人偷越国（边）境的目的，但这一目的是否实现，于本罪的成立不产生影响。至于骗取出境证件的动机则在所不论，有的可能是出于牟利，有的可能是为了逃避法律的制裁，具体动机如何，无碍于本罪的成立。

（二）刑罚适用

1.《刑法》规定

《刑法》第319条规定，骗取出境证件的，处3年以下有期徒刑，并处罚金；情节严重的，处3年以上10年以下有期徒刑，并处罚金。单位犯骗取出境证件罪的，对单位判处罚金，并对其直接负责的主管人员和其他直接责任人员，依照前述规定处罚；

2. 司法解释

根据《最高人民法院、最高人民检察院关于办理妨害国（边）境管理刑事案件应用法律若干问题的解释》第2条的规定，“情节严重”通常指下列情形之一：骗取出境证件5份以上的；非法收取费用30万元以上的；明知是国家规定的不准出境的人员而为其骗取出境证件的；其他情节严重的情形。

（三）法条评述

在出入境管理实践中，签证是我国政府颁发给外国人的入境证件而非出境证件，我国公民出境又是不需要签证的，法条中的“骗取护照、签证等出境证件”的这一表述，出现了“签证”与“出境证件”的矛盾。所以适用本法条实际上缩小了我国刑法管辖权范围，因为依照刑法精神，不管是在我国领域内外，还是是否为我国公民，非法组织他人出入国（边）境都是刑法所指向的妨害国（边）境管理的重要犯罪行为之一，尤其是在当前我国政治稳定、经济高速发展，国（边）境地区非法组织他人入国（边）境活动日益严峻的情形下，刑法规定以骗取入境证件等方式非法组织他人入国（边）境行为的犯罪性，不仅是必要的而且有现实意义。而本法条却在其犯罪的适用范围内忽略了“骗取我国政府签证等入境证件的行为”，这与克服刑法的滞后性、坚持司法务实与预见未来相结合的原则相违背；另一方面因为出境所需的签证是由他国政府颁发，骗取他国政府签证等出境证件的行为是否为犯罪、是否需追究刑事责任尚有不同认识，就算是犯罪，在国际司法规则接轨上实际行使此刑事管辖权也会非常困难，对骗取签证等出境证件行为的属人管辖权必然与他国行为地管辖权相冲突，这种情形下通常应由国际法　（即刑法适用法）来决定由哪个国家行使刑事管辖权，1961 年国际刑法会议决议提倡，对在外国实施的犯罪适用行为地的外国刑法。尽管存在一定实际管辖困难，但为维护国家主权和国民利益，我国仍有必要在法律上表明自己立场，在我国承担的条约义务范围内行使刑事管辖权，保留对骗取他国政府签证等出境证件行为的刑事管辖权。因此，有学者建议本法条仍改为“骗取护照、签证等出入境证件，为组织他人出入国（边）境使用”这一表述更全面、更符合实际。①

如前所述，本罪在立法上有问题，须有组织他人偷越国边境使用的目的。在出入境管理实践中，一直处置的是中国公民为犯罪主体，并多以出售出入境证件罪或直接以组织偷越国（边）境罪的案件。

三、提供伪造、变造的出入境证件罪

（一）概念与特征

提供伪造、变造的出入境证件罪，是指为他人提供伪造、变造的护照、签证等出入境证件的行为。

本罪有如下构成特征：

1. 本罪侵犯的客体是我国国（边）境管理秩序。国家对人员出入境管理的前提在于护照、签证等出入境证件签发的完备性和真实性，提供伪造、变造的出入境证件破坏了国家对出入境证件的管理制度，侵害正常的出入境管理秩序，应当受到法律的制裁。

2. 本罪在客观方面表现为行为人实施了为他人提供伪造、变造的护照、签证等出入境证件以及其他入境时需要查验的资料的行为。提供可以是有偿的，也可以是无偿的。所提供的出入境证件必须是伪造、变造的。

3. 本罪的主体是任何达到刑事责任年龄，具有刑事责任能力的自然人，无论是中国人还是外国人均可成为本罪的主体。单位不能成为本罪的主体。

4. 本罪在主观上只能是故意，即行为人明知是伪造、变造的出入境证件仍将其提供给他人。过失不构成本罪。

---

① 马新文：《“骗取出境证件罪”的认定及思考》，载《湖南科技学院学报》，2005（6）。

（二）刑罚适用

1.《刑法》规定

《刑法》第320条规定，为他人提供伪造、变造的护照、签证等出入境证件的，处5年以下有期徒刑，并处罚金；情节严重的，处5年以上有期徒刑，并处罚金。

2. 司法解释

根据《最高人民法院、最高人民检察院关于办理妨害国（边）境管理刑事案件应用法律若干问题的解释》第3条的规定，“情节严重”通常是指具有下列情形之一的：为他人提供伪造、变造的出入境证件5份以上的；非法收取费用30万元以上的；明知是国家规定的不准出入境的人员而为其提供伪造、变造的出入境证件的；其他情节严重的情形。

（三）案例：菲律宾人陈×来等人为他人提供伪造、变造的出入境证件案

1. 主要案情

案例

高×宗（化名李加洛，男，48岁，台湾省台北县人，住台北县新庄市中正路251巷4号，来厦门后暂住鼓浪屿区鹿礁路111号3楼。原系××省××市××食品开发有限公司董事长、济南××食品公司副董事长）于1985年来大陆旅游探亲，在福建省漳州市遗失旅行证，经多方申报未能补办，以致长期不能回到台湾，遂产生通过民间途径购买菲律宾护照出入国境回台湾的念头，并通过朋友购买了一本菲律宾护照。1993年底，高×宗结识了陈×来（男，59岁，原系福建省南安市人，后加入菲律宾共和国国籍，住菲律宾马尼拉市亚拉忙，商人），即委托陈帮助他在菲律宾办理签证手续。陈办理妥当后，即向高提议由高物色欲出境的人员，收集相片等有关资料，自己则负责通过非法途径在菲律宾购买假护照，共同牟利。高×宗表示同意。

1994年8月至12月，被告人陈×来、高×宗共收取欲出境的人员林××、周××、郑××、郑小×、王×、包××的定金人民币84 500元，港币1 000元、美元700元。其中陈×来得赃款人民币29 000元、港币5 000元、美元1 200元，折合人民币44 557.62元，高×宗得赃款折合人民币41 481.95元。

××市中级人民法院经过公开审理认为，被告人陈×来、高×宗以营利为目的，通过非法途径为他人购买假护照，帮助他人偷越国（边）境，其行为均已构成提供伪造、变造的出入境证件罪，且系共同犯罪，应依法惩处。鉴于两被告人归案后认罪态度较好，有悔罪表现，赃款已全部退出，可酌情从轻处罚，两被告人及其辩护人所提的部分辩护意见可以采纳。为了制止偷越国（边）境的违法犯罪活动，维护出入境管理秩序，该院依照全国人民代表大会常务委员会《关于严惩组织、运送他人偷越国（边）境犯罪的补充规定》第3条、第7条和《刑法》第22条第1款、第30条的规定，于1995年12月6日作出刑事判决如下：

（1）被告人陈×来犯提供伪造、变造的出入境证件罪，判处有期徒刑二年，驱逐出境，罚金人民币10 000元；被告人高×宗犯提供伪造、变造的出入境证件罪，判处有期徒刑八个月，罚金人民币10 000元。

（2）追缴被告人陈×来非法所得人民币29 000元、美元1 200元、港币5 000元；追缴

被告人高×宗非法所得人民币 41 481. 95 元。

(3) 随案移送的被告人陈×来、高×宗的宣誓书副本和传呼机一台予以没收。

2. 经验与启示

(1) 本案被告人陈×来、高×宗互相勾结，以营利为目的，通过非法途径，积极为他人购买伪造或变造的假护照，帮助他人偷越国（边）境，侵犯了我国对出入国（边）境的管理制度，××市中级人民法院以“提供伪造、变造的出入境证件罪”对他们定罪判刑是正确的。

(2) 鉴于这类犯罪属于贪利性犯罪，为了不使犯罪分子在经济上占便宜，剥夺他们赖以犯罪的物质基础，法律规定对这类罪犯应当并处罚金。同时，刑法第三十条规定：“对于犯罪的外国人，可以独立适用或者附加适用驱逐出境。”××市中级人民法院根据本案的具体情况，在对两被告人判处主刑的同时，附加判处罚金各一万元，对被告人陈×来附加适用驱逐出境，以消除其在我国境内再犯罪的可能性，确保国家和人民的利益不受侵犯，这些也都是适当的。

(3) 办理提供伪造、变造的出入境证件案件应注意：提供的证件可以是出境证件或入境证件，但必须是伪造或变造的，如果将行贿或非法购买的真实证件提供给他人则不构成本罪；为他人提供伪造、变造的护照、签证等出入境证件，不以盈利为目的，即使没有收受任何财物，也不影响本罪的成立。

四、出售出入境证件罪

(一) 概念与特征

出售出入境证件罪，是指违反国家关于出入境证件管理法规的规定，出售护照、签证等出入境证件的行为。

本罪有如下构成特征：

1. 本罪侵犯的客体是我国国（边）境的管理秩序。行为人出售的出入境证件通常会被用来伪造或变造，然后高价出售给企图偷越国（边）境或组织、运送他人偷越国（边）境的人员，从而危害到国家对国（边）境的管理秩序。

2. 本罪在客观方面表现为行为人将护照、签证等出入境证件当作商品，换取利益的行为。若行为人只是无偿转让，或虽然将出入境证件提供给他人使用，但并非以换取利益为目的，一般不构成出售出入境证件罪。在本罪中，行为人出售的出入境证件是真实的出入境证件。如果行为人出售的是伪造、变造的出入境证件，则构成

提供伪造、变造的出入境证件罪，而不是出售出入境证件罪。

3. 本罪的主体是任何达到刑事责任年龄，具有刑事责任能力的自然人，无论是中国人还是外国人均可成为本罪的主体。单位不能成为本罪的主体。

4. 本罪在主观上只能是故意，即行为人明知出售护照、签证等出入境证件行为会给国（边）境管理秩序带来危害，却仍然实施出售的行为。

(二) 刑罚适用

1.《刑法》规定

《刑法》第 320 条规定，出售出入境证件的，处 5 年以下有期徒刑，并处罚金；情节

严重的，处 5 年以上有期徒刑，并处罚金。

2. 司法解释

根据《最高人民法院、最高人民检察院关于办理妨害国（边）境管理刑事案件应用法律若干问题的解释》第 4 条的规定，“情节严重”，通常是指具有下列情形之一：出售出入境证件 5 份以上的；非法收取费用 30 万元以上的；明知是国家规定的不准出入境的人员而向其出售出入境证件的；其他情节严重的情形。

（三）案例：上海侦破首起“老外中介”出售出入境证件案

1. 主要案情

南美某国人佩德罗，1974 年生人，在沪生活有四五年时间，经营上海笃盟国际贸易有限公司。公开资料显示，该公司设于闸北区 638 号苏河一号楼 1219 室，号称在巴西圣保罗设有办事处。佩德罗是美国波士顿大学法学硕士，熟悉我国出入境法规与政策。

笃盟公司曾经帮助某贸易公司办理部分外籍员工的就业居留许可。借此机会，笃盟伪造了该公司的公章，扫描了该公司的营业执照、税务登记证和劳动合同。凭借这些材料，笃盟假借该公司的名义，到外国人就业指导中心和出入境管理局，骗取就业居留许可，再转卖给外国人。

2012 年 4 月，笃盟首次向外国人出售出入境证件。佩德罗不仅为公司建立了官方网站，还在赶集、职友等服务类网站上大作广告。法院认定其前后总共五次向外国人出售证件，公安机关查明截至案发前的非法获利达 5 万多元人民币

除了骗领相关证件出售给外国人，佩德罗还通过帮助外国人设立公司来骗取长期居留证件。同时，他又凭借手中的信息频繁更换公司法人代表，将出售签证的费用“洗白”成公司转让费用，逃避查处。一些向其寻求办证的外国人因提供了个人信息，在不知情的情况下成为了“空壳公司”的法人。

2015 年 3 月，佩德罗被闸北区人民法院判处有期徒刑五年，其公司的中方员工孙某、张某分别被判处有期徒刑一年半、缓期一年半和有期徒刑一年、缓期一年。

2. 经验与启示

（1）出售出入境证件罪中的出入境证件应当是形式上真实有效的出入境证件，否则应考虑提供伪造、变造的出入境证件罪或诈骗罪；

（2）出售出入境证件不是买卖出入境证件，购买不构成本罪。

五、运送他人偷越国（边）境罪

（一）概念与特征

运送他人偷越国（边）境罪，是指违反出入境管理法律、法规，故意将他人送出或者接入境内的行为。

本罪有如下构成特征：

1. 本罪侵犯的客体是我国国（边）境管理秩序。国家对国（边）境实行管控，出入境人员在指定的口岸，履行法定的检查手续才能出入国（边）境，这对维护国家主权、安全和社会秩序有着重要意义。运送他人偷越国（边）境行为侵害了国（边）境的管理秩序，应当受到法律的惩罚。

2. 本罪的客观方面表现为违反国（边）境管理法规，运送他人偷越国（边）境的行为。其具体表现为，使用交通运输工具，或者徒步带领、护送等方法，将他人接入或送出国（边）境。运送的具体方式不影响犯罪成立。

3. 本罪的主体是任何达到刑事责任年龄，具有刑事责任能力的自然人，无论是中国人还是外国人均可成为本罪的主体。单位不能成为本罪的主体。

4. 本罪在主观在主观上只能是故意，即行为人明知是偷越国（边）境的行为但仍然将他人接人或送出国（边）境。行为人一般都会以牟利为目的，但牟利不是本罪的必要条件，不影响运送他人偷越国（边）境罪的构成。

（二）刑罚适用

1.《刑法》规定

根据《刑法》第321条规定，运送他人偷越国（边）境的，处5年以下有期徒刑、拘役或者管制，并处罚金。有下列情形之一的，处五年以上十年以下有期徒刑，并处罚金：(1) 多次实施运送行为或者运送人数众多的；(2) 所使用的船只、车辆等交通工具不具备必要的安全条件，足以造成严重后果的；(3) 违法所得数额巨大的；(4) 有其他特别严重情节的。

在运送他人偷越国（边）境中造成被运送人重伤、死亡，或者以暴力、威胁方法抗拒检查的，处7年以上有期徒刑，并处罚金。

犯前两款罪，对被运送人有杀害、伤害、强奸、拐卖等犯罪行为，或者对检查人员有杀害、伤害等犯罪行为的，依照数罪并罚的规定处罚。

2. 司法解释

根据《最高人民法院、最高人民检察院关于办理妨害国（边）境管理刑事案件应用法律若干问题的解释》第4条的规定，“人数众多”是指运送他人偷越国（边）境人数在10人以上；“违法所得数额巨大”是指违法所得数额在20万元以上的。

（三）案例：美国人汤姆等3人运送他人偷越国境案

1. 主要案情

案例

1999年12月12日9时许，汤姆（男，34岁，美国人）、杨×贤（男，41岁，汉族，台湾居民）、杨×杰（男，51岁，汉族，澳门居民）在北京首都国际机场内，由杨×贤利用向他人所借的3张首都机场贵宾VIP卡将陈××（男，25岁，福建省××市人）、林××（男，28岁，福建省××市人）送至该机场候机厅内，后汤姆、杨×杰二人使用各自的护照等登机手续进入国际候机厅，将各自所办理的前往美国、英国的机票、登机牌与陈××、林××所佩戴VIP贵宾卡交换，陈××乘UA852航班出境到达日本转机时，被日本警方查获，并于12月13日晚被遣返；杨×贤、汤姆、杨×杰在护送林××乘机时被当场抓获，该3人因涉嫌运送他人偷越国境于2000年2月3日被批准逮捕。后经人民法院审理，认定杨×贤犯运送他人偷越国境罪，判处有期徒刑3年，并处罚金人民币30 000元；汤姆犯运送他人偷越国境罪，判处有期徒刑2年，并处罚金人民币20 000元，追缴被告人汤姆的非法所得人民币8 000元，附加驱逐出境；杨×杰犯运送他人偷越国境罪，判处有期徒刑1年6个月，并处罚金人民币15 000元。

2. 经验与启示

（1）此案件为一起典型的“跳飞机”案，案件特点在于犯罪嫌疑人为外国人，外国人在此类案件中比较容易蒙混过关，容易逃过我们的打击。此案件边检起到了关键的作用，他们在工作中认真负责才没让犯罪嫌疑人蒙混过关。

（2）对本案罪名的认定，许多法律界的人士提出了异议。在以往的办案实践中，上述犯罪嫌疑人实施引带、提供登机牌等行为，一般作为组织他人偷越国（边）境团伙的从犯处理。运送他人偷越国（边）境罪的认定中，检察机关比较注重提供交通工具行为的证据。

六、偷越国（边）境罪

（一）概念与特征

偷越国（边）境罪，是指违反国（边）境管理法规，偷越国（边）境，情节严重的行为：

本罪有如下构成特征：

1. 本罪侵犯的客体是我国国（边）境管理秩序。

2. 本罪在客观方面表现为违反国（边）境管理法规，偷越国（边）境，情节严重的行为：偷越国（边）境行为的具体情形通常表现为：（1）没有出入境证件出入国（边）境或者逃避边防检查的；（2）使用伪造、变造的出入境证件出入国（边）境的；（3）使用他人出入境证件出入国（边）境的；（4）使用以虚假的出入境事由、隐瞒真实身份、冒用他人身份证件等方式骗取的出入境证件出入国（边）境的；（5）采用其他方式非法出入国（边）境的。具体的偷渡手段和方式于本罪的成立不产生影响。

3. 本罪的主体是一般主体，即达到刑事责任年龄、具有刑事责任能力的自然人，无论是中国人还是外国人都可以成为本罪的主体。单位不能成为本罪的主体。

4. 本罪在主观上表现为故意，即行为人明知是偷越国（边）境但仍然实施。偷越国（边）境的动机则可能是多样的，动机的不同并不影响本罪的构成。

（二）刑罚适用

1.《刑法》规定

根据《刑法》第322条的规定，违反国（边）境管理法规，偷越国（边）境，情节严重的，处1年以下有期徒刑、拘役或者管制，并处罚金。

2. 司法解释

根据《最高人民法院、最高人民检察院关于办理妨害国（边）境管理刑事案件应用法律若干问题的解释》第5条的规定，所谓“情节严重”通常指具有下列情形之一的：（1）在境外实施损害国家利益行为的；（2）偷越国（边）境3次以上或者3人以上结伙偷越国（边）境的；（3）拉拢、引诱他人一起偷越国（边）境的；（4）勾结境外组织、人员偷越国（边）境的；（5）因偷越国（边）境被行政处罚后1年内又偷越国（边）境的；（6）其他情节严重的情形。

（三）案例：罗阿凤等4名缅甸人偷越国（边）境犯罪案

1. 主要案情

案例

2014年11月14日，××市公安局××派出所在外来人口检查中，查获4名非法入境的缅甸人。

经查，2014年8月初，犯罪嫌疑人罗阿凤（女，1986年6月9日出生，无任何身份证件，缅甸果敢地区腊休乡满江村）、阿彩（女，1983年10月10日出生，无任何身份证件，缅甸果敢地区腊休乡满江村）、岩山（男，1990年11月21日出生，无任何身份证件，缅甸果敢地区腊休乡甘木村）、岩昆（男，1985年1月12日出生，无任何身份证件，缅甸果敢地区腊休乡甘木村）4人商议后一起从孟定偷越国境进入我国，在云南袜子定型厂打工，后听说江浙一带打工工资较高，即乘坐大巴从云南到浙江××市，拟在该市××休闲用品厂打工，因无有效身份证件办理登记被查获。

2014年11月15日，该市公安局决定对涉嫌偷越国（边）境的罗阿凤、阿彩、岩山、岩昆等4人采取刑事拘留的强制措施。

2. 经验与启示

（1）通常情况下，偷越国（边）境罪最常见于“偷越国（边）境3次以上”或者“3人以上结伙偷越国（边）境的”的行为。此项罪名与《出境入境管理法》中的“非法出境入境”在行为上极为相似，区别主要在于（偷越）非法出境入境的次数和结伙的人数上。

（2）以本案为例，罗阿凤、阿彩、岩山、岩昆4人在偷越国（边）境之前有过商议，4人达到“3人以上”，商议构成“结伙”的要素，其行为符合《最高人民法院、最高人民检察院关于办理妨害国（边）境管理刑事案件应用法律若干问题的解释》第5条规定的情形，故公安机关依法对其刑事拘留。

思考题

1. 公安机关处置的涉及外国人的刑事案件有哪些？
2. 公安机关涉及的国内法和国际法中的刑事案件管辖分别指哪些？
3. 论述公安机关办理涉外刑事案件的一般程序和特殊程序。
4. 公安机关处置涉外刑事案件的完整程序有哪些？
5. 简述外国人犯罪侦查需要国际警务合作的情形。
6. 简述外国人犯罪侦查国际警务合作的主管机关及程序。
7. 简述外国人犯罪侦查国际警务合作的途径。
8. 我国外国人犯罪侦查国际警务合作基本形式有哪些？
9. 论述妨害国（边）境管理罪的种类及适用。

第十一章　涉外突发事件处置

本章导读

公安涉外突发事件主要指在我国境内突然发生，造成或者可能造成外籍人员或外国机构及其人员的重大刑事案件、恐怖袭击事件、群体性事件等有重大社会影响的须由公安机关处置的涉及公共安全的紧急事件。

根据涉外突发事件发生的地点、性质、规模和影响，可将公安涉外突发事件分为：特别重大涉外突发事件（Ⅰ级）、重大涉外突发事件（Ⅱ级）、较大涉外突发事件（Ⅲ级）以及一般涉外突发事件（Ⅳ级）。公安涉外突发事件的处置包括预警、准备、应对、恢复四个阶段。公安涉外突发事件处置的原则有：以人为本、力保安全的原则，统一领导、公安平台、属地为主、各司其职的原则，及时、快速的原则，依法处置的原则以及原则性与灵活性相结合的原则。

公安涉外突发事件的处置程序包括成立公安应急指挥机构，制定工作预案，收集、储存、分析和研判情报信息，发布预警信息，现场处置，启动应急预案等级响应程序，媒体引导，通知有关外国驻华使、领馆，应急结束以及后期处置等。

公安机关处置的常见重大涉外突发事件主要有：涉外暴恐，外国人非法聚集以及围困、冲击国际保护区的突发事件。每种事件都有相应的处置对策。

第一节　公安涉外突发事件概述

一、公安涉外突发事件的概念

突发性事件是指在某些因素支配下出人意料的发生，给社会造成严重危害、损失或影响且需要立即处置的负面事件。[①] 突发事件一般分为以下三种类型：一是自然灾害，如地震、火山喷发、水灾、风灾、火灾等，是由自然原因引起的；二是重大事故，又称技术发展性灾害，如交通事故、生产事故、危险化学品泄漏、爆炸、火灾等，通常与科技发展的负面作用有关，在现代社会生活中有日益增多的态势；三是重大社会事件，又称社会秩序

① 参见秦启文：《突发事件的管理与应对》，5页，北京，新华出版社，2004。

性灾害，如社会骚乱、非法集会、恐怖袭击、外敌入侵等，主要是由人为原因造成。①

涉外突发事件是指具有涉外因素的突发事件。从事件的性质来看，涉外突发事件，可分为涉外刑事突发事件、涉外治安突发事件和涉外突发灾害事故。涉外刑事突发事件主要指涉及外国国家或外国人的劫机、劫船、劫持人质、爆炸等国际恐怖案件和其他突然发生的重大刑事案件。涉外治安突发事件指涉及外国国家或外国人的群体违反治安管理事件。涉外突发灾害事故，是指不以人的意志为转移而发生的涉及外国人的不可抗拒的自然灾害。

涉外突发事件的处置离不开公安机关的参与，但对不同性质的涉外突发事件，公安机关参与的程度和其职责权限有所不同。② 对于突发的自然灾害事件、事故灾难、公共卫生事件、经济金融紧急事件等涉外突发灾害事故，公安机关不是这类事件的主要处置机关，其任务主要是为主管机关执行公务时提供协助，制止妨碍执行公务的行为发生，维护社会治安秩序。但对危害公共安全的群体性事件、恐怖袭击事件等（有学者称其为"四乱一恐"即骚乱、动乱、暴乱、叛乱、恐怖袭击），公安机关就是这类事件的主要处置机关，享有更多的强制性权力。③

因此，公安涉外突发事件是指公安机关参与处置的具有涉外因素的突发事件。

而本章论述的公安涉外突发事件主要指在我国境内突然发生，造成或者可能造成外籍人员或外国机构及其人员的重大刑事案件、恐怖袭击事件、群体性事件等有重大社会影响的须由公安机关处置的涉及公共安全的紧急事件。

二、公安涉外突发事件分级

按照我国宪法和有关法律法规，中国政府缔结或参加的国际双边、多边条约和公约，《国家突发公共事件总体应急预案》、《国家涉外突发事件应急预案》、《外交部重大突发事件应急预案》等规定，根据涉外突发事件发生的地点、性质、规模和影响，可将公安涉外突发事件分为：

（一）特别重大涉外突发事件（Ⅰ级）

符合下列情况之一的，为特别重大涉外突发事件：

1. 来华访问的外国元首、政府首脑等国宾、重要外宾遭受意外事件的。
2. 外国驻华领事馆或机构遭冲闯的。
3. 因邻国战事等原因，境外大量难民涌入我境内的事件；境外 100 人以上 300 人以下难民涌入我境内的。
4. 一次造成 30 人以上死亡，或 100 人以上伤亡的涉外事件。
5. 中外学生发生 100 人以上冲突的。
6. 在华工作、学习或旅游等的外籍人员 10 人以上 15 人以下遭受意外事故的。
7. 已经或可能造成外国驻华机构和人员安全及财产重大损失，并具有重大政治和社会影响的涉外事件。

---

① 参见公安机关应急处置模式课题组：《关于完善我国公安机关应急处置模式的思考》，载《政法学刊》，2005（1）。
② 参见冯丽萍：《关于公安机关应对突发性事件预警机制的思考》，载《云南大学学报（法学版）》，2007（6）。
③ 参见余凌云：《警察预警与应急机制》，1 页，北京，中国人民公安人学出版社，2007。

（二）重大涉外突发事件（Ⅱ级）

符合下列情况之一的，为重大涉外突发事件：

1. 来华访问的外国前政要及部级外宾遭受意外事件的；

2. 外国驻华领事馆或机构遭围堵的；

3. 一次造成10人以上、30人以下死亡，或50人以上、100人以下伤亡的境外涉及我国的涉外事件；

4. 中外学生发生50人以上冲突的；

5. 已经或可能造成外国驻华机构和人员安全及财产较大损失，并具有较大政治和社会影响的涉外事件。

（三）较大涉外突发事件（Ⅲ级）

符合下列情况之一的，为较大涉外突发事件：

1. 外国驻华领事官员及其家属、外国驻华其他机构代表，来华访问的外国知名人士、著名企业家、科学家等影响较大的人士遭受意外事件的；

2. 造成死亡人数10人以下或死伤人数50人以下的境外涉及我国的涉外事件；

3. 中外学生发生20人以上冲突的；

4. 已经或可能造成外国驻华机构和人员安全及财产一定损失，并具有一定政治和社会影响的涉外事件；

5. 在华工作、学习或旅游等的外籍人员5人以上10人以下遭受意外事故的。

（四）一般涉外突发事件（Ⅳ级）

1. 在华工作、学习、参会、旅游、经商、考察、执行项目等的外籍人员遭受意外事故或因不可抗拒的自然因素而造成重大人身伤亡的突发事件；

2. 境外20人以上50人以下难民涌入我境的；

3. 两国边民50人以上100人以下群体性械斗的；

4. 敌对分子或违法人员冲闯关卡的；

5. 在华工作、学习或旅游等的外籍人员2人以上5人以下遭受意外事故的；

6. 其他可能损害我对外关系的涉外突发事件。

三、公安涉外突发事件的处置阶段

从应急管理角度看，突发事件的处置应该包括预警、准备、应对、恢复四个阶段。公安涉外突发事件的处置也包括这四个阶段：

（一）预警阶段

预警阶段是发现涉外突发事件苗头，掌握涉外突发事件情报信息的阶段。这一阶段的工作做得到位，做得仔细，对于掌握处置涉外突发事件的主动权，把涉外突发事件处置在萌芽状态具有非常重要的作用。而“把涉外突发事件处置在苗头阶段，解决在萌芽状态，尽量减少其对社会的危害，这是处置工作的基本指导思想和出发点。”

在获得境内可能发生重大涉外突发事件的预警信息后，视情进行研判，并根据“统一领导、分级负责”原则，由相关单位发布分级预警的信息。

1. 红色等级（Ⅰ级）

当情报显示突发事件威胁逼近，或局部地区发生冲突、战乱，或情报证实即将发生武装或恐怖袭击时，有关机构做好应急准备，警告有关人员减少外出或不去危险地区。经批准，发布旅行警告，启动应急预案，采取各项措施保护有关机构和人员的生命财产安全。

2. 橙色等级（Ⅱ级）

当情报显示有发生突发事件的现实可能性，或局部地区发生冲突、动荡时有关部门注意收集情报，跟踪形势动态，考虑突发事件发生的方式、规模、影响，完善应对方案，必要时发布旅行建议或提示。

3. 黄色等级（Ⅲ级）

当情报信息显示发生突发事件的可能性增大时，有关机构和人员应高度重视，注意收集情报，跟踪形势动态，同时考虑突发事件可能发生的方式、规模及初步应对措施。

4. 蓝色等级（Ⅳ级）

当情报信息显示可能发生突发事件时，有关机构和人员应思想重视，注意收集情报，跟踪形势动态，注意安全。

（二）准备阶段

准备阶段是为应对涉外突发事件所作的各项人员、物质、思想、经费等方面的准备工作阶段。主要包括以下工作：

1. 制定处置涉外突发事件的工作预案

涉外突发事件有多种多样，必须根据不同的案件制定不同的工作预案，以便应对各种不同的涉外突发事件。

2. 加强应急储备，包括物质储备和其他方面的储备

物质储备方面要安排一定比例的专项资金以保障涉外突发事件处置所需的经费，公安机关应储备好各类应急物资比如警械、警具、防护器材、通讯器材、秘密取证器材等及其维护。其他方面的储备应建立专门的应急救援队伍和后备应急救援队伍，加强对人民警察进行定期和不定期的涉外突发事件应急知识和技能的培训，开展涉外危机处置的演习活动等。

3. 建立高效的涉外突发事件应急机构

我国的涉外突发事件应急机构是在县级以上地方党委、政府领导的公安机关。

（三）应对阶段

涉外突发事件应急处置阶段的内容主要包括统一指挥、实时决策；快速反应、整体作战；严密取证、依法处置；严密控制、及时通知；信息披露、舆论引导。

（四）恢复阶段

恢复阶段是指在涉外突发事件处置完成以后，公安机关及有关部门通过支援、抚助、评估、追究责任、重建等方式恢复社会正常秩序，稳定人民生活和生产秩序的基本过程。这一阶段是使社会秩序从不正常的状态中恢复到正常状态中的一个必不可少的程序，对于恢复人民群众的基本生活秩序，抚慰群众的心理创伤，恢复社会的平静等方面具有非常重要的意义。这一阶段的内容主要有：基础设施的恢复重建、民众恐惧心理的安抚、对直接责任人员的处置等。

四、公安涉外突发事件处置的原则

（一）以人为本、力保安全的原则

根据现行的国际人权法体系，各国由于拥有本事件属地管辖权，但也有对中外公民生命权、人身自由和安全权等人权和基本自由权等国际人权保护的责任。公安机关处置的涉外突发事件，不仅涉及国家安全和国家利益，也涉及中外公民的生命财产安全。处置稍有不慎，就会造成中外公民的人身危害，往往会引起国内外的关注，造成较大的影响。因此，以人为本、力保安全一直是处置涉外突发事件各项工作的出发点和落脚点，最大限度地维护中外公民的人身安全及合法权益，避免或减少损失。在国内许多地方制定的涉外突发事件处置原则中，都把以人为本、力保安全放在第一位。

（二）统一领导、公安平台、属地为主、各司其职的原则

统一领导是指应急中心要由党委和政府领导。应急中心工作范围广，涉及部门多，担负责任大，必须要由党委和政府统一领导。

“公安平台”是指应急机制要以公安机关为依托，以公安机关指挥中心为主体，有关政府职能部门共同参与。

由于紧急事件的发生地点首先是地方公安机关所辖区域，因此，地方公安机关的反应和有效的应对就成为能否有效遏制紧急事件的关键。对于各种紧急事件，都需要地方公安机关的迅速反应和处置，坚持属地管理，也就是说，地方公安机关应该是发现、控制、处置紧急事件的第一责任者。同时，属地管理必须纳入统一指挥下进行，以保证对紧急事件的宏观控制。

“各司其职”是指应急机制中各有关部门要充分发挥职能作用。应急中心接到报警后，可根据授权向相关职能部门下达出警指令，各有关职能部门要立即派员前往现场进行处置。各个职能部门要有明确的职责划分，以免相互推诿。有些事件需要多个部门密切配合，共同处置，各个职能部门也要在自己的职责范围内，在应急中心的统一协调下开展工作。①

（二）及时、快速的原则

涉外突发事件具有突发性、重大影响性及紧迫性的特点，一旦发生，公安机关必须采取果断措施及时应对，及时收集各种相关信息，需要有很强的时间观念，要抓住、控制涉外突发事件态势发展的各种有利时机，快速处置，把涉外突发事件解决在早期状态，尽量防止矛盾激化、事态扩大，减少其对社会的危害程度。涉外突发事件的发生、发展十分迅速，若不及时协调、反应迟缓、优柔寡断，极易出现飞速扩展的危险局面，势必丧失良机，使事件的处置工作陷于被动的境地。所以处置涉外突发事件公安机关要在最短时间内赶赴现场，控制事态的发展，防止事态蔓延，及时掌握现场情况，维护现场秩序，尽快查明事件的起因、性质，以便采取相应的处置对策，为妥善解决和化解危机创造良好的条件。另外，要抓住战机，运用公开和秘密的手段，查明为首、组织者和骨干分子，查明违法犯罪事实，在有利于事件处置的情况下，及时查处。

---

① 参见朱恩涛：《充分发挥公安机关指挥中心在应急机制中的龙头和枢纽作用》，《湖北警官学院学报》，2006（5）。

（三）依法处置的原则

依法办事是现代法制社会所必须遵循的一项基本原则，处置涉外突发事件作为公安机关执法活动的一部分，也要求其严格依法处置。由于对涉外突发事件的处置是一种非常规状态下的非程序性决策，公安机关在采取应对处置措施时，应当尊重法律的权威性，按照法律规定的职权和范围，依法行使处置权。处置涉外突发事件是涉外警务活动的组成部分，处置上既要依据我国相关法律、法规，同时也要依据有关的国际公约、条约、协议等。在以外国人为事件的行为主体的涉外突发事件中，要特别强调有完备的法律手续，正当的法律程序。我国法律对外国人采取强制措施作了特殊的程序规定，需要对外国人采取拘留、监视居住、取保候审的，应当经省级公安机关批准，同时应当通知省、直辖市、自治区外事部门。

（四）原则性与灵活性相结合的原则

公安机关涉外警务活动维护我国国家主权、安全和利益，这是非常坚定的根本性、方向性的问题，亦即原则性问题。在对涉外突发事件的处置中，公安机关要把维护我国主权、安全和利益放在第一位来考虑，这是国家的崇高地位决定的，既是涉外突发事件的出发点，也是最终目标。

但公安机关在对某些具体的涉外突发事件的处置中，会涉及国家间的外交关系等因素，而国家间的外交关系等因素反过来又会影响公安机关对涉外突发事件的具体处置结果，为了避免涉外突发事件处置中的某些次要问题影响到国家关系大局，要适当采取一些灵活性的方法和措施。

在坚持原则性与灵活性相结合的过程中要注意克服两种倾向：一种倾向是只讲原则性，而不注重灵活性。这种倾向的具体表现就是没有充分认识到公安工作的长期性和复杂性，不愿特殊问题特殊处置，不愿专门研究涉外法律和国际条约；或者是只想着自己应当怎么做，而不考虑到外国方面有什么规定，不肯正视外国法律的存在。这种倾向无法在国际上建立共识和互信。另一种倾向则是一味追求灵活性，而忽略原则性。其表现就是忽略国家主权、安全和利益的大前提，事事给外国当事人过多的“优惠待遇”，甚至是超国民待遇，而忽视法律责任方面的规定。这两种倾向都是不可取的。

第二节　公安涉外突发事件的处置程序

一、成立公安应急指挥机构

公安机关应急指挥机构的主体是公安机关，但在必要情况下，由政府的主要领导负责指挥协调，指挥机构的成员包括相关的职能部门和联动单位。公安机关的应急指挥体系，一般由三级指挥机构组成。一级指挥机构为省级公安机关指挥中心，二级指挥机构为地市级公安机关指挥中心，三级指挥机构为县区级公安机关指挥中心。各级指挥机构针对可能发生的各种突发事件，在指挥机构中设置若干行动小组。

公安机关的应急指挥机构的功能主要有：一是组织有关人员针对可能危害公共安全的突发事件的重要警情和危险源进行排查、调研，按事件的不同种类分别制定行之有效的处置预案，在党委和政府的领导下经常性地进行预案演练，以熟悉情况；二是建立应急指挥网络，健全指挥体系；三是确定处置力量的编成，明确各种处置力量的职责分工；四是组织突发公共事件保障准备工作；五是发生突发事件时，启动相应预案，指导处置工作。①

二、制定工作预案

涉外突发事件诱因复杂，形式多样，必须根据不同的案件制定不同的工作预案，以便应对各种不同的涉外突发事件。例如，涉外劫持航空器案件预案，涉外劫持人质案件的预案，涉外群体性案件预案，围困使领馆和国际保护人员案件预案，涉外经济危机案件预案，等等。周详的应对突发事件应急预案内容包括：指导思想；组织领导和指挥体系（可常设应急指挥办公室）；应遵循的基本要求、原则；工作运行的组织形式，基本职责任务，协调方法和投入工作的时机；应急时期信息采集；应急时期的纪律及奖惩规定；应急时期的人员车辆、要害和重点部位，复杂场所，宣传媒体等的安全管制措施；突发事件性质的确定和信息发布；突发事件的预警规定；应急的联络方式和信号规定等。

三、收集、储存、分析和研判情报信息

涉外突发群体性事件有突发性和潜伏性两种，潜伏性的事件占大多数。不论是突发性还是潜伏性都有其发生发展的过程。公安机关必须建立快捷灵敏的预警机制，及时化解不安定因素。

（一）建立灵敏高效的涉外突发事件情报信息网络

涉外突发事件由于受到国内外各种因素的影响，涉及面非常广。这就要求必须建立起灵敏高效的情报信息系统，利用各种公开和秘密的手段多层次、多渠道的开辟情报来源，广泛搜集涉外突发事件的有关情报和信息，及时发现涉外突发事件的苗头。同时，针对一些涉外突发事件可能为国内外敌对势力、敌对分子和严重刑事犯罪分子所操纵的情况，大力加强秘密情报工作，把触角伸向其内部，以便获取深层次情报。

（二）加强涉外突发事件情报信息的研判工作

情报信息的收集目的在于利用，而情报信息的利用，必须通过研判，如果没有有效的研判机制，即使得到了大量的情报信息，其作用也是发挥不出来的。建立情报信息的收集、储存、分析研判、运用和预警机制是妥善处置涉外突发事件的首要环节。要进行信息的研判，必须组建情报信息研判的专业队伍。一般来说，开始得到的各种情报信息只是一堆杂乱的素材，只有通过专业研判人员的分类整理、分析研究，得出结论，才能发挥情报信息的重要作用。对搜集的情报信息进行加工、积累、跟踪分析，提升情报信息的价值，增强辅助决策能力。通过对信息资源的研判，即分析研究和逻辑判断，要做到去伪存真，使情报信息变得更加清晰准确，从而提高了它的可利用性；要在已有的数据中总结经验发现规律，从而做好对突发事件的打击防范和控制的工作此外，必须加强情报信息共享制度，打破部门、地域，实现跨地、跨部门的最大范围内的信息共享。

---

① 参见武瑞清：《论公安机关的突发事件应急管理机制》，载《山西警官高等专科学校学报》，2009（2）。

（三）加强涉外突发事件情报的传递渠道

建设情报经过收集和分析以后如何迅速传递到有关决策部门，也是预警阶段必须作好的一项重要工作。在情报传递建设上，要注意情报传递的及时、准确和保密。①

四、发布预警信息

应急指挥办公室应在情报研判的基础上，根据涉外突发事件可能造成的危害程度、发展情况和紧迫性等因素，发布相应级别的预警等级。

五、现场处置

（一）赶赴现场，了解情况

有关处置单位要以最快的时间赶到现场，指挥应急处置，应迅速调查事件发生的种类、时间、地点、原因，确定事件发展事态及其后果和影响，如人身伤亡的人数和程度、公共设施损害的程度和范围等。

（二）控制现场

1. 强制隔离

强制隔离使用器械相互对抗或者以暴力行为参与冲突的当事人，妥善解决现场纠纷和争端，控制事态发展。

2. 控制措施

对特定区域内的建筑物、交通工具、设备、设施以及燃料、燃气、电力、水的供应进行控制。

3. 限制措施

封锁有关场所、道路，查验现场人员的身份证件，限制有关公共场所内的活动。

4. 设置临时警戒线

有关处置单位和警种要根据事件发生地的实际情况，进行警戒：对于任何人员（包括记者）出入现场需要由现场处置指挥中心批准；尸体经法警和法医确认后才能运走；必要时候应当在国家机关、军事机关、国家通讯社、广播电台、电视台、外国驻华使领馆等单位附近设置临时警戒线。

（三）及时汇报情况

发生涉外突发事件后，公安机关主要领导要坐镇“应急中心”，在第一时间将各方汇集的信息报告有关方面，并根据事态发展启动预案并下达相关命令。同时，根据实际情况，要按照事件发展进程所达到的等级和紧急程度，上报党委、政府和上一级公安机关。② 同时通报给政府的外事部门，在党委、政府及上级公安机关的领导和统筹安排下，系相关主管部门，共同协商解决问题的初步方案，力争把问题解决在初级阶段。

---

① 参见叶剑波、蒋剑云：《完善涉外突发事件应急机制构想》，《企业家天地·理论版》，2008（7）。

② 参见公安机关应急处置模式课题组：《关于完善我国公安机关应急处置模式的思考》，《政法学刊》，2005（1）。

六、启动应急预案等级响应程序

根据发布的预警等级以及事件发生地、有关部门职责分工、外国人的接待单位，应急指挥办公室应启动应急预案等级响应程序。在处置中，应当做到以下几点：

1. 建立和完善强有力的组织指挥机构，保证决策方案的贯彻实施，统一指挥。

2. 在充分掌握紧急事件情况的基础上，应调整预案，制订周密、细致、有效的决策方案。既要注意方案的全面性，对组织领导体系、现场处置方案、后勤保障、新闻媒体报道、善后处置等进行详细安排，又要做到决策方案的科学性，在制订方案的过程中注意听取熟悉情况的专家学者的建议。

3. 统一各参战单位内部的组织指挥关系，在协调配合整体作战中，指挥员要根据总的作战意图，严密组织本单位的行动。

4. 严密组织纪律，增强整体观念，各参战单位必须树立全局观念，打破各自为战的传统观念。

七、媒体引导

涉外突发事件在国际上的影响深远，境内外媒体云集，无孔不入，瞬间就可能形成"国际舆论风波"，稍微处置不当，轻则使政府形象受损，失去公信力，重则招致国际社会广泛的质疑和批评，引发"国际舆论大审判"，不但使涉外突发事件的处置目标无法实现，其"蝴蝶效应"可能造成国家公关危机。因此，在处置涉外突发事件中，应从以下几方面谨慎处置和应对媒体，尤其是境外媒体。

（一）媒体优先，提供采访机会

在涉外突发事件处置过程中，应该"尊重媒体，重视媒体，为媒体创造良好的工作条件"，在媒体人员出入境、器材通关、住宿、交通、采访等各方面，提供方便快捷的服务。当然，在涉外突发事件处置中，媒体优先并非事事都得顺着媒体，记者需要什么就提供什么，也不是无原则的迁就，媒体也有其职业规范、规则，服务中也包含着管理的手段和程序。"蕴管理于服务之中"的本质也是一种管理手段。

（二）少干预，少限制，由"防范"向"允许"和"保障"转变

现代政府的职能发生了根本性的改变，由过去的管理者向服务的提供者转变，这客观上要求我们在涉外突发事件处置中由过去的过分强调"限制""防范"向"允许""保障"转变，对涉外突发事件中的媒体记者，少干预，少限制，对一些记者的不合理采访要求，没有义务回答或接受采访时，依法文明拒绝。掌握主动权，定期召开"新闻发布会""中外记者招待会"，利用我们国家的体制优势，把有关职能部门集中在一起办公，集中为境外媒体解决各种行政审批和商业活动的手续，提供"一站式"的服务措施，创设涉外突发事件友好的、内紧外松的环境。

（三）公开透明，统一口径

注意新闻的正确引导和发布，向新闻媒体发布新闻要实事求是、有所控制，防止、消除流言蜚语和不实传闻的产生及传播，如果涉外突发事件引起流言蜚语的传播，要组织有关部门尽快澄清和解释。正确引导新闻媒体对公安机关处置涉外突发事件过程及结果的发布和报道。

对于重大涉外突发事件，应统一进行新闻发布，在处置时应尽快拟出对外交涉和宣传报道口径，经批准后适时对外公布，避免负面新闻效应。对境外人员的正常活动，如境外记者经批准进行的采访、境外人员的游览购物、中外人员的正常接触，不应予以随意干预或设置不必要的限制。

涉外突发事件发生后，政府尤为关切，人民群众十分关心，各类媒体特别关注。在掌握事件发生经过后，要迅速起草事件基本情况，在上报的同时整理出新闻通稿交由各媒体登载，以期社会各界尽快了解事实真相，有效防止别有用心的人散布不良消息。通稿要求准确、权威。未经核实的要缓报、缓登，定时发布最新进展。

八、通知有关外国驻华使、领馆

对外国人采取行政拘留、人身强制措施以及外国人死亡的，应当在有关国际公约和双边领事条约规定的期限内通知其所属国籍国驻华使、领馆。

九、应急结束

涉外突发事件处置工作已基本完成，次生、衍生和事件危害基本消除，应急处置工作即告结束。

涉外突发事件应急处置工作结束后，特别重大涉外突发事件，由应急指挥中心宣布应急结束。作出应急结束决定后，应将有关情况及时通知参与事件处置的各相关部门，同时通过新闻媒体向社会发布应急结束信息。

十、后期处置

（一）善后处置

善后处置工作在党委政府统一领导下，由相关部门负责组织实施。应在评估的基础上，制订补偿标准和事后恢复计划，并迅速实施社会救助、保险赔付工作。

（二）调查和总结

现场指挥部应适时成立涉外突发事件调查小组，对事件原因进行初步调查，并将调查结果报应急指挥办公室；特别重大、重大涉外突发事件，按照国家有关规定由国家、省组织调查；较大、一般涉外突发事件，按照国家有关规定由市有关部门组成事故调查组进行调查处置。

事故应急处置结束后，要根据评估报告，总结经验教训，提出改进工作的要求和建议，并下发至相关部门认真落实，必要时修改相关预案。

公安涉外突发事件的简明处置程序图见图 11—1。

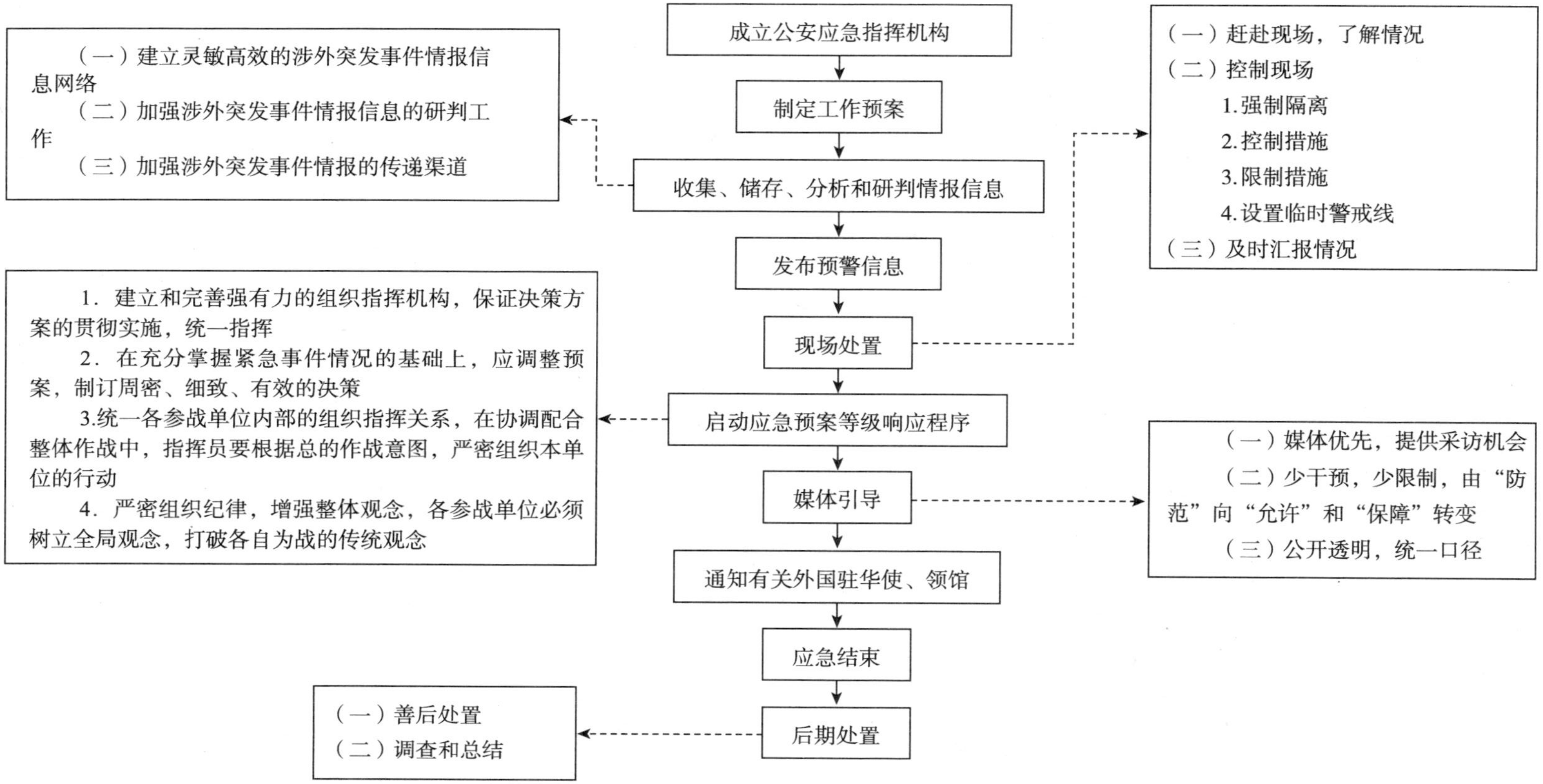

图11—1　公安涉外突发事件的简明处置程序图

第三节 几类重大涉外突发事件的处置

一、涉外暴恐案件处置

（一）涉外暴恐案件

“暴恐”案件主要是一些极端的民族主义者和宗教主义者，为了达到某些政治目的而策划并实施的带有浓厚的暴力主义和恐怖主义色彩的破坏性活动。目前，中国发生“暴恐”案件呈现出的一个较大特点就是受宗教极端思想毒害，“暴恐”分子泯灭人性，为了达到某些政治目的，不择手段，袭击对象不分民族、性别和年龄。而且，为了扩大影响，制造恐怖气氛，“暴恐”分子的袭击往往选择在人员密集的地方进行。①

涉外暴恐案件是指有外国人实施的或者是受害人涉及外国人的暴恐案件。而本节主要讲述受害人涉及外国人的暴恐案件的处置。

（二）涉外暴恐案件的预防

除制订各类涉外暴恐案件的处置预案，并进行模拟演练外，公安机关还有做好以下工作：

1. 组建一支训练有素、装备精良、战斗力强的特警部队

总结和吸取国内外同劫机犯罪作斗争中使用突击队的成功经验与教训，精挑细选，组建专门同暴恐犯罪作斗争的一支特警部队，吸取国内外反暴恐的成功经验与教训，掌握军事情报、侦查情报、攻心战术、突击战术、作战排爆等技能。

2. 加强涉外安全防范

在外籍人员申请证照的办事大厅，大型购物中心，使领馆和其他办公、居住区域，车站、机场，旅游景点，加强安全检查、警力部署和安保巡逻，提高见警率，以便震慑“暴恐”分子。

3. 确立生命至上理念

是从本体上肯定个人生命的重要性，是指对这类案件的处置活动必须最大限度地保障人的生命安全。“人的生命安全”包括人质的生命安全、行动区域内人民群众的生命安全以及全体参战民警的生命安全。“人的生命安全”在一定条件下还应包括对劫持者的生命也应当尽量挽留而不应轻易剥夺。只有在不击毙劫持者、人质的生命安全将面临极大危险的情况下，才能将劫持者击毙。②

（三）涉外暴恐案件的现场处置

1. 封锁现场

案发地公安机关在接到有关暴恐案件的报案或自行发现犯罪后果之后，在迅速向上级公安机关报告的同时应立即派员赶赴并封锁现场，防止危害后果进一步升级。在具备统一

---

① 参见周坚、石斌：《节假日旅游景区“暴恐”案件易发原因与预防对策》，载《广西警官高等专科学校学报》，2015（1）。

② 参见王国民、刘长朴：《生命至上：处置劫持人质案件的基本理念》，载《社会科学论坛》，2009（9）下。

的指挥机构、我方有足够的参战力量可以调动、参战力量的机动能力较强的条件下，可采取包围封堵的行动方法。

2. 建立统一高效的指挥体系和良好的协作关系

较大规模暴恐案件，通常情况下，事发突然，作案人数相对较多，手段残忍，暴力性质突出，人民群众的生命与财产损失较大，社会影响广泛且易出现反复。处置此类案件，动用的单位和人员多，综合保障复杂，对指挥与协同要求很高;[①] 必须在处置工作中有统一高效的指挥体系和良好的协作关系，以形成和发挥整体作战能力。

3. 侦察判断

侦察判断行动可以分为现地侦察和现场判断两个部分。前者可采取观察、侦听、讯问等方法，主要查明：案件骨干分子所在位置；参与人数及成分；携带的武器及器械；暴力活动的手段；后续可能的行动等。后者要求指挥员在预定行动方案基础上，分析研究最新掌握的情况，迅速得出结论，果断定下现场处置决心的过程。当现实情况与预定行动方案基本符合时，可作局部调整或修订；但当现实情况发生较大变化时，应根据新的情况，果断定下新的决心；当现场情况紧急，需要立即行动时，应边修订行动决心，边指挥部队行动，边上报处置情况，切忌犹豫不决，严防贻误战机。

4. 攻心劝降

攻心劝降的内容主要包括法律政策宣传和情感攻击两个方面，攻心劝降行动通常要在武力威慑下实施。武力威慑是指通过展示武力向违法犯罪嫌疑人暗示顽抗到底的严重后果，对其形成强大的心理压力，使其精神上受到强烈震撼，进而为攻心劝降行动做好铺垫。法律政策宣传是对违法犯罪嫌疑人晓以利害并指明出路，迫其主动屈服就范的行动。情感攻击是指由违法犯罪嫌疑人或人群中骨干的亲人或对其有重要影响的朋友与之进行对话交流，劝其主动放弃或终止违法犯罪活动的行动。

5. 武力突击

制订武力突击方案后，如经谈判未能使暴恐分子放弃犯罪意图，必须抓住最有利时机实施突袭。武力突击行动通常包括武力打击和抓捕两个环节，抓捕是主要目的，武力打击主要是为抓捕创造条件。视现场情况，对那些规模有限、主要犯罪嫌疑人对抗较弱的暴恐案件，可以采用直接抓捕的方式，而对那些手中持有凶器且顽抗到底的违法犯罪嫌疑人（或人群），就应先进行武力打击，之后再实施抓捕。处置力量可视现场情况随机使用催泪弹、爆震弹等非致命性武器，使其暂时丧失或减弱抵抗能力，尔后由抓捕人员抵近将其抓捕；以精确的射击将案件骨干分子击伤，抓捕人员迅速接近目标，以突然勇猛的动作对其实施抓捕；对威胁较大的暴恐分子，要毫不手软，直接击毙。

6. 救生救援

现场处置较大规模暴恐案件的救生救援，各专业处置队伍要根据自身的任务，及时查明现场人员伤亡、财产损失以及可能的火情和生化污染情况，按照救生为主、先重后轻、先急后缓、先易后难的原则，有的放矢地展开行动。医疗救护队以医疗卫生力量为主，主要负责现场紧急抢救受伤人员并视情况与运输队配合及时转送伤情危重人员到就近医院进行救治。火灾扑救队以公安武警消防力量为主，主要担负现场火灾的扑救任务，控制火势

① 参见孙宝财：《现场处置较大规模暴恐案件行动方法探究》，载《广西警官高等专科学校学报》2014（6）。

蔓延，减少和降低人民群众的财产损失。排爆队由专业的搜爆、排爆人员组成，主要担负对未爆炸药的搜索和排除处理任务。生化武器毁伤后果消除队以防化力量为主，主要任务就是当发现暴恐案件现场有生化武器袭击情况时，担负侦测和洗消任务，防止次生危害的发生，保护人民群众生命与财产免遭进一步的损害。①

公安出入境管理部门主要负责现场涉外人员身份核实、协助主责部门救助受害外籍人员和对外交涉工作。在对受害外籍人员救助工作时，可按照以下流程进行：

（1）与当地政府或公安局牵头单位对接，明确现场各处置单位的联系人、联系方式，初步了解整体情况；

（2）核实外籍死伤者情况，包括身份信息、来华时间、入境口岸、来华目的、接待单位、随行家属、住宿登记、伤势情况、随身物品、伤者诉求等；

（3）根据现场情况，划定采访区域，应对到达现场采访的境外媒体，必要时协调有关单位出面婉拒采访；

（4）如有外籍遇难人员，立即与刑侦、法医、治安等部门沟通，明确案件性质，拟定初步对外答复口径迅速上报；

（5）根据上级领导批准的口径，向有关使馆通报情况、对外交涉；

（6）按照上级领导部署，督促相关部门按照程序妥善处理好遇难者善后事宜。

（四）善后处理

1. 组织撤离

包括对犯罪嫌疑人的处理；对尸体的妥善处理；勘验、清理现场；恢复交通，保全证据，清点参战人员和武器装备；进行处置总结等等。

2. 引导舆论心理干预

公安机关要积极利用传播媒体，公布事实，发布权威信息，清除负面影响，以正视听，正确引导舆论导向，安定人心，使人民群众正常的生活秩序、工作秩序、学习秩序免受干扰和破坏，有效地维护社会的和谐和稳定；对劫持人质犯罪案件中受到心理冲击影响的相关人员进行心理救助，对患上严重心理疾病的人进行矫治，以激发其内在的能量，帮助他们从黑暗中走出来，恢复案发前的心理、生理平衡，将生活危机转化为生机，从而形成全新的自我。②

（五）通报有关国家，开展国际合作

涉外暴恐案件处置中，可通过外交途径与有关国家驻华使领馆及国际刑警国家中心局联系，互通情报，研究对策，开展合作，以便快速、有效、妥善处置。

案例

“10.28”天安门金水桥恐怖袭击案

2013年10月28日中午12时许，三名新疆人驾乘吉普车闯入长安街便道，沿途快速

① 参见孙宝财：《现场处置较大规模暴恐案件行动方法探究》，载《广西警官高等专科学校学报》2014（6）。

② 参见瞿丰：《劫持人质犯罪案件临战处置要略》，载《警察实战训练研究》，2008（1）。

行驶故意冲撞游人群众，随后撞向金水桥护栏，点燃车内汽油致车辆起火燃烧，三名新疆人当场死亡。此次暴力恐怖袭击案件共造成42名无辜人员伤亡。其中，死亡2人（包括1名菲律宾女子），受伤40人（包括三名菲律宾人及一名日本人）。

北京市公安局出入境管理总队立即启动重大案事件处置预案。总队主要领导迅速成立处置工作领导小组，打破常规部署，派遣精干警力分头前置行动。一是迅速到达天安门广场前置，及时发现、劝离27名到达现场欲进行采访的境外媒体人员。二是前往北京、协和、同仁等医院观察情况、掌握动态，迅速准确核报了4名外籍伤者的基本情况，在北京医院及时发现了菲律宾死者遗体和日本伤者的中国重伤女友，掌握工作主动。三是及时在同仁医院病房外发现10余名境外记者，果断协调院方将媒体劝离，有效维护现场秩序。四是综合前线工作情况，迅速拟定了初步对外口径，及时向有关使馆通报情况。五是会同武警及属地分局落实防控措施，确保使馆区社会秩序稳定。

总队成立了处置、善后工作专班，组建了前置处突、沟通联络、对外交涉、内部协调、资料汇总等工作小组，迅速落实各项工作部署。一是警力前置执勤，积极应对媒体。每日安排前置警力在同仁医院骨科病房周边维护秩序，妥善应对现场境外记者采访，确保外籍伤者安全。二是密切沟通使馆，及时对外交涉。主动向两国使馆通报了死伤者情况，严格依照公开口径对外交涉，准确告知使馆与政府主责部门沟通联系，安排使馆官员到医院探视伤者，协调使馆为伤者尽快回国治疗做好相关准备工作。三是主动对接外办，积极出谋划策。凭借以往办案经验，积极建言献策，主动与市外办联系，介绍外国伤者回国治疗及运送遇难者遗体出境事宜的有关案例，多次与市外办一起与使馆会谈，提出工作建议，积极促成伤者顺利离境。四是协调局内单位，推动善后工作。积极协调市局刑侦、法医、属地分局等单位，及时封闭伤者暂住酒店房间，确保物品完好；适时安排遇难者家属查看遗体、整理遗物；提前开具死亡证明、伤情鉴定及伤检报告；建议并配合文保总队落实护送措施；协调机场分局开启绿色通道，确保伤者顺利出境。

二、外国人非法聚集事件处置

（一）外国人非法聚集的含义

外国人非法聚集是指数量众多的外国人未按我国有关法律规定，非法聚集于露天公共场所、发表意见、表达意愿等违法活动。

（二）现场处置

1. 控制现场

公安机关对正在进行“撒传单、喊口号、打标语”等违法行为，应当立即制止。可根据《人民警察法》第8条规定，迅速带离现场，收缴相关材料和横幅等物品；疏散围观群众，寻找现场证人，以便后期取证。

对非法聚集，举行集会、游行、示威活动的，根据《集会游行示威法》第27条规定予以制止，命令解散；不听制止，拒不解散的，依法强行驱离、强行带离现场。

对规模较大的外国人非法聚集事件，可使用喊话器、提示牌等物品，驱离现场围观人员，并将现场情况报局指挥中心。制止、驱离过程，应当全程录音、录像，留存执法证据。

2. 隔离人员

处置民警可使用警戒带等物品迅速划定警戒区、采访区，立即将违法人员与围观人员隔离，并将其随身携带的通讯工具暂时扣留。如现场有围观外籍人员拍照摄像，应立即劝阻，并依法将不服从劝阻者带离现场。

3. 迅速带离

将违法人员迅速带至预先设立的临时处理场所。如现场附近没有预先准备的处理场所，就近寻找适合临时处置的房屋。

4. 核实身份

通过违法人员随身携带的证件、本人自述或其他方式查验其身份，并通过公安系统核实。

5. 核查轨迹

通过公安部和总队出入境系统调取违法人员的入境记录、住宿登记、签证延期、违法犯罪等情况，与该人的口供对比印证，掌握其是否有涉及出入境类违法事实。

6. 依法审查

为违法人员制作询问笔录，主要了解其来华目的、行为动机、违法事实等情况。

7. 及时取证

在事发现场走访调查，向目击群众、属地民警、参与处置人员等了解情况。检查其随身携带的物品，并迅速派员到涉案人员住所，查找、收缴其他涉案物品。全程使用执法记录仪取证。

8. 依法裁决

公安机关对违法人员可依照《治安管理处罚法》规定进行相应处罚，可不予执行。如该人行为不构成《治安管理处罚法》规定的违法行为，可按照《出境入境管理法》的有关规定对其采取相应措施。同时，联系航空公司，安排涉案人员尽快出境，报列不准入境人员名单。

9. 对外交涉

对按照《治安管理处罚法》或《出境入境管理法》实施人身处罚和行政强制的，及时通知相关使馆。

10. 汇总上报

迅速将工作情况整理汇总，及时上报有关部门。

（三）外国人的分类处置

现场处置民警按照快速反应、稳妥处置的原则，根据涉及人员身份不同，采取相应的处置措施。具体工作措施如下：

1. 外交身份外国人

（1）核实身份，迅速劝离。民警现场发现外交身份人员参与活动，应迅速查验证件，核实身份，迅速劝离。

（2）通过外交途径解决。民警现场发现外交身份人员参与扰乱公共秩序的活动，应迅速将其从非法聚集人群中剥离，并查验证件，核实身份，迅速劝离，及时将情况通报外交部门通过外交途径解决。

因外交身份人员具有外交豁免权，处置民警不得限制其人身自由，不得扣留其证件及财物。可现场记录其姓名、国籍、使领馆名称、职务、证件号码等相关信息，或使用执法仪记录其与外交身份不符的行为，为事后对外交涉提供有力证据。

2. 境外记者采访活动

民警现场发现境外记者采访行为时，应查验证件、确定身份，确认是否是合法采访。对境外记者在重点繁华街区的各类道路上驾机守候、拍摄采访时，交警应及时劝离，同时安排充足警力做好周边围观群众的疏导隔离工作。

3. 普通身份外国人

现场发现普通身份外国人围观活动的，查验证件，核实身份，迅速劝离。对拒不离开以及煽动挑衅的，可强行带离并按有关法律处罚。

对参与非法聚集活动被实施行政拘留、刑事拘留的外国人，出入境管理部门可根据《出境入境管理法》第 62 条第 1 款第 4 项规定予以遣送出境，并报列不准入境；对违法行为轻微，根据《出境入境管理法》第 81 条规定，以违反中国法律、法规规定，不适宜在中国境内继续停留居留给予限期出境处罚。

三、围困、冲击国际保护区事件的处置

（一）围困、冲击国际保护区的概念

围困、冲击国际保护区，是指包围、骚扰、袭击、破坏应受国际保护人员的公用馆舍、私人寓所或交通工具的行为。《关于防止和惩处侵害应受国际保护人员包括外交代表的罪行的公约》确定了“应受国际保护人员”的范围。按公约规定，“应受国际保护人员”是指以下两方面：（1）一国元首，包括依关系国宪法行使国家元首职责的一个集体机构的任何成员、政府首长或外交部长，当他在外国境内时，以及他的随行家属；（2）在侵害其本人或其办公用馆舍、私人寓所或其交通工具的罪行发生的时间或地点，按照国际法应受特别保护，以免其人身、自由或尊严受到任何攻击的一国的代表或官员或政府性质的国际组织的任何官员或其他代理人，以及与其构成同一户口的家属。

（二）我国加入的有关国际公约

除了《关于防止和惩处侵害应受国际保护人员包括外交代表的罪行的公约》，我国还先后加入了《维也纳外交关系公约》、《维也纳领事关系公约》、《联合国特权与豁免公约》、《联合国各专门机构特权与豁免公约》，按照上述国际公约的规定，国际保护区是指外国驻我国的大使馆、领事馆、联合国会所和应受国际保护人员的私人住所及其使用的交通工具，其他公约规定有特权和豁免的处所，也属于国际保护区。《维也纳外交关系公约》规定，使馆馆舍不受侵犯。接受国官员非经使馆馆长许可，不得进入使馆馆舍。接受国官员有特殊责任，采取一切适当步骤保护使馆馆舍免受侵入或损害，并防止一切扰乱使馆安宁或有损使馆尊严之情势。《维也纳领事关系公约》规定领馆馆舍在一定限度内不得侵犯。接受国官员非经领馆馆长或其指定人员或派遣国使馆馆长同意，不得进入领馆馆舍中专供领馆工作之用部分。唯遇火灾或其他灾害须迅速采取保护行动时，得推定领馆馆长已表示同意。《关于防止和惩处侵害应受国际保护人员包括外交代表的罪行的公约》对惩治暴力攻击国际保护区的罪行作了规定，指出故意对应受国际保护人员的公用馆舍、私人寓所或

交通工具进行暴力攻击，因而可能危及其人身或自由的，每一缔约国都应将其定为国内法上的罪行，并按罪行的严重性处以适当刑罚。

（三）围困、冲击国际保护区事件的处置

1. 处置原则

（1）坚持属地为主、统一指挥的原则。即在安保决策指挥上，明确由所在地党委、政府负主责，由公安机关牵头组织，会同有关部门共同实施。

（2）坚持情报先行、预防为主的原则。即由公安机关牵头，组建情报会商工作机制，汇总情报信息，加强预警分析预测，及时调整警力部署。力争对可能危及外国使领馆安全的问题发现得了，处置得早，争取主动，防止危害。

世界各国都十分重视驻外机构及其人员的安全，许多国家已经积累了丰富的经验。公安机关应加强国际协作，增进信息交流，借助各国的保安力量，共同建立全球驻外机构安全网络。平时通过外交、安全等部门定期的双边或多边的会晤增进彼此了解，相互交换意见，交流安全信息，取长补短，一旦发生紧急事件能够迅速采取联合行动，利用合力增强抵御能力和打击力度。

（3）坚持快速反应、果断处置的原则。即由公安机关会同武警部队根据恐怖袭击事件或突发事件类别和规模，制定等级工作预案，统一规划警力和设施部署，留足机动力量，做好处置演练，提高处突能力。

（4）坚持以我为主、统一交涉的原则。即对涉及外国驻华外交代表机构安全保卫工作的对外交涉，一般情况下由公安机关归口负责，重大问题由外交部或所在地政府外事部门会同公安机关统一口径，共同做好对外交涉工作。

2. 围困、冲击国际保护区事件的处置程序

（1）熟悉使馆基本状况和周边环境。使馆的基本情况应包括以下两类内容：馆舍情况，如地理方位、占地面积、建筑物的分布、坐向，配备消防设施的数量和位置；人员情况，如长住人数（外交官、非外交官）、馆长和安全官员的姓名、联系方法等。这些情况有的通过公开渠道即可以掌握，有的可能涉及使馆的秘密，不易获得，而且人员情况还会发生变化，要注意随时积累更新。

（2）制定周密预案。为了防止措手不及，应针对各类隐患制定包括案件类别、处置原则、组织领导、警力配置、职责分工、通讯保障、纪律要求等内容的工作预案。预案要周密细致，充分预想险情发生后可能出现的各种复杂情况，根据轻重缓急程度一一明确具体措施，要切合实际，简便易行。一旦险情发生后要迅速果断地按照预案的要求处置。

（3）现场措施。①迅速将行为人与国际保护区隔离，并采取必要的强制措施。发生围困、冲击国际保护区事件后，要根据围困冲击国际保护区人员情况，派足警力赶赴现场，将行为人与国际保护区隔离。对聚众围困冲击国际保护区的首要分子和实施暴力或持有武器、炸药以及其他危险品人员，可以强行带离现场或予以拘留，必要时可使用警械武器制服；②向上级主管部门报告案件的起因、性质、危害程度及已经采取的工作措施；③与国际保护区负责人取得联系，照会有关国家，以便相互配合。发生围困冲击保护区事件之后，要迅速将有关情况通报国际保护区负责人，使其引起注意，做好防范工作。同时了解其对事件的态度和要求，以便采取更为稳妥的处置对策。围困、冲击国际保护区的行为人可以是一国公民，也可以是多国公民；其行为可以针对一个或多个国家。因此，除通报国

际保护区负责人外，还应照会有关国家，与有关国家互通情报，开展合作，使事件得以妥善处置；④加强对国际保护区的巡逻警戒。将围困、冲击国际保护区的人员与国际保护区隔离，不等于处置工作的结束。要分析围困、冲击国际保护区行为的背景、目的、行为人的情况，从而判断事件发展的趋势。在事件没有完结之前，要根据国际保护区所处位置，分层次巡逻警戒。可以设外围警戒、中心目标警戒，并布置专门力量流动巡逻。外围警戒主要控制进入国际保护区的路口；中心目标警戒应在国际保护区周围进行。中心目标警戒人员非经国际保护区负责人同意，一般不得进入国际保护区。巡逻警戒要公秘结合，外松内紧，尽量减少紧张气氛。[①]

（4）查清全部事实，写出调查报告。

案例

索马里驻华使馆官邸的4名前大使亲属非法占据外交机构案

2007年7月29日，北京市公安局会同公安部、外交部，将非法占据索馆官邸的4名前大使亲属强制带离，并于8月3日将4人依法遣送出境。此次占据使馆官邸事件，是新中国成立以来首例，情况特殊敏感，处理难度极大。

自2005年11月索马里驻华使馆前任大使离任回国后，其多名家属长期非法占据该使馆大使官邸，并多次同现任大使发生冲突。鉴于上述情况，索马里外交部和该国驻华大使多次向我外交部交涉，要求协助将上述人员驱离。外交部就此与公安部和北京市公安局进行了多次研究。2007年7月29日，北京市公安局出入境管理总队在取得该国现任大使的书面授权后，会同有关警种，配合外交部、公安部人员进入索使馆，经说服劝阻无效后，依法将非法占据索馆官邸的4名前大使亲属强制带离使馆。因4人已不具有外交身份，且其在华居留证件均已过期，北京市公安局根据当时适用的《外国人入境出境管理法》第27条之规定，对其采取拘留审查并遣送出境，同时列入不准入境人员名单。

案例

“新星”号货轮被俄罗斯击沉后遇难者家属到俄罗斯驻华使馆聚集案

2009年2月13日，“新星”号货轮遭俄罗斯边防船开火击沉，多名中国船员遇难、失踪。俄罗斯政府始终未进行赔偿。7月29日，11名“新星”号货轮遇难船员家属到俄罗斯驻华使馆门前“告洋状”，要求俄馆就此事予以答复并赔偿经济损失。接报后，北京市公安局出入境管理总队、属地公安分局以及山东省公安、信访部门立即赶赴现场处置。经反复耐心劝说无效后，现场民警立即将“告洋状”人员依法强制带离。

该案中，北京市公安局的成功处置经验有：（1）快速反应，及时控制；（2）依法带离，未激化矛盾；（3）多方协调，低调处置，未形成新闻炒作；（4）研究制定应急处突方案，科学调配处置警力，备足力量，进一步加强俄罗斯使馆周边的巡控措施，确保俄馆周

① 参见叶氢主编：《外国人管理——暨涉外案（事）件查处》，110页，北京，中国人民公安大学出版社，2007。

边良好的治安秩序。

思考题

1. 公安涉外突发事件分为哪几类?

2. 论述公安涉外突发事件处置的原则。

3. 论述公安涉外突发事件的处置程序。

4. 简述公安机关处置劫持航空器，劫持人质以及围困、冲击国际保护区等突发事件处置的策略。

附　录

附录一　国籍法

（1980 年 9 月 10 日第五届全国人民代表大会第三次会议通过
1980 年 9 月 10 日全国人民代表大会常务委员会委员长令第八号公布施行）

第一条　中华人民共和国国籍的取得、丧失和恢复，都适用本法。

第二条　中华人民共和国是统一的多民族的国家，各民族的人都具有中国国籍。

第三条　中华人民共和国不承认中国公民具有双重国籍。

第四条　父母双方或一方为中国公民，本人出生在中国，具有中国国籍。

第五条　父母双方或一方为中国公民，本人出生在外国，具有中国国籍；但父母双方或一方为中国公民并定居在外国，本人出生时即具有外国国籍的，不具有中国国籍。

第六条　父母无国籍或国籍不明，定居在中国，本人出生在中国，具有中国国籍。

第七条　外国人或无国籍人，愿意遵守中国宪法和法律，并具有下列条件之一的，可以经申请批准加入中国国籍：

一、中国人的近亲属；

二、定居在中国的；

三、有其他正当理由。

第八条　申请加入中国国籍获得批准的，即取得中国国籍；被批准加入中国国籍的，不得再保留外国国籍。

第九条　定居外国的中国公民，自愿加入或取得外国国籍的，即自动丧失中国国籍。

第十条　中国公民具有下列条件之一的，可以经申请批准退出中国国籍：

一、外国人的近亲属；

二、定居在外国的；

三、有其他正当理由。

第十一条　申请退出中国国籍获得批准的，即丧失中国国籍。

第十二条　国家工作人员和现役军人，不得退出中国国籍。

第十三条　曾有过中国国籍的外国人，具有正当理由，可以申请恢复中国国籍；被批准恢复中国国籍的，不得再保留外国国籍。

第十四条　中国国籍的取得、丧失和恢复，除第九条规定的以外，必须办理申请手续。未满十八周岁的人，可由其父母或其他法定代理人代为办理申请。

第十五条　受理国籍申请的机关，在国内为当地市、县公安局，在国外为中国外交代表机关和领事机关。

第十六条　加入、退出和恢复中国国籍的申请，由中华人民共和国公安部审批。经批准的，由公安部发给证书。

第十七条　本法公布前，已经取得中国国籍的或已经丧失中国国籍的，继续有效。

第十八条　本法自公布之日起施行。

附录二　中华人民共和国出境入境管理法（中英文）

（2012年6月30日第十一届全国人民代表大会常务委员会第二十七次会议通过）

目　录

第一章　总则

第一条　为了规范出境入境管理，维护中华人民共和国的主权、安全和社会秩序，促进对外交往和对外开放，制定本法。

第二条　中国公民出境入境、外国人入境出境、外国人在中国境内停留居留的管理，以及交通运输工具出境入境的边防检查，适用本法。

第三条　国家保护中国公民出境入境合法权益。

在中国境内的外国人的合法权益受法律保护。在中国境内的外国人应当遵守中国法律，不得危害中国国家安全、损害社会公共利益、破坏社会公共秩序。

第四条　公安部、外交部按照各自职责负责有关出境入境事务的管理。

中华人民共和国驻外使馆、领馆或者外交部委托的其他驻外机构（以下称驻外签证机关）负责在境外签发外国人入境签证。出入境边防检查机关负责实施出境入境边防检查。县级以上地方人民政府公安机关及其出入境管理机构负责外国人停留居留管理。

公安部、外交部可以在各自职责范围内委托县级以上地方人民政府公安机关出入境管理机构、县级以上地方人民政府外事部门受理外国人入境、停留居留申请。

公安部、外交部在出境入境事务管理中，应当加强沟通配合，并与国务院有关部门密切合作，按照各自职责分工，依法行使职权，承担责任。

第五条　国家建立统一的出境入境管理信息平台，实现有关管理部门信息共享。

第六条　国家在对外开放的口岸设立出入境边防检查机关。

中国公民、外国人以及交通运输工具应当从对外开放的口岸出境入境，特殊情况下，可以从国务院或者国务院授权的部门批准的地点出境入境。出境入境人员和交通运输工具应当接受出境入境边防检查。

出入境边防检查机关负责对口岸限定区域实施管理。根据维护国家安全和出境入境管理秩序的需要，出入境边防检查机关可以对出境入境人员携带的物品实施边防检查。必要时，出入境边防检查机关可以对出境入境交通运输工具载运的货物实施边防检查，但是应当通知海关。

第七条　经国务院批准，公安部、外交部根据出境入境管理的需要，可以对留存出境入境人员的指纹等人体生物识别信息作出规定。

外国政府对中国公民签发签证、出境入境管理有特别规定的，中国政府可以根据情况采取相应的对等措施。

第八条　履行出境入境管理职责的部门和机构应当切实采取措施，不断提升服务和管理水平，公正执法，便民高效，维护安全、便捷的出境入境秩序。

第二章　中国公民出境入境

第九条　中国公民出境入境，应当依法申请办理护照或者其他旅行证件。

中国公民前往其他国家或者地区，还需要取得前往国签证或者其他入境许可证明。但是，中国政府与其他国家政府签订互免签证协议或者公安部、外交部另有规定的除外。

中国公民以海员身份出境入境和在国外船舶上从事工作的，应当依法申请办理海员证。

第十条　中国公民往来内地与香港特别行政区、澳门特别行政区，中国公民往来大陆与台湾地区，应当依法申请办理通行证件，并遵守本法有关规定。具体管理办法由国务院规定。

第十一条　中国公民出境入境，应当向出入境边防检查机关交验本人的护照或者其他旅行证件等出境入境证件，履行规定的手续，经查验准许，方可出境入境。

具备条件的口岸，出入境边防检查机关应当为中国公民出境入境提供专用通道等便利措施。

第十二条　中国公民有下列情形之一的，不准出境：

（一）未持有效出境入境证件或者拒绝、逃避接受边防检查的；

（二）被判处刑罚尚未执行完毕或者属于刑事案件被告人、犯罪嫌疑人的；

（三）有未了结的民事案件，人民法院决定不准出境的；

（四）因妨害国（边）境管理受到刑事处罚或者因非法出境、非法居留、非法就业被其他国家或者地区遣返，未满不准出境规定年限的；

（五）可能危害国家安全和利益，国务院有关主管部门决定不准出境的；

（六）法律、行政法规规定不准出境的其他情形。

第十三条　定居国外的中国公民要求回国定居的，应当在入境前向中华人民共和国驻外使馆、领馆或者外交部委托的其他驻外机构提出申请，也可以由本人或者经由国内亲属向拟定居地的县级以上地方人民政府侨务部门提出申请。

第十四条　定居国外的中国公民在中国境内办理金融、教育、医疗、交通、电信、社会保险、财产登记等事务需要提供身份证明的，可以凭本人的护照证明其身份。

第三章　外国人入境出境

第一节　签证

第十五条　外国人入境，应当向驻外签证机关申请办理签证，但是本法另有规定的除外。

第十六条　签证分为外交签证、礼遇签证、公务签证、普通签证。

对因外交、公务事由入境的外国人，签发外交、公务签证；对因身份特殊需要给予礼遇的外国人，签发礼遇签证。外交签证、礼遇签证、公务签证的签发范围和签发办法由外交部规定。

对因工作、学习、探亲、旅游、商务活动、人才引进等非外交、公务事由入境的外国人，签发相应类别的普通签证。普通签证的类别和签发办法由国务院规定。

第十七条　签证的登记项目包括：签证种类，持有人姓名、性别、出生日期、入境次数、入境有效期、停留期限，签发日期、地点，护照或者其他国际旅行证件号码等。

第十八条　外国人申请办理签证，应当向驻外签证机关提交本人的护照或者其他国际旅行证件，以及申请事由的相关材料，按照驻外签证机关的要求办理相关手续、接受面谈。

第十九条　外国人申请办理签证需要提供中国境内的单位或者个人出具的邀请函件的，申请人应当按照驻外签证机关的要求提供。出具邀请函件的单位或者个人应当对邀请内容的真实性负责。

第二十条　出于人道原因需要紧急入境，应邀入境从事紧急商务、工程抢修或者具有其他紧急入境需要并持有有关主管部门同意在口岸申办签证的证明材料的外国人，可以在国务院批准办理口岸签证业务的口岸，向公安部委托的口岸签证机关（以下简称口岸签证机关）申请办理口岸签证。

旅行社按照国家有关规定组织入境旅游的，可以向口岸签证机关申请办理团体旅游签证。

外国人向口岸签证机关申请办理签证，应当提交本人的护照或者其他国际旅行证件，以及申请事由的相关材料，按照口岸签证机关的要求办理相关手续，并从申请签证的口岸入境。

口岸签证机关签发的签证一次入境有效，签证注明的停留期限不得超过三十日。

第二十一条　外国人有下列情形之一的，不予签发签证：

（一）被处驱逐出境或者被决定遣送出境，未满不准入境规定年限的；

（二）患有严重精神障碍、传染性肺结核病或者有可能对公共卫生造成重大危害的其他传染病的；

（三）可能危害中国国家安全和利益、破坏社会公共秩序或者从事其他违法犯罪活动的；

（四）在申请签证过程中弄虚作假或者不能保障在中国境内期间所需费用的；

（五）不能提交签证机关要求提交的相关材料的；

（六）签证机关认为不宜签发签证的其他情形。

对不予签发签证的，签证机关可以不说明理由。

第二十二条　外国人有下列情形之一的，可以免办签证：

（一）根据中国政府与其他国家政府签订的互免签证协议，属于免办签证人员的；

（二）持有效的外国人居留证件的；

（三）持联程客票搭乘国际航行的航空器、船舶、列车从中国过境前往第三国或者地区，在中国境内停留不超过二十四小时且不离开口岸，或者在国务院批准的特定区域内停留不超过规定时限的；

（四）国务院规定的可以免办签证的其他情形。

第二十三条　有下列情形之一的外国人需要临时入境的，应当向出入境边防检查机关申请办理临时入境手续：

（一）外国船员及其随行家属登陆港口所在城市的；

（二）本法第二十二条第三项规定的人员需要离开口岸的；

（三）因不可抗力或者其他紧急原因需要临时入境的。

临时入境的期限不得超过十五日。

对申请办理临时入境手续的外国人，出入境边防检查机关可以要求外国人本人、载运其入境的交通运输工具的负责人或者交通运输工具出境入境业务代理单位提供必要的保证措施。

第二节　入境出境

第二十四条　外国人入境，应当向出入境边防检查机关交验本人的护照或者其他国际旅行证件、签证或者其他入境许可证明，履行规定的手续，经查验准许，方可入境。

第二十五条　外国人有下列情形之一的，不准入境：

（一）未持有效出境入境证件或者拒绝、逃避接受边防检查的；

（二）具有本法第二十一条第一款第一项至第四项规定情形的；

（三）入境后可能从事与签证种类不符的活动的；

（四）法律、行政法规规定不准入境的其他情形。

对不准入境的，出入境边防检查机关可以不说明理由。

第二十六条　对未被准许入境的外国人，出入境边防检查机关应当责令其返回；对拒不返回的，强制其返回。外国人等待返回期间，不得离开限定的区域。

第二十七条　外国人出境，应当向出入境边防检查机关交验本人的护照或者其他国际旅行证件等出境入境证件，履行规定的手续，经查验准许，方可出境。

第二十八条　外国人有下列情形之一的，不准出境：

（一）被判处刑罚尚未执行完毕或者属于刑事案件被告人、犯罪嫌疑人的，但是按照中国与外国签订的有关协议，移管被判刑人的除外；

（二）有未了结的民事案件，人民法院决定不准出境的；

（三）拖欠劳动者的劳动报酬，经国务院有关部门或者省、自治区、直辖市人民政府决定不准出境的；

（四）法律、行政法规规定不准出境的其他情形。

第四章　外国人停留居留

第一节　停留居留

第二十九条　外国人所持签证注明的停留期限不超过一百八十日的，持证人凭签证并按照签证注明的停留期限在中国境内停留。

需要延长签证停留期限的，应当在签证注明的停留期限届满七日前向停留地县级以上地方人民政府公安机关出入境管理机构申请，按照要求提交申请事由的相关材料。经审查，延期理由合理、充分的，准予延长停留期限；不予延长停留期限的，应当按期离境。

延长签证停留期限，累计不得超过签证原注明的停留期限。

第三十条　外国人所持签证注明入境后需要办理居留证件的，应当自入境之日起三十日内，向拟居留地县级以上地方人民政府公安机关出入境管理机构申请办理外国人居留证件。

申请办理外国人居留证件，应当提交本人的护照或者其他国际旅行证件，以及申请事由的相关材料，并留存指纹等人体生物识别信息。公安机关出入境管理机构应当自收到申请材料之日起十五日内进行审查并作出审查决定，根据居留事由签发相应类别和期限的外国人居留证件。

外国人工作类居留证件的有效期最短为九十日，最长为五年；非工作类居留证件的有效期最短为一百八十日，最长为五年。

第三十一条　外国人有下列情形之一的，不予签发外国人居留证件：

（一）所持签证类别属于不应办理外国人居留证件的；

（二）在申请过程中弄虚作假的；

（三）不能按照规定提供相关证明材料的；

（四）违反中国有关法律、行政法规，不适合在中国境内居留的；

（五）签发机关认为不宜签发外国人居留证件的其他情形。

符合国家规定的专门人才、投资者或者出于人道等原因确需由停留变更为居留的外国人，经设区的市级以上地方人民政府公安机关出入境管理机构批准可以办理外国人居留证件。

第三十二条　在中国境内居留的外国人申请延长居留期限的，应当在居留证件有效期限届满三十日前向居留地县级以上地方人民政府公安机关出入境管理机构提出申请，按照要求提交申请事由的相关材料。经审查，延期理由合理、充分的，准予延长居留期限；不予延长居留期限的，应当按期离境。

第三十三条　外国人居留证件的登记项目包括：持有人姓名、性别、出生日期、居留事由、居留期限，签发日期、地点，护照或者其他国际旅行证件号码等。

外国人居留证件登记事项发生变更的，持证件人应当自登记事项发生变更之日起十日内向居留地县级以上地方人民政府公安机关出入境管理机构申请办理变更。

第三十四条　免办签证入境的外国人需要超过免签期限在中国境内停留的，外国船员及其随行家属在中国境内停留需要离开港口所在城市，或者具有需要办理外国人停留证件其他情形的，应当按照规定办理外国人停留证件。

外国人停留证件的有效期最长为一百八十日。

第三十五条　外国人入境后，所持的普通签证、停留居留证件损毁、遗失、被盗抢或者有符合国家规定的事由需要换发、补发的，应当按照规定向停留居留地县级以上地方人民政府公安机关出入境管理机构提出申请。

第三十六条　公安机关出入境管理机构作出的不予办理普通签证延期、换发、补发，不予办理外国人停留居留证件、不予延长居留期限的决定为最终决定。

第三十七条　外国人在中国境内停留居留，不得从事与停留居留事由不相符的活动，并应当在规定的停留居留期限届满前离境。

第三十八条　年满十六周岁的外国人在中国境内停留居留，应当随身携带本人的护照或者其他国际旅行证件，或者外国人停留居留证件，接受公安机关的查验。

在中国境内居留的外国人，应当在规定的时间内到居留地县级以上地方人民政府公安机关交验外国人居留证件。

第三十九条　外国人在中国境内旅馆住宿的，旅馆应当按照旅馆业治安管理的有关规定为其办理住宿登记，并向所在地公安机关报送外国人住宿登记信息。

外国人在旅馆以外的其他住所居住或者住宿的，应当在入住后二十四小时内由本人或者留宿人，向居住地的公安机关办理登记。

第四十条　在中国境内出生的外国婴儿，其父母或者代理人应当在婴儿出生六十日内，持该婴儿的出生证明到父母停留居留地县级以上地方人民政府公安机关出入境管理机构为其办理停留或者居留登记。

外国人在中国境内死亡的，其家属、监护人或者代理人，应当按照规定，持该外国人的死亡证明向县级以上地方人民政府公安机关出入境管理机构申报，注销外国人停留居留证件。

第四十一条　外国人在中国境内工作，应当按照规定取得工作许可和工作类居留证件。任何单位和个人不得聘用未取得工作许可和工作类居留证件的外国人。

外国人在中国境内工作管理办法由国务院规定。

第四十二条　国务院人力资源社会保障主管部门、外国专家主管部门会同国务院有关部门根据经济社会发展需要和人力资源供求状况制定并定期调整外国人在中国境内工作指导目录。

国务院教育主管部门会同国务院有关部门建立外国留学生勤工助学管理制度，对外国留学生勤工助学的岗位范围和时限作出规定。

第四十三条　外国人有下列行为之一的，属于非法就业：

（一）未按照规定取得工作许可和工作类居留证件在中国境内工作的；

（二）超出工作许可限定范围在中国境内工作的；

（三）外国留学生违反勤工助学管理规定，超出规定的岗位范围或者时限在中国境内工作的。

第四十四条　根据维护国家安全、公共安全的需要，公安机关、国家安全机关可以限制外国人、外国机构在某些地区设立居住或者办公场所；对已经设立的，可以限期迁离。

未经批准，外国人不得进入限制外国人进入的区域。

第四十五条　聘用外国人工作或者招收外国留学生的单位，应当按照规定向所在地公安机关报告有关信息。

公民、法人或者其他组织发现外国人有非法入境、非法居留、非法就业情形的，应当及时向所在地公安机关报告。

第四十六条　申请难民地位的外国人，在难民地位甄别期间，可以凭公安机关签发的临时身份证明在中国境内停留；被认定为难民的外国人，可以凭公安机关签发的难民身份证件在中国境内停留居留。

第二节　永久居留

第四十七条　对中国经济社会发展作出突出贡献或者符合其他在中国境内永久居留条件的外国人，经本人申请和公安部批准，取得永久居留资格。

外国人在中国境内永久居留的审批管理办法由公安部、外交部会同国务院有关部门规定。

第四十八条　取得永久居留资格的外国人，凭永久居留证件在中国境内居留和工作，凭本人的护照和永久居留证件出境入境。

第四十九条　外国人有下列情形之一的，由公安部决定取消其在中国境内永久居留资格：

（一）对中国国家安全和利益造成危害的；

（二）被处驱逐出境的；

（三）弄虚作假骗取在中国境内永久居留资格的；

（四）在中国境内居留未达到规定时限的；

（五）不适宜在中国境内永久居留的其他情形。

第五章　交通运输工具出境入境边防检查

第五十条　出境入境交通运输工具离开、抵达口岸时，应当接受边防检查。对交通运输工具的入境边防检查，在其最先抵达的口岸进行；对交通运输工具的出境边防检查，在其最后离开的口岸进行。特殊情况下，可以在有关主管机关指定的地点进行。

出境的交通运输工具自出境检查后至出境前，入境的交通运输工具自入境后至入境检查前，未经出入境边防检查机关按照规定程序许可，不得上下人员、装卸货物或者物品。

第五十一条　交通运输工具负责人或者交通运输工具出境入境业务代理单位应当按照规定提前向出入境边防检查机关报告入境、出境的交通运输工具抵达、离开口岸的时间和停留地点，如实申报员工、旅客、货物或者物品等信息。

第五十二条　交通运输工具负责人、交通运输工具出境入境业务代理单位应当配合出境入境边防检查，发现违反本法规定行为的，应当立即报告并协助调查处置。

入境交通运输工具载运不准入境人员的，交通运输工具负责人应当负责载离。

第五十三条　出入境边防检查机关按照规定对处于下列情形之一的出境入境交通运输工具进行监护：

（一）出境的交通运输工具在出境边防检查开始后至出境前、入境的交通运输工具在入境后至入境边防检查完成前；

（二）外国船舶在中国内河航行期间；

（三）有必要进行监护的其他情形。

第五十四条　因装卸物品、维修作业、参观访问等事由需要上下外国船舶的人员，应当向出入境边防检查机关申请办理登轮证件。

中国船舶与外国船舶或者外国船舶之间需要搭靠作业的，应当由船长或者交通运输工具出境入境业务代理单位向出入境边防检查机关申请办理船舶搭靠手续。

第五十五条　外国船舶、航空器在中国境内应当按照规定的路线、航线行驶。

出境入境的船舶、航空器不得驶入对外开放口岸以外地区。因不可预见的紧急情况或者不可抗力驶入的，应当立即向就近的出入境边防检查机关或者当地公安机关报告，并接受监护和管理。

第五十六条　交通运输工具有下列情形之一的，不准出境入境；已经驶离口岸的，可以责令返回：

（一）离开、抵达口岸时，未经查验准许擅自出境入境的；

（二）未经批准擅自改变出境入境口岸的；

（三）涉嫌载有不准出境入境人员，需要查验核实的；

（四）涉嫌载有危害国家安全、利益和社会公共秩序的物品，需要查验核实的；

（五）拒绝接受出入境边防检查机关管理的其他情形。

前款所列情形消失后，出入境边防检查机关对有关交通运输工具应当立即放行。

第五十七条　从事交通运输工具出境入境业务代理的单位，应当向出入境边防检查机关备案。从事业务代理的人员，由所在单位向出入境边防检查机关办理备案手续。

第六章　调查和遣返

第五十八条　本章规定的当场盘问、继续盘问、拘留审查、限制活动范围、遣送出境措施，由县级以上地方人民政府公安机关或者出入境边防检查机关实施。

第五十九条　对涉嫌违反出境入境管理的人员，可以当场盘问；经当场盘问，有下列情形之一的，可以依法继续盘问：

（一）有非法出境入境嫌疑的；

（二）有协助他人非法出境入境嫌疑的；

（三）外国人有非法居留、非法就业嫌疑的；

（四）有危害国家安全和利益，破坏社会公共秩序或者从事其他违法犯罪活动嫌疑的。

当场盘问和继续盘问应当依据《中华人民共和国人民警察法》规定的程序进行。

县级以上地方人民政府公安机关或者出入境边防检查机关需要传唤涉嫌违反出境入境管理的人员的，依照《中华人民共和国治安管理处罚法》的有关规定执行。

第六十条　外国人有本法第五十九条第一款规定情形之一的，经当场盘问或者继续盘问后仍不能排除嫌疑，需要作进一步调查的，可以拘留审查。

实施拘留审查，应当出示拘留审查决定书，并在二十四小时内进行询问。发现不应当拘留审查的，应当立即解除拘留审查。

拘留审查的期限不得超过三十日；案情复杂的，经上一级地方人民政府公安机关或者出入境边防检查机关批准可以延长至六十日。对国籍、身份不明的外国人，拘留审查期限自查清其国籍、身份之日起计算。

第六十一条　外国人有下列情形之一的，不适用拘留审查，可以限制其活动范围：

（一）患有严重疾病的；

（二）怀孕或者哺乳自己不满一周岁婴儿的；

（三）未满十六周岁或者已满七十周岁的；

（四）不宜适用拘留审查的其他情形。

被限制活动范围的外国人，应当按照要求接受审查，未经公安机关批准，不得离开限定的区域。限制活动范围的期限不得超过六十日。对国籍、身份不明的外国人，限制活动范围期限自查清其国籍、身份之日起计算。

第六十二条　外国人有下列情形之一的，可以遣送出境：

（一）被处限期出境，未在规定期限内离境的；

（二）有不准入境情形的；

（三）非法居留、非法就业的；

（四）违反本法或者其他法律、行政法规需要遣送出境的。

其他境外人员有前款所列情形之一的，可以依法遣送出境。

被遣送出境的人员，自被遣送出境之日起一至五年内不准入境。

第六十三条　被拘留审查或者被决定遣送出境但不能立即执行的人员，应当羁押在拘留所或者遣返场所。

第六十四条　外国人对依照本法规定对其实施的继续盘问、拘留审查、限制活动范围、遣送出境措施不服的，可以依法申请行政复议，该行政复议决定为最终决定。

其他境外人员对依照本法规定对其实施的遣送出境措施不服，申请行政复议的，适用前款规定。

第六十五条　对依法决定不准出境或者不准入境的人员，决定机关应当按照规定及时通知出入境边防检查机关；不准出境、入境情形消失的，决定机关应当及时撤销不准出境、入境决定，并通知出入境边防检查机关。

第六十六条　根据维护国家安全和出境入境管理秩序的需要，必要时，出入境边防检查机关可以对出境入境的人员进行人身检查。人身检查应当由两名与受检查人同性别的边防检查人员进行。

第六十七条　签证、外国人停留居留证件等出境入境证件发生损毁、遗失、被盗抢或者签发后发现持证人不符合签发条件等情形的，由签发机关宣布该出境入境证件作废。

伪造、变造、骗取或者被证件签发机关宣布作废的出境入境证件无效。

公安机关可以对前款规定的或被他人冒用的出境入境证件予以注销或者收缴。

第六十八条　对用于组织、运送、协助他人非法出境入境的交通运输工具，以及需要作为办案证据的物品，公安机关可以扣押。

对查获的违禁物品，涉及国家秘密的文件、资料以及用于实施违反出境入境管理活动的工具等，公安机关应当予以扣押，并依照相关法律、行政法规规定处置。

第六十九条　出境入境证件的真伪由签发机关、出入境边防检查机关或者公安机关出入境管理机构认定。

第七章　法律责任

第七十条　本章规定的行政处罚，除本章另有规定外，由县级以上地方人民政府公安机关或者出入境边防检查机关决定；其中警告或者五千元以下罚款，可以由县级以上地方人民政府公安机关出入境管理机构决定。

第七十一条　有下列行为之一的，处一千元以上五千元以下罚款；情节严重的，处五日以上十日以下拘留，可以并处二千元以上一万元以下罚款：

（一）持用伪造、变造、骗取的出境入境证件出境入境的；

（二）冒用他人出境入境证件出境入境的；

（三）逃避出境入境边防检查的；

（四）以其他方式非法出境入境的。

第七十二条　协助他人非法出境入境的，处二千元以上一万元以下罚款；情节严重的，处十日以上十五日以下拘留，并处五千元以上二万元以下罚款，有违法所得的，没收违法所得。

单位有前款行为的，处一万元以上五万元以下罚款，有违法所得的，没收违法所得，并对其直接负责的主管人员和其他直接责任人员依照前款规定予以处罚。

第七十三条　弄虚作假骗取签证、停留居留证件等出境入境证件的，处二千元以上五千元以下罚款；情节严重的，处十日以上十五日以下拘留，并处五千元以上二万元以下罚款。

单位有前款行为的，处一万元以上五万元以下罚款，并对其直接负责的主管人员和其他直接责任人员依照前款规定予以处罚。

第七十四条　违反本法规定，为外国人出具邀请函件或者其他申请材料的，处五千元以上一万元以下罚款，有违法所得的，没收违法所得，并责令其承担所邀请外国人的出境费用。

单位有前款行为的，处一万元以上五万元以下罚款，有违法所得的，没收违法所得，并责令其承担所邀请外国人的出境费用，对其直接负责的主管人员和其他直接责任人员依照前款规定予以处罚。

第七十五条　中国公民出境后非法前往其他国家或者地区被遣返的，出入境边防检查机关应当收缴其出境入境证件，出境入境证件签发机关自其被遣返之日起六个月至三年以内不予签发出境入境证件。

第七十六条　有下列情形之一的，给予警告，可以并处二千元以下罚款：

（一）外国人拒不接受公安机关查验其出境入境证件的；

（二）外国人拒不交验居留证件的；

（三）未按照规定办理外国人出生登记、死亡申报的；

（四）外国人居留证件登记事项发生变更，未按照规定办理变更的；

（五）在中国境内的外国人冒用他人出境入境证件的；

（六）未按照本法第三十九条第二款规定办理登记的。

旅馆未按照规定办理外国人住宿登记的，依照《中华人民共和国治安管理处罚法》的有关规定予以处罚；未按照规定向公安机关报送外国人住宿登记信息的，给予警告；情节严重的，处一千元以上五千元以下罚款。

第七十七条　外国人未经批准，擅自进入限制外国人进入的区域，责令立即离开；情节严重的，处五日以上十日以下拘留。对外国人非法获取的文字记录、音像资料、电子数据和其他物品，予以收缴或者销毁，所用工具予以收缴。

外国人、外国机构违反本法规定，拒不执行公安机关、国家安全机关限期迁离决定的，给予警告并强制迁离；情节严重的，对有关责任人员处五日以上十五日以下拘留。

第七十八条　外国人非法居留的，给予警告；情节严重的，处每非法居留一日五百元，总额不超过一万元的罚款或者五日以上十五日以下拘留。

因监护人或者其他负有监护责任的人未尽到监护义务，致使未满十六周岁的外国人非法居留的，对监护人或者其他负有监护责任的人给予警告，可以并处一千元以下罚款。

第七十九条　容留、藏匿非法入境、非法居留的外国人，协助非法入境、非法居留的外国人逃避检查，或者为非法居留的外国人违法提供出境入境证件的，处二千元以上一万元以下罚款；情节严重的，处五日以上十五日以下拘留，并处五千元以上二万元以下罚款，有违法所得的，没收违法所得。

单位有前款行为的，处一万元以上五万元以下罚款，有违法所得的，没收违法所得，并对其直接负责的主管人员和其他直接责任人员依照前款规定予以处罚。

第八十条　外国人非法就业的，处五千元以上二万元以下罚款；情节严重的，处五日以上十五日以下拘留，并处五千元以上二万元以下罚款。

介绍外国人非法就业的，对个人处每非法介绍一人五千元，总额不超过五万元的罚款；对单位处每非法介绍一人五千元，总额不超过十万元的罚款；有违法所得的，没收违法所得。

非法聘用外国人的，处每非法聘用一人一万元，总额不超过十万元的罚款；有违法所得的，没收违法所得。

第八十一条　外国人从事与停留居留事由不相符的活动，或者有其他违反中国法律、法规规定，不适宜在中国境内继续停留居留情形的，可以处限期出境。

外国人违反本法规定，情节严重，尚不构成犯罪的，公安部可以处驱逐出境。公安部的处罚决定为最终决定。

被驱逐出境的外国人，自被驱逐出境之日起十年内不准入境。

第八十二条　有下列情形之一的，给予警告，可以并处二千元以下罚款：

（一）扰乱口岸限定区域管理秩序的；

（二）外国船员及其随行家属未办理临时入境手续登陆的；

（三）未办理登轮证件上下外国船舶的。

违反前款第一项规定，情节严重的，可以并处五日以上十日以下拘留。

第八十三条　交通运输工具有下列情形之一的，对其负责人处五千元以上五万元以下罚款：

（一）未经查验准许擅自出境入境或者未经批准擅自改变出境入境口岸的；

（二）未按照规定如实申报员工、旅客、货物或者物品等信息，或者拒绝协助出境入境边防检查的；

（三）违反出境入境边防检查规定上下人员、装卸货物或者物品的。

出境入境交通运输工具载运不准出境入境人员出境入境的，处每载运一人五千元以上一万元以下罚款。交通运输工具负责人证明其已经采取合理预防措施的，可以减轻或者免予处罚。

第八十四条　交通运输工具有下列情形之一的，对其负责人处二千元以上二万元以下罚款：

（一）中国或者外国船舶未经批准擅自搭靠外国船舶的；

（二）外国船舶、航空器在中国境内未按照规定的路线、航线行驶的；

（三）出境入境的船舶、航空器违反规定驶入对外开放口岸以外地区的。

第八十五条　履行出境入境管理职责的工作人员，有下列行为之一的，依法给予处分：

（一）违反法律、行政法规，为不符合规定条件的外国人签发签证、外国人停留居留证件等出境入境证件的；

（二）违反法律、行政法规，审核验放不符合规定条件的人员或者交通运输工具出境入境的；

（三）泄露在出境入境管理工作中知悉的个人信息，侵害当事人合法权益的；

（四）不按照规定将依法收取的费用、收缴的罚款及没收的违法所得、非法财物上缴国库的；

（五）私分、侵占、挪用罚没、扣押的款物或者收取的费用的；

（六）滥用职权、玩忽职守、徇私舞弊，不依法履行法定职责的其他行为。

第八十六条　对违反出境入境管理行为处五百元以下罚款的，出入境边防检查机关可以当场作出处罚决定。

第八十七条　对违反出境入境管理行为处罚款的，被处罚人应当自收到处罚决定书之日起十五日内，到指定的银行缴纳罚款。被处罚人在所在地没有固定住所，不当场收缴罚款事后难以执行或者在口岸向指定银行缴纳罚款确有困难的，可以当场收缴。

第八十八条　违反本法规定，构成犯罪的，依法追究刑事责任。

第八章　附则

第八十九条　本法下列用语的含义：

出境，是指由中国内地前往其他国家或者地区，由中国内地前往香港特别行政区、澳门特别行政区，由中国大陆前往台湾地区。

入境，是指由其他国家或者地区进入中国内地，由香港特别行政区、澳门特别行政区进入中国内地，由台湾地区进入中国大陆。

外国人，是指不具有中国国籍的人。

第九十条　经国务院批准，同毗邻国家接壤的省、自治区可以根据中国与有关国家签订的边界管理协定制定地方性法规、地方政府规章，对两国边境接壤地区的居民往来作出规定。

第九十一条　外国驻中国的外交代表机构、领事机构成员以及享有特权和豁免的其他外国人，其入境出境及停留居留管理，其他法律另有规定的，依照其规定。

第九十二条　外国人申请办理签证、外国人停留居留证件等出境入境证件或者申请办理证件延期、变更的，应当按照规定缴纳签证费、证件费。

第九十三条　本法自 2013 年 7 月 1 日起施行。《中华人民共和国外国人入境出境管理法》和《中华人民共和国公民出境入境管理法》同时废止。

《中华人民共和国出境入境管理法》英文版

Exit and Entry Administration Law of the People's Republic of China

(Adopted at the 27th meeting of the Standing Committee of the Eleventh National People's Congress on June 30, 2012)

Contents

Chapter Ⅰ　General Provisions

Article 1 In order to regulate exit/entry administration, safeguard the sovereignty, security and social order of the People's Republic of China, and promote foreign exchanges and opening to the outside world, this Law is hereby formulated.

Article 2 This Law is applicable to the administration of exit and entry of Chinese citizens, entry and exit of foreigners, stay and residence of foreigners in China, and the exit/entry border inspection of transport vehicles.

Article 3 The State protects Chinese citizens' legitimate rights and interests of exiting and entering the country.

The legitimate rights and interests of foreigners in China shall be protected by laws. Foreigners in China shall abide by the Chinese laws, and shall not endanger China's national security, harm public interests and disrupt social and public order.

Article 4 The Ministry of Public Security and the Ministry of Foreign Affairs shall, within the scope of their respective responsibilities, be responsible for administering exit/entry affairs.

Embassies and consulates of the People's Republic of China and other institutions stationed abroad entrusted by the Ministry of Foreign Affairs (hereinafter referred to as "the visa-issuing authorities abroad") shall be responsible for issuance of entry visas to foreigners. Exit/entry border inspection authorities shall be responsible for carrying out exit/entry border inspection. Public security organs under local people's governments at or above the county level and their exit/entry administrations shall be responsible for the administration of the stay and residence of foreigners.

The Ministry of Public Security and the Ministry of Foreign Affairs may, within the scope of their respective responsibilities, entrust exit/entry administrations of public security organs or foreign affairs departments under local people's governments at or above the county level to accept foreigners' applications for entry, stay and residence in China.

In the administration of exit/entry affairs, the Ministry of Public Security and the Ministry of Foreign Affairs shall strengthen communication and cooperation, cooperate closely with relevant departments under the State Council, and exercise functions and powers and bear liabilities within the scope of their respective responsibilities in accordance with the law.

Article 5 The State shall establish a uniform exit/entry administration information platform to share information among relevant administrative departments.

Article 6 The State shall establish exit/entry border inspection authorities at the ports open to foreign countries.

Chinese citizens, foreigners as well as transport vehicles shall exit or enter China via the ports open to foreign countries, or via the places approved by the State Council or by the departments authorized by the State Council under special circumstances. Personnel and transport vehicles that exit or enter China shall be subject to exit/entry border inspection.

Exit/entry border inspection authorities shall be responsible for relevant administration work in the restricted zones of ports. On the basis of the need for safeguarding national security and maintaining the order of exit/entry administration, exit/entry border inspection authorities may conduct border inspection on the belongings of the persons who exit or enter China. When necessary, exit/entry border inspection authorities may conduct border inspection on the goods carried by transport vehicles that exit or enter China. However, exit/entry border inspection authorities shall notify the Customs of such inspections.

Article 7 Upon approval by the State Council, the Ministry of Public Security and the Ministry of Foreign Affairs may, on the basis of the need for exit/entry administration, set forth regulations on the collection and keep of fingerprints and other biometric identification information of the persons who exit or enter China.

Where foreign governments have special regulations on issuing visas to Chinese citizens or the exit/entry administration of Chinese citizens, the Chinese government may, as the circumstances require, take corresponding and equivalent measures.

Article 8 Departments and institutions that are responsible for the exit/entry administration shall take practical measures, constantly improve service and administration, enforce laws impartially, provide convenient and efficient service and ensure the security and conveyance of the exit/entry procedures.

Chapter Ⅱ Exit and Entry of Chinese Citizens

Article 9 Chinese citizens who exit or enter China shall, in accordance with the law, apply for passports or other travel documents.

Chinese citizens bound for other countries or regions shall obtain visas or other entry permits from destination countries, unless the Chinese government has signed visa exemption agreements with the governments of those countries, or otherwise stipulated by the Ministry of Public Security and the Ministry of Foreign Affairs.

Chinese citizens who exit or enter China as seamen or work on foreign ships shall apply for seamen's certificates in accordance with the law.

Article 10 Chinese citizens who travel between the Mainland and the Hong Kong Special Administrative Region, between the Mainland and the Macao Special Administrative Region, and between the Mainland and Taiwan Region, shall apply for exit/entry permits in accordance with the law, and abide by the relevant provisions of this Law. The specific administrative measures shall be stipulated by the State Council.

Article 11 Chinese citizens who exit or enter China shall submit their exit/entry documents such as passports or other travel documents to the exit/entry border inspection authorities for examination, go through the prescribed formalities, and may exit or enter upon examination and approval.

For ports that meet relevant conditions, exit/entry border inspection authorities shall provide convenience such as special lanes for the exit and entry of Chinese citizens.

Article 12 Under any of the following circumstances, Chinese citizens are not allowed to exit China:

(1) Hold no valid exit/entry documents, or refuse or evade border inspection;

(2) Are sentenced to criminal punishments, the execution of which have not been completed, or are suspects or defendants in criminal cases;

(3) Are involved in unsettled civil cases and not allowed to exit China upon decision of the people's courts;

(4) Are subject to criminal punishment for impairing border administration, or are repatriated by other countries or regions due to illegal exit from China, illegal residence or illegal employment, and the No-Exit-from-China period has not expired;

(5) May endanger national security or interests, and are not allowed to exit China upon decision by competent departments under the State Council; or

(6) Other circumstances in which exit from China is not allowed in accordance with laws or administrative regulations.

Article 13 Chinese citizens residing abroad who desire to return to China for permanent residence shall, prior to the entry, file applications with Chinese embassies or consulates or other institutions stationed abroad entrusted by the Ministry of Foreign Affairs. They may also file such applications to the overseas Chinese affairs departments under the local people's governments at or above the county level of the proposed places of permanent residence on their own or via their relatives in China.

Article 14 When handling financial affairs or affairs involving education, medical treatment, transportation, telecommunications, social insurance or property registration, where identity certificates are required, Chinese citizens residing abroad may provide their passports for proof of identity.

Chapter III Entry and Exit of Foreigners

Section 1 Visa

Article 15 In order to entering China, foreigners shall apply to the visa-issuing authorities stationed abroad for a visa, except as otherwise provided for in this Law.

Article 16 Visas are categorized as diplomatic visa, courtesy visa, official visa and ordinary visa.

Diplomatic or official visas shall be issued to foreigners who enter China for diplomatic or official reasons; and courtesy visas shall be issued to foreigners who are given courtesy due to their special status. The scope and measures for issuing diplomatic, courtesy and official visas shall be stipulated by the Ministry of Foreign Affairs.

Appropriate types of ordinary visa shall be issued to foreigners who enter China due to non-diplomatic or official reasons including work, study, family visit, travel, business activities and talent introduction. The types of ordinary visa and relevant issuance measures shall be stipulated by the State Council.

Article 17 The registered items of a visa shall include visa type, name, sex, date of birth, number of allowed entries, validity period of entry and duration of stay of the holder, date and place of issuance, as well as passport number or other international travel documents number.

Article 18 Foreigners who apply for visas shall submit their passports or other international travel documents, as well as information of specific application matters, to the visa-issuing authorities stationed abroad. They shall go through relevant formalities and accept interviews in accordance with the requirements of the visa-issuing authorities stationed abroad.

Article 19 Where foreigners applying for visas need to provide written invitations issued by entities or individuals within China, the applicants shall provide such invitations in accordance with the requirements of the visa-issuing authorities abroad. Entities or individuals that issue written invitations shall be liable for the fidelity of the contents.

Article 20 Foreigners who need to enter China urgently for humanitarian reasons, or are invited to enter China for urgent business or rush repair work, or have other urgent needs, and hold materials that prove the competent departments' approval of their applying for visas at port, may apply for port visas with the visa-issuing authorities entrusted by the Ministry of Public Security at the ports (hereinafter referred to as "port visa authorities") which are approved to issue port visas by the State Council.

Travel agencies that organize inbound tourism in accordance with relevant State regulations may apply for group tourist visas from port visa authorities.

Foreigners who apply to port visa authorities for visas shall submit their passports or other international travel documents, as well as relevant information of specific application matters. They shall go through relevant formalities in accordance with the requirements of the port visa authorities, and enter China at the ports where they apply for visas.

Visas issued by port visa authorities shall be single entry and the duration of stay shall not exceed 30 days.

Article 21 Under any of the following circumstances, visas shall not be issued to foreigners:

(1) Was deported, or was repatriated upon decision, and the No-Entry-into-China period has not expired;

(2) Is suffering from serious mental disorders, infectious tuberculosis or other infectious diseases that may severely jeopardize the public health;

(3) May endanger China's national security or interests, or disrupt social and public order, or engage in other illegal or criminal activities;

(4) Resort to fraudulent acts in visa application or cannot guarantee expected expenditures during their stay in China;

(5) Fail to submit relevant information required by the visa-issuing authorities; or

(6) Other circumstances in which visa authorities consider a visa should not be issued.

The visa-issuing authorities are not required to give reasons for refusing the issuance of a visa.

Article 22 Under any of the following circumstances, foreigners may be exempt from applying for visas:

(1) So exempted based on the visa exemption agreements signed by the Chinese government with the governments of other countries;

(2) Hold valid foreigners' residence permits;

(3) Hold connected passenger tickets and are in transit to a third country or region by an international aircraft, ship or train via China, will stay for not more than 24 hours in China without leaving the port of entry, or will stay in the specific zones approved by the State Council within the prescribed time limit; or

(4) Other circumstances stipulated by the State Council in which visas may be exempted.

Article 23 Where foreigners under any of the following circumstances need to enter China temporarily, they shall apply to exit/entry border inspection agencies for going through the formalities for temporary entry:

(1) Foreign seamen and their accompanying family members disembark at cities where the ports are located;

(2) Persons specified in Subparagraph (3) of Article 22 of this Law need to leave ports; or

(3) Foreigners need to enter China temporarily due to force majeure or for any other urgent reason.

The duration of stay for temporary entry shall not exceed 15 days.

For foreigners who apply for going through the formalities for temporary entry, exit/entry border inspection authorities may require such foreigners, the persons in charge of the transport vehicles used for such foreigners' entry or the agencies handling the exit/entry business for transport vehicles to provide necessary guaranty measures.

Section 2 Entry and Exit

Article 24 Foreigners who enter China shall submit their passports, other international travel documents, visas or other entry permits to the exit/entry border inspection authorities for examination, go through the prescribed formalities, and may enter upon examination and approval.

Article 25 Under any of the following circumstances, foreigners shall not be allowed to enter China:

(1) Hold no valid exit/entry documents, or refuse or evade border inspection;

(2) Are involved in any of the circumstances specified in Subparagraph (1) through (4) of the first paragraph of Article 21 of this Law;

(3) May engage in activities not conform to the types of visa after entering China; or

(4) Other circumstances in which entry is not allowed in accordance with laws or administrative regulations.

Exit/entry border inspection authorities are not required to give reasons for denying an entry.

Article 26 Exit/entry border inspection authorities shall order foreigners who are denied entry in China to return, and shall force the return of those who refuse to do so. While waiting for return, those foreigners shall not leave the restricted zones.

Article 27 Foreigners who exit China shall submit their exit/entry documents including passports or other international travel documents to the exit/entry border inspection authorities for examination, go through prescribed formalities, and may exit upon examination and approval.

Article 28 Under any of the following circumstances, foreigners shall not be allowed to exit China:

(1) Are sentenced to criminal punishments, the execution of which are not completed, or suspects or defendants in criminal cases, except those who are sentenced and transferred under relevant agreements between China and foreign countries;

(2) Are involved in unsettled civil cases and are not allowed to exit China upon decision of the people's courts;

(3) Are in arrears of paying off labor remuneration and therefore are not allowed to exit by decision of the relevant departments under the State Council or of the people's governments of provinces, autonomous regions or municipalities directly under the Central Government; or

(4) Other circumstances in which exit shall not be allowed in accordance with laws or administrative regulations.

Chapter Ⅳ Stay and Residence of Foreigners

Section 1 Stay and Residence

Article 29 Where the duration of stay specified in a visa held by a foreigner does not exceed 180 days, the holder may stay in China within the duration specified therein.

Where the duration of stay needs to be extended, the visa holder shall file an application with the exit/entry administration of public security organ under the local people's government at or above the county level in the place of his stay seven days prior to the expiry of the duration specified in the visa, and shall submit information of specific application matters in accordance with relevant requirements. If upon examination, the reasons for extension are appropriate and sufficient, such extension shall be granted; if an extension is denied, the foreigner shall leave China on the expiry of the duration.

The accumulated length of extension shall not exceed the original duration of stay specified in the visa.

Article 30 Where visas held by foreigners specify that foreigners need to apply for residence permits after entry, such foreigners shall, within 30 days from the date of their entry, apply to the exit/entry administrations of public security organs under local people's governments at or above the county level in the proposed places of residence for foreigners' residence permits.

Applicants for foreigners' residence permits shall submit their passports or other international travel documents, as well as relevant information of specific application matters, and provide biometric identification information such as fingerprints. The exit/entry administrations of public security organs shall, within 15 days upon the date of receipt, conduct examination and make a decision thereupon. Based on the purpose of residence, those administrations shall issue the appropriate types of foreigners' residence permits with the duration.

The validity period of a foreigner's work-type residence permit shall be 90 days at the minimum and five years at the maximum; and the validity period of a non-work-type foreigner's residence permit shall be 180 days at the minimum and five years at the maximum.

Article 31 Under any of the following circumstances, a foreigner's residence permit shall not be issued:

(1) The visa held does not belong to the type for which a foreigner's residence permit should be issued;

(2) Resorts to fraudulent acts in application;

(3) Fails to provide relevant supporting materials in accordance with relevant regulations;

(4) Is not eligible to reside in China because of violation of relevant Chinese laws or administrative regulations; or

(5) Other circumstances in which the issuing authority considers a foreigner's residence permit should not be issued.

Foreigners with expertise and foreign investors who conform to relevant State regulations or foreigners who need to change their status from stay to residence for humanitarian or other reasons, may undergo the formalities for obtaining foreigner's residence permits upon approval by the exit/entry administrations of public security organs under local people's governments at or above the city with districts.

Article 32 Foreigners residing in China who apply for the extension of the duration of residence shall, within 30 days prior to the expiry of the validity period on their residence permits, file applications with the exit/entry administrations of public security organs under local people's governments at or above the county level, and submit relevant information of specific application matters in accordance with relevant requirements. If upon examination, the reasons for extension are appropriate and sufficient, an extension shall be granted; if an extension is denied, the foreigner concerned shall leave China on the expiry of the validity period specified in their residence permits.

Article 33 The registered items of a foreign residence permit shall include name, sex, date of birth, reason for residence and duration of residence of the holder, date and place of issuance, passport number or other international travel documents number.

Where the registered item in a foreigner's residence permit has changed, the holder shall, within 10 days from the date of change, apply to the exit/entry administration of public security organ under the local people's government at or above the county level in the place of residence for going through the formalities for alteration.

Article 34 Where visa-exempt foreigners need to stay in China longer than the visa-free period, or foreign seamen and their accompanying family members need to leave the cities where the ports are located, or under other circumstances in which foreigners' stay permits should be applied for, they shall apply for such permits in accordance with relevant regulations.

The maximum validity period of a foreigner's stay permit shall be 180 days.

Article 35 Where ordinary visas, stay or residence permits held by foreigners need to be reissued due to damage, loss, theft, robbery or other reasons in compliance with relevant State regulations after foreigners enter China, those foreigners shall apply for a reissue with the exit/entry administrations of public security organs under local people's governments at or above the county level in the places of stay or residence in accordance with relevant regulations.

Article 36 Decisions made by the exit/entry administration of public security organ on rejecting applications for visa extension or reissuance, or on not issuing foreigners' stay or residence permits or not extending the duration of residence shall be final.

Article 37 Foreigners who stay or reside in China shall not engage in activities not corresponding to the purpose of stay or residence, and shall leave China prior to the expiry of the prescribed duration of stay or residence.

Article 38 Foreigners having reached the age of 16 who stay or reside in China shall carry with them their passports or other international travel documents, or foreigners' stay or residence permits, and accept the inspection of public security organs.

Foreigners who reside in China shall, within the prescribed time limit, submit foreigners' residence permits to public security organs under local people's governments at or above the county level in the places of residence for examination.

Article 39 Where foreigners stay in hotels in China, the hotels shall register their accommodation in accordance with the regulations on the public security administration of the hotel industry, and submit foreigners' accommodation registration information to the public security organs in the places where the hotels are located.

For foreigners who reside or stay in domiciles other than hotels, they or the persons who accommodate them shall, within 24 hours after the foreigners' arrival, go through the registration formalities with the public security organs in the places of residence.

Article 40 For foreign infants born in China, their parents or agents shall, within 60 days after they are born, on the strength of the birth certificates, go through the formalities for stay or residence registration for them with the exit/entry administrations of public security organs under people's governments at or above the county level in the places of their parents' stay or residence.

For foreigners who decease in China, their relatives, guardians or agents shall, in accordance with relevant regulations, on the strength of the death certificates, report their death to the exit/entry administrations of the public security organs under local people's governments at or above the county level to cancel their stay or residence permits.

Article 41 Foreigners who work in China shall obtain work permits and work-type residence permits in accordance with relevant regulations. No entities or individuals shall employ foreigners who have no work permits or work-type residence permits.

The administrative measures for foreigners working in China shall be stipulated by the State Council.

Article 42 The competent department of human resources and social security and the competent department in charge of foreign experts affairs under the State Council shall, in conjunction with relevant departments under the State Council, formulate and regularly adjust the guiding catalogue for foreigners working in China based on the needs for economic and social development as well as the supply and demand of human resources.

The competent department of education under the State Council shall, in conjunction with relevant departments under the State Council, establish an administrative system for foreign students working to support their study in China and set forth regulations on the scope of jobs and the limit of work time for such foreign students.

Article 43 Any of the following acts of foreigners shall be deemed unlawful employment:

(1) Work in China without obtaining work permits or work-type residence permits in accordance with relevant regulations;

(2) Work in China beyond the scope prescribed in the work permits; or

(3) Foreign students work in violation of the regulations on the administration of foreign students working to support their study in China and work beyond the prescribed scope of jobs or prescribed time limit.

Article 44 On the basis of the need for maintaining national security and public security, public security organs and national security organs may impose restrictions on foreigners and foreign institutions from establishing places of residence or work in certain areas; and may order that established places of residence or work be relocated within a prescribed time limit.

Without approval, foreigners shall not access foreigner-restricted areas.

Article 45 Entities that employ foreigners or enroll foreign students shall report relevant information to local public security organs in accordance with relevant regulations.

Citizens, legal persons or other organizations who find foreigners illegal enter, reside or work in China shall duly report such matter to the local public security organs.

Article 46 Foreigners applying for refugee status may, during the screening process, stay in China on the strength of temporary identity certificates issued by public security organs; foreigners who are recognized as refugees may stay or reside in China on the strength of refugee identity certificates issued by public security organs.

Section 2 Permanent Residence

Article 47 Foreigners who have made remarkable contribution to China's economic and social development or meet other conditions for permanent residence in China may obtain permanent residence status upon application approved by the Ministry of Public Security.

The administrative measures for examination and approval of foreigners' permanent residence in China shall be stipulated by the Ministry of Public Security and the Ministry of Foreign Affairs in conjunction with relevant departments under the State Council.

Article 48 Foreigners who have obtained permanent residence status may reside or work in China on the strength of permanent residence permits, and exit or enter China on the strength of their passports and permanent residence permits.

Article 49 Where foreigners fall under any of the following circumstances, the Ministry of Public Security shall decide to cancel their permanent residence status in China:

(1) Endanger China's national security or interests;

(2) Are deported;

(3) Obtain permanent residence status in China by fraudulent acts;

(4) Fail to reside in China for the prescribed time limit; or

(5) Other circumstances in which foreigners are not eligible to reside in China permanently.

Chapter Ⅴ Border Inspection of Transport Vehicles Exiting/Entering China

Article 50 Transport vehicles that exit or enter China shall be subject to border inspection when leaving or arriving at ports. Border inspection of entering transport vehicles shall be conducted at the first arriving port in China; border inspection of exiting transport vehicles shall be conducted at the last port when they leave China. Under special circumstances, border inspection may be conducted in places designated by competent authorities.

Without the permission of exit/entry border inspection authorities in accordance with prescribed procedures, transport vehicles that exit China shall not embark or disembark passengers, or load and unload goods or articles between exit inspection and exit, and nor shall transport vehicles that enter China do so between entry and entry inspection.

Article 51 Persons in charge of transport vehicles or agencies handling the exit/entry business for transport vehicles shall, in accordance with relevant regulations, report to the exit/entry border inspection authorities in advance on the entering or exiting transport vehicles' time of arrival at or departure from the port and the places of stay, and truthfully declare information including staff, passengers, goods and articles.

Article 52 Persons in charge of transport vehicles or agencies handling the exit/entry business for transport vehicles shall provide cooperation in exit/entry border inspection, and shall immediately report any violations of this Law found thereby and give assistance in the investigation and handling of such violations.

Where transport vehicles that enter China carry persons who are not allowed to enter China, the persons in charge of the transport vehicles shall be responsible for their leaving.

Article 53 Exit/entry border inspection authorities shall supervise transport vehicles that exit or enter China under any of the following circumstances:

(1) Between exit border inspection and exit for transport vehicles that exit China, and between entry and entry border inspection for transport vehicles that enter China;

(2) When foreign ships navigate in China's inland waters; or

(3) Other circumstances in which supervision is necessary.

Article 54 Persons who need to embark on or disembark from foreign ships for reasons such as goods loading or unloading, maintenance operations or visit shall apply to exit/entry border inspection authorities for boarding pass.

Where a Chinese ship needs to berth alongside a foreign ship, or a foreign ship needs to berth alongside another foreign ship, the captain or the agency handling the exit/entry business for relevant transport vehicles shall apply to the exit/entry border inspection authority for going through formalities for berth.

Article 55 Foreign ships and aircrafts shall navigate according to prescribed routes.

Ships and aircrafts that exit or enter China shall not access areas outside the ports open to foreign countries. The aforesaid ships or aircrafts that access such areas due to unforeseeable emergencies or force majeure shall immediately report to the nearest exit/entry border inspection authority or local public security organ, and accept supervision and administration.

Article 56 Under any of the following circumstances, transport vehicles shall be not allowed to exit or enter China; those that have left ports may be ordered to return:

(1) Exit or enter China without examination and approval when leaving or arriving at port;

(2) Change the port of exit or entry without approval;

(3) Are suspected of carrying persons who are not allowed to exit or enter China and therefore need to be inspected and verified;

(4) Are suspected of carrying articles endangering national security or interests or disrupting social or public order and therefore need to be inspected and verified; or

(5) Other circumstances in which transport vehicles refuse to subject themselves to exit/entry border inspection authorities' administration.

After the circumstances specified in the preceding paragraph disappear, exit/entry border inspection authorities shall immediately release relevant transport vehicles.

Article 57 Agencies handling the exit/entry business for transport vehicles shall file records with exit/entry border inspection authorities. For agents engaging in such a business, the entities they work for shall file relevant records for them with exit/entry border inspection authorities.

Chapter Ⅵ Investigation and Repatriation

Article 58 Measures for on-the-spot interrogation, continued interrogation, detention for investigation, movement restriction and repatriation prescribed in this Chapter shall be enforced by public security organs under local people's governments at or above the county level or by exit/entry border inspection authorities.

Article 59 Persons suspected of violating the regulations on exit/entry administration may be interrogated on the spot; upon on-the-spot interrogation, the aforesaid persons may be interrogated in continuation in accordance with the law under any of the following circumstances:

(1) Are suspected of illegally exiting or entering China;

(2) Are suspected of assisting others in illegally exiting or entering China;

(3) Are foreigners suspected of illegally residing or working in China; or

(4) Are suspected of endangering national security or interests, disrupting social or public order, or engaging in other illegal or criminal activities.

On-the-spot interrogation and continued interrogation shall be conducted in accordance with the procedures prescribed in the People's Police Law of the People's Republic of China.

Where public security organs under local people's governments at or above the county level or exit/entry border inspection authorities need to summon the persons suspected of violating the regulations on exit/entry administration, they shall handle the matter in accordance with the relevant regulations of the Law of the People's Republic of China on Penalties for Administration of Public Security.

Article 60 Where foreigners involved in any of the circumstances specified in the first paragraph of Article 59 of this Law cannot be cleared of suspicion after on-the-spot interrogation or continued interrogation and therefore need to be further investigated, he may be detained for investigation.

When detaining a foreigner for investigation, the authority concerned shall present a written decision on detention for investigation and shall interrogate the detained foreigner within 24 hours. Where the aforesaid organ finds that a foreigner should not be detained for investigation, it shall immediately release him from detention for investigation.

The period of detention for investigation shall not exceed 30 days; for complicated cases, the period may be extended to 60 days upon approval by the public security organs under the local people's governments at the next higher level or by the exit/entry border inspection authorities at the next higher level. For foreigners whose nationalities and identities are unknown, the period of detention for investigation shall be calculated from the date when their nationalities and identities are found out.

Article 61 Under any of the following circumstances, detention for investigation is not applicable to foreigners, however, their movements may be restricted:

(1) Suffer from serious diseases;

(2) Are pregnant or breast-feeding their own infants under one year of age;

(3) Are under 16 years of age or have reached the age of 70; or

(4) Other circumstances in which detention for investigation should not be applied.

Foreigners whose movements are restricted shall subject themselves to investigation as required, and shall not leave the restricted zones without approval of public security organs. The period of movement restriction shall not exceed 60 days. For foreigners whose nationalities and identities are unknown, the period of movement restriction shall be calculated from the date when their nationalities and identities are found out.

Article 62 Under any of the following circumstances, foreigners may be repatriated:

(1) Are ordered to exit China within a prescribed time limit but fail to do so;

(2) Are involved in circumstances in which they are not allowed to enter China;

(3) Illegally reside or work in China; or

(4) Need to be repatriated for violation of this Law or other laws or administrative

regulations.

Other overseas personnel who fall under any of the circumstances prescribed in the preceding paragraph may be repatriated in accordance with the law.

Repatriated persons shall not be allowed to enter China for one to five years, calculating from the date of repatriation.

Article 63 Persons who are detained for investigation or who are to be repatriated upon decision but cannot be repatriated promptly shall be held in custody in detention houses or places of repatriation.

Article 64 Foreigners dissatisfied with the measure imposed on them in accordance with this Law, such as continued interrogation, detention for investigation, movement restriction or repatriation, may apply for administrative reconsideration in accordance with the law, and the administrative reconsideration decision shall be final.

Where other overseas personnel dissatisfied with the decision of repatriation imposed on them in accordance with this Law apply for administrative reconsideration, the provisions in the preceding paragraph are applicable.

Article 65 Where persons are not allowed to exit or enter China upon decisions made in accordance with the law, the decision-making authorities shall duly inform the exit/entry border inspection authorities of such decisions in accordance with relevant regulations; where the circumstances in which the persons are not allowed to exit or enter China disappear, the decision-making authorities shall duly cancel the aforesaid decisions and inform exit/entry border inspection authorities of the cancellation.

Article 66 On the basis of the need for safeguarding national security and maintaining the order of exit/entry administration, exit/entry border inspection authorities may, when necessary, search the persons entering and exiting the country. Personal Search shall be conducted by two border inspectors who are the same sex as the persons subject to the search.

Article 67 In such cases that the exit/entry documents such as visas or foreigners' stay or residence permits are damaged, lost or stolen, or that after the issuance of such documents, the holders are found not eligible for being issued such documents, the issuing authorities shall declare the aforesaid documents void.

Exit/entry documents which are forged, altered, obtained by fraudulent means or are declared void by issuing authorities shall be invalid.

Public security organs may cancel or confiscate the exit/entry documents prescribed in the preceding paragraph or used fraudulently by persons other than the specified holders.

Article 68 Public security organs may seize the transport vehicles used to organize, transport or assist others in illegally exiting or entering China as well as the articles needed as evidence in handling the cases.

Public security organs shall seize banned articles, documents and data involving state secrets, as well as tools used in activities violating the regulations on exit/entry administration, and handle them in accordance with relevant laws or administrative regulations.

Article 69 The authenticity of exit/entry documents shall be determined by the issuing authorities, the exit/entry border inspection authorities or the exit/entry administrations of public security organs.

Chapter Ⅶ Legal Liabilities

Article 70 Unless otherwise provided for in this Chapter, the administrative penalties prescribed in this Chapter shall be decided by the public security organs under local people's governments at or above the county level or the exit/entry border inspection authorities. Penalties involving the imposition of warnings or fines of not more than RMB 5 000 yuan may be decided by the exit/entry administrations of public security organs under local people's governments at or above the county level.

Article 71 Persons who commit any of the following acts shall be fined not less than RMB 1 000 yuan but not more than RMB 5 000 yuan; where circumstances are serious, such persons shall be detained for not less than five days but not more ten days and may also be fined not less than RMB 2 000 yuan but not more than RMB 10 000 yuan.

(1) Exit or enter China with forged, altered or fraudulently obtained exit/entry documents;

(2) Exit or enter China using others' exit/entry documents;

(3) Evade exit/entry border inspection; or

(4) Illegally exit or enter China in any other way.

Article 72 Persons who assist others in illegally exiting or entering China shall be fined not less than RMB 2 000 yuan but not more than RMB 10 000 yuan; where circumstances are serious, they shall be detained for not less than 10 days but not more than 15 days and shall also be fined not less than RMB 5 000 yuan but not more than RMB 20 000 yuan, and the illegal gains, if any, shall be confiscated.

Entities engaging in any of the acts prescribed in the preceding paragraph shall be fined not less than RMB 10 000 yuan but not more than RMB 50 000 yuan, with the illegal gains confiscated if there are any; and the persons in charge of the entities who are directly responsible and other persons directly responsible shall be punished in accordance with the provisions in the preceding paragraph.

Article 73 Persons who obtain exit/entry documents such as visas or stay or residence permits by resorting to fraudulent acts shall be fined not less than RMB 2 000 yuan but not more than RMB 5 000 yuan; where circumstances are serious, they shall be detained for not less than 10 days but not more than 15 days and shall also be fined not less than RMB 5 000 yuan but not more than RMB 20 000 yuan.

Entities engaging in any of the acts prescribed in the preceding paragraph shall be fined not less than RMB 10 000 yuan but not more than RMB 50 000 yuan; and the persons in charge of the entities who are directly responsible and other persons directly responsible shall be punished in accordance with the provisions in the preceding paragraph.

Article 74 Persons who issue written invitations or other application materials to foreigners in violation of this Law shall be fined not less than RMB 5 000 yuan but not more than RMB 10 000 yuan, with the illegal gains confiscated if there are any, and shall also be ordered to bear exit expenses of the invited foreigners.

Entities engaging in any of the acts prescribed in the preceding paragraph shall be fined not less than RMB 10 000 yuan but not more than RMB 50 000 yuan, with the illegal gains confiscated if there are any, and shall also be ordered to bear exit expenses of the invited foreigners; the persons in charge of the entities who are directly responsible and other persons directly responsible shall be punished in accordance with the provisions in the preceding paragraph.

Article 75 Where Chinese citizens are repatriated due to illegally going to other countries or regions after exiting China, exit/entry border inspection authorities shall confiscate their exit/entry documents. Exit/entry document issuing authorities shall refuse to issue new exit/entry documents to such citizens for a period ranging from six months to three years calculating from the date of their repatriation.

Article 76 Under any of the following circumstances, a warning shall be given, and a fine of not more than RMB 2 000 yuan may also be imposed:

(1) Foreigners refuse to accept examination of their exit/entry documents by public security organs;

(2) Foreigners refuse to submit their residence permits for examination;

(3) Persons concerned fail to go through the formalities for foreigners' birth registration or death declaration in accordance with relevant regulations;

(4) Foreigners fail to go through the formalities for altering registration in accordance with the relevant regulations when there is any change in the registered items in their residence permits;

(5) Foreigners in China use others' exit/entry documents; or

(6) Persons concerned fail to go through registration formalities in accordance with the provisions in the second paragraph of Article 39 of this Law.

Hotels that fail to process accommodation registration for foreigners shall be punished in accordance with the relevant provisions of the Law of the People's Republic of China on Penalties for Administration of Public Security; hotels that fail to submit foreigners' accommodation registration information to public security organs shall be given a warning; where circumstances are serious, such hotels shall be fined not less than RMB 1 000 yuan but not more than RMB 5 000 yuan.

Article 77 Foreigners accessing foreigner-restricted areas without approval shall be ordered to leave promptly; where circumstances are serious, such foreigners shall be detained for not less than five days but not more than ten days. The text records, audio-visual data, electronic data and other articles illegally obtained thereof by the foreigners shall be confiscated or destroyed, and the tools used for the aforementioned purposes shall be confiscated.

Foreigners or foreign institutions refusing to execute decisions made by public security organs or national security organs ordering them to relocate within a prescribed time limit shall be given a warning and be relocated mandatorily; where circumstances are serious, relevant responsible persons shall be detained for not less than five days but not more than fifteen days.

Article 78 Foreigners who reside in China illegally shall be given a warning; where circumstances are serious, they shall be imposed with a fine of RMB 500 yuan per day, with a cap of RMB 10 000 yuan in total, or be detained for not less than five days but not more than 15 days.

Where guardians or other persons responsible for guardianship fail to perform the guardian obligation and result in foreigners below 16 years of age residing in China illegally, the said guardians or other obligated persons shall be given a warning and may also be fined not more than RMB 1 000 yuan.

Article 79 Persons harboring or hiding foreigners who illegally enter or reside in China, or assisting such foreigners in evading inspection, or providing, in violation of the law, exit/entry documents for foreigners who illegally reside in China shall be fined not less than RMB 2 000 yuan but not more than RMB 10 000 yuan; where circumstances are serious, such persons shall be detained for not less than five days but not more than fifteen days and shall also be fined not less than RMB 5 000 yuan but not more than RMB 20 000 yuan, with the illegal gains confiscated if there are any.

Entities engaging in any of the acts prescribed in the preceding paragraph shall be fined not less than RMB 10 000 yuan but not more than RMB 50 000 yuan, with the illegal gains confiscated if there are any; and the persons in charge of the entities who are directly responsible and other persons directly responsible shall be punished in accordance with the provisions in the preceding paragraph.

Article 80 Foreigners who work in China illegally shall be fined not less than RMB 5 000 but not more than RMB 20 000 yuan; where circumstances are serious, they shall be detained for not less than five days but not more than fifteen days and shall also be fined not less than RMB 5 000 yuan but not more than RMB 20 000 yuan.

Persons who introduce jobs to ineligible foreigners shall be fined RMB 5 000 yuan for each job illegally introduced to one foreigner, with a cap of not more than RMB 50 000 yuan in total; and entities that introduce jobs to ineligible foreigners shall be fined RMB 5 000 yuan for each job illegally introduced to one foreigner, with a cap of RMB 100 000 yuan in total; and the illegal gains, if any, shall be confiscated.

Individuals or entities that illegally employ foreigners shall be fined RMB 10 000 yuan for each illegally employed foreigner, with a cap of RMB 100 000 yuan in total; and the illegal gains, if any, shall be confiscated.

Article 81 Where foreigners engage in activities not corresponding to the purposes of stay or residence, or otherwise violate the laws or regulations of China, which makes them no longer eligible to stay or reside in China, they may be ordered to exit China within a time limit.

Where a foreigner's violation of this Law is serious but does not constitute a crime, the Ministry of Public Security may deport them. The penalty decision made by the Ministry of Public Security shall be final.

Deported foreigners shall not be allowed to enter China within 10 years calculating from the date of deportation.

Article 82 Under any of the following circumstances, relevant persons shall be given a warning and may also be fined not more than RMB 2 000 yuan:

(1) Disrupt the administrative order of the restricted zones of ports;

(2) Foreign seamen or their accompanying family members disembark without going through the formalities for temporary entry; or

(3) Embark on or disembark from foreign ships without obtaining boarding passes.

Persons who violate Subparagraph (1) of the preceding paragraph may be detained for not less than five days but not more than ten days if the circumstances are serious.

Article 83 Where transport vehicles fall under any of the following circumstances, the persons in charge of the transport vehicles shall be fined not less than RMB 5 000 yuan but not more than RMB 50 000 yuan:

(1) Exit or enter China without examination and approval, or change the ports of exit or entry without approval;

(2) Fail to truthfully declare information of staff, passengers, goods or articles, or refuse to assist in exit/entry border inspection; or

(3) Embark or disembark passengers, or load or unload goods or articles in violation of the regulations on exit/entry border inspection.

Transport vehicles that exit or enter China carrying persons who are not allowed to exit or enter China shall be fined not less than RMB 5 000 yuan but not more than RMB 10 000 yuan for each aforesaid person carried. Where the persons in charge of the transport vehicles prove that they have taken reasonable preventative measures, they may be given mitigated penalties or be exempt from penalties.

Article 84 Where transport vehicles fall under any of the following circumstances, the persons in charge of the transport vehicles shall be fined not less than RMB 2 000 yuan but not more than RMB 20 000 yuan:

(1) Chinese or foreign ships berth alongside foreign ships without approval;

(2) Foreign ships or aircrafts fail to navigate according to the prescribed routes in China; or

(3) Ships and aircrafts that exit or enter China access areas outside the ports open to foreign countries.

Article 85 Where staff members performing the duty of exit/entry administration commit any of the following acts, they shall be given disciplinary sanctions in accordance with the law:

(1) In violation of laws or administrative regulations, issue exit/entry documents such as visas or stay or residence permits to foreigners who do not meet the prescribed conditions;

(2) In violation of laws or administrative regulations, examine and allow the exit or entry of persons or transport vehicles that do not meet the prescribed conditions;

(3) Divulge personal information gained in exit/entry administration work and infringing the legitimate rights and interests of relevant parties;

(4) Fail to turn over in accordance with relevant regulations to the State Treasury the fees, fines or illegal gains or property that are collected or confiscated in accordance with the law;

(5) Privately share, encroach on or misappropriate the funds or articles confiscated or seized or the fees collected; or

(6) Other failures in performing statutory duties in accordance with the law, such as abuse of power, dereliction of duty, or resorting to malpractice for personal gain.

Article 86 In the case of violation of regulations on exit/entry administration and that a fine of not more than RMB 500 yuan should be imposed, the exit/entry border inspection authorities may make a penalty decision on the spot.

Article 87 Persons or entities that are fined for violation of regulations on exit/entry administration shall pay their fines in the designated banks within 15 days from the date of receiving the written decision on penalty. Where it is difficult to collect fines after a fine is imposed because the person or entity subject to penalty has no fixed domicile in the place where the fine is imposed or it is difficult to pay fine to the designated bank at the port, the fine may be collected on the spot.

Article 88 Where a violation of this Law constitutes a crime, criminal liabilities shall be investigated in accordance with the law.

Chapter Ⅷ Supplementary Provisions

Article 89 Definitions of the following terms mentioned in this Law: Exit refers to leaving the Chinese mainland for other countries or regions, for the Hong Kong Special Administrative Region or the Macao Special Administrative Region, or for Taiwan Region.

Entry refers to entering the Chinese mainland from other countries or regions, from the Hong Kong Special Administrative Region or the Macao Special Administrative Region, or from Taiwan Region.

Foreigners refer to persons without Chinese nationality.

Article 90 Upon approval by the State Council, provinces and autonomous regions bordering on neighboring countries may, in accordance with the boundary administration agreements signed by China with relevant countries, formulate local regulations or local government rules to regulate the association of residents in border areas of the two countries.

Article 91 Where there are other regulations on the administration of the entry/exit, stay or residence of the members of foreign diplomatic and consular missions in China, or the entry/exit, stay or residence of other foreigners who enjoy diplomatic privileges and immunities, these regulations shall prevail.

Article 92 Foreigners who apply for exit/entry documents such as visas or foreigner stay or residence permits or apply for document extension or alteration shall pay visa fees or document fees in accordance with relevant regulations.

Article 93 This Law shall come into force as of July 1, 2013. The Law of the People's Republic of China on the Entry and Exit Administration of Foreigners and the Law of the People's Republic of China on the Entry and Exit Administration of Chinese Citizens shall be annulled simultaneously.

附录三　中华人民共和国外国人入境出境管理条例

（中华人民共和国国务院令第 637 号，2013 年 7 月 3 日国务院第 15 次常务会议通过，现予公布，自 2013 年 9 月 1 日起施行）

第一章　总则

第一条　为了规范签证的签发和外国人在中国境内停留居留的服务和管理，根据《中华人民共和国出境入境管理法》（以下简称出境入境管理法）制定本条例。

第二条　国家建立外国人入境出境服务和管理工作协调机制，加强外国人入境出境服务和管理工作的统筹、协调与配合。

省、自治区、直辖市人民政府可以根据需要建立外国人入境出境服务和管理工作协调机制，加强信息交流与协调配合，做好本行政区域的外国人入境出境服务和管理工作。

第三条　公安部应当会同国务院有关部门建立外国人入境出境服务和管理信息平台，实现有关信息的共享。

第四条　在签证签发管理和外国人在中国境内停留居留管理工作中，外交部、公安部等国务院部门应当在部门门户网站、受理出境入境证件申请的地点等场所，提供外国人入境出境管理法律法规和其他需要外国人知悉的信息。

第二章　签证的类别和签发

第五条　外交签证、礼遇签证、公务签证的签发范围和签发办法由外交部规定。

第六条　普通签证分为以下类别，并在签证上标明相应的汉语拼音字母：

（一）C 字签证，发给执行乘务、航空、航运任务的国际列车乘务员、国际航空器机组人员、国际航行船舶的船员及船员随行家属和从事国际道路运输的汽车驾驶员。

（二）D 字签证，发给入境永久居留的人员。

（三）F 字签证，发给入境从事交流、访问、考察等活动的人员。

（四）G 字签证，发给经中国过境的人员。

（五）J1 字签证，发给外国常驻中国新闻机构的外国常驻记者；J2 字签证，发给入境进行短期采访报道的外国记者。

（六）L 字签证，发给入境旅游的人员；以团体形式入境旅游的，可以签发团体 L 字签证。

（七）M 字签证，发给入境进行商业贸易活动的人员。

（八）Q1 字签证，发给因家庭团聚申请入境居留的中国公民的家庭成员和具有中国永久居留资格的外国人的家庭成员，以及因寄养等原因申请入境居留的人员；Q2 字签证，发给申请入境短期探亲的居住在中国境内的中国公民的亲属和具有中国永久居留资格的外国人的亲属。

（九）R 字签证，发给国家需要的外国高层次人才和急需紧缺专门人才。

（十）S1 字签证，发给申请入境长期探亲的因工作、学习等事由在中国境内居留的外国人的配偶、父母、未满 18 周岁的子女、配偶的父母，以及因其他私人事务需要在中国境内居留的人员；S2 字签证，发给申请入境短期探亲的因工作、学习等事由在中国境内停留居留的外国人的家庭成员，以及因其他私人事务需要在中国境内停留的人员。

（十一）X1 字签证，发给申请在中国境内长期学习的人员；X2 字签证，发给申请在中国境内短期学习的人员。

（十二）Z 字签证，发给申请在中国境内工作的人员。

第七条　外国人申请办理签证，应当填写申请表，提交本人的护照或者其他国际旅行证件以及符合规定的照片和申请事由的相关材料。

（一）申请 C 字签证，应当提交外国运输公司出具的担保函件或者中国境内有关单位出具的邀请函件。

（二）申请 D 字签证，应当提交公安部签发的外国人永久居留身份确认表。

（三）申请 F 字签证，应当提交中国境内的邀请方出具的邀请函件。

（四）申请 G 字签证，应当提交前往国家（地区）的已确定日期、座位的联程机（车、船）票。

（五）申请 J1 字及 J2 字签证，应当按照中国有关外国常驻新闻机构和外国记者采访的规定履行审批手续并提交相应的申请材料。

（六）申请 L 字签证，应当按照要求提交旅行计划行程安排等材料；以团体形式入境旅游的，还应当提交旅行社出具的邀请函件。

（七）申请 M 字签证，应当按照要求提交中国境内商业贸易合作方出具的邀请函件。

（八）申请 Q1 字签证，因家庭团聚申请入境居留的，应当提交居住在中国境内的中国公民、具有永久居留资格的外国人出具的邀请函件和家庭成员关系证明，因寄养等原因申请入境的，应当提交委托书等证明材料；申请 Q2 字签证，应当提交居住在中国境内的中国公民、具有永久居留资格的外国人出具的邀请函件等证明材料。

（九）申请 R 字签证，应当符合中国政府有关主管部门确定的外国高层次人才和急需紧缺专门人才的引进条件和要求，并按照规定提交相应的证明材料。

（十）申请 S1 字及 S2 字签证，应当按照要求提交因工作、学习等事由在中国境内停留居留的外国人出具的邀请函件、家庭成员关系证明，或者入境处置私人事务所需的证明材料。

（十一）申请 X1 字签证应当按照规定提交招收单位出具的录取通知书和主管部门出具的证明材料；申请 X2 字签证，应当按照规定提交招收单位出具的录取通知书等证明材料。

（十二）申请 Z 字签证，应当按照规定提交工作许可等证明材料。

签证机关可以根据具体情况要求外国人提交其他申请材料。

第八条　外国人有下列情形之一的，应当按照驻外签证机关要求接受面谈：

（一）申请入境居留的；

（二）个人身份信息、入境事由需要进一步核实的；

（三）曾有不准入境、被限期出境记录的；

（四）有必要进行面谈的其他情形。

驻外签证机关签发签证需要向中国境内有关部门、单位核实有关信息的，中国境内有关部门、单位应当予以配合。

第九条　签证机关经审查认为符合签发条件的，签发相应类别签证。对入境后需要办理居留证件的，签证机关应当在签证上注明入境后办理居留证件的时限。

第三章　停留居留管理

第十条　外国人持签证入境后，按照国家规定可以变更停留事由、给予入境便利的，或者因使用新护照、持团体签证入境后由于客观原因需要分团停留的，可以向停留地县级以上地方人民政府公安机关出入境管理机构申请换发签证。

第十一条　在中国境内的外国人所持签证遗失、损毁、被盗抢的，应当及时向停留地县级以上地方人民政府公安机关出入境管理机构申请补发签证。

第十二条　外国人申请签证的延期、换发、补发和申请办理停留证件，应当填写申请表，提交本人的护照或者其他国际旅行证件以及符合规定的照片和申请事由的相关材料。

第十三条　外国人申请签证延期、换发、补发和申请办理停留证件符合受理规定的，公安机关出入境管理机构应当出具有效期不超过 7 日的受理回执，并在受理回执有效期内作出是否签发的决定。

外国人申请签证延期、换发、补发和申请办理停留证件的手续或者材料不符合规定的，公安机关出入境管理机构应当一次性告知申请人需要履行的手续和补正的申请材料。

申请人所持护照或者其他国际旅行证件因办理证件被收存期间，可以凭受理回执在中国境内合法停留。

第十四条　公安机关出入境管理机构作出的延长签证停留期限决定，仅对本次入境有效，不影响签证的入境次数和入境有效期，并且累计延长的停留期限不得超过原签证注明的停留期限。

签证停留期限延长后，外国人应当按照原签证规定的事由和延长的期限停留。

第十五条　居留证件分为以下种类：

（一）工作类居留证件，发给在中国境内工作的人员；

（二）学习类居留证件，发给在中国境内长期学习的人员；

（三）记者类居留证件，发给外国常驻中国新闻机构的外国常驻记者；

（四）团聚类居留证件，发给因家庭团聚需要在中国境内居留的中国公民的家庭成员和具有中国永久居留资格的外国人的家庭成员，以及因寄养等原因需要在中国境内居留的人员；

（五）私人事务类居留证件，发给入境长期探亲的因工作、学习等事由在中国境内居留的外国人的配偶、父母、未满 18 周岁的子女、配偶的父母，以及因其他私人事务需要在中国境内居留的人员。

第十六条　外国人申请办理外国人居留证件，应当提交本人护照或者其他国际旅行证件以及符合规定的照片和申请事由的相关材料，本人到居留地县级以上地方人民政府公安机关出入境管理机构办理相关手续，并留存指纹等人体生物识别信息。

（一）工作类居留证件，应当提交工作许可等证明材料；属于国家需要的外国高层次人才和急需紧缺专门人才的，应当按照规定提交有关证明材料。

（二）学习类居留证件，应当按照规定提交招收单位出具的注明学习期限的函件等证明材料。

（三）记者类居留证件，应当提交有关主管部门出具的函件和核发的记者证。

（四）团聚类居留证件，因家庭团聚需要在中国境内居留的，应当提交家庭成员关系证明和与申请事由相关的证明材料；因寄养等原因需要在中国境内居留的，应当提交委托书等证明材料。

（五）私人事务类居留证件，长期探亲的，应当按照要求提交亲属关系证明、被探望人的居留证件等证明材料；入境处置私人事务的，应当提交因处置私人事务需要在中国境内居留的相关证明材料。

外国人申请有效期 1 年以上的居留证件的，应当按照规定提交健康证明。健康证明自开具之日起 6 个月内有效。

第十七条　外国人申请办理居留证件的延期、换发、补发，应当填写申请表，提交本人的护照或者其他国际旅行证件以及符合规定的照片和申请事由的相关材料。

第十八条　外国人申请居留证件或者申请居留证件的延期、换发、补发符合受理规定的，公安机关出入境管理机构应当出具有效期不超过 15 日的受理回执，并在受理回执有效期内作出是否签发的决定。

外国人申请居留证件或者申请居留证件的延期、换发、补发的手续或者材料不符合规定的，公安机关出入境管理机构应当一次性告知申请人需要履行的手续和补正的申请材料。

申请人所持护照或者其他国际旅行证件因办理证件被收存期间，可以凭受理回执在中国境内合法居留。

第十九条　外国人申请签证和居留证件的延期、换发、补发，申请办理停留证件，有下列情形之一的，可以由邀请单位或者个人、申请人的亲属、有关专门服务机构代为申请：

（一）未满 16 周岁或者已满 60 周岁以及因疾病等原因行动不便的；

（二）非首次入境且在中国境内停留居留记录良好的；

（三）邀请单位或者个人对外国人在中国境内期间所需费用提供保证措施的。

外国人申请居留证件，属于国家需要的外国高层次人才和急需紧缺专门人才以及前款第一项规定情形的，可以由邀请单位或者个人、申请人的亲属、有关专门服务机构代为申请。

第二十条　公安机关出入境管理机构可以通过面谈、电话询问、实地调查等方式核实申请事由的真实性，申请人以及出具邀请函件、证明材料的单位或者个人应当予以配合。

第二十一条　公安机关出入境管理机构对有下列情形之一的外国人，不予批准签证和居留证件的延期、换发、补发，不予签发停留证件：

（一）不能按照规定提供申请材料的；

（二）在申请过程中弄虚作假的；

（三）违反中国有关法律、行政法规规定，不适合在中国境内停留居留的；

（四）不宜批准签证和居留证件的延期、换发、补发或者签发停留证件的其他情形。

第二十二条　持学习类居留证件的外国人需要在校外勤工助学或者实习的，应当经所在学校同意后，向公安机关出入境管理机构申请居留证件加注勤工助学或者实习地点、期限等信息。

持学习类居留证件的外国人所持居留证件未加注前款规定信息的，不得在校外勤工助学或者实习。

第二十三条　在中国境内的外国人因证件遗失、损毁、被盗抢等原因未持有效护照或者国际旅行证件，无法在本国驻中国有关机构补办的，可以向停留居留地县级以上地方人民政府公安机关出入境管理机构申请办理出境手续。

第二十四条　所持出境入境证件注明停留区域的外国人、出入境边防检查机关批准临时入境且限定停留区域的外国人，应当在限定的区域内停留。

第二十五条　外国人在中国境内有下列情形之一的，属于非法居留：

（一）超过签证、停留居留证件规定的停留居留期限停留居留的；

（二）免办签证入境的外国人超过免签期限停留且未办理停留居留证件的；

（三）外国人超出限定的停留居留区域活动的；

（四）其他非法居留的情形。

第二十六条　聘用外国人工作或者招收外国留学生的单位，发现有下列情形之一的，应当及时向所在地县级以上地方人民政府公安机关出入境管理机构报告：

（一）聘用的外国人离职或者变更工作地域的；

（二）招收的外国留学生毕业、结业、肄业、退学，离开原招收单位的；

（三）聘用的外国人、招收的外国留学生违反出境入境管理规定的；

（四）聘用的外国人、招收的外国留学生出现死亡、失踪等情形的。

第二十七条　金融、教育、医疗、电信等单位在办理业务时需要核实外国人身份信息的，可以向公安机关出入境管理机构申请核实。

第二十八条　外国人因外交、公务事由在中国境内停留居留证件的签发管理，按照外交部的规定执行。

第四章　调查和遣返

第二十九条　公安机关根据实际需要可以设置遣返场所。

依照出境入境管理法第六十条的规定对外国人实施拘留审查的，应当在 24 小时内将被拘留审查的外国人送到拘留所或者遣返场所。

由于天气、当事人健康状况等原因无法立即执行遣送出境、驱逐出境的，应当凭相关法律文书将外国人羁押在拘留所或者遣返场所。

第三十条　依照出境入境管理法第六十一条的规定，对外国人限制活动范围的，应当出具限制活动范围决定书。被限制活动范围的外国人，应当在指定的时间到公安机关报到；未经决定机关批准，不得变更生活居所或者离开限定的区域。

第三十一条　依照出境入境管理法第六十二条的规定，对外国人实施遣送出境的，作出遣送出境决定的机关应当依法确定被遣送出境的外国人不准入境的具体期限。

第三十二条　外国人被遣送出境所需的费用由本人承担。本人无力承担的，属于非法就业的，由非法聘用的单位、个人承担；属于其他情形的，由对外国人在中国境内停留居留提供保证措施的单位或者个人承担。

遣送外国人出境，由县级以上地方人民政府公安机关或者出入境边防检查机关实施。

第三十三条　外国人被决定限期出境的，作出决定的机关应当在注销或者收缴其原出境入境证件后，为其补办停留手续并限定出境的期限。限定出境期限最长不得超过 15 日。

第三十四条　外国人有下列情形之一的，其所持签证、停留居留证件由签发机关宣布作废：

（一）签证、停留居留证件损毁、遗失、被盗抢的；

（二）被决定限期出境、遣送出境、驱逐出境，其所持签证、停留居留证件未被收缴或者注销的；

（三）原居留事由变更，未在规定期限内向公安机关出入境管理机构申报，经公安机关公告后仍未申报的；

（四）有出境入境管理法第二十一条、第三十一条规定的不予签发签证、居留证件情形的。

签发机关对签证、停留居留证件依法宣布作废的，可以当场宣布作废或者公告宣布作废。

第三十五条　外国人所持签证、停留居留证件有下列情形之一的，由公安机关注销或者收缴：

（一）被签发机关宣布作废或者被他人冒用的；

（二）通过伪造、变造、骗取或者其他方式非法获取的；

（三）持有人被决定限期出境、遣送出境、驱逐出境的。

作出注销或者收缴决定的机关应当及时通知签发机关。

第五章　附则

第三十六条　本条例下列用语的含义：

（一）签证的入境次数，是指持证人在签证入境有效期内可以入境的次数。

（二）签证的入境有效期，是指持证人所持签证入境的有效时间范围。非经签发机关注明，签证自签发之日起生效，于有效期满当日北京时间 24 时失效。

（三）签证的停留期限，是指持证人每次入境后被准许停留的时限，自入境次日开始计算。

（四）短期，是指在中国境内停留不超过 180 日（含 180 日）。

（五）长期、常驻，是指在中国境内居留超过 180 日。

本条例规定的公安机关出入境管理机构审批期限和受理回执有效期以工作日计算，不含法定节假日。

第三十七条　经外交部批准，驻外签证机关可以委托当地有关机构承办外国人签证申请的接件、录入、咨询等服务性事务。

第三十八条　签证的式样由外交部会同公安部规定。停留居留证件的式样由公安部规定。

第三十九条　本条例自 2013 年 9 月 1 日起施行。1986 年 12 月 3 日国务院批准，1986 年 12 月 27 日公安部、外交部公布，1994 年 7 月 13 日、2010 年 4 月 24 日国务院修订的《中华人民共和国外国人入境出境管理法实施细则》同时废止。

附录四　公安机关办理行政案件程序规定（节录）

（公安部令第 125 号，修订后的《公安机关办理行政案件程序规定》2012 年 12 月 3 日公安部部长办公会议通过，现予发布，自 2013 年 1 月 1 日起施行）

第十三章　涉外行政案件的办理

第二百一十二条　办理涉外行政案件，应当维护国家主权和利益，坚持平等互利原则。

第二百一十三条　对外国人国籍的确认，以其入境时有效证件上所表明的国籍为准；国籍有疑问或者国籍不明的，由公安机关出入境管理部门协助查明。

对无法查明国籍、身份不明的外国人，按照其自报的国籍或者无国籍人对待。

第二百一十四条　违法行为人为享有外交特权和豁免权的外国人的，办案公安机关应当将其身份、证件及违法行为等基本情况记录在案，保存有关证据，并尽快将有关情况层报省级公安机关，由省级公安机关商请同级人民政府外事部门通过外交途径处置。

对享有外交特权和豁免权的外国人，不得采取限制人身自由和查封、扣押的强制措施。

第二百一十五条　办理涉外行政案件，应当使用中华人民共和国通用的语言文字。对不通晓我国语言文字的，公安机关应当为其提供翻译；当事人通晓我国语言文字，不需要他人翻译的，应当出具书面声明。

经县级以上公安机关负责人批准，外国籍当事人可以自己聘请翻译，翻译费由其个人承担。

第二百一十六条　外国人具有下列情形之一，经当场盘问或者继续盘问后不能排除嫌疑，需要作进一步调查的，经县级以上公安机关或者出入境边防检查机关负责人批准，可以拘留审查：

（一）有非法出境入境嫌疑的；

（二）有协助他人非法出境入境嫌疑的；

（三）有非法居留、非法就业嫌疑的；

（四）有危害国家安全和利益，破坏社会公共秩序或者从事其他违法犯罪活动嫌疑的。

实施拘留审查，应当出示拘留审查决定书，并在二十四小时内进行询问。

拘留审查的期限不得超过三十日，案情复杂的，经上一级公安机关或者出入境边防检查机关批准可以延长至六十日。对国籍、身份不明的，拘留审查期限自查清其国籍、身份之日起计算。

第二百一十七条　具有下列情形之一的，应当解除拘留审查：

（一）被决定遣送出境、限期出境或者驱逐出境的；

（二）不应当拘留审查的；

（三）被采取限制活动范围措施的；

（四）案件移交其他部门处置的；

（五）其他应当解除拘留审查的。

第二百一十八条　外国人具有下列情形之一的，不适用拘留审查，经县级以上公安机关或者出入境边防检查机关负责人批准，可以限制其活动范围：

（一）患有严重疾病的；

（二）怀孕或者哺乳自己婴儿的；

（三）未满十六周岁或者已满七十周岁的；

（四）不宜适用拘留审查的其他情形。

被限制活动范围的外国人，应当按照要求接受审查，未经公安机关批准，不得离开限定的区域。限制活动范围的期限不得超过六十日。对国籍、身份不明的，限制活动范围期限自查清其国籍、身份之日起计算。

第二百一十九条　被限制活动范围的外国人应当遵守下列规定：

（一）未经决定机关批准，不得变更生活居所，超出指定的活动区域；

（二）在传唤的时候及时到案；

（三）不得以任何形式干扰证人作证；

（四）不得毁灭、伪造证据或者串供。

第二百二十条　外国人具有下列情形之一的，经县级以上公安机关或者出入境边防检查机关负责人批准，可以遣送出境：

（一）被处限期出境，未在规定期限内离境的；

（二）有不准入境情形的；

（三）非法居留、非法就业的；

（四）违反法律、行政法规需要遣送出境的。

其他境外人员具有前款所列情形之一的，可以依法遣送出境。

被遣送出境的人员，自被遣送出境之日起一至五年内不准入境。

第二百二十一条　被遣送出境的外国人可以被遣送至下列国家或者地区：

（一）国籍国；

（二）入境前的居住国或者地区；

（三）出生地国或者地区；

（四）入境前的出境口岸的所属国或者地区；

（五）其他允许被遣送出境的外国人入境的国家或者地区。

第二百二十二条　具有下列情形之一的外国人，应当羁押在拘留所或者遣返场所：

（一）被拘留审查的；

（二）被决定遣送出境或者驱逐出境但因天气、交通运输工具班期、当事人健康状况等客观原因或者国籍、身份不明，不能立即执行的。

第二百二十三条　外国人对继续盘问、拘留审查、限制活动范围、遣送出境措施不服的，可以依法申请行政复议，该行政复议决定为最终决定。

其他境外人员对遣送出境措施不服，申请行政复议的，适用前款规定。

第二百二十四条　外国人具有下列情形之一的，经县级以上公安机关或者出入境边防检查机关决定，可以限期出境：

（一）违反治安管理的；

（二）从事与停留居留事由不相符的活动的；

（三）违反中国法律、法规规定，不适宜在中国境内继续停留居留的。

对外国人决定限期出境的，应当规定外国人离境的期限，注销其有效签证或者停留居留证件。限期出境的期限不得超过三十日。

第二百二十五条　外国人违反治安管理或者出境入境管理，情节严重，尚不构成犯罪的，承办的公安机关可以层报公安部处以驱逐出境。公安部作出的驱逐出境决定为最终决定，由承办机关宣布并执行。

被驱逐出境的外国人，自被驱逐出境之日起十年内不准入境。

第二百二十六条　对外国人处以罚款或者行政拘留并处限期出境或者驱逐出境的，应当于罚款或者行政拘留执行完毕后执行限期出境或者驱逐出境。

第二百二十七条　办理涉外行政案件，应当按照国家有关办理涉外案件的规定，严格执行请示报告、内部通报、对外通知等各项制度。

第二百二十八条　对外国人作出行政拘留、拘留审查或者其他限制人身自由以及限制活动范围的决定后，决定机关应当在四十八小时内将外国人的姓名、性别、入境时间、护照或者其他身份证件号码，案件发生的时间、地点及有关情况，违法的主要事实，已采取的措施及其法律依据等情况报告省级公安机关；省级公安机关应当在规定期限内，将有关情况通知该外国人所属国家的驻华使馆、领馆，并通报同级人民政府外事部门。当事人要求不通知使馆、领馆，且我国与当事人国籍国未签署双边协议规定必须通知的，可以不通知，但应当由其本人提出书面请求。

第二百二十九条　外国人在被行政拘留、拘留审查、限制活动范围或者其他限制人身自由期间死亡的，有关省级公安机关应当通知该外国人所属国家驻华使馆、领馆，同时报告公安部并通报同级人民政府外事部门。

第二百三十条　外国人在被行政拘留、拘留审查或者其他限制人身自由以及限制活动范围期间，其所属国家驻华外交、领事官员要求探视的，决定机关应当及时安排。该外国人拒绝其所属国家驻华外交、领事官员探视的，公安机关可以不予安排，但应当由其本人出具书面声明。

第二百三十一条　办理涉外行政案件，本章未作规定的，适用其他各章的有关规定。

附录五　刑法（节录）

（1979 年 7 月 1 日第五届全国人民代表大会第二次会议通过，1997 年 3 月 14 日第八届全国人民代表大会第五次会议修订。根据 1999 年 12 月 25 日中华人民共和国刑法修正案，2001 年 8 月 31 日中华人民共和国刑法修正案（二），2001 年 12 月 29 日中华人民共和国刑法修正案（三），2002 年 12 月 28 日中华人民共和国刑法修正案（四），2005 年 2 月 28 日中华人民共和国刑法修正案（五），2006 年 6 月 29 日中华人民共和国刑法修正案（六），2009 年 2 月 28 日中华人民共和国刑法修正案（七）修正，根据 2009 年 8 月 27 日《全国人民代表大会常务委员会关于修改部分法律的决定》修正，根据 2011 年 2 月 25 日中华人民共和国刑法修正案（八）修正。）

第六章　妨害社会管理秩序罪

第三节　妨害国（边）境管理罪

第三百一十八条　【组织他人偷越国（边）境罪】组织他人偷越国（边）境的，处二年以上七年以下有期徒刑，并处罚金；有下列情形之一的，处七年以上有期徒刑或者无期徒刑，并处罚金或者没收财产：

（一）组织他人偷越国（边）境集团的首要分子；

（二）多次组织他人偷越国（边）境或者组织他人偷越国（边）境人数众多的；

（三）造成被组织人重伤、死亡的；

（四）剥夺或者限制被组织人人身自由的；

（五）以暴力、威胁方法抗拒检查的；

（六）违法所得数额巨大的；

（七）有其他特别严重情节的。

犯前款罪，对被组织人有杀害、伤害、强奸、拐卖等犯罪行为，或者对检查人员有杀害、伤害等犯罪行为的，依照数罪并罚的规定处罚。

第三百一十九条　【骗取出境证件罪】以劳务输出、经贸往来或者其他名义，弄虚作假，骗取护照、签证等出境证件，为组织他人偷越国（边）境使用的，处三年以下有期徒刑，并处罚金；情节严重的，处三年以上十年以下有期徒刑，并处罚金。

单位犯前款罪的，对单位判处罚金，并对其直接负责的主管人员和其他直接责任人员，依照前款的规定处罚。

第三百二十条　【提供伪造、变造的出入境证件罪；出售出入境证件罪】为他人提供伪造、变造的护照、签证等出入境证件，或者出售护照、签证等出入境证件的，处五年以下有期徒刑，并处罚金；情节严重的，处五年以上有期徒刑，并处罚金。

第三百二十一条　【运送他人偷越国（边）境罪】运送他人偷越国（边）境的，处五年以下有期徒刑、拘役或者管制，并处罚金；有下列情形之一的，处五年以上十年以下有期徒刑，并处罚金：

（一）多次实施运送行为或者运送人数众多的；

（二）所使用的船只、车辆等交通工具不具备必要的安全条件，足以造成严重后果的；

（三）违法所得数额巨大的；

（四）有其他特别严重情节的。

在运送他人偷越国（边）境中造成被运送人重伤、死亡，或者以暴力、威胁方法抗拒检查的，处七年以上有期徒刑，并处罚金。

犯前两款罪，对被运送人有杀害、伤害、强奸、拐卖等犯罪行为，或者对检查人员有杀害、伤害等犯罪行为的，依照数罪并罚的规定处罚。

第三百二十二条　【偷越国（边）境罪】违反国（边）境管理法规，偷越国（边）境，情节严重的，处一年以下有期徒刑、拘役或者管制，并处罚金。

第三百二十三条　【破坏界碑、界桩罪；破坏永久性测量标志罪】故意破坏国家边境的界碑、界桩或者永久性测量标志的，处三年以下有期徒刑或者拘役。

附录六　最高人民法院、最高人民检察院关于办理妨害国（边）境管理刑事案件应用法律若干问题的解释

（2012年8月20日最高人民法院审判委员会第1553次会议、2012年11月19日最高人民检察院第十一届检察委员会第82次会议通过）

为依法惩处妨害国（边）境管理犯罪活动，维护国（边）境管理秩序，根据《中华人民共和国刑法》《中华人民共和国刑事诉讼法》的有关规定，现就办理这类案件应用法律的若干问题解释如下：

第一条　领导、策划、指挥他人偷越国（边）境或者在首要分子指挥下，实施拉拢、引诱、介绍他人偷越国（边）境等行为的，应当认定为刑法第三百一十八条规定的“组织他人偷越国（边）境”。

组织他人偷越国（边）境人数在十人以上的，应当认定为刑法第三百一十八条第一款第（二）项规定的“人数众多”；违法所得数额在二十万元以上的，应当认定为刑法第三百一十八条第一款第（六）项规定的“违法所得数额巨大”。

以组织他人偷越国（边）境为目的，招募、拉拢、引诱、介绍、培训偷越国（边）境人员，策划、安排偷越国（边）境行为，在他人偷越国（边）境之前或者偷越国（边）境过程中被查获的，应当以组织他人偷越国（边）境罪（未遂）论处；具有刑法第三百一十八条第一款规定的情形之一的，应当在相应的法定刑幅度基础上，结合未遂犯的处罚原则量刑。

第二条　为组织他人偷越国（边）境，编造出境事由、身份信息或者相关的境外关系证明的，应当认定为刑法第三百一十九条第一款规定的“弄虚作假”。

刑法第三百一十九条第一款规定的“出境证件”，包括护照或者代替护照使用的国际旅行证件，中华人民共和国海员证，中华人民共和国出入境通行证，中华人民共和国旅行证，中国公民往来香港、澳门、台湾地区证件，边境地区出入境通行证，签证、签注，出国（境）证明、名单，以及其他出境时需要查验的资料。

具有下列情形之一的，应当认定为刑法第三百一十九条第一款规定的“情节严重”：

（一）骗取出境证件五份以上的；

（二）非法收取费用三十万元以上的；

（三）明知是国家规定的不准出境的人员而为其骗取出境证件的；

（四）其他情节严重的情形。

第三条　刑法第三百二十条规定的“出入境证件”，包括本解释第二条第二款所列的证件以及其他入境时需要查验的资料。

具有下列情形之一的，应当认定为刑法第三百二十条规定的“情节严重”：

（一）为他人提供伪造、变造的出入境证件或者出售出入境证件五份以上的；

（二）非法收取费用三十万元以上的；

（三）明知是国家规定的不准出入境的人员而为其提供伪造、变造的出入境证件或者向其出售出入境证件的；

（四）其他情节严重的情形。

第四条　运送他人偷越国（边）境人数在十人以上的，应当认定为刑法第三百二十一条第一款第（一）项规定的“人数众多”；违法所得数额在二十万元以上的，应当认定为刑法第三百二十一条第一款第（三）项规定的“违法所得数额巨大”。

第五条　偷越国（边）境，具有下列情形之一的，应当认定为刑法第三百二十二条规定的“情节严重”：

（一）在境外实施损害国家利益行为的；

（二）偷越国（边）境三次以上或者三人以上结伙偷越国（边）境的；

（三）拉拢、引诱他人一起偷越国（边）境的；

（四）勾结境外组织、人员偷越国（边）境的；

（五）因偷越国（边）境被行政处罚后一年内又偷越国（边）境的；

（六）其他情节严重的情形。

第六条　具有下列情形之一的，应当认定为刑法第六章第三节规定的“偷越国（边）境”行为：

（一）没有出入境证件出入国（边）境或者逃避接受边防检查的；

（二）使用伪造、变造、无效的出入境证件出入国（边）境的；

（三）使用他人出入境证件出入国（边）境的；

（四）使用以虚假的出入境事由、隐瞒真实身份、冒用他人身份证件等方式骗取的出入境证件出入国（边）境的；

（五）采用其他方式非法出入国（边）境的。

第七条　以单位名义或者单位形式组织他人偷越国（边）境、为他人提供伪造、变造的出入境证件或者运送他人偷越国（边）境的，应当依照刑法第三百一十八条、第三百二十条、第三百二十一条的规定追究直接负责的主管人员和其他直接责任人员的刑事责任。

第八条　实施组织他人偷越国（边）境犯罪，同时构成骗取出境证件罪、提供伪造、变造的出入境证件罪、出售出入境证件罪、运送他人偷越国（边）境罪的，依照处罚较重的规定定罪处罚。

第九条　对跨地区实施的不同妨害国（边）境管理犯罪，符合并案处理要求，有关地方公安机关依照法律和相关规定一并立案侦查，需要提请批准逮捕、移送审查起诉、提起公诉的，由该公安机关所在地的同级人民检察院、人民法院依法受理。

第十条　本解释发布实施后，《最高人民法院关于审理组织、运送他人偷越国（边）境等刑事案件适用法律若干问题的解释》（法释〔2002〕3号）不再适用。

附录七　公安机关办理刑事案件程序规定（节录）

（公安部令第127号，2012年12月3日公安部部长办公会议通过，现予发布，自2013年1月1日起施行）

第十二章　外国人犯罪案件的办理

第三百四十五条　办理外国人犯罪案件，应当严格依照我国法律、法规、规章，维护国家主权和利益，并在对等互惠原则的基础上，履行我国所承担的国际条约义务。

第三百四十六条　外国籍犯罪嫌疑人在刑事诉讼中，享有我国法律规定的诉讼权利，并承担相应的义务。

第三百四十七条　外国籍犯罪嫌疑人的国籍，以其在入境时持用的有效证件予以确认；国籍不明的，由出入境管理部门协助予以查明。国籍确实无法查明的，以无国籍人对待。

第三百四十八条　确认外国籍犯罪嫌疑人身份，可以依照有关国际条约或者通过国际刑事警察组织、警务合作渠道办理。确实无法查明的，可以按其自报的姓名移送人民检察院审查起诉。

第三百四十九条　犯罪嫌疑人为享有外交或者领事特权和豁免权的外国人的，应当层报公安部，同时通报同级人民政府外事办公室，由公安部商请外交部通过外交途径办理。

第三百五十条　公安机关办理外国人犯罪案件使用中华人民共和国通用的语言文字。犯罪嫌疑人不通晓中国语言文字的，公安机关应当为他翻译。

第三百五十一条　外国人犯罪案件，由犯罪地的县级以上公安机关立案侦查。

第三百五十二条　外国人犯中华人民共和国缔结或者参加的国际条约规定的罪行后进入我国领域内的，由该外国人被抓获地的设区的市一级以上公安机关立案侦查。

第三百五十三条　外国人在中华人民共和国领域外的中国船舶或者航空器内犯罪的，由犯罪发生后该船舶或者航空器最初停泊或者降落地、目的地的中国港口的县级以上交通或民航公安机关或者该外国人居住地的县级以上公安机关立案侦查；未设交通或者民航公安机关的，由地方公安机关管辖。

第三百五十四条　外国人在国际列车上犯罪的，由犯罪发生后列车最初停靠的中国车站所在地、目的地的县级以上铁路公安机关或者该外国人居住地的县级以上公安机关立案侦查。

第三百五十五条　外国人在中华人民共和国领域外对中华人民共和国国家或者公民犯罪，应当受刑罚处罚的，由该外国人入境地或者入境后居住地的县级以上公安机关立案侦查；该外国人未入境的，由被害人居住地的县级以上公安机关立案侦查；没有被害人或者是对中华人民共和国国家犯罪的，由公安部指定管辖。

第三百五十六条　发生重大或者可能引起外交交涉的外国人犯罪案件的，有关省级公安机关应当及时将案件办理情况报告公安部，同时通报同级人民政府外事办公室。必要时，由公安部商外交部将案件情况通知我国驻外使馆、领事馆。

第三百五十七条　对外国籍犯罪嫌疑人依法作出取保候审、监视居住决定或者执行拘留、逮捕后，应当在四十八小时以内层报省级公安机关，同时通报同级人民政府外事办公室。

重大涉外案件应当在四十八小时以内层报公安部，同时通报同级人民政府外事办公室。

第三百五十八条　对外国籍犯罪嫌疑人依法作出取保候审、监视居住决定或者执行拘留、逮捕后，由省级公安机关根据有关规定，将其姓名、性别、入境时间、护照或者证件号码、案件发生的时间、地点，涉嫌犯罪的主要事实，已采取的强制措施及其法律依据等，通知该外国人所属国家的驻华使馆、领事馆，同时报告公安部。经省级公安机关批准，领事通报任务较重的副省级城市公安局可以直接行使领事通报职能。

外国人在公安机关侦查或者执行刑罚期间死亡的，有关省级公安机关应当通知该外国人国籍国的驻华使馆、领事馆，同时报告公安部。

未在华设立使馆、领事馆的国家，可以通知其代管国家的驻华使馆、领事馆；无代管国家或者代管国家不明的，可以不予通知。

第三百五十九条　外国籍犯罪嫌疑人委托辩护人的，应当委托在中华人民共和国的律师事务所执业的律师。

第三百六十条　公安机关侦查终结前，外国驻华外交、领事官员要求探视被监视居住、拘留、逮捕或者正在看守所服刑的本国公民的，应当及时安排有关探视事宜。犯罪嫌疑人拒绝其国籍国驻华外交、领事官员探视的，公安机关可以不予安排，但应当由其本人提出书面声明。

在公安机关侦查羁押期间，经公安机关批准，外国籍犯罪嫌疑人可以与其近亲属、监护人会见、与外界通信。

第三百六十一条　对判处独立适用驱逐出境刑罚的外国人，省级公安机关在收到人民法院的刑事判决书、执行通知书的副本后，应当指定该外国人所在地的设区的市一级公安机关执行。

被判处徒刑的外国人，主刑执行期满后应当执行驱逐出境附加刑的，省级公安机关在收到执行监狱的上级主管部门转交的刑事判决书、执行通知书副本或者复印件后，应当指定该外国人所在地的设区的市一级公安机关执行。

我国政府已按照国际条约或者《中华人民共和国外交特权与豁免条例》的规定，对实施犯罪，但享有外交或者领事特权和豁免权的外国人宣布为不受欢迎的人，或者不可接受并拒绝承认其外交或者领事人员身份，责令限期出境的人，无正当理由逾期不自动出境的，由公安部凭外交部公文指定该外国人所在地的省级公安机关负责执行或者监督执行。

第三百六十二条　办理外国人犯罪案件，本章未规定的，适用本规定其他各章的有关规定。

第三百六十三条　办理无国籍人犯罪案件，适用本章的规定。

附录八　广东省外国人管理服务暂行规定

（广东省人民政府令第155号，2011年1月21日广东省人民政府第十一届68次常务会议通过）

第一章　总则

第一条　为了规范外国人管理，优化外国人服务，促进社会和谐发展，根据有关法律、法规，结合本省实际，制定本规定。

第二条　本规定适用于本省行政区域内的外国人管理和服务工作。

第三条　外国人的管理和服务工作，应当遵循依法管理、优化服务和居住地属地管理的原则。

第四条　各级人民政府负责本行政区域内外国人的管理和服务工作。

地级以上市人民政府以及有实际需要的县级人民政府应当建立外国人管理和服务工作协调机制，协调、指导、督促本行政区域内的外国人管理和服务工作。

第五条　公安机关是外国人管理和服务工作的主管部门，各级人民政府其他有关部门以及海关、出入境检验检疫、出入境边防检查等部门应当按照各自职责，做好外国人管理和服务工作。

居民委员会、村民委员会应当协助做好外国人管理和服务工作。

聘用、邀请外国人的单位应当按照“谁邀请，谁负责；谁接待，谁负责”的原则，做好日常管理和服务工作。

第六条　本省行政区域内的外国人应当遵守我国法律、法规、规章，尊重各民族的文化习俗，不得危害我国国家安全、损害社会公共利益、破坏社会公共秩序，不得损害公民、法人和其他组织的合法权益。

各级人民政府及其部门应当依法保障外国人的合法权益。

第七条　县级以上人民政府应当建立外国人管理和服务信息平台，实现政府职能部门的信息共享。

有关部门应当将外国人管理和服务的工作情况及时通报其他相关部门。

第八条　用人单位聘用外国人从事的岗位应当是有特殊需要，国内暂缺适当人选，且不违反国家有关规定的岗位。

用人单位应当核实被邀请人情况，如实向审发《被授权单位邀请函》或者《邀请确认函》的单位（以下简称被授权单位）报告，并对邀请行为负责。

第九条　被授权单位应当根据国家有关规定，核查用人单位资质和被邀请人的申请资料，并配合有关部门查处利用《被授权单位邀请函》或者《邀请确认函》从事非法活动的行为。

被授权单位认为有必要，可以要求用人单位为其邀请的外国人提供在华期间的经济担保。

第十条　任何单位和个人有下列行为之一的，经核查属实，县级以上人民政府可以给予一定的奖励：

（一）发现外国人非法入境、非法居留、非法就业，向公安机关举报的；

（二）发现用人单位非法聘用外国人，向人力资源社会保障主管部门举报的；

（三）发现外国人无照经营，向工商行政管理部门举报的；

（四）发现外国人从事危害国家安全的违法犯罪活动，向国家安全机关或者公安机关举报的。

第二章　管理

第一节　居住

第十一条　外国人在旅馆、学校、培训机构等单位或者其他中国机构内住宿，应当出示有效护照或者居留证件，并按照规定办理临时住宿登记。

第十二条　外国人申请办理居留证件或者居留证件延期手续的，应当交验出入境检验检疫机构签发的有效健康证明书，公安机关应当为其提供便利和指引。

第十三条　公安机关应当将外国人办理签证、居留证件的信息按照签证事由通报相关部门。

第十四条　外国人入住旅馆的，旅馆应当核查其护照、签证和其他身份证件。外国人所持护照、签证超过有效期限的，旅馆应当同时报告公安机关。

第十五条　外籍教师、留学生所在的各类学校和培训机构，应当按照下列规定将外籍教师、留学生的护照、签证或者就业证等信息报告相关部门：

（一）属于学校和其他教育培训机构的，报告教育主管部门；

（二）属于技工学校和以职业技能为主的职业资格培训、职业技能培训的民办学校的，报告人力资源社会保障主管部门。

第十六条　本省行政区域内的居民家中有外国人住宿，或者外国机构、外国人家中有其他外国人住宿的，应当按照规定为其办理或者督促外国人在规定时限内办理临时住宿登记。

第十七条　公民、法人和其他组织不得把房屋出租或者免费提供给未持有效护照或者签证到期的外国人居住。

租赁房屋不得同时用于居住、仓储和生产经营活动。

第十八条　房屋出租人将房屋租赁给外国人，应当与其约定房屋用途和居住人员等事项，并履行下列义务：

（一）查看承租人及同住人的身份证明；

（二）到公安机关办理临时住宿登记手续，并到房产管理部门办理登记备案手续；

（三）房屋用途或者居住人员发生变更的，应当到公安机关办理变更临时住宿登记手续，并到房产管理部门办理租赁变更手续；

（四）发现承租人利用租赁房屋从事违法活动的，应当及时报告公安机关。

第十九条　承租房屋的外国人应当履行下列义务：

（一）按照规定到公安机关办理临时住宿登记手续，并到房产管理部门办理登记备案手续；

（二）房屋用途、居住人员发生变更或者将房屋转租、转借他人使用的，应当到公安机关办理变更临时住宿登记手续，并到房产管理部门办理租赁变更手续。

第二十条　物业服务企业应当配合有关部门做好外国人管理和服务工作，不得为无居住证件或者居住证件失效的外国人提供商务楼门禁卡、出入证、停车证等证件办理服务。

第二十一条　房地产中介服务机构应当配合有关部门做好外国人租赁房屋的管理工作，不得为无居住证件或者居住证件失效的外国人提供房屋中介服务。

第二十二条　县级以上人民政府房产管理部门和乡镇（街道）、社区应当专门建立外国人房屋租赁档案，完善管理制度。

第二十三条　外国人在本省行政区域内居留期间，患有严重精神病、传染性肺结核病或者有可能对公共卫生造成重大危害的其他传染病而就医的，医疗单位应当及时向卫生主管部门和当地出入境检验检疫部门报告。

第二十四条　外国人在本省行政区域内参加宗教活动时，应当遵守我国的宪法、法律、法规和规章。

任何单位和个人不得非法设立宗教活动场所，不得为非法宗教活动提供场所。

第二十五条　本省行政区域内涉外社会组织的登记管理，按照国家和省有关规定执行。

第二节　经商

第二十六条　外国人向本行政区域内各类市场申请摊位作为设立外商投资企业经营场所的，市场投资方或者管理机构应当查验外国人的护照、签证、居住证件和外商投资企业营业执照，并报告工商行政管理部门。

第二十七条　任何单位和个人不得有下列行为：

（一）将营业执照出租、出借、转让给外国人；

（二）为无照经营的外国人提供发票、银行账户、证明；

（三）为无照经营的外国人提供经营场所以及运输、保管、仓储等便利条件。

第二十八条　为了维护国家安全、社会秩序或者其他公共利益，县级以上人民政府公安机关依法可以限制外国人或者外国机构在党政机关、军事禁区所在地周边设立住所或者办公处所。

已在上述地区设立住所或者办公处所的外国人或者外国机构，应当在县级以上人民政府公安机关迁移通知书指定的期限内迁至许可的地区。对已经注册的外国企业或者机构，公安机关应当同时将迁移通知书抄送工商行政管理部门。

第二十九条　外国企业常驻代表机构的管理，按照国家有关规定执行。

第三节　就业

第三十条　省人民政府根据经济社会发展水平和人力资源供求状况，制定并发布外国人入粤就业职业管理目录，对外国人劳动就业实行宏观调控。

外国人入粤就业职业目录分为鼓励引进类和限制引进类。用人单位聘用外国人，应当符合该目录要求。

鼓励用人单位引进和聘用高层次外国人人才。

第三十一条　用人单位聘用外国人，应当依法办理外国人就业许可证书和就业证，并在办理就业证时按照规定缴纳就业调配费。用人单位聘用的外国人属于本规定第三十条规定的职业管理目录中鼓励引进类的，免交就业调配费。

用人单位聘用外国专家，应当按照国家和省的有关规定，依法申办外国专家来华工作许可及《外国专家就业证》。

第三十二条　用人单位聘用外国人，应当要求其交验出入境检验检疫机构签发的有效健康证明书，并依法签订劳动合同。

外国人在中国就业的用人单位应当与其就业证所注明的单位相一致。

第三十三条　用人单位应当自聘用外国人之日起15日内到所在地人力资源社会保障主管部门办理就业登记手续；用人单位续用外国人或者与外国人解除劳动关系的，应当自续用或者解除劳动关系之日起15日内办理劳动用工备案手续。

用人单位办理登记和备案手续应当提供外籍职工的护照、签证、就业证、居住证、已签订的劳动合同等相关资料，说明外国人来华事由、就业状况等信息。

第三十四条　用人单位应当单独制作外籍职工名册，并按照下列规定，定期将外国人的就业情况报告相关部门：

（一）属于企业、技工学校和以职业技能为主的职业资格培训、职业技能培训的民办学校等单位的，报告人力资源社会保障主管部门；

（二）属于学校和其他教育培训机构的，报告教育主管部门。

第三十五条　用人单位聘请外籍职工，不得有下列行为：

（一）无特殊需要聘请外国人或者聘请外国人的岗位国内已有适当人选的；

（二）聘请签证有效期短于拟聘用期限的外国人的；

（三）提交虚假材料，骗取《被授权单位邀请函》或者《邀请确认函》的；

（四）聘请未获得就业证、无居住证件、居住证件失效或者与来华事由不符的外国人就业的。

第三十六条　用人单位应当定期检查外籍职工的护照和签证，对准予在华停留期限即将到期的外国人，督促其按期离境或者按照国家有关规定申办签证延期手续；对逾期居留的外国人，督促其到公安机关接受处理，并视情况履行经济担保义务，配合公安机关做好遣返工作。

对拒不按期离境的外籍职工，用人单位应当及时报告公安机关、人力资源社会保障主管部门，终止聘用关系，并督促其离境。

第三十七条　营业性演出举办单位申请举办外国的文艺表演团体、个人参加的营业性演出，应当依法向有关文化主管部门提交演员的护照、签证等有效身份证明复印件。

第三十八条　聘用外国运动员、教练员和其他工作人员的体育机构，以及邀请外国运动员、教练员和其他工作人员到本省行政区域内参加体育活动的单位，应当建立健全管理制度，在外国人运动员、教练员和其他工作人员进入我国境内10日内，将护照、签证、来华事由等信息报体育主管部门备案。

第三章　服务

第三十九条　各级人民政府及其有关部门应当建立健全工作制度，依法、文明、公正地为到本省行政区域内就业、经商、留学、旅游的外国人提供服务。

第四十条　与外国人管理相关的行政管理部门和机构应当依照政府信息公开的有关规定，及时公布有关办事条件、程序、期限、收费标准、投诉方式以及需要提交的材料目录、示范文本等，方便外国人办事。

外国人办理涉外审批事项时，有条件的行政服务中心或者办证大厅应当提供必要的翻译服务。

第四十一条　外国专家办理出入境签证、子女入学等事项，公安机关和外国专家主管部门应当为其提供便利。

第四十二条　各级人民政府及其有关部门应当定期了解本行政区域内外国机构和个人的情况，征求对外国人管理和服务工作的意见和建议，不断改进和完善外国人管理和服务工作。

第四十三条　各级人民政府及其有关部门应当通过各种方式向外国人宣传有关法律、法规、规章，使外国人了解本省外国人管理和服务的政策措施。

第四十四条　各级人民政府及其有关部门可以根据实际，举办各种中外文化交流、文化娱乐和体育活动，增进相互了解。

第四十五条　外国人居住较多的街道（社区），可以建立社区综合管理服务队伍，维护社区秩序。

符合下列条件的外国人，可以参加社区综合管理服务队伍：

（一）热心社会事务的；

（二）在所在社区外国人中具有一定威望的；

（三）具有一定汉语言文字沟通能力的。

第四十六条　有外国人居住的社区可以根据实际，开展文化娱乐、体育交流活动，方便外国人与当地居民的交流和融入。

鼓励公民、法人和其他组织在有外国人居住的社区参加志愿服务，协助做好外国人管理和服务工作。

鼓励外国人参与所在社区的志愿服务，共同促进社区和谐稳定。

第四十七条　外国人居住相对集中的街道（社区）可以根据实际，建立外国人管理服务工作站，配备必要的外语人才，为外国人申报临时住宿登记提供便利。

第四章　监督检查

第四十八条　人民警察依法执行职务，有权查验外国人的护照和其他证件。人民警察查验时，应当出示自己的工作证件，有关组织和个人应当协助。

第四十九条　公安机关、人力资源社会保障、教育等主管部门在日常管理和执法中，对违反本规定的行为，应当及时处理；不属本部门处理的，应当及时移送有权处理的部门处理。

第五十条　乡镇（街道）、社区、村民委员会、居民委员会应当开展日常巡查，发现有非法入境、非法居留、非法就业的外国人，应当及时报告公安机关和外事主管部门。

第五十一条　外国人从事与来华事由不符的活动、无照经营的，人力资源社会保障主管部门、工商行政管理部门可以会同公安机关联合依法查处。

行政机关在调查或者进行检查时，执法人员不得少于两人，并应当向当事人或者有关人员出示有效证件。当事人或者有关人员应当如实回答询问，并协助调查或者检查，不得阻挠。询问或者检查应当制作笔录。

第五十二条　对未申领就业证擅自就业的外国人和未办理外国人就业许可证书擅自聘

用外国人的单位，由公安机关、人力资源社会保障、教育等主管部门依法处理。

第五十三条　对外国人的紧急求助、报警，由公安机关确认其身份后，按照下列规定进行处理：

（一）属于非法入境、居留的，由公安机关处理；

（二）属于合法入境、居留的，由公安机关或者民政主管部门处理。

第五章　法律责任

第五十四条　被授权单位违反第九条规定，未核查用人单位资质和被邀请人申请资料的，由有关部门责令改正，对负有责任的领导人员和直接责任人员，根据情节轻重，给予批评教育或者处分。

第五十五条　旅馆违反本规定第十四条规定，有下列行为之一的，由公安机关处以5 000元以上1万元以下罚款：

（一）未核查外国人护照、签证和其他身份证件的；

（二）发现外国人所持护照、签证超过有效期限，未报告公安机关的。

第五十六条　各类学校和培训机构违反本规定第十五条规定，未将外籍教师、留学生的护照、签证或者就业证等信息报告相关部门的，按照下列规定进行处罚：

（一）属于学校和其他教育培训机构的，由教育主管部门处以1 000元以上3 000元以下罚款；

（二）属于技工学校和以职业技能为主的职业资格培训、职业技能培训的民办学校的，由人力资源社会保障主管部门处以1 000元以上3 000元以下罚款。

第五十七条　房屋出租人违反本规定第十八条规定，按照下列规定进行处罚：

（一）将房屋出租或者免费提供给未持有效护照或者签证到期的外国人居住的，由公安机关责令改正，没收违法所得，并处月租金3倍以下罚款；

（二）未按照规定到房产管理部门办理登记备案手续的，由房产管理部门责令改正，可并处100元以下罚款；

（三）未及时向公安机关报告房屋出租情况的，由公安机关责令改正，情节严重的，处100元以下罚款；

（四）发现承租的外国人利用出租房屋从事违法犯罪活动，未及时报告公安机关的，由公安机关责令暂停出租3个月，并处月租金3倍以下罚款。

房屋出租人知道或者应当知道外国人从事无照经营行为而为其提供生产经营场所、运输、保管、仓储等条件的，依照有关法律法规予以处罚。

第五十八条　物业服务企业违反本规定第二十条规定，为无居住证件或者居住证件失效的外国人提供商务楼门禁卡、出入证、停车证等证件办理服务的，由住房和城乡建设主管部门责令限期改正；逾期不改正的，处1 000元以上3 000元以下罚款。

第五十九条　房地产中介服务机构违反本规定第二十一条规定，为无居住证件或者居住证件失效的外国人提供房屋中介服务的，由住房和城乡建设主管部门责令限期改正；逾期不改正的，处1 000元以上3 000元以下罚款。

第六十条　各类市场的投资方或者管理机构违反本规定第二十六条规定，为无有效护照、签证、居住证件或者无外商投资企业营业执照的外国人提供场地服务的，由工商行政管理部门依法予以处罚。

第六十一条　用人单位违反本规定第三十五条规定，有下列行为之一的，由公安机关责令改正，并处1 000元以上3 000元以下罚款；情节严重的，可提请外事主管部门吊销用人单位聘用外国人来华就业的资质：

（一）未定期查验外国人的护照和签证，了解外国人在华活动情况和准予停留期限的；

（二）对准予在华停留的期限即将到期的外国人，未督促其按期离境或者依法到公安机关申办签证延期手续的；

（三）对逾期居留或者未批准延期停留的外国人，未及时报告公安机关、人力资源社会保障主管部门的。

未履行督促义务的用人单位，应当视情节轻重承担非法居留、非法就业外国人的遣送费用。

第六十二条　用人单位违反本规定，按照下列规定进行处罚：

（一）未核实被邀请人签证情况，或者提交虚假材料，骗取就业许可或者就业证的，由人力资源社会保障主管部门依法收缴外国人就业许可证书和就业证，并处5 000元以上1万元以下罚款；

（二）聘请未获得就业证、无居住证件、居住证件失效或者与来华事由不符的外国人就业的，由公安机关依法处理。

第六十三条　违反本规定第三十三条规定，未办理就业登记或者备案手续的，由人力资源社会保障主管部门依法处理。

第六十四条　违反本规定第三十八条规定，未将外国运动员、教练员和其他工作人员到本省行政区域内参加体育活动的事项向体育主管部门备案的，由体育主管部门责令改正，并处1 000元以上3 000元以下罚款。

第六十五条　公民、法人和其他组织发现外国人从事危害国家安全犯罪活动，故意隐瞒或者知情不报的，依法追究法律责任。

第六十六条　有关行政管理部门及其工作人员未依法履行职责，在外国人管理和服务工作中滥用职权、玩忽职守、徇私舞弊的，对负有责任的领导人员和直接责任人员，根据情节轻重，给予批评教育或者处分；构成犯罪的，依法追究刑事责任。

第六章　附则

第六十七条　本规定自2011年5月1日起施行。

参考文献

周鲠生主编．国际法．北京：商务印书馆，1981.

周忠海主编．国际法．北京：中国政法大学出版社，2004.

张惠德主编．出入境管理．北京：中国人民公安大学出版社，2014.

张铁岩主编．新编涉外警务教程．北京：中国人民公安大学出版社，2009.

叶氢主编．外国人管理——暨涉外案（事）件查处．北京：中国人民公安大学出版社，2007.

公安教材编审委员会《公安外国人管理》编写组．公安外国人管理．北京：中国人民公安大学出版社，1987.

张杰．在华外国人管理．北京：中国人民公安大学出版社，2013.

梁淑英．国际难民法．北京：知识产权出版社，2009.

邵津主编．国际法．北京：北京大学出版社、高等教育出版社，2000.

熊一新，李健和．治安管理学概论．北京：中国人民公安大学出版社，2007.

马忠红主编．刑事侦查学．北京：中国人民公安大学出版社，2014.

王铁崖主编．国际法．北京：法律出版社，1995.

邵津主编．国际法．北京：北京大学出版社、高等教育出版社，2000.

张乃根．国际法原理．北京：中国政法大学出版社，2002.

杨泽伟．主权论—国际法上的主权问题及其发展趋势研究．北京：北京大学出版社，2006.

[英] 劳特派特修订．奥本海国际法上卷第二分册中译本．北京：商务印书馆，1981.

[英] 伊恩·布朗利．国际公法原理．曾令良等译，法律出版社，2003.

梁淑英．外国人在华待遇．北京：中国政法大学出版社，1996.

[荷兰] Richard Plender．国际移民法．翁里，徐公社译，北京：中国人民公安大学学出版社，2006.

[奥] 阿．菲德罗斯．国际法下册（中译本）．北京：商务印书馆，1981.

刘国福等．移民法．北京：中国经济出版社，2010.

詹宁斯，瓦茨．奥本海国际法．王铁崖等译，北京：中国大百科全书出版社，1998.

丁伟．冲突法论．北京：法律出版社，1996.

王国良．出入境管理学．北京：中国人民公安大学出版社，2009.

张保平．出入境管理学．北京：中国人民公安大学出版社，2014.

苗伟明．边境管理学．北京：中国方正出版社，2010．

许渭生主编．边境管理学．北京：中国政法大学出版社，2004．

靳娟娟，金天义主编．新疆边防管理与边防建设．北京：社会科学文献出版社，2011．

翁里．国际移民法理论与实践．北京：法律出版社，2001．

向党主编．涉外案件处置．北京：中国人民公安大学出版社，2011．

邹志峰，张翘楚．外国人管理培训教程．沈阳：辽宁人民出版社，2004．

张惠德主编．出入境管理理论研究综述．北京：中国人民公安大学出版社，2014．

秦启文．突发事件的管理与应对．北京：新华出版社，2004．

余凌云．警察预警与应急机制．北京：中国人民公安大学出版社，2007．

马金旗，马勇，吴华．国际移民法律制度比较研究．北京：中国人民公安大学出版社，2004．

公安部出入境管理局．出入境人员检查．北京：群众出版社，2008．

［荷］亨利范马尔赛．成文宪法的比较研究．陈云生译，北京：华夏出版社，1987．

［英］John Hosack．国家法律的崛起和成长，惯例和条约，从最早到条约化时代．Jas．Wade，Covent Garden 出版社，

［瑞士］安托万·佩库，［荷兰］保罗·德·古赫特奈尔．无国界移民—论人口的自由流动．武云译，南京：凤凰出版传媒集团译林出版社，2011．

Dommett．A．The transnational migration of people seen from within a natural law tradition．Barry and Goodin，op．cit，1992．

［日］竹内昭太郎．出入国管理行政論．东京：日本东京信山社，1995．

李浩培．国籍问题的比较研究．北京：商务印书馆，1979．

［美］路易斯·亨金．国际法：政治与价值．张乃根等译，北京：中国政法大学出版社，2005．

［奥］凯尔森．法与国家的一般理论．沈宗灵译，北京：中国大百科全书出版社，1996．

陈伯礼，潘丽霞，徐信贵．行政法与行政诉讼法．武汉：武汉大学出版社，2011．

［英］马尔科姆 N 肖．国际法．白桂梅，高健军等译，北京：北京大学出版社，2011．

姜明安主编．行政法与行政诉讼法．北京：北京大学出版社、高等教育出版社，2011．

姬虹．美国新移民研究．北京：知识产权出版社，2008．

刘国福．出入境权研究．北京：中国经济出版社，2010．

王学辉，宋玉波．行政权研究．北京：中国检察出版社，2002．

杨海坤，章志远．中国行政法基本理论研究．北京：北京大学出版社，2004．

梁淑英．国际法．北京：中央广播电视大学出版社，2002．

罗豪才主编．行政法学．北京：中国政法大学出版社，1989．

胡兴春．出入境管理概论．北京：中国人民公安大学出版社，1999．

张国庆．行政管理学概论．北京：北京大学出版社，2000．

潘兴明，陈弘．转型时代的移民问题．上海：上海人民出版社，2010．

应松年．行政法学新论．北京：中国方正出版社，1999.

胡建森．行政法学．北京：法律出版社，1998.

许甘露，陈伟明，韩玉生．边防与出入境管理．北京：群众出版社，1999.

张峰，杨建峰．行政强制法释论．北京：中国法制出版社，2011.

梁茂信．现代欧美移民与民族多元化研究．2011.

乔晓阳．行政强制法解读．北京：中国法制出版社，2011.

张学斌．中国涉外行政法概论．北京：北京大学出版社，1997.

金伟峰．中国行政强制法律制度．北京：法律出版社，2002.

［英］罗斯玛丽·塞尔斯（Rosemary Sales）．解析国际迁移和难民政策．彭华民、黄晨熹等译，上海：格致出版社，上海人民出版社，2011.

文峰．欧盟非法移民治理研究．广州：暨南大学出版社，2012.

肖金明．行政强制释论．济南：山东大学出版社，2012.

［英］威廉·韦德．行政法．北京：中国大百科全书出版社，1997.

刘恒．行政救济制度研究．北京：法律出版社，1998.

李明欢．国际移民政策研究．厦门：厦门大学出版社，2011.

郝鲁怡．欧盟国际移民法律制度研究．北京：人民出版社，2011.

杨建顺．行政强制法18讲．北京：中国法制出版社，2011.

徐军华．非法移民的法律控制．武汉：华中科技大学出版社，2007.

于群，马顺成主编．公安行政强制的适用与规范．北京：中国人民公安大学出版社，2012.

图书在版编目（CIP）数据

公安外国人管理/张惠德，沈一波编著．—北京：中国人民大学出版社，2015.8
普通高等教育“十二五”应用型本科规划教材
ISBN 978-7-300-21377-4

Ⅰ.①公… Ⅱ.①张… ②沈… Ⅲ.①外国人-治安管理-中国-高等学校-教材 Ⅳ.①D922.13

中国版本图书馆 CIP 数据核字（2015）第 113949 号

普通高等教育“十二五”应用型本科规划教材
公安外国人管理
张惠德 沈一波 编著
Gong'an Waiguoren Guanli

出版发行	中国人民大学出版社		
社　　址	北京中关村大街 31 号	**邮政编码**	100080
电　　话	010－62511242（总编室）		010－62511770（质管部）
	010－82501766（邮购部）		010－62514148（门市部）
	010－62515195（发行公司）		010－62515275（盗版举报）
网　　址	http://www.crup.com.cn		
	http://www.ttrnet.com（人大教研网）		
印　　刷	北京东方圣雅印刷有限公司		
规　　格	185 mm×260 mm　16 开本	**版　　次**	2015 年 8 月第 1 版
印　　张	28	**印　　次**	2015 年 8 月第 1 次印刷
字　　数	646 000	**定　　价**	65.00 元　（公安机关内部发行）

教师信息反馈表

为了更好地为您服务，提高教学质量，中国人民大学出版社愿意为您提供全面的教学支持，期望与您建立更广泛的合作关系。请您填好下表后以电子邮件或信件的形式反馈给我们。

<table>
<tr><td>您使用过或正在使用的我社教材名称</td><td></td><td>版次</td><td></td></tr>
<tr><td>您希望获得哪些相关教学资料</td><td colspan="3"></td></tr>
<tr><td>您对本书的建议（可附页）</td><td colspan="3"></td></tr>
<tr><td>您的姓名</td><td colspan="3"></td></tr>
<tr><td>您所在的学校、院系</td><td colspan="3"></td></tr>
<tr><td>您所讲授的课程名称</td><td colspan="3"></td></tr>
<tr><td>学生人数</td><td colspan="3"></td></tr>
<tr><td>您的联系地址</td><td colspan="3"></td></tr>
<tr><td>邮政编码</td><td></td><td>联系电话</td><td></td></tr>
<tr><td>电子邮件（必填）</td><td colspan="3"></td></tr>
<tr><td>您是否为人大社教研网会员</td><td colspan="3">□ 是，会员卡号：____________
□ 不是，现在申请</td></tr>
<tr><td>您在相关专业是否有主编或参编教材意向</td><td colspan="3">□ 是　　　　□ 否
□ 不一定</td></tr>
<tr><td>您所希望参编或主编的教材的基本情况（包括内容、框架结构、特色等，可附页）</td><td colspan="3"></td></tr>
</table>

我们的联系方式：北京市西城区马连道南街 12 号
中国人民大学出版社应用技术分社
邮政编码：100055
电话：010-63311862
网址：http://www.crup.com.cn
E-mail：rendayingyong@163.com